本钢集团有限公司

# 本钢年鉴

BENGANG NIANJIAN

2020

《本钢年鉴》编纂委员会　编

北　京
冶　金　工　业　出　版　社
2020

图书在版编目(CIP)数据

本钢年鉴.2020/《本钢年鉴》编纂委员会编.—北京：冶金工业出版社，2020.10

ISBN 978-7-5024-8614-3

Ⅰ.①本… Ⅱ.①本… Ⅲ.①钢铁集团公司—本溪—2020—年鉴 Ⅳ.①F426.31-54

中国版本图书馆CIP数据核字(2020)第196902号

出 版 人 苏长永

地 址 北京市东城区嵩祝院北巷39号 邮编 100009 电话 (010)64027926

网 址 www.cnmip.com.cn 电子信箱 yjcbs@cnmip.com.cn

责任编辑 卢 敏 美术编辑 彭子赫 版式设计 孙跃红 禹 蕊

责任校对 王永欣 责任印制 李玉山

ISBN 978-7-5024-8614-3

冶金工业出版社出版发行；各地新华书店经销；北京捷迅佳彩印刷有限公司印刷

2020年10月第1版，2020年10月第1次印刷

787mm×1092mm 1/16；33印张；12彩页；775千字；508页

**188.00**元

**冶金工业出版社 投稿电话 (010)64027932 投稿信箱 tougao@cnmip.com.cn**

**冶金工业出版社营销中心 电话 (010)64044283 传真 (010)64027893**

**冶金工业出版社天猫旗舰店 yjgycbs.tmall.com**

# 《本钢年鉴》编纂委员会

# 《本钢年鉴》编辑人员


主　编　孙　震

副主编　陈　军　那　丽　韩友清

编　辑　李　学　金一嘉　邹丽颖

2019 年 7 月 9 日，省委副书记、省长唐一军到矿业南芬露天矿调研

2019 年 4 月 26 日辽宁省副省长卢柯一行到本钢调研科技工作

2019 年 11 月 15 日，辽宁省副省长张立林到本钢集团调研

2019 年 8 月 14 日，江苏省委常委、常务副省长樊金龙率领
江苏省代表团一行来本钢参观调研

2019 年 4 月 19 日，国家发改委体改司副司长王任飞一行到本钢调研

2019 年 9 月 18 日，本溪市委书记姜小林、市长田树槐到本钢调研安全生产工作

2019 年 11 月 29 日，辽宁省教育厅长冯守权一行到辽宁冶金技师学院进行工作调研

2019 年 7 月 3 日，本溪军分区司令员马英南大校、副司令员于国锋大校
一行来本钢集团调研

2019 年 6 月 6 日,《中国冶金报》领导班子到访本钢

2019 年 1 月 23 日，POSCO 副社长、POSCO China 董事长郑昌和一行到访本钢

2019 年 4 月 15 日，复星国际董事长郭广昌一行来访本钢

2019 年 5 月 20 日，徐工集团董事长、党委书记王民，中铁物资集团总经理、党委副书记王辉等来访本钢

2019 年 7 月 3 日，中国进出口银行辽宁省分行行长周亮球一行到访本钢

2019 年 12 月 23 日，辽宁省外事办到本钢举行授牌仪式

2019 年 1 月 11 日，本溪市公安局到本钢集团召开
“优化营商环境，服务本钢发展”警企恳谈会

2019 年 4 月 4 日，CBA 男篮辽宁本钢队到本钢参观

第十九届中国国际冶金工业展览会本钢集团展台

2019 年 7 月 25 日，辽宁省职工技能大赛在本钢开幕

2019 年 9 月 6~7 日，本钢集团举行第三届职工田径运动会

2019 年 8 月 31 日，本钢集团举行第十一届青年大学生趣味运动会

编辑　陈　军
摄影　田　铮　邓立岩

# 目　录

## 特　载



## 大事记



## 概　述



## 经营管理

### 规划投资管理



### 科技管理

## 运营管理



## 人力资源管理



## 财务管理



## 资本管理



## 审计管理

## 法律事务管理



## 生产质量管理



## 设备工程管理



## 安全管理



## 能源环保管理

## 营销管理



## 采购管理



## 招标管理



## 计量管理



## 信息化建设



## 企业文化建设

# 综合管理

## 办公室工作



## 行政管理工作



## 档案工作



## 保卫信访工作



## 离退休人员和退养职工管理工作

# 党群工作

## 组织工作



## 宣传工作



## 纪检监察工作



## 统一战线工作



## 工会工作

## 共青团工作



## 人民武装工作



## 科协工作



## 机关党委工作



# 钢铁主业

## 本钢板材股份有限公司



## 技术研究院

## 炼铁厂



## 炼钢厂



## 热连轧厂



## 冷轧厂



## 本钢浦项公司



## 特钢厂

## 焦化厂



## 发电厂



## 铁运公司



## 能源总厂



## 原料厂



## 废钢厂



## 检化验中心

## 储运中心



## 包装公司



## 辽阳球团公司



## 不锈钢丹东公司



## 本溪北营钢铁（集团）股份有限公司



## 炼铁厂



## 炼钢厂

## 轧钢厂



## 焦化厂



## 铸管公司



## 矿业公司



## 冶金渣公司



## 公运公司

## 铁运公司



## 原料厂



## 发电厂



## 能源总厂



## 生活服务中心



## 退管中心

## 本溪钢铁（集团）矿业有限责任公司



## 南芬露天铁矿



## 歪头山铁矿



## 南芬选矿厂



## 石灰石矿

## 辽阳贾家堡铁矿有限责任公司



## 矿产品厂



## 设备修造厂



## 汽车运输分公司



## 炸药厂



# 多元产业

## 本钢集团国际经济贸易有限公司



## 本钢板材股份有限公司采购中心

## 本钢集团财务有限公司



## 辽宁恒亿融资租赁有限公司



## 辽宁恒基资产经营管理有限公司



## 辽宁恒汇商业保理有限公司



## 辽宁容大投资有限公司



## 本溪钢铁（集团）有限责任公司



## 机械制造有限责任公司



## 修建（维检）公司

## 建设有限责任公司



## 辽宁恒通冶金装备制造有限公司



## 辽宁恒泰重机有限公司



## 信息自动化有限责任公司



## 新实业发展有限责任公司



## 冶金渣有限责任公司



## 辽宁冶金职业技术学院

## 房地产开发有限责任公司



## 热力开发有限责任公司



## 本钢综合工业公司



## 北台钢铁（集团）有限责任公司



# 改制企业

## 本钢耐火材料有限责任公司



## 本钢汽车运输有限责任公司

## 本钢电气有限责任公司



## 本钢设计研究院有限责任公司



# 统计资料



# 人事与机构



# 人物与表彰

## 先进人物



## 荣誉表彰

## 科技奖项



## 附　录



## 索　引

# 本钢年鉴 *2020*



本钢集团

# 特 载

# 在本钢集团“不忘初心、牢记使命”主题教育动员大会上的讲话

本钢集团党委书记、董事长 陈继壮

（2019年6月10日）

同志们：

今天，我们在这里召开本钢集团“不忘初心、牢记使命”主题教育动员大会。会议的主要任务是，深入学习贯彻习近平总书记在全党“不忘初心、牢记使命”主题教育工作会议上的重要讲话精神和省委“不忘初心、牢记使命”主题教育工作会议精神，全面落实党中央决策部署和省委关于开展好我省主题教育的具体要求，对本钢集团开展“不忘初心、牢记使命”主题教育进行全面动员、作出部署安排。

一会儿，省委第十四巡回指导组组长国长青同志还要作重要讲话，对本钢开展主题教育提出要求，大家要深入学习领会，认真抓好贯彻落实。下面，我代表集团公司党委，就深入贯彻落实习近平总书记重要讲话精神，以及党中央和省委部署要求，扎实开展好本钢集团“不忘初心、牢记使命”主题教育，讲以下几点意见。

## 一、统一思想，提高认识，充分认识开展这次主题教育的重大意义

党的十九大决定，以县处级以上领导干部为重点，在全党开展“不忘初心、牢记使命”主题教育，是以习近平同志为核心的党中央统揽伟大斗争、伟大工程、伟大事业、伟大梦想作出的重大部署，是全党政治生活中的一件大事，意义重大，影响深远。从党中央到辽宁省委，对这次主题教育都高度重视。

中央政治局5月13日召开会议，就开展“不忘初心、牢记使命”主题教育作专题研究；5月31日，“不忘初心、牢记使命”主题教育工作会议在北京召开，习近平总书记出席会议并发表重要讲话，为全党开展主题教育指明了方向、提供了根本遵循。

辽宁省委6月3日召开全省“不忘初心、牢记使命”主题教育工作会议。会上，求发书记发表重要讲话，对认真贯彻落实习近平总书记重要讲话精神，开展好我省主题教育提出了明确要求。同时，按照中央要求，省委成立了主题教育领导小组，由求发书记亲任组长；抽调128名干部成立了16个巡回指导组，对参加第一批主题教育的地区和单位进行督促指导。6月4日，省委常委、组织部长陆治原同志在我省“不忘初心、牢记使命”主题教育领导小组办公室工作会议上，对开展主题教育提出了具体要求。6月5日，集团党委召开专门会议，审议通过了本钢集团“不忘初心、牢记使命”

主题教育实施方案。

集团各级党组织和全体党员干部一定要充分认识开展主题教育的重大现实意义和深远历史意义，切实把思想和行动统一到习近平总书记的重要讲话精神上来，统一到党中央和省委的决策部署上来，进一步强化思想自觉、政治自觉、行动自觉，确保主题教育各项任务在本钢落地见效。

（一）开展这次主题教育，是用新时代中国特色社会主义思想武装全党的迫切需要

思想建党、理论强党是我们党的政治优势和优良传统。习近平总书记强调，理论创新每前进一步，理论武装就要跟进一步。中国特色社会主义进入新时代，用党的创新理论武装全党，就是要深入学习习近平新时代中国特色社会主义思想，推进学习往深里走、往心里走、往实里走，不断增强“四个意识”，坚定“四个自信”，做到“两个维护”，筑牢信仰之基、补足精神之钙、把稳思想之舵，切实做到学思用贯通、知信行合一。

（二）开展这次主题教育，是推进新时代党的建设的迫切需要

习近平总书记强调，党的十八大以来，我们坚持党要管党，全面从严治党，坚持问题导向，以整治“四风”为突破口，着力解决党内存在的突出问题，党风政风明显好转。总书记在讲话中指出，一些党员干部政治信仰不坚定，贯彻党中央决策部署不在乎，热衷搞圈子文化，“四风”问题树倒根存。本钢集团在这方面有过沉痛教训，经过不懈努力，集团上下的政治生态不断得到净化修复、总体向好。我们要通过这次主题教育，深入贯彻新时代党的建设总要求，进一步落实全面从严治党各项部署，推进自我净化、自我完善、自我革新、自我提高，加快形成干部清正、作风清廉的政治生态。

（三）开展这次主题教育，是保持党同人民群众血肉联系的迫切需要

习近平总书记强调，人民是我们党执政的最大底气，是我们共和国的坚实根基，是我们强党兴国的根本所在。我们党来自于人民，为人民而生，因人民而兴，必须始终与人民心心相印，与人民同甘共苦，与人民团结奋斗。我们要通过这次主题教育，教育引导广大党员干部强化宗旨意识，常怀爱民之情、常思为民之策、常兴为民之举，不断增强职工群众的获得感、幸福感、安全感。

（四）开展这次主题教育，是实现党的十九大确定目标任务的迫切需要

习近平总书记强调，党的十九大提出的“两个一百年”奋斗目标，是人民对美好生活向往的集中体现，是当代中国共产党人最重要、最现实的使命担当。我们要通过这次主题教育，引领广大党员干部紧紧围绕党的十九大绘就的宏伟蓝图，聚焦加快推进辽宁振兴发展的目标任务，进一步强化责任意识，提振发展信心，狠抓工作落实，奋力开创本钢集团改革发展新局面。

## 二、把握要求，明确方法，切实增强这次主题教育的针对性和实效性

习近平总书记在中央主题教育工作会议上，深刻阐释了这次主题教育的总要求、根本任务和具体目标，这是我们开展主题教育的根本遵循。大家要对照学习领会，并按照省委和集团公司党委的主题教育实施方案，认真贯彻落实。在具体工作中，应重点抓好以下几个方面。

（一）要深化学习教育

这次主题教育的核心任务就是学习习近平新时代中国特色社会主义思想，要坚持全

面系统学、深入思考学、联系实际学。一是要原原本本学，读原著、学原文、悟原理，学习习近平总书记在“不忘初心、牢记使命”主题教育工作会议上的重要讲话内容，学习《习近平关于“不忘初心、牢记使命”重要论述选编》《习近平新时代中国特色社会主义思想学习纲要》，跟进学习习近平总书记最新重要讲话和文章，学习习近平总书记关于东北、辽宁振兴发展的重要指示批示精神，特别是在辽宁考察时和在深入推进东北振兴座谈会上的重要讲话精神，自觉对标对表、及时校准偏差。二是要集中学习研讨，各级领导班子采取理论学习中心组学习、举办读书班等形式，集中安排时间，围绕“传承红色基因，牢记初心使命”“坚守绝对忠诚、做到‘两个维护’”“勇于担当作为，推动振兴发展”“坚持全面从严治党，营造良好政治生态”4个专题，开展交流研讨。三是要学习先进典型，通过汲取榜样力量，做到学有标杆、干有动力。善于向身边的“辽宁大工匠”“辽宁好人”、优秀共产党员标兵等先进人物学习，深入学习雷锋、郭明义、罗阳、毛丰美、王桂兰、邹笑春等先进事迹，通过观看电影《雷锋在1959》《毛丰美》《黄玫瑰》等影片和举办报告会、参观考察等形式，引导广大党员干部见贤思齐，坚守初心使命。特别是要把学习毛丰美同志先进事迹作为这次主题教育的一项重要学习内容。四是要丰富学习形式，今年“七·一”，各级党组织要组织开展好“不忘初心、牢记使命”主题党日活动。

（二）要深入调查研究

各级领导班子成员要深入开展调研。集团公司领导班子成员要结合各自分管的工作和领域，带头开展调查研究，切实拿出解决问题的实招、硬招，针对混合所有制改革、大集体改革和高炉稳定顺行等问题，推动工作落实。要围绕贯彻落实党中央决策部署和习近平总书记关于东北、辽宁振兴发展的重要指示批示精神，围绕降本增效、提质增产、安全环保、节能降耗、市场营销、人资优化、风险管控以及多元产业协同发展等生产经营管理重点工作选准调研题目。调研要实实在在不要作秀。要加强调研成果运用，切实把调研成果转化为解决问题的具体行动、转化为改进工作的办法措施。集团公司领导班子成员要在学习调研基础上讲专题党课。主要负责同志带头讲，其他班子成员到分管领域或基层单位讲。

（三）要深刻检视问题

要对照习近平新时代中国特色社会主义思想和党中央决策部署，对照党章党规，对照初心使命，对照人民群众新期待，对照先进典型、身边榜样，找出差距和问题。各级领导干部要联系思想工作实际检视问题，各级领导班子要聚焦党的政治建设、思想建设、作风建设存在的突出问题进行检视反思。要防止以上级指出的问题代替自身查找的问题，以班子问题代替个人问题，以他人问题代替自身问题，以工作业务问题代替思想政治问题，以旧问题代替新问题。

（四）要坚决落实整改

要把“改”字贯穿始终，各级党组织要坚持边学边查、立查立改、即知即改。领导班子和领导干部要自觉地把自己摆进去，理清问题的根源及具体表现，找准发力点，有针对性地拿出具体整改方案。对各级领导班子和领导干部的整改方案，要全程跟踪管理，防止虎头蛇尾、久拖不决，纸上整改、虚假整改，防止以简单问责基层干部代替整改责任落实，防止以整改为名，层层填表报数，增加基层负担。

（五）要开展专项整治

习近平总书记指出，这次主题教育开展专项整治是一个重要抓手，全过程都要抓紧抓实。围绕党中央专项整治的 8 个重点问题、省委 10 个方面重点问题，本钢集团确定了 12 个方面的专项整治任务。各级党组织要严格按照省委和集团公司党委要求，抓好专项整治。主题教育结束前，要组织召开专题民主生活会，并确保民主生活会开出质量、开出效果。

## 三、强化领导，周密部署，努力确保主题教育扎实推进

这次会议之后，本钢集团“不忘初心、牢记使命”主题教育将全面展开。各级党组织要把组织开展好主题教育作为当前头等大事和重大政治任务严肃认真对待，务必加强组织领导，用情用心，确保主题教育扎扎实实开展。

一要加强领导，压实责任。按照省委要求，集团公司党委将成立“不忘初心、牢记使命”主题教育领导小组，负责主题教育的组织领导和有关重大问题的研究协调。各级党组织要全面扛起主题教育的主体责任，高度负责地抓好本单位的主题教育。党组织主要负责人要切实担起第一责任人的责任，带头干，亲自抓，负总责，保证有足够的时间、充沛的精力抓主题教育；班子成员要认真履行“一岗双责”。

二要领导带头，以上率下。各级党组织领导班子成员要以身作则、以上率下，充分发挥示范引领作用。各级领导干部要坚持高标准、严要求，在开展主题教育中走在前列、作出表率。要带头参加学习、带头调查研究、带头检视问题、带头整改落实。

三要加大宣传，掀起热潮。在《本钢日报》《今日本钢》电视、官方门户网站、OA 办公自动化系统、微信公众号等媒介开辟专栏专题，深入宣传解读中央和省委关于“不忘初心、牢记使命”主题教育的重要精神和部署要求，大力宣传主题教育的重要意义、主要任务，充分做好传统媒体与新媒体融合，通过线上线下相结合的宣传方式，大力宣传正面典型，宣传党员干部身边可信可学的先进人物，推广一批可复制可普及的好经验。同时，要深刻剖析反面典型，以案例明法纪、促整改，发挥警示作用。

四要求真务实，注重实效。各级领导干部要坚持问题导向，把自己思想摆进去、把职责摆进去、把工作摆进去，深刻查摆自身不足，深刻检视剖析存在问题。找出的问题要列成清单，逐项拿出有针对性的整改措施。要坚持统筹兼顾、协调推进，把开展主题教育同做好企业当前改革发展和生产经营各项工作结合起来，真正做到“两促进、两不误”。同时，这次主题教育集团公司党委还将把力戒形式主义、官僚主义作为重要内容，决不允许“忙忙碌碌做样子、热热闹闹走过场”。在此，我代表集团公司党委强调，对“作秀”“摆拍”等“花架子”“假把式”问题，将按照形式主义、官僚主义新表现严肃处理。为了确保主题教育真枪实弹、真材实料开展，集团公司党委将从领导干部自身素质提升、解决实际问题成效、群众评价反映等方面，客观评估主题教育效果，纳入工作实绩考核。各级党组织要加强制度建设，建立健全长效机制，使守初心、担使命成为本钢全体党员干部的自觉行动。

同志们，今年是新中国成立 70 周年，也是全面建成小康社会的关键一年。在这个特殊的年份，中央开展“不忘初心、牢记使命”主题教育，寓意深刻、意义重大。我们

要带着深刻感情去参与，带着政治责任去落实，确保主题教育取得看得见、摸得着的成效，用实际行动向党中央和省委交上一份优异的答卷！

# 在中共本钢集团有限公司一届六次全委（扩大）会议和纪委一届五次全委（扩大）会议上的讲话

陈继壮

各位委员、同志们：

今天我们连续召开了党委一届六次全委（扩大）会议和纪委一届五次全委（扩大）会议。汪澍同志代表党委所作的《党委工作报告》全面总结了集团公司党委2018年的工作，并在客观查找问题的基础上，明确了2019年党建工作思路和工作措施。陈铁同志代表集团公司纪委常委会作的纪委工作报告，对集团公司党风廉政建设和反腐败工作进行了全面总结和安排部署。这两个报告已经集团公司党委常委会审议通过，希望同志们根据报告精神，认真抓好贯彻落实。

习近平总书记曾在全国国有企业党的建设工作会议上强调，国有企业要想做强做优做大，加强和完善党的领导、加强和改进党的建设是根本、是保障。加强基层党建工作，是新时代全面从严治党、提高党的执政能力和领导水平的重要途径，也是国有企业深化改革、实现持续发展的内在要求。各级党委要充分认识加强基层党建工作的重大意义，站在筑牢党的执政根基、促进本钢集团振兴发展的高度，抓实、抓细、抓牢，并以抓基层党建工作的成效，引领企业核心竞争能力和经营管理水平持续提升。为了进一步检验我们基层党建工作的水平和效果，鼓励各基层党委之间横向交流、相互借鉴、取长补短，切实提高基层党务工作者抓基层党建工作的能力，更好地发挥基层党组织政治核心和领导核心作用，我们在领导干部年度述职的基础上，利用这次会议的机会，组织了基层党委书记抓基层党建工作述职。

在今天会议的第一阶段，七位党委书记围绕本单位工作实际进行了述职。大家实事求是地总结了过去一年抓党建工作取得的成果，认真查找了工作中存在的不足和差距，同时围绕贯彻落实本次会议精神和集团公司党委的总体安排部署，提出了今年工作的总体思路。这些述职体现了集团公司广大基层党委书记抓党建工作的责任与担当，也从不同侧面反映了集团公司基层党建工作的特色和水平。

2018年，集团公司党委在省委和省国资委党委的坚强领导下，认真学习贯彻习近平新时代中国特色社会主义思想和党的十九大精神，以中央和省委巡视反馈意见整改落实为契机，以前所未有的坚决态度和推进力度，切实狠抓了纪检监察组织派驻制管理、党组织研究重大问题前置、基层党组织巡视问题整改、落实全面从严治党巡察等重点工作，并围绕企业生产经营中心，扎实开展了“固元铸魂”“固本强基”工程和党员建功立业等活动。通过这些工作的推进，本钢集团党建工作取得了全新的进展和成效，为全面深化改革、推动企业发展提供了坚强的组织保障。各基层党委书记能够立足本钢集团改革发展大局，深刻领会抓好基层党建工作的极端重要性，对于每一项重点工作，都能够亲自安排部署、亲自督促检查、亲自抓好落实，效果非常显著。

北营公司党委围绕生产经营重点工作，通过深入开展“繁星工程”评比和“样板工程”选树等活动，有效将党建工作成果转化为强大的生产动力，成功实现钢坯产量逆势增长、钢材产量持续提升，降低生产成本和定额消耗 1.3 亿元，“抓党建、促生产”成效得到充分体现。矿业公司党委进一步深化党建工作与生产经营的有机结合，以推进“共产党员综合服务阵地”建设、打造基层旗帜党支部为途径，带动基层党建工作与生产经营水平双提升，完成铁精矿 737 万吨，超产 24 万吨。北钢公司党委严格履行主体责任，充分发挥纵览全局、协调各方的领导核心作用，全力推动企业转型升级，实现同比减亏 600 万元，企业发展态势稳定。国贸公司党委通过开展党建引领推动高质量发展活动，倡导全体党员干部积极抢抓“一带一路”政策机遇，进一步打造了“本钢形象”、树立了“本钢品牌”，汽车板等主要品种销量创历史新高，外贸出口再次位列国内钢企首位。集团公司机关党委以省委巡视整改为契机，努力夯实党建工作基础，创新党建工作思路，注重党员教育管理，机关党员队伍的思想政治素质、服务基层意识和党务工作水平切实得到改善。板材冷轧厂党委努力克服合并重组后地域、人员、文化等差异带来的影响，从组织体系建设、基层支部建设和三支人才队伍建设入手，积极开展党建项目化管理工作，引领生产经营迈上新台阶，完成产量 560 万吨、汽车板 166 万吨，创历史最好水平。建设公司党委结合企业实际，落实从严治党工作机制，聚焦查摆问题整改，持续发力、狠抓落实。积极构建和谐劳动关系，深入推进民主管理，历史遗留问题得到较好解决，企业呈现稳定发展的良好局面。

今天现场述职的七家党委，只是我们基层党组织抓好党建工作的部分代表。一年来，我们很多基层党委在深化企业党建、助力生产经营方面，都做出了特色、发挥了作用、取得了成效。比如：板材炼钢厂党委深入开展具有自身特色的“百名党员一带三”活动，全年党员提出科技和技术攻关合理化建议 705 条，带领广大职工较好地完成了产量、成本等工作任务，先锋模范作用得到充分发挥。北营焦化厂党委通过开展支部“三比两评”考核、创新“星级党员”和“星级员工”评选模式等手段，有效提升了党员职工群众积极参与生产经营建设的积极性。9 月份以来，焦炭日产量连续突破 7500 吨，创近五年最好水平。矿业贾矿党委秉承“抓好党建就是最大政绩”的工作理念，组织开展了“发动红色引擎、打造活力企业”等系列活动，出色地完成了全年生产经营任务，铁精矿产量实现历史性突破。新实业公司党委坚持把党建工作融入企业发展大局，通过开展党支部“结对共建”“互学互评”、创收创效立项攻关等活动，进一步丰富党内组织生活，发挥基层支部作用，创造经济效益 2000 余万元。还有很多基层党组织工作做得也很好，由于时间关系，在今天的会上就不一一点评了。

在肯定基层党建工作成绩的同时，通过去年中央和省委巡视反馈的问题，也要清醒地看到，我们的工作对照新时期党建工作的新要求、对照中央和省委巡视的新标准、对照职工群众的新期待，还有一定差距。集中表现为：有的对基层党建工作没有给予足够重视，没有把基层党建工作摆在重要位置，党建工作责任制落实不到位；有的基层党组织政治敏感性不强，对中央和省委巡视工作重视不够，巡视中发现的问题整改不彻底、效果不明显；有的党建工作与生产经营融合不好，党组织对生产经营的保障作用不突出，党组织战斗堡垒作用不强；有的党建工作基础不扎实，党建经费使用不合规，基层党支部、党小组组织生活不规范、记录不齐备，支部规范化建设对照标准还有一定差距。

对这些问题，我们要引起高度重视，在今后的工作中，认真加以解决。各基层党组织一定要树牢“四个意识”，坚定“四个自信”，做到“两个维护”，在思想上政治上行动上同党中央保持高度一致，做到思想上同心、政治上同向、行动上同频。在推进基层党建工作过程中，要扛起主责、抓好主业、当好主角，切实把基层党建工作抓具体、抓深入、抓到位，努力将每一个基层党组织都建设成为宣传党的主张、贯彻党的决定、领导基层治理、团结动员群众、推动改革发展的前沿阵地。

下面就贯彻落实本次会议精神，我提几点要求。

## 一、要把党建工作打造成本钢改革发展的“红色引擎”

党政军民学，东西南北中，党是领导一切的。坚持党的领导是国有企业的“根”和“魂”，健全现代企业制度和治理结构是国有企业的“形”和“神”。作为党领导的国有企业，我们要时刻牢记“国企姓党”，必须坚持把党的领导作为最重大的政治原则，旗帜鲜明地坚持和加强党的领导，坚守“国企姓党”政治本色，确保国有资本、国有企业始终牢牢掌握在党的手中。

一是保证改革发展的正确方向。不论是推进混合所有制改革还是我们内部的各项改革，既要坚持党的领导作用，维护党的领导在国企中的政治核心地位，又要主动适应深化企业改革和建立现代企业制度的新要求，主动适应党员职工队伍思想观念和利益诉求发生的新变化，坚持和完善“双向进入、交叉任职”的企业领导体制，规范企业重大问题决策程序，从制度上保证党组织领导核心和政治核心作用。

二是要认真解决实际问题。在坚持问题导向的同时，要坚持结果引导，避免党建工作陷入“为做而做”的窠臼，将解决问题与追求效果相统一，切实把党建工作引领力转化为改革发展推动力，不断把国有企业政治优势转化为发展优势，真正成为当之无愧的党和国家最可信赖的依靠力量。

三是要契合时代发展。要认真贯彻落实全面从严治党的新要求新部署，层层落实党建责任制，以提升组织力为重点，突出政治功能，把企业党组织建设成为宣传党的主张、贯彻党的决定、领导基层治理、团结动员群众、推动改革发展的坚强战斗堡垒。

## 二、把思想政治工作和意识形态工作放在更加突出的位置

最近，习总书记为第五批全国干部学习培训教材作序，再次强调要不断增强党的政治领导力。政治领导力在党的执政能力中居于首要位置，思想政治工作是经济工作和其他一切工作的生命线，要把思想政治工作同生产经营管理结合起来，把解决思想问题同解决实际问题结合起来。

一是重要导向旗帜鲜明。今年本钢的改革工作十分艰巨，面临百年不遇之重大变革，在这个过程中，各级党组织要大力倡导支持改革、拥护改革、参与改革的鲜明导向。要加强企业文化建设，以共同的梦想感

召人，以共同的目标激励人，以共同的文化凝聚人，同心同德推进本钢各项改革工作。

二是重要问题听取意见。班子成员要带头与党员领导干部谈心谈话，党支部书记要与党员和职工深入谈心，通过多种形式做好思想政治工作，让干部职工在各项改革举措实施前能够想通想透，在改革推进中和推进后能够安心工作。

三是重大事项及时通报。通过深入一线带头宣讲、召开职工大会、设立咨询电话、印发宣传提纲以及内刊内网、新媒体宣传等方式，通报重大事项、宣传相关政策。同时，要做好舆情的监控和反馈，确保职工对改革工作的看法、感受、建议等，及时准确的传达到集团公司层面，便于根据实际情况及时调整和完善。

## 三、持续强化干部和人才队伍建设，筑牢企业发展基石

在干部选拔任用上，要始终坚持总书记提出的“20 字好干部标准”和结合本钢实际的“四个注重”原则，坚持把政治标准放在首位，坚持德才兼备、以德为先，选优配强各级领导班子和干部队伍。

一是公开透明，公平公正选用干部。这是我们在选人用人过程中能够让职工信服的基本原则，除了规范的流程外，要充分接受职工监督，让干部的调整安排在阳光下运行，杜绝“暗箱操作”；同时，要全面客观考核评价干部，聚焦行业发展趋势和企业发展战略，根据岗位需要、结合考评结果，择优选拔政治过硬、德才兼备、专业能力强、综合素质高、忠诚干净担当的干部。二是育用结合，推进年轻干部队伍建设。注重培养专业能力、专业精神，增强干部队伍适应改革发展新形势、新需求的能力；以 MBA 培训班等方式为依托，实施优秀年轻干部系列培训和专项考察，储备一批高素质专业化年轻干部。三是创新机制，有效激发人才活力。我们要以“四定”工作的深入实施为抓手，建立优秀人才脱颖而出的有效机制，为企业做强做优做大提供坚强人才支撑。各级党组织也要善于辨才识才，为党员干部担当作为提供坚强后盾，为干事者鼓劲、为改革者撑腰，保护党员干部干事创业的积极性。

## 四、坚持全面从严治党，以党风廉政建设营造风清气正的环境

一是强化作风建设，驰而不息纠正“四风”，持之以恒巩固落实中央八项规定精神成果，看住重要节点，聚焦“关键少数”，真抓严管，防止反弹。二是坚持监督执纪从严，持续保持反腐败高压态势，切实推动反腐败斗争压倒性态势向压倒性胜利转化。建立健全纪检监察和巡察、督办等工作机构，强化重点领域监督管理，紧盯“关键少数”，严肃制度执行。三是强化责任追究，严肃执纪问责，对违规违纪问题早发现，露头就打、发现就查，该通报的通报，该处分的处分，决不能姑息迁就，切实保持违纪必究、执法必严的强大震慑。四是科学推动“四种形态”的实践运用，坚持严管和厚爱结合、激励和约束并重，纪检监察机关需要不断提高思想政治水平和把握政策能力，功夫用在日常，提升发现苗头性问题的能力，让干部感受到“严管就是厚爱”，实现惩治极少数、教育大多数的效果。

同志们，本钢的改革发展正处于重要战略机遇期，任务之重、矛盾风险挑战之多前所未有。在这船到中流浪更急、人到半山路更陡的关键时刻，需要我们在以习近平同志为核心的党中央坚强领导下，汇聚全体干部职工的智慧和力量，众志成城攻坚克难，同舟共济携手奋进，交出无愧于本钢百年基业的优秀答卷！

# 以十九大精神为引领　全面加强党的建设为企业经济运营改革发展提供坚强政治保证

## ——在中共本钢集团有限公司一届六次全委（扩大）会议上的工作报告

汪　澍

各位委员、同志们：

现在，我受集团公司党委常委会委托，向大会报告工作。

## 第一部分　2018 年工作总结

2018 年，本钢集团各级党的组织坚持以习近平新时代中国特色社会主义思想为指导，深入学习贯彻落实党的十九大精神，落实省委、省政府的决策部署，以党的建设引领企业改革发展工作，在省国资委的正确指导和本溪市委、市政府的大力支持下，坚持稳中求进工作总基调，全面落实新发展理念和“四个着力”“三个推进”，落实高质量发展要求，坚定不移全面从严治党，认真做好中央第六巡视组、省委第三巡视组反馈意见整改落实工作，集团主要经济指标实现较大幅度增长，企业扭亏增盈的良好态势得到巩固，盈利能力显著增强，发展质量不断提升，在党中央供给侧结构性改革和钢铁市场持续向好的有力支撑下，本钢集团驶上高质量发展快车道，为企业强力推进改革、实现战略突破、打造世界强企奠定了坚实基础。

一年来，我们主要做了以下几方面工作。

### 一、强化理论武装，坚定政治方向

一是强化政治思想引领。集团公司领导班子和各级党员干部深入学习习近平新时代中国特色社会主义思想和党的十九大精神，牢牢把握正确政治方向。全年，集团党委理论学习中心组集体学习 19 次。按季度下发《学习要点》及《各单位学习情况通报》。认真学习贯彻习近平总书记在辽宁考察时和在深入推进东北振兴座谈会上重要讲话精神，结合企业实际，全面开展“解放思想推动高质量发展大讨论”。12 月 6 日，本钢集团党委书记、董事长陈继壮在辽宁省委理论学习中心组学习主会场，作了题为《解放思想　锐意改革　奋力开创本钢集团卓越发展新局面》的发言。12 月 11 日，本钢集团党委书记、董事长陈继壮接受新华社辽宁分社专访，发表了《发挥国有企业应有价值　本钢集团以改革创新推动高质量发展》的报道。二是落实意识形态工作责任制。重新修订一系列意识形态制度性文件，成立了本钢集团党委意识形态工作分析研判小组，加强组织领导，层层传导压力，牢牢把握意识形态工作的领导权、管理权、话语权。开展形势任务教育活动，深化中国特色社会主义教育，弘扬践行“新时代辽宁精神”。6 月 28

日，本钢集团党委书记、董事长陈继壮在全省思想政治工作暨“新时代辽宁精神”发布电视电话会议主会场作经验介绍。10 月 19 日，省委宣传部、省国资委主办的“将改革开放进行到底”辽宁省百姓宣讲活动首次走进国有企业，在本钢集团不锈钢丹东公司举行宣讲。通过全方位、多渠道、宽领域地抓好理论武装工作，党员干部进一步增强“四个意识”，坚定“四个自信”，坚决做到“两个维护”。三是扎实推进“两学一做”学习教育常态化制度化。编制了《本钢集团“两学一做”学习教育常态化制度化材料汇编》，每季度制定下发《“两学一做”学习教育安排》，对各级党组织推进“两学一做”学习教育工作进行明确布置和具体安排。9 月至 11 月，举办了“本钢集团企业党建大讲堂”，邀请了中央党校陈曙光教授、杨丹教授，省委党校赵彦教授等知名专家，围绕“习近平新时代中国特色社会主义思想”“做好国企党建的具体做法”等 6 个方面课题进行培训。各级党组织也结合本单位实际，开展了多种形式的学习教育活动，使广大党员干部得到了更多的学习和教育，提高了政治觉悟，坚定了政治方向。

## 二、健全治理体系，狠抓责任担当

一是坚决落实政治责任。明确国有企业党组织在公司法人治理结构中的法定地位。按照中央精神和省委要求，在省国资委党委的具体指导下，完成了集团公司章程修订工作，明确了党组织的机构设置、党委职权、纪委职权，使党组织发挥领导核心和政治核心作用组织化、制度化，并积极推进各级子公司党建工作写入公司章程。贯彻落实省委“1571”、省国资委党委“121”基层党建总体工作思路，制定印发了《本钢集团加强基层党建重点任务三年工作规划（2018—2020）》，明确了加强基层党建的指导思想、工作目标、重点任务和保障措施。二是完善党委会决策机制。修订了党委会、董事会、总经理办公会的议事规则，建立了党委“三议一报告一执行”决策机制，明确了党委会研究讨论作为董事会、经理层决策重大问题的前置程序。三是推进履行主体责任。年初，围绕全面从严治党、党风廉政建设等工作，制定了《党委 2018 年工作要点》，召开党委一届五次全委（扩大）会议进行安排部署，重点督促基层党委认真履行党委主体责任、党委主要负责同志的第一责任人责任、其他党员领导人员“一岗双责”，推动党建工作责任落实。实施党组织自评、党员群众测评和上级党组织综合评定“三级评价”；6 个二级党委及下属党委全面开展了党委书记抓基层党建工作现场述职评议，有效促进了基层党建的主体责任意识。

## 三、强化载体建设，夯实党建基础

一是坚持加强党的领导。实施“党建引领振兴工程”，修订完善了“三会一课”、固定党日、民主评议等党内政治生活制度，推进 42 家基层党委开展了换届工作。二是推进党支部规范化建设。组织各级党组织深入学习贯彻《中国共产党支部工作条例（试行）》；实施“固本强基工程”，深入推进“共产党员之家”、建功立业活动和“共产党员先锋工程”，设立共产党员先锋岗 1111 个，评选表彰党支部规范化建设示范点 89 个。三是加强党员队伍建设。开展了以“重实干、强执行、抓落实”为主题的专题研讨，发扬求真务实、真抓实干的作风；积极完善党员信息管理系统，开展了党员分类管理试点工作。四是坚持人才驱动战略。全年随时招聘，落实安家费政策，招聘高校毕业生179人；开展了大连理工大学材料专业博士引进工作，聘请了中国科学院留美博士杨上陆为本钢技术研究院首席专家。推进公开竞聘，完成11个领导干部岗位公开竞聘。以本钢MBA培训班为依托，深化推进领导干部和优秀年轻干部培训。

## 四、创新体制机制，全面从严治党

一是实行纪检监察组织派驻制管理。成立了15个派驻纪检监察组，实现对集团78家单位的派驻监督全覆盖，开创了省属企业纪检监察组织实施派驻制管理的先河。二是组建党委巡察办。推进落实全面从严治党“两个责任”。首轮巡察4家单位，发现问题线索136条，达到了“发现问题、形成震慑”的目的。三是认真做好巡视整改工作。坚决贯彻中央和省委指示精神，对中央第六巡视组、省委第三巡视组反馈问题进行了集中整改落实。集团公司党委成立了工作领导小组，明确了时间表、路线图、任务书，强化跟踪问效和监督检查，做到件件有着落、事事有回音。在整改过程中，制定了49项整改推进清单，成立3个联合检查组和1个专项检查组，对98家基层党委落实整改情况进行督导检查。通过强化整改落实和成果运用，做好巡视“后半篇”文章，自觉把落实反馈意见作为推动工作、促进发展的重要动力，开创了改革发展的新局面。四是强化反腐倡廉教育。组织集团各级领导干部和重点岗位人员签订“廉洁自律承诺书”。围绕中央八项规定精神落实等，开展党风政风专项治理和整治，共给予党政纪处分110人。五是开展扫黑除恶专项斗争。认真贯彻关于扫黑除恶工作的指示精神，召开专题动员会议在全集团范围进行宣传发动，各级党委利用标语、条幅、板报等多种形式加大宣传，较好地完成了工作任务。

## 五、强化宗旨意识，担当社会责任

一是再次实现全员工资普调。在岗职工每月岗位工资及绩效工资最低增加300元。发展成果普惠职工，对正常履行劳动合同的职工发放国庆节效益奖，为2010—2017年招录的毕业生补发安家费共518.3万元。二是全面恢复启动全员疗养工作。安排职工疗养9500人、劳模疗养603人；提高医疗福利，保障职工健康，全年完成职工健康体检4.9万人次。三是实施精准扶贫，依档施助，困难职工人数减少410人。持续开展两节“送温暖”活动，全年发放救助款物808万元。四是全力推进职工停车场建设、大学生公寓改造、职工食堂综合整治、供暖温度达标、职工浴池管理以及开通职工热线的“5+1”民生工程。厂区新增停车场17个、停车位1036个；投入180多万元对大学生公寓进行改造和修缮，保障公寓供暖温度达标；投入200余万元对食堂进行改造，改善就餐环境和就餐质量。五是做好定点扶贫攻坚工作。选派20名优秀干部，到全省7个县（市）的11个乡（镇）17个村开展工作，为贫困乡村修桥4座，修路20余公里，引进扶贫项目资金400余万元，做出了积极贡献。

一年来，各级党组织积极支持工会、共青团、武装保卫、科协统战等群团组织独立自主开展工作，凝聚了人心，鼓舞了士气，树立了本钢人的良好形象。回顾总结一年来的工作，虽然取得了一定成绩，但与上级要求相比还存在一些问题和差距。一是学习贯彻习近平新时代中国特色社会主义思想和党的十九大精神不系统、不深入。各级党组织学习贯彻的力度还不够大、不够扎实，与实际工作的结合还不够紧密。部分基层党组织存在学用“两张皮”现象，用习近平新时代中国特色社会主义思想指导自身改革发展的积极性和主动性还不够。二是部分基层党组织没有将党建工作摆到首要位置，在处理抓党建和抓生产经营的关系上，存在“重业务、轻党务”倾向。部分领导干部对党建工作重要性认识不足，对党建工作热情不高、工作不实，认为生产经营是硬指标，党建工作是软任务，致使部分单位抓党建工作被动应付，起色不大。三是全面从严治党还存在宽松软，部分党委书记第一责任人的职责履行还不全面，对严肃组织生活的重要性认识还有不足，基层党建工作缺少压力和动力。在巡视整改过程中，督促检查仍有差距，“当下改”和“长久立”相结合还不够，“主动抓、带头抓、直接抓”的责任意识还需加强。以上问题，必须引起我们各级党组织的高度重视，认真研究加以解决。

## 第二部分　2019 年工作安排

2019 年，是本钢集团全面贯彻落实习近平总书记在辽宁考察时和在深入推进东北振兴座谈会上重要讲话精神，坚持以供给侧结构性改革为主线，落实高质量发展要求，贯彻新发展理念和“四个着力”“三个推进”，坚定不移深化改革，抢抓机遇创新突破，倾力打造具有世界竞争力的一流企业集团的重要一年。

当前，国内外形势正在发生深刻复杂变化，当今世界面临百年未有之大变局，中国特色社会主义进入新时代，辽宁开启了全面振兴、全方位振兴新征程。面临大变局，走进新时代，迈上新征程，既有机遇，又有挑战，本钢集团各级党组织要思全局、观大势、谋方略，牢牢把握重要战略机遇期新内涵，认清新形势，明确新任务，扛起新使命，努力把企业的工作做好，把本钢集团的事情办好，齐心协力把本钢建设成为让职工有自豪感，让竞争对手有压力感，让用户有依赖感，让社会充满敬意的新本钢，在辽宁全面振兴、全方位振兴中干在实处、走在前列。

2019 年，本钢集团党建工作指导思想是：坚持以习近平新时代中国特色社会主义思想为指导，全面贯彻党的十九大和十九届二中、三中全会精神，全面贯彻落实习近平总书记在辽宁考察时和在深入推进东北振兴座谈会上重要讲话精神，贯彻落实全国国有企业党建工作会议精神，贯彻落实省委、省国资委党委工作部署，贯彻落实中央和省委有关巡视工作安排，坚持和加强党的全面领导，坚持党要管党、全面从严治党，以党的政治建设为统领，全面推进党的政治建设、思想建设、组织建设、作风建设、纪律建设，坚持稳中求进工作总基调，坚持新发展理念，推动企业党建和企业经营双双实现高质量发展，以优异成绩向中华人民共和国成立 70 周年献礼。

### 一、坚持把党的政治建设摆在首位，永葆共产党人政治本色

旗帜鲜明讲政治是我们党作为马克思主义政党的根本要求。一是本钢集团各级党组织、全体党员，要认真学习贯彻《中共中央关于加强党的政治建设的意见》，高举中国特色社会主义伟大旗帜，全面贯彻党的十九大精神，坚持以马克思列宁主义、毛泽东思想、邓小平理论、“三个代表”重要思想、科学发展观、习近平新时代中国特色社会主义思想为指导，坚持党的基本理论、基本路线、基本方略，落实新时代党的建设总要求，增强“四个意识”，坚定“四个自信”，坚决做到“两个维护”。二是各级党组织、全体党员，一定要把准政治方向，坚持党的政治领导，夯实政治根基，涵养政治生态，

防范政治风险，永葆政治本色，提高政治能力，把对党忠诚、为党分忧、为党尽职、为职工群众造福作为根本政治担当，把企业党组织建设得更加坚强有力，为实现企业高质量发展提供坚强政治保证。

## 二、坚持用习近平新时代中国特色社会主义思想武装头脑、指导实践

思想建设是党的基础性建设。一是强化党员干部理想信念教育。要弘扬马克思主义学风，继续推进“两学一做”学习教育常态化制度化，加强党委理论学习中心组学习和党支部学习，把心思用在干事业上，把工夫下到察实情、出实招、办实事、求实效上。二是强化全体党员理想信念教育。要扎实推进“学习强国”平台应用，号召广大党员加强学习，用党的政治理论武装头脑、指导实践、推动工作、增强本领、提升能力，更加自觉地为实现新时代党的历史使命不懈奋斗。三是强化职工群众理想信念教育。要发挥传统媒体、新兴媒体作用，利用宣讲、班前会等不同方式，推动学习进厂矿、进作业区、进班组、进岗位，切实把总书记和党中央对辽宁的深切关怀转化为推动本钢改革发展的强大动力。四是做好意识形态工作。本钢集团各级党组织要建立健全意识形态工作责任制，坚持党管宣传、党管意识形态、党管媒体，把意识形态工作的领导权、管理权、话语权牢牢掌握在党组织手中。

## 三、建设高素质专业化干部队伍，构建大人才队伍管理体系

干部和人才是事业发展的中坚力量，我们要突出抓好干部队伍和人才队伍建设。一是坚持党管干部原则，坚持德才兼备、以德为先，坚持五湖四海、任人唯贤，坚持事业为上、公道正派，把好干部标准落到实处。二是坚持正确选人用人导向，匡正选人用人风气，畅通选人用人渠道，突出政治标准，要坚持“注重人品、注重业绩、注重基层、注重学历”的四个注重用人导向，从推进本钢振兴发展大局出发，正确把握企业发展需要和干部成长进步的关系，选优配强各级领导班子。三是注重培养专业能力、专业精神，切实增强干部队伍专业素养。要注重选配适应企业发展新常态，具有专业思维、专业素养、专业方法的干部。四是大力发现储备年轻干部。要注重在基层和艰苦地方培养锻炼年轻干部，加大后备干部跨专业、跨单位的交流力度。要加强政治训练、政治历练。要把理想信念教育、知识结构改善、能力素质提升贯穿干部成长全过程。五是坚持严管和厚爱结合、激励和约束并重，要完善干部考核评价机制和日常管理监督，建立激励机制和容错纠错机制，既要旗帜鲜明为那些敢于担当、踏实做事、不谋私利的干部撑腰鼓劲，又要严格控制干部职数，加大追责问责力度，推进干部能上能下。六是构建大人才队伍管理体系。要用好用足现有人才，优化人才成长环境，完善优秀高校毕业生职业规划。要科学设计 MBA 培训班学员构成，注重选拔培养有潜力的复合型人才。要适度加大人才引进力度。

## 四、全面贯彻新时代党的组织路线，切实加强基层党组织建设

党的基层组织是确保党的路线方针政策和决策部署贯彻落实的基础。一是组织开展“不忘初心、牢记使命”主题教育，着力推动党员干部特别是领导干部忠诚于党、忠诚于人民、忠诚于马克思主义信仰，确保习近平总书记重要指示批示、党中央决策部署在本钢落实落地。要发扬艰苦奋斗、求真务实、真抓实干作风，在推进本钢改革发展中展现新气象新作为。二是全面贯彻新时代党的组

织路线，集团党委下发了《本钢集团关于全面贯彻新时代党的组织路线的实施意见》（钢委发〔2018〕69号）和分工方案，各级党组织要认真贯彻落实文件精神，要确保各项工作任务落到实处、取得实效。三是落实《中国共产党支部工作条例（试行）》，各级党组织要围绕学习贯彻条例认真组织开展“大学习、大检查、大规范、大提升”活动。结合“四定”机构改革和党委换届工作，及时完善基层党组织体系、调整党的组织设置、健全领导体制、配齐党务力量、理顺隶属关系、明确职责职能，实现党的基层组织建设全覆盖。四是严格党的组织生活制度，要坚持和落实“三会一课”、民主生活会和组织生活会、谈心谈话、民主评议党员、党日、双重组织生活、请示报告、经常性提醒批评等制度，要加强分类指导，强化日常管理，确保党的组织生活经常、认真、严肃。五是丰富党建工作载体，要坚持深入推进“共产党员先锋工程”，用好“共产党员先锋岗”“共产党员突击队”“共产党员先锋工程项目”等实践载体，组织开展庆祝建国70周年系列活动，号召广大党员在企业生产经营和改革发展的主战场上凝心聚力、履职尽责、发挥作用。

## 五、加强作风建设和反腐败斗争，营造干净、干事、风清气正的政治生态

凡是群众反映强烈的问题都要严肃认真对待，凡是损害群众利益的行为都要坚决纠正。一是把巡视整改作为今后一个时期的重大政治任务，坚决贯彻省委指示精神，切实提高政治站位，认真抓好巡视整改“后半篇文章”，做好迎接巡视“回头看”准备。在集中整改转入常态化阶段后，继续严格对照中央和省委巡视反馈意见和整改落实工作方案抓好后续整改工作。二是严格落实党风廉政建设责任制，各级党组织书记要担负起党风廉政建设第一责任人职责，班子成员要认真履行党风廉政建设“一岗双责”，党委巡察、纪检监察部门要认真履行监督职责。要加大反腐倡廉教育力度，以案明纪，督促领导干部知敬畏、存戒惧、守底线。要充分运用监督执纪“四种形态”，集中力量重点查处顶风违纪问题，严肃追责问责。三是在党员干部中继续加强“强素质、转作风、重品行、做表率”为主题的作风建设。要牢记清廉是福、贪欲是祸的道理，树立正确的权力观、地位观、利益观，任何时候都要稳得住心神、管得住行为、守得住清白。干部干事创业要树立正确政绩观，有功成不必在我的精神境界、功成必定有我的历史担当。

## 六、坚持党对国有企业的领导，稳步推进企业实现高质量发展

坚持党对国有企业的领导是重大政治原则，必须一以贯之；建立现代企业制度是国有企业改革的方向，也必须一以贯之。一是强化党的领导融入公司治理。要坚持“三议一报告一执行”制度，坚持党的民主集中制原则，完善企业党委议事前置程序，完善“双向进入、交叉任职”的领导体制，进一步厘清党委会、董事会、经理层的权责边界，规范“三重一大”等重大事项决策程序、方式和内容，实现科学决策、民主决策、依法决策。要充分发挥党组织的领导核心和政治核心作用，强力推进企业改革，坚决破除一切不合时宜的思想观念和体制机制弊端，突破利益固化的藩篱，强化顶层设计，坚持系统推进，实现重点突破，全面激发企业的发展活力。二是加强对群团工作的领导。工会组织要强化维权职能，拓宽职工需求表达渠道；要大力弘扬新时代劳模精神、劳动精神、工匠精神，不断加强本钢职

工文化建设；要以劳动竞赛、技术创新、技能大赛、技术培训为载体，全面提升职工技术素质。共青团组织要坚持“服务企业、服务青年”，激发青年干事创业的工作热情。各级党组织要支持科协统战、武装保卫等各级组织独立自主开展工作，努力维护企业的和谐稳定。三是实现改革发展成果共享。要把增进员工福祉、满足职工群众对美好生活的更高需求，作为企业改革发展的努力方向。要针对职工普遍关注的劳动工资、技术培训、带薪休假、健康疗养、停车通勤、餐饮洗浴、体育健身、普惠福利等基本民生问题，加大投入力度，切实加以解决。

各位委员、同志们，奋斗创造历史，实干成就未来。让我们更加紧密地团结在以习近平同志为核心的党中央周围，高举中国特色社会主义伟大旗帜，以习近平新时代中国特色社会主义思想为指导，在省委、省政府的正确领导下，在省国资委的正确指导和本溪市委、市政府的大力支持下，全面加强党的建设，坚定不移深化改革，抢抓机遇创新突破，倾力打造具有世界竞争力的一流企业集团，以优异成绩向中华人民共和国成立70周年献礼！

# 坚定不移深化改革　持之以恒正风肃纪<br>为推动本钢集团高质量发展提供坚强政治保证

## ——在本钢集团纪委一届五次全委（扩大）会议上的工作报告

陈　铁

各位委员、同志们：

现在，我代表一届本钢集团有限公司纪委常委会向第五次全委（扩大）会议报告工作，请予审议。

这次会议的主要任务是：深入学习贯彻习近平新时代中国特色社会主义思想，学习贯彻中央纪委十九届三次全会及省、市纪委全会精神，总结2018年工作，部署2019年纪检监察工作任务。一会儿，集团党委书记、董事长陈继壮同志还要做重要讲话，我们要认真学习领会，坚决贯彻落实。

### 一、2018年工作回顾

2018年是全面贯彻党的十九大精神开局之年，集团纪委在上级纪委和集团党委正确领导下，以习近平新时代中国特色社会主义思想为指导，全面贯彻落实党的十九大，十九届二中、三中全会精神和十九届中央纪委历次全会精神，按照上级纪委和集团党委的工作部署，深入推进全面从严治党，深化纪检监察体制改革，不断推进集团党风廉政建设和反腐倡廉工作向纵深发展。

（一）以开展党委巡察工作切实加强党内监督

经集团党委研究同意，2018年7月组建了党委巡察办。巡察办自组建以来以上级巡视工作条例为遵循，结合集团实际，先后研究制定了《本钢集团公司党委巡察工作实施办法（暂行）》等4个工作制度和14个业务规则，为更好地开展巡察工作，进一步健全和完善党内监督体系，推进落实全面从严治党“两个责任”提供了制度上的保证。

首轮巡察工作对板材公司检化验中心、板材公司储运中心、本钢修建（维检）公司、本钢冶金渣公司等4家单位进行巡察，发现问题线索136条，其中重点人问题线索9条，向集团公司纪委移交问题线索15条，形成整改意见、建议208条，目前被巡察单位正在针对问题认真进行整改。首轮巡察达到了“发现问题、形成震慑”的目的，巡察工作取得了明显成效。

（二）以深化纪检监察体制改革推进全面从严治党

为进一步推动全面从严治党向基层延伸，按照上级纪委不断推进纪检监察体制改革的要求，结合集团改革发展实际情况，按照《中国共产党党章》和《中国共产党党内监督条例》的有关规定，经集团党委同意，从2018年8月开始对集团所属设立党委的单位实行纪检监察组织派驻制管理。共成立15个派驻纪检监察组，实现对除北钢公司、综合公司及改制单位以外的集团82家单位的派驻监督全覆盖。经过半年来的运行，派驻纪检组能够认真履行职责，发挥“派”的权威和“驻”的优势，监督成效初显。

（三）以强化廉洁宣教筑牢拒腐防变的思想防线

一年来，集团纪委强化预防为主的思想，立足教育为先，利用正反两方面教育资源，开展多种形式反腐倡廉教育。一是组织签订廉洁自律承诺书。2018年共组织集团各级领导干部和重点岗位人员签订“廉洁自律承诺书”共计7587份。二是加大警示教育力度。组织召开“本钢集团传达省（中）直企业党风廉政建设和反腐败工作会议精神暨典型案例警示教育大会”，向集团所属各单位传达了省国资委有关会议精神，并通报了包宏案的情况。三是开展党风教育。9月，在辽宁省警示教育基地对去年以来新提任的领导干部和纪检监察干部共计120余人开展党风教育，打好领导岗位廉政“预防针”。四是组织观看廉政小品小戏。组织处级以上干部和基层单位主要科室负责人及重点岗位工作人员近1000人观看廉政小品小戏，通过喜闻乐见的形式，使反腐倡廉教育更加入脑入心。五是持续加强宣教阵地建设，每周在《本钢日报》上刊发“廉政之声”专版；录制并在“今日本钢”电视专栏播发了《中国共产党纪律处分条例》专题宣教片“纪委书记讲纪律”12期；组织进行纪检监察理论研讨，对其中优秀论文进行了宣讲和表彰。

（四）以“零容忍”的态度保持惩治腐败高压态势

在纪律审查工作中，一是集中精力重点查处损害企业利益、侵占职工利益和国有资产流失等方面案件。二是及时受理司法机关移送案件，在以其判决、裁定、决定书和认定的事实为依据的状况下，严格按照党政纪案件的处理程序，在处分的定性、量纪上做出恰当处理。三是严把干部选拔任用“党风廉政意见回复”关，及时核查掌握反映领导干部问题线索，实事求是评价干部廉洁情况，为相关部门提供客观准确的考核评定依据，2018年，共为集团公司有关部门出具干部廉政审核意见255份。

2018年，集团纪委共受理各类举报596件（次），立案110件，给予党政纪处分110人，其中：处级及以上干部35人，科级干部42人，其他人员33人。

（五）以集团重点工作为中心深入开展综合督察

围绕集团公司重点工作，不断加大工作力度，以问题为导向，有步骤、有重点地开展督察工作。

党风政风专项治理方面。一是在节日等特殊时间节点，明确纪律要求，并进行专项检查。二是开展处级干部家属经商办企业情况专项治理工作。对存在问题的有关人员进行了谈话，并即时进行整改。三是开展办公用房和公务用车专项治理工作。对集团所属二级单位、三级单位的所有办公用房和公务用车情况进行了查纠，对存在的问题进行认真整改。四是开展领导干部廉洁专项整治。按照省国资委党委要求，认真组织开展省属企业领导人员廉洁从业专项整治工作，取得了预期效果。五是开展利用名贵特产类特殊资源谋求私利问题专项整治工作。按照省纪委及省纪委驻省国资委纪检组要求，对集团管控处级以上干部、基层单位领导班子和重点岗位工作人员进行了认真排查。

行政监察方面。一是对人员的招聘、晋级工作进行行政监察，监察重点为招聘人员和评委的履职情况。二是强化对招标采购工作的监察，针对发现的问题及时提出意见和建议，降低采购成本、维护企业利益。三是积极推进集团陈欠款清欠工作，集聚集团公司部门和基层单位的力量，全年清回外部债务资金 1.1 亿元。

（六）以高度的政治责任感完成上级交办重点任务

2018 年，集团纪委在做好常规工作的基础上，认真组织落实上级纪委和集团交办的重点工作任务。

一是持之以恒落实中央八项规定精神，根据省纪委主要领导就本钢集团落实中央八项规定精神不到位问题提出的工作要求，集团纪委按照集团党委的工作安排，组织召开了本钢集团落实中央八项规定精神教育大会，并对各单位落实会议要求情况进行了专项检查，将压力向基层传导。二是认真高质量完成了省委巡视工作任务，得到了巡视组的高度认可。巡视反馈移交问题线索经过认真核查共给予党政纪处分 47 人，其中处级干部 19 人；诫勉谈话 19 人。三是按照省纪委和集团党委的安排部署，完成了中央巡视反馈意见的整改落实工作。四是传达省纪委宣传部下发的《忏悔与剖析》警示材料。传达过程中，严格按照省纪委要求，既保证传达到位又保证不失密。五是按照省纪委的要求，继续组织开展“学条规、提能力、促规范”岗位练兵活动，在省纪委“学、提、促”知识竞赛决赛中，集团选派的业务骨干代表省属企业获得了第四名的好成绩。

（七）以“严”和“实”为立足点不断加强队伍建设

按照习近平总书记“打铁必须自身硬”的要求，集团纪委抓住能力建设这个关键，加强业务培训，通过“走出去、请进来”，不断提高纪检监察干部理论水平和工作能力。一是为适应新体制和新要求，举办了为期近一个月的纪检干部培训班，邀请市纪委的主要室主任和市委党校知名教授为纪检干部授课，使集团纪检监察干部队伍素质得到了提升。二是集团纪委共有五名同志先后被借调到省纪委，参与大要案的办理，拓宽了眼界，提升了能力，带回了经验。

尽管 2018 年工作取得了一定的成效，但是还存在着一些问题和不足。一是尽管集团党委、纪委三令五申，违反中央八项规定精神问题仍有发生，个别基层单位还存在压力传导不到位的问题；二是个别纪检监察干部业务能力还有待进一步提高；三是党委巡察工作发现问题的能力还需进一步提升；四是派驻监督还需深入地思考和探索，这些问题都需要在今后的工作中高度重视，并采取有效措施加以解决。

## 二、2019 年重点工作

2019 年是新中国成立 70 周年，也是进一步深化改革推动本钢集团高质量发展的关键之年。集团各级纪检监察组织要紧紧围绕集团改革发展大局，协助集团党委推进全面从严治党向纵深发展，着力营造本钢集团政治生态的“绿水青山”。2019 年纪检监察工作的总体要求是：以习近平新时代中国特色社会主义思想为指导，全面贯彻落实党的十九大，十九届二中、三中全会精神和中央纪委历次全会精神，不忘初心，牢记使命，增强“四个意识”，坚定“四个自信”，践行“两个维护”，忠实履行党章赋予的职责，持续深化“三转”，以党的政治建设为统领，围绕集团公司生产经营中心工作，协助集团党委推进全面从严治党，健全完善监督体系，一体推进不敢腐、不能腐、不想腐，积极营造风清气正的政治生态，为推动本钢集团高质量发展提供坚强政治保证。

（一）以改革力量引领全面从严治党向纵深发展

2018 年，集团完成了党委首轮政治巡察和纪检监察组织派驻制管理的初步改革任务，2019 年，将继续推动巡察监督与派驻监督的联动机制，使派驻的“探头”作用与巡察的“利剑”作用形成合力，推进集团全面从严治党向纵深发展。

1. 推进党委巡察工作落细落实

2019 年，巡察工作将以《本钢集团公司党委巡察工作规划（2018—2022 年）》为遵循，统筹安排常规巡察、专项巡察，贴近集团生产经营实际，紧抓职工群众反映强烈的重点问题，组织开展 5 轮巡察。聚焦全面从严治党，突出问题导向，紧扣六大纪律，着力发现：基层单位在选人用人方面存在的任人唯亲、跑官要官、“带病提拔”、工作程序不规范的问题；基层单位在资金管理、资产处置、资源配置、资本运作和工程项目等方面存在的损害企业利益、“吃里扒外”的问题；基层单位办事不公、弄虚作假、私设“小金库”等侵害职工利益的问题。强化巡察整改标本兼治的战略作用，加大巡察整改监督力度，把“当下改”和“长久立”结合起来，做好巡察“后半篇文章”，让整改成果真正落地生根，持续释放巡察震慑力。

2. 提高派驻监督全覆盖质量

2018 年，集团纪检监察体制改革成果初现，2019 年集团纪委将进一步深入推进纪检监察体制改革工作，最大限度发挥派驻监督效应，提升全面从严治党成效。

一是准确把握职责定位。当前，一些基层党组织还存在党风廉政建设工作不知道谁来干、怎么干的问题，有的局限于开会、讲话、签责任书“三个样板动作”，监督检查多而不深。要实现有力有效开展日常监督，各级党组织要切实把全面从严治党主体责任扛在肩上、抓在手上，要加大对党员干部反腐倡廉的宣传教育，通过多种形式把纪律要求送到耳边、送到心上；要加强对党员干部的日常监督管理，对苗头性问题或轻微违纪问题，灵活运用组织约谈、通报批评等方式，早发现、早处置；要严肃党内政治生活，通过开展经常性的批评与自我批评，将“红脸出汗、咬耳扯袖”落实到日常工作和组织生活中，推动党内政治生活严起来、实起来。派驻纪检组要准确把握政治监督职责定位，督促驻在单位党组织担负起管党治党政治责任，及时向驻在单位通报日常监督发现的普遍性、苗头性或突出问题；经常与党组织负责人就作风建设、廉洁风险等交换意见，提出监督建议；定期与党组织专题研究全面从严治党和反腐败工作等，形成监督与接受监督的浓厚氛围和良好习惯。

二是探索派驻机构作用发挥的有效途径和方式。派驻纪检组要充分发挥派驻监督近距离、全天候、常态化优势，将优势转化为效能，迈开步子，扑下身子，延伸监督触角，拓宽监督渠道，升级监督手段，激活从严治党“神经末梢”。要把日常监督作为基本职责，综合运用参加会议、深入调研、专项检查、约谈提醒等方式，紧盯落实“主体责任”这个牛鼻子，擦亮“探头”，脑门子、耳根子、账本子、钱袋子都需要管，以实际行动让群众感受到纪检监察工作就在身边。

（二）以震慑力量打造风清气正内部环境

2019年集团纪委将继续坚持反腐无禁区、全覆盖、零容忍，有力削减存量、有效遏制增量，强化纪律审查的震慑作用，营造风清气正的政治环境和廉洁从业的政治生态。

1. 保持纪律审查高压态势

中央纪委十九届三次全会做出明确部署，要“坚决惩治腐败，巩固发展压倒性胜利”。2019年，集团纪委将继续保持纪律审查的高压态势，确保问题线索处置率100%。不断加大综合督察力度，对集团生产经营关键环节、重要领域强化监管。并要在靶向治疗、精确惩治上下工夫，聚焦近年来职工群众关心关注的问题进行整治，重点是下大力气查处违反中央八项规定精神问题；下大力气查处发生在职工群众身边的腐败问题，力争用1~2年的时间从根本上清除违规发放、侵占职工工资奖金福利的问题，把更多的获得感和幸福感还给职工群众，让职工群众共享全面从严治党的成果。

2. 严肃查处违反中央八项规定精神问题

违反中央八项规定精神问题是当前职工群众深恶痛绝、反映强烈的问题，集团纪委将以永远在路上的冷静清醒和坚韧执着，把监督检查各单位贯彻落实中央八项规定精神情况作为重要政治任务，把握重要时间节点，抓住“关键少数”，一个节点一个节点坚守，“在坚持中深化，在深化中坚持”。对不收敛不知止、顶风违纪违反中央八项规定精神的，特别对在党的十九大后仍屡教不改的，依规依纪从重处理，点名道姓公开曝光，持续释放“越往后执纪越严”的强烈信号。

同时各级党组织、纪检监察组织要清醒地认识到“四风”问题具有反复性、顽固性，依然未绝，并有了新形式的变异。要发扬钉钉子精神，咬住不放、驰而不息一抓到底。今年是集团改革发展进入攻坚的关键之年，要着力对端着架子、脱离群众的“背手”干部；发号施令、纸上谈兵的“挥手”干部；走马观花、工作推脱的“甩手”干部严肃追责问责，让“三手”干部没有市场，才能留给真抓实干的好干部更多的空间。

3. 提升“四种形态”的运用水平，深化标本兼治

集团各级纪检监察组织要认真执行《中国共产党纪律处分条例》，注重抓早抓小，使监督常在、形成常态，要按照上级纪委要求贯通运用监督执纪“四种形态”，对于积极配合组织调查、认错悔错态度好的，可以给予从轻处理。坚持把问题线索处理作为监督的重要手段，加强综合分析研判，强化集中管理、分类处置、定期清理，确保规范科学、优质高效。注重谈话和函询相结合，加大对函询结果抽查核实力度，提升函询时效。扎实做好初步核实工作，对具有可查性的问题线索快查快办，快审快结。探索规范署实名信访举报件办理反馈制度，减少重复举报和越级举报的发生。运用好案管大数据分析，认真研究案件背后的深层次、普遍性问题，为执纪审查提供前瞻性判断依据；查

找制度漏洞、监管盲点，有针对性提出纪检监察建议，为集团加强生产经营全链条廉政风险防控提供趋势性研判意见。坚持集团纪委统一审理制度，严格遵照“二十四字”方针，防止依据不明、适用不当、尺度不准，做到对党负责、对当事人负责、对历史负责。确保党纪政纪处分决定执行事项全面落实到位，从纪律处分决定的送达、宣布、归档、降低职级待遇、违纪财物的收缴（没收）、解除行政处分等多方面入手，防止纪律处分决定执行“打白条”，维护纪律处分的权威性和严肃性。树立“没有安全就没有审查调查”的理念，强化执纪审查安全监管，坚决守住安全底线。

（三）以思想力量涵养忠诚干净担当人文氛围

集团纪委将进一步加强廉洁宣教，引导党员领导干部树立廉洁自律“风向标”，增强拒腐防变的“免疫力”，铸就忠诚干净担当的政治品格。

各级党组织要持续推进“两学一做”学习教育常态化制度化，把深入学习贯彻党的十九大精神作为主要政治任务，在学懂弄通、学深悟透上持续发力，切实把学习成果转化为坚定的理想信念，转化为干事创业的思想自觉和行动自觉。

各级党组织要积极探索工作的新方法、新思路，突出重点，以开展上廉政党课、党纪条规知识竞赛、廉洁从业书画展、参观警示教育基地等活动为载体，推动党风廉政宣传教育工作不断取得新进展、新成效。集团纪委要加大警示教育力度，注重运用好集团内部案例资源，坚持用身边事教育身边人，使广大党员干部特别是领导干部引以为戒，真正受警醒、明底线、知敬畏，筑牢党员干部拒腐防变思想道德防线。

针对那些勇于干事创业，不是主观故意谋取私利，出于公心为干好工作而出现失误的干部，集团将探索健全干部担当履职容错免责机制，对受到诬告陷害的干部要及时予以澄清，以切实行动释放出“为担当者担当、为负责者负责”的鲜明信号，为真正干事创业的党员干部在思想上和行动中减少“后顾之忧”，形成激浊扬清、干事创业的良好政治生态。

（四）以责任力量推动纪检干部队伍建设

习近平总书记在中央纪委十九届三次全会上对纪检监察机关和纪检监察干部寄予殷切期望，提出明确要求。本钢广大纪检监察干部一是要加强政治建设引领，坚决做到三个“一以贯之”，能够以真管真严、敢管敢严的态度直面问题，碰到问题不回避，面对大是大非敢于亮剑。集团纪委要加大对纪检监察干部的培训、培养力度，不断增强党性修养和履职能力，打造想干事、能干事、会干事的纪检铁军。二是要加强作风建设，做纪律规矩的模范执行者。监督执纪权是党和人民群众赋予纪检监察干部的神圣职权，广大纪检监察干部行使权力要慎之又慎，自我约束要严之又严。要严格遵守中央八项规定精神，不搞特权，力戒形式主义、官僚主义。要谦虚谨慎、踏实干事，不能口大气粗、盛气凌人。特别是派驻纪检组代表集团纪委在职工群众身边近距离行使监督职能，在工作作风上必须有更高标准。要熟悉驻在单位业务和运转情况，提升派驻监督管理质量水平。对不认真履职，有失职渎职行为、驻在单位出现集中腐败问题的，要严肃问责。同时，要加大保障力度，主动排忧解难，不断增强派驻纪检组干部的归属感、荣誉感、使命感。三是要严防“灯下黑”，不断加强自我监督。要充分认识监督权是一种公共权力，理应受到更加严格的监督。依据上级纪委有关规定，集团纪委制定了《本钢集团纪委（监察部）监督执纪监察工作规程（试行）》，进一步规范纪委内部各项工作流程，从制度层面把监督执纪权力关进制度的笼子。同时，2019年纪检监察干部监督管理工作要进一步深入研究，切实发挥效用，坚持刀刃向内，要经常打扫庭院，清除害群之马。对私存线索、跑风漏气、违反安全保密规定，接受请托、干预审查、以案谋私、办人情案的，严肃追究责任，确保“惩恶扬善的利剑永不蒙尘”。

“好风凭借力，扬帆正当时”。同志们，目标已经明确，关键在于落实。让我们紧密地团结在以习近平同志为核心的党中央周围，在上级纪委和集团党委的坚强领导下，不忘初心、牢记使命，聚焦主责主业、忠诚履职尽责、勇于担当作为，为推动本钢集团实现高质量发展提供坚强政治保证。

# 不忘初心牢记使命　锐意改革创新突破 努力开创本钢集团高质量发展新局面

## ——在本钢集团有限公司一届四次职工代表大会暨2020年经济工作会议上的工作报告

（2019年12月20日）

汪　澍

各位代表、同志们：

现在，我代表集团公司向大会报告工作，请予审议。

## 第一部分　2019年工作回顾

2019年，本钢集团坚持以习近平新时代中国特色社会主义思想为指导，深入开展“不忘初心、牢记使命”主题教育，全面贯彻落实习近平总书记在辽宁考察时和在深入推进东北振兴座谈会上重要讲话精神，落实省委省政府的决策部署，在省国资委的正确指导和本溪市委市政府的大力支持下，坚持以供给侧结构性改革为主线，落实高质量发展要求，持之以恒贯彻新发展理念和“四个着力”“三个推进”，坚定不移深化改革，抢抓机遇创新突破，倾力打造具有世界竞争力的一流企业集团。全年预计实现销售收入606亿元，同比降低4.37%；实现利润3.4亿元，同比降低20.32%；实现税费33.3亿元，同比降低19.3%。预计完成生铁1587.87万吨，同比增长2.84%；粗钢1614.21万吨，同比增长1.61%；热轧板1221.90万吨，同比增长6.35%；冷轧板562.28万吨，同比增长0.31%；线材249.11万吨，同比增长6.34%；螺纹82.86万吨，同比降低29.36%；特钢材49.55万吨，同比降低27.14%；铸管9.45万吨，同比降低2.05%；不锈钢7.13万吨，同比降低30.29%。今年在国际市场需求减弱，国内经济稳中趋缓的情况下，钢材市场平均价格同比下跌，集团公司推进产品资源向有效益的产线倾斜，实现了经济运行平稳发展。

回首即将过去的极不平凡的一年，主要开展了以下几方面工作。

## 一、以“四定”第二阶段工作为核心，企业全面深化改革取得重大进展

### （一）以“定岗、定编、定责、定薪”为核心的三项制度改革取得阶段性成果

为贯彻落实深化国有企业改革工作部署和省委巡视反馈意见整改工作要求，集团公司从2018年初开始全面推进“四定”工作，在顺利完成机构、干部、编制和薪酬调整等工作，实现“四定”第一阶段目标的基础上，今年全面推进“四定”第二阶段工作。到年底，全集团95家部门及单位七个轮次的竞聘工作将全部完成。截至11月末，各单位前五轮累计公布岗位数4554个，拟聘人数4726人，报名人数5726人，其中原在岗人员平均落聘率7%，最高达到34%。从总体岗位调整情况看，涉及职群或职级岗位变动调整1544人，平均调整率为33%。本钢集团历史上涉及面最广、调整力度最大、推进周期最长的人事制度配套改革，顺利完成并达到预期目标，为持续推进更深层次的体制机制改革奠定了坚实基础。

### （二）积极稳妥推进集团层面混合所有制改革

备受关注的混合所有制改革，在省委省政府的决策部署和省国资委的指导下，积极稳妥向前推进。多次参加项目推介，与部分潜在战略投资者进行深入洽谈交流，完成了初步尽职调查、清产核资、财务审计和资产评估。经省政府推荐，今年上半年，本钢集团正式被国家发改委列入第四批国有企业混合所有制改革试点企业名单。目前，按照省国资委要求，正在进行第二轮审计评估的前期工作。

### （三）厂办大集体改革等历史遗留问题处理实现预期目标

一是厂办大集体改革按照省市提出的工作步骤和时间节点要求，成立了改革工作领导小组，制定了《本钢厂办大集体改革工作实施指导意见》等“1+9”推进文件体系，按时完成企业负责的各项工作任务，主要包括企业性质界定工作、职工身份认定工作、社会稳定风险评估工作以及清产核资、审计评估工作。目前，已经进入实质性操作阶段，将于今年年底全面完成。二是推进处置“僵尸企业”，已完成15户“僵尸企业”处置任务。三是推进社会化改革工作，结合中共中央办公厅、国务院办公厅印发《关于国有企业退休人员社会化管理的指导意见》文件精神，拟定了工作预案，本钢集团离退休人员、退养职工集中管理工作启动。四是完成了公务用车制度改革，建立了公务交通出行保障机制，减少公务用车570辆，年费用降低3932万元，减少比例54.49%。

## 二、以产业结构和产品结构调整为主线，销售研发生产装备和多元板块实现创新发展

### （一）市场营销持续优化

坚持以效益为导向，优化品种结构，合理匹配资源，加大市场开发力度，开发新客户32家、新钢种45个，实现产销率100%目标。一是加强外贸销售，预计全年本钢产品销往“一带一路”沿线30多个国家、100万吨，占出口总量的42%。二是加强分公司管理，境内分公司预计实现利润1.1亿元，同比增长26.6%。稳步增加东北区域资源

投放量，东北区域资源较 2018 年同期增加 85 万吨，增加效益 2200 万元。三是推进管理创新，全面推行板材项下进口物资由企业财务公司保函总担保和汇总缴税业务，提升了通关效率，全年预计减少资金占用 8 亿元，创效 1500 万元，成果获得中国钢铁工业协会管理现代化创新评选一等奖。

（二）创新驱动成效显著

一是搭建“产学研用”研发平台，积极融入国家技术创新体系，本钢与沈阳材料科学国家研究中心签署协议共建联合研发中心。本钢沈阳研究院建设启动土地购置程序，申报拟列入国家和省“十四五”规划重大工程项目。与东北大学、北京科技大学、中科院金属研究所等签订了 14 个合作项目。二是推进产品认证，完成产品认证 70 个牌号，同比增加 25%；加强知识产权管理，全年 146 件专利获国家知识产权局受理，同比增长 11.5%，其中 93 件专利获国家知识产权局授权，同比增长 260%。本钢板材股份有限公司成功加入中国知识产权发展联盟。三是完善激励机制，多维度加大奖励力度，本钢科技进步新增设特等奖、青年奖；新产品开发、产品认证、核心期刊发表、专利等专项奖励细分奖励等级，奖励额度大幅度提升，有效调动了科技人员科技创新的积极性。四是积极开发适销对路新产品。2019 年成功开发新产品牌号 41 个。其中辊压用高强马氏体钢 MS1180 突破产线能力限制，标志着本钢汽车用冷成型产品具备 1200 兆帕级别供货能力，这是本钢集团在成功开发 2000 兆帕级超高强韧性热冲压成型钢后，取得的又一次重大突破。成功开发冷成型用淬火配分钢、高强防弹用钢、轿车轮毂轴承用钢，填补了本钢产品空白。本钢部分汽车板产品被列入奔驰汽车全球采购名单。五是推进本钢热成形钢产品产业化发展，实现从 1300 兆帕到 2000 兆帕强度级别的产品全覆盖，成功开发了最宽、最厚、宽工艺窗口和抗氧化等特色产品。

（三）生产不断取得进步

1～11 月，板材炼铁厂生铁产量完成 889.26 万吨，同比提高 121.65 万吨；板材炼钢厂品种钢生产 RH 钢 380.48 万吨，同比增加 23.49 万吨，占总产量的 42.51%；板材特钢厂促进产能释放，轧机有效作业率稳定在 72%以上，钢材尺寸精度由国标三组提高到国标一组；板材热轧厂卷板缴库量 861 万吨，比公司计划超产 15.8 万吨；板材冷轧厂优化组织模式，大幅提升产能，硅钢酸洗机组连续 6 个月商品产量突破 4 万吨大关；板材焦化厂生产焦炭 419.9 万吨，同比增产 0.6 万吨；板材发电厂发电量完成 18.75 亿千瓦时，比计划超发电 1.15 亿千瓦时；板材废钢厂实现非生产回收废钢 7.47 万吨，超计划 4.26 万吨；矿业公司铁精矿完成 719.1 万吨，超产 17.85 万吨，预计全年完成 792.92 万吨，同比增产 28.42 万吨。北营公司贯彻提产增效工作思路，向规模要效益，积极克服制约生产的实际困难，全力以赴保稳产、促高产。

（四）钢铁主业改造升级

2019 年本钢集团计划安排技改投资 95.5 亿元，截至 10 月实际下达固定资产投资 89.3 亿元。推进主业结构升级，修订完成《本钢钢铁主业 2019—2022 年发展规划》，提出了钢铁产品品种升级、绿色发展、智能制造、资源接续的规划目标以及人才、科技、资金等保障措施。实施了以板材新 5 号高炉、CCPP 绿色高效发电等重点项目为代表的新一轮大规模技术改造。目前，板材特钢轧机改造工程、板材炼钢 1 号 6 号转炉节能环保改造工程，北营炼钢2号3号转炉除尘改造工程、300平方米烧结除尘改造工程、北营矿业水磨重选工程等项目顺利竣工投产。

（五）多元产业加快发展

恒通公司高附加值轧辊占产品总量37.08%，新开发外部客户6家；预计全年实现销售收入2.1亿元，实现利润1040万元。机械制造公司外部承揽同比增加3722万元，增幅77.5%；17项新产品投入市场，产值达2356万元。恒泰公司新购置数控等离子切割机和冲剪机床，有效提高了生产效率，签订合同额13591万元，销售额首次突破亿元大关。修建维检公司全力确保集团主体设备安全、稳定、经济运行，预计年实现利润45万元，产值2.88亿元，全面完成集团下达的经营目标任务。建设公司实施区域开发，以青海、交投、佳利华、抚顺区域市场为有效支撑，预计全年完成产值13.5亿元。新实业公司新开发铁鳞球、切屑铝两项产品，铁鳞球使用后年可创效2400万元。冶金渣公司紧跟生产节奏，排渣保产保供，全面实现“零影响”工作目标。热力公司保证城市供暖质量，严格遵照《行风服务考核管理办法》，做到工单办结率100%、回访率100%。职业技术学院，扩大学院办学规模，2019届高职毕业生就业率达95.4%，被省发改委列为第一批拟纳入辽宁省产教融合型企业。房地产公司处理历史遗留问题，完成个人产权证受理手续1200份，推进僵尸企业处置工作和清产核资工作。信息自动化公司坚持以输出技术和成熟软件产品为主的市场销售方针，成功实施越南4座1000立方米高炉PLC系统项目，其中1号高炉历时两个月已于6月30日顺利出铁，标志着第一个国外高炉调试项目圆满完成。

## 三、以实施对标挖潜和增效降耗为核心，经济运营质量得到进一步提升

（一）生产系统物料消耗大幅降低

预计全年，生产消耗定额降低13.5亿元；合金降低1.57亿元、锌锭降低7000万元；港途耗比计划降低6000万元；铁路运费节省2.54亿元；配煤配矿降成本1.58亿元。通过优化产线分工，增加边际效益5800万元。坚持执行成本管控体系和日清日结机制，全方位开展对标和工序成本分析工作，实现了关键指标和成本运行的动态管控。

（二）设备系统运行质量大幅提升

发生设备事故故障台时824小时，同比降低957小时，保障设备安全稳定运行；安全、优质、高效、低耗完成四个阶段联合检修工作。通过开展设备工程招标、行业对标挖潜和备件清仓利库等工作控制修理费用，仅油品一项年预计节省费用4000万元。同时，技改工程优化设计措施48项，降低投资约1.86亿元。

（三）能源系统能源介质消耗降低

加强能源基础管理，实现介质安全保供，能源消耗定额预计全年同比降6亿元。系统推进节电降费，通过增加直购电、大型设备错峰启动、督促不饱和产线躲峰生产、组织实施低产经济运行等举措，全年减少电费支出3.6亿元。

（四）保供系统努力实现零影响

采购中心1～10月，完成采购总值346.5亿元，比预算降低16.5亿元，同比降低7.7亿元。招标公司通过引入新供应商参与竞标、完善评标策略、对标询价等方式，完成招标采购项目4552项，对标采购拦标价、上期采购价以及采购预期价格等，实现降采10.51亿元。检化验中心强化过程控

制，严把质量关口，质量抽查、样品比对及跟踪监督1022批次，同比增加34%；1～10月，全面取消让步接收和质量折价扣款累计1.1亿元；通过强化监督管理，不合格品种和扣款金额正逐步下降，进厂采购物资质量持续向好。储运中心实行24小时供料，全力做好物料验收、配送工作，为联检任务的顺利完成提供物资保障。能源总厂TRT发电量完成2.76亿千瓦时，降低成本4847万元。包装、原料、铁路运输等保产单元积极配合保产保供，为集团公司生产顺行提供了稳定可靠的保障。

（五）财务资本金融多维度降本增效

一是拓宽融资渠道，保证资金链稳定。办理银行承兑质押及低利率承兑贴现，节约财务费用约2.8亿元。二是压缩经营支出，调整支付方式。建立资金预警机制，坚持以收定支，保证资金收支平衡，电票支付151亿元，节约成本3.3亿元；商票业务推广过17亿元，节约财务成本2500万元。三是进行税费筹划，加强税收管理，使企业和个人充分享受国家税改的政策红利。四是加强外部债权管理，做到应收尽收，清收欠款2800万元。五是加强资本运作，完成本钢板材现金收购关联方资产运作，将2300毫米和1780毫米热轧生产线设备资产组入上市公司；推进徐家堡子铁矿资源合作开发；完成跟投欧冶云商第二轮股权融资，成为欧冶云商主要股东之一。

## 四、以推进问责追责绩效激励为标志，集团治理体系和治理能力建设更加完善

（一）加强风险管理，强化内部控制

制定了本钢集团内部控制建设方案，出台了《本钢集团有限公司风险管理办法》，持续开展风险识别、评估、风险知识培训工作。贯彻省国资委要求，将内控评价范围由上市公司扩大到全集团，着重对重大事项和核心业务控制有效性进行测试评价。本钢板材连续7年实现重大缺陷为零。强化审计监督，开展审计项目71项，出台了单位负责人任前经济责任告知办法、内部审计整改管理办法、领导人员离任经济事项交接办法，提出审计处理意见及建议251条，督促建立健全各项规章制度18项。强化法治建设，加强合规管理，有效防范法律风险，为企业生产经营和改革发展提供法律支持；坚持以重大诉讼案件为重点抓好案件管理，1～11月末，共处理各类诉讼仲裁案件95件，已结案67件，避免、挽回经济损失12393万元。

（二）推进问责追责，强化绩效激励

持续深入推进领导干部综合考核（末位淘汰）、部门工作作风测评、问责追责等内部改革举措，对领导干部和机关部门的不作为、慢作为、懒作为形成强大震慑，取得显著成效，本钢上下逐步建立起规范高效的经营管理机制和公平公正、创先争优的良好氛围，干部职工的精神面貌焕然一新。制定出台了《本钢集团有限公司领导干部问责追责管理办法（暂行）》和补充规定、实施细则，以及《关于安全设备生产质量环保责任事故单位相关领导问责追责办法的调整意见》，截至11月末共问责追责30家单位，涉及处级以上人员26人。同时，签订领导干部经营业绩责任状，推进绩效考核优化工作，坚持奖金向苦、脏、累、险、关键岗位倾斜，通过设立降成本专项奖和对外创收专项奖，鼓励钢铁主业降本增效，鼓励非钢子公司对外创收。

（三）发挥督办作用，强化督查问效

建立有效督查督办工作机制，发挥对集团发展短板和弱项问题整改的督查作用。

1~11 月，对资产清查、对标挖潜和取消让步验收等 38 项重点工作开展专项督查；对一季度经济分析会 57 项工作和降本增效专题会 76 项工作，开展全方位的跟踪督查；围绕食堂、通勤车等 20 项民生热点问题开展特别督查，督办完成率达 98.5%，通过督任务、督进度、督成效，查认识、查责任、查作风，收到了推动工作、提升效率、解决问题的实效。

（四）强化专业管理，加大管控力度

安全管理基础持续夯实，制定下发《本钢集团有限公司安全生产责任制实施细则》，实现了安全生产责任制全覆盖。创新安全培训方式，建立安全实训基地；强化安全生产监督，开展建筑施工、危险介质等专项检查 42 项，实施“保平安、迎大庆”安全生产专项整治行动，下达现场安全防火监察表 222 份，安全管理监督指令书 78 份；强化有限空间、高处作业等危险作业管理，落实安全措施和监管责任，确保重点风险安全受控。质量管理取得新成效，截至 11 月，铁前工序 23 项质量考核指标全部完成考核计划；板材公司钢后产品非计划量完成考核指标，同比降低 2.37%；北营公司钢后非计划量完成考核指标，异议量月平均同比降低 24%，异议额月平均同比降低 31%。计量管理水平持续提升，强化计量器具准确性管理，完善计量基础设施和计量网络建设，北营一、二级计量设备配置率由 65.1%提升至 92.9%；加强计量设备管控，实现了稳定运行，为降本增效和三级成本核算提供了技术支撑；通过推进测量管理体系建设，为产品质量提升提供了基础保障。环保治理效果不断显现，2019 年集团下达环保投资计划 16.28 亿元，实施改造项目 123 项，对国家、省市明确要求的焦炉烟气脱硫脱硝等重点项目，按照超低排放标准进行设计和实施建设。前三季度实现厂区优良天数 230 天，同比增加 9.2%；各项污染物减排 16.48%。强化信息化建设，为集团精细化管理提供信息化支撑，以板材特钢厂电炉改造为试点，为技改工程同步建设信息化明确了工作思路和管理路径，为工程项目建成后实现高效、高质、低成本运行奠定了基础；本钢集团《两化融合环境下的企业集团电子文件归档管理系统建设》课题荣获国家档案局企业档案管理创新优秀案例三等奖。强化安保稳定工作，全力打造让集团放心、职工满意的治安交通环境。全面完成 70 周年大庆、三级“两会”等敏感时期的信访维稳任务，超额完成今年省市“减存控增”考核目标。全年，查获各类违法违规人员 735 人次，查处各类违规违章车辆 2609 台次，核查超合同提货 15 次，补缴货款 12.8 万元，扣缴车辆、物资价值 100 余万元。

（五）坚持人才强企，加强培养选用

坚持“四个注重”的选人用人导向，组织对部分领导干部岗位公开竞聘，共计 334 人参加竞聘，20 名优秀人才走上管理、技术、业务关键岗位，真正建立起能者上、平者让、庸者下的选人用人机制，干部人事制度改革迈出了重要一步。组织开办本钢 MBA 三期、四期班，发现、培养、储备年轻干部和后备人才近 200 名，干部队伍结构得到有效改善。做好派驻乡村工作，从党建经费拨付资金，支持第一批、第二批 20 名选派干部支援乡村建设，帮助乡村脱贫脱困，完成第三批 19 名派出干部的选拔推荐和业务培训工作，规范补贴政策，为派出干部创造良好的支农环境。加大人才推优和引进力度，实施差异化薪酬待遇，引进 21 名博士和硕士人才；推荐 14 名同志为辽宁省百千万人才工程人选；完成 1606 名高层次人才信息采集工作，建立了专家人才库；与知名高校联手建立人才培养模式，培养企业所需的各类人才。

## 五、以巡视整改和开展“不忘初心、牢记使命”主题教育为契机，全面从严治党持续深化

（一）党建工作基础更加扎实

年初以来，集团公司各级党组织深入学习贯彻习近平新时代中国特色社会主义思想和党的十九大精神，认真抓好巡视整改后半篇文章，巡视整改成果得到持续巩固。认真贯彻落实党中央和省委部署，全面深入开展“不忘初心、牢记使命”主题教育。在协同推进学习教育、调查研究、检视问题和整改落实各项重点措施过程中，将主题教育与本钢改革发展实际紧密结合，一些制约企业发展的突出问题和职工群众关心关注的热点问题得到有效解决。本钢集团先后两次在全省主题教育主题工作会议上作了经验介绍，顺利通过省委和省国资委党委两轮考核评估验收，在所有省属企业中排名前列，省委和省国资委党委对本钢主题教育开展情况给予了高度的评价。加强组织建设，本溪钢铁公司、矿业公司、职业技术学院等 3 家党委完成了换届工作。修订完善党建工作制度，组织学习贯彻《中国共产党支部工作条例（试行）》，开展“大学习、大检查、大规范、大提升”活动，基层党组织规范化、标准化建设水平不断提升。加强党员教育管理，推进“两学一做”学习教育常态化制度化，扎实开展党员建功立业活动，党员先锋模范作用得到充分发挥。进一步规范了党费、党建工作经费的管理和使用。

（二）全面从严治党持续深化

加强党委巡察工作，结合首轮巡察工作实际，编印了《巡察工作实用手册》，绘制了《巡察组工作流程图》，持续开展了第二轮、第三轮党委巡察工作。发挥派驻纪检组作用，参加或列席驻在单位党委会、“三重一大”和组织生活会等重要会议，加强对驻在单位的监督。深入落实中央八项规定精神，先后开展了违规报销差旅费、操办升学宴等党风专项治理。加强组织协调，积极开展清欠工作，截至 10 月末，共计清回外部债权陈欠款 9111.01 万元。开展多种形式反腐倡廉教育，召开廉政教育警示大会，播放警示教育专题片，通报典型案例，促进各级党员干部筑牢思想防线，推进党风廉政建设和反腐倡廉工作全方位覆盖。截至 10 月末，集团纪委受理信访举报和问题线索 279 件，给予党政纪处分 80 人。

（三）企业精神文明成果丰硕

宣传系统秉承“树立本钢形象、传播本钢声音、讲好本钢故事”的工作基调，大力宣传企业改革发展成果，在中央电视台、新华社、《中国冶金报》、辽宁电视台等省以上媒体刊发稿件达 160 篇，提升了本钢集团的影响力、公信力。工会组织召开了“喜迎七十华诞，致力钢铁强国”为主题的本钢第三届职工运动会，首次通过“5G”无线传输手段直播了运动会盛况。集团公司团委被团中央授予“全国五四红旗团委”荣誉称号。3 名本钢退役军人被授予“新时代最美退役军人”殊荣。集团公司各单位荣获全国工人先锋号、辽宁五一奖状、辽宁省劳模创新工作室、全国钢铁工业先进集体等众多荣誉。积极承办辽宁省和本溪市职工技能大赛，3 名本钢职工荣获省技术大赛状元，9 人获得市技术大赛状元，展现了新时代本钢工人的卓越风范。

（四）民生工程建设持续推进

全员健康疗养接待职工近 20000 人。完成 31 家单位 23272 名职工健康体检工作。为 69708 名职工办理医疗互助保险，6398 名

职工获得理赔，赔付金额达700万元。建立健全困难职工档案，积极争取困难救助资金1000万元，预计全年发放救助资金1200万元。投入专款248万元，为35家单位购置职工浴池更衣箱共3271组。完成大学生公寓职工书屋建设，被评为省总工会职工书屋示范点。连续5年开展职工团购车活动，均价优惠达3000元，受到职工的普遍欢迎。在岗职工人均工资同比增长12%；持续发放春节、“五一”节、国庆节奖金。解决职工停车难问题，集团公司立项进行4号门立体停车场改造，总建筑面积2.04万平方米，分四层停车，于2019年6月1日开工，11月1日投入试运行。积极推进开通厂内公交车工作，截至10月底公交车运行方案已基本确定，争取在2020年初实现厂内公交车试运行。对职工普遍反映上调青年职工托费标准的诉求，进行多次调研形成方案，新标准将于2020年开始执行。

此外，科协、统战、武装、离退休管理、计划生育等各级群团组织，都为集团各项工作成绩的取得做出了应有的贡献。在此，我代表集团公司，向一年来努力奋战在各个领域、各条产线上的全体干部职工表示诚挚的问候，向所有关心、支持本钢发展的各级领导、各界朋友表示衷心的感谢！

一年来的成绩值得肯定，但存在的困难和问题也需要我们认真面对。

一是主要经济技术指标对比行业平均水平存在较大差距，虽然依靠强化管理和对标，普遍有所提升，但仍处于行业落后水平，盈利能力处于低位徘徊。

二是企业资产负债率长期处于较高水平，财务费用居高不下，导致企业经营成本上升，企业资金紧张局面短期内难以缓解。

三是安全管理仍然存在“严格不起来，落实不下去，贯彻执行不力”的问题。集团公司的安全工作安排，在厂矿层面、作业区、班组层面存在逐级衰减现象；各项规程和标准执行不到位，职工缺乏安全意识，习惯性违章作业行为仍然存在。

四是体制机制僵化和思想观念落后问题依然突出，全面深化改革任重道远。经过近两年的全方位改革，大部分干部职工对企业自身存在的问题有了比较清醒的认识，也积极拥护和支持改革。但依然有部分群体，害怕、排斥、抵制改革，深化改革仍有一定的阻力。

以上困难和问题，需要引起我们的高度关注，并在今后工作中认真加以解决。

## 第二部分　2020年工作安排

2020年是国家全面建成小康社会的决胜年，是国家“十三五”规划的收官之年，也是本钢集团全面贯彻落实党的十九大精神，锐意改革，加快发展，实现企业规划目标的关键一年。

从国内经济形势看，我国经济发展仍处于重要战略机遇期，经济稳中向好、长期向好的基本趋势没有改变。改革开放进一步扩大，科技创新不断赋予产业升级，国内新旧动能不断转换，消费潜力持续释放，为经济的持续稳定发展奠定了坚实基础。2020年，我国逐渐进入钢材消费的峰值平台区，但大量产能置换项目陆续投产，钢铁产量将持续增长，产能过剩矛盾将再次浮出水面；受中美经贸摩擦影响，下游用钢行业出口受到较大影响，同时受铁矿石、废钢及煤焦价格高位振荡、环保运行成本较高等因素影响，钢铁行业面临极其严峻的发展形势。对本钢来讲，最近三年我们已经完成了绝大部分的内部改革任务，集团层面的混合所有制改革将在明年全面完成，体制机制更加灵活，企业管理日趋精细，干部职工精神面貌焕然一新，具备了积极应对挑战，实现高质量发展的基本条件。

基于以上形势与任务分析，结合企业实际，我们确定了 2020 年总体工作思路和生产经营总目标。

——2020 年总体工作思路：全面贯彻落实党的十九大和十九届二中、三中、四中全会精神，贯彻落实习近平总书记在辽宁考察时和在深入推进东北振兴座谈会上重要讲话精神，坚持稳中求进工作总基调，坚持新发展理念，坚持推动高质量发展，坚持以供给侧结构性改革为主线，不忘初心牢记使命，锐意改革创新突破，努力开创本钢集团高质量发展新局面。

——2020 年生产经营总目标：力争实现销售收入 610 亿元，税费 33.5 亿元，利润 3.7 亿元。钢铁主业完成铁精矿 778 万吨，生铁 1777 万吨，粗钢 1824 万吨，热轧板 1324 万吨，冷轧板 597 万吨，特钢材 65 万吨，线材 244 万吨，螺纹钢 152 万吨，铸管 12 万吨。多元产业力争完成销售收入 35 亿元，税费 3.2 亿元，利润 0.5 亿元。安全生产实现“三为零”。

为了落实以上总体工作思路和生产经营总目标，我们将重点从以下几个方面开展工作：

## 一、坚定不移深化改革，激发企业发展活力

一是按照国家政策要求和省委省政府、省国资委的工作部署，全力推进本钢集团层面混改，实现体制机制创新，激发企业发展活力。要配套健全法人治理结构，建立市场化机制，真正实现从“引资本”到“转机制”的转变，努力打造国有大型企业集团层面混改的样板工程，开创百年本钢改革发展新纪元。

二是推进“四定”改革。要巩固现有成果，配套改革措施，从规章制度、业务流程、动态考核、激励机制等各个方面，真正将改革落到实处。要实现“管理职责明晰，运行机制高效，各层级人事效率持续提高”的工作目标，让“职工能进能出、干部能上能下、收入能增能减”真正形成制度共识，让改革优势充分显现。

三是进一步深化企业瘦身健体等工作。按照分类施策、因企制宜的原则，采取兼并重组、股权转让、清算注销、破产关闭等方式，重点推进劣势企业、空壳企业、僵尸企业处置。做好厂办大集体改革后续工作，坚持合法合规原则，处理好国家利益、集体利益与职工利益的关系，切实落实《企业改革方案》《职工安置方案》，维护职工合法权益与社会稳定；做强做优做大新企业，实现新发展。另外，按照国家省市退休人员社会化管理指导意见，有关部门、单位要妥善研究统筹外费用及档案数字化等相关工作，确保按时完成企业退休人员社会化管理改革任务。

## 二、坚定不移创新创效，增强企业发展实力

一是以效益为导向，强化产品销售。要优化市场布局，加大市场开发力度，坚持以效益为中心，精细测算综合成本，扩大品种规格比例，提升产品销售价格，实现产品综合效益最大化。在外贸方面，要密切关注“一带一路”项目，分析内外贸价格走势，提高高附加值产品销售率和市场占有率。在内贸方面，要加大汽车、家电等优质客户开发力度，提高高价区域的市场占有率，合理分配产品资源；要继续加强东北区域市场开发工作。要用好电商平台，扩大非钢产品电商销售，为集团多创效益。

二是持续强化创新驱动战略。推进本钢沈阳研究院、本钢-沈阳材料科学国家研究

中心联合研发中心、本钢-瓦轴联合研发机构、科技管理信息化平台等建设。发挥汽车轻量化技术创新战略联盟、耐蚀钢联盟、汽车板国家地方联合工程实验室等平台作用，带动技术创新水平的整体提升，提升企业核心竞争力。积极与高校院所、战略客户等开展"产学研用"合作，使产品开发、工艺技术进步、质量提升、降本增效等工作取得更多成效。要加强科技成果、专利的培育、挖掘、评审、推荐、申报和成果转化。

三是多措并举实施生产创效。坚持以顺行、成本、质量为中心，在全工序生产系统、设备系统开展隐患排查、对标挖潜、增效降耗工作。坚持稳产、高产目标，铁前重点围绕高炉稳定顺行，落实均质化各项措施，严抓焦炭质量、原料质量；钢后重点围绕品种、规格及成材率开展考核。继续强化港途耗管理，推进配煤配矿工作，推进回收含铁料综合利用工作和内部废钢铁回收，深入推进降成本攻关。要深化产品结构调整，推进产线分工，开展钢种归并，优化产品工艺路径，最大限度降低产品制造成本，提升产品售价，通过产品结构调整增加效益。采购、计量、检化验、保产保供、检修、服务、保卫等各个系统要为生产创效保驾护航。

四是进一步优化调整结构。2020 年，认真梳理规划执行情况，同时结合本钢集团实际，编制本钢集团"十四五"发展规划纲要、业务规划及职能规划。为实现高质量、绿色化、智能化发展的规划目标，全力推进重点工程项目建设，落实项目部责任，发挥业主负责制作用，确保板材炼铁新五炉、北营炼钢一区改造、板材特钢电炉、板材发电 CCPP 工程、板材炼钢八号铸机等工程项目按期达产达效。

五是创新发展多元产业。要大力发展装备制造、钢材深加工、维护检修、金融投资等四大重点产业，培育提升物流贸易、资源综合利用、废钢资源加工、城市供热、智慧制造、新能源等新兴产业。按照"专业化分工、板块式管理"模式，本着"专业化、差异化、一业一企"原则，结合子公司特点，探索整合内部优质资源与业务，培育年营业收入达到一定规模、具备市场竞争力的核心企业，实现从"依托本钢"到"走向市场"的转变。

## 三、坚定不移强化管理，夯实企业发展基础

一是加强财务管理。推进财务共享中心建设。加大融资力度，强化资金管控，确保资金安全运转；积极推进本钢发债和债转股工作，继续推广财务公司电票和本钢商票，满足支付需求，减缓支付压力，防范资金风险。加强预算管理，严格执行绩效考核审核。开展降成本工作，推进厂矿完善三级成本核算体系，落实成本管控责任。开展资产清查，加大力度处理库存积压物资，压缩机旁库存占用。

二是加强审计监督。注重抓重大问题、抓要害问题、抓事关全局的突出问题和生产经营的重点环节，加强对重点领域、重点部门、重要资金的审计监督。对专项审计发现问题较多，基础管理工作薄弱，内控管理缺失严重的单位，开展审计问题整改。针对审计共性问题，以典型案例通报为抓手，建立党政负责人通报制度，通过强化审计成果的有效利用，提升各单位产、供、销、人、材、物全流程管控水平。强化基层负责人对从严管控的重视度。

三是加强考核激励。持续加大制度执行监管力度，对核心业务制度进行修订，对流程进行再造和优化。严格执行问责追责管理制度，按照"谁主管、谁负责"的原则，做到失责必问、问责必严。深入推进绩效考

核百分制量化考核方案，全面推进领导干部经营业绩责任状考核机制，建立运行有效、落实到位的考核体系。继续开展工作作风测评工作。增强风险管理意识，推进本钢集团内部控制体系建设，提升风险应对能力。

四是加强对标管理。实施全流程、全方位推进对标工作，全面提升管理水平和综合效益。制定对标管理办法，建立对标工作体系，按照“亮指标、选标杆”“对指标、找差距”“定措施、创效益”三个阶段稳步有序组织实施推进。明确标杆管理流程和原则，确定本钢对标指标及基准点指标值，建立数据信息系统和资料措施存储库。利用OA对标信息平台及内部刊物动态发布信息，为集团公司决策提供参考。建立考核机制，加强对标过程和结果运用的监督和考核，使标杆企业的先进经验在本钢落地转化固化优化，实现创新和超越。

五是加强督查督办。充分发挥督查督办作用，对集团公司重大决策、重要会议的议定事项、重点工作部署和工作推进的难点、职工关注的热点等，做好督促检查，做到“事事有着落，件件有回音”，确保集团公司各项工作部署不折不扣地得到有效落实，重点难点工作得到有效开展，热点问题得到有效解决。要强化督查考核，将考核结果作为领导干部绩效兑现、调整任用、评先树优等方面的重要依据。

六是加强法治建设。要开展法律法规培训，提升重点岗位业务人员法律风险防范能力及专兼职法律人员业务水平。要加强业务指导，开展企业法治建设工作检查，指导各单位进一步推进依法治企，确保合规经营。要提升合规管理工作与各项经营管理活动融合程度，实现经济合同、规章制度、重大决策三项法律审核100%，为本钢集团改革发展提供强有力的法律支撑。

七是加强招标管理。加强招标平台建设，提升业务承接能力，在保证钢铁主业招标业务前提下，按照成熟一个接收一个的原则，持续扩大业务范围，逐步实现对招标采购主体的全面覆盖，发挥招标采购集约化、专业化、规模化的采购优势。要加强评标过程价格管控力度，坚持择优原则，确保招标效果，维护集团利益。对招标项目数据和信息进行系统分析，提供决策依据。

八是加强信息化建设。推动信息化建设三年行动规划的落地实施。推进制造执行系统的建设，打造全流程的产销一体化信息系统，实现销售与生产的无缝对接，全面提高集团公司合同交付能力。推进数据采集系统建设，搭建大数据平台，为成本核算、管理决策提供依据。以基础较好的冷轧厂为试点，推进无人行车、工业机器人等新技术、新装备应用，加快本钢集团智能工厂建设步伐。

## 四、坚定履行社会责任，实现安全绿色发展

一是加强安全管理。安全生产工作事关职工群众民生福祉，是企业生产经营稳定顺行的基础，必须进一步提高认识，坚持“党政同责、一岗双责”和“谁主管、谁负责”的原则，压实安全生产工作责任。要坚持管理重心下移，夯实基层安全基础管理，不断优化全员安全教育培训方式，提升员工安全意识和安全技能，推进安全风险分级管控和隐患排查治理，强化对重点风险的安全监管，提升安全保障能力，确保实现安全生产目标。

二是加强能源管理。坚持节能与保供并重原则，强化日常管理，开展重点工序和重点指标节能攻关，吨钢能耗达633千克以下，吨钢耗新水达3.6吨以下，自发电比例达45%，入炉焦比达386千克，电费支出不高于50.8亿元，水费支出不高于1.39亿元。全面推进节能项目实施，推进二次能源

回收利用，提高转炉煤气回收量，降低高炉煤气放散率，降低氧气放散率，减少蒸汽放散量，实现两厂区全工序负能炼钢。

三是加强环保管理。以超低排放改造为主线，以迎接中央环保督察为核心，全面落实环保设施稳定运行、污染物稳定达标排放管理，推进环保税和总量减排目标实现。持续严格依法开展危险废物、辐射管理。严格落实建设项目环保审批管理，对照国家政策要求，按期办理建设项目环评及验收手续，确保项目合规。加强集团厂容绿化管理，开展厂容绿化美化工程项目建设。严格落实厂容监察管理，开展运输扬尘整治，不断提升厂容环境水平。

## 五、坚持党对企业领导，共享企业发展成果

一是以习近平新时代中国特色社会主义思想和党的十九大精神为指导，深入学习贯彻党的十九届二中、三中、四中全会精神，贯彻落实习近平总书记在辽宁考察时和在深入推进东北振兴座谈会上重要讲话精神，贯彻落实《中共中央关于坚持和完善中国特色社会主义制度，推进国家治理体系和治理能力现代化若干重大问题的决定》精神，把不忘初心、牢记使命作为加强党的建设的永恒课题和全体党员、干部的终身课题，形成长效机制，坚持不懈锤炼党员、干部忠诚干净担当的政治品格。

二是坚持和加强党对企业的领导。夯实党在企业的执政基础，聚焦把方向、管大局、保落实，强化党委在决策中发挥作用的运行机制，为集团公司改革发展提供坚强的政治保证、思想保证、组织保证。深入做好巡视整改和主题教育“回头看”工作，围绕巡视整改反馈意见和主题教育检视出的各项问题，持续抓好整改落实和效果巩固。紧密围绕公司生产经营中心工作，深入推进全面从严治党，积极营造风清气正的政治生态。加强党管人才工作，按照“四个注重”的选人用人导向，坚持从基层选拔有学历、有潜力的优秀年轻人才进行培养，建设高素质干部人才队伍。

三是贯彻党的群众路线，充分发挥群团组织的桥梁和纽带作用，全心全意依靠工人阶级办企业，维护职工合法权益，共享企业发展成果，教育和引导广大职工理解改革、支持改革，为企业发展献计献策。强化工会服务企业职能，以“当好主人翁、建设新本钢、建功新时代”为主题开展劳动竞赛活动。全面开展“劳模（职工）创新工作室”创建活动。强化工会服务职工职能，依法维护职工合法权益，做好职工全员疗养工作。实施职工医疗互助保障。做好精准帮扶工作。加强职工文化建设，开展丰富多彩的职工文化体育活动。解决好职工群众最关心、最直接、最现实的利益问题，不断增强职工群众的获得感、幸福感和安全感。

同志们，恪尽职守，夙夜在公，实现伟大目标需要坚忍不拔的努力。2020 年是一个具有特殊历史意义的年份，国家全面建成小康社会，开启全面建设社会主义现代化国家新征程，百年本钢将迎来新的历史纪元！让我们以习近平新时代中国特色社会主义思想为指引，按照省委、省政府的决策部署，不忘初心牢记使命，锐意改革创新突破，团结和带领广大职工，以饱满的热情和昂扬的斗志投入工作，努力把企业生产经营和改革发展的目标任务落到实处，不断开创本钢集团高质量发展新局面。

栏目编辑　陈　军

# 本钢年鉴 *2020*



本钢集团

# 大事记

# 大 事 记

## 1月

**2日** 本钢集团党委理论学习中心组进行了2019年第一次集体学习，学习了习近平总书记在庆祝改革开放40周年大会上的重要讲话精神、《中国共产党支部工作条例（试行）》。

**4日** 本溪市税务局党委书记、局长孙德儒一行到本钢开展《中华人民共和国个人所得税法》宣传活动。本钢集团总会计师曹爱民与孙德儒一行进行了座谈。

**7日** 本钢集团党委书记、董事长陈继壮到板材炼铁厂6号高炉和7号高炉生产现场调研指导工作，详细了解高炉安全生产情况。

**9~10日** 共青团本钢集团有限公司第一次代表大会胜利召开。大会选举产生了共青团本钢集团有限公司第一届委员会。本钢集团党委副书记赵忠民，团省委副书记张德智出席大会并讲话。

**11日** 本溪市副市长、公安局局长王会奇一行到本钢走访调研，就出台服务本钢集团新举措征求意见和建议。本钢集团党委书记、董事长陈继壮，总经理汪澍等公司领导参加座谈。

**同日** 板材炼钢厂1号转炉，历经9个月零25天改造大修，于当日9时58分顺利出钢，一次热负荷试车成功。

**同日** 本钢集团MBA培训班（三期）开班典礼在技术学院举行。

**14日** 本钢集团党委理论学习中心组集体学习，学习了《习近平谈治国理政》第一卷、第二卷和《习近平新时代中国特色社会主义思想三十讲》、习近平总书记在辽宁考察时和在深入推进东北振兴座谈会上的重要讲话精神、《党章》《中国共产党纪律处分条例》、习近平总书记在纪念刘少奇同志120周年诞辰座谈会上的讲话精神、中央经济工作会议精神等有关内容。

**同日** 本钢集团党委书记、董事长陈继壮会见了来访的中国建设银行辽宁省分行行长杨铁军一行。本钢集团总会计师曹爱民参加会见。

**15日** 本钢保卫中心举行换装暨忠诚卫士班授旗仪式。

**同日** 本钢集团纪委召开派驻纪检组述职述责会议。

**同日** 本钢集团技术研究院首席工程师刘宏亮作为高技术人才代表、修建（维检）公司职工邢伟作为高技能人才代表，入选人力资源和社会保障部公布的“2018年享受国务院政府特殊津贴人员名单”。

**16日** 2018年本溪市暨本钢集团技能大师工作站授牌仪式在板材特钢厂举行，本钢集团5家单位被授予“2018年本溪市技能大师工作站”称号。

**同日** 国家税务总局辽宁省税务局党委副书记、副局长李永发一行，就个税改革相关政策宣传贯彻落实工作来本钢调研。本钢集团总会计师曹爱民与李永发一行进行了座谈。

**21日** 本钢集团召开2019年安全生产工作会议，贯彻落实全国和全省安全生产电视电话会议精神和省委省政府安全生产“百日攻坚战”工作部署。

**23日** 本钢集团党委书记、董事长陈继壮，总经理汪澍与张营富、于天忱等本钢集团老领导座谈，畅谈企业经营发展。

**同日** 本钢集团党委书记、董事长陈继壮，总经理汪澍会见了POSCO副社长、POSCO China董事长郑昌和一行。

**24日** 本钢集团领导班子召开了2018年度民主生活会。省委第二十一督导组组长马功勋率督导组成员到会指导，对民主生活会进行了点评。

**25日** 本钢集团举办第一届金属材料制备与加工学术论坛。

**同日** 辽宁省总工会副主席刘严一行到建设公司走访慰问。

**28日** 本溪市人大常委会副主任、市总工会主席李少平一行到综合工业公司走访慰问。

**30日** 本钢集团2018年度“双先”颁奖晚会在本钢文化中心举行。

**31日** 本溪市委书记姜小林，市委副书记、市长田树槐一行到本钢走访慰问。

## 2月

**1日** 本钢集团与平山区政府就服务本钢集团事项推进情况和相关项目合作等事宜，召开了项目对接工作会议。本钢集团总经理汪澍，副总经理杨成广，平山区委书记姜广齐，区委副书记、代区长张建华参加会议。

**18日** 本钢集团党委召开座谈会，围绕“庆祝新中国成立70周年，促改革献良策推动高质量发展”广泛征求各民主党派意见。

**21日** 本钢板材股份有限公司计控厂更名为本钢板材股份有限公司计控中心，同时将北营计控厂划归计控中心管理，计控中心定位为板材公司直属单位，授权行使集团管理职能。

## 3月

**4日** 本钢集团总经理汪澍到矿业南芬露天矿、北营能源总厂、板材炼铁厂检查指导安全生产工作。

**同日** 本钢集团召开纪检监察系统杨锡怀、邱大明案件专题警示教育大会。会议通报了违纪违法案件情况；本钢集团纪委书记陈铁讲授专题党课，并就营造本钢集团纪检监察系统良好政治生态提出要求。

**5日** 十三届全国人大二次会议在京开幕，本钢集团党委书记、董事长陈继壮作为全国人大代表参会。

**7日** 本钢集团召开纪念“三八”妇女节表彰大会。

**11日** 本钢集团党委第二轮巡察工作部署动员会召开，本钢集团党委第二轮巡察工作全面启动，对板材能源总厂、北营矿业公司、矿业歪头山矿和热力开发公司四家单位开展巡察。

**13~16日** 本钢集团参加第十九届中国国际冶金工业展览会。

**18日** 本钢集团2019年在岗职工全员健康疗养正式启动。

**19日** 本钢集团党委理论学习中心组

集体学习，学习传达贯彻全国两会精神，学习贯彻习近平总书记在省部级主要领导干部专题研讨班上的重要讲话精神。

**同日** 本钢集团2018届高校毕业生见习期培训班举行开班典礼。

**23日** 在中国国家主席习近平和意大利总理孔特共同见证下，本钢集团党委书记、董事长陈继壮，上海电气集团党委副书记、总裁黄瓯，与意大利安萨尔多能源集团首席执行官朱塞佩·赞皮尼，共同在本钢CCPP发电工程项目的AE94.2K燃气轮机及合成气压缩机机组的采购协议上签字。

## 4月

**3日** 由本钢集团承办的辽宁省因公出国政策法规宣讲暨专办员业务培训在本溪举行。外交部外管司副司长林先江就因公出国政策法规进行了宣讲和辅导。辽宁省外事办公室党组书记、主任应中元，本溪市委副书记王庆东，本钢集团总经理汪澍、党委副书记赵忠民出席会议。辽宁省外事办公室副主任赵洪斌主持会议。

**4日** 辽宁衡业飞豹俱乐部董事长刘景远、总经理李洪庆，主教练郭士强以及队员们，到板材冷轧厂三冷轧工序和板材炼铁厂新1号高炉现场参观。

**10日** 本钢集团召开党委一届六次全委（扩大）会议和纪委一届五次全委（扩大）会议。

**12日** 本钢集团召开了二季度安委会（扩大）会议。

**同日** 本钢集团工会一届五次全委（扩大）会议在金山宾馆召开。

**15日** 复星国际有限公司董事长郭广昌，复星全球合伙人、高级副总裁唐斌，复星全球合伙人、南钢总裁祝瑞荣等一行来本钢参观。本钢集团党委书记、董事长陈继壮，本钢集团总会计师曹爱民，省国资委改革处处长王惠莲等陪同参观了矿业南芬露天矿，板材公司炼铁、炼钢、热轧、冷轧生产工序。

**18日** 本钢集团召开文明生产管理工作推进会议。

**同日** “中国梦·劳动美”“讲工匠故事·展劳模风采”主题活动在西安开幕，全国五一劳动奖章获得者、全国技术能手、辽宁工匠、辽宁好人·最美人物——本钢机电安装公司罗佳全，向来自各条战线上的产业工人讲述了他的先进事迹。

**18~20日** 本钢集团参加第七届中国（上海）国际技术进出口交易会。

**22日** 本钢集团党委理论学习中心组集体学习，深入学习了中共中央下发的《中共中央关于加强党的政治建设的意见》《中国共产党重大事项请示报告条例》《党政领导干部选拔任用工作条例》。

**24日** 本钢集团召开一季度生产经营工作分析会议。会议全面总结一季度工作，分析存在的问题，进一步明确部署二季度和下一阶段工作。会议由本钢集团党委书记、董事长陈继壮主持。

**25日** 中华全国总工会劳动和经济工作部技术协作与创新处处长杜文甫、副处长赵一，辽宁省总工会党组成员、副主席刘严一行，实地考察板材炼铁厂张守喜的“特大型高炉液压泥炮国产化关键技术与应用”2019年国家科技进步奖提名项目。

**26日** 辽宁省副省长卢柯一行来本钢调研科技创新工作，并到板材冷轧厂进行实地考察。省政府副秘书长佟昭、省科技厅厅长王大南等参加调研。本溪市长田树槐、副市长刘艳萍，本钢集团党委书记、董事长陈继壮，副总经理、总工程师张贵玉等陪同调研。

**30 日** 本钢集团在本钢文化中心举行纪念五四运动 100 周年颁奖晚会。

## 5 月

**10 日** 本钢集团党委理论学习中心组集体学习，深入学习贯彻习近平总书记在纪念五四运动 100 周年大会上重要讲话。

**10~11 日** 本钢集团举办文明生产管理培训，特邀国内文明生产管理资深专家、宝钢集团叶建超授课。

**15~17 日** 汽车轻量化技术创新战略联盟 2019 年工作会议在本钢集团举行。

**16 日** 省人大常委会党组副书记、副主任孙国相，带领省人大常委会执法检查组一行，来本钢检查《中华人民共和国水污染防治法》实施情况，并到板材能源总厂污水处理区域进行实地检查。

**20 日** 徐工集团董事长、党委书记王民，中铁物资集团总经理、党委副书记王辉一行来访本钢，参观了板材炼铁厂新一号高炉和板材冷轧厂生产现场。本钢集团党委书记、董事长陈继壮，副总经理张鹏，本溪副市长高巍与王民一行进行了座谈。

**同日** 省委统战部副部长王东秀一行来本钢集团调研。省委统战部党外知识分子工作处处长唐晓蒙，本溪市委副书记王庆东，市政协副主席、市委统战部部长曲刚陪同调研。本钢集团党委副书记赵忠民在座谈会上就本钢集团统战工作基本情况作了汇报。

**23 日** 本钢集团召开廉政教育警示大会，深入贯彻落实省（中）直企业党风廉政建设和反腐败工作会议精神。省纪委三室副主任卞和营、省纪委宣传部何畅参加了会议。

**28 日** 本钢集团党委书记、董事长陈继壮到矿业公司生产一线调研指导工作，先后深入矿业南芬选矿厂三个粗中细碎作业区和三个选别作业区，视察了碎矿、磨矿、磁选等工艺流程。

**同日** 本钢集团团委荣获 2018 年度“全国五四红旗团委”荣誉称号，市委副书记王庆东、团市委副书记于丹到本钢进行授牌。

**同日** 本钢集团党委宣传部（团委）开展团干大讲堂（第四期）暨“青春心向党·建功新时代”主题团日活动。

**29 日** 本钢集团党委书记、董事长陈继壮到板材计控中心、板材发电厂和板材能源总厂调研指导工作。

**31 日** 本钢集团与西保冶材集团战略合作框架协议签约仪式在本钢宾馆举行。

## 6 月

**1 日** 本钢集团全面启动 2019 年“安全生产月”活动。

**3 日** 本钢集团党委理论学习中心组集体学习，深入学习贯彻《习近平扶贫论述摘编》和习近平总书记为第五批全国干部培训教材所作《序言》。

**6 日** 中国钢铁工业协会副秘书长、中国冶金报社社长陆闻言，中国冶金报社党委书记陈洪飞，以及中国冶金报社中层以上管理人员一行来本钢调研。本钢集团党委书记、董事长陈继壮与陆闻言一行进行了座谈。本钢集团党委副书记赵忠民参加调研座谈。

**同日** 本钢集团部分管理、技术、业务共计 20 个岗位开展公开竞聘。

**10日** 本钢集团召开“不忘初心、牢记使命”主题教育动员大会，深入学习贯彻习近平总书记在全党“不忘初心、牢记使命”主题教育工作会议上的重要讲话精神和省委“不忘初心、牢记使命”主题教育工作会议精神，全面落实党中央决策部署和省委关于开展好主题教育的具体要求，对本钢集团开展主题教育进行全面动员、全面部署。省委第十四巡回指导组组长国长青，副组长惠银安出席会议。本钢集团党委书记、董事长陈继壮作动员讲话。

**11～12日** 韩国浦项制铁公司（POSCO）5名技术专家来到板材冷轧厂，就冷轧板生产的质量技术问题进行了深入交流。

**14日** 国家艺术基金滚动资助项目，大型评剧《孝庄长歌》在本钢文化中心上演。

**17日** 本钢集团开展节能宣传周和全国低碳日活动。

**17～18日** 本钢集团党委书记、董事长陈继壮，总经理汪澍出席在沈阳举行的2019中国（辽宁）国企合作与发展论坛。

**18日** 本钢集团党委理论学习中心组集体学习。此次集体学习研讨按照中央和省委要求，并根据《本钢集团“不忘初心、牢记使命”主题教育实施方案》安排，围绕四个专题内容展开，用时6天。

**19日** 本钢集团党委理论学习中心组集体学习。围绕“传承红色基因，牢记初心使命”第一专题开展集中学习研讨。

**20日** 本钢集团党委理论学习中心组集体学习。围绕“坚守绝对忠诚，做到‘两个维护’”第二专题展开集中学习研讨。

**同日** 本钢集团领导班子参观东北抗联史实陈列馆，重温入党誓词。

**21日** 本钢集团党委举办“不忘初心、牢记使命”主题教育专题辅导，邀请本钢党校高级顾问、本溪市委党校特聘教授、本溪市党建研究会副会长刘晓方教授作题为《“不忘初心、牢记使命”，为企业发展凝心聚力永远奋斗》的专题辅导报告。

**同日** 本钢集团召开2019年度防汛工作视频会议。

**24日** 本钢集团党委理论学习中心组集体学习。围绕“勇于担当作为，推动振兴发展”第三专题进行集中学习研讨。

**25日** 辽宁省委副书记周波到板材技术研究院参观汽车板研发实验室并听取有关情况介绍。本钢集团党委书记、董事长陈继壮，总经理汪澍，副总经理、总工程师张贵玉等陪同。

**同日** 本钢集团党委理论学习中心组集体学习。围绕“坚持全面从严治党，营造良好政治生态”第四专题进行集中学习研讨。

**28日** 本钢集团党委举行建党98周年暨“不忘初心、牢记使命”主题教育座谈会。

**30日** 本钢集团公开竞聘进行笔试考试。329名职工参加当天的考试。

## 7月

**3日** 本钢集团党委书记、董事长陈继壮会见进出口银行辽宁省分行行长周亮球、行长助理孔建功一行，本钢集团总会计师曹爱民参加会见。

**同日** 本溪军分区司令员马英南大校、副司令员于国锋大校一行来本钢集团调研。本钢集团总经理汪澍陪同调研。

**同日** 省总工会副主席魏峰一行来本钢集团进行帮扶救助和“送温暖”工作调研，

本溪市总工会主席李少平、本钢集团工会主席张彦宾陪同调研。

**4 日** 本钢集团党委理论学习中心组集体学习。围绕“学习习近平关于供给侧结构性改革指示、批示精神”第五专题进行集中学习研讨。

**9 日** 辽宁省委副书记、省长唐一军结合“不忘初心、牢记使命”主题教育，就推进资源型地区创新转型发展来本钢调研，到矿业南芬露天矿采场山顶，实地考察开采现场和生态修复情况。本钢集团党委书记、董事长陈继壮陪同调研。

**10 日** 本溪市政协副主席张克伟带领市政协学宣文化文史委员会部分委员来本钢调研，参观了矿业南芬露天矿采场和板材冷轧厂。

**11 日** 辽宁省省长质量奖现场评审组专家到板材公司，进行为期两天的现场评审工作。

**同日** 本钢集团召开“不忘初心、牢记使命”主题教育专项整治工作会议。本钢集团党委副书记赵忠民参加会议并提出要求。辽宁省委第十四巡回指导组成员赵连波参加会议并讲话。

**11~12 日** 本钢集团党委第二轮巡察，4 个巡察组分别向被巡察单位反馈巡察情况。

**12 日** 本钢集团总经理汪澍，副总经理、总工程师张贵玉到板材信息化中心，就本钢集团技改工程建设同步建设完善信息化系统工作进行专题调研。

**17 日** 复星国际有限公司执行董事兼首席执行官汪群斌，复星集团执行董事、高级副总裁秦学棠，复星集团全球合伙人、南钢联总裁祝瑞荣等一行来本钢参观。本钢集团党委书记、董事长陈继壮，副总经理杨成广，总会计师曹爱民，副总经理高烈等陪同参观了矿业南芬露天矿、板材冷轧厂生产现场。

**同日** 本钢集团召开财务共享中心项目启动会。本钢集团副总经理张鹏、总经理助理邵剑超，浪潮集团副总裁张玉新参加会议。

**19 日** 本钢集团召开三季度安委会（扩大）会议。

**22 日** 本钢集团党委理论学习中心组集体学习。围绕“习近平总书记在十九届中央政治局第十五次集体学习、中央和国家机关党的建设工作会议上重要讲话精神”第六专题等内容进行学习研讨，并观看了警示教育片。

**25 日** 2019 辽宁省职工技能大赛暨全省炼铁技能大赛开幕式在本钢举行。此次大赛由辽宁省总工会、辽宁省人力资源和社会保障厅共同主办，本溪市总工会、本溪市人力资源和社会保障局、本钢集团承办。辽宁省人大常委会副主任、省总工会主席杨忠林，省总工会副主席刘严，省人社厅副厅长吴松；本溪市委书记姜小林，市长田树槐，市人大主任李景玉，市委副书记王庆东，市人大副主任、工会主席李少平等省市有关领导参加了开幕式。省总工会副主席刘严主持开幕式。本钢集团党委书记、董事长陈继壮，总经理汪澍，党委副书记赵忠民，工会主席张彦宾等领导参加了开幕式。汪澍在开幕式上致辞。

**同日** 本钢集团召开上半年生产经营分析会。会议由本钢集团党委书记、董事长陈继壮主持。

**26 日** 本钢集团召开“不忘初心、牢记使命”主题教育调研成果交流会，会议由本钢集团总经理汪澍主持。省委第十四巡回指导组组长国长青出席会议并讲话。本钢集团领导班子成员出席会议，并结合自身的调研情况进行了交流研讨。

**28 日** 本钢集团党委书记、董事长陈继壮一行深入板材特钢厂技改现场调研指导工作。本钢集团副总经理高烈，副总经理、总工程师张贵玉，以及制造部、设备部主要负责人参加调研。

**29~30 日** 本钢集团党委举办“不忘初心、牢记使命”主题教育培训班。

**31 日** 国家发展改革委就业收入分配和消费司副司长郭启民一行到本钢，就本溪市企业开展社保降费等社会保障相关工作情况进行调研。本溪市政府常务副市长吴世民，副秘书长胡勇，本钢集团党委副书记赵忠民，总经理助理申强等参加调研。

## 8 月

**1 日** 本钢集团党委理论学习中心组集体学习。围绕“习近平总书记在长春召开部分省区党委主要负责同志座谈会上提出的‘四个着力’”等内容进行主题教育第七专题学习研讨。

**7 日** 本溪市委书记姜小林一行到板材炼铁厂新一号高炉生产现场，看望慰问高温岗位职工。市委副书记王庆东，市委常委、秘书长孟广华，市人大常委会副主任、市总工会主席李少平参加慰问。本钢集团党委书记、董事长陈继壮，副总经理高烈，副总经理张鹏，工会主席张彦宾等陪同到生产现场慰问。

**同日** 本钢集团党委理论学习中心组集体学习。围绕“习近平总书记在参加十二届全国人大五次会议辽宁代表团审议时重要讲话提出的‘三个推进’，《党章》《关于新形势下党内政治生活的若干准则》《中国共产党纪律处分条例》”等内容进行主题教育第八专题集中学习研讨。

**8 日** 本钢集团党委书记、董事长陈继壮以“不忘初心、牢记使命，扎实推进本钢集团新一轮体制机制改革”为题讲专题党课。省委主题教育第十四巡回指导组成员马永财、赵连波到会指导。本钢集团领导班子成员参加党课。党委副书记赵忠民主持党课。

**9 日** 本钢集团总经理汪澍到板材信息化中心，以“以信息化建设推动企业高质量发展”为题讲专题党课。

**11 日** 本钢集团召开紧急防汛会议，部署各项防汛工作，应对台风“利奇马”造成的持续大范围降雨。

**12 日** 本钢集团 MBA 培训班（四期）开班典礼在技术学院举行。

**13 日** 本钢集团党委理论学习中心组集体学习。围绕“习近平总书记在辽宁考察时和在深入推进东北振兴座谈会上提出的补齐拉长‘四个短板’、扎实做好‘六项’工作”等内容进行第九专题集中学习研讨。

**13 日、15 日** 本钢集团召开铁钢轧工序对标降本增效专题会议。会议听取了财务部及铁钢轧工序 11 家单位关于对标行业先进企业工作情况，以及下一步降本增效重点工作的汇报。本钢集团党委书记、董事长陈继壮主持会议并提出要求。本钢集团领导汪澍、曹爱民、高烈、张鹏、张贵玉参加会议。

**14 日** 江苏省委常委、常务副省长樊金龙率领江苏省代表团一行来本钢参观调研，推进辽宁与江苏两省主要企业对口合作工作。辽宁省副省长陈绿平，本溪市市长田树槐，本钢集团党委书记、董事长陈继壮，总经理汪澍陪同调研。江苏省代表团一行参观了板材冷轧厂三冷轧工序。

**同日** 军委国防动员部调研组就党管武装和国防教育工作来本钢调研。原总政治部纪检部副部长杨庆堂少将参加调研。本溪军分区副司令员于国锋大校、本钢集团党委副书记赵忠民陪同调研。

**15日** 按照《关于在“不忘初心、牢记使命”主题教育中对照党章党规找差距的工作方案》要求，本钢集团党委召开对照党章党规找差距专题会议。省委主题教育第十四巡回指导组成员马永财、赵连波参加专题会议。

**16日** 本钢集团党委庆祝新中国成立70周年系列活动——第四届“钢花杯”本钢职工歌手大奖赛决赛在本钢文化中心举行。

**19日** 本钢集团党委第三轮巡察工作全面启动。第三轮巡察成立了6个巡察组，对国贸公司、采购中心、本钢保卫中心、恒泰重机公司4个单位开展政治巡察，同时延伸巡察到制造部、设备部两个部门。

**同日** 辽宁省总工会庆祝中华人民共和国成立70周年“我和我的祖国·劳动筑梦”劳模工匠主题宣讲活动走进本钢。

**21日** 本钢集团党委召开本钢集团“不忘初心、牢记使命”主题教育测评会议，征求各个层面代表的意见和建议。省委主题教育第十四巡回指导组成员赵连波，本钢集团党委书记、董事长陈继壮，总经理汪澍参加会议。会议由本钢集团党委副书记赵忠民主持。

**21~26日** 本钢集团党委书记、董事长陈继壮主持召开子公司降成本专题工作会议，听取了10家子公司生产经营情况和降本增效重点工作的汇报，对各子公司当前的重点工作和未来的发展方向作出了安排部署。本钢集团领导汪澍、杨成广、曹爱民、张鹏等参会。

**23日** 中共本溪钢铁（集团）有限责任公司召开第十次代表大会，选举产生了新一届中共本溪钢铁（集团）有限责任公司委员会和纪律检查委员会。杨成广当选第十届中共本溪钢铁（集团）有限责任公司委员会书记，牛力当选中共本溪钢铁（集团）有限责任公司纪律检查委员会书记。

**27日** 本钢集团党委书记、董事长陈继壮主持召开降成本工作专题会议，分别听取了国贸公司经营概况和降本增效工作措施以及财务部就产品销售对标工作的汇报，听取了财务部和采购中心的工作汇报，听取了矿业公司降本增效工作汇报，安排部署下一阶段重点工作。本钢集团领导曹爱民、高烈、张鹏等参会。

**28日** 本钢集团召开领导班子“不忘初心、牢记使命”主题教育专题民主生活会。省委主题教育第十四巡回指导组组长国长青出席会议并讲话；指导组成员赵连波就本钢集团材料准备情况进行点评；指导组成员林作甫、王宇到会指导。会议由本钢集团党委书记、董事长陈继壮主持。

**29日** 本钢集团党委理论学习中心组集体学习，学习习近平总书记关于力戒形式主义、官僚主义重要论述；学习习近平总书记在内蒙古考察并指导主题教育时的重要讲话；传达学习《中共中央办公厅关于陕西省委、西安市委在秦岭北麓西安境内违建别墅问题上严重违反政治纪律以及开展违建别墅专项整治情况的通报》和《关于开展全省违建别墅问题清查整治专项行动的实施意见》及陈求发同志在全省违建别墅问题清查整治专项行动动员部署电视电话会议上的讲话精神。

**31日** 本钢集团第十一届青年大学生趣味运动会在技术学院举行。来自本钢集团所属45家单位共1003名青年大学生参加了运动会。

## 9月

**1日** 以“回归质量本源，聚焦质量提升，推进高质量发展”为主题的本钢集团2019年质量月活动正式启动。

**3日、4日、24日** 本钢集团党委6个巡察组分别召开国贸公司、采购中心、本钢保卫中心、制造部、设备部、恒泰重机公司6家单位巡察工作动员大会，本钢集团党委第三轮巡察各巡察组正式进驻被巡察单位。

**6日** 本钢集团与中冶集团共同举办“壮丽70年，奋斗新时代”冶金强国梦故事会之本钢故事宣讲会，共同演绎70年来两家企业的奋斗历程。本钢集团副总经理、总工程师张贵玉到会并致辞。

**同日** 板材炼钢厂六号转炉节能环保升级改造热试车成功，正式开炉冶炼。

**6~7日** 本钢集团有限公司第三届职工运动会在本溪市体育场隆重举行。运动会设四大项55个单项比赛项目，1178名运动员报名参赛，参会单位76家，7000多名观众现场为运动员助威加油。本溪市委书记姜小林致贺词，本钢集团党委书记、董事长陈继壮宣布开幕，本钢集团总经理汪澍致开幕词。

**7日** 钢铁行业庆祝中华人民共和国成立70周年座谈会在北京隆重召开。中国宝武集团、鞍钢集团、首钢集团、本钢集团等15家钢铁企业，联合签署并发表了《中国钢铁行业绿色发展宣言》。本钢集团副总经理张鹏代表本钢集团在《宣言》上签字。

**10日** 本钢集团团委、东方航空集团浙江分公司团委联合开展以“我与祖国共奋进”为主题的爱国主义教育暨共青团共建交流活动。

**11日** 2019年全省国有企业统战工作会议在本钢召开。辽宁省委统战部副部长张兴奎、本钢集团党委副书记赵忠民等参加会议。

**12日** 本钢集团召开“保平安、迎大庆”专题工作会议。

**17日** 辽宁省军区检查考评领导小组副组长董学军大校一行，到本钢集团就民兵调整改革工作进行检查考核。本溪市军分区副司令员于国锋大校参加检查考核。

**18日** 本溪市委书记姜小林、市长田树槐到本钢集团调研安全生产、环保、稳定工作，实地深入北营炼铁厂新1号高炉现场指导。当天，本溪市政府与本钢集团签订了废钢铁产业战略合作协议。本溪市委副书记王庆东，市委常委、秘书长兼市委办主任孟广华，副市长高巍，本钢集团党委书记、董事长陈继壮，党委副书记赵忠民，副总经理、总工程师张贵玉参加座谈。

**同日** 中国汽车工程学会和汽车轻量化技术创新战略联盟联合主办的2019（第十三届）汽车轻量化大会（ALCE）在江苏扬州举行。本钢集团与国内外500家参展商向2000名专业观众展示企业在汽车轻量化研发方面所取得的成果。

**21~22日** 2019年本钢职工第五届团购车活动在技术学院举行。

**23日** 本钢集团党委理论学习中心组集体学习，学习习近平在中央党校（国家行政学院）中青年干部培训班开班式上发表重要讲话精神；学习传达《中国共产党宣传工作条例》；学习《贯彻落实习近平新时代中国特色社会主义思想在改革发展稳定中攻坚克难案例提要》。

**24日** 本钢集团党委书记、董事长陈继壮深入一线检查指导安全生产工作。

**同日** 2019年耐蚀桥梁用钢技术研究及关键品种开发技术交流会在本钢召开。中国钢铁工业协会、鞍钢集团、宝武集团、中国科学院金属研究所、北京科技大学、钢研总院等30余家单位90余名专家、企业代表和科技人员参加了会议。

**25 日** 本钢集团总经理汪澍先后到北营炼铁厂新 2 号高炉、北营焦化厂焦化二区 3 号焦炉生产现场，对安全生产工作进行检查部署。

**27 日** 本钢集团在辽宁省反腐倡廉教育基地召开 2018 年 9 月以来新提任的领导干部党风教育大会。

**29 日** 10 时 06 分，本钢集团重点节能环保项目——板材股份有限公司 CCPP 发电工程正式开工建设。该项目主机采用首台由国内制造厂上海电气集团成套燃用低热值煤气的燃机设备，年可发电约 14 亿千瓦时。

## 10 月

**1 日** 本溪市举行庆祝中华人民共和国成立七十周年升国旗仪式。本钢集团总经理汪澍出席，本钢集团劳动模范代表接受少先队员献花。

**8 日** 以板材热连轧厂 2300 轧线年修为主的板材公司 2019 年第二阶段联合检修战役正式开始。

**10 日** 《本钢集团文明生产巡视管理办法》制定出台，分为六章二十七条，为本钢集团文明生产巡视工作提供了依据。

**14 日** 本溪钢铁（集团）有限责任公司、本钢集团厂办大集体改革推进组联合印发《本溪钢铁（集团）有限责任公司及下属主办国有企业授权本钢综合工业公司统一管理本钢厂办大集体企业的通知》，授权本钢综合工业公司统一管理本钢厂办大集体企业改革事宜及后续工作。

**16 日** 本钢集团党委组织部、本钢党校联合举办党员技术能手培训班。

**同日** 本钢宝锦（沈阳）汽车新材料技术加工配送工程正式开工。项目位于沈阳大东区汽车产业园区内，总用地面积约 92 亩，预计 2020 年 10 月底竣工，将成为本钢在沈阳及周边地区的汽车板剪切、拼焊加工、仓储及销售的综合性服务平台。

**17 日** 本溪市中级人民法院党组书记、院长王海霞一行到本钢集团开展“不忘初心、牢记使命”主题教育调研活动。本钢集团党委书记、董事长陈继壮，总经理汪澍，副总经理杨成广参加了调研座谈。

**18 日** 本溪市人大常委会副主任、市总工会主席李少平一行到本钢调研。本钢集团党委书记、董事长陈继壮，工会主席张彦宾参加了调研座谈。

**同日** 本溪市厂办大集体改革领导小组印发《本溪市厂办大集体改革工作指导意见》（本集改发［2019］4 号），本钢集团厂办大集体改革进入操作阶段。

**22 日** 1948 年创刊，新中国最早的企业报之一，本钢集团党委机关报——《本钢日报》，迎来出版第 10000 期。

**同日** 本钢集团召开四季度安委会（扩大）会议。

**23 日** 本钢集团党委理论学习中心组集体学习，围绕“习近平总书记在庆祝中华人民共和国成立 70 周年大会上的讲话、《中国共产党党内法规制定条例》《中国共产党党内法规和规范性文件备案审查规定》《中国共产党党内法规执行责任制规定（试行）》《中国共产党问责条例》”等内容进行了集体学习。

**24 日** 本钢集团召开了“不忘初心、牢记使命”主题教育整改落实工作会议。

## 11 月

**1 日** 本溪市中级人民法院党组成员、

副院长于文芝组织该院近百名党员来本钢集团开展“不忘初心、牢记使命”主题教育参观调研活动。

**5日** 辽宁省副省长张立林到本钢集团就劳动密集型企业培训情况进行调研。本溪市委书记姜小林，市委常委、常务副市长吴世民，本钢集团党委书记、董事长陈继壮，党委副书记赵忠民，副总经理杨成广陪同调研。

**7日** 本溪市副市长、公安局长王会奇一行到本钢进行专题调研，召开本溪市政府服务本钢厂办大集体改革推进会。本钢集团党委副书记赵忠民，总经理助理兼综合工业公司经理卫传文陪同调研。

**11日** 本钢集团2019年设备秋季大检查全面启动。

**13日** 本钢集团召开“四定”工作交流推进会议。本钢集团党委副书记赵忠民出席会议并讲话，本钢集团总经理助理、组织部（人力资源部）部长申强主持会议。

**14日** 本钢集团召开“不忘初心、牢记使命”主题教育整改落实情况“回头看”专题会议。

**同日** 本钢集团党委理论学习中心组集体学习，学习传达党的十九届四中全会精神。

**同日** 本钢集团组织开展“国家环保政策形势解读”专题培训。

**15日** 阳煤集团党委书记、董事长翟红，党委副书记、副董事长、总经理王永革，副总经理聂建民等一行来访本钢。本钢集团党委书记、董事长陈继壮，总经理汪澍，副总经理高烈等座谈交流。

**同日** 本钢集团2020年汽车、家电重点客户座谈会在厦门举行。全国各地230余家客户代表420余人参加会议。本钢集团副总经理张鹏出席会议并讲话，国贸公司党委书记、董事长李明伟致欢迎词，会议由国贸公司经理张永帅主持。

**20日** 本钢集团召开“不忘初心、牢记使命”主题教育整改落实情况“回头看”及专项整治考核评估座谈会。省国资委党委副书记、副主任，省国资委主题教育整改落实情况“回头看”及专项整治考核评估调研指导组第一组组长项鸿林、小组成员宋旭涤等参加会议。本钢集团党委书记、董事长陈继壮参加会议并讲话，党委副书记赵忠民参加会议并对本钢集团主题教育整改落实和专项整治工作情况进行了汇报。

**同日** 辽宁省监察委员会驻本钢集团有限公司监察专员办公室正式挂牌。本钢集团党委书记、董事长陈继壮，辽宁省纪委监委第三纪检监察室主任周慧哲共同揭牌。本钢集团纪委书记陈铁主持揭牌仪式。

**27日** 本钢集团召开2019年“工匠杯”职工职业技能竞赛表彰大会。本钢集团领导为在各级竞赛“状元”和技能竞赛“功勋教练员”颁奖。

**28日** 本钢集团召开离退休人员、退养职工集中管理工作会议。

**29日** 本钢集团党委书记、董事长陈继壮到安全实训基地调研。

**同日** 省委教育工委副书记，省教育厅党组书记、厅长冯守权一行到辽宁冶金职业技术学院调研指导。本溪市副市长任尊严，本钢集团党委书记、董事长陈继壮，副总经理杨成广陪同调研。

## 12月

**1日** 以“健康中国、快乐职沙”为主题的2019（首届）中国职工沙滩运动会落幕，本钢代表队以全胜战绩在沙滩足球项目中夺冠。

**2~5日** 本钢集团参加首届辽宁出口商品（日本大阪）展览会。

**4日** 本钢集团党委理论学习中心组集

体学习，根据《本钢集团党委关于认真学习宣传贯彻党的十九届四中全会精神实施方案》安排，围绕党的十九届四中全会精神进行专题学习。

**5日** 本钢集团与瓦轴集团签订全面战略合作框架协议。本钢集团总经理汪澍与瓦轴集团总经理刘军分别代表双方签订了战略合作协议。

**6日** 本钢集团测量管理体系运行满足标准要求，顺利通过2019年测量管理体系外审。

**7日** 由本钢集团党委组织部（人力资源部）、党委宣传部（团委）共同举办的“中国移动5G杯”本钢集团第二届青年素质挑战赛初赛正式开赛，共有55个单位和部门的683名青年职工参加比赛。

**9日** 本钢集团召开2020年《集体合同》平等协商会议。本钢集团党委副书记赵忠民受本钢集团法定代表人委托，作为企业方首席代表出席会议。本钢集团工会主席张彦宾作为职工方首席代表出席并主持会议。

**10~19日** 本钢集团党委开展“学习贯彻党的十九届四中全会精神巡回宣讲”活动，深入7家直属党委及所属基层单位做专题宣讲，1500余人聆听了报告，首场宣讲报告会在板材公司举行。

**12日** 本钢集团专职纪检监察干部参加了省纪检监察系统纪检监察业务知识测试。

**13日** 本钢集团召开退休人员人事档案规范化整理和数字化工作启动大会及培训会议。

**19日** 辽宁省厂办大集体改革工作领导小组考核验收组一行到本钢验收厂办大集体改革工作，省人社厅副厅长梁振英、本钢集团副总经理张鹏、总经理助理卫传文参加会议。

**20~21日** 本钢集团有限公司一届四次职工代表大会暨2020年经济工作会议召开。

**21日** 沈阳大学冯玉萍艺术中心本钢文化体育活动中心实践基地挂牌。

**23日** 本钢集团举行外事审批权启动仪式暨外事机构成立会议。经国务院批准，外交部同意授予本钢集团一定出访来访外事审批权。

**26日** 由辽宁省工业和信息化厅、辽宁省国有资产管理委员会主办，本钢集团、凌钢集团、五矿营口中板、东北特钢集团承办的主题为“打造钢铁供应链协同体系，助力辽宁省企业携手共赢”的省重点钢铁企业与省内供应商配套协作交流会在本钢举行。

**28日** 在中国（泉州）创新工匠暨“一带一路”产业发展高峰论坛上，举行新中国成立70周年，“中国工业影响力70企业、70品牌、70人物”颁奖仪式，本钢集团入选“中国工业影响力70企业”，入选“中国工业影响力70品牌”，本钢集团党委书记、董事长陈继壮入选“中国工业影响力70人物”。

**31日** 本钢集团召开“以案释纪明纪、不忘初心使命”赵明远案件警示教育大会。本钢集团党委书记、董事长陈继壮通报赵明远案件情况并讲授专题党课；本钢集团纪委书记、辽宁省监委驻本钢集团监察专员陈铁通报、剖析本钢集团内部典型案例。会议由本钢集团党委副书记赵忠民主持。

**同日** 辽宁省政府新闻办举行新闻发布会，由辽宁省市场监督管理局公布2019年辽宁省省长质量奖名单，并介绍评选的相关情况。本钢板材股份有限公司成功问鼎金奖，质量管理经验收入《2019年辽宁省省长质量奖获奖企业质量管理经验汇编》。

**栏目编辑　李　学**

本钢集团

# 概　述

# 概　述

本钢集团有限公司（简称“本钢”“本钢集团”；英文名称 BEN GANG Group Corporation）地处辽宁省本溪市，是世界著名的“人参铁”产地，始建于1905年，是新中国最早恢复生产的大型钢铁企业，被誉为“中国钢铁工业摇篮”“共和国功勋企业”，是我国重要精品钢材基地和辽宁省属最大国有企业集团。

## 历史沿革

本钢是我国历史最为悠久的工业企业之一。本钢的前身是1905年12月18日成立的“本溪湖大仓煤矿”。1912年1月23日，“本溪湖大仓煤矿”改名“本溪湖商办煤铁有限公司”，1915年1月13日，1号高炉点火投产。孙中山先生在《建国方略》中将当时中国钢铁事业概括为“南有汉冶萍（汉阳铁厂、大冶铁矿、萍乡煤矿），北有本溪湖（本溪湖煤铁公司）”。1948年秋，本溪解放后，本钢回到人民手中，1949年7月15日，正式恢复生产。在社会主义建设时期，本钢积极响应党中央“为工业中国而斗争”的号召，新中国制造的第一批枪、第一门炮、第一辆汽车、第一套发电机组、第一颗人造卫星上都使用了本钢的产品，为建设新中国做出了卓越贡献，被誉为共和国的功勋企业。

党的十一届三中全会以后，本钢重新焕发青春与活力。1994年11月，被国务院确定为全国百家现代企业制度试点单位之一。1996年7月，经国家批准改制为本溪钢铁（集团）有限责任公司，成为国有独资的大型钢铁联合企业。1997年4月，被国务院确定为全国120家大型企业集团试点单位。1997年6月，成立本钢板材股份有限公司，发行A股股票1.2亿股、B股股票4亿股并成功上市。

在三年改革与脱困时期，本钢通过深化改革、转换机制、进行大规模技术改造和强化企业管理，企业核心竞争力进一步增强，步入良性发展轨道，取得阶段性发展成果。

进入21世纪后，本钢集团在国家宏观政策指导下，科学谋划、稳步实施推进自身发展，坚持按照科学发展观，走新型工业化道路，有效落实了“十五”“十一五”“十二五”发展的规划要求，实现了发展规划目标。采用世界先进技术进行了大规模技术改造，在淘汰落后产能的同时，先后对国产1700毫米热轧机组、2000立方米高炉、120吨转炉等设备进行改造，与韩国浦项公司合资建设冷轧薄板厂，采用国际顶级技术建设了本钢三冷轧厂等，装备水平已达国际先进水平，产品结构更加趋于合理，高端产品市场占有率进一步提升。2008~2009年，有效化解了世界金融危机的影响与挑战，在逆势中实现了跨越发展。2010年，在辽宁省委、省政府的主导下，本钢平稳完成了与北钢合并重组工作，组建成立了本钢集团有限公司。在顺利实现“十二五”规划发展目标基础上，本钢集团坚持落实中央“四个全面”战略布局，按照“四个着力”的要求和“稳增长、促改革、调结构、惠民生”的总体部署，科学制定本钢集团“十三五”发展规划，为企业发展明确了方向。本钢集团“十三五”规划指导思想是全面贯彻落实党的十八大精神，对接国家战略和省市规划，结合相关政策，以改革、创新、市场、开放为驱动，持续推进“钢铁为主、多元协同、全球经营、做精做强”的发展战略，实现本钢集团由钢铁制造商向钢铁材料服务商转变、由生产经营型向资本运营型企业转变，成为极具国际竞争力的特大型钢铁联合企业。党的十九大以来，本钢集团进一步科学完善了《本钢集团做强做优做大实施方案》，以习近平新时代中国特色社会主义思想为统领，全面贯彻新发展理念，明确到2020年实现2000万吨钢产能的发展目标，以供给侧结构性改革为总抓手，以深化国企改革和技术创新为主线，更加注重与市场接轨，更加注重结构调整，更加注重技术升级，钢铁主业在不新增钢铁产能的前提下通过提质提效、产品升级、深加工服务、绿色智造、保持自有矿比较优势实现做强做优做大；多元产业通过聚焦优势业务，培育发展新兴业务实现做优做强。

## 企业现状

目前，本钢集团拥有亚洲第一低磷低硫露天矿——南芬露天矿。拥有东北地区最大容积的4747立方米高炉。拥有我国第一台年产500万吨2300毫米热连轧机组。与韩国浦项合资成立本钢二冷轧厂，工艺技术水平达到世界领先。本钢三冷轧厂，是国内能提供最宽幅、最高强度汽车用冷轧板和最高强度汽车用热镀锌板的钢铁企业，能满足未来汽车行业发展对安全、节能和环保的要求。

本钢拥有国家级技术中心和检测中心，建有国家院士专家工作站、博士后科研工作站、先进汽车用钢开发与应用技术国家地方联合工程实验室等研发平台，在汽车板、高强钢、硅钢、棒线材等产品生产和研发中处于国内领先水平，形成了线材、螺纹钢、球墨铸管、特钢材、热轧板、冷轧板、镀锌板、彩涂板、不锈钢等60多个品种、7500多个规格的产品系列，是国家工信部认定的“国家技术创新示范企业”和“中国工业企业品牌竞争力百强企业”。

截至2019年末，本钢集团在籍职工有66556人，资产总额1609亿元，钢铁产能2000万吨，全国钢铁企业排名第9位，世界排名第19位。

## 生产经营

2019年，本钢集团坚持以习近平新时代中国特色社会主义思想为指导，深入学习贯彻落实党的十九大和十九届三中、四中全会精神，落实辽宁省委省政府的决策部署，在省国资委的正确指导下，坚持全面贯彻落实“四个全面”战略布局和“五位一体”总体布局，推进企业生产经营平稳有序运行。实现销售收入612.86亿元，同比减少20.8亿元，降低3.28%；实现税金35.3亿元，同比减少6.08亿元，降低14.7%；实现利润3.05亿元，同比减少1.22亿元，降低28.60%；生铁产量1590万吨，同比增长3%；粗钢产量1617万吨，同比增长1.7%；热轧板产量1227万吨，同比增长6.8%；冷轧板产量536万吨，同比降低0.9%；线材产量249万吨，同比增长6.3%；螺纹产量83万吨，同比降低29.3%；特钢产量49万吨，同比降低28.4%；不锈钢产量7.1万吨，同比降低30.2%；铸管产量9.5万吨，同比增长2.3%。主要生产经营指标保持在科学合理区间运行。安全生产较大人身事故、较大火灾事故、重大设备事故实现“三为零”。在国际市场需求减弱、国内经济稳中趋缓的情况下，钢材市场平均价格同比下跌，本钢通过推进产品资源向有效益的产线倾斜，实现了经济运行平稳发展。

一是以“四定”第二阶段工作为核心，企业全面深化改革取得重大进展。以“定岗、定编、定责、定薪”为核心的三项制度改革取得阶段性成果，本钢集团历史上涉及面最广、调整力度最大、推进周期最长的人事制度配套改革，顺利完成并达到预期目标，为持续推进更深层次的体制机制改革奠定了坚实基础。积极稳妥推进集团层面混合所有制改革，在省委省政府的决策部署和省国资委的指导下，上半年，本钢集团正式被国家发改委列入第四批国有企业混合所有制改革试点企业名单。厂办大集体改革等历史遗留问题处理实现预期目标，厂办大集体改革按照省市提出的工作步骤和时间节点要求，成立了改革工作领导小组，制定了《本钢厂办大集体改革工作实施指导意见》等“1+9”推进文件体系，按时完成企业性质界定工作、职工身份认定工作、社会稳定风险评估工作以及清产核资、审计评估工作，进入实质性操作阶段。同时，推进处置“僵尸企业”，完成15户“僵尸企业”处置任务。推进社会化改革工作，本钢集团离退休人员、退养职工集中管理工作启动。

二是以产业结构和产品结构调整为主线，销售研发生产装备和多元板块实现创新发展。市场营销持续优化。开发新客户32家、新钢种45个，实现产销率100%目标。本钢产品销往“一带一路”沿线30多个国家。创新驱动成效显著。搭建“产学研用”研发平台，本钢与沈阳材料科学国家研究中心签署协议共建联合研发中心。与东北大学、北京科技大学、中科院金属研究所等签订了14个合作项目。完成产品认证70个牌号；全年146件专利获国家知识产权局受理，其中93件专利获国家知识产权局授权。本钢板材股份有限公司成功加入中国知识产权发展联盟。成功开发新产品牌号41个，本钢汽车用冷成型产品具备1200兆帕级别供货能力，成功开发冷成型用淬火配分钢、高强防弹用钢、轿车轮毂轴承用钢，填补了本钢产品空白；本钢热成形钢产品实现从1300兆帕到2000兆帕强度级别的全覆盖，成功开发了最宽、最厚、宽工艺窗口和抗氧化等特色产品。钢铁主业改造升级。修订完成《本钢钢铁主业2019—2022年发展规划》，提出了钢铁产品品种升级、绿色发展、智能制造、资源接续的规划目标，实施了以板材新5号高炉、CCPP绿色高效发电等重点项目为代表的新一轮大规模技术改造。多元产业加快发展。恒通公司全年实现销售收入2.1亿元。机械制造公司17项新产品投入市场。恒泰公司新购置数控等离子切割机和冲剪机床，销售额首次突破亿元。建设公司以青海、交投、佳利华、抚顺区域市场为有效支撑，全年完成产值13.5亿元。新实业公司新开发铁鳞球产品，年可创效2400万元。职业技术学院被省发改委列为第一批拟纳入辽宁省产教融合型企业。信息自动化公司成功实施越南4座1000立方米高炉PLC系统项目。

三是以实施对标挖潜和增效降耗为核心，经济运营质量得到进一步提升。生产系统物料消耗大幅降低。全年，生产消耗定额降低13.5亿元；合金降低1.57亿元、锌锭降低7000万元；港途耗比计划降低6000万元；铁路运费节省2.54亿元；配煤配矿降成本1.58亿元。通过优化产线分工，增加边际效益5800万元。坚持执行成本管控体系和日清日结机制，全方位开展对标和工序成本分析工作，实现了关键指标和成本运行的动态管控。设备系统运行质量大幅提升。发生设备事故故障台时824小时，同比降低957小时，安全、优质、高效、低耗完成四个阶段联合检修工作。能源系统能源介质消耗降低。系统推进节电降费，通过增加直购电、大型设备错峰启动、督促不饱和产线躲峰生产、组织实施低产经济运行等举措，全年减少电费支出3.6亿元。保供系统努力实现零影响。招标公司实现降采10.51亿元。检化验中心全面取消让步接收和质量折价扣款累计1.1亿元。财务资本金融多维度降本增效。办理银行承兑质押及低利率承兑贴现，节约财务费用约2.8亿元。电票支付151亿元，节约成本3.3亿元；商票业务推广17亿元，节约财务成本2500万元。完成跟投欧冶云商第二轮股权融资，成为欧冶云商主要股东之一。

四是以推进问责追责绩效激励为标志，集团治理体系和治理能力建设更加完善。加强风险管理，强化内部控制。制定了本钢集团内部控制建设方案，出台了《本钢集团有限公司风险管理办法》，持续开展风险识别、评估、风险知识培训工作。强化审计监督，出台了单位负责人任前经济责任告知办法、内部审计整改管理办法、领导人员离任经济事项交接办法。强化法治建设，加强合规管理，有效防范法律风险，为企业生产经营和改革发展提供法律支持。推进问责追责，强化绩效激励。持续深入推进领导干部综合考核（末位淘汰）、部门工作作风测评、问责追责等内部改革举措，制定出台了《本钢集团有限公司领导干部问责追责管理办法（暂行）》和补充规定、实施细则，以及《关于安全设备生产质量环保责任事故单位相关领导问责追责办法的调整意见》。同时，签订领导干部经营业绩责任状，通过设立降成本专项奖和对外创收专项奖，鼓励钢铁主业降本增效，鼓励非钢子公司对外创收。发挥督办作用，强化督查问效。建立有效督查督办工作机制，发挥对集团发展短板和弱项问题整改的督查作用。强化专业管理，加大管控力度。安全管理基础持续夯实，制定下发《本钢集团有限公司安全生产责任制实施细则》，实现了安全生产责任制全覆盖。计量管理水平持续提升，强化计量器具准确性管理，完善计量基础设施和计量网络建设，北营一、二级计量设备配置率由65.1%提升至92.9%。环保治理效果不断显现，实施改造项目123项，前三季度实现厂区优良天数230天，同比增加9.2%。强化信息化建设，本钢集团《两化融合环境下的企业集团电子文件归档管理系统建设》课题荣获国家档案局企业档案管理创新优秀案例三等奖。坚持人才强企，加强培养选用。组织对部分领导干部岗位公开竞聘，20名优秀人才走上管理、技术、业务关键岗位。组织开办本钢MBA三期、四期班，发现、培养、储备年轻干部和后备人才近200名。加大人才推优和引进力度，实施差异化薪酬待遇，引进21名博士和硕士人才；推荐14名同志为辽宁省百千万人才工程人选；完成1606名高层次人才信息采集工作，建立了专家人才库；与知名高校联手建立人才培养模式，培养企业所需的各类人才。

# 党群工作

2019年，本钢集团各级党组织坚持以习近平新时代中国特色社会主义思想为统领，深入贯彻党的十九大和十九届二中、三中、四中全会精神，贯彻落实省委“1571”、省国资委党委“121”基层党建总体工作思路，紧紧围绕生产经营和企业改革中心任务，以推进省委巡视反馈意见整改和主题教育工作为抓手，以实施“固元铸魂”“固本强基”工程为载体，着力夯实基层党建工作基础，全面提升党的建设科学化水平，切实发挥党建引领作用，党建工作与生产经营深度融合，为实现本钢集团改革发展稳定提供了坚强政治、思想和组织保证。

一是党建工作基础更加扎实。集团公司各级党组织深入学习贯彻习近平新时代中国特色社会主义思想和党的十九大精神，认真抓好巡视整改后半篇文章，巡视整改成果得到持续巩固。全面深入开展“不忘初心、牢记使命”主题教育，将主题教育与本钢改革发展实际紧密结合，一些制约企业发展的突出问题和职工群众关心关注的热点问题得到有效解决。学习贯彻《中国共产党支部工作条例（试行）》，开展“大学习、大检查、大规范、大提升”活动，基层党组织规范化、标准化建设水平不断提升。

二是全面从严治党持续深化。加强党委巡察工作，完成了《巡察工作实用手册》《巡察组工作流程图》，持续开展了第二轮、第三轮党委巡察工作。发挥派驻纪检组作用，参加或列席驻在单位党委会、“三重一大”和组织生活会等重要会议，加强对驻在单位的监督。深入落实中央八项规定精神，先后开展了违规报销差旅费、操办升学宴等党风专项治理。开展多种形式反腐倡廉教育，召开廉政教育警示大会，促进各级党员干部筑牢思想防线，推进党风廉政建设和反腐倡廉工作全方位覆盖。

三是企业精神文明成果丰硕。秉承“树立本钢形象、传播本钢声音、讲好本钢故事”的工作基调，大力宣传企业改革发展成果，在中央电视台、新华社、中国冶金报、辽宁电视台等省以上媒体刊发稿件160篇，提升了本钢集团的影响力、公信力。召开了“喜迎七十华诞，致力钢铁强国”本钢第三届职工运动会，通过无线传输手段直播了运动会盛况。荣获全国工人先锋号、辽宁五一奖状、辽宁省劳模创新工作室、全国钢铁工业先进集体等众多荣誉。3名本钢职工荣获省技术大赛状元，9人获得市技术大赛状元，展现了新时代本钢工人的卓越风范。

四是民生工程建设持续推进。全员健康疗养接待职工近20000人。完成31家单位23272名职工健康体检工作。为69708名职工办理医疗互助保险。建立健全困难职工档案，全年发放救助资金1200万元。投入专款248万元为35家单位购置职工浴池更衣箱共3271组。完成大学生公寓职工书屋建设。开展职工团购车活动，均价优惠3000元。持续发放春节、“五一”节、国庆节奖金。进行4号门立体停车场改造，总建筑面积2.04万平方米，11月1日投入试运行。推进开通厂内公交车工作，10月底公交车运行方案基本确定，争取在2020年初实现厂内公交车试运行。

栏目编辑　韩友清

本钢板材厂区一角(邓立岩　摄)

# 本钢年鉴 *2020*



本钢集团

# 经营管理

# 规划投资管理

**【概况】** 根据本钢发运营字〔2019〕51号《关于本钢集团规划发展部（科技发展部）主要职责内设机构调整的通知》，撤销规划发展部（科技发展部）经济信息职能单元，其业务划归本钢板材销售中心，委托本钢板材销售中心代行集团经济信息研究分析职责。2019年规划发展部（科技发展部）内设机构为规划管理、投资管理、科技管理三个职能单元。2019年12月末共有在籍人员26人，在职不在籍1人，其中部长1人（在职不在籍）、副部长6人（其中专务1人）、总监2人、高级业务师1人、主任业务师9人、专业业务师4人、责任业务师1人、主任工程师1人、专业工程师2人。共有高级技术职称人员18人。

**【规划管理】** 1. 制订企业发展规划。贯彻落实《本钢集团做强做优做大实施方案》，按照三年滚动调整规划总体安排，组织修订完成《本钢钢铁主业2019—2022年发展规划》。按照“坚持创新驱动，建成精品、绿色、智能、服务的一流钢铁企业”的战略目标，组织完成《本钢集团“十四五”发展规划思路》。对标沙钢、鞍钢、马钢，组织编制钢铁主业品种升级、环保提升、余能利用、智慧制造、多元产业发展专项规划以及阶段性实施方案。2. 重点项目论证工作。本着“均质、降本、环保、高效”的原则，组织开展板材和北营厂区料场仓储优化和环保改造规划可研。本着“对标先进，提高冶金固废综合利用价值”，提出冶金固废利用整体规划意见，组织完成板材公司钢渣综合利用、北营钢渣有压热焖处理项目、钢铁尘灰处理项目、炼钢用铁鳞球项目可研方案。3. 项目合资合作工作。着眼“提高东北市场服务能力和产品深加工”，与市政府、平山区合作钢铁产品仓储加工业务，完成北方恒达物流园项目初步设计工作。着眼“提高废钢资源保障、打造废钢铁基地”，本钢与市政府签订废钢铁战略合作协议，完成彩西供料站项目设计方案，为特钢升级改造项目提供原料保障。组织北钢公司、机械制造公司、建设公司分别开展30万吨焦油深加项目、短流程铸钢件项目、智能设备项目合资合作。

**【投资管理】** 1. 投资计划管理。2019年，按照集团公司确保钢铁主业工序补短板、品种结构调整、安全环保及智能制造、自有矿山资源开发等项目为重点投资方向的要求，严把投资关，全年下达固定资产年度投资89.1亿元。通过优化实施方案、严格投资概算审查、动迁利旧安置等22个项目，全年审减项目投资共计1.4827亿元，为集团节约了宝贵资金。2. 重点技改项目前期工作管理。严格执行重新修订的《本钢集团有限公司重点技术改造项目前期工作管理办法》和“项目子公司内审—集团专家组评审—集团党委会、董事会审议”的三级审查制度，确保了集团重大投资决策的程序合规、项目方案经济合理，最大程度规避投资风险。2019年共组织外部专家38人次、内部专家97人次，完成了板材能源总厂220千瓦变电所工程、北营能源总厂中水深度处理回用工程、本钢工业余热暖民工程、板材5号高炉（初设）等13个重点项目设计审查，满足集团重大项目推进、国家环保督查限期投产（2020年10月）项目督办等要求。完成了钢铁主业2019—2022年发展规划、本钢集团“十四五”规划思路、产品品种规划、余能利用、环保提升规划（超低排放规划）、智能制造规划、多元产业发展规划（2022 年）等 8 个规划项目审查。3. 重点技改项目后评价管理。认真执行重新修订的《本钢集团有限公司建设项目后评价管理办法》，分 A/B/C 三类进行后评价。按“业主单位自评价—部门评价—规划发展部综合评价”三级评价体系，定期召开项目后评价工作推进专题会、现场勘验评价关键指标，完成业主自评价 54 个项目，部门评价完成 11 个。4. 固投项目合规性管理及政策争取工作。2019 年在市发改委、工信局完成项目备案 63 项；经与省市发改委积极沟通协调，北营发电厂高温超高压发电机组项目取得项目核准文号。密切跟踪国家产业政策导向，“板材特钢电炉升级改造工程”“北营发电厂高温超高压机组工程项目”“北营钢渣环保处理以及资源化利用工程”三个项目申报了国家 2020 年生态文明建设专项中央预算内投资，全部通过省发改委评审并提报至国家发改委，在 2020 年可获得 2000 万~6000 万元的中央预算资金支持。

**【矿权和土地管理】** 1. 矿权办理工作。完成南芬露天矿、歪头山矿主采区等 7 个采矿证办理和露天矿、歪头山矿主采区探矿证办理。全力推进歪头山矿马耳岭采区、贾家堡矿、花岭沟矿、北营铁矿和石灰石矿采矿证办理和歪头山矿马耳岭采区、贾家堡矿、北营铁矿、北营石灰石矿、石灰石矿明山矿区深部探矿权办理。开展了后备矿山棉花堡子铁矿探矿权协议出让和花红沟及永安铁矿探矿权转让工作。2. 土地管理及解决历史遗留问题。配合行政管理中心完成办理 9 宗、7.3 万平方米工业用途或可比照工业用途的划拨土地作价入股，增加集团公司资产 2574 万元。对 114 宗、面积 3622 万平方米土地使用权类型由划拨变更为授权经营，通过公开招标将测绘费用由 471 万元降至 140 万元，节省费用 331 万元。配合行政管理中心推进本埠历史遗留无证 48 宗、137 万平方米土地办证工作。3. 项目新征土地工作。补办阎家沟石灰石矿征地手续，本溪县政府全额返还 8751 万元土地区片地价款。与辽阳县政府就贾家堡铁矿征地遗留问题解决方案达成一致，签订补充协议，开展剩余住户、房屋拆除工作。完成恒达物流园项目土地报卷工作，取得省政府用地批复文件，开展土地挂牌出让程序和办理土地证。南芬露天矿 4 号排土场征地《节地报告》经省自然资源厅评审通过，开展地质灾害报告编制工作。

**【与政府对接工作】** 1. 配合市委、市政府做好本钢集团的“重实干、强执行、抓落实”工作，成立了领导小组，制定了实施方案，并召开专题会议部署推进，定期汇报工作进度，对反映问题到现场调研并及时反馈。2. 与市发改委落实 2018 年大项目完成情况，完成“百日攻坚”项目审查，本钢获得市政府 200 万元奖励。与省发改委密切沟通联系，推进大项目环评、能评、安评，为开展“亚投行”“中央预算资金”等政策性优惠申请创造条件。3. 与市工信局落实“本钢服务年”工作。明确需要市政府推进解决问题清单以及相关废钢、备件辅料供应，组织集团相关单位与 34 家市属企业对接，协同招商引资、扩大产业链延伸等方面工作。4. 组织技术学院积极申报国家“产教融合”试点单位，与省发改委多次沟通实现第一批试点目标，为技术学院的长远发展提供了保障。5. 与政府部门对接协调工作。与市交通局就沈丹客专动迁补偿款事宜进行专题对接，1589.5398 万元欠款于 10 月 28 日进集团财务账户。与市住建委对接滨河北路改造工作，完成全部动迁。与市文广局开展原一铁厂文物移交工作，11 月底完成文物本体及保护用地产权移交。与市自然资源部门将生态红线调整涉及本钢 4 个项目调整意见上报省自然资源厅。向省市发改、工信等部门及相关协会上报材料 96 份，涉及固定资产投资、规划、产业合作、科技创新、强基工程、“一带一路”、实施方案等材料。

（于海洋）

## 科技管理

**【概况】** 本钢集团有限公司规划发展部（科技发展部）下设科技管理单元，2019 年末在职职工 8 人，其中副部长 1 人、总监 1 人，副高级职称 7 人、中级职称 1 人，研究生 4 人、本科生 4 人，党员 8 人。

**【科技项目管理】** 围绕产品研发、工艺技术进步、质量提升、节能环保和研发平台建设等重点工作，全力实施创新驱动发展，持续完善销、研、产联动体系，着力解决制约企业发展的重点技术难题。全年开展公司级重点科技项目 54 项，各单位自管项目 112 项，对公司级科技项目实施全过程闭环管理，三级审核严把立项关，按重要程度分为 A、B、C 类动态跟踪管控。同时，对前期 57 个完成项目进行验收、评价和鉴定，其中“汽车大梁用 B700L 热轧钢带（板）的研制与开发”“板材炼铁厂高炉破损调查研究”“生产物流信息化管控应用于炼钢厂智能制造的实践”“石墨压球电炉炼钢工艺开发”“三冷工序酸轧板型控制轧制模型优化研究”等科技项目经技术人员研制开发，创造了可观的经济效益，达到了预期目标。

**【品种开发管理】** 秉承轻量化、绿色环保的设计理念，以质量稳定、成本合理、附加值高、有较强的市场竞争力为目标，结合产线特点，积极开发适销对路的新产品。2019 年共研发完成新产品 41 个，其中汽车板产品 10 个、家电（酸洗）板产品 7 个、热轧高强钢产品 13 个、长材产品 11 个。“辊压用高强马氏体钢 MS1180”突破产线能力限制成功实现工业化试制，是目前本钢连退产线生产的最高强度产品，标志本钢冷轧产品已具备了 1200MPa 供货能力。“镀锌双相钢 DP980”，产品质量满足宝钢产品标准要求，标志本钢已具备 1000MPa 镀锌双相钢产品供货能力。

**【产品认证工作】** 2019 年共组织完成冷轧、镀锌、酸洗、特钢等产品认证 70 个牌号，比上年增加 25%，涵盖汽车板、家电板、特钢材等用户。宝马、奔驰、雷诺等重点认证工作取得阶段性成果，电镀锌、热镀锌 GI、冷轧板共计 15 个牌号 32 个规格，通过奔驰汽车德国总部的样片检验认证，本钢部分汽车板产品已被列入奔驰汽车 BQF（全球采购）名单。宝马主机厂认证持续推进中。雷诺认证稳步推进。完成了本钢产品的 SGS、ELV 及 Reach 产品检测等工作。

**【科技成果管理】** 组织“环保耐指纹电镀锌产品生产工艺技术集成创新与实践”等 13 个项目申报辽宁省科技奖。“基于整车轻量化应用的 1500MPa 热成形钢系列化开发”“汽车用高扩孔热轧酸洗板系列产品研制开发”2 个项目获二等奖；“高级别抗酸腐蚀管线钢热轧卷板研发”“先进高强钢—冷成形用热轧延伸凸缘钢的研制与应用技术研究”“高品质低成本钛合金化高强钢研制开发与应用”“本钢罩式退火炉介质用量优化”

4个项目获三等奖。组织“2300机组出口欧盟汽车用热轧酸洗板轧制工艺研究”等7个项目申报冶金科技奖。组织“热冲压成形用钢材、热冲压成形工艺及热冲压成形构件”“一种拆除高炉风口套的组件”2个项目申报中国专利奖。

**【专利管理】** 2019年共有201件专利获国家知识产权局受理，其中发明专利115件、实用新型86件。124件专利获国家局授权，其中发明13件、实用新型106件、外观设计5件。本钢板材股份有限公司成功加入中国知识产权发展联盟冶金分会，并顺利通过“国家知识产权优势企业”和“辽宁省知识产权优势企业”年度考核。注重知识产权培育，邀请知名专家到炼钢厂、冷轧厂、研究院、自动化公司等举办现场发掘和专题培训7场。

由本钢集团承办的“2019年汽车轻量化技术创新战略联盟工作会议”于2019年5月15日召开（田宏　摄）

**【对外技术交流与合作】** 重视产学研联合，强化校企合作，注重技术资源合理配给，积极推进对外合作项目实施。与北京科技大学、中国钢研集团、中科院金属研究所、东北大学、上海光机所、辽宁科技大学等进行多层次、多渠道、多形式的合作与交流，签订14个合作项目，加速科技成果向现实生产力的转化。与北京钢铁研究总院联合编制《本钢钢材品种发展规划》，绘制未来十年本钢产品发展路线图。本钢与辽宁科技大学共同出资设立“本钢-辽宁科技大学联合基金”，2019年首批签订4项合作项目，合作经费200万元，按进度计划实施。与东北大学合作开展的《高延伸率双相钢系列化产品开发》《基于物理冶金原理的工业大数据挖掘与智能制造》，与清华大学合作开展的《板材高速拉伸试验及车身模态、刚度、碰撞数值模拟方法研究》等项目成功实施，对公司品种提升、现存工艺技术问题的解决起到积极推进作用。

**【研发平台建设】** 搭建“产学研用”研发平台，积极融入国家技术创新体系，本钢与沈阳材料科学国家研究中心签署协议共建联合研发中心；本钢板材股份有限公司晋级为汽车轻量化创新战略联盟成员单位；成功承办耐蚀钢产业技术创新战略联盟“2019年耐蚀桥梁用钢技术研究及关键品种开发技术交流会”；加入《钢铁研究学报》常务理事单位；完成中国管线研究组织成员单位信息更新及5家省级技术中心评价工作；启动科技创新平台信息化建设项目。

**【政府科技项目申报】** 申报各类政府科技项目共计25项，其中与东北大学等申报“2019国家自然科学基金区域创新发展联合基金指南”2项；申报省级项目21项；其他协会组织项目2项，已获批10项。与东北大学、苏州大学联合申报省科技厅（NSFC）-辽宁联合基金项目“稀土钢冶金渣系设计及其物理化学性质研究”已获批，本钢获得50万元资金支持。（徐 航）

## 运营管理

**【概况】** 本钢集团有限公司运营改善部承担本钢集团运营管理职能，与本溪钢铁公司运营改善部合署办公。下设管理创新、改革发展、绩效考核、对标办公室4个职能单元，其中对标办公室于2019年10月由财务部划归到运营改善部。2019年末在籍职工21人，其中部长1人（在籍办公室）、副部长3人、总监4人、高级业务师1人、主任业务师6人、专业业务师4人、责任业务师1人、专务2人，党员19人，在籍职工均为本科及以上学历。

**【绩效考核】** 深入推进领导干部契约化管理与问责追责考核机制，持续优化绩效考核模式，充分发挥绩效考核的导向和激励效应。一是启动《领导班子经营业绩契约化管理责任状》工作，完善对“经营者、管理者”紧密衔接、结果挂钩、责权利对等的激励约束机制。2019年共组织签订责任状33份。二是强化责任事故及财产损失内部管理，成立问责追责督查小组开展监督管理工作。组织安监部、设备部、制造部、能环部制定出台《关于安全设备生产质量环保责任事故单位相关领导问责追责办法的调整意见》，按月对责任事故处理情况跟踪通报。2019年共问责追责30家单位，涉及处级以上人员26人。三是持续推进绩效考核优化模式，成立绩效考核创新工作组，引导基层单位奖金分配以效益为导向，建立向核心和艰苦岗位倾斜的百分制量化考核办法。

**【深化改革】** 认真贯彻落实省委、省政府决策部署，全力推进厂办大集体改革、“僵尸企业”处置、退休人员社会化管理等重大改革工作。一是按照省、市厂办大集体改革有关政策精神，基本完成厂办大集体改革工作。截至2019年底，企业改革完成率100%，职工安置完成率98%。二是按照《辽宁省关于处置国有“僵尸企业”的实施意见》要求，在2017年、2018年已处置11户基础上，坚持分类处置，强化组织协调，妥善安置人员，2019年年底前完成剩余4户处置任务，本钢集团15户“僵尸企业”全部处置完成。三是为减轻子公司负担，保证退休人员社会化管理工作统一推进，便于退休人员移交后的工作衔接，11月14日集团公司会议决定，将集团下属25家子公司（厂矿）离退休人员退养职工交由退管中心实行集中管理，12月底前已全部完成。

**【组织机构管理】** 不断完善公司治理，持续精简机构优化职能。一是持续对集团内部机构设置进行科学调整。按照压缩管理层级、整合业务相近机构等原则，全年共削减厂矿级以上机构49个，比例17%；二是组织召开恒通公司经验交流座谈会，激发其他公司开拓外部市场的竞争意识，创新了工作方式方法；三是对本溪钢铁公司下属子公司开展调研，拟按照“一业一企”的思路进行专业化整合。

**【流程管理】** 深入开展流程梳理、优化工作。一是加强流程优化。通过现场调研、会议讨论、征求专家意见等多种形式，对采购、仓储业务流程进行优化，梳理核心业务流程10个、关键控制点31个，绘制流程图6个。通过对新产品推广、检化验、物料处置等业务界定职责、修订权限、整合职能，促进了工序之间配合，管理效能进一步提升。二是加大制度监管和执行检查力度，先后8次对基层29家单位制度落实情况进行检查，深入班组了解制度宣贯和应用情况，有效促进了各项制度的执行落实。

**【制度管理】** 加强集团公司制度管理、不断优化制度体系，从系统性、合法性、适用性、可操作性等方面，对现行规章制度进行梳理。2019年本钢集团共发布制度77个（其中修订发布42个、新发布30个），废止47个。截至2019年末，本钢集团有效制度共512个。

**【体系管理】** 确保集团公司管理体系持续的适宜性、充分性和有效性。按计划、按时间节点通过了国家管理体系认证机构对本钢质量/环境/职业健康安全/两化融合/能源管理体系进行外部审核。组织开展集团公司质量/环境/职业健康安全/能源/两化融合管理体系内审工作，对体系覆盖的33家单位进行了现场审核。

**【企业内部控制】** 按照省国资委要求，制定内部控制体系建设方案，为内控建设的推进明确方向，制定保证措施，推动本钢集团合规经营、防范风险。一是评估本钢集团现有内控制度的有效性，出台了《本钢集团有限公司风险管理办法》，为内部控制规范运作提供依据。二是风险识别、分析、评估持续开展，对采购、销售、环保类风险事项进行评估，对应修订风险数据库，形成各类风险应对方案10个。三是根据监管机构要求，会同会计师事务所对公司高风险领域核心业务进行独立评价，按期形成内控评价报告和内控审计报告，实现重大缺陷为零。四是对管理人员开展了风险管理和内部控制知识培训，参加培训达80人次。

**【成果管理】** 加强管理创新水平，充分调动各单位的积极性，不断提高公司管理水平及行业知名度。一是集团公司征集基层单位84项管理创新成果，经过初审、专家评审、答辩，共评出本钢集团管理创新成果40项，其中特等奖1项、一等奖3项、二等奖10项、三等奖26项。二是选取优秀成果向辽宁省和中钢协推荐，分别获得辽宁省管理创新成果一等奖1项、二等奖2项，中钢协一等奖1项、二等奖1项，推荐中钢协成果有两项成果获得一等奖答辩资格，一等奖答辩数量创近三年最好成绩。其中本钢集团有限公司纪委《以派驻监督全覆盖推进全面从严治党向纵深发展》荣获辽宁省一等奖和本钢集团特等奖，国贸公司和财务公司合作成果《企业集团财务公司参与海关事务总担保的产融结合创新与实践》荣获中钢协一等奖。

**【对标工作】** 按照集团公司全流程和全方位的工作定位，全面推进对标工作。一是制定对标管理工作方案，建立组织架构，明确对标工作流程及职责分工，下发《本钢集团有限公司对标管理办法》。二是确定“亮指标、选标杆”“对指标、找差距”“定措施、创效益”三个阶段工作推进思路；制定下发第一阶段《“亮指标、选标杆”工作推进方案》，组织采购中心和国贸公司、集团主要专业部门、厂矿（子公司）三大板块召开五场对标工作推进会，统一工作思路，理清工作流程，推进第一阶段工作。（方　娜）

# 人力资源管理

**【概况】** 本钢集团有限公司人力资源管理由员工管理、薪酬绩效管理、专家管理、培训开发、保险管理等业务模块组成。

本钢集团组织部（人力资源部）为人力资源管理职能部门，从政策层面管控人力资源管理全面工作，下设组织管理处、干部管理处、干部监督处、外事管理办公室、员工管理职能单元、薪酬绩效职能单元。截至2019年末，共有职工23人，其中本科学历17人、硕士及以上学历6人。

人力资源管理中心为人力资源管理业务机构，负责相关业务的具体实施，下设用工管理室、薪酬保险室、专家管理室、员工发展室、员工培训室、协力管理室、离岗员工管理室。截至2019年年底，在籍职工总数2749人，其中管理人员28人、协力职工2533人、派驻人员55人、其他人员133人。管理人员中，研究生学历9人、全日制本科学历12人。

**【“四定”工作】** 全面推进“四定”第二阶段岗位竞聘工作。全集团中层以下管理、业务、技术、高技能操作岗位人员“全体起立”，通过自愿报名竞考的方式，进行岗位竞聘，实现人岗匹配。按照先推进试点单位，成熟一家推进一家的原则，共计10389名职工报名参加了集团公司95家部门及单位组织的管理、业务、技术和高技能操作岗位竞聘工作，落聘率15.6%，其中原在岗人员平均落聘率7%，最高达到34%。从总体岗位调整情况看，平均调整率近40%，生产厂矿管理岗定员总数比例降至8%以内。通过“四定”改革，集团管理层级由7层压减为5层，机构总量压减22%，副处级及以上领导干部职数压减15.3%，其他管理岗位职数压减12.6%，构建了新的岗位体系和薪酬体系。这是本钢集团历史上涉及面最广、调整力度最大、推进周期最长的人事制度配套改革。

**【劳动组织管理】** 根据《辽宁省人民政府关于组建辽宁健康产业集团有限公司批复》精神，2019年6月4日，本溪钢铁（集团）有限责任公司与辽宁省健康产业集团有限公司签订《人员移交协议书》，按照“人随资产走”的原则，本钢总医院（含下属分院6家）共计5139名职工，划入辽宁省健康产业集团有限公司。

**【理顺劳动关系】** 继续深入开展劳动合同履行专项整治工作，不断巩固清理成果，2019年集团公司各类不能完全履行劳动合同员工共2566人，清理回岗工作539人，办理保留劳动关系39人和离岗位休息手续55人。加强员工劳动合同试用期、固定期限劳动合同履行期和劳动合同的日常管理工作，全年共签订劳动合同2044人次，续签劳动合同1007人次，变更劳动合同602人次，解除劳动合同262人。

**【职工档案管理】** 根据中央组织部《干部人事档案工作条例》和《辽宁省企业职工档案管理暂行规定》等有关规定，结合集团公司实际，将原《本钢集团公司干部档案管理条例》（本钢委组字〔2002〕18号）和《本钢集团公司职工档案管理暂行规定》（本钢发人字〔2003〕30号）进行合并，制定下发了《本钢集团有限公司职工档案管理办法》。根据《本溪市国有企业退休人员社会化管理工作方案》精神，集团公司制定了《本钢集团退休人员人事档案规范化整理和数字化工作方案》，召开退休职工人事档案整理及数字化启动培训会议，本钢集团6.2万余卷退休职工档案经过整理和数字化后，将移交本溪市进行统一管理。

**【人力资源配置工作】** 按照2019年本钢集团人力资源配置计划，公开招聘各类人员746人。采取随时招聘，对冶炼等专业本科、硕士毕业生单独面试，对往届毕业生进行学历认证，社会阅历调查，参照高校专业排名筛选优秀毕业生等多种举措，招录本科及以上学历毕业生，并完成了毕业生报到接站、证书审验、入职培训、分配及后续管理工作。实施高层次人才引进工作，通过需求调研明确人才引进条件及数量，制作了宣传资料，采取了校园宣讲、报纸、网络宣传、单独面试、随时入职等多种方式，成功引进4名博士毕业生，充实了科技研发人才队伍。同时，根据国贸公司、销售中心、设备部、恒亿公司等单位岗位需求，实施了在集团范围内的公开招聘工作。与辽宁冶金职业技术学院开展校企合作，为本钢培养紧缺专业技能人才，231名学生已经到岗位实习。优化劳动用工结构，加强集团公司内部人员调剂使用，解决富余人员就业问题，继续实行内部协力用工制度，全年实现增加建设公司派出到其他单位协力用工70余人。

**【推进ERP人资模块运行】** 为充分提升ERP人资信息系统数据使用率，加强信息管理，持续开展各类基础信息核查工作。配合“四定”工作，修改完善人资统计各项报表，组织开展全集团范围内的统计培训工作。

**【薪酬管理】** 依托集团公司“四定”工作，继续强化薪酬管理。依据管理、业务和技术人员聘任结果，确定个人薪酬，实行以岗定级、以人定档、以业绩定奖，引导员工努力工作、增加技能、提高业绩。继续深入推进薪酬总额包干工作，在板材焦化厂推行了定员包干，引导各单位合理配置人力资源，提高劳动生产率，充分发挥薪酬激励与约束作用。全面实行“财务抛账、银企直联”工作，进一步优化了薪酬分配机制，实现薪酬闭环管理。2019年全年（含北钢）审批工资总额46.69亿元，全员年人均工资65060元，同比提高11.03%；在岗年人均工资67690元，同比提高10.94%。对正常履行劳动合同规定义务的职工发放了春节、劳动节和国庆节奖金各1000元/人，全集团共计19496万元。

**【养老待遇审核】** 经申报及实地调研，通过市人社局的审核，认定北营铸管工等8个岗位为提前退休特殊工种，并顺利完成职工退休审批。根据市人社部门关于调整特殊工种办理退休年龄的规定，指导基层单位进行政策宣贯，保证职工了解掌握相关政策调整，保障本钢退休审核工作合规有序进行。

**【保险管理】** 完成本钢全民企业基本养老保险、基本医疗保险、工伤保险、失业保险缴费复核、大额医疗补充保险的核定、缴费及统筹外自付项目的审核等工作。企业与个人共缴纳各项社会保险费用 173345.49 万元，审批统筹外自付项目 20284.79 万元。调整占地招工退休人员生活补助、军转退休人员生活补助、未达法定退休年龄 1~4 级工残人员补充工残抚恤金和企业年金等。

**【专业技术职称管理】** 认真贯彻落实省职称改革工作，按照职称评审优先向高一级评委会推荐评审工作思路，将职称评审工作推荐到省、市相关主管部门评审，仅保留全日制普通高校毕业生以“确定”形式对其授予资格权限，全年共进行资格审核及推荐 1650 余人次，审核推荐经济等各类人事考试报名 592 余人次。全年取得各系列各级别技术职称人员共计 1033 人，其中正高级职称 12 人、副高级 90 人、中级 308 人、初级 623 人。通过确定资格取得技术职称 100 人，其中中级 6 人、初级 94 人。

**【高校毕业生管理】** 为全面提升毕业生的认同感、归属感和获得感，经过层层推荐，评选 2019 年度优秀高校毕业生 48 名，8 月份组织优秀毕业生表彰暨 2019 届毕业生入职典礼，为每名优秀毕业生发放奖励资金 2000 元，对 2019 年新入职毕业生颁发《入职通知书》。此外，为 110 名 2018 届毕业生办理转正定岗手续，20 名毕业生安排到业务岗位工作，29 名毕业生安排到技术岗位工作。

**【技术岗管理】** 按照集团公司“四定”工作的总体部署，积极推进技术人才职业发展体系建设，编制、下发《本钢集团有限公司技术岗位竞聘实施细则》，完成板材、北营、矿业、本溪钢铁 4 大子公司共 47 家基层单位技术岗位小职级编制定员重新核定工作，指导完成 3427 个技术岗位公开竞聘，其中主任工程师 297 人、专业工程师 1024 人、责任工程师 2106 人。

**【职业规划及人才测评】** 按照《本钢高校毕业生职业生涯规划管理指导意见》，指导 41 家单位开展高校毕业生职业规划，564 名毕业生纳入规划。通过霍兰德测试和性格倾向分析，为每名毕业生设计 3 年短期职业规划方案，共配备导师 973 名。开展见习期培训 120 人，人均 150 学时。实行轮岗制度，应届毕业生轮岗率达到 100%。导师授课、业务交流、公开竞聘、组织大赛、责任承包等制度已全面实施。广泛开展人才测评工作，在 2019 年高校毕业生网络招聘中组织 60 人职业能力测试，在 2019 届高校毕业生职业规划中组织 108 人霍兰德职业兴趣测试。

**【体系认证】** 组织完成质量、环境、职业健康安全、能源、两化融合和测量 6 大体系的人力资源管理的内外部审核，以及 IATF16949、中海油、印度管线钢外部三方审核，通过率为 100%。组织 31 家单位对综合体系相关岗位员工的岗位能力进行评价，总评价人数 19669 人，评价率为 100%。其中评价结果为 A 级 7333 人、B 级 8633 人、C 级 3626 人、D 级 182 人。编制年度综合体系《人力资源配置和职工培训情况报告》。

**【培训工作】** 本钢集团、子公司及所属单位全年累计开办各级各类培训班 2350 个班次，培训 133652 人次，全员培训率达到 85.4%，计划执行率达到 91.9%。完成本钢集团 MBA 三期和四期培训班开班及过程管理工作，每期培训半年，以工商管理、职业素养和党性教育为核心，期间组织赴大连中日友好培训基地、井冈山教育培训基地及清华大学进行培训学习。聘请宝钢、北京科技大学、东北大学专家老师开展 QC 管理基础知识和工具应用、高品质热轧板带材品种开发及质量提升、会计准则及财务能力提升等专题培训。配合各业务系统开展各类安全、设备、环境等培训 7000 余人次。

**【高技能人才管理】** 完成各级高技能人才和技能大师工作站推荐申报工作。郭鹏、张勇、柯屹、冯琳琳 4 人获得辽宁工匠称号。板材特钢厂郭建军技能大师工作站获批省级技能大师工作站，矿业贾矿关红军等 4 个工作站获批市级技能大师工作站，同时评审出板材特钢厂赵抒阳等 3 个大师站为集团公司级技能大师工作站。积极筹备申报辽宁省技能等级认定试点工作，并获得试点批复。

**【协力派工人员管理】** 密切联系协力用工单位，突出用工单位的管理职能，强化协力员工日常业绩考核。增强服务意识，做好后勤保障工作，让协力员工没有后顾之忧。2019 年接收新招录协力派工人员 391 人，解除劳动合同 28 人。

**【劳务市场管理】** 严格按照集团公司劳务用工管理相关规定，认真履行劳务市场管理职责。全年审核认定有合作资质的劳务单位 42 家，组织签订各类劳务协议累计 152 份，其中：劳务派遣协议 44 份，业务承包合同 69 份，内部协力用工协议 39 份。通过审核劳务单位资质条件、备案各类用工资料、考核劳务协议执行及审批劳务费用等工作，实施了劳务用工过程中的监督与控制管理。

（刘淑玲　代　志）

# 财务管理

**【概况】** 本钢集团有限公司财务部（简称财务部）是本钢集团财务职能管理部门，实行财务集中管控，负责构建本钢集团的财务管控管理体系。集团公司设财务部，对主线单位的财务组织和财务人员实行集中管理；主体厂矿和部门派驻财务室，实行一级核算和集中管理；非钢子公司单独设立财务部门，由子公司负责管理，业务由集团财务部统一管控，对非钢子公司实行财务总监派驻制。

财务部下设综合管理、资金管理、会计管理、税收筹划、预算管理、计划统计、对标管理 7 个职能单元。2019 年 10 月，集团公司对业务重新整合，财务部对标管理单元撤销，其职能和部门划归到集团公司运营改善部。2019 年末本钢集团财务部系统在籍人员 232 人，党员人数 153 人。其中集团财务部本部 91 人、本钢板材财务部 141 人，研究生学历 15 人、本科学历 178 人，副高级以上职称 75 人、中级职称 78 人。

**【主要经济指标】** 2019 年本钢集团实现销售收入 612.86 亿元，同比下降 3.28%；实现税金 35.3 亿元，同比下降 14.7%；实现利润 3.05 亿元，同比下降 28.60%；总资产 1534.45 亿元，同比下降 1.36%。

**【部门建设】** 一是加强党建工作。财务部党总支积极贯彻落实习近平新时代中国特色社会主义思想和党的十九大精神，认真开展“不忘初心、牢记使命”主题教育，不断加强党建基础工作，推进“两学一做”学习教育常态化制度化，深入落实中央八项规定精神，推进党风廉政建设和反腐倡廉工作全方位覆盖。二是加强作风建设。财务部不断转变工作作风，增强服务意识，坚持树立“忠诚、干净、担当”的工作理念，努力做到“管理到位、指导到位、服务到位、考核到位”，充分发挥协调指导和带头表率作用。三是实施岗位转换。落实集团公司“四定”工作部署，对驻厂财务科长进行全部调整，对部分重要岗位人员进行轮岗，实现“干部能上能下，员工能进能出，收入能增能减”，得到职工的普遍支持和高度认可，有效提高了财务工作效率。四是加强人才培养。重视搭建人才业务晋升通道，有计划、有步骤、阶梯式地培养一批年轻业务骨干，加强对新进大学生的培养，召开大学生座谈会，关心关爱新生力量；重视基层锻炼经历，将有能力的年轻人调整到基层，进行重点培养和磨炼，着力培养一批强有力的财务后备人才。

**【预算管理】** 强化全面预算管控工作，以集团公司预算总体目标为依据，严格分解落实各项预算指标，每月结合公司实际生产安排，及时、准确下达各月考核指标计划，保证绩效考核的可操作性。严把绩效考核审核关，严格核实 169 项考核数据，考核结果真实反映各厂矿和管理部门工作成果，实现有效激励。细化生产经营分析，健全成本利润分析模型，对比预算和上年数据，准确分析财务数据差异，详细分析重要指标和偏差较大数据差异原因，剖析存在不足，提出建设性意见，为集团公司决策提供依据和数据参考。开展全工序对标挖潜日清日结、三级成本管控工作，按日统计主要工序重点消耗指标 175 项，随时关注指标动态，建立主要指标数据库与负面清单，强化对成本指标的动态过程管控。科学编制集团公司 2020 年经营预算，以产量计划为基础，组织销售、采购部门进行市场研判，组织各归口部门准确核定工序消耗和可控费用，完成 2020 年效益测算工作，并编制 2020 年集团公司预算方案，完成各项考核指标核定及考核方案制定。

**【对标管理】** 2019 年 1~9 月，重点推进工序成本对标工作，组织各生产工序到先进钢企对标交流，学习先进经验和管理手段，查找差距和管理短板，制定改进措施。对标工作与日清日结相结合，开展日结算、周通报、月考核的工作模式，提高各单位对成本工作的关注度，强化对成本指标的过程管控，燃料比、钢铁料、锌耗等重点工序消耗指标大幅降低，成材率指标稳步提升，工序成本降幅较为明显。10 月，对标单元从财务部划到运营改善部，根据全流程和全方位对标的工作定位，制定《对标管理工作方案》，建立组织架构，明确对标工作流程及职责分工，确定“亮指标、选标杆”“对指标、找差距”“定措施、创效益”三个阶段工作推进思路，制定下发第一阶段工作推进方案。

**【价格管理】** 2019 年国内外钢材市场价格波动较大，价格管理工作紧跟市场变化节奏，根据市场价格变化趋势及时对产线、品种效益进行测算，为集团公司产线品种调整、决策提供数据支撑；配合采购部门和销售部门在择机采购、废钢盈亏、择机销售工作方面，给予决策数据支撑。根据市场钢材价格变动情况，瞄准各大钢企的价格政策，分析市场行情和动态趋势，提出价格政策意见。加强销售价格结算分析、结算价格事后监督工作，确保结算价格和本钢价格政策一致。坚持产品价格与市场、生产联动，强化定价用标准成本模型和销售价格平台的搭建，与制造部共同研发建立成本管理信息系统，使标准成本数据由手工化迈向自动化，获得冶金行业管理创新二等奖。

**【融资管理】** 拓宽融资渠道，控制融资成本，保障资金需求，始终将集团公司资金稳定运行放在第一位。2019 年，克服国家产业政策和银行钢铁行业限额政策的不利影响，全年累计新增银行授信 74 亿元，债券市场净融资 80.05 亿元，满足了集团公司的资金需求，保障了集团公司整体资金运行的稳定。控制融资成本，截至 2019 年末，本钢集团带息负债融资综合平均成本 4.1539%，节约财务费用约 3.25 亿元。2019 年 12 月 20 日，板材公司发行 68 亿可转项目获得证监会批准。

**【资金管理】** 强化资金收支管理，保证资金运转安全。建立资金预警机制，资金管理执行月预算、周平衡、日预警；坚持“以收定支”资金支付原则，保证资金收支平衡；加大归集资金力度，首次将非资金统管单位资金纳入归集范围，保证财务公司银行存款日余额符合监管并满足支付要求；推行多种支付方式，商票推广开创了本钢支付业务的新纪元；全年支付财务公司电票再破百亿元大关；调整付款节奏，压缩资金支付，缓解了资金支付的压力，保证了生产运行和资金安全。

**【资产管理】** 强化资产检查，堵漏洞，减浪费，压缩存货资金占用。坚持资产“实地检查、发现问题、早会通报、督促整改”相结合的管理方式，督促各单位规范资产管理基础工作。根据检查中发现的问题，编制下发《本钢集团有限公司资产检查考核实施细则（试行）》。加强存货管理，编制物料存储定额，执行经济库存动态考核；编制主体单位存货实物库存周报，关注存货资金占用趋势。2019 年资产检查组共进行现场检查 88 项次，通报 13 期；发现问题 76 项，后继复查整改 71 项。2019 年末，集团存货资金实际占用 100.67 亿元，比年初下降 18.55 亿元。持续优化外部债权清收管理，建立集团公司外部债权管理和考核制度，下发《本钢集团有限公司外部债权管理规定》，对经营年度前三年以内外部债权执行年度考核，外部债权年末余额比年初下降 10.42 亿元。

**【税费筹划管理】** 在国家“实施更大规模减税降费政策措施，促进经济高质量发展”的背景下，坚持以加强税收优惠政策宣贯、降低企业涉税风险为主线，以规范税收核算和加强税费筹划为重点，在依法纳税的同时，充分享受国家减税降费税收优惠政策红利，合理降低企业税负。推进个人所得税改革实施工作，确保国家减税红包精准落袋。2019 年代扣代缴个人所得税 0.3 亿元，同比下降 42%。积极应对增值税税制改革工作。2019 年 4 月 1 日继续实施以税率调整为导向的深化改革措施，2019 年实现增值税 24.74 亿元，同比下降 19%。充分利用国家减税降费政策，减轻企业资金压力。针对中美贸易摩擦，申请缓交税款 1.39 亿元。利用增值税期末留抵税额增量退税政策，全年办理增量留抵退税 1.15 亿元。

**【会计基础管理】** 组织本钢集团各级次财务报表编报，加强会计基础工作检查，通过业务指导、培训，加强对报表质量及财务分析考核，保证了财务报表的及时、准确、完整。组织集团公司各子公司 2018 年度国资委及财政决算软件填报培训工作，完成 2018 年法人单位填报逐级汇总，及时按要求上报省国资委、财政厅。组织完成 2018

年度及2016~2018年任期经营业绩考核工作，各项考核指标均完成省国资委下达的目标任务。2019年，依据国家住建部监管司及省住建厅监管处相关政策，本钢住房公积金管理中心全力践行“创新、规范、惠民、落实”的工作思路，本钢公积金成功实施“双贯标”，完成了本钢各项公积金信息化系统升级改造任务，本钢住房公积金信息系统达到行业标准规范要求，实现了“让数据多跑路、职工少跑路”服务宗旨，住房公积金管理水平大幅提升。2019年，公积金缴存人数7万多人，缴存额8.01亿元，提取额4.5亿元，共办理住房公积金贷款988笔，发放贷款额2.06亿元。7月，按时调整职工住房公积金缴存基数，缴存比例10%，按照上年度本溪市在岗职工月平均工资3倍计算，最高月缴存额1418元。

**【推进混合所有制改革财务工作】** 财务部按省国资委要求以2019年10月31日为基准日，组织了本钢集团范围内的清产核资、财务审计、资产评估工作，召开了本钢集团清产核资审计、资产评估工作启动大会；下发了本钢发财字〔2019〕140号《本钢集团有限公司清产核资审计、资产评估工作实施方案》；制定了清产核资审计及资产评估工作计划，2019年底前基本完成了相关工作。

**【僵尸企业处置财务工作】** 为满足僵尸企业处置方案的需要，财务部组织对相关企业核算、涉税事项进行了测算和评估，为处置方案和措施的制订提供了财税方面决策依据；核实批准僵尸企业（一建、二建、三建、房地产公司）清产核资审计数据及审阅资产评估报告结果；为丹东钢管、富乐多等破产清算企业提供债权申报材料；组织筹措资金，为僵尸企业处置提供了资金保障。

**【实施新的企业会计准则】** 为尽快适应新的企业会计准则需要，2019年4月30日，财政部发布了《关于修订2019年度一般企业财务报表格式的通知》，根据通知精神，财务部对各级子公司转发了相关文件，于2019年6月对报表格式进行了调整。2019年9月，财务部聘请东北大学陈梅教授，对集团相关260名财务人员进行了培训，使财务人员熟悉并掌握了新的企业会计准则，提升了财务管理能力。根据财政部修订的《企业会计准则第22号——金融工具确认和计量》，本钢板材股份有限公司属于境内上市企业，2019年施行新准则；本钢集团其他子公司自2021年1月1日起施行新准则。

**【薪酬银企直联】** 2019年，本钢银企直联工作在全公司各单位全部开通，每月职工工资发放全部通过银行支付。薪酬银企直联工作，初步实现了职工薪酬支付手段信息化，实现财务薪资数据、人资系统数据和社保基础数据统一，及时掌握各单位以及职工实际薪酬水平。

**【全面推进本钢财务共享中心平台建设】** 2019年5月，集团公司通过招投标程序选定了浪潮集团作为本钢集团财务共享中心承建商。浪潮咨询团队、实施团队先后进驻本钢，财务部配合完成项目总体第一阶段咨询方案。计划以板材公司为试点，2020年3月完成采购应付和费用报销业务上线试运行，逐渐上线其他功能模块。板材公司成功运行后，系统将推广至其他钢铁主体单位，预计2020年底前完成一期项目建设。

（蒋晓豫）

# 资本管理

**【概况】** 2011 年 1 月，本钢集团有限公司设立资本运营项目部，同年 4 月，设立资本运营部。2018 年 1 月 29 日，集团公司下发《本钢集团有限公司关于调整组织机构设置的通知》（本钢董发〔2018〕1 号），根据《本钢集团“四定”工作指导意见》，集团公司决定对组织机构设置进行优化调整，设立资本管理部，主要负责资本类投资，合资合作（不含新增项目），产权管理，股权多元化，上市工作，资产处置，参控股公司派出董、监、高人员综合管理，参股公司股权投资收益管理等工作。下设资本运营、资本管理 2 个职能单元。

截至 2019 年末，资本管理部在籍人员 9 人，党员 9 人，其中部长 1 人、副部长 2 人（1 人兼职）、业务总监 2 人、专业业务师 3 人、责任业务师 2 人。

**【资本运营工作】** 2019 年 4 月，本钢板材启动公开发行可转换公司债券项目，经与相关中介机构共同调研，提出了本钢板材公开发行可转债预案，此次公开发行可转债拟募集资金不超过 68 亿元，募集资金拟用于投资建设高牌号高磁感无取向硅钢工程项目、炼钢厂 8 号铸机工程项目、炼铁厂 5 号高炉产能置换工程项目、特钢电炉升级改造工程项目、CCPP 发电工程项目和 4 号～6 号转炉环保改造工程项目以及偿还银行贷款。本钢板材公开发行可转债申请材料于 2019 年 7 月末上报中国证监会，11 月 18 日收到证监会出具的《关于请做好本钢板材公开发行可转债发审委会议准备工作的函》，12 月 20 日本钢板材公开发行可转债申请获得中国证监会发行审核委员会审核通过。为进一步消除本钢板材与控股股东及关联方在热轧板业务方面的同业竞争，提高上市公司资产完整性，2019 年 8 月，本钢板材提出拟以自有资金收购本溪钢铁公司 2300mm 和北营公司 1780mm 热轧机生产线机器设备资产，经组织资产评估，并履行本钢板材、本钢集团和北营公司相关程序，8 月末，本钢板材收购 2300mm 和 1780mm 热轧机生产线机器设备资产完成各方账务处理，交易金额 36.9 亿元。为提振资本市场对本钢板材未来发展的信心，本溪钢铁公司自 2019 年 5 月 10 日～11 月 10 日，通过集中竞价方式累计增持本钢板材股份 2569.58 万股，增持总金额 1.128 亿元。增持后，本溪钢铁公司持有本钢板材股票 238110.51 万股，占本钢板材股份总数的 61.44%。2019 年，开展网下打新，全年共完成网下新股申购 97 支，共实现收益 125 万元。

**【推进混合所有制改革工作】** 本钢集团层面混合所有制改革工作于 2018 年 5 月启动，前期，在省国资委指导下，本钢提出了集团层面混改的初步方案，拟以本钢所有者权益为基础，通过增资扩股方式，引进战略投资者，将本钢改制为混合所有制企业。本钢在推进集团层面混改过程中，得到了国家发改委和国务院国资委等相关部委的关怀和支持。2019 年 5 月，经国务院国有企业改革领导小组审议通过，本钢集团被列为国家第四批国有企业混合所有制改革试点企业。2019 年，在省国资委组织和指导下，本钢集团积极稳妥推进集团层面混合所有制改革。一是按照省国资委批复的本钢混改初步方案，本钢积极参加省国资委组织的各类混改推介活动，对外推介集团混改项目，寻找战略投资者。二是配合省国资委与相关投资方和各大银行等金融机构交流，配合部分潜在战略投资者对本钢开展尽职调查。三是在省国资委组织下，本钢重新选聘了审计、评估机构，并以2019年10月31日为基准日开展清产核资和审计评估。截至2019年末，本钢集团清产核资专项审计报告已审定，资产评估已完成现场盘点、数据复核、资料收集、访谈等工作。在出具正式的审计评估报告并经省国资委核准后，将以增资扩股形式，按照《企业国有资产交易监督管理办法》（国资委　财政部32号令）的要求，在产权交易所公开挂牌，根据交易结果确定投资者。

2019年5月5日，本钢集团召开混改工作部署推进会议（刘存友　摄）

**【资本类投资管理工作】** 欧冶云商股份有限公司（简称欧冶云商）是宝武集团旗下钢铁电商平台，本钢集团于2017年5月参与了欧冶云商第一轮增资扩股，投资1.883亿元，认购1.667亿股新增股份，持股5%。为进一步扩大本钢集团与欧冶云商的战略合作，创新企业销售模式，2019年6月，经报请省国资委同意，本钢集团完成了跟投欧冶云商第二轮股权融资，成为欧冶云商主要股东之一。按照欧冶云商本次增资结果，本钢集团以每股2.4元价格认购欧冶云商股份4206.7394万股，投资金额10096.17万元，认购后，占欧冶云商股比保持5%，为宝武系股东以外的第二大股东。8月21日本钢集团完成缴付出资义务。

**【资本管理工作】** 一是2019年3月，按照省国资委《关于推进产权管理综合信息系统建设的通知》，组织落实产权管理综合信息系统中企业数据的核对、校正工作。第一阶段工作已基本完成。后续将严格按照要求，按时对产权管理综合信息系统数据进行登记。二是落实省国资委“管资本”要求，修订完善资本管理相关制度，制定下发《本钢集团国有资产交易监督管理办法》和《本钢集团股权管理办法（暂行）》。三是按照省国资委落实《关于确定国有股东所控股上市公司合理持股比例的意见》通知要求，本钢集团组织对本溪钢铁公司控股上市公司（本钢板材）首次合理持股比例进行了备案工作，首次合理持股比例确定为

55.78%，并履行了省国资委备案手续。四是对集团各级参股公司收益情况和国有资产保值增值情况进行汇总，督促指导各股权管理单位收缴 2018 年度分红，浙江本钢精锐钢材加工有限公司、浙江浙金电子商务有限公司（已注销）、中石油（本溪）本钢油气销售有限公司和本溪高新钻具制造有限责任公司四家参股公司完成收缴分红款合计 554.82 万元。五是围绕参股公司股权日常管理，先后对本溪银行、中天证券、欧冶云商、辽宁省健康产业集团、辽能配售电公司、东北特钢、浙江浙金、大连港航小贷公司、上海中钢钢加、深圳冶矿联、本钢电气公司和本钢设计院等各级参股公司董事会、股东会相关议题进行研究、审议，形成审核意见。六是加强对金融板块经营业务的管理和风险管控。按月将财务公司、容大公司、融资租赁公司和恒汇保理公司的经营情况进行整理汇总上报，为公司决策提供依据。

**【资产处置工作】** 一是按照省国资委要求，积极配合辽宁省健康产业集团推动本钢医疗系统资产移交确权、人员划转等后续工作。2019 年 4 月，按照省国资委确定的“人随资产走”的原则，本钢医疗卫生系统共移交 5575 人，其中在职人员 2819 人，离退休人员 2756 人。二是依据 2019 年 8 月辽宁省健康产业集团与华润健康集团签订的《辽宁省健康产业集团战略性重组协议》，推动本溪钢铁公司转让所持有辽宁省健康产业集团全部股份事项。根据评估报告确定的评估值，辽宁省健康产业集团的注册资本减至 309096.22 万元，本溪钢铁公司对辽宁省健康产业集团的出资调整 36159.04 万元，持股占注册资本的 11.70%。三是在对本钢冶金渣公司所属矿渣微粉公司独立经营进行调研的基础上，提出了对外转让矿渣微粉公司 51%股权的意见，拟在与部分潜在投资者洽谈达成合作意向后，履行股权转让相关程序。四是按照省国资委下达的“僵尸企业”处置和“三供一业”移交的工作任务，研究房地产子公司和优质资产处置方案，组织制定丹东钢管公司和富乐多公司破产方案。完成了“三供一业”分离移交涉及土地等资产无偿划转国资委备案事宜。五是对集团公司范围内（包括各子公司）全部闲置设备进行统计、梳理，形成处置方案。2019 年报废资产回送废钢约 3 万吨，节约废钢采购成本 8100 万元；对工程拆除可回收的有色金属 1000 余吨，委托国贸公司组织对外处置。

（刘存友）

# 审计管理

**【概况】** 本钢集团有限公司审计部（简称审计部）在董事长领导下开展各项审计工作。审计部下设经营审计、投资审计和管理审计三个职能单元。主要负责离任经济责任审计、工程竣工决算审计、年薪兑现指标完成情况审计、领导安排的专项审计、后续整改审计等业务。截至 2019 年年底，审计部在籍员工 23 人，部长 1 人、副部长 1 人、总监 3 人、高级业务师 1 人、主任业务师 5 人、专业业务师 9 人、责任业务师 3 人，其中高级职称 14 人、中级职称 8 人、初级职称 1 人。

**【制度建设】** 致力于通过审计监督提高集团公司经营活动的经济性、效率性和效果性，为生产经营服务，为管理层决策服务，为企业不断增值服务。审计部持续完善内部审计制度，2019 年修订了《本钢集团有限公司单位负责人任前经济责任告知办法》，制定发布了《本钢集团有限公司内部审计整改管理办法》《本钢集团有限公司领导人员离任经济事项交接办法》。从多角度维度出发，完善构建起闭环审计监督管理体系。

**【审计项目完成情况】** 2019年，全年开展审计项目71项，其中集团公司领导直接交办或部门委托的专项审计12项；年薪兑现指标完成情况审计1项（共29家）；离任经济责任审计26项；任中经济责任审计14项；重点技改工程投资竣工决算审计2项，工程专项审计1项，工程前期合同审计6项。审计直接削减5357.91万元；提出审计处理意见及建议251条；督促被审计单位建立、健全各项规章制度18项。与设备部联动开展专项检查2项。

**【审计负责的专项工作】** 1. 完成省审计厅对本钢集团的绩效考核审计工作。按照要求，积极组织上报各类材料，规范各项材料上报流程，保证省审计厅审计高效开展。2. 强力推进省纪委巡视发现问题整改工作。出台《本钢集团有限公司内部审计整改管理办法》，按年份建立问题整改台账，实施整改销号242项，强力推动问题整改落实；对14名任职超过5年的领导干部进行了任中经济责任审计；累计将18份审计报告中的问题线索移交集团公司纪委。

**【审计工作创新举措】** 1. 实行审计任前告知新举措，前移审计监督关口。《本钢集团有限公司单位负责人任前经济责任告知办法》是新时代本钢审计创新工作走在全省前列的象征。前移审计监督的关口，对新任领导干部应当履行的经济责任进行提前告知。全年共有36名新任厂矿负责人签订了任前告知书，做到新任领导任前告知全覆盖。2. 实行审计整改清单销号制度，强力推进审计发现问题整改。按照内部审计整改管理办法，对审计发现问题逐项列出整改清单，建立整改台账，实行动态管理，逐一进行整改督办，整改一项，销号一项。审计整改工作迈上了制度化、规范化、常态化轨道。2019年，完善整改工作台账，将2013~2018年107份审计报告纳入整改台账，纳入审计问题370项，有计划地逐项进行落实整改。3. 规范离任经济事项交接，深化经济责任审计。按照离任经济事项交接办法，进行离任交接7份，打破“新官不理旧账”的陋习，实现审计与领导干部依法履职的有机统一，从根本上深化经济责任审计。4. 以外委审计项目为契机，严格把控审计质量，充分学习与交流。板材焦化厂焦二车间干熄焦工程是公司首个审计外包项目。以审计项目为纽带，对外学习交流，打开视野，取长补短，拓宽审计思路。5. 尝试开展工程前期合同审计，创新审计思路，监督关口前移。与设备部联动，抽取了板材炼铁厂5号高炉环保改造工程、发电厂CCPP发电工程、特钢厂电炉升级改造工程、北营轧钢厂60万吨高线工程、板材能源总厂中水深度处理回用工程等项目，开展工程前期合同审计，尝试建设项目审计全方位监督新模式。从事后监督转变为事前预防，实现了审计方式的转变。

（韩　梅　陈道军）

# 法律事务管理

**【概况】** 本钢集团有限公司法律事务部（简称法务部）负责集团公司法治体系建设、法律审核、工商事务管理、商标管理、诉讼仲裁案件管理、外聘律师管理等工作。下设合规管理、案件管理2个职能单元，均按厂矿层级管理。截至2019年年底共有人员10

人，其中部长1人、副部长2人、职能单元总监2人（1人由副部长兼任）、主任业务师2人、专业业务师3人。集团公司在籍5人，板材公司在籍5人。

**【法律审核】** 2019年，法律审核工作与集团重大改革和经营活动进一步深入融合，三项法律审核率实现100%。全年共审核各单位、部门送审的各类合同协议237份；审查规章制度50项；审核供应商信息变更文件15份；参加国贸公司海运招标法律审核27次；参加违规供应商联席会议4次。

**【案件管理】** 2019年，案件管理工作以重大诉讼案件为重点，强化法院沟通，加大起诉案件执行力度，积极开展法律纠纷维权工作；同时加强法律案件基础管理，做好风险预警工作。全年共处理各类诉讼仲裁案件96件，其中新增案件61件；结案70件，成功为集团避免、挽回经济损失11876.9万元。

**【工商事务】** 2019年，法务部按期完成了集团公司交派的各项重大工商登记工作。根据集团公司统一部署，完成本钢集团有限公司增加注册资本工商变更、英文名称变更工作；完成本溪钢铁（集团）有限责任公司等集团公司所属子公司党建工作写进章程工作；完成本钢板材股份有限公司法定代表人变更工作。完成集团公司、本钢公司、板材公司营业执照年度信息公示工作，组织并指导集团公司下属各单位完成2018年度营业执照信息年度公示工作，公示报告完成率达到100%。在集团公司清理吊销未注销企业工作中，指导各单位、部门依法开展工作。

2019年8月23日辽宁良友律所焦健律师对本钢专兼职法律事务员培训（史占春　摄）

**【商标管理】** 集团公司新商标标识注册工作，国内商标申请92件，下发商标注册证书76件，申请复审6件；配合代理机构向国家商标总局对6件驳回复审案件补充提交证据，其中1件受理，另5件等待审查。国外单一国家申请16件，注册成功13件（其中包括巴基斯坦驳回复审成功1件)；马德里体系申请中，结案并保护12件，申请复审1件。涉外英文名称变更工作，16个国家（或地区）完成公证、认证及邮寄变更文件14件，2件正在办理。根据业务需要，协议授权本钢不锈钢冷轧丹东有限责任公司使用本钢牌注册商标。

**【法律培训】** 2019年8月2日，四期集团合同管理员及委托代理人合同管理岗位资格培训全部结束。全集团共有165名合同管理员及委托代理人参加培训，经考试有164人取得合同管理岗位资格证书。2019年8月23日，组织开展集团专兼职法律事务员培训，聘请辽宁良友（自贸区）律师事务所主任焦健律师以企业常见诉讼案件处理及纠纷解决为专题进行授课，法务部内部师资人员围绕合同法律审核要点、法律案件信息备案、失信被执行人及限制高消费相关法律规定进行授课。来自集团各子公司及下属二级单位的74名专兼职法律事务人员参加了培训。

（胡　薇）

## 生产质量管理

**【概况】** 本钢板材股份有限公司制造部（简称制造部）代行本钢集团管理职能。下设管控中心、标准管理、生产计划、产品设计、原料管理、异议管理、质量监督、运输物流、综合管理9个职能单元。主要负责公司月以下生产计划（物料计划、产品资源计划)、生产组织、标准管理、产品设计、质量管理、质量监督、质量考核、异议处理、运输物流等工作。

2019年，制造部在籍职工175人，其中部门级正职1人、部门级副职4人、单元总监9人、高级业务师1人、主任业务师21人、专业业务师21人、责任业务师50人，主任工程师4人、专业工程师31人、责任工程师33人，党员126名，高级职称32人、中级职称96人。

**【主要产品产量指标完成情况】** 2019年本钢集团生铁完成1590万吨；转炉钢完成1599万吨；电炉钢完成18.5万吨；特钢材完成48.7万吨；热轧板完成1226.7万吨；一冷轧冷轧板完成184.1万吨；二冷轧冷轧板完成181.9万吨；三冷轧冷轧板完成196.7万吨；线材完成249万吨；棒材完成82.9万吨；球墨铸管完成9.5万吨；冶金焦完成668.3万吨；铁矿石完成2227.3万吨；铁精矿完成789.2万吨；球团矿完成361.5万吨；生灰完成162.9万吨；发电量完成38.4亿千瓦时。

**【生产组织管理】** 组织制定落实长期搁置回收含铁料加工消耗方案，全年消化场存113万吨，减少资金占用2亿元。板材7号高炉及北营新1号、新2号高炉大修期间组织储存富余焦炭，实现高产期间焦炭不外购，降低生产成本2700万元。开展调料降低生产成本、减少资金占用，板材炼铁厂酸性料不足，组织从北营调拨球团42.62万吨，与外购球团相比降低成本1000万元。加大内回废钢稽查力度，做到应收尽收，全年非生产废钢超计划回收5.32万吨。加强鱼雷罐运行管理，修订运行管理及考核制度，组织生产厂与鞍钢对标，周转次数提高0.15。

**【配煤配矿管理】** 2019年配煤配矿降低成本1.76亿元，其中配煤0.31亿元、配矿1.45亿元。1. 配煤方面。根据“精料”向“经济料”模式转换方针，重新启动2.0以上高硫煤的采购和使用，深入开展“炼焦煤科学评价及优化配煤技术”研究，合理优化调整配煤结构，在保证焦炭质量满足高炉生产前提下实现经济保供。全年消耗低价高硫煤79万吨，其中板材60万吨、北营19万吨。2. 配矿方面。年初配矿方针由精料方针调整为经济料方针；建立全流程配矿模型和矿粉经济性评价体系；每周跟踪矿粉市场价格，进行经济性分析，调整配矿结构；通过铁系统均质化管理，稳定烧结矿质量；建立高炉有害元素管控体系，监控、均衡、控制不同炉型高炉有害元素负荷；建立并完善铁前原燃料开发新资源的管理办法，逐步建立并完善矿粉资源数据库。

**【港途耗管理】** 港途耗全年发生额1.5亿元、比率0.57%，其中港耗发生额0.4亿元、比率0.34%；途耗发生额1.1亿元、比率0.90%。全年共降低成本7300万元，其中港耗比率比计划降低0.21%，降低成本2540万元；途耗比率比计划降低0.30%，降低成本3809万元。异议索赔进账951万元。组织对大连出港计量称春、秋商检校验过程进行跟踪，加强港口现场监管，减少物料损耗。共组织消耗回运港口清底料12642吨，降低成本800万元。按月组织计控厂、原料厂对大宗原燃料重点品种进行盘点，保证厂耗数据准确。组织在北营厂区新建动态衡检衡车，解决了北营厂区动态衡器不能按标准自检问题；协调检化验中心参考板材厂区自动采样机参数，改造北营厂区自动采样机。

**【生产计划】** 全年合同下达总量1524.38万吨，完成1480.77万吨，合同交付率97.14%。汽车板合同下达148.8万吨，完成147.5万吨，合同交付率99.12%。重点品种钢合同下达222.42万吨，完成216.98万吨。全年接卸外购钢坯24.57万吨，进行调坯轧材，合计增加效益2329万元。按效益最大化原则，将有限的产品资源向盈利能力最大、边际效益最大的产线、产品倾斜。全年调整资源量40.66万吨，增加边际效益5788万元。借助云商平台将热轧、冷轧、特钢和长材等非计划产品，随时进行网上竞拍，及时清理厂区存货产品，年末对比经济库存降低8.2万吨，资金占用减少2.7亿元。

**【产品设计管理】** 重点围绕合同评审、顾客技术、成本管理、质量设计、产品质量管理、产品产线认证以及专项攻关七个方面开展工作，以合同评审钢种和重点合同为切入点，开展顾客特殊特性识别、产品成本管理以及产品质量管控，实现“产品设计、生产过程、用户使用”闭环管理。1. 通过交流、走访、异议处理等方式对用户特殊特性进行识别，组织建立用户档案；及时准确完成440项合同评审，准确建立和维护ERP制程1021个，为生产及合同交付提供保障。2. 组织产品认证和产线认证16项，为产品销售提供有力支撑；组织提高板材成材率攻关，根据产线特点分解指标、制定攻关目标和攻关措施，增创效益6057万元；组织合金及锌锭降成本攻关，降低成本1.1405亿元；组织工艺要点清理与整合工作，清理作废工艺要点2479项；组织财务部、生产厂建立了《本钢钢铁产品成本管理信息系统》，填补了本钢成本管理信息管理的空白。

**【原料质量管理】** 严把外购原料质量关，强化制度规范。重新修订《本钢外购生产用物料质量管理实施办法》，强化外购物料不合格品管理，坚决执行取消让步接收政策，质量低于保证值，判废不予结算。2019 年因低于保证值被判废不予结算的外购矿产品合计 2.22 万吨，挽回经济损失 308.69 万元。

**【工序质量管理】** 修订下发《本钢铁前工序生产用物料质量管理实施办法》《质量预警管理细则》，强化物料生产、存储和使用过程质量管控，提高质量预警能力。1. 为了保证烧结矿及焦炭两种入炉料质量的稳定，2 月中旬开始由专人包干，对两钢的原料厂及焦化厂的生产全过程进行质量管控，要求定制度、定职责、定责任，每周对存在的问题有分析、有措施、有检查，全年共整改了 8 个问题。2. 围绕降低非计划产品数量、减少质量损失，组织钢后各工序开展质量改进攻关工作，加强常规缺陷管理考核，重新修订质量事故管理规定，杜绝批量缺陷发生。2019 年，板材公司非计划率 4.84%，同比降低 30%；北营公司非计划率 0.81%，同比降低 1%。3. 严把产品出厂质量关，严格按照工艺要求、质量检查判定标准，通过实物质量确认、复查表面检查仪等方式，定期对钢后各工序的质量改进措施落实情况、出厂放行判定情况等进行监督抽查，保证出厂产品质量稳定受控。4. 完善工序间产品过料质量标准，加强原料质量监督，制订《冷轧原料质量管理考核原则》《钢后工序质量责任归户管理规定》《连续铸钢矩形坯过料标准》及《连续铸钢板坯过料标准》，保证工序间质量问题追溯有章可循。

**【产品质量异议】** 1. 为适应市场高标准，对质量异议考核方式做了调整，将质量异议量全部纳入工序产量考核，其中普通汽车外板按 2 倍扣产，中高等级汽车外板按 4 倍扣产，其他按实际发生量等量扣产；对简单、低级、严重影响本钢产品市场形象的或多次、反复发生同一质量问题的质量异议作为单项加重考核。2. 为强化服务意识，了解客户需求，学习宝钢等先进钢企经验，推行质量异议与技术服务相结合的工作模式。通过一年运行，在产品技术服务及运输环节的质量改进等方面取得了较大成效。3. 规范出口质量异议管理，从今年初开始建立专项档案，统一编号，对质量异议处理过程实施动态跟踪。针对出口部门反馈的质量问题，第一时间组织生产厂、研究院及相关部门召开专题会，分析产生原因，落实质量责任，确定技术鉴定意见。2019 年，认证异议总量 40085 吨，同比减少 24%；异议额 2035.2 万元，同比减少 26%；异议吨钢损失 1.28 元/吨，同比降低 21%。

**【质量体系运行】** 年初，依据 2019 年审核方案完成两次 VDA6.3 过程审核和一次 IATF16949：2016 体系内审，在原生产厂及产线的基础上增加了炼铁 2 号烧结、新 1 号高炉、电镀锌及三冷 1870 镀锌产线。5 月通过德国莱茵公司 IATF16949 体系监督审核。4 月通过了北京国金衡信认证公司 ISO9001：2015 监督审核。8 月通过了劳氏公司 CE 认证监督审核工作。在全公司范围内开展了顾客特定要求识别和执行的培训工作，约 110 人参加。

**【产品质量认证】** 2019 年，本钢板材冲压用冷轧薄钢板和钢带 DC04、DC05，冲压用冷轧薄钢板和钢带 DC06，高碳铬轴承钢 GCr15，连续热镀锌钢板和钢带 DC51D+Z 等 4 个产品获得中钢协“金杯优质产品”称号；组织完成工业生产许可证产品粗苯、焦化萘和煤沥青自查并通过市检。组织完成省市场监督管理局对板材热轧产品 A36、RS590、Q235B 及危险化学品工业萘的抽检。组织通过了一汽解放汽车、华晨雷诺、海尔、包一机、海信等5家顾客现场产线认证工作。

【卓越绩效管理】 本钢板材股份有限公司申报辽宁省省长质量奖。制造部组织相关部门编写自评报告，组织参加《卓越绩效评价准则》GB/T 19580—2012标准条款培训；7月11~12日，省长质量奖评定委员会组成评审专家组对本钢进行了现场审核，顺利通过；7月19日，板材公司完成省长质量奖答辩工作；11月，本钢板材股份有限公司获得省长质量奖金奖。

【质量改进工作】 2019年完成黑带、绿带培训共计144学时。第十四期六西格玛18个项目通过结题评审。第十三期36个黑带项目完成跟踪评审：一等项目3个，二等项目21个，三等项目12个，其中4个项目荣获全国优秀六西格玛项目。2019年注册QC项目55项，获得质量信得过班组44个。组织完成2018年注册成果评审，共评选出30项优秀QC项目和33个优秀质量信得过班组。

【标准管理】 进一步完善本钢产品标准管理体系，修订印发《本钢集团有限公司技术标准管理办法》，制修订《冷轧低碳薄钢板和钢带》等35项企业标准，制修订《外购烧结用石灰石（粉）》等25项物料采购标准。本钢主持/参与起草的《铬铁磷、铝、钛、铜、锰、钙含量的测定电感耦合等离子体原子发射光谱法》等5项国家/行业标准发布、实施。本钢参与起草的《汽车曲轴用调质钢棒》国家标准通过审定会审定。完善公司钢产品国外标准数据库。确定冷热板带产品国外标准查新与跟踪明细。完善生产岗位工艺技术规程、生产岗位操作规程的管理体系。

【运输管理概述】 以成本费用为核心要素建立铁路、公路运输管理体制和运行机制，对外积极与路局、港口沟通联系，对内高度关注生产变化，通过与ERP、铁区系统及其他相关业务管理系统的无缝连接与共享，抓住重点，突破难点，协调平衡，化解各种不利因素，全面完成集团公司运输物流各项主要指标，提高集团公司铁路、公路运输质量和效益。

【主要运输指标】 2019年，集团公司接卸原燃料路局车52.1万辆，其中板材接卸路局车34.5万辆，北营接卸路局车17.6万辆，日均接卸1428辆。同时组织南芬、歪头山、大明山专组调运5643组，其中南芬2958组、歪头1389组、大明山1296组，确保了南芬、歪头山、大明山专组的运行和公司生产需求。全年，发送钢材类产品208023车，其中板材公司142245车（含三冷轧31922车）、北营公司65778车（含金家堡19591车）；水渣53482车，其中板材公司41538车（集装箱1382车）、北营公司11944车；其他类4730车，其中板材公司3533车、北营公司1197车，保证了公司产品外发。港口原燃料回运量1439.36万吨，其中板材751.02万吨、北营688.34万吨，日均回运量3.94万吨。公路运输量2106万吨，其中计划内板材1307万吨、矿山公司284万吨，北营公司304万吨、计划外211万吨。

【车辆管理】 办理各类车辆入厂卡共2036张。1.加强生产保障车辆管理，重新核对车辆管理平台信息762辆，对生产保障车辆进行重新统计、备案，对板材公司规范用车情况、管理平台公路牌照车辆资质进行审核；对露天矿剥离岩石承运企业资质进行核查；对《公路运输管理办法》《机动车辆入厂管理办法》《危险化学品厂区运输管理细则》进行修订。2. 加强车辆安全运行管理。3月会同设备部、保卫中心、安监部对通勤客车进行临时突击检查，共检128辆，其中合格97辆，不合格31辆；4月对本钢汽运、北营公运、本钢矿业、冶金渣、综合公司等公司通勤客车进行检查，共检212辆，其中不合格51辆；5月对集团公司工会外雇接送职工去汤沟疗养客车进行检查；9月对通勤客车进行“秋季安全大检查”，共检查车辆229台，不合格35台。

**【运输费用管理】** 1. 加强铁路费用管理。2019年铁路运费发生395592.4万元（不含采购中心运费），其中板材公司84973.4万元、北营公司及其他单位310619万元。另外，发生铁路封装车费用为8235.5万元。2. 加强公路运费管理。严格按照“先计划后审批”和“先请示后发生”原则，对公路运输费用按季度统计、半年考核的方式，规范审批，2019年公路运输费用实际发生22833.2万元，其中板材公司11048.5万元、矿业公司5082.0万元、北营公司6594.0万元、本钢公司108.7万元。

**【运输组织与协调】** 1. 加强交流合作。2019年，本钢集团与沈阳局铁路集团多次就友好合作进行了交流与沟通，探讨更广泛的合作方式和合作范畴。5月20日，本钢集团开通了本溪站至金家堡站车辆运行，实现了用火车倒运冷轧原料卷的运输模式。2. 优化运行管理。开展了“保质量、保安全”专项检查和优化管理的推进工作，先后6次牵头组织召开路企专题会，提出并实施了安全运输的可行性方案，保证了专组运行，防止了运输安全隐患的发生；积极推进安装超偏载仪和优先使用钢支架装车，提高了车辆装车效率，加快了车辆周转率，确保产品外发及产品库存更加经济合理，优化了北大库装卸车作业，使特钢产品外发物流顺畅。3. 加强组织协调。马球季修、年修期间，四次召开球团和矿粉运输平衡会，检修前组织落地马球3.25万吨，检修期间从歪矿组织矿粉回运14.63万吨。6~10月溪湖路封锁，制定了大明山石灰石运输保产方案，通过增加车组、机车等措施，保证了集团公司生产用料需求。9月河西复线大修，列车通过能力下降50%，研究制定了可行性保产方案，满足了生产需求。进入10月铁路北煤南运、北粮南运，公路治超货源大量向铁路转移，港口原燃料运输保供及冬储工作压力巨大。制造部本着“保产优先，兼顾成本”原则，多次与国贸公司、采购中心等部门和单位，研究制定保供方案，安排人员到港口现场，与港口、铁路进行沟通协调，细化运输计划，采取车辆预报跟踪等措施，积极开展铁路与公路联运（集装箱运输），缓解厂区翻车机翻车压力，努力完成运输计划。9月，建立两厂区港口原燃料联储管理制度，通过联储共用，板材和北营互相调拨，矿粉经济库存天数由30天降低到25天，废钢经济库存由11天降低到8天。

**【运输降本创效工作】** 在巩固路企业合作基础上，积极与铁路沟通协调，通过一口价申请运价下浮，其中包含钢材、水渣、铁矿粉、石灰石和线材等品类，降低铁路运费约24608.9万元。2019年公路运输费用计划指标为23517.6万元，实际发生费用为22833.2万元，节省运费为684.4万元，其中节省253.1万元，矿业公司节省424万元，本钢公司节省7.3万元。（阚利志）

# 设备工程管理

【概况】 本钢板材股份有限公司设备部（简称设备部）代行集团职能，下设设备管理单元、设备运行管理单元、工程计划管理单元、工程管理及质量监督管理单元、工程设计管理单元、工程预算管理单元共6个职能管理单元，其中设备管理单元、设备运行管理单元和工程计划管理单元负责集团公司设备基础管理、设备运行管理、设备检修管理，以及设备专项相关管理工作。工程设计管理单元、工程计划管理单元、工程预算管理单元、工程管理及质量监督管理单元负责组织、协调、监管和考核公司基建技改工程全过程管控及实施工作，是各工程项目经理部工程管理工作的监督考核部门和业务指导部门。

2019年年底，设备部在籍人员93人，正部级1人、副部级3人、总监4人、高级业务师4人、主任业务师20人、专业业务师34人、责任业务师27人。其中男职工76人、女职工17人，党员71人，少数民族12人，硕士研究生10人、本科学历73人、大专学历10人，副高级工程师38人、中级工程师50人、初级工程师5人。

【设备基础管理】 1. 2019年完善了11项专业管理制度，开展设备管理人员业务培训660人次，开展点检员业绩考评545人次，组织备件计划管理及库存管理培训439人次。会同人力资源部举办为期40学时的点检员岗位资格取证培训班，参训总计916人，考试通过率100%。修订了设备事故故障管理文件，全年组织了133次事故分析，形成分析报告，组织各厂矿对28份典型事故分析报告开展借鉴学习，提高事故故障管理意识。2. 结合设备春秋检，按照设备管理评价系统对各单位设备基础管理工作、指标完成情况、现场管理情况进行综合检查并指导整改，侧重对事故故障指标、检修费指标的结果评估。6月3日、11月11日分别开展2019年春秋季设备大检查工作，对36家单位进行检查，提出各类问题478项，厂矿当月整改完成329项，整改完成率69%，其余149项在年底前完成整改并列入整改规划。3. 推进设备系统对标挖潜。主要开展了动力电缆、液压滤芯、特种阀门、轴承、潜水泵等专业化管理工作，对包消耗、独家供货组建专家队伍审核，推进备件精细化管理建设，通过对标及组织专家组审核，核定2020年包消耗订单及零库存比例等指标，并打破独家设备备件供货149项，涉及金额3000万元。4. 液压润滑油品共计消耗10374.11吨、16313.58万元，集团公司粗钢产量1616.4万吨，吨钢油品消耗量为0.6418千克/吨钢，吨钢油品消耗金额为10.09元，节省油品费用2000万元。整合液压润滑油品的供货商及油品牌号的工作，初步将40家供货厂商将近500种油品牌号缩减为20家供货厂商200种牌号。

【设备运行管理】 2019年主要生产设备可开动率计划90.53%，实际完成90.96%，比计划提高0.43%。主要生产设备事故故障停机率计划不超过14.59‰，实际完成3.77‰，比计划降低10.82‰。1. 两次定修零故障嘉奖，推动各级管理人员重视定修模型、重视定修质量。共计嘉奖板材、北营两厂区79条主要产线2100余人，嘉奖金额540万元。2. 优化板材炼铁厂高炉产线及三冷工序各产线定修模型。高炉定修周期由3个月延长至4个月，三冷工序连退及镀锌产线长定修由3个月延长至半年，经济效益显著。合理利用换辊、工艺调整等时间进行设备定修及消缺，板材冷轧厂利用工艺换辊时间安排定修，定修台时下降40%，为提升产量提供设备支撑。3. 通过“全流程管控报表”实现

特钢轧机改造工程初轧机改造，2019年4月22日开始施工，2019年6月30日，1150轧机热负荷试车投产（刘元庆　摄）

备件计划精准管控，备件指标利用率实现100%；推进领新交旧工作，月领用备件上机率达到97%；重点推进库存结构调整工作，5年以上老库存占比由年初86%，下降到80%，老库存降低16953万元。2019年备件计划指标19.95亿元，实际下达计划20.18亿元，签订合同18.37亿元，到货15.89亿元。合同签订率92.11%，同比降低7.18%；到货率79.66%，同比降低7.35%；备件消耗指标20.38亿元，实际消耗16.34亿元，消耗比率80.15%，同比降低6.30%。4.2019年利库指标1.72亿元。2019年库存备件19.51亿元，比年期初库存（22.02亿元）降低2.51亿元，超额完成利库指标。5. 检修辅料计划指标3.15亿元，下达计划3.09亿元，实际消耗2.98亿元，剩余消耗指标0.17亿元，完成辅料指标管控。6. 组织各产成品厂不断完善设备功能投入，检查投入情况，梳理问题，制定整改方案，提高设备精度，减少设备问题对非计划产品的影响。各厂矿同步完善了各项管理制度，加大奖惩力度，使各级设备管理人员感受到了压力，明确了方向，积极性、责任心进一步增强。2019年设备影响产品非计划共计17920吨，占比4.81%，同比增加2847吨，占比下降3.31%，各主产品产线运行状态略有波动，整体情况向好。

**【设备检修管理】** 2019年，集团公司共进行了四次大型联合检修，历时161天，完成项目2万项，投入人力2.5万人次，资材消耗6.44亿元，安全、优质、高效完成了全部年修任务。1. 第一阶段联检。由于板材7号高炉炉缸水温差偏高和北营新1号高炉突发事故，板材、北营公司联检时间提前并重叠开展，4月10日~6月30日，历时79天，4座高炉同时检修，涉及50条主要产线，实施检修项目10600项，投入人力13000人、费用3.64亿元。板材7号高炉提前4天13小时完工，北营新1号高炉顺利完成了抢修和大修任务。2. 北营公司第二阶段联检。7月4日~8月28日，总工期55天，涉及17条主要产线，实施检修项目2032项，投入人力3332人、费用0.6亿元，消除设备隐患272项，整改安全、环保隐患68项，恢复功能、提高精度286项，完成技术改造13项。3. 板材公司第二阶段联检。10月8日~11月4日，总工期27天，涉及23条主要产线，实施检修项目7600项，投入人力8800人、费用1.9亿元，消除了板材6

号高炉炉顶齿轮箱倾动减速机铜套磨损严重的重大隐患，实现了板材 7 号高炉干法除尘过渡，完成了 2300 热轧线定宽机首次大修。

**【专项管理】** 1. 全年共组织 57 项专项工作，其中较大 13 项，包括点检员业绩考评、油品整合优化、建立特种设备评价体系、维保队伍检查等，从 11 个专业细化管理标准，加大检查力度，有效、快速提高设备管理水平及运行质量。各单位对通报问题能够积极制定整改方案，落实责任、及时整改，对短时间无法解决的问题制定了相应的预防措施和整改计划。2. 现场签证专项检查，共检查 76 项设施类工程合同，检查问题 159 项，累计消减费用 247 万元，整体消减率为 11.41%。维保队伍专项检查，18 家业主单位，9 家单位维保队伍管理不合格。抽检 31 个维保班组，存在缺勤的班组达到 84%。电缆头专项隐患整治，更换热缩电缆头 1438 个，2020 年计划再更换 934 个，将基本消除电缆头安全隐患。电机专项检查，发现问题 35 项，利用日常定修及年修全部进行整改。炉窑专项管理，邀请行业专家，开展 475 人次炉窑管理专项培训，制定专业炉窑管理标准。介质管网及压力容器专项检查，排查出 179 台套工业承压容器，主要包括高炉、热风炉、布袋除尘仓、喷吹罐等设备设施。吸取江苏盐城化工厂爆炸事故教训，排查隐患 98 项，利用日常定修及年修全部消除完毕。3. 全年检验特种设备 4679 项［起重机 1207 项、锅炉 174 项、电梯 186 项、压力容器 2175 项、罐（包）937 项］按周期检验执行率计划达到 100%。全年特种设备按周期检验执行率实际完成达到 100%，特种设备技术状态较好。4. 针对闲废资产的处置，2019 年审批报废资产 123 项，原值 49.24 亿元，净值 18.49 亿元，积极回收废钢 3 万吨，委托国贸公司对外处置废旧金属设备 1200 吨。盘活利用闲置资产，完成公司内部调剂 546 台设备（原值 18244 万元，净值 1349 万元）。5. 2019 年 5 月 22 日，在本钢文化中心召开公务用车拍卖会，当场拍卖成交 4 台，成交额 8.4 万元。2019 年完成公务用车抹账 15 台，盘活资金 201.5 万元。

**【设计管理】** 设计管理单元职责从工程初步设计阶段开始，可行性研究阶段由规划发展部组织，设计管理从可行性研究开始提前介入，参与确定设计原则、设计规模、工艺总图布置、能源介质设施管线及接点、配套生活设施（办公楼、食堂、浴池等）建设标准、安全、消防、环保、节能、职业卫生、工程其他费等内容的讨论，主要工作是检查可研设计中是否存在缺项漏项，以便可研设计内容在初步设计及施工图设计阶段的贯彻与实施。1. 2019 年组织开展板材 5 号高炉产能置换工程、板材焦化新增一塔式脱硫改造、板材炼钢厂 8 号铸机改造工程、板材特钢电炉产能置换工程、板材热连轧厂 1700 改造工程、板材发电厂 CCPP 发电工程、板材中水深度处理回用工程、板材 7 号焦炉烟气脱硫脱硝工程、板材能源总厂 CCPP 配套新建高焦炉煤气柜工程、北营炼钢二区生产提效改造工程、北营中水深度处理回用工程、北营 2 号焦炉烟气脱硫脱硝工程、北营炼钢一区产能置换工程、北营能源总厂 3.5 万立制氧机工程、北营一三焦提产改造工程、南芬选矿厂取缔 10 吨以下燃煤锅炉工程、南芬露天矿 1500 万吨扩帮延伸代家店工业场地等项目初步设计及施工图设计。2. 积极参与项目前期的方案论证，包括板材原料场环保改造工程、板材炼钢厂 1 号铸机改造工程、板材发电厂高压车间超低排放改造项目、板材焦化厂 789 号焦炉脱硫脱硝工程、板材能源总厂新 1 号高炉干法除尘及 TRT 发电节能改造工程、三冷高强机组工程；北营 60 万吨优质高线工程、北营焦化脱硫系统改造项目、北营 1780 热轧提质调结构改造、北营发电厂高温超高压机组工程、北营大张北露采转地采项目；矿业花岭沟地下开采工程、小西沟尾矿工艺改造工程、贾家堡子铁矿地下开采项目、南芬难选贫矿及废石辊磨干选资源综合利用工程等。

3. 加强设计进度落实、管理，强化对设计单位的考核和责任追究。采取设计周报、月报结合专题会、设计联络，及时协调解决问题，推进和保障工程进度。重点抓初步设计及施工图设计优化工作、组织设计交底工作、规范业主单位设计变更和材料代用的审批程序管理，有效控制损失和浪费，组织设计单位开展设计总结工作，进一步完善设计管理。

**【施工管理】** 2019年集团公司累计下达技改工程建设投资计划175项，截至2019年12月末，完工62项，开工建设中67项，未开工46项。在建67项工程，62项工程进度正常，5项工程进度滞后，全年应完成135个重要节点，实际完成124个，节点完成率91.8%，主要工程进度目标基本实现。2019年全年完成工程报量11.9亿元，其中板材公司完成10.03亿元，北营公司完成0.8亿元（8024万元），矿业公司完成1.07亿元（10745万元）。

**【工程质量管理】** 2019年，集团公司在建工程总体施工质量较好，未出现较大的施工质量问题和质量事故，在管理部门和业主单位的督促下，在施工中发现的质量问题基本上能够做到及时发现及时整改，确保了集团公司各项重点工程的施工质量处于可控状态。4月，冶金工业工程质量监督总站本钢监督站业务独立，下发整改通知单11份，考核通知单24份，共考核65000元，其中考核项目部4000元，施工单位61000元。办理监理开工报告登记6项。工程质量监督受理登记58项，全部指派专人进行管理。下达质量监督计划书，开展质量监督工作，做到工程质量监督覆盖率100%；工程质保金返还62项，返还金额共计4145.75万元；发现质量问题211项，处理205项，6项正在处理。组织全集团技改质量管理人员培训1次。参加单位工程验收35项，合格率100%。

**【工程预算管理】** 2019年，围绕着提高预算审批质量，严把建安费用中心工作，严格控制建安投资。全年共审批施工单位编报预算16.79亿元，削减额为4.74亿元，预算审批准确率达到98%以上，完成考核标准。

**【工程计划管理】** 根据集团公司投资计划，进行工程实施阶段的计划管理，及时进行投资计划分解及费用归集编号编制；保证在建厂矿资金计划编制的及时性和准确性，体现资金流向的正确性，真正发挥资金效能；以建安合同年度实施计划推进项目实施，审核过程中注重投资分解质量。重点项目在投资计划下达后，及时组织在建厂矿召开项目签订落实会，专题研究落实具体内容和计划时间，以季度为单位进行调整；及时完成施工单位选择，应招尽招；对重点改造工程决算工作实施常态化管理，一是每季度召开一次项目决算推进大会；二是针对决算推进难度较大的特殊项目召开专题会推进。2019年，集团公司下达固定资产投资计划（当年）91.74亿元，其中当年计划投资4.97亿元，板材公司当年计划投资51.27亿元，北营公司当年计划投资18.92亿元，矿业公司当年计划投资16.58亿元；2019年完成投资总额36.27亿元。

**【工程招投标管理】** 2019年检、维修工程招标项目完成392项，计划金额16075.8万元，定标金额13200万元，按照计划投资额计算，节省投资达2876万元，节省比例18%。技术改造工程招标的项目完成90项，招标计划金额123136万元，定标金额96477万元，按照计划投资额计算，节省投资达

26659 万元，节省比例 21.6%。2019 年集团公司下达技改及专项工程计划 775 项，完成投资 23.15 亿元，135 个重要工期节点实际完成 124 个，完成率 92%，有 23 个单项工程按期投产，工期进度基本可控。

（邹　华）

## 安全管理

**【概况】** 本钢集团有限公司安全管理监督部（简称安监部）是本钢集团安全生产综合监督管理部门，负责安全生产（包含安全生产、职业卫生、防火安全）工作的监督、指导、协调、考核，下设综合管理、安全监察、防火监察 3 个管理单元。2019 年末有职工 16 人，其中部长 1 人、副部长 3 人、总监 2 人、高级业务师 1 人。

2019 年，本钢集团有限公司牢固树立安全发展理念，强化红线意识和底线思维，全面落实全员安全生产责任，坚持管理重心下移，以推进班组安全标准化建设为抓手，以重大危险源和较大风险管控为重点，严格落实安全教育培训、反“双违”专项整治、隐患排查治理、绩效考核和责任追究等工作措施，实现较大生产安全责任死亡事故、较大火灾事故、重大设备事故“三为零”。

**【安全责任体系建设】** 一是围绕集团公司安全生产工作目标，强化安全生产责任制的落实，向 32 个单位下达了《安全生产目标考核责任书》，制定下发安全生产责任制实施细则、生产安全事故管理办法、火灾事故管理办法，进一步明确对作业区级管理者的责任追究标准。二是按照“谁主管、谁负责”原则，实行向集团公司安委会成员部门下达《安委会办公室成员部门履职工作联络单》，督促专业部门规范专业管理和整改事故隐患，推进管理部门解决重点、难点问题。三是开展领导干部安全履职督查，明确领导干部安全承包管理区域和职责。严格落实业主单位工程安全主体责任，规范《工程安全履职记录》，监督落实工程监理安全管理职责，推动危大工程的规范化管理，监督业主单位和施工单位严格按照方案落实安全措施，强化安全责任落实。

**【安全基础管理】** 一是强化安全基础管理，修订下发了《本钢集团有限公司铁路运输安全管理规定》《本钢集团有限公司危险化学品安全管理制度》《本钢集团有限公司仓储物资场所消防安全管理制度》《本钢集团有限公司安全风险分级管控及隐患排查治理双重预防机制实施细则》等 8 项制度。二是完成了安全生产许可证延期换证评审，集团公司所属 43 家单位的应急预案通过了周期性复评和批复备案。三是建立周跟踪机制，协调推进办理“三同时”手续，及时协调解决报审报验问题，全年共完成 29 项安全预评价、安全设施设计审查和安全验收评价审查；完成 26 项职业危害预评价、防护设施设计审查和控制效果评价；积极跟踪消防审批权限调整，与市、区住建部门协调，完成 6 个项目的消防报审和备案。

**【安全教育培训】** 一是按照省安委会部署，结合集团公司安全培训实际，持续强化安全教育培训，全面提升职工安全意识。深入贯彻陈继壮董事长对《本钢日报》上《安全考试切忌走形式》文章的批示精神，开展了全员安全思想大讨论，共有 64 家厂矿班子、552 个作业区、4218 个班组进行了讨论。二是全年完成主要负责人、安全管理人员岗位资格培训和复审共计 710 人，特殊工种资格培训 6282 人。开展员工自救互救实操演练、作业区中层干部安全培训、新入职员工安全培训等 20 项培训，共计培训人数 7000 余人。完成第一批安全常识“马拉松”答题活动，共有9654人参与。三是建立“本钢集团安全实训基地”，邀请国内冶金安全专家对安全管理人员进行培训，完成了11期330人的隐患排查特训。

**【职业健康体系建设】** 一是按照省、市文件要求，结合较大危险因素识别、职业健康安全管理体系运行等工作，认真开展危险源辨识和风险评估管理，推进双重预防机制建设，加强危险化学品重大危险源管理。对照《化工园区安全风险排查治理导则》和《危险化学品企业安全风险隐患排查治理导则》开展危险化学品专项检查，逐项落实整改。二是依据《危险化学品重大危险源辨识》（GB 18218）标准，重新组织排查、辨识、确认集团公司危险化学品重大危险源19项。加强重大危险源视频监控及压力、温度、流量等实时在线数据管控，严格落实日周月检以及季检计划，切实落实管理责任。三是按照集团公司《职业病危害专项治理工作方案》，组织各单位摸清底数、找准问题、落实整改方案、明确责任人，推进职业卫生基础管理，对13家单位的职业卫生基础管理情况和现场进行了抽查验收。

**【安全生产专项整治工作】** 一是扎实开展安全生产百日攻坚战和今冬明春火灾隐患专项治理。紧密围绕重大危险源、爆炸物品和重点风险部位以及危险化学品、检修作业、煤气、动火等危险作业安全管控开展检查，共计排查整改6117项问题。二是开展“保平安、迎大庆”安全生产专项整治行动，实行危险作业提高审批级别、领导现场监督等措施，严格落实带班值班和信息报送制度，实现了新中国成立70周年大庆期间的安全稳定。三是深化重点风险管控，强化有限空间、高处作业、动火作业、涉爆粉尘等危险作业管理，从7月起实行《重点危险作业报告单》备案制度，共实施236项危险作业，安全措施和监管责任均得到有效落实。四是全面规范联合检修安全管理。围绕不同阶段的联合检修，强化落实施工组织和现场安全管理责任，严格执行停送电挂牌、危险介质停送联系确认制，严格履行作业审批、监护、检查责任，在落实标准化检修安全措施方面取得明显进步，实现了联合检修安全“零事故”目标。五是持续开展“反三违”，加大对违章行为查处力度。通过旁站式安全检查和调取视频监控等方式，加大违章作业行为的检查力度，对11项违反集团公司“二十条安全禁令”的行为，比照事故进行分析，并给予了严肃考核。六是开展矿山尾矿库、排土场、采场防汛专项检查，实施尾矿库调洪演算和应急演练，做好防汛资材的储备、防汛队伍的准备。在台风“利奇玛”过境期间，实行《尾矿库运行报告单》制度，严密监控尾矿库安全运行，确保安全顺利地度过了主汛期。

**【防火安全管理】** 一是突出重点消防风险防控。全年持续开展自动消防设施管理和运行情况测评，上红料皮带防火安全整治，以及高温区域、仓储场所、高层建筑和人员密集场所防火安全检查，严格监管动火作业。二是严格执行自动消防设施管理运行周、月报制度，及时处置报警和故障，提高消防设施运行质量。三是吸取国内钢铁企业火灾事故教训，举一反三，开展专项检查，整改问题924项。

**【安全隐患整改资金投入】** 集团公司先后下达投资计划8333万元，用于消防设施完善、煤气管道泄漏等34项隐患治理。全年投入防暑降温费用1874万元，劳动保护费用5786万元，保健津贴费用2500万元，消防安全、安全宣传及其他安全费1470万元。组织27362人进行职业健康体检，完成了37个厂矿7707个点位的职业病危害因素检测。

（梁虹桥）

# 能源环保管理

【概况】 本钢板材股份有限公司能源环保部（简称能源环保部）代行集团管理职能，下设能源管理单元、能源技术单元、环保管理单元、环保技术单元、监测站，在职人员62人。其中管理岗位10人（部长1人、副部长5人、总监4人）、业务岗位28人、技术岗位16人、操作岗位9人，高级职称20人、中级职称26人、初级职称4人、其他13人。

管理职责包括：建立与完善公司能源、环保管理体系，制定相关规章制度和业务流程；对公司所属单位能源环保工作进行指导、监督、检查和考核；编制公司中长期节能环保规划和年度能源、环保工作计划；公司能源、环境管理体系认证及运行管理，定期组织内部评审；负责两化融合管理体系、测量管理体系中能源、环保系统的管理和推进工作；公司建设项目能源评价、环境影响评价、水资源论证、水土保持评价，督促评审意见落实，组织后续验收工作；节能、环保技术推广应用，组织公司能源措施项目、合同能源项目、环保措施项目的立项审查，督促立项和实施，参与项目实施效果后评价；能源环保法律、法规、标准的宣贯和培训工作；公司节能、环保项目外部补助资金的申请，并监督项目实施；公司能源、环境应急预案管理，参与突发事故的调查和处置；负责重污染天气应急响应的综合管理；日常能源管理，公司用能审批、稽查，能源统计、分析、考核，协调解决能源计量问题；能源介质运行、质量、平衡管理，参与事故处理、分析、纠纷裁定；公司环境统计、排污许可、环保税和清洁生产审核以及碳排放管理；制定公司环境监测计划，负责环保设施运行的监督管理；公司危险废物及辐射安全的综合管理；公司厂容绿化工作的综合管理。

【能耗指标管理】 2019年集团外购能源费用206.4亿元，其中炼焦煤占比54.9%、电21.4%、无烟煤9.1%、喷吹无烟煤8.2%、烟煤2.4%、汽柴油1.7%、动力煤1.2%、焦炭0.6%、水费0.5%。集团水费支出1.0453亿元，比计划降低1197万元；电费支出44.0972亿元，比计划降低4.8788亿元。集团能源定额比预算降低1.0424亿元，同比降低8.33亿元，其中：板材降4.86亿元、北营降3.43亿元、矿业降0.04亿元。

【能源介质系统节能】 在节水方面，实现工业源水离子浓度与中水回用量联调，既保障了水质又最大限度增加了中水回用量；完成板材能源总厂软化水增产改造，除盐水补充量由50立方米/吨降至20立方米/吨；停运二冷除盐水站，用发电除盐水补充，解决了中水回用瓶颈，保障了中水回用率；规范水处理药剂技术标准，完成炼钢、能源总厂等承包产线水药剂招标，全年降低水处理药剂费用900万元；板材五水源、四水源、北营水源分于7月5日、8月21日、7月7日接入引观入溪新水，有力保障了供水质量和安全；通过水分析和测漏共处理漏水点19处，有效减少生活水损失；通过夜间和节假日降压手段，使生活水用量逐月降低；2019年板材吨钢耗新水完成2.97立方米/吨，同比降低1.24立方米/吨；北营吨钢耗新水完成3.27立方米/吨。在节电方面，调整基本电费结算方式，充分利用电业局检修时机，采取大型设备错峰启动等措施，全年降基本电费6050万元；督促不饱和产线躲峰生产，组织炼铁、焦化、原料、运输工序联合躲峰，全年减少电费4200万元；通过检查、考核等方式督促各单位保持无功补偿装置的运行率，全年力率电费获奖450万元；组织各单位实施低产经济运行，吨钢电耗完成569千瓦时/吨，同比降低20千瓦时/吨，减少电费支出1.37亿元。在节气方面，根据氧氮用量调整制氧机负荷，有效降低了氧氮放散，2019年板材氧气放散率控制在5.75%，北营放散率控制在0.27%；合理组织氧氮氩生产，年销售液体8.85万吨，创效5071万元；根据生产、检修情况及时调整煤气平衡，充分发挥燃气炉缓冲作用，减少煤气放散，增加转炉煤气回收，2019年板材高炉煤气放散率、焦炉煤气放散率、转炉煤气回收分别完成2.72%、1.43%、104.52立方米/吨钢。在余热利用方面，将一热饱和蒸汽输送至焦化制冷使用，7~9月减少一热蒸汽放散3.3万吨；完成板材焦化厂汽改水项目，热水供热范围增加3万平方米；对焦化8号、9号干熄焦锅炉升压改造，年可增发电2400万千瓦时；完成板材厂区8条蒸汽管网优化，有效降低了蒸汽输送损失；新建汽水换热器，实现板材供市民采暖增加559万平方米；确定了北营发电五区改造方案，年可增加发电2568万千瓦时；完成北营供衡泽公司热源提价，由10元/吉焦提高值24元/吉焦，年增效益462万元。

**【重点节能工作】** 在增加自发电量方面，将发电量列入主包指标，调动了两厂区发电厂、能源总厂、炼铁厂职工积极性；发电厂充分利用厂内能效管理平台，精准调配，充分利用富余煤气发电；烧结机与余热发电机实现数据共享，保证了烧结余热充分发电，265烧结、566烧结、400烧结等机组吨矿发电量均为历史最好；高炉中控室与TRT控制室密切配合，有力保证了TRT运行效率，吨铁发电量大幅提升；2019年板材全年发电量完成20.5亿度，同比增加1.12亿度，自发电比例达44.1%；北营全年发电量完成14.5亿度，10月烧结吨矿发电量达17.5千瓦时，日均发电量633万千瓦时，自发电比例达53.55%，创出单月历史最好水平。在降低燃料比方面，及时进行煤气平衡和调整，提高主管网压力，保障热风炉煤气使用，为提高风温创造了条件；及时调整氧、氮、风等介质管网压力，保障高炉优先使用；配合制造部做好配煤、配矿的调整和原燃料的均质化；制定专项奖励政策，用经济杠杆激发高炉职工降焦比积极性；通过对标学习引导两厂区改进操作制度，板材公司入炉焦比完成404千克，北营公司完成408千克。

**【利用政策降低能源成本】** 充分利用国家直购电政策，完成了直购电交易量31.5亿度，减少电费支出1480万元；积极与省工信委、东北能监局、电网交易中心沟通，返还本钢因无发电许可证造成的未结算上网电费1956万元。

**【节能项目实施】** 2019年完成能措19项，投资3555万元，创效1680万元，其中板材炼钢烤包器节能改造6台，投资365万元，年创效366万元；北营三电机组加装胶球冲洗等，投资50万元，年创效100万元；板材能源总厂360主抽电负荷迁移，投资28万，日增发电13万千瓦时，年创效756万元。正在实施的节能项目 17 项，其中包括板材厂区焦炉煤气管网改造、板材炼钢钢包加盖改造、北营转炉电除尘及风机改造、北营发电五区热力扩建等。

板材炼钢厂新区烤包器节能改造（陈世宇　摄）

**【基础能源管理】** 严格执行能源副包和专业管理考核办法，对 24 家未完成任务单位考核 93 万元，起到了惩罚落后、鼓励先进的作用；通过集中检查、专项检查和厂矿互检方式发现违规用能 65 项，处罚 4.4 万元，有效监督了职工合理合规用能；组织计控中心、自动化公司完成板材、北营各厂调度监控能耗平台建设，为厂矿推进日清日结创造了条件；投资 2352 万元对板材电能网和计量网升级改造，投资 1200 万元对北营一、二级计量进行完善，为厂矿节能降耗提供了数据支撑；通过能源体系内审、外审，改进了问题，提升了管理；与历史最好值、设计值比较，完成主要工序内部能耗对标，与鞍钢从工序和系统两个层面进行全面对标，找出了差距，完善了改进措施。完成板材公司 2 个项目的节能审查及 6 个项目节能评估报告，6 月完成三水源地水资源取水许可证办理；7 月完成板材炼钢 8 号铸机、冷轧高磁感无取向硅钢、北营高温超高压等项目节能审查；特钢电炉升级改造、北营炼钢一区产能置换工程、炼钢二区生产组织提效、北营新制氧机项目已完成节能审查招标，为建设项目合理合规提供了保障。完成二次能源回收利用规划编制，规划目标到 2025 年，集团吨钢综合能耗达 560 千克，板材公司、北营公司自发电比率分别达到 65%、50%；规划的措施 83 项，共投资 15.07 亿元，年效益 5.4 亿元。

**【环保工程建设】** 2019 年本钢集团累计投资 16.57 亿元，开展 106 项重点节能环保治理工程。实施板材焦化厂 7 号焦炉烟气脱硫脱硝、板材炼铁厂二烧成品整粒两台除尘器扩容改造、原料厂原二车间焦场增加抑尘网工程、北营焦化厂脱硫废液提盐工程、矿业公司南芬选矿厂取缔 10 吨以下燃煤锅炉和新实业公司小沟厂区增设抑尘网等重点环保治理项目。

**【环评和环保验收】** 全年完成建设项目环评 20 项。其中：集团可转债融资 6 个项目完成环评报告编制和审批工作，为集团融资提供了前提条件；板材炼铁厂 5 号高炉产能置换、特钢电炉升级改造等 2 个项目取得省生态环境厅批复，矿业公司花岭沟铁矿项目和北营发电厂高温超高压机组项目取得省生态环境厅环评批文；板材高牌号高磁感无取向硅钢、板材炼钢厂8号铸机、1700热轧完善改造等3个项目取得市生态环境局批复，北营新建3.5万立方米/小时（标态）制氧机和南芬选矿厂燃煤锅炉环保改造工程环评取得市生态环境局环评批文。完成板材发电厂4~5号焦炉干熄焦余热蒸汽利用工程自主环保验收工作。

**【水保和水保验收】** 完成了热力公司南芬区集中供热工程水土保持自主验收工作。全年缴纳矿业公司南芬露天铁矿1000万吨/年开采工程等7个项目水土保持补偿费2637.92万元；缴纳北营公司石灰石矿（北龙石灰石矿有限公司）水土保持补偿费28.88万元。

**【环保设施】** 2019年本钢集团环保处理设施609台套，板材公司184台套、北营公司164台（套）、矿业公司224台（套）、本钢公司32台（套）、北钢公司5台（套），主要有电除尘器、电袋除尘器、布袋除尘器、烧结、球团脱硫设施、焦化及轧钢等废水处理设施。污染源自动在线监控设施143台套，其中板材厂区71台、北营厂区58台。

**【大气污染防治】** 通过实施板材炼铁厂二烧成品整粒两台除尘器扩容排放达标改造、板材焦化厂干熄焦作业区除尘器改造、焦四作业区除尘器升级改造、北营炼铁厂球团放灰系统改造和马耳岭球团厂布袋除尘器改造等重点项目，污染物排放浓度达到国家现行污染物排放标准要求，减少了感官污染，改善了职工工作环境。

**【水污染防治】** 2019年新增板材能源总厂排水氨氮监测仪器。通过污水处理系统石灰干法投加改造、孟家堡河河道治理、焦化厂生物脱氮外送水管道更换等项目实施，可以实现对能源总厂泵站氨氮指标实时监测，设备运行更顺畅，有效降低外排水中各项污染物排放指标。

**【固体废弃物利用】** 全年回收、外售冶炼废物7636508.69吨；外卖、利用粉煤灰73712吨、锅炉渣30353.32吨；外卖处置脱硫石膏133741.94吨；外卖锌锭3212.28吨；回收利用氧化铁皮368815.67吨、无机废水污泥172269.91吨、生物脱氮污泥2243.07吨、工业粉尘931589.54吨；安全处置尾矿13921980.43吨，综合利用尾矿86427吨。

**【环境信访】** 本钢集团积极处理并协调解决各类环境信访事件。2019年对中央环保督察“回头看”和辽东区域督察局检查过程中涉及信访的15个问题实现销号；对本溪市生态环境局的9件信访问题全部按照要求完成整改。

**【环保税】** 2019年本钢集团共缴纳环保税4463.70万元，其中：板材公司2268.12万元、北营公司1980.99万元、矿业公司107.70万元、本钢公司106.89万元。

**【辐射安全管理】** 全年共有放射源89枚，其中Ⅳ源51枚、Ⅴ源38枚。这些放射源板材公司45枚、矿业公司25枚、北钢公司1枚、北营公司18枚。共有射线装置72台，其中板材公司59台、本溪钢铁公司11台、北营公司2台。板材焦化厂1枚Co-60、北营矿业公司8枚Cs-137送储至辽宁省城市废源库，完成备案手续。板材公司辐射安全许可证完成按期换证，新增板材检化验中心射线装置17台。

【危险废物管理】 2019年共产生废油（HW08）2413.404吨，委托处置2978.468吨（含2018年储存量），储存282.808吨；废油泥（HW08）864.38吨，委托处置2207.26吨（含2018年储存量）；委托处置清罐油泥112.1吨；产生精（蒸）馏残渣（HW11）6235.08吨，与炼焦煤混合生产型煤，配煤炼焦；脱硫废液40760.18吨，全部用于提盐工艺处置；煤焦油250484.62吨，用于深加工生产蒽油、洗油等产品或外卖；废树脂（HW13）委托处置80.3吨，储存260.545吨；废定显影液储存0.2吨；含铬污泥（HW21）558.595吨，委托处置577.82吨（含2018年储存量），储存0.88吨；委托处置其他废物（HW49），其中废蓄电池152.14吨；废滤布37.4吨，累计储存40.55吨；废化学药品包装物1.93296吨、废化学药品5.6725吨；废墨盒0.1吨；废油桶产生553.001吨，打包压块作为炼钢原料利用514.196吨，累计储存69.647吨。

【环境管理体系运行】 按照公司推进实施质量/环境/职业健康安全管理体系整合认证审核工作要求，持续有效地改进环境管理体系。对环境管理体系涉及的27个单位和部门进行现场审核。经跟踪验证，责任单位能认真分析存在问题，实施了纠正预防措施，整改有效。

【总量减排】 2019年本钢集团污染物排放总量分别是：COD 350.63吨、氨氮65.04吨、二氧化硫11232.42吨、氮氧化物22205.07吨。

【环境监测】 本钢厂区：全年共取得污染源手工监测数据5926个，其中：烟气点位156个，取得监测数据935个；大气降尘点位27个，取得监测数据324个；厂界噪声监测点位5个，取得监测数据160个；废水监测点位13个，取得监测数据4335个；各项临时监测数据172个。全年取得环境空气质量自动监测数据52272个。板材厂区优良天数306天，优良率87.2%。北营厂区：废气固定污染源监测点位88个，无组织监测点位13个；大气降尘点位8个，取得监测数据96个；厂界噪声点位5个，取得监测数据192个；全年采集水样2340个，取得监测数据17980个。北营厂区优良天数303天，优良率84.2%。

【厂容绿化及设施管理】 厂容绿化建设总投资4274万元，用于完善绿地管护和道路保洁、垃圾外运及新建维修厂容设施；同时完成新建及维修道路12.04万平方米，维修及新建硬质铺装5100余平方米，新建及修缮路沿石8805延长米。更换LED路灯540盏，更换路灯190座，新建膜结构自行车棚1100平方米，新建停车场7600平方米，新建整体铁路道口254延长米。栽植各类乔木564株，栽植模纹412000株、花灌木4100墩、草坪10000平方米、花卉8570平方米；新建补植绿化面积4万余平方米。

（张爱敏　马广强）

## 营销管理

【概况】 本钢营销体系承担集团公司各分、子公司生产的各类钢材产品、焦化副产品、液态气体产品以及各类冶金渣、可利用材及废旧物资的市场开发、内外贸销售及售后服务工作；承担集团公司设备、大宗原燃材料的进口采购，以及对外劳务输出、工程承包、技术引进等工作；集团公司海运业务归口管理、销售分（子）公司管理、开展期货业务等工作。现有职工587人，其中国贸公司（含国贸腾达公司）353人、板材销售中心203人、北台大连进出口公司24人、本钢浦项销售部7人。

营销体系总部设立出口市场销售部、出口计划执行部、进口部、热轧产品销售部、冷轧产品销售部、冷轧专用钢销售部、长材销售部、特殊钢销售部、不锈钢销售部、铸管销售部、营销管理部、商贸部、物流事业部、客户服务部、综合管理部、非钢产品销售部、期货贸易部等17个业务职能部门。国内在上海、广东、江苏、福建、重庆、天津、山东、本溪、沈阳、长春、黑龙江等地设立11个驻外贸易分公司。境外在香港地区，以及欧洲、美洲、韩国、越南等地设立5个境外贸易分公司。

**【价格管理】** 及时了解国内外宏观经济状况，分析国内外钢材市场形势，及时掌握钢材市场价格变化、各钢厂价格调整情况，定期测算用户盈亏及做好盈亏测算报表及钢厂价格对比报表，为价格政策制定提供科学、准确、合理的参考依据。对本钢生产的各品种钢材进行每日市场价格信息及网站价格信息采集，形成各品种市场价格走势基础数据库；通过走访市场、钢厂，定期收集、整理境内外分公司反馈的市场信息，定期编撰《市场行情分析》，为领导决策提供可靠依据；定期调整内外贸价格政策，不断完善和夯实价格及信息管理的基础工作。

**【品种钢开发】** 1. 热轧产品。2019年开发新钢种6个，牌号为500L－YQ、Gr60、B700L、S600MC、SNCM220A、BG960。2. 冷轧产品。冷系产品本着向品种、规格要效益，以积极开发高端市场为原则，积极推进主机厂认证等工作。全年新开发用户29个，新开发钢种24个，酸洗产品完成日产、一汽、上海汇众、上汽大通等主机厂及配套厂认证工作；冷、镀产品完成雷诺、江淮汽车认证工作，完成吉利汽车牌号扩大认证工作，完成日产三冷轧产线认证工作，开展宝马认证工作，启动长城汽车认证工作。本钢集团成为上汽乘用车2019年度优秀供应商。3. 特钢产品。2019年开发E4340、DS90、Q355NE等7个新品种，通过了一汽解放20CrMnTiH重载汽车齿轮钢认证和长城汽车20CrMnTiH2汽车齿轮钢认证。4. 长材产品。2019年发放新钢种4个，其中合金结构钢为12CrMoV，建筑材为L60，拉丝材为Q235L与Q195L，并实现商务合同批量订货。

**【物流管理】** 以本钢大物流战略为核心，服务销售工作、服务用户，利用资源优势，不断提高物流效率及服务质量，同时有效降低港耗及海运成本。1. 成本管理。积极开展内贸海运定价模式的对标工作，确保海运价格的客观、科学，并有效应对航运市场变动导致的物流风险。在充分保证质量、效率的前提下，利用资源优势，优化港口资源分配，强化港耗管理工作及铁路运价下浮工作。2. 创新工作。在ERP系统增加集装箱运输模式，在不高于散杂货运输成本的前提下推行集装箱运输，提升物流质量与效率，主要客户对本钢物流满意度提升明显，月订货量显著提升。外贸海运工作通过调整核算、优化物流操作等相关工作，年度同比CFR增幅约16%。3. 质量安全。质量管理工作以“查原因、促整改、重实效”为方针，通过完善质量管理制度，加强港口和船公司的考核等工作，外包装破损与出厂原残率均有一定降幅。通过完善制度、重抓执行及强化考核，实现全年外贸船舶平稳运行，为出口执行及收汇提供安全保障；在进口矿船突发状况时通过商务、法务等各方面紧急协调，保障了生产的安全运行，为企业实现零损失。

**【客户服务】** “竞争在市场，竞争力在现场，全心全意为客户服务”。通过不断提高服务质量，提升服务水平，拓展企业持续发展空间。1. 异议处理。加强制度建设，进一步理顺出口产品、特钢产品、商务赔偿、海陆运输等大类异议的工作流程；加强人员管理，充实服务一线；推进“本钢客户服务平台”建设，实现异议在线处理；委托欧冶平台处理线上产品质量异议，有效加快异议处理速度；针对重点直供用户异议，授权驻厂服务代表现场及时处理，大幅缩短异议处理周期。2. 技术服务。协调欧冶电商，通过现场或网上授课方式开展技术讲座学习，提高员工素质；贯彻“全心全意为客户服务”的工作理念，授权驻厂服务代表，专人现场驻在，实现“一对一、个性化”服务，真正做到服务客户“最后一公里”，不断提升客户满意度。

**【反倾销管理】** 及时了解和跟踪本钢出口产品目的国家的贸易救济案件预警工作，与国家商务部、中国钢铁工业协会及涉及的国内同类钢铁企业进行有效的信息交流。稳步推进核查前的准备和接待工作，确保核查取得圆满效果，为本钢产品出口工作保驾护航。2019 年参与马来西亚镀锌反倾销调查上诉案件，马来西亚最高法院判决本钢板材股份有限公司和本钢浦项冷轧薄板有限公司反倾销税率均为零税率，是中国钢铁企业境外上诉案件全面胜诉的重大胜利。2019 年辽宁省成立“应对国际贸易摩擦预警工作站”，本钢国贸公司被省政府列入首批重点龙头骨干企业，可在今后应对国际贸易摩擦案件中得到资金、培训、法律服务等方面重点支持。

**【分公司管理】** 持续加强分公司日常管理和风险防范工作，以“强化责任，细化管理”为方针，严格按照集团公司、国贸公司经营要求，分解量化经营目标，明确责任，层层落实，强化监督，确保执行有力；并从合同、仓储、物流、销售、结算、日常管理等多方面修订、完善各项管理制度，规范分公司经营活动，保障分公司安全运营。建立境内外分公司周视频工作汇报制度，及时反馈市场行情、用户需求及需要总部解决的问题，形成分公司与总部互联互通。强化分公司现货管理，对分公司现货库存做到天天统计、周周通报，并结合国贸公司要求，对分公司现货销售及时提出风险预警，督促分公司做好商情研判，控制好库存数量和品种结构，消灭超期库存，及时收回货款。

**【风险管控】** 按照集团公司的整体工作部署，强化制度建设，夯实风险管控机制，建立健全管理制度体系，进一步规范了业务流程，明确了职责权限，保障了各项工作有序开展。结合实际经营情况，每年制定业务制度的修订计划。

**【供应商开发有序推进】** 通过加大制造商直采和战略合作力度，新增供应商 79 家。引进了德国 Octopus、日本亚细亚、宝欧、宝和等国外贸易商，与本钢招标公司配合开展国际招标和多品牌设备备件招标，与欧冶采购平台建立了合作，打破供应商区域限制。

（贺　聪）

# 采购管理

【概况】 本钢板材股份有限公司采购中心（简称采购中心）代行本钢集团有限公司采购管理职能。负责集团公司生产、工程所需大宗原燃料、辅料、设备备件等物资的采购经营工作。

【公开招标】 2019年与招标公司共同持续优化招标采购流程，不断扩大招标采购业务范围，进一步实现公开招标采购降本。全年在废钢、原料、辅料以及设备备件等品种上，通过招标平台公开招标采购案5564份，完成降本额18519万元（与上年上次价对比）。

【对标管理】 全力推进采购各环节对标工作，组织成立了采购对标工作领导管理小组，制定了采购中心对标管理办法，明确了采购中心对标工作开展原则、流程、相关工作要求及考核办法。以采购价格及采购成本为核心，组织确定对标立项项目，明确采购100万元以上品种全部立项对标，建立了对标立项台账，明确责任人，在采购中心月度经济分析会上，逐项落实各品种对标工作开展情况，并对完成情况进行考核。通过采购各环节全方位对标，为采购中心供应商引入、公开招标、保产保供提供强有力支撑，促进采购管理水平的进一步提升。

【供应商开发】 以“解决网内部分品种竞争不充分问题”为出发点，以“力争实现各采购品种可选供应商达到5家及以上”为工作目标，通过制定开发计划、强化考核、集中引入等措施，全年新开发供应商631家，比上年同期增加72家，目前共有合格供应商3035家。

【质量管理】 通过开展取消让步接收专项工作，加强了采购物资质量的事前预防和事中管控，实施质量延伸管理，追踪发生质量问题根源，加大考核力度，大幅提高合格率考核，七项大宗物料进货合格率均完成目标。

【资金管理】 2019年下半年，公司资金紧张，大幅压缩支付采购资金。采购中心顾全大局，积极想措施、找办法，根据集团整体资金情况，组织召开经理办公会及时调整采购付款节奏，通过“延迟支付”方式控制采购资金支付；通过与供应商商谈，积极宣传本钢的诚信理念和发展前景，增强供应商与本钢携手共渡难关的信心，全面完成保供、降本任务，保证了公司生产稳定运行。

【队伍管理】 积极推进“四定”工作。按照集团公司“四定”第二阶段工作总体部署，结合采购中心工作实际，对岗位任职超过5年以上的必须进行岗位交流，经过努力，顺利完成采购中心管理、业务等5个职群人员聘任工作并达到预期目标。在“四定”工作前区域正职以下职工有208人。此次公开竞聘定员定岗178人。在本岗位工作超过5年以上的98人中，专业部采购的50人全部进行了岗位调整，管理部门的48人中，调整了46人，调整率98%。（孙玉娟）

# 招标管理

【概况】 本钢招标有限公司行使集团公司招标采购管理职能，主要承担本钢集团原燃辅料、设备备件、工程建设、国际成套设备及备件、服务等项目的招标采购工作，是本钢集团招标采购的归口管理和业务实施单位。下设营运管理部、原燃材料招标部、设备备件招标部、工程招标部、国际招标部、财务室6个部室。2019年末在籍员工32人，党员21人，全部为大学本科及以上学历。其中，高级技术职称10人、中级技术职称19人，国家注册职业（执业）资格10人。

**【经营指标】** 2019年，完成各类招标采购项目4054项，累计中标金额69.3亿元，累计降采额10.99亿元。招标量、中标额、降采额均超额完成集团公司的考核指标。其中：完成采购中心委托的招标项目3512项，累计中标金额47.68亿元，累计降采额3.67亿元；完成设备部委托的招标项目249项，累计中标金额15.76亿元，累计降采额3.68亿元；完成国贸公司委托的设备招标项目19项，累计中标金额3.74亿元，累计降采额3.1亿元；完成其他部门及子公司委托的招标项目274项，累计中标额2.12亿元，累计降采额0.54亿元。

**【营运管理】** 1. 建立健全本钢集团招标采购管理制度体系，完善业务流程。以“管理制度化、制度流程化、流程信息化”为努力方向，以强化制度执行力为重点，不断提升完善招标制度管理水平。制定发布《本钢集团有限公司招标采购管理办法》《本钢集团有限公司评标专家管理办法》《本钢集团有限公司投标方管理实施办法》等本钢集团管控制度；制定发布《本钢招标有限公司招标采购监督管理办法》《本钢招标有限公司招标采购异议管理办法》等招投标专业管理制度；制定原燃材料、设备备件、工程、服务、机电产品国际招标等招标技术规范。截至2019年年底，招标公司共制定发布各类规章制度28个。2. 以建设“廉洁高效、能力突出、业务精湛、技术过硬”的高素质人才队伍为管理目标，提高从业人员素质，培育专业招标团队。制定《本钢招标有限公司岗位设置及聘任实施办法》《本钢招标有限公司绩效考核办法》《本钢招标有限公司员工行为准则》等员工管理制度；编制岗位说明书，明确相应岗位职责；聘请外部专家和集团公司内部相关专业专家，开展招投标法律法规、国家政策、本钢采购管理制度和管理现状、电子招标业务实施等方面的培训，并与鞍钢招标公司交流对标，不断提升员工理论和实操业务能力；签订《本钢招标公司廉洁从业承诺书》，改进自身工作作风；制定《本钢招标有限公司问责追责实施办法》，坚持“失责必问、问责必严、追责到底”的工作原则，强化领导责任，加强内部管理，提高员工廉洁自律意识。3. 按照本钢集团“四定”工作要求和岗位竞聘工作意见，依据《本钢招标有限公司岗位设置和聘任实施办法》，经过设置岗位、分解定员、编制岗位说明书、制定竞聘工作方案、发布竞聘信息、竞聘报名、资格审查、笔试命题、统一笔试、多轮次面试、竞聘结果报备与公示、确定人选、履行聘任程序等过程开展作业区级管理岗位、业务岗位和技术岗位公开竞聘工作。通过公开竞聘，1人聘为作业区级正职管理人员，2人聘为主任业务师，1人聘为主任工程师，1人聘为专业业务师，5人聘为专业工程师，2人聘为责任业务师，9人聘为责任工程师，无落聘人员。本次竞聘有8名全日制本科及以上毕业生提高了职级，业务岗位调整率为60%，技术岗位调整率为40%。

**【招标管理】** 1. 按照集团公司降低采购成本的总体要求，招标公司根据不同采购项目的类别特点逐项进行分析，通过主动寻源引入新供应商参与竞标；积极同鞍钢、宝钢、南钢等同行业钢企进行对标，并通过网络查询、成本分析、对比分析、历史数据挖掘等方式研判投标方报价合理性，逐项梳理、优化招标策略和评标规则，促进了投标供应商间形成充分竞争，有效降低了采购价格。2. 为保证招标过程规范、取得良好的招标效果，招标公司对采购方制定的采购方案进行审核、优化，重点针对招标方式选择的合规性，资质、业绩条件设定的适当性，组包的合理性，采购清单信息的标准性和完整性，技术要求和技术协议的有效性，评标规则、中标原则的可行性等进行复核把关，积极与采购组织和使用单位协调，不断规范采购组织行为，促进采购基础管理水平有效提升。同时，坚决打击围标串标行为，维护招投标市场秩序，营造良好的营商环境。3. 积极与运营改善部、采购中心、设备部等管理部门协调，商讨当前招标采购过程中存在的问题，在保证合规的前提下，不断优化、修订、完善招标流程，对招标各节点操作提出时间要求和建议，力求提高招标时效性。积极协助采购组织开展重点工程及联合检修项目的物料招标，为工程建设和联合检修提供保障。同时，通过问卷调查、使用单位走访座谈、多媒体公示招标信息等方式，广泛宣贯招标知识，并围绕基层厂矿的实际需求，不断梳理招标流程，完善规章制度和操作方式，力求为采购组织提供更优质的服务。

**【交易平台管理】** 本钢集团电子招标采购交易平台按照本钢集团采购管理实际和未来发展需求，构建了本钢集团招标采购管理体系，支撑招标采购全流程的电子招投标交易平台的建立，提高了工作效率，规范了交易行为，降低了采购成本，实现了招标采购管理的体系化、专业化、信息化。基础保障部分新建 7 个招标室、1 个监标室和机房，满足了前期规划使用要求。本钢集团电子招标采购交易平台为招标公司业务做全面的信息化支撑，2019 年 10 月 31 日完成竣工验收工作；同时利用微信公众号、招标行业网站等媒体形式，向全社会进行本钢集团电子招标采购交易平台的推广，扩大本钢集团招标业务的知名度，提升本钢集团招标工作的影响力。

**【招标专家管理】** 2019 年末，经过招标公司资格审核和专业评审，入库专家人数共计 2002 人，涉及 554 个专业小类。其中正式专家 1247 人、临时专家 755 人。2019 年全年共 938 名专家参加 4580 人次的评标活动，为本钢招标工作的开展提供了技术支撑。招标公司对已经入库的专家进行评价管理，努力打造一支高技能、高素质的评标专家团队。

**【供应商管理】** 招标公司始终秉承“公开、公平、公正”的招投标环境，吸引优质投标方的参与，通过中国公共招标服务平台、中国采购与招标网等平台接口，发布招投标信息，通过信息媒体手段开发招标公司电子导览系统，展示招标公司对外形象。完善供应商注册流程，联系供应商修改注册信息，提高注册效率，截至 2019 年末，新增注册潜在投标方 4430 家，参与投标 7772 项次。其中，822 家投标方成功中标，转为本钢网内合格供应商；同时，为维护健康有序的投标环境，对投标方的投标行为进行严格的过程监管，共处罚涉嫌串标围标的投标方 163 家。

（秦文鑫）

## 计量管理

**【概况】** 2019 年初，本钢板材股份有限公司计控厂更名为本钢板材股份有限公司计控中心（简称计控中心），为板材公司直属单位，授权行使集团计量管理职能。北营计控厂划归计控中心管理。2019 年末，计控中心职工总数 658 人（含人力资源派工 62 人），其中管理岗 40 人、业务岗 32 人、技术岗 64 人、生产操作岗 522 人，研究生学历 14 人、本科学历 107 人，副高级职称 16 人、中级职称 109 人、初级职称 119 人，高级技师 9 人、技师 46 人。

计控中心下设 6 个职能室、10 个作业区。党委下设 16 个党支部，党员 229 名。固定资产按类别分：机械设备 57 台套、动力设备 3 台套、传导设备 5 台套、运输设备 4 台、冶金专用设备 17 台、自动化控制及仪器仪表 920 台、工业建筑物 55 座，固定资产原值 20229.53 万元，净值 7992.53 万元。2019 年，设备可开动率 99.47%，生产工艺仪表运行率 97.68%，生产工艺仪表完好率 99.43%，计量仪表运行率 100%，仪表记录中断率 0.36%，轨道衡运行率 99.92%，轨道衡完好率 100%，事故故障停机率 3%，计量检测率 100%，计量检测准确率 100%，继电保护正确动作率 100%，计量器具周检计划完成率 100%。

2019 年 12 月 19 日计控中心（北营区域）中控室投入运行（关冬菊　摄）

**【计量器具管理】** 2019 年，计控中心共组织各类衡器设备检定 184 台次，标定 1567 台次；完成流体能源计量仪表抽检效验 15435 台次；电偶检定计划 193 支，实际检定 272 支，实际检定量比计划增加 41%。

**【计量数据管理】** 侧重加强对计量数据的监管与分析，从数据变化中发现问题，通过管网测漏等计量技术手段，解决了兴安外转供生活水泄漏、三水源工业水计量仪表失准等问题，为降低能源介质管网损失率提供了技术支持。积极配合能源消耗三级调度系统建设，搭建三级能源消耗监控平台，实现主要工序能源消耗动态监控管理，为集团公司三级成本核算提供了数据支撑。以板材焦化厂为例，通过能源消耗监控平台进行数据分析，及时发现 DN150 工业水管量值异常，经过查找漏点并处理后，工业水瞬时量降低

50 吨/小时。2019 年，通过加强计量数据管理，配合降低生活水、工业水等能源介质损失率，全年减少经济损失近 300 万元。

**【计量过程管控】** 围绕集团关注的降低合金料成本、铁水计量、包消耗计量、降低港途耗、提高成材率、配煤配矿均质化等重点工作，加强计量全流程管控。外购合金料等贵重物资从进厂到入储实现全流程计量管控，发放和使用环节得到有效计量监管；通过对集团包消耗计量进行梳理，将北营炼铁厂 16 块包消耗计量仪表纳入管理，组织完善钢轧工序计量设施，定期标定计量设备，为产品成材率攻关提供了计量支持；加强对配煤配矿工艺过程的计量管控，配合配煤配矿均质化工作，组织对 300 余台皮带秤全部进行标定，指导各厂矿完成 100 台皮带秤改造任务。通过加强均质化管理，配煤合格率达 98%。以板材炼铁厂 2019 年 9 月为例，烧结矿合格率完成 100%，一级品率完成 86. 99%（比 8 月提高 7. 17%），碱度稳定率完成 86. 99%（比 8 月提高 11. 22%），全铁稳定率完成 81. 79%（比 8 月提高 7. 42%）；板材原料厂混匀料全铁稳定率 90%以上，二氧化硅稳定率 84%以上。

**【计量设施建设】** 一是加快北营区域流体计量设备基础建设。投资 1260 万元完善北营一、二级计量设备，使流体能源计量设备配置率由 65. 1%提升至 92. 9%，电能仪表设备配置率由 79. 4%提升至 97. 6%，计量设备入网率达到 99. 3%；开展北营生活水计量升级改造，系统损失率从 65%降至较为合理的范围；新建 7 台皮带秤，解决了北营焦化厂和原料厂二级计量问题；完成北营区域 10 台汽车衡无人值守项目建设。二是推进板材区域流体计量设备升级，开展计量仪表改造，新增 19 套计量仪表。三是组织开展本钢计量网、电能网改造项目，重新搭建了集团能源计量信息系统框架，形成功能强大、技术先进、方便快捷的计量结算平台。四是积极推进集团三级计量建设，组织制订总体规划，拟投资 3442 万元，完善板材炼铁厂、焦化厂、炼钢厂、热轧厂和北营炼铁厂、焦化厂等 6 家单位三级计量设施，为集团公司“日清日结”工作推进奠定基础。

**【测量体系管理】** 积极推进测量管理体系运行，以炼钢等重点工序测量过程为切入点，规范了热电偶检定管理、合金料秤的日常标定，原料系统吊车秤的板坯建标等工作，为产品质量提升提供了测量数据保证。以测量管理体系为标准，加大计量检查力度，全年检查 20 余次，发现问题 165 项，通报问题 78 项，问题整改率实现 100%。组织计量培训班两期，有效提升了集团整体计量管理水平。

**【生产组织】** 2019 年，计控中心组织完成集团公司大宗物料计量检斤 233 万车，检斤净重 10611 万吨，皮带秤检斤近 1200 万吨。处理现场仪控系统故障累计 200 余次，组织较大故障抢修 10 次，组织制定关键设备故障应急预案 80 项，并利用各主线厂矿检修机会开展预案演练，有效提高了设备故障应急处置能力。推进超周期设备及控制系统隐患排查，共排查出超周期运行仪控设备 4443 台套、控制系统 36 套、分析仪表 94 台套，根据排查结果以及现场实际，合理制定整改规划，逐步解决现场设备超期服役带来的生产及安全隐患。组织集团主要厂矿电力系统联合检修 2 次，区域大停电作业 3 次；开展继电保护试验 2400 套、高压绝保试验 12100 件、绝缘工器具试验 2588 件、避雷器试验 550 台、地线检测 386 组、互感器试验 173 台、绝缘油分析 322 种、电能表检测 590 块、防雷接地测试 954 点。

**【工程管理】** 积极参与各主要厂矿检维修工程，解决各厂矿现场仪控设备运行实际问题，保证仪控设备稳定运行。完成以板材 6 号、7 号高炉大修为核心的两次大型联合检修仪控系统的检修任务，参战人数达 288 人，共完成仪控系统检修任务 372 项，电气绝、继保试验任务 381 项，实现经济检修，节省备件费用 17.5 万元。

本溪市劳模章伟处理板材炼铁厂 5 号高炉新煤粉补气阀故障（马冠群　摄）

**【降本增效】** 公司下达变动费用考核指标 1830.95 万元，实际发生 1678.33 万元，降低费用指标 152.62 万元。积极开展修旧利废工作，完成设备备件自修 39 项，创效益 27.96 万元。加强废旧电偶丝回收管理，实施带料加工，节约资金 52.71 万元。

**【安全管理】** 持续推进职业健康安全管理体系有效运行，落实制度标准，突出隐患整治，强化教育培训，提高职工安全意识，实现了安全生产“三为零”工作目标。一是安全责任全面落实。健全安全生产责任体系，加强各级领导干部安全履职情况督察，有效落实“党政同责、一岗双责、齐抓共管”要求。设立专职安全员岗位，安全责任体系更加完善。完善安全制度，深化安全生产标准化建设，层层签订安全生产责任状，严格落实安全生产激励约束机制，安全生产的各个环节逐步纳入制度化、规范化管理。二是专项检查深入开展。加大安全监督和检查力度，有效开展隐患排查与整改，全年共开展防火、特殊防护设施、劳动保护佩戴安全专项检查 42 次，开展日常安全检查 48 次，查出各类隐患（问题）80 项，下发隐患（问题）整改通知单 52 份，并全部整改完毕。三是教育培训贴近实际。三级安全培训得到有效落实，培训工作形式各异、切中要点、注重实效。安全生产责任制、岗位安全操作规程、现场危险源辨识、职业危害防护等内容培训扎实推进，全年职工安全教育培训率达 100%。

【人力资源管理】 一是以“四定”第二阶段工作为重心，历时3个多月，全面完成了管理、业务、技术和操作四个职群七个层级的岗位竞聘工作，实现了原板材计控厂和原北营计控厂两个机关人员及业务的实质性整合。累计公布岗位137个，参与报名240人次，职工参与率达到34%。其中，作业区级管理职群通过竞聘上岗35人，实现节员2人，原在岗人员落聘率为13.5%；业务职群定员34人，实际聘任32人，原在岗人员落聘率为11.5%；技术职群定员70人，实际聘任上岗63人，实现节员7人，原在岗人员落聘率为7.7%。二是认真落实问责追责制度，制定出台了《计控中心问责追责管理办法（试行）》和《关于计控中心问责追责管理办法（试行）的调整意见》，全年共问责追责2个单位（部门）、涉及9人，处罚金额3400元。三是加大劳动纪律管理力度，切实转变工作作风，制定出台了《计控中心劳动纪律管理办法（暂行）》，全年共开展劳动纪律检查34次，查出各类违纪问题22个。

【党群工作】 持续开展“两学一做”常态化教育，党员干部“四个意识”显著增强。创新党建工作载体，组织开展了以“亮身份、强担当、提素质、做表率、促生产”为主题的党建活动，各党支部结合生产经营实际，共申报设立党建项目31个，党员的表率作用得到了有效发挥。积极开展党风廉政教育，组织签订了《廉洁自律承诺书》，对新提任的9名作业区级管理干部进行了岗前廉政谈话，组织开展“四定”管理岗及业务岗人员离岗交接审计工作。加强岗位风险管控工作，定期组织各部门对业务流程进行梳理，查找岗位风险点，全年共查找出岗位风险点182个，制定防范措施252条。围绕计控整合和“四定”等重点工作，开展思想政治教育，引导职工立足岗位、扎实工作，保证了各项体制改革的平稳推进。合理安排职工健康疗养工作，全年安排职工疗养242名。持续开展两节“送温暖”、夏季“送清凉”等活动，全年互助金帮扶借助3万元，办理医疗保险理赔52人次，赔付金额5万余元。全面完成70周年大庆、三级“两会”等敏感时期的信访维稳任务，保证了中心正常的生产经营秩序。

（谢登洋　孙　玮）

# 信息化建设

【概况】 本钢板材股份有限公司信息化中心（简称信息化中心）代行集团公司信息化管理职能，主要负责信息化综合管理、信息系统运行和维护、自动化系统运行和维护、应用软件开发、智能化技术应用、市场开发等工作。下设综合管理组、应用开发组、系统管理组、信息自动化公司。截至2019年年底，中心在籍职工198人，其中管理岗19人、业务岗24人、技术岗155人，副高级职称52人、中级职称46人。

2019年，信息化中心按照集团第二轮信息化“智慧运行、智慧制造、智能装备”的整体规划，以“建设先进系统、打造精英团队、培养优秀人才”为管理目标，从信息化运维、管理、建设三大职能着手，围绕信息化运维工作、两化体系贯标、“四定”、核决权限、技改同步建设信息化等方面开展具体工作，全年实现了信息化系统稳定运行、对生产“零”影响的总体目标。

【网络平台建设】 1. 持续加强巡检、运维及优化。采用运维主题月的形式，确定每月攻关目标，完成了各类设备的标签优化完善工作。实现了标签格式统一化，信息内容完整化，共完成标签更新优化 140 余个。加强节假日、极端天气巡检工作，在 2019 年强台风登陆前，通过制定防台风防汛应急预案，落实防汛物资，对数据中心机房精密空调进行支架加固等处理措施，保障网络平台稳定运行；在国庆、两会、G20 峰会等节假日及重要会议期间，通过进行漏扫、防篡改等安全加固，确保集团公司对外互联网网站在关键时期的稳定运行。2. 细化网络平台管理。结合核心网改造项目，清理、梳理 443 台交换机台账记录，对历史记录进行更新；深化信息安全管理，加强网站信息安全防护和外网邮箱安全加固，持续进行病毒防范工作。截至 2019 年底，防病毒部署总量为 8554 台，较年初增加 1001 台，部署率提升 13.25%；通过 TDA 病毒扫描等技术手段，对本钢内网中存在安全隐患的计算机终端进行识别与处理，积累并固化了从病毒威胁预警到感染状态感知再到威胁清除修复的应急处理流程经验。3. 对集团核心网络、接入层网络、视频会议网络等进行改造升级。7 月完成对集团网络的 10 台核心交换机、4 台出口防火墙的安装、调试、割接工作，带宽从千兆升级为全链路万兆网络，交换和传输能力提升 10 倍以上。2019 年对视频会议系统进行了二期升级改造，主要针对视频会场终端进行改造，截至 2019 年底，共有 99 个视频会议室投入使用。视频会议系统硬件升级改造后，系统的新度系数增加，平台故障降至 0，终端（部分更新）故障率由原来的 30%降至 10%。完成了本钢官网安全系统部署，通过在互联网出口层面对本钢官网增加应用防火墙、漏扫、网页防篡改等设备和软件，提升了集团官方网站在互联网侧的网络安全防护能力。

**【主机平台建设】** 1. 运行维护。重点围绕“抓基础、强基本、重基层”的原则开展运维工作；加强运维巡检力度，要求运维厂商安排长期驻现场工程师，每天对在线运行设备远程进行基本健康状态检查，每月到现场检查软硬件设备状态并提供月度报告。2. 运行管理。加强各类设备标签管理，持续动态更新主机、网络、机房相关设备、视频会议设备的台账和标签；加强文档管理，全年组织完成巡检报告 73 份，对各类设备台账进行更新，涵盖主机、网络、供电、消防、空调等各领域。3. 项目实施。信息化中心对 2019 年信息化 7 个项目 38 台服务器存储设备进行了集中招采。通过与宝信、中冠和蒙帕的充分交流，明确了设备参数、型号和数量，形成技术协议，保证项目按照工期节点完成招标工作；服务器和存储设备于 8 月 2 日全部到货，8 月 16 日顺利完成设备上线。合理组织各信息化系统改造项目的主机平台集成工作，顺利完成了冷轧 MES、人资 HR、国贸分公司、电子采购、北营 ERP 等系统的停机切换上线工作。为保障冷轧厂区信息化系统服务的安全稳定，在冷轧厂的一冷、二冷、三冷三个作业区，分别对原有信息化机房进行了升级改造，对机房供电、制冷等方面进行了升级，满足了安全稳定运行需求。

**【应用平台建设】** 结合本钢集团信息化规划，2019 年开展了 36 个项目，其中自主开发 10 项、投资建设类 23 项、规划类项目 3 项。按照“整体规划、分步实施”的原则，在保证原有系统稳定运行的情况下，通过规范程序上线管理、加强业务需求标准化，不断进行技术攻关，ERP 系统 3 秒执行率从

96.87%提升至98.5%，全年ERP系统可用度为100%，无非计划停机。1. ERP产销质升级改造项目。进行5轮84次交流的需求确认。2019年12月7日，在ERP系统不停机、22条冷轧生产机组不停产的情况下，完成系统上线工作，实现本钢厂内所有生产厂的合同、计划统一管理，数据保持一致性和统一性，产线调整更加灵活。2. 本钢板材冷轧MES系统改造及数据分析项目。4月组织上海宝信、台湾中冠、制造部、冷轧厂、检化验中心等多家单位进行需求分析调研，梳理近70项待办事项逐一落实、解决，于11月23日、12月1日、12月7日利用3次MES停机分别完成三冷、二冷、一冷的上线工作。冷轧MES系统改造通过实现自动化的生产组织和数据采集、精细的生产控制和计划执行，使企业管理更加透明化、精细化和规范化，为大厂制、大部制的管理架构提供了有效的支撑。3. 北营ERP、电子采购、分公司和人资系统兼容性升级项目。在2018年经验基础上，2019年12月完成对北营ERP、国贸分公司、电子采购和人资4个平台的升级改造，项目涉及JDK版本升级、应用服务器升级、数据库版本升级以及页面跨浏览器兼容性升级等多方面工作，使信息化系统平台顺利与新技术接轨。4. 成本系统升级项目。年初，分别对板材、北营等8个账套成本员进行了系统培训，交付由业务人员完成关账。经过半年的持续跟踪、优化完善，均已实现一日关账，系统运行平稳。全年共处理问题200个，程序优化类18项，目前系统已转运维，系统优化工作持续进行中。5. 炼钢合炉生产（GK整合）系统。为实现制造部提出的GK合并需求，对现有ERP系统进行改造，通过改造将赋予在GK号上的意义用其他代码取代，还原GK号含义，有效减少GK号数量。对现有ERP生产、质量、财务系统的11大模块进行统一改造，为GK整合、炼钢合炉生产、标准+α质量设计工艺、提高生产成本测算提供支撑。6. 工作作风测评。信息化中心自主开发完成OA系统工作作风测评功能模块，于10月上线运行。2019年共有63家单位参与被投票测评，授权1949名人员进行投票，实现了线上投票、自动计算优良差比例、实时投票结果查询、排名展示、意见收集、用户提醒等功能。7. 实现板材和特钢成本测算。根据标准成本测算项目需要，信息化中心与集团财务部、制造部配合，结合销售合同、实际生产线、生产成本信息数据，为现有每笔销售合同的标准成本提供报表下载，为成本测算管理模型提供数据支撑，为公司平衡资源计划和产线结构优化提供决策依据。8. 优化港口甩卷功能。根据集团公司集中清理港口出口甩货产品库存的要求，信息化中心组织销售、生产、质量、财务等领域技术人员集中展开研讨及流程梳理，建立热、冷轧出口甩货虚拟库对出口甩货产品进行集中管理，优化出口甩货产品转内销改判流程，缩短产品改判操作周期，集中人员力量配合处理港口出口甩货产品再销售。9. 北营热轧钢卷批量转单作业。对现有“冷轧钢卷转单作业”由单一钢卷转单模式转变为批量转单模式，减轻了业务人员的工作强度，有效提高了工作效率。10. 建立特钢成品转库出厂流程。信息化中心与制造部、保卫中心、特钢厂进行了多轮交流，对特钢成品转库出厂业务流程进行优化，单张票据的流程时长由半天缩短至1小时以内，钢材出厂效率大幅提升，保证了生产稳定运行。11. 矿山信息化建设。按照矿业公司“数字矿山”的整体规划，逐步开展信息化系统建设工作，实施了歪矿和露天矿GIS地质信息系统、三级计量系统、露天矿自动布孔系统、歪矿卡调升级系统等9个信息化项目。12. 北方恒达物流园信息化项目。根据物流园建设需要，在信息化中心组织协调下，物流园项目完成需求调研报告、需求方案、技术附件的确认以及合同的签订。

**【信息化管理】** 2019年，信息化中心以集团信息化建设为平台，稳步推进两化融合管理体系及制度体系建设，“四定”工作初见成效，不断创新培训、大学生职业生涯规划，细化绩效考核机制，科技创新能力大幅提升，为本钢高质量、智能化发展提供了坚实技术保障。1. 两化融合。顺利通过体系换版换证审查，实现了从“要我信息化”到“我要信息化”过程转变；不断加强制度体系建设，完成体系评定申请表、体系证明文件、管理评审等10余项材料编制，顺利通过平台审核并签发证书，有效推进了本钢集团工业化与信息化的深度融合。2. “四定”工作。结合中心实际情况及未来发展需要，坚持党政一把手亲力亲为，严把“入口关”，无破格人员参加竞聘、注重严格执行回避制度，评委实名赋分，在评委离开前现场公布成绩，确保竞聘全流程规范合理，竞聘过程和结果公平、公开、公正，41名员工参加技术岗竞聘，落聘率10%，岗位变动率90.24%，淘汰率23.8%，实现了“人与岗相匹配、才与岗相适应”的预期目标，起到正向激励作用。3. 技术交流与培训。为实现“建设先进系统，培养优秀人才，打造精英团队”的目标，信息化中心从多个维度对技术交流及培训进行了改进和提升。从规模上，共2300余人次参加培训交流，较2018年提升了78.8%。培训学时共7000余学时，较2018年提高了约66倍；从人员范围上，将多次部内培训拓宽到集团各部门、各厂矿均可派人参加，其中参训厂矿部门84次，参训人次2324次；从形式上，通过“请进来、走出去”两种方式加强技术交流学习，邀请专家50余位培训150余场，涉及人员1500余人次，外派交流学习51人次。4. 科技创新能力大幅提升。共完成科技论文17篇，获得辽宁省自然学术成果技术创新论文二等奖1篇，获得辽宁省金属学会优秀科技论文7篇；“ERP兼容性改造”和“OA升级改造项目”分获本钢集团管理创新成果评审二等奖和三等奖；举办技能比武大赛，前3名的员工被授予“ERP编程专项技术能手”荣誉称号，中心首席工程师对参赛员工进行了个性化分析点评；大师工作站完成了师带徒、培训、竞赛等工作，完善了工作站的目标、制度、组织架构，为职工技能展示和成长成才提供了学习交流平台。5. 提升授权管理效率。2019年从操作点击次数角度、授权逻辑算法两方面对授权进行了优化，截至12月底，共处理完成500余份、17个账套、5000余人次的授权工作。所有ERP权限申请均在严格审核、严格审批下完成，确保了申请单位用户的业务操作需求，确保了新上线系统的稳步推进。

（冯晓蕾）

# 企业文化建设

**【概况】** 本钢集团企业文化工作由本钢集团党委宣传部（统战部、企业文化部、团委）具体实施。2019年，企业文化建设以加强网络意识形态工作，进一步落实《本钢集团有限公司党委网络意识形态工作责任制实施细则》为中心，以规范视觉文化体系、塑造企业形象、加强网络舆情管理、加大新媒体宣传工作力度为重点，扎实推进企业文化建设。

【企业文化建设】 充分发挥企业文化引领作用，加速实现企业文化作用于企业管理，使管理与文化有机融合，以文化促管理，不断提高企业管理水平，增强企业凝聚力和核心竞争力。利用《本钢日报》《今日本钢》电视、本钢集团官方网站、OA 办公自动化系统、本钢集团官方微博、微信公众号、厂区大屏幕等宣传平台，对企业文化理念和企业文化体系进行全方位、多角度进行宣贯。同时，注重员工文化意识的培养，将企业使命、企业核心价值观、企业精神等核心理念、行为准则，纳入集团公司各级管理人员、职工职业技能培训及新入职大学生培训之中，使广大职工自觉成为企业文化的传播者、践行者。真正将企业文化辐射到本钢集团各个层面，使广大员工充分认识理解本钢企业文化体系的深刻内涵，实现员工价值观念、行为准则与企业所倡导的相统一，以文化力促进企业凝聚力、竞争力的全面提升，使企业文化成为本钢集团统一价值观念、提升企业管理水平的有效动力。大力开展视觉文化建设，夯实企业视觉文化建设基础工作。按照本钢集团改革发展的总体要求，以企业标识、商标改版为契机，全面推进本钢集团企业标识和企业英文名称规范使用工作。对《本钢日报》《今日本钢》电视、本钢集团官方网站、OA 办公自动化系统、本钢集团官方微博、微信公众号等媒体平台的企业标识及英文名称进行了全面换标改版。对企业形象宣传品进行全面整合，使企业视觉文化建设规范化。对板材厂区、北营厂区、矿业公司等生产区域各类宣传标语、宣传板、宣传栏及各类工装、办公用品等，按照改版要求进行了规范。

【企业形象塑造】 以塑造企业形象、提升企业影响力和知名度为重点，以参加行业论坛、国际冶金展览会、国庆宣传等各种活动为载体，丰富企业形象宣传渠道，扩大企业知名度，提升企业影响力。组织参加在上海举办的“第十九届中国国际冶金工业展览会”，采取实物展品和多媒体展示相结合的方式，形象直观地展示了本钢产品特征和生产工艺，彰显了本钢集团精品钢材生产制造实力。本钢集团被展会组委会授予“最佳组织奖”和“最佳形象展示奖”。首次组织参加“第七届中国（上海）国际技术进出口交易会”“首届辽宁出口商品（日本大阪）展览会”，本钢集团充分展示了在强化科技创新、推进产业结构、产品结构等方面所取得的成果。6 月 17~18 日，本钢集团作为主要承办单位，参加了由辽宁省国资委、省商务厅，沈阳市政府，新华社民族品牌工程办公室联合举办的“2019 中国（辽宁）国企合作与发展论坛”。2019 年是中华人民共和国成立 70 周年，为强化员工爱国、爱企业的意识，增强员工的自豪感和使命感，组织各单位在国庆前夕举行升国旗、唱国歌活动。10 月 1 日，组织 100 名本钢集团职工参加本溪市“庆祝中华人民共和国成立 70 周年升国旗仪式”。配合市委宣传部“人民记忆：70 年 70 城（本溪）”视频短片的策划及拍摄工作，板材技术研究院首席工程师刘宏亮作为产业工人的代表出镜，视频短片在中央电视台和央视新闻网播出，提升了企业形象和社会影响。按照市委宣传部要求，整理上报本钢集团 70 年来变化成就图片。配合省委宣传部“壮丽 70 年，奋斗新时代”调研采访。做好“辽宁省重点钢铁企业与省内供应商配套协作交流会”工作，设计制作宣传展板、宣传背景、宣传条幅等形象宣传用品 100 余件，制作完成主旨发言 PPT，使本钢集团坚持全球化战略、持续推进管理创新、加强合作共赢的良好企业形象得到充分展示。

**【新媒体建设】** 充分发挥新媒体传播快、覆盖面广、形式灵活等优势，围绕集团公司生产经营和企业改革的中心工作发挥重要作用。进一步增强新媒体宣传可读性和互动性，提升新媒体宣传开发、应用及推广的工作质量，拓宽本钢对内对外宣传渠道。加强新媒体与传统媒体深度融合力度，通过网络传递正能量，凝聚向心力。在本钢集团各项重大活动、先进典型宣传、总结推广经验等方面，新媒体平台利用立体互动式宣传优势，对企业进行全方位、多角度宣传，为企业发展提供有利的舆论支持。积极推进本钢集团官方微博、微信公众号等新媒体平台栏目的创新与调整。本钢集团官方微信公众号推出“微新闻”“微平台”“微传播”三大全新版块，增设了《本钢日报》电子版、“今日本钢微电视”“相约周末·听新闻”“集团官网”“环保工作”“安全工作”“能源之声”等一批全新栏目。在开展“不忘初心、牢记使命”主题教育期间，本钢集团官方微信公众号推出“不忘初心、牢记使命”主题教育微信工具栏，助力主题教育有效开展。本钢集团官方微博、微信公众号等全媒体对本钢集团第三届职工运动会盛况进行了全方位展示，突出展现本钢集团职工积极向上的精神风貌，激发了职工的荣誉感、自豪感。为庆祝新中国成立70周年，“往事如铁”系列音频播讲如期上线。全力做好辽宁本钢队参加CBA联赛的新媒体宣传报道，本钢集团官方微信公众号编发了《辽宁本钢队为我们带来哪些精彩瞬间》等优秀微信原创作品。

**【网络舆情监控】** 进一步加强和改进网络意识形态工作，把握正确舆论宣传导向，坚持管用防并举，统筹网上网下两条战线，牢牢掌握网络意识形态工作领导权、管理权、话语权。完善舆情监控报告机制，全方位做好网络舆情的监控工作，密切关注网络舆论焦点和热点舆情信息，及时了解掌握涉及集团公司网络舆情，为各级领导了解情况、指导工作、科学决策提供舆情信息支持。加大重要节点和特殊时期舆情监控力度，特别是在全国“两会”“国庆”等重点阶段，加大舆情监控人员投入，组织各级网评员采取值班、轮换等工作机制，确保舆情及时发现、及时上报，为本钢集团相关部门和领导做好研判、处置提供第一手信息资料。围绕本钢集团“四定”工作、混合所有制改革、厂办大集体改革发展实际，将舆情监控前移，与各基层单位保持密切联系，从源头上避免舆情扩散。加强网络评论员队伍建设，做好选拔和培养，推荐骨干网评员参加省委网信办组织的“2019年全省网评队伍指挥管理研修班”培训。组织网络评论员积极开展网上正面宣传，唱响主旋律，对网络涉及的焦点、热点问题，网络评论员及时撰写有深度、有说服力的文章和言论，进行引导和解疑释惑。

（王雁南）

**栏目编辑　韩友清**

本钢集团

# 综合管理

# 办公室工作

**【概况】** 集团公司办公室（党委办公室、董事会办公室、经理办公室合署办公）主要负责本钢集团有限公司的办公室业务工作，代行本溪钢铁（集团）有限责任公司的办公室职能，内设综合处（副总师办公室）、政策研究室（机关党委工作处）、督查室1处2室。2019年末，在籍员工31人，其中主任1人（正部级）、副主任2人（正处级）、正处级1人、副处级4人，高级业务师2人、主任业务师6人、专业业务师8人、责任业务师7人，研究生学历4人、大学学历25人、大专学历2人，副高级职称7人、中级职称13人、初级职称8人。

**【综合工作】** 一是加强文电工作。全年接收上三级文件3442件，印发集团公司文件391件。二是加强用印管理。审核办理各类用印（集团、板材、北钢、本溪钢铁公司）45566枚，满足了集团公司各级机关公务用印需要。三是做好秘书服务。办理各类纸质请示报告9562件（次），安排各类会议1658次，接听处理各类电话6052次。完成国家、省、市领导及重要来宾到本钢视察、调研、巡视、洽谈业务等各项接待工作。四是加强保密工作。下发了《本钢集团2019年保密工作要点》，对全年保密工作进行了明确，并指导各单位开展保密工作。

**【政研工作】** 一是完成了全国“两会”期间所需材料起草，党委全委会报告及有关材料起草，本溪钢铁公司党代会报告、一届四次职代会报告等材料起草，起草各类文字材料300余件、超200万字。二是完成《本钢年鉴》（2019）的编辑和公开出版发行，完成向《本溪年鉴》《中国钢铁工业年鉴》的供稿工作。《本钢生产工艺与设备》丛书陆续出版发行。三是加强档案管理，加强对重点工程项目建档及验收工作的指导，加强对本钢集团企业改革改制过程中档案处置工作的指导。协助人力资源部推进企业离退休人员社会化集中管理的职工档案移交工作。四是做好信息报送工作，共报送企业信息76期，其中省国资委网站企业信息连续排名第一，6条信息被省国资委推荐报送并刊登国务院国资委。五是做好重要会议记录和纪要工作。完成党委常委会议纪要30期、董事会会议纪要24期、专题工作会议纪要9期，发布董事会决议22期。

**【督查工作】** 2019年，办理交办督办任务33项，其中包括生产经营类任务14项，办结4项，降成本工作、计量工作、废钢采购、制定子公司管理办法等10项工作长期推进或定期反馈办理结果；民生服务类任务19项，全部办结。2019年接到职工反映问题10项，办结10项，其中包括协调解决部分北营职工的通勤问题、板材厂区自行车棚建设、部分厂矿人力资源管理问题等。推进部门工作作风测评工作于第三季度实现上线运行。围绕取消让步验收和资产清查等开展联合督查，为集团挽回上亿元经济损失。围绕配煤配矿、汽车板“一贯制”、含铁料回收、和精准计量管理和审计发现问题，跟踪督查，有效地推进了工作和问题的整改。围绕文明生产、劳动纪律检查和物料检化验等开展现场督查，深入一线检查50余次，推进了管理提升，确保了集团公司的决策部署落到实处。

【机关工作】 深入推进“不忘初心、牢记使命”主题教育和“两学一做”学习教育常态化制度化，加强党建各项基础工作，不断强化机关党员身份意识和责任意识，在机关全体党员中开展党员政治生日活动。开展建功立业活动，季度评选机关“先锋党支部”和“旗帜党员”，发挥党支部的战斗堡垒作用和共产党员的先锋模范作用。履行全面从严治党责任，加强党风廉政建设，巩固落实中央八项规定精神成果，坚决整治形式主义、官僚主义，推动机关各级党组织全面从严治党不断深入。加强对机关群团工作的领导，创新开展职工普惠活动，团结和鼓舞机关党员、群众和广大青年为企业发展献计献策。4~9月组织204名职工参加了集团公司运动会8个单项39个项目的比赛和运动会开幕式，成功承办了“集团机关杯”乒乓球比赛。集团机关取得体育道德风尚奖、特殊贡献奖及男子团体第六名的优异成绩，充分展现了机关良好的精神面貌和顽强拼搏的体育精神。

【保密工作】 进一步规范保密工作，集团公司保密办要求各单位接收国家秘密文件信息资料时，要由专人领取，在传阅时，要明确传阅范围、传阅方式和保密纪律，传阅完毕后及时收回存档。同时，保密办定期开展国家涉密文件集中销毁工作，根据涉密文件清理收缴相关规定，对2018年下发的涉密文件进行了收缴，共收缴涉密文件1800份，并进行集中销毁。下发了《关于本钢集团开展保密自查工作的通知》，要求各单位对涉及国家秘密文件、信息、资料进行梳理检查，并对照检查目录进行全面自查，发现的问题和薄弱环节要及时整改，共计22家单位上报《保密工作自查情况统计表》。同时，安排专人对3家单位16台计算机15000余份文件进行了保密抽查，共发现问题4项，现已全部整改。

【主题教育】 机关党委按照《本钢集团“不忘初心、牢记使命”主题教育实施方案》成立了以党委书记为组长，机关党委委员为成员的专门领导小组，并制定了《机关党委“不忘初心、牢记使命”主题教育工作方案》。抓好主题教育的两条主线，完成机关党委班子及22个总支、支部副处级（含总监、高级业务师）党员领导干部的主题教育内容；完成机关全体党员的学习教育和专题组织生活会的召开，使主题教育组织有序，层层推进。抓落实见成效强化监督保障。上报专题研讨发言提纲1692份，四轮检视问题清单752份，对照党章找差距清单188份，检视剖析材料113份，形成调研报告7份，学习心得体会7份。组织机关全体副处级（含首席、高级业务师）以上党员领导干部参观东北抗联纪念馆红色基地，重温入党誓词；组织机关全体党员800余人观看电影《黄玫瑰》；开展主题党日、专题党课、观看专题片进行警示教育等活动。

【巡视工作】 2019年，按照省委巡视办的要求和集团公司党委的部署，集团公司办公室在2018年工作基础上，继续加大力度推进省委巡视反馈整改落实、问题销号、管理提升工作。省委巡视反馈问题整改落实工作取得阶段性成效，巡视公开工作平稳完成，巡视整改常态化和迎接“回头看”工作有序推进。及时向省巡视办汇报工作推进情况，得到了省巡视办的肯定，巡视整改问题按时限销号。通过巡视整改，进一步促进了企业党建工作水平、科学规范管理水平、高效优质运作水平的提升。（李　学）

# 行政管理工作

**【概况】** 行政管理中心为本溪钢铁公司直属单位，代行集团公司管理职能，中心组建于2018年1月，主要负责集团公司行政及后勤事务管理、存量土地管理、厂（矿）区外房产管理、公务用车管理、档案管理、物业管理、计划生育等工作，下设10个部室及8个作业区，共有在岗职工429人，管理人员72名，其中高级职称13名、中级职称30人、初级职称13人。

**【后勤保障】** 为集团公司、板材公司两级机关扎实做好服务工作，树立“以客户为中心”思想，贯穿“服务致胜”的理念，打造一流过硬的服务队伍，2019年先后完成了能管大楼外墙清洗、三处办公区域设备设施日常维护管理、办公后勤保障等工作。针对职工浴池更衣箱破损、锈蚀严重急需更新的实际情况，6月第一批更换1603组更衣箱，12月第二批更换1641组更衣箱。加强停车场管理，确保停车使用规范，提高停车场使用效率。继续探索职工食堂先进的管理方法，听取职工意见，提出合理化建议，让职工食堂环境更加整洁，菜品更加可口，就餐更加方便。

**【费用管控】** 深入到重点厂矿、单位调研办公费使用情况，采取减少损耗、提高利用率、延长办公设备使用寿命等措施，控制费用指标。履行业务招待费审批单程序，执行《本钢集团有限公司业务招待费管理规定》标准，做好餐费审核工作。加强归口费用审批环节管理，在OA上设置归口费用审批流程，严格管控各单位费用的使用情况，将归口费用管理到位。2019年，管控费用计划指标2913.27万元，实际发生2369.6万元，节约资金比计划下降18.67%。其中办公类费用计划指标1990.82万元，实际发生1635.6万元，比计划下降17.84%；公车费用计划指标922.45万元，实际发生734万元，比计划下降20.42%。

**【房产土地管理】** 配合集团混改、融资工作，不断夯实房产土地基础数据，完成第二轮尽职调查及融资有关土地、房产数据的核实、填报工作，审定、核准383宗土地（8817万平方米）和3362栋有证房产（359.548万平方米）、3989栋无证房产（221.1853万平方米）的详细信息，与战略投资方对接，完成7742处房屋建筑物（1121.2万平方米）、4002处构筑物、17处投资性房地产的房地合一统计。补办10宗土地证，完成了地上房屋变更登记涉税核定和土地出让金评估、核准。配合板材公司申请公开发行可转债，请求市产权交易中心配合，出具本钢板材及本钢浦项1218栋房产的合规证明两批次。配合规划发展部完成9宗划拨土地的授权审批，集团入账资产2574万元。为集团争取用地补偿（滨河北路改造争取补偿17.39万元，21宗土地评估减免评估费11.6万元，核定172宗土地应税明细扣除物业辽健移交减少土地税288万元）共计1621.39万元。三公一业移交后，经过多次与市相关部门磋商，保留了如原南地房管所、平山房管所、北地房管所、彩溪房管所主办公楼等较大型办公用房，没有作为物业用房移交出去。租赁业务通过严格履行公开招租、会签审核程序，落实租赁管理责任制，各单位均做到了收入及时入账。2019年完成租赁协议额714.3万元。其中审批续租协议184项660.58万元，比上年同期增长 23.6 万元；审核新租协议 8 项 53.72 万元。严把出租手续审核关，对 5 处没有证照手续或租期过长的房屋、土地未予批准。为最大限度盘活闲置房产、整合资源，在 58 同城上注册了房产租赁账号，实现比价招租。

**【计生工作】** 本钢独生子女父母退休后独生子女死亡或伤残的父母退休补助费如何发放事宜，已得到省、市卫健委的批复，本钢依据此批复精神已经落实，极大缓解了信访工作的压力，更是使失独家庭得到了慰藉。随着生活标准的提高行政中心根据职工的反应上报了 2019 年职工托费补贴调整标准，得到了公司的批准，使本钢青年职工更加安心工作，更是公司关注民生的最好体现。

**【维修管理】** 全力做好指标落实工作，降低各项费用支出，将所有维修材料采购、办公家具采购、外委工程等全部列入招标体系（C 类办公用品从铁源采购），对集团公司公共建筑进行维修管理工作，2019 年对离退处办公楼及附属设施、平山老年活动中心共计 2000 平方米的屋面防水进行维修，对生产维修用六大类 120 项材料采购进行公开招标，降低造价 6.38 万元；对集团公司办公楼车库门、挡车杆、监控系统维保进行公开招标，降低造价 5.2 万元；对体育场采暖改造工程进行公开招标，降低造价 8.62 万元。

**【安全生产】** 结合集团公司体制改革的新要求以及集团公司出台的新制度，进一步建立健全与中心发展管理相适应的制度体系管控体系，全面梳理优化工作流程和安全生产操作标准，实现各项工作有章可循、有法可依。实行定期与不定期相结合的督查，重点加强作业现场的安全监督检查，开展了重点时段的专项安全监督检查工作，及时处理制止相关方违章作业行为，下达隐患整改及安全防火监察通知书 11 项，全部整改完成，现场制止违章作业 20 余次，有效控制了险肇事故的发生。

**【档案管理】** 集团档案馆有针对性地加强档案归档指导和档案信息利用服务工作。全年共接收纸质档案材料归档 16614 卷件，共接待查档利用 5391 人次计 8451 卷件，集团档案信息系统电子档案点击利用 17378 人次计 23685 件；积极配合集团组织部、退管中心等部门开展干部档案质量审核、退休职工人事档案规范化整理相关指导、审核及组织整改工作；加强本钢集团档案信息系统运行管理，归档文书、合同、ERP 上传报表等电子文件 15411 件，处理电子目录 28338 条，沟通协调集团档案信息系统运行管理事项 185 项、业务指导 296 人次；本钢集团档案信息系统三期工程于 2019 年 7 月 23 日启动项目建设，于 12 月 11 日系统应用上线。

**【公车管理】** 2019 年，集团公司车改工作圆满完成。改革前 2015 年公务用车 897 辆、年费用 7216 万元，改革后保留公务用车 382 辆、费用 3284 万元，年费用降低 3932 万元，减少 54.49%。在保障集团公务用车同时，为了方便工作出行，成立工作联系车班组，集团机关与能管大厦之间及废钢厂与能管大厦之间开通联系车，每 15 分钟发车一次，8 小时内全部覆盖；开通由 4 号停车场为起点的厂内通勤大客车，方便职工通行。

**【工程管理】** 2019 年，完成了本钢国贸大厦和四号门停车场两项集团公司重点工程。项目从投资设计、施工管理、质量监控都达到了预期目标，物贸大楼经过 427 天的施工改造于9月30日竣工，国贸大厦竣工后，成为本溪市具备先进办公条件的写字楼之一，展现了本钢对外交流的良好形象，成为本溪市最新的地标性建筑。四号门停车场于11月21日投入使用，是本溪市第一个立体式停车场，极大地缓解了本钢职工静态交通等问题，在本钢乃至全市都具有跨时代的意义。

**【党建工作】** 深入开展“不忘初心、牢记使命”主题教育。通过深化党委理论中心组学习，开展专题研讨、形势政策教育，参观红色基地，观看先进典型电影等，分阶段、分步骤将主题教育不断引向深入。扎实推进党建标准化建设，召开年度领导班子民主生活会，基层党支部开展组织生活会和党员民主评议工作，积极推动中心领导落实“双重”组织生活制度，引导广大党员自觉参加党内政治生活。组织各基层党支部开展重温入党誓词、过党的政治生日、集中研讨、走访慰问、专题党课等“主题党日”活动，不断丰富基层组织生活。深化责任落实，做好典型案例警示教育，组织签订《党风廉政建设目标责任书》《干部廉洁自律承诺书》；严格落实并执行中央八项规定和集团公司纪委各项纪律要求，严格执行党员干部办理婚丧喜庆等事宜报告程序。（刘明文）

## 档案工作

**【概况】** 本钢集团办公室负责档案行政管理及业务指导，行政管理中心档案馆（本钢集团档案馆）负责档案实体保管及提供利用。截至2019年末，共有档案管理人员12人，其中集团办公室在籍1人、行政中心档案馆在籍11人，高级专业职称5人、中级专业职称6人、初级专业职称1人。截至2019年末，本钢集团共设有103个档案馆（室），档案全宗150个，专职档案人员152人；共收藏以卷为保管单位档案914144卷、以件为保管单位文书档案376386件、照片47483张、音像档案1341盘、底图894750张、荣誉（实物）档案4585件；行政管理中心档案馆收藏以卷为保管单位档案212628卷、以件为保管单位文书档案48921件、照片8880张、音像档案67盘、底图56602张、荣誉（实物）档案738件，档案馆总面积2100平方米，其中档案库房面积1200平方米。

**【档案系统基础业务建设】** 集团档案系统紧密结合公司改革发展的需要，认真做好档案系统各项基础业务建设工作。通过对基层单位档案工作的指导、监督、检查，进一步强化了档案工作，使集团档案工作保持了较好的发展。畅通归档渠道，扩展档案收集范围，同时加强对重点工程、账内账外文件材料的收集归档，提高归档率和完整率，不断完善优化归档质量，促进了集团档案资源的完整、有效。2019年，全公司共归档各类纸质档案54172卷件、底图595张、照片719张、荣誉（实物）档案68件。其中行政管理中心档案馆共接收归档各类纸质档案材料12058卷件、照片701张、荣誉（实物）档案22件。加强业务指导工作，全年开展档案业务指导咨询服务942人次，对基层单位的业务指导工作全覆盖。各基层单位持续开展档案制度修订、档案统计台账数据更新工作，进一步夯实了档案系统的基础工作；完成对集团103家立档单位《本钢档案室基本情况年报表》的数据审核汇总工作，并按期上报省档案局。下发了《本钢集团2019年档案工作计划》《关于对集团公司各立档单位进行档案基础业务工作检查调研的通知》，进一步加强档案工作的组织领导，加强对档案资源的集中管控，提高档案规范化管理水平。为提高档案管理专业水平，组织专兼职档案员共计 260 人次参加省局继续教育培训、本钢岗位资格培训、档案业务培训，并完成对辽宁省专业继续教育证、本钢集团岗位资格证的审验工作。

**【档案安全体系建设工作】** 根据《国家档案局关于深入开展档案安全检查的紧急通知》的要求，各单位档案部门深刻吸取国内外重大安全事故教训，认真贯彻落实国家、省、市关于确保档案安全的工作要求，抓好档案安全工作。集团办公室下发《关于下发本钢集团档案馆室档案安全风险隐患排查的通知》，要求各单位对档案库房定期进行安全检查，上报档案库房安全检查情况，对存在隐患及时整改，并记录备查，确保档案实体安全。在工作中强化安全观念和意识，认真执行档案利用制度和借阅审批流程、电子档案和档案信息系统管理制度，为利用者提供合规合法的档案利用服务，确保了档案信息安全。

**【档案服务利用工作】** 公司各级档案馆（室）提高服务意识和服务质量，加强对各级机关部门的归档指导和档案信息利用服务工作，积极配合，耐心做好线上、线下档案提供工作，满足各方面的利用需求。2019 年，共接待利用 53283 人次 151811 件（卷、张）次，为公司各部门各单位的日常工作查考、职工个人事项办理等提供了及时、完整、准确的信息。其中行政管理中心档案馆接待查档利用 24699 人次 32004 件（卷、张）次，复印档案资料 15700 余张。

**【重点工程建档验收】** 进一步做好工程项目档案建档指导和验收评价工作，及时了解并跟踪工程进展状态，加强对基层单位项目部、档案室的业务指导，做好工程建档过程指导及交工归档环节的验收审核把关，加强在建单位工程前期及管理类等重点材料的归档，以维护工程档案的完整、准确、系统，确保工程档案能在集团生产中提供有效利用。2019 年度完成了对板材发电厂高压车间燃煤锅炉脱硫脱硝改造工程等 10 个项目的档案专项验收。

**【企业改革改制中档案工作】** 下发《关于做好本钢集团企业改革改制过程中档案处置工作的通知》，指导涉及单位做好档案基础工作，清理库藏档案，摸清家底，确保改革改制过程中相关单位历年形成档案的系统完整、安全有效，防止国有档案的流失。根据《本钢集团合并重组单位档案清理整合方案》的要求，2018 年 12 月对涉及单位基础性工作进行了检查，对存在问题进行了反馈，并限期进行整改。2019 年年底，集团办公室对整改工作情况再次检查。针对集体企业改革，集团办公室及时与综合公司沟通，确定档案处置工作流程与方案，指导清理整合工作，并做好对相关人员进行培训的准备工作。

**【档案信息化工作】** 档案信息系统各项功能正常运行，同时作为国家档案局、辽宁省档案局企业电子文件归档试点工作进展良好。档案系统三期工程于 2019 年 7 月 23 日启动，实施范围包括招投标系统归档接口、电子质量证明书系统归档接口、新 OA 系统归档接口程序开发、原档案系统功能完善、服务器软硬件升级等。12 月 11 日系统应用上线。截至 2019 年 12 月，本钢集团档案信息系统共设置 151 个全宗节点、439 个 OA 归档节点，归档ERP（采购、销售、生产、质量、工程、设备、人资、财务等八大专业子系统）电子文件表单364种。共归档ERP、OA等前部信息系统电子文件2304.8万余件，其中ERP电子文件457.1万件、ERP目录表1801.6万余条、文书类电子文件43.3万件、工程合同审批电子文件2.8万件、期刊类电子文件0.01万件；上传设备图纸、照片、荣誉等类数字化成果1.2万余张；导入各类纸质档案目录51万余条。电子文件点击利用28949人次139251件次。

（邹丽颖）

## 保卫信访工作

**【概况】** 本钢保卫中心（武装信访部）隶属本溪钢铁（集团）有限责任公司，授权行使本钢集团有限公司管理职能，主要负责治安保卫、人民武装、信访接待等工作。中心下设综合管理处、门禁管理处、交巡管理处、来访接待处，信访指导处五个处室，处室下设监控指挥中心、板材警卫大队、东风厂区警卫大队、桥北厂区警卫大队、北营警卫大队、机关警卫大队、板材巡逻防范大队、板材交通管理大队、北营交巡大队、办证中心等13个大队及机关办公室、人力资源室、党群工作室、人防科等10个业务科室。保卫中心现有人员877人（在籍人力资源中心157人，配合溪钢分局工作55人），其中管理岗位27人、业务岗位61人、操作岗位789人，退伍军人768人，研究生学历8人、本科学历118人、专科学历252人、高中学历294人，初级职称32人、中级职称20人、副高级职称5人。保卫中心党委下设警卫大队党总支、巡逻防范大队党总支、机关支部等18个党（总）支部，现有党员500人，占职工总数的56%。

**【门禁管理】** 严格执行门禁管理制度，落实具体责任，完善工作流程，做好外销、外排物资监管，堵塞管理漏洞。全年驳回OA出门证113张，纠正ERP错误63次；处理设备延期出门证298份，考核违规补销出门证29份；核查出超合同提货15次，补缴货款12.8万元，跟排抽查外排车辆460余次，因分拣不彻底叫停6次，处罚违规单位3家。全力维护门禁和办公场所秩序。全年共拒绝无证人员入厂2614人次；拒绝无证车辆入厂1285台次；拒绝摩托车入厂157台次；拒绝酒后人员入厂475人次；协调联络外来办事人员1000余次，共计1500余人；登记外来办事人员7156名，拒绝闲杂人员进入办公场所1238人次；疏导到公司机关上访人员205次1490人，控访86次2498人。扣缴违规人员入厂卡75张；下发整改通知28份。办证中心全年办理车辆入厂卡（在用卡）6855台，办理人员入厂卡8553张。认真落实“危化品”车辆及散装物料车辆进出厂规定，对进出板材公司、北营公司、矿业公司按照统一标准进行检查。全年共拒绝不合规危化品车辆入厂307台，处罚违规21台。拒绝散装物料车辆入厂532台，处罚违规车辆19台。对重点工程、联合检修简化入厂程序，服从服务于生产经营。全年执行门禁各类紧急预案169次，办理紧急出门证136张；开辟绿色通道133次，实现板材厂区与北营厂区间30万吨物料调拨无影响。全年处罚违规人员34人次，移交公安机关6人，教育放行7人，处罚违规车辆127台次，按公司规定上缴处罚款13.15万元。

**【厂区治安防控】** 严格落实治安防控责任，

完成重要时间节点保卫任务。在春节、两会、国庆等重要敏感时期，提高巡察效率，落实“巡更问更”制度，开展24小时主干道巡防，对易发案部位、有色金属存放区域和厂区周边围墙、钢网加强巡视检查，做到精准防范。制定国庆安保工作方案，组织召开安保工作动员会，落实国庆安保防控措施，编排干部值班，严格执行工作纪律，全面检查治安隐患。维护检维修工程施工现场秩序。全年对施工现场下达《治安整改通知书》24份，消除治安隐患35处。为18家检维修单位执行26次保卫任务，共出动警力595人、车辆280台。开展合金料管理“回头看”工作。2019年5月，走访板材厂区9家单位，发现问题12项，制定整改措施8项，修改相关管理制度3处，新建规章制度3条。2019年7月，配合公安机关跟踪检查运送合金料车辆，查获通过改装车辆水箱非法获利案件。2019年8月，检查北营公司5家合金料管理单位，发现治安隐患4处。全年查获各类违法违规人员667人，其中移交公安机关处理16人，按公司规定处理205人，教育放行182人，清理捡拾人员264人，处治安罚款6.67万元，扣缴返还物资价值约8500元，监装返厂废钢铁1782.6吨。全力做好职工运动会安保工作。8月19日，正式推进运动会安保工作，组织召开3次工作会议，制定详细的安保工作方案，与市公安局有关支队进行安保工作对接。8月30日，正式进驻运动会现场。运动会召开期间，执勤警员严守纪律，坚守岗位，保证大会成功举办。

**【厂区交通管理】** 加强道路交通秩序整治。针对板材厂区、北营厂区不同道路特点、高峰时段，采取不同措施整治交通秩序，确保交通安全。开展道路交通“百日攻坚战”专项整治活动，针对超速、闯信号、危险品混装等违规行为，以定点检查、机动巡逻的方式，加强监督检查。严厉打击非法营运行为，严查“三无”车辆，督促违规车辆及时办理有关手续，取消非法营运活动。落实“百吨王”专项治理活动，邀请溪钢交警大队负责人为基层单位解读专项治理工作要求。配合安监部、生产部、环保部检查乘用车、货运车安全性能，并在厂区主要路段、路口抽查厂内车辆安全行驶情况。完善厂区道路交通基础设施，积极协调市交警部门，完善一号、四号、五号门卫周边交通警示标志线。联合交警支队有关部门，集中清理整治集团公司山上宾馆违停车辆。全年查处各类违规车辆1597台，处交通罚款32万元，办理厂内车辆通行证450台，进行车辆安全检查3次，安全教育8次；接交通事故报警20起，结案16起，转溪钢事故大队办理4起；完成大型会议、占道疏导、结构件护送、事故演练等交通警卫任务235次。

**【反恐怖防范工作】** 按照《辽宁省防范恐怖袭击重点目标分类分级修订标准》要求，与溪钢分局对集团公司反恐重点部位进行等级审核划分，确定省级重点部位1处、县区级9处、集团公司内部级102处。1月8日，召开本钢集团公司防范恐怖袭击重点目标分类分级工作会议，省级、县区级重点单位与本溪市反恐办、15家基层单位与集团公司分别签订2019年《反恐怖防范工作责任书》，明确工作职责。4月15日，开展国家安全日宣传工作。悬挂反恐怖防范宣传口号条幅，发放500多张宣传单和宣传册，制作《国家安全法》《反恐怖主义法》宣传板报。整治涉枪涉爆违法犯罪活动。5月31日召开本钢集团治安“百日清查”行动工作会议，板材公司、矿业公司、北营公司等55

家单位签订了《无涉枪涉爆安全责任书》。在春节、全国“两会”和新中国成立70周年期间，启动本钢集团反恐怖防范治安执勤工作制度。春节、全国“两会”期间，共计检查重点单位13家、要害部位29处。制定《本钢集团公司新中国成立70周年反恐怖及治安保卫工作实施方案》，对集团公司102处反恐重点部位进行抽查，重点检查能源总厂、焦化厂、矿业公司等单位。指导新增涉外单位建立境外人员入厂信息基础档案。全年上报公安机关《集团公司涉外单位境外人员入厂登记表》22份。

**【综合治理及扫黑除恶工作】** 完成2017年和2018年本钢职工违法犯罪考核工作，对26家单位45名犯罪职工依照管理规定进行考核。下发《本钢集团公司关于做好2019年“扫黄打非”行动通知》《防范网络诈骗的通知》，要求各单位做好相关防范工作。组织综治工作人员进行业务培训。落实《本钢集团2019年扫黑除恶专项斗争工作要点》方案，厂区无黑恶势力。按照上级工作要求，结合本钢实际，落实市委《“除隐患、防风险、净环境”专项整治行动实施方案》《扫黑除恶专项斗争深挖整治“百日会战”行动方案》，完成中央扫黑除恶督导“回头看”反馈意见整改工作。

**【信访案件办理】** 2019年，本钢集团信访总量稳中有降。本钢信访接待中心共受理各类信访事项1162批次1648人次，与去年同期相比批次降低1.9%，人次降低51.4%。窗口共计接待来访422批次、908人次，其中集访40批次、458人次，个访382批次、450人次，同比批次增长28.2%，人次降低55.1%。受理8890网络平台交办案件468件，已办理468件，办结率100%，交办案件同比增长48.1%。全年到市上访5批次、170人次，同比批次降低28.6%，人次降低22.7%；去省上访10批次、23人次，其中集访1批次、13人次，个访9批次、10人次，同比批次降低58.3%，人次降低25.8%；进京上访59批次、59人次，均为个访，同比批次增长168.2%，人次增长126.9%。经过集团公司上下共同努力，全面完成信访维稳任务，实现了“四个坚决防止”和“四个确保”工作目标。案件办理工作稳步推进。2019年上级交办各类案件272案，同比增长4.6%。其中省“减存控增”交办案件共交办112件，省信访局已审核通过88案。办理省四大攻坚案件（939台账和进京访重复案件）6件，省国资委自排查案件9件，领导交办案件6件，办结率100%。受理网信网投、群众来信案件139案，办结133案。本钢信访“三率”工作得到了市信访局高度评价，在市信访局专题培训会议上，本钢代表全市信访“三率”工作做了表态发言。案件排查、领导包案工作落实到位。在全公司范围内进行全面清仓排查，共计排查出217案（其中集访61案、个访156案），针对已经排查出的217件矛盾隐患实施分类动态管理并全部落实责任单位。对其中的107案（32个重点群体、75个重点人），特别是上级交办的重点人员、重点群体实施了领导包案。同时密切关注提前退休群体、集体企业群体、建设公司职工群体、农民工欠薪群体、房地产动回迁等重点群体的动态及稳控工作。对重点人落实“五位一体”包保责任，实施了警企、区企对接，确保了重点群体的稳定可控。积极稳妥推进企业社会稳定风险评估工作，完成了本钢大集体社会稳定风险评估工作。配合辽宁维信社会风险评估有限公司完成本钢集团混合所有制改革社会稳定风险评估的前期衔接、落实工作。重点信访问题得到妥善解决。妥善解决建设公司协力集访问题。针对农民工讨薪问题，协调处理农民工欠薪案件4件，均按本溪市劳动监察支队要求办理。春节前夕，集团公司协调300多万元用于处理农民工欠薪及建设领域问题，使这一群体在春节期间没有出现越级访。及时调处应急突发事件。全年共计发生到集团公司门前上访21批次215人次。涉及在职职工待遇、工伤及工亡职工待遇、农民工欠薪问题等，信访部门派专人第一时间到达现场组织责任单位及相关部门进行政策性疏导，协调公安、保卫人员快速处置，未发生有影响事件，确保公司正常办公秩序。另外，本钢派专人驻市政府开展信访维稳工作。共处置、接待、劝离5案次、45人次，集访4案次、44人次，个访1案次、1人次。

**【五级书记抓信访工作】** 落实“五级书记抓信访”责任，做到职责明晰、任务明确、层层负责、件件落实。按照本溪市“五级书记抓信访”责任考核办法，根据《信访工作责任制实施细则》的相关规定，制定《本钢集团公司“五级书记抓信访”责任考核办法》。省“减存控增”交办案件共交办112件，省信访局已审核通过88案，其中化解79件和评议会销案9件，其中2018年台账化解57件和评议会销案6件，累计化解率为91.94%；2019年台账案件评议会化解22件和评议会销案3件，化解率为81.48%。均已超额完成2019年省、市的考核目标。其中，本钢信访老户的化解督查工作以及本钢“抓稳定、促和谐”信访矛盾减存控增落实情况，得到上级领导的表扬。

**【敏感时段维稳工作】** 2019年，省、市以及国家重大会议及敏感时段居多，维稳工作巨大压力。在省市“两会”期间共计处理11案、11人。国家“两会”“一带一路”“亚洲文明对话”及大庆期间，共计处理22案、27人（其中山海关截留带回1人、强制带离3人、劝离23人）。在省、国家“两会”，“建国70周年”大庆期间，委派专人驻京接访、控访。抽调精干力量做好每一道防线布控工作，并组织召开研判会，减轻驻外维稳工作压力。先后组织1848人次参加火车站控访，组织520多人开展重点人防控，对于重点人采取24小时值守。在本溪火车站先后劝返19人次。对于不稳定的群体，确保时时处于可控状态。通过不懈的努力工作，极大控制和减少进京及在京人员的登记，并杜绝了有影响事件的发生，出色完成公司制定的维稳工作目标，公司及市领导给予充分认可。同时，获得省委、省政府“保平安、迎大庆”维稳安保工作重要贡献集体的光荣称号。

**【“四定”第二阶段工作】** 在严格把握“四定”工作“两个必须”原则基础上，按照定员分解、竞聘工作分析、制定竞聘方案和操作细则、征求意见、履行民主程序、上报集团审批、党委会讨论通过等程序开展竞聘工作。在岗位设定方面，针对机关机构臃肿、基层管理薄弱以及机关人员在籍等历史遗留问题，适度精简机关岗位，加大基层警队业务岗位设置。2019年6月，完成《保卫中心业务岗位竞聘方案》，经公司审核同意后，召开保卫中心职代会代表团长会议履行民主程序通过竞聘方案。召开党委会研究讨论专业业务师竞聘操作细则及拟聘任岗位和职数，通过后组织实施。做到公平、公正、公开。在第二阶段岗位评聘工作中，专业业务师竞聘中13人参加竞聘，落聘3人，落聘率23%，岗位调整率30%；责任业务师竞聘中 42 人参加竞聘，落聘 10 人，落聘率 24%，岗位调整率 72%。2019 年 12 月，全程指导溪钢分局顺利完成外借人员的业务岗位竞聘工作。

**【党建工作】** 按照建设一支忠诚企业、尽职履责、作风优良安保队伍的要求，全面加强保卫队伍建设。加强思想政治建设，扎实开展“不忘初心、牢记使命”主题教育，弘扬忠诚担当精神。组织召开“忠诚担当”精神座谈会。开展纪律作风整顿，组织 110 人到本溪监狱参观，实地接受警示教育。将 10 月 26 日设立为保卫中心队伍建设整顿警示日，提醒保卫中心每一位警员深思和反省。落实全面从严治党主体责任，严格履行“一岗双责”，签订《廉洁自律承诺书》计 200 余份。做好党委巡察工作。9 月召开巡察工作动员会，向巡察组报告保卫中心党委的工作情况，提供 6 年来的具体工作材料，接受巡察组的检查。对新聘任的 42 名业务岗位人员进行岗前廉洁教育。设立忠诚卫士奖，对履职尽责工作表现突出的警员予以奖励，全年共发放奖金 2.36 万元，83 人获奖。加强宣传，展示队伍形象。全年发表各类宣传稿件 110 篇、电视报道 20 条。6 月 19 日，组织 130 名警员参加本溪市公安局举行的“致敬 70 年礼赞新时代”歌咏大会；9 月 6 日，完成本钢集团第三届职工运动会的国旗升旗护卫、卫士方队、主席台礼兵和安保任务；10 月 1 日，组织警员开展快闪活动，庆祝新中国成立 70 周年。

（徐大伟　王立国）

保卫中心忠诚卫士班警员在第三届职工运动会执行升国旗任务（张兴阁　摄）

# 离退休人员和退养职工管理工作

**【概况】** 2019 年 11 月，本钢集团党委常委会研究决定实行离退休人员和退养职工集中管理，这是本钢退管中心（简称“退管中心”）自 2018 年机构整合之后的又一次重大改革。退管中心对离退休人员和退养职工承担直接管理和委托管理两种管理模式。截至 2019 年 12 月，退管中心管理的离退休人员和退养职工共计71785人（离休干部176人、退休人员70449人、退养职工1160人），其中直接管理46000人，委托4家改制单位管理2961人，委托矿业公司管理11345人，委托北营公司管理11479人。退管中心下设16个管理室，其中职能管理室6个、直管管理室10个。退管中心在岗职工84人，领导班子成员5人（部门正职2人、部门副职2人、高级业务师1人），专务4人（部门正职1人、部门副职3人），区域正职15人、区域副职1人，主任业务师8人、专业业务师15人、责任业务师25人，主要操作6人、一般操作5人，高级职称20人、中级职称26人、初级职称16人。

**【落实待遇】** 在落实政治待遇方面，坚持订阅报刊制度和阅读文件制度，按规定标准为离休干部、退休处级干部、高工和联络员订阅《辽宁老年报》《老同志之友》；为离退休干部党支部书记和党员订阅《人民日报》《党建文汇》《学习参考》《共产党员》等报纸杂志。坚持定期向老干部情况通报制度，春节前夕配合本钢集团主要领导走访慰问部分老领导并协调参与迎新春座谈会等工作，组织集团公司级离退休老领导春季和秋季健康疗养。坚持报告会制度和参观学习制度，适时组织小规模报告会，定期组织离退休干部党支部学习习近平新时代中国特色社会主义思想，关注本钢的生产经营形势；组织部分离退休干部到雷锋纪念馆参加学习体验活动，号召离退休干部为党的事业和本钢发展增添正能量。坚持参加重要会议和重大活动制度，协调组织公司级老领导参加本钢集团第三届职工田径运动会。坚持走访慰问制度，春节和国庆节期间，退管中心代表本钢集团到医院走访慰问住院的离休干部、新中国成立前参加革命工作的老工人、退休处级干部和困难职工；“三八”“五一”“七一”“八一”节日前夕分别走访慰问离退休老巾帼、老劳模、困难党员、军转干部等；重阳节前夕为80岁以上高龄的离退休人员发放慰问金；国庆节前夕为符合条件的新中国成立前参加革命工作的离退休人员发放“庆祝中华人民共和国成立70周年纪念章”。坚持党建工作制度，加强离退休干部党支部建设，定期组织支部书记培训班和经验交流会；各支部坚持“三会一课”，组织离退休干部党员定期学习，用思想理论武装头脑。

在落实生活待遇方面，按时完成离退休人员社保统筹内费用和企业年金等统筹外费用的变更、审核、发放工作；完成退养职工保险变更和生活费的审核、发放工作。为退休人员调整统筹养老金；为部分离休干部、特殊群体退休人员发放特需经费等统筹外费用；为住院的退休人员返还医保老账户的保险金；为军转干部和老兵调整待遇并补发到位；为离休干部申请调整护理费标准；为离休人员发放医疗预付金；根据部分离休干部生活相对困难的实际情况，退管中心除日常给予多方照顾外，又积极向省委老干部局争取帮扶政策，春节前有12名离休干部得到省里帮扶。为94名达到法定退休年龄的退养职工办理退休手续；为476名退养职工办理更换工资卡业务，并以此为契机完成退养职工的生存认定工作。分三个批次为19765名直接管理的离退休人员和退养职工报销取暖费2896.23万元。

继续认真贯彻执行本钢集团恢复的健康疗养和健康体检两项“惠民政策”。认真组织部分离退休干部、离退休干部党支部书记、基层单位关工委常务副主任参加健康疗养。从2019年8月开始，本钢集团计划用2年时间，对全体退休人员进行一次大规模健康体检，退管中心根据实际情况组织相关退休人员进行体检，共享企业发展成果。

**【集中管理工作】** 根据国家、省、市关于国有企业退休人员社会化管理工作的需要，为实现本钢集团7万余名退休人员社会化管理的平稳过渡，2019年11月14日，本钢集团党委常委会讨论通过《关于本钢集团离退休人员、退养职工集中管理方案》，将集中管理工作作为推进国有企业退休人员社会化管理工作的一项重要基础工作。2019年11月27日，组织召开本钢集团离退休人员和退养职工集中管理工作会议，11月底前完成了建设公司、机械制造公司和房地产公司3家试点子公司离退休人员和退养职工的集中管理工作，12月底前完成了其余子公司离退休人员和退养职工的集中管理工作，共接收离退休人员42793人、退养职工515人。在市政府没有出台具体工作实施方案之前，为平稳推进退休人员社会化管理工作，本钢集团提前做好各项准备工作，成立了退休人员信息采集、人事档案移交、服务活动场所移交、统筹外费用处理四个专项工作组。按照本钢集团退休人员社会化管理领导小组的要求，退管中心作为具体工作的承接和推进部门，对各项工作稳步推进，其中从各子公司抽调档案整理人员专门从事退休人员的档案规范化整理和数字化处理工作，需要整理61420卷退休人员人事档案，截至12月底，已规范化整理13000余卷。

**【信访维稳】** 按照本钢集团信访减存控增的工作要求，退管中心开展信访矛盾和不稳定因素排查工作，逐一梳理信访人和上访群体的诉求，坚持特定时期每周三召开信访工作会议，定期进行信访形势的分析与报告，注重信访信息的收集与研判，做好日常信访接待和政策宣传工作，对新出现的个访诉求，本着实事求是的原则，认真调查，耐心接待，做好政策解释和思想疏导工作，实现群众来信来访处置率100%的工作目标。2019年先后完成“元旦”“春节”“三级两会”“五一”“国庆70周年”“党的十九届四中全会”期间的信访维稳工作。特别是在“全国两会”和“国庆70周年”期间，没有发生有影响的群体事件、没有发生大规模集体去省进京上访、没有发生极端事件、没有发生由于工作不当引发负面舆情等问题，巩固了稳定工作的良好态势，圆满完成了特定时期的维稳工作，得到了集团公司的肯定和嘉奖。本钢集团退休人员和退养职工队伍基本稳定。

**【老年大学活动】** 2019年，本钢老年大学上半学期共开设23个专业、38个教学班，招收学员1200余人；下半学期共开设22个专业、42个教学班，招收学员1200余人。

2019年，老年大学以庆祝建国70周年为契机，制定“七个一”系列活动计划，组织开展健康有益的文体活动。老年大学春季开学典礼暨庆祝建国70周年系列活动的启动仪式拉开迎庆活动的序幕，又相继举办了“为祖国祝福·为本钢喝彩”主题班会；“重温红色历史·感受红色精神”歌曲演唱会暨大型快闪活动，相关短片视频通过了省国资委的严格审核，在“学习强国”辽宁学习平台上进行了展示；“中国梦·新时代·祖国颂”思想政治教育课；“感怀先烈·砥砺奋进”爱国主义教育实践课；“志愿服务·文化交流”慰问演出活动；“庆祝建国70周年”为主题的书画、奇石、摄影作品展；2019年12月26日，退管中心联合老年大学在文化宫成功举办了“壮阔七十载·筑梦新时代”为主题的大型专场文艺演出活动。

本钢老年大学成功举办庆祝新中国成立70周年文艺演出活动（马国　摄）

2019年，退管中心支持各类老年文体协会组织，开展老年门球比赛、乒乓球赛、书画展、奇石展、摄影展等文体活动，丰富了离退休人员和退养职工的文化生活。随着集中管理工作的推进落实，2019年底，退管中心收编了歪矿、选矿、露天矿和黏土矿的活动室，其中歪矿活动室10个，包括乒乓球室、麻将室、扑克室、台球室、文艺团体活动室、门球休息室和门球场地；歪矿退休人员自发成立的“艺鑫文工团”经常为矿区职工及其家属举办文艺演出活动；露天矿拥有一支乐队，能够做到自娱自乐、活动经常。

**【离退休干部党建工作】** 结合党中央提出的“两学一做”学习教育常态化制度化的总体要求，退管中心党委将离退休干部党建工作纳入党委工作日程，加强离退休干部党支部的政治建设、思想建设、组织建设、作风建设和制度建设。党委坚持每季度召开一次党支部书记工作例会，定期对党支部书记和委员进行培训。各支部坚持“三会一课”制度，精心安排学习内容，提前准备学习资料，深入学习习近平新时代中国特色社会主义思想和党的十九大报告，学习新《党章》和《中国共产党支部工作条例》等党规党法。坚持定期走访慰问和开展各类活动，利用集团公司下拨的党费和慰问金，在春节和“七一”期间走访慰问老党员和困难党员。开展庆祝建党98周年和建国70周年系列活动，通过召开座谈会、举办知识竞赛、重温入党誓词、参观雷锋纪念馆和毛丰美教育培训基地等形式开展活动，其中机关离退休干部党总支西芬党支部组织了以“放歌新时代·唱响新征程”为主题的文艺活动和以“我和我的祖国”为主题的摄影活动。召开2019年度离退休干部党支部总结表彰会，表彰5个先进党支部、8个先进党小组、80名优秀共产党员。

**【爱心志愿者服务工作】** 2019年，退管中心继续用心打造爱心志愿者服务品牌，以“爱心助老服务和爱心善后服务”为主要活动内容，打造具有本钢特色的服务离退休人员和退养职工的温暖工程。在助老服务方面，志愿者们主动深入高龄、孤寡、生病、困难的离退休老同志家中，为他们提供个性化亲情式服务，实现了离休干部及“［83］·3”人员每半年到访入户服务率100%的工作目标。在善后服务方面，本溪市殡葬服务中心迁到新址后，给直管室的殡葬礼仪服务带来诸多不便，退管中心采取应对措施，克服阻碍，全年共协助729名病故离退休人员家属料理后事。2019年10月，爱心志愿者服务队联合本钢第二义工总队，以取暖费收缴期间老同志相对集中为契机，在东明办公楼一楼大厅进行为老同志政策咨询、义务理发、量血压等志愿服务，4天时间里，为本钢离退休人员和退养职工理发260人次，测量血压832人次，用实际行动向共和国生日献礼。

**【内部管理】** 一是“四定”第二阶段工作全面完成，退管中心完成五个轮次的竞聘工作，公布岗位数57个，拟聘人数57人，报名59人次，人员调整率29.8%。二是“一站式服务”工作稳步运行，2019年共接收37家单位上报新退休人员的年金审批表1035份、退休审批表1012份、独生子女补助费审批表778份、退休人员档案952本。三是按照本钢集团关于工伤人员转诊陪护差旅费最新规定，报销费用呈大幅度上涨趋势，退管中心一方面积极做好退休工伤人员的思想工作，与其签订“包干协议”；另一方面认真向本钢集团相关领导详细汇报，争取政策，既保证了退休工伤人员的利益，又尽可能减少费用支出。四是加强能源和卫生管理，食堂和浴池管理有较大改进；梳理各项规章制度，规范业务流程和业务职责，公文流转程序顺畅；完成办公楼及活动室的供暖改造工程和冬季防寒保暖、夏季防暑防汛工作；加强对司机和车辆的安全管理，做好车辆的油耗、维修和调度、协调工作。五是年初启动“服务明星”和“管理标兵”评选活动，全年评选出15名服务明星和6名管理标兵，通过对先进人物事迹的广泛宣传，号召职工见贤思齐，提升退管中心的服务和管理水平。

**【党群工作】** 一是坚持政治建设为统领，领导班子带头学习，增强向心力。召开领导班子2018年度民主生活会；按季度开展党委中心组理论学习，学习习近平中国特色社会主义思想和习总书记系列讲话精神等。二是坚持思想建设为根基，理论武装党员头脑，增强凝聚力。2019年3月始，组织在职党支部和全体党员做好“学习强国”学习平台的组织构架和学习使用工作；2019年7月，组织在职党支部书记、党小组长、服务明星、管理标兵和学习标兵到毛丰美纪念馆参观学习，以“干”字精神提振士气，增强党员队伍凝聚力。三是坚持作风建设为动力，不忘初心牢记使命，提升执行力。2019年6~9月，开展“不忘初心、牢记使命”主题教育工作，围绕主题组织学习教育、集中学习研讨、开展调查研究、检视存在问题、抓好整改落实和开好民主生活会。四是坚持制度建设为红线，制定党内各项细则，提升规范力。2019年先后制定并下发了《本钢退管中心“三重一大”决策制度实施办法》《本钢退管中心党委意识形态工作责任制实施细则》《本钢退管中心党委议事规则》《本钢退管中心党建工作经费使用管理实施细则》等规章制度。五是坚持纪律建设为底线，强化党员廉政教育，筑牢思想防线。组织区域正职干部和重要岗位人员签订《廉洁自律承诺书》；建立退管中心干部重大事项和婚丧喜庆事宜登记台账，要求党员干部个人家庭重大事项报告备案；通过“强化正风肃纪，整顿不正之风”“结合主题教育，开展专项整治”等一系列廉政举措，筑牢党员干部廉洁自律的思想防线。

**【工会工作】** 2019 年 3 月，举办“三八”妇女节表彰暨女职工才艺展示会；2019 年 4 ~8 月，组织在职职工、劳动模范和先进人物参与本钢集团工会安排的健康疗养；2019 年 5 月在职职工乒乓球协会组织“本钢退管中心第二届职工乒乓球比赛”；徒步登山协会组织“环穿大峪山党建主题公园徒步健身活动”；2019 年 8 月安排 58 名在职女工和退养女工参加健康体检；2019 年 9 月组织相关人员参加本钢集团第三届职工运动会，取得了体育竞赛和体育道德风尚双丰收。

（李军英）

栏目编辑　金一嘉

本钢年鉴 *2020*



本钢集团

# 党群工作

## 组织工作

**【概况】** 本钢集团组织工作由党委组织部组织实施，主要包括领导班子和干部队伍建设、基层组织建设、党员队伍建设、人才队伍建设、干部监督管理、出国事务管理等方面工作。截至 2019 年底，本钢集团党委下设直属党委 7 个、基层党委 89 个、党（总）支部 1356 个，共有党员 26974 名。

**【开展“不忘初心、牢记使命”主题教育】** 一是 6 月 10 日，本钢集团党委召开“不忘初心、牢记使命”主题教育千人动员大会，迅速将主题教育动员到基层每个支部和每名党员。集团公司党委成立了主题教育领导小组，抽调 20 名同志成立 4 个巡回指导组，全程指导各基层党委开展主题教育，确保主题教育四大重点措施实现统筹推进、协同推进。二是丰富学习教育方式，下发《习近平关于“不忘初心、牢记使命”重要论述选编》等书籍 69500 余册，指导各级领导干部和全体党员认真学习。集团公司领导班子成员把学习研讨与混合所有制改革、“四定”工作改革、大集体改革和加强炼铁高炉稳定顺行等“三改一加强”中心工作紧密结合，开展 10 次集中学习研讨。各级党员领导干部立足实际工作，采取集中学习研讨和自主学习相结合的方式，提高学习教育的实效性。组织全体 7 万名党员和职工观看电影《黄玫瑰》，是全省最大规模的学习先进典型观影活动，广泛掀起学习教育热潮。三是各级领导班子成员聚焦企业改革、生产经营、党的建设、民生福祉等重点工作任务，确定调研题目 344 项，集中组织开展调研，为“四定”改革顺利完成预期目标、生产运行更加平稳顺畅提供了有力支撑，职工全员体检、疗养，洗浴和工作环境改善，就餐难、洗衣难、停车难等职工关心关注的热点问题也得到了有效解决，职工的获得感和满意度显著提升。四是本钢集团各级党员领导干部牢固树立问题导向，通过学习研讨、调查研究、对照党章党规、征求意见、谈心谈话等多种途径，认真检视问题，每人检视问题至少 10 条，全部制定整改措施。同时，以专项整治为抓手，制定了“10+2+1”专项整治方案，全力抓好整改落实，确保主题教育取得扎实效果。在全省主题教育专题会议上，本钢集团作为代表作了经验交流，受到省委领导的高度评价。省委主题教育领导小组对全省第一批主题教育单位进行综合评价打分，本钢集团获得 97.5 分，位列全省首位。

**【狠抓基层党建基础管理工作】** 修订出台《本钢集团有限公司党建工作经费管理办法（暂行）》及《补充规定》《本钢集团有限公司党员领导干部双重组织生活制度实施办法》《本钢集团有限公司党支部工作细则》《本钢集团有限公司党员管理工作细则》《本钢集团有限公司基层党组织选举工作实施细则》等 6 项党建工作制度，从制度层面为党组织标准化规范化建设提供保证。对巡视反馈问题较为集中的党费、党建工作经费、党委换届、党支部设置、党组织工作记录等 11 项问题，通过约谈责任人、自查自纠、规范制度、召开业务会议、专项检查等方式完成整改。

**【加强基层党组织建设】** 筹备召开党委一届六次全委（扩大）会议，对基层党委书记抓基层党建工作进行现场和书面述职评议，评价为较好以上的占 97.4%。各基层党委组织开展支部书记抓党建工作述职评议。组织各级党委班子召开年度民主生活会，用好批评与自我批评的思想武器，提高班子整体战斗力。各基层支部召开组织生活会，对全体党员进行民主评议，评议为合格以上的党员占98.96%。落实换届提醒机制，指导基层党组织建立换届台账，矿业公司、本溪钢铁公司、技术学院完成党委换届选举工作。板材技术研究院、铁运公司、检化验中心、能源总厂、废钢厂、建设公司、热力公司等7家单位完成党委委员增补工作，确保各级党委班子人员齐备，充分发挥整体功能。

**【推进党支部标准化规范化建设】** 按照“组织健全、制度完善、运行规范、活动经常、档案齐备、作用突出”的要求，加强党支部标准化规范化建设，评选表彰党支部规范化建设示范点88个，切实提升基层党支部的政治功能和服务功能。组织各级党组织深入学习贯彻《中国共产党支部工作条例（试行）》，组织开展“大学习、大检查、大规范、大提升”活动，共计排查出问题728个，完成整改704个，需要长期推进的24个。规范党的组织生活，严格坚持“三会一课”、民主生活会和组织生活会、谈心谈话、民主评议党员、党日等制度。

**【加强党员队伍建设】** 按照“两学一做”学习教育常态化制度化要求，按季度印发学习安排，结合党支部“三会一课”、党日活动等，开展党员教育。加强党员教育管理，组织首期144名党员技术能手培训班。严格做好发展党员工作，对发展对象进行了集中培训，全年发展新党员369名。强化党员信息管理工作，按照中组部关于全国党员管理信息系统维护工作要求，进一步推进基层党组织和党员信息管理，定期开展党员组织关系排查，及时完善党员档案和信息，避免“口袋”党员和失联党员的再发生，确保每名党员都纳入党组织有效管理。开展纪念建党98周年系列活动，各级党组织通过组织开展新党员宣誓、重温入党誓词、主题党日、在职党员进社区、专题党课等形式多样的活动，进一步强化党员党性教育。深入开展党员过政治生日活动，14名党员的政治生日感言在省国资委党委固本强基系列书籍中刊登。各级党组织结合纪念建国70周年和建党98周年，开展走访慰问生活困难党员和老党员活动，送去组织的慰问和关怀，让广大党员充分感受到党组织的温暖。

**【强化党建工作载体建设】** 扎实开展“讲奉献、比业绩、创一流”党员建功立业活动，落实党员能力提升、提产增效、技术攻关等计划，实现各生产工序和管理领域全覆盖。弘扬“干”字精神和工匠精神，深入开展“设岗、划区、建队、立项”工作，集团公司共设立党员先锋岗1104个，划分党员责任区1286个，组建党员先锋队394个、党员创新工作室73个，设立党员先锋工程项目334个，开展技术攻关课题746个，提出合理化建议3030条。强化党建宣传载体建设，在《本钢日报》“党建阵地”专栏中，全年发稿33期。

**【完善党费和党建工作经费管理】** 加强党费管理，修订《本钢集团有限公司党费收缴使用管理实施细则》，对部分单位党员交纳党费不规范问题开展整治，规范党费收缴工作。根据中组部、省委组织部和省国资委党委关于补交党费使用管理的相关通知要求，按照支持脱贫攻坚、帮扶生活困难党员群众、开展党员教育和党支部书记培训等“四个使用方向”，做好补交党费使用工作，下拨专项党费120万元，支持发展乡村集体经济，帮助乡村脱贫脱困。强化党建工作经费审批管控，指导基层党委建立业务账，规范党建工作经费管理和使用。

**【省管干部考核工作】** 根据省委组织部的统一安排部署，积极配合省委考核组对集团公司领导班子和领导干部进行2019年度考核。省委考核组组织召开了考核工作会议，集团公司党委书记、董事长陈继壮代表领导班子述职述廉，省委考核组围绕领导班子的政治方向、经营业绩、团结协作和作风形象以及领导干部的德、能、勤、绩、廉、作风及政治表现等方面的现实表现进行了全面考核。集团公司中层领导干部176人参加考核会议并进行了民主测评，46人与考核组进行了考核谈话。集团公司共有省管干部10人。

**【领导干部政治理论和业务培训】** 强化领导干部政治素养和业务能力培训，分9批次、选派43人次参加省委党校和省国资委举办的各类培训班，进一步提升领导干部的政治素养和业务管理能力。坚持领导干部培训全覆盖、纵深化，按照省委干部教育培训规划总体要求，组织各级领导干部、管理人员、专业技术人员开展“干部在线学习”，全年共有3327人（其中：省管干部10人、企业中层经营管理人员717人、作业区级管理人员2140人、专业技术人员460人）完成学习任务，累计完成16.64万学时。

**【领导干部日常管理与考核】** 加强领导班子和领导干部的管理与考核，持续实施问责追责机制，累计对42名领导干部进行了问责追责，促进集团公司生产安全和经营管理等各项工作落实到位。开展2019年度集团公司管理的领导班子和领导干部综合考核评价工作，成立5个考核小组，对130个领导班子、599名领导干部、40名首席专家、工程师和78名高级业务师进行了正向、横向、逆向以及全方位、多角度的综合测评，累计下发测评票4300余份，2300余人参加了考核谈话，全面、准确、客观掌握领导班子和领导干部的现实表现、工作实绩和履职情况。对排名靠后的领导班子和领导干部进行调整、降职和免职。

**【领导班子配备和领导干部调整】** 认真贯彻落实20字好干部标准，科学进行领导班子配备和领导干部调整，2019年调整干部5次，交流领导干部319人次，切实优化班子结构，选准用好干部。坚持“注重人品、注重基层、注重业绩、注重学历”的选人用人导向，拓宽领导干部选拔任用渠道，变“伯乐相马”为“公开赛马”，组织实施集团公司有史以来规模最大的一次公开竞聘，涵盖管理、技术、业务共20个岗位，334人参加竞聘，27名优秀人才脱颖而出，走上领导干部及技术、业务岗位，真正建立起能者上、平者让、庸者下的选人用人机制，干部人事制度改革迈出了重要一步。

**【干部管理基础工作建设】** 夯实干部管理制度体系建设，修订完善《本钢集团干部选拔任用管理办法》等制度文件，进一步规范选人用人行为，营造风清气正的选人用人环境。及时更新完善《干部名册》《干部一览表》《干部任免审批表》和干部选拔任用纪实文书档案等基础信息，充分发挥其在工作中的指导、服务和监督检查功能。进一步从严管理干部人事档案，开展干部人事档案专项审核“回头看”工作，审核、整理和认定干部人事档案5689本，推动干部人事档案管理科学化、制度化、规范化，提升集团公司干部人事档案管理工作水平。

**【加强干部监督】** 扎实开展领导干部问责追责，完善制度体系，制定领导干部问责追责管理办法补充规定和实施细则。明确本钢集团领导干部禁业范围，对本钢集团领导干部配偶、子女及其配偶经商办企业行为进行规范。运用多种形式开展干部监督，共受理干部监督信访举报查核 13 件次。严把干部监督关口，对权力集中、资金密集、资源富集的重点部门和关键岗位干部，充分用好提醒、函询、诫勉等组织处理手段，全年对集团公司党委管理的领导干部和作业区级管理人员提醒 4 人次、函询 10 人次、诫勉 19 人次，通过坚持常态化的问责追责机制，让干部知晓“红线”，守住“底线”。

**【MBA 培训与年轻干部培养】** 紧紧围绕“学习能力、决策能力、凝聚力、执行力、创新力、公道正派、廉洁自律和为人师表”七种能力建设，继续开办 MBA 三期和四期培训班，拓宽学员职级和岗位覆盖面，加大对年轻干部和高学历人才的培养选拔力度。82 名学员系统学习了企业管理核心课程，穿插赴大连交通大学、清华大学和井冈山红色根据地学习，有针对性地补短板、强弱项，开阔了视野、提升了素质、增强了党性、增长了知识和才干。部分学习成绩优异、表现突出的年轻干部和高学历人才进入组织视野，纳入年轻干部培养工程进行培养和锻炼。

**【人才队伍建设】** 按照集团公司统一部署，调整子公司招聘权限，把每年一次的招生招聘工作调整为全年随时招聘，同时开展招聘网站优化改版工作。本着“按需引才、人岗相适”的原则，参加 50 多场校园“双选会”和“百校千企”人才对接等专场招聘会，开展常年的招聘和网络集中公开招聘工作。2019 年招聘高校毕业生 115 人，其中，引进博士研究生 4 名，招聘力度和招生质量大幅度提升。对 2018 年招聘主体单位的 39 名毕业生发放安家费 305 万元。强化专家人才管理，黄健、刘宏亮、康海军、高洪刚、卢秉军、霍刚、崔勇、徐铁和于涛等 9 人入选本溪市第三批优秀专家。推荐省百千万人才工程百层次人选 5 人、千层次人选 5 人、万层次人选 4 人。推荐省科技创新领军人才 2 人、百千万人才工程领军人才 3 人、青年拔尖人才 4 人。组织申报“智汇本溪、聚力振兴”对接项目 10 个。对 7 家单位的 30 名专家发放 2019 年国务院特贴。配合市委组织部完成了罗佳全事迹的宣传工作。

**【乡村振兴战略选派干部情况】** 认真贯彻落实省委关于大规模选派干部到乡村工作决策部署，积极做好选派干部派驻乡村工作。坚持年轻化、标准化的选派原则，完成第三批 19 名派出干部的选拔推荐和业务培训工作，其中有 9 名 35 岁以下年轻干部选派到乡村挂职锻炼。规范补贴政策，为派出干部创造良好的支农环境，进一步帮助乡村脱贫脱困。加大对选派干部派驻乡村的政策扶持力度，下拨专项党费，用于支持发展村集体经济和党建活动场所阵地建设，修建菌类大棚和“连心桥”，推动地区产业发展，实现 130 余户贫困户脱贫脱困。两年来，本钢集团选派干部规模达到 39 人，覆盖范围扩大到全省 14 个市，人数规模和范围为省属企业之最。

**【外事事务审批与管理】** 经国务院批准，外交部同意授予本钢集团一定出访、来访外事审批权。12 月 23 日，本钢集团举行外事审批权启动仪式暨外事机构成立会议。严格规范审批流程，不断提高办事效率，积极服务本钢集团生产经营活动，保障集团主要领导出访意大利，与意大利安萨尔多公司签订发电 CCPP 项目协议。顺利承办辽宁省因公出国政策法规宣讲暨专办员业务培训，获得外交部、省政府外事办及省内各行业参会人员的高度认可。完善《本钢集团有限公司外事工作管理办法》，全年共组织因公出国（境）任务 42 批 139 人次，所有团组均按计划圆满完成各项工作任务。从严把关，强化因私出国（境）制度的执行和落实，切实做好特殊身份人员的动态管理，实现因私出国（境）报撤备人员信息的精准、有效。2019 年，本钢集团新增特殊身份报备人员 196 人，共办理因私出国（境）审批 232 人次。（李维家　朴永鹏）

## 宣传工作

**【概况】** 本钢集团党委宣传部（统战部、企业文化部、团委）下设宣传统战处、企业文化、团委三个职能单元。主要包括宣传思想、统战、企业文化、共青团、新闻宣传等方面工作。2019 年共有在籍人员 10 人。其中部长 1 人、副部长 1 人、职能单元负责人 3 人、主任业务师 1 人、专业业务师 3 人、责任业务师 1 人。共有高级技术职称 4 人。宣传中心为宣传工作业务机构，负责相关业务的具体实施，下设综合策划室、报纸编辑室（含周末版）、报纸记者室、电视工作室、新媒体工作室等 5 个内设科级机构。共有在籍人员 55 人，其中副科（含副科）以上管理人员 13 人、其他采编人员 42 人，中级（含中级）以上职称 40 人、初级职称 15 人，女职工 26 人，中共党员 47 人。

本钢集团宣传工作主要由党委宣传部、宣传中心组织实施，主要包括思想建设、理论教育、落实意识形态工作责任制、形势任务教育、精神文明建设、法治宣传、国防教育、“法轮功”教育转化、对内对外新闻宣传等方面工作。

**【“不忘初心、牢记使命”主题教育】** 深入开展“不忘初心、牢记使命”主题教育是 2019 年本钢集团党委思想建设的主要内容。贯彻落实中央、省委关于开展“不忘初心、牢记使命”主题教育的总体部署，结合《本钢集团“不忘初心、牢记使命”主题教育实施方案》（钢委发〔2019〕49 号）要求，围绕“传承红色基因，牢记初心使命”“坚守绝对忠诚，做到‘两个维护’”“勇于担当作为，推动振兴发展”“坚持全面从严治党，营造良好政治生态”等 9 个专题，组织开展党委理论学习中心组学习，并以参观东北抗联史实陈列馆、观看电影《黄玫瑰》等形式，结合“学习强国”学习平台，丰富学习内容，取得了学习效果。同时，引导本钢集团中层以上领导干部“读原著、学原文、悟原理”，在学习中提高能力，在实践中增强本领，积极投身到企业改革发展的进程之中。

**【学习型党组织建设】** 深入学习宣传贯彻党的十九大和十九届二中、三中、四中全会精神，以习近平新时代中国特色社会主义思想为指导，增强“四个意识”，坚定“四个自信”，做到“两个维护”，根据不同时期学习重点，按季度下发《本钢集团党委理论学习中心组学习要点》及《各单位党委理论学习中心组学习情况通报》，指导基层党委理论学习中心组学习，明确阶段性理论学习内容，促进思想观念转变，不断提高政治理论和政策水平。本钢集团领导班子带头进行党委理论学习中心组学习，全年共开展24次，提高了学习的规范性、针对性和实效性。3月8日，省第十八督导组组长邓永基一行来本钢进行“学习强国”专项督查，给予充分肯定。本钢集团“学习强国”学习平台推广使用经验刊登在《国企宣传统战》第3期。12月5日，本钢集团获得省属企业“学习强国”学习平台推广使用工作先进单位荣誉称号。围绕“不忘初心、牢记使命”主题教育，6月18日，本钢集团领导班子进行专题辅导；6月21日，本钢集团党委举办“不忘初心、牢记使命”主题教育专题辅导，机关职能部门负责人，基层单位党委书记、党群部门负责人，本钢集团巡回指导组成员共200余人参加了专题辅导。7月29~30日，举办“不忘初心、牢记使命”主题教育培训班。各基层单位组织部长（党群工作室主任）及分管组织、宣传工作人员，本钢集团巡回指导组成员近200人参加了此次培训。11月29日，制定下发《本钢集团党委关于认真学习宣传贯彻党的十九届四中全会精神实施方案》，迅速兴起学习宣传贯彻的热潮。12月4日，省委讲师团成员、本钢党校高级顾问、本溪市委党校特聘教授、本溪市党建研究会副会长刘晓方教授就全面解读党的十九届四中全会精神为本钢集团领导班子作了专题辅导。12月10~19日，宣讲团成员走进板材公司、北营公司、矿业公司、本溪钢铁公司、北钢公司、国贸公司和集团公司机关等各基层党委，围绕全面解读党的十九届四中全会精神做巡回宣讲，约1500余名党员干部职工聆听了报告，分层次、有侧重地抓好基层党员干部和普通党员学习教育。

**【宣传思想工作】** 为了扎实推动习近平新时代中国特色社会主义思想深入人心，持续推进社会主义核心价值观建设，有力服务企业生产经营和改革发展。6月6日，本钢集团与中国冶金报社深入推进联合共建，中国钢铁工业协会副秘书长、中国冶金报社社长陆闻言，中国冶金报社党委书记陈洪飞带领中层以上管理人员一行20余人来本钢调研。本钢集团党委书记、董事长陈继壮与陆闻言一行进行了座谈。本钢集团党委副书记赵忠民参加调研座谈。同时，深入开展“庆祝新中国成立70周年，我们争做新时代追梦人”党建思想政治工作课题论文征集评选活动，总结推广来自基层的党建思想政治工作经验和做法。对征集的41家单位113篇论文进行评选，共评选出一等奖6篇、二等奖15篇、三等奖20篇、优秀奖37篇，并推荐6篇优秀论文参加全国冶金政研会举办的“全国冶金行业思想政治工作优秀论文评选”，其中，获二等奖1篇，优秀奖5篇。6月28日，组织召开“本钢集团党委纪念建党98周年暨‘不忘初心、牢记使命’主题教育座谈会”，回顾党的奋斗历史，结合企业党建工作，展望未来发展蓝图，号召广大党员干部用更加饱满的工作热情为本钢集团的改革发展贡献力量。本钢集团党委及板材冷轧厂、矿业南芬露天矿两家基层单位党委共4篇思想政治建设经验事迹材料刊登省国资委编发《省（中）直企业党的思想政治文化建设经验材料汇编》。

**【落实意识形态工作】** 本钢集团党委认真贯彻落实党中央和省、市委，省国资委党委关于意识形态工作的决策部署及指示精神，积极推进意识形态工作责任落实。3月28日，在2019年一季度省属企业意识形态工作分析研判会议上，本钢集团作经验交流发言。围绕本钢集团各时期改革发展工作重点，特别是围绕“四定”工作，在《本钢日报》“今日本钢”电视、本钢集团官方门户网站、OA办公自动化系统、官方微博、微信公众号等新媒体开设各类专题、专栏，就广大职工关注的重点问题进行详细解答。对外宣传工作围绕企业加快转方式、调结构、提高企业核心竞争力等方面，在省级以上媒体做好新闻宣传，提升了企业对外形象和社会影响力。同时，为了进一步加强和改进网络意识形态工作，发挥网络评论员正面舆论导向作用。围绕本钢集团党政中心工作，网络评论员积极开展网上正面宣传，对网络涉及的焦点、热点问题，及时撰写有深度、有说服力的文章和言论，进行引导和解疑释惑，充分发挥网络评论员网络“隐性引导”作用。逐步建立全员监管的舆情监控新模式，进一步探索网络舆情管理、应对、处置的方式方法。进一步加大网络舆情的监督管理力度，积极应对不良舆论的影响。开展跟进式职工动态调研，逐级摸清职工思想动态，掌握职工所思所想所盼，听取职工的意愿和诉求，了解职工所关注的热点问题，及时解疑释惑，为稳定职工队伍、振奋职工精神做好基础性工作。

**【形势任务教育】** 根据本钢集团生产经营实际，深入开展形势任务教育。围绕“不忘初心、牢记使命”主题教育，下发《围绕“不忘初心、牢记使命”主题教育形势任务教育提纲》，指导各单位党组织结合本钢实际，高标准、高质量开展主题教育，努力实现理论学习有收获、思想政治受洗礼、干事创业敢担当、为民服务解难题、清正廉洁作表率的具体目标，把主题教育成果转化为推动各项工作的实际举措，不断开创本钢集团高质量发展新局面。同时，利用《本钢日报》、“今日本钢”电视、本钢集团官方门户网站、OA办公自动化系统、官方微博、微信公众号等媒体平台，开设专题、专栏，精准解读“不忘初心、牢记使命”主题教育深刻思想内涵，结合实际，对本钢集团扎实开展主题教育具有重要的指导作用。各基层单位根据本钢集团改革发展形势，结合本单位实际，丰富形势任务教育手段，切实把贯彻落实习近平总书记重要讲话精神，与习近平新时代中国特色社会主义思想、党的十九大精神和深化企业改革实现高质量发展结合起来，为稳定职工队伍、振奋职工精神做好基础性工作，确保这次主题教育取得扎扎实实的成效。围绕“四定”、大集体改革等工作开展有针对性的形势任务教育。11月13日，宣传部牵头召开本钢集团“四定”工作交流推进会议。会议围绕统一思想认识，深刻领会“四定”工作深远意义；提高政治站位，倾力打造“四定”工作精品工程；加强宣传引领，广泛凝聚“四定”工作磅礴力量等方面进行了经验交流，为进一步加强思想引领，提高战略定位，解决具体问题，确保年底前各单位“四定”工作如期完成，本钢集团实现高质量发展提供有力保障。在大集体改革过程中，协助、指导综合工业公司建立微信公众号，针对职工面临热点、难点、堵点问题产生的负面情绪，给予及时有效疏导，为大集体改革顺利开展提供精神动力。

**【宣传舆论氛围营造】** 制定《本钢集团党委关于开展庆祝新中国成立70周年系列活动的通知》，指导各基层单位开展结合各自实际的庆祝活动。同时，充分利用各媒体平台，开办专题、专栏，重温新中国的光辉历程，充分展示新中国成立70周年本钢集团取得的伟大成就。积极推荐本钢集团、本钢集团团委、本钢退管中心制作5部“我和我的祖国”MV到“学习强国”学习平台，在辽宁学习平台予以刊发。9月6日，本钢集团与中冶沈勘设计院联合举办“壮丽70年·奋斗新时代”之冶金强国梦故事会本钢故事宣讲会。本钢集团副总经理、总工程师张贵玉出席会议并致辞。通过故事会形式，进一步提升广大干部职工的责任意识、奉献意识和发展意识，为本钢集团高质量发展贡献智慧和力量。

**【精神文明建设】** 以庆祝新中国成立70周年为契机，结合本钢实际有效开展本钢集团精神文明建设各项工作。通过弘扬社会主义核心价值观，践行“人本、人和，至精、至强”的企业核心价值理念，以贯彻落实《新时代公民道德建设实施纲要》为基本要求，深入开展“创文明单位、建文明班组、做文明职工”（以下简称“创建做”）和争做“社会公德、职业道德、家庭美德、个人品德”“四德”职工活动。积极探索新形势下精神文明建设工作融于企业生产经营实际的有效途径，大力弘扬本钢核心价值理念，不断创新丰富本钢精神文明建设“创建做”活动内容。通过创新丰富、宣传选树本钢精神文明建设“创建做”活动内容和先进典型，推进了本钢精神文明建设工作在企业发展中的不断提升。一是根据本溪市文明委要求，做好2018~2020年度本溪市、辽宁省精神文明单位创建申报备案制度，本钢集团共有12家单位自荐2018~2020年度本溪市精神文明单位，15家单位自荐辽宁省精神文明单位。二是以庆祝新中国成立70周年为契机，开展系列爱国主义教育活动。通过开展主题党日，举办“我和我的祖国·劳动筑梦”劳模工匠主题宣讲活动；组织各单位党委举行“同升国旗、同唱国歌”等系列特色活动，回顾祖国发展历史，重温党的光辉历程，激发本钢人的爱国情怀和奉献精神；推出《往事如铁》诵读音频电子书，在《本钢日报》、“今日本钢”电视和本钢集团官方微信公众号开设“壮丽70年·奋斗新时代”专栏，宣传新中国成立以来本钢集团为新中国经济建设做出的巨大贡献的先进人物感人事迹，凝聚本钢人团结奋斗的强大精神动力。三是根据本溪市《关于统计上报先进典型数据的通知》要求，统计上报2015年以来本系统行业评选命名以及被上级表彰的国家级、省级先进典型19个先进单位，16名先进个人。

**【道德典型选树及宣传】** 在全公司范围内广泛开展“跟着郭明义学雷锋”、争做“四德”职工活动，进一步营造宣传好人、学习好人、崇尚好人、争做好人的良好氛围，选树、宣传、推荐一批自觉践行社会主义核心价值观和本钢核心价值理念，忠诚企业、敬业奉献的先进典型。一是制定下发本钢《关于做好“本溪好人”评选推荐工作的通知》，组织做好“辽宁好人”“本溪好人”的推荐宣传工作。板材炼铁厂高立波、保卫中心任宝纯荣获2018年度“辽宁好人·身边好人”称号；本钢集团派驻丹东市宽甸县双山子镇东风村第一书记任枭雄、本钢集团派驻鞍山市岫岩县大房身镇大房身村第一书记任枭一荣获2019年度“辽宁好人 身边好人”称号；板材技术研究院文小明获得2019年度本溪市“本溪好人·道德模范”称号，板材炼钢厂郭安庆获得2019年度月评“本溪好人”称号。二是组织2019年度道德典型板材技术研究院文小明、板材炼钢厂郭安庆及所在单位25名职工参加由市委宣传部、市文明办共同举行的“本溪好人·2019年度盛典”。三是组织做好“学雷锋学郭明义”“最美志愿者”“最美退役军人”

“雷锋号”典型的推荐宣传工作。板材冷轧厂崔振荣获“2019年度辽宁省岗位学雷锋学郭明义标兵”、2019年度辽宁省“最美志愿者”称号；本钢矿业南芬露天铁矿动力作业区志愿服务队荣获本溪市2019年度“雷锋号”称号；建设机电安装公司罗佳全、板材炼钢厂丁显军、保卫中心任宝纯荣获2019年本溪市“最美退役军人”称号。四是2019年正月初一到初六，利用本钢集团官方微信公众号推送“辽宁好人、本溪好人”事迹。五是按照本溪市文明办要求，做好2018年度《本溪好人》书籍编撰工作。组织基层有关单位做好荣获“本溪好人”的赵东辉等11名职工事迹材料、照片征集的报送工作。发放2018年度《本溪好人》书籍。六是为弘扬模范精神，积极做好道德模范走访慰问工作。春节前夕，市委宣传部副部长、市文明办主任董文库，本钢集团党委副书记赵忠民、工会主席张彦宾等领导代表市委、本钢集团党委走访慰问本钢集团北营轧钢厂林刚、板材铁运公司赵秉言、建设机电安装公司罗佳全、矿业南芬露天铁矿王立仁、北营炼铁厂王世明、板材技术研究院文小明等7名市级以上道德模范，礼遇先进，增强模范的荣誉感，积极培育和践行社会主义核心价值观，营造尊敬、学习、关爱、宣传模范典型的浓厚氛围。

**【学雷锋志愿服务活动】** 按照省、市有关“志愿服务活动”要求，以“爱岗敬业、开拓进取，刻苦钻研、争创一流，艰苦奋斗、厉行节约，勇于创新、甘于奉献，诚实守信，助人为乐”的新时期雷锋精神为主题，开展系列学雷锋活动。一是宣传、下发并悬挂学雷锋志愿服务主题宣传标语口号，营造良好氛围。二是开展“学习弘扬雷锋精神”活动，根据《关于开展辽宁学雷锋大数据普查活动的通知》要求，统计上报数据，各基层单位共有4458人、320次参加学雷锋志愿服务。三是开展“雷锋精神学习宣传日”活动。“3·5”学雷锋活动期间，基层各单位先后组织召开学习雷锋精神座谈会、参观雷锋纪念馆、走进敬老院、立足岗位做贡献，清理现场卫生等活动，传递“奉献、友爱、互助、进步”志愿精神。四是在纪念“3·5”学雷锋活动55周年之际，通过《本钢日报》、本钢集团官方微信公众号开辟专版专栏，开展以“铸就精神之‘魂’绽放文明之‘花’”为主题的学雷锋志愿服务主题宣传活动，重点宣传17个荣获2018年度月评“本溪好人”“本溪好人·最美志愿者”“辽宁好人·最美人物”、青年志愿者（爱心）团队典型代表事迹。五是组织参加由市文明办举办的“雷锋公益林”大型公益活动，本钢23名志愿者参加活动。六是组织本钢集团志愿者参加本溪市文明办举行的“文明交通行”志愿服务活动。

**【法治宣传】** 坚持“依法治企”和“以德治企”相结合，全面推动法治本钢建设宣传教育系列活动的深入开展。一是组织学习新修订《中华人民共和国宪法》，把宪法纳入各级党委理论学习中心组学习，增强尊崇宪法、学习宪法、遵守宪法、维护宪法意识。二是利用各种媒体发布宪法及其他法律法规知识，强化职工依法生产、依法维权的法治意识。各基层单位在显著位置设置法治宣传标语口号，营造了浓厚的法治宣传氛围。三是加快推进法治本钢建设，本钢集团党委宣传部、法律事务部联合下发《2019年本钢集团有限公司普法工作要点》（钢委发〔2019〕55号）文件，为本钢集团深化改革营造良好法治环境。四是参加全市“12·4”国家宪法日宪法法律知识考试。组织28

家集团职能部门280人参加了国家宪法知识分场考试。组织观看全市“12·4”国家宪法日法治文艺演出。五是下发《关于开展2019年“12·4”国家宪法日“宪法宣传周”活动的通知》。本钢集团党委宣传部、法律事务部联合在12月4日的《本钢日报》、本钢集团官方微信公众号等媒体开辟专版专栏，以“弘扬宪法精神　推进国家治理体系和治理能力现代化”为主题，宣传宪法常识、法治宣传口号以及板材铁运公司、北营炼铁厂、矿业歪头山铁矿等7家单位的法治宣传工作经验，扩大宣传影响和辐射。

**【国防教育】** 为进一步加强国防教育，增强广大干部职工“关心国防事业、关注国家安全、尊崇军人职业”的国防法治意识和法治观念，以纪念《中华人民共和国国防教育法》颁布实施18周年为契机，深入开展了以“忠诚于党、热爱人民、立足本钢、报效祖国”为主要内容的国防教育系列活动。一是将《中华人民共和国国防教育法》的学习教育纳入各级党委理论学习中心组学习和本钢集团“七五”依法治理普法宣传教育的主要学习内容，加大对全员国防教育活动的宣传教育和指导。二是在4月15日和4月28日，先后组织开展“全民国家安全教育日”和《中华人民共和国国防教育法》教育活动。4月28日，会同集团保卫中心（武装部）在《本钢日报》、本钢集团官方微信公众号开辟专版，以“赞颂辉煌成就、军民同心筑梦”为主题，宣传板材焦化厂、北营焦化厂、矿业南芬选矿厂等5个基层单位在贯彻落实《中华人民共和国国防教育法》以及“七五”依法治理普法宣传活动期间的经验做法和涌现出的“拥军、爱军、建军、兴军、强军”新事新风、典型事迹。三是以“赞颂辉煌成就、军民同心筑梦”为主题，联合本钢集团保卫中心（武装部）做好“‘9.15’全民国防教育日”教育系列活动。四是结合本溪市《关于开展反恐怖主义法普法宣传活动的通知》要求，结合本钢实际，通过《本钢日报》、本钢集团官方微信公众号宣传《反恐怖主义法》相关条款解读，有效增强了职工责任感。五是配合本钢集团保卫中心（武装部）举行勿忘国耻、居安思危的“9·18”鸣响防空警报活动。

**【“法轮功”教育转化】** 按照省、市防范办的统一部署，一是在广大干部职工中深入开展“崇尚科学、反对邪教、珍爱生命、共享和谐”的社会主义核心价值观教育。重点做好国家省市区“两会”“新年”“春节”“清明节”“端午节”“中秋节”“国庆节”以及“4·25”“5·13”“6·4”“7·22”等敏感节假日期间“法轮功”重点人“零平安报告”的防控接续帮教维稳工作。二是按照本溪市《关于对我市体制内“法轮功”等邪教组织人员开展排查工作的通知》要求，经同本钢集团保卫中心落实排查，上报本钢“法轮功”人员的摸排统计表。

**【新闻宣传工作】** 宣传中心作为本钢集团业务机构，承担本钢集团新闻宣传任务。主要负责《本钢日报》出版、“今日本钢”电视播出和本钢新媒体宣传以及对外宣传、网络舆情监控等工作，接受本钢集团党委宣传部业务指导。本钢自有媒体包括：《本钢日报》、“今日本钢”电视、本钢集团官方微博、微信公众号等新媒体平台。省级以上本钢外宣媒体主要有中央人民广播电台、中央电视台、辽宁电视台和《辽宁日报》《中国冶金报》《工人日报》《中国工业报》《证券时报》《经济日报》《人民日报》及新华社等。2019年，宣传中心领导班子始终坚持以习近平总书记关于宣传思想工作的重要思想和指示精神为统领，以本钢集团党委工作部署为指导，紧密围绕企业中心工作，充分发挥新闻舆论的引导作用，带领全体采编人员遵循“高快深广新活”新闻采编规律，践行“创新、贴近、融合、鼓劲”新闻宣传要求，超前思考，创新工作，出色完成了新闻宣传工作任务，为本钢集团高质量发展提供了舆论支撑。全年内部评选好新闻95篇，其中38件作品分别获省级以上好新闻奖。另有3人分获本钢集团优秀共产党员、先进（生产）工作者、“三八”红旗手等荣誉称号。

**【四大基本亮点】** 一是提高政治站位，把握舆论导向。始终把学习习近平总书记系列重要讲话精神作为宣传工作的重中之重，提高全体采编人员的理论水平和业务素质，更好地把握舆论导向，增强新闻宣传效果。二是规范采编流程，提升报纸质量。重新修改完善并规范了采编流程，既满足读者需求，又提升报纸质量。三是抓住重要节点，扩大本钢影响。在全国“两会”期间，本钢集团党委书记、董事长陈继壮参会，按会前、会中、会后三个阶段，将数十篇反映本钢改革发展和生产经营方面的稿件提供给各大媒体，达到了预期宣传效果。四是明确宣传重点，深化主题报道。通过采取常规报道力求新颖，主题报道力求“深一度”的工作准则，立足“内容为王”，从策划，到采编，延伸到各工序，呈现出内外宣齐头并进，各大媒体纷纷跟进的舆论宣传氛围。

**【《本钢日报》出版发行】** 《本钢日报》创刊于1948年12月。立足本钢，面向全国公开发行，国内统一刊号：CN21－0031。2019年，全年采编和出版298期计1192版，发稿9500余篇计1000余万字。每期发行1.2万份，年总发行358.8万份。一是组织贯彻落实省委副书记、省长唐一军结合“不忘初心、牢记使命”主题教育，就推进资源型地区创新转型发展来本钢调研等报道。二是策划并实施“解放思想推动高质量发展夺取首季开门红”专栏；采写本钢集团关于“四定”等改革方面的报道，及时转发本钢集团党委书记、董事长陈继壮随中央领导出访意大利签订重要采购协议的宣传报道。三是组建融媒体创新团队，创办《“深一度”新周刊》深度报道专版等主题报道。四是以专版专稿的形式，做好学雷锋纪念日、“三八”妇女节特别报道。五是开设“媒体看本钢”专栏，转载其他媒体对本钢的报道。六是精心策划《本钢日报》出版10000期特别报道。报纸推出纪念特刊，全面报道本钢集团党委对新闻宣传工作的重视、支持和要求，以及本钢几代报人坚守初心的生动实践，扩大了本钢媒体的持久影响力。七是把握关键节点，策划组织工作成果报道和系列评论，充分发挥了舆论引导作用。八是组织辽宁本钢男篮赛事的采访报道，本钢集团第三届职工体育运动会等各项文体活动报道。《本钢日报》发挥新闻资源优势，每周一至周五实时更新供本钢集团官方门户网站所需文字新闻及相关图片新闻，OA办公自动化系统《本钢新闻》专栏所需稿件。

**【“今日本钢”电视概况】** 宣传中心电视工作室，承担本钢集团电视新闻宣传任务，主要负责“今日本钢”电视节目制作、播出工作。“今日本钢”电视节目开播于1987年9月。借助本溪电视台综合频道即BXTV－1面向全市播出。2019年，采编并播出“今日本钢”电视节目1096期次，总时长10960分钟（均含重播、再播）。其中首播365期，约播发稿件1560篇，播发稿件文字量110多万字。

**【新媒体宣传】** 2019年，新媒体工作室编发《本钢手机报》239期、发稿5085条，微信推送296期、发稿1591条，微博推送1795条。一是坚持新闻导向，创新栏目设置。在“微新闻”“微平台”“微传播”版块中增设心语等栏目，展现本钢移动网络新形象。二是发挥平台优势，加强党建宣传。结合“不忘初心、牢记使命”主题教育，制作了微信工具栏，全年编发40余篇文章，推动基层党组织开展学习。三是运用新媒体技术，精心制作推送新闻。充分发挥新媒体平台优势，精心制作微信推送，即时观看，让本钢集团的形象广泛传播。四是突出互动性强特点，为职工群众答疑解惑，为集团领导制定相关制度、出台政策提供参考。

**【对外宣传】** 2019年，围绕本钢集团取得的新成果、新经验、新业绩，在省、市、行业和国家媒体进行全方位报道，扩大了企业的品牌影响力。全年在中央电视台、新华社、《人民日报》《新华每日电讯》《工人日报》《经济参考报》《中国产经新闻》、辽宁电视台、《辽宁日报》《中国冶金报》《辽宁职工报》《共产党员》等省级以上媒体刊发稿件达160篇，完成年度外宣考核指标的241.5%。一是聚焦点。对外宣传紧紧围绕庆祝新中国成立70周年这一主题，进一步提升了本钢的品牌形象。二是挖特点。对外宣传工作紧紧围绕本钢集团党委宣传思想文化建设总体工作目标，进一步加大本钢集团对外宣传力度。三是扬亮点。2019年，对外宣传工作围绕销售、科研、绿色发展和改革举措等方面进行宣传报道，极大地拓展了本钢集团的综合影响力。

**【新闻宣传综合管理】** 2019年，宣传中心以“不忘初心，牢记使命”主题教育为契机，以“学习强国”学习平台为载体，把党建和思想政治工作寓于新闻宣传工作的全过程，对政治理论学习统筹规划、精心安排，坚持做到常抓不懈，为促进本钢集团新闻宣传工作健康发展提供了强有力的政治保证。一是以党建工作为引领，充分发挥群团组织优势，形成合力。党总支通过开展主题党日、党课，论文征集评比等丰富多样的学习形式，增强了政治理论学习的针对性和实效性，提升了采编人员的政治素质和业务水平。二是全面实施绩效考核，激发员工动力。在积极稳妥开展岗位聘任工作的同时，重新修订、完善并下发了《宣传中心绩效考核管理办法》《宣传中心新闻采编业务考核细则》，实现“人岗相适、权责对应”，有效调动全体采编人员的工作积极性。三是坚持“三贴近”原则，深化“走转改”活动。紧密围绕本钢集团中心工作，进一步增强“脚力、眼力、脑力、笔力”，大力宣传企业改革发展成果，展现省属最大国企的社会责任担当。四是以提升企业知名度为牵引，不断加大外宣力度。采编人员牢记职责使命，把握“时度效”，通过一篇篇带有温度的新闻产品，全方位展示本钢集团实现高质量发展的动态、进展和成就报道。五是以热点、难点问题为抓手，卓有成效的开展舆论引导工作。《本钢日报》、本钢集团官方微信公众号开设了“记者调查”栏目，客观、真实地反映了“停车难”等职工群众关注的热点、难点问题，使新闻报道成为本钢集团保持稳定的“减震器”。

（顾春明　朱　丹　刘发顺）

# 纪检监察工作

**【概况】** 辽宁省监察委员会驻本钢集团有限公司监察专员办公室、本钢集团有限公司党委巡察办和本钢集团有限公司纪委（监察部）合署办公。党委巡察办下设巡察处、综合处，纪委（监察部）下设信访案件管理室、纪检监察室、案件审理室、纪检监察干部监督室、党风监督室（清欠办公室）和15个派驻纪检监察组。纪委（监察部、巡察办）在籍人员均为中共党员，共计66人(不含纪委书记)，其中专务2人。处级52人（含纪委副书记兼任党委巡察办主任、监察部部长1人）、科级8人、科员和一般工作人员6人。

**【党委巡察工作】** 深入贯彻落实中央、省委巡视巡察工作方针，紧紧围绕集团公司党委的决策部署，把握职能定位，聚焦政治监督，稳步推进巡察工作。一是夯实工作基础，加强巡察规范化建设。健全完善巡察工作“3+X”制度体系，制定出台了《巡察报告问题底稿管理办法》《关于规范巡察报告的意见》等7项工作规则，建立了巡察机构与相关部门（单位）的协作配合机制；以提升巡察业务为导向，编印《巡察工作实用手册》，规范了巡察组工作流程，制定了“巡察组调阅的45项资料清单模块”，有效提升了巡察工作质量和规范化水平。加强巡察队伍建设，创新采用“内邀外请”“以巡代训”“专兼结合”等培养模式，巡察干部的业务能力得到进一步提高。二是深化政治监督，扎实开展第二轮、第三轮巡察。党委巡察机构积极探索实践，创新巡察监督模式，综合运用常规巡察、“未巡先改”、延伸巡察等方式，深入开展党委第二轮、第三轮巡察工作。组织开展了对8家基层单位党委以及2个机关部门的巡察监督，撰写巡察报告12个，形成问题底稿516条，反馈发现问题604条，向纪委移交问题线索38件，起到了强有力的震慑作用。三是强化责任落实，巡察整改取得实效。严格落实被巡察单位党组织整改工作主体责任，层层分解，细化措施，推动了整改问题清仓见底、对账销号；巡察机构、纪委等相关部门坚持问题导向，将巡察整改与监督检查充分结合，强化巡察整改全过程的跟踪督查，采取“改前综合指导、改中督导督办、改后专项检查‘回头看’”的方式，形成了切实有效的巡察整改工作机制，提升了巡察整改工作成效。截至2019年末，首轮巡察整改工作全部结束，完成问题整改191项，整改率达到96%，修订完善制度规定176项，清理追缴违规款6.6万元。第二轮巡察整改工作正在持续推进中，反馈的292项已完成整改率80%。第三轮巡察反馈和集中整改工作已全面开展。

**【纪检监察体制改革工作】** 2019年，按照省委《关于深化省纪委监委派驻机构改革的意见》精神，省纪委监委不断推进纪检监察体制改革，进一步加强省管企业纪检监察机构规范化管理，促进企业党风廉政建设和反腐败工作深入开展。按照省纪委监委统一部署，辽宁省监察委员会驻本钢集团有限公司监察专员办公室于2019年11月20日在本钢集团举行了挂牌仪式。挂牌后，监察专员办公室与集团纪委合署办公，按照监察法的授权，履行监察职能，进一步推动监察职能向基层延伸，实现对公职人员监察全覆盖，标志着本钢集团纪检监察工作进入了一个新时期。

**【派驻监督工作】** 2019年，各派驻纪检组聚焦主责主业，努力发挥派驻优势，切实提高了派驻监督质量。纪检监察组织派驻制管理被评为“省纪检监察系统党的十九大以来创新工作”“辽宁省企业管理创新成果一等奖”。一是强化监督主业，各派驻纪检组通过参加或列席驻在单位党委会、“三重一大”和组织生活会等重要会议的方式，加强对驻在单位的监督，及时发现权力运行中“易发、多发”问题，并充分运用“四种形态”提醒和督促驻在单位党委落实主体责任。经统计，2019 年全年累计参加驻在单位各类重要会议 1500 余次。特别是集团公司进行“四定”改革期间，各派驻纪检监察组与各单位密切配合，克服了时间集中、人员少任务重等困难，对“四定”各环节进行监督，为“四定”工作的有序平稳开展提供了监督保障。二是督促驻在单位认真传达落实年节假期等重要时间节点有关纪律要求，并深入基层对落实情况进行监督检查，在检查过程中对有关负责人进行必要提醒，确保其认真履行监管职责。三是把握运用监督执纪“四种形态”，严肃查处违反中央八项规定精神等问题线索，严肃追责问责，查办案件的规范性、时效性进一步提高，违纪人员处理、问题整改、警示教育等查处案件“后半篇文章”进一步加强。

**【纪律审查工作】** 截至 2019 年末，集团纪委受理信访举报和问题线索共计 327 件（其中信访举报 273 件，问题线索 54 件），同比增长 30.8%。共给予党政纪处分 118 人，同比增长 7.27%。受处分人员中，处级及以上干部 48 人，科级干部 39 人，其他人员 31 人。以上主要数据可以说明，集团公司党委、纪委推进党风廉政建设和反腐败工作的决心不变、力度不减，惩治腐败高压态势的震慑作用明显。在纪检信访和纪律审查工作中，一是不断拓宽信访举报渠道，在传统“信、访、电”三位一体工作模式基础上，加强对网络举报和信息的收集和关注，2019 年共接收网络举报 116 件。二是严格坚持“有举必查”，重点查处违反中央八项规定精神、“四风”以及损害企业利益、侵占职工利益等方面案件。在执纪审查工作中，严格按照纪检监察“24 字方针”和制度流程开展工作，既敢于动真碰硬，又勇于担当负责；既追求工作效率，又保证办案质量。三是以有效提高办案质量为目的认真开展案件审理工作，严把程序关，重点对办案程序和证据材料进行审理审核，提出审理审核意见，并对审理审核意见的执行状况进行跟踪检查。四是严把干部选拔任用“党风廉政意见回复”关，及时核查掌握反映领导干部问题线索，实事求是地评价干部廉洁情况，防止干部“带病提拔”和“带病上岗”。全年共为集团有关部门出具干部廉政审核意见 1917 份。

**【廉洁宣教工作】** 集团纪委认真落实上级纪委和集团党委的工作部署，立足“教育为先，强化预防为主”的思想，积极开展多种形式反腐倡廉教育，促进各级党员干部筑牢思想防线，不断推进集团党风廉政建设和反腐倡廉工作向全方位覆盖。一是组织召开集团纪委一届五次全委（扩大）会议。传达中央纪委、省纪委全会精神，对本钢集团纪检监察工作进行总结和部署，推进集团全面从严治党向纵深发展。二是加大警示教育力度。结合贯彻落实省（中）直企业党风廉政建设和反腐败工作会议精神，先后组织召开了集团中层以上干部廉政警示教育大会 3 次，进一步增强广大党员干部和重点岗位人员的廉洁自律意识和拒腐防变能力。三是组织签订“廉洁自律承诺书”。集团各级领导干部和重点岗位人员签订“廉洁自律承诺书”共计 10483 份。四是创新组织召开新提任领导干部党风教育大会。2019 年 9 月，在对 2018 年 9 月以后集团新提任的领导干部进行党风教育时，集团纪委打破以往惯例，还邀请了这些领导干部的家属参会，共组织新提任领导干部及家属 165 人，共同参观了省反腐倡廉教育基地，旨在通过这种新方式进一步促进大家不断强化廉洁自律意识，自觉涵养廉政家风，推动集团党风廉政建设和反腐败工作进一步延伸。

本钢集团新提任领导干部党风教育（田峥　摄）

**【党风监督工作】**　一是通过集团 OA 办公系统、微信公众号等方式转发上级纪委关于年节假期等重要时间节点纪律要求，同时要求各级党组织要紧盯违反中央八项规定精神和“四风”问题不放松，坚决落实两个责任，对违纪违规问题依纪依规从严处理，积极营造风清气正的节日氛围。二是落实省纪委《关于对纪检监察机关加强问责工作开展自查的通知》要求，结合本钢集团实际，围绕问责目的是否明确等五个方面十七个问题开展自查，并按时完成本钢集团纪检监察机关问责工作自查报告。三是在集团副处级以上领导干部中开展“反对形式主义、官僚主义整治专项自查”工作，并按照集团党委要求，对各基层党委和副处级以上领导干部自查出的问题建立问题台账，进行监督整改。四是结合巡察和纪律审查中发现的问题，为进一步严明纪律规矩，持之以恒纠正“四风”，在全公司范围内开展了借出差之机旅游等问题专项排查工作，共排查出问题 44 项，涉及基层单位 13 个、人员 98 人次，收缴不合规差旅费（含补助费）共计 5.72 万元。五是认真落实市纪委《关于严禁党员干部、公职人员违规操办或参加“升学宴”的通知》要求，各派驻纪检组会同基层单位党委分别召开提醒谈话会传达文件精神，65 家基层单位党委的 746 名相关人员全部填写了“党员干部子女升学事宜报告表”，未发现操办和参加非家庭性质“升学宴”问题。六是按照上级纪委关于开展严肃整治领导干部利用名贵特产类特殊资源谋取私利问题的工作要求，开展了此类问题专项整治，经全面梳理排查，未发现利用名贵特产类特殊资源谋取私利问题。七是从集团整体利益出发，积极开展清欠工作，通过细化工作措施，加强组织协调，全年与本钢各债权单位共计清回外部债权陈欠款 1.47 亿元。

**【纪检监察干部队伍建设工作】** 在着力做好纪检监察工作的同时，集团纪委不断加强对纪检监察干部的教育和引导工作，着力增强纪检监察人员的责任意识、纪律意识、廉洁意识，对内部的不良行为和思想倾向及时批评教育，涉及违规违纪的严肃处理，始终保持队伍的纯洁性，锻造一支让党放心、职工群众信赖的过硬队伍。一是组织召开了派驻纪检组述职述责工作会，各派驻纪检组组长分别代表本组对实施派驻以来工作开展情况进行汇报，达到相互借鉴、相互促进、共同提高的目的。二是加强对各派驻纪检组日常工作的监督考核，同时着重运用“四种形态”中的第一种形态对考评排名靠后、履行监督责任不到位的派驻纪检组组长进行约谈，严肃指出其存在的问题和不足，帮助其剖析问题产生的根源，督促其认真整改并聚焦主业履职尽责。三是组织召开本钢集团纪检监察系统专题警示教育大会，以杨锡怀、邱大明案件为重点教育内容，教育引导广大纪检监察干部深刻吸取教训，做到警钟长鸣，以更高的政治标准不断加强新时代纪检监察队伍自身建设。四是加强对纪检监察干部的培训工作，切实提高纪检监察干部履职本领。6 月，集团纪委各业务室负责人就信访受理、纪检监察和案件审理等专业知识面向全体纪检干部进行了系统深入的讲解，进一步提高了纪检监察干部的履职能力。五是扎实开展“不忘初心、牢记使命”主题教育。在开展主题教育期间，完成“纪律处分决定执行不规范、不到位问题专项整治”等 5 项专项整治工作；组织纪委全体副处级以上领导干部开展集中研讨 9 次；撰写研讨发言提纲 400 余篇；按照“四个找一找”要求，认真检视问题，对照党章党规寻找自身存在的差距和不足，共查找出问题 500 余条，对于能够立即整改的问题立行立改，对于需要长期持续进行整改的问题确保持续推进落实。六是根据省纪委监委关于开展全省纪检监察系统纪检监察业务知识测试的通知要求，集团纪委 66 名纪检监察干部先后参加了两次专场测试，这不仅是对纪检监察干部平时学习情况的综合检测，更是对所有纪检监察干部业务知识水平和能力的再提升过程，从测试结果上看，两场测试均取得了较好效果。

（王树新）

# 统一战线工作

**【概况】** 本钢集团党委统战工作由本钢集团党委宣传部（统战部、企业文化部、团委）具体实施。主要负责深入开展学习贯彻习近平总书记关于加强和改进统一战线工作的重要思想，贯彻落实《中国共产党统一战线工作条例（试行）》文件精神，宣传贯彻党的统一战线的路线、方针、政策以及中央、省、市统战工作会议精神；负责围绕企业生产经营中心工作，夯实基础，丰富载体，创新思路，充分凝聚党外各界人士，调动统战成员积极性，努力发挥统战工作在企业改革发展中的作用；负责省、市、区政协委员，党外人大代表的推荐、考核和管理工作；负责协调指导本钢各民主党派和无党派人士、党外知识分子以及民族、宗教、对台、侨务等统战各项工作。

**【统战活动】** 一是 2 月 18 日，组织召开了本钢集团党委“庆祝新中国成立 70 周年暨促改革献良策推动高质量发展”各民主党派基层组织负责人座谈会，共征集各类意见建议 81 条，为推动企业高质量发展出良谋、献良策。二是深入开展“爱献做”活动。2月19日，集团党委统战部下发了《关于在本钢各界人士中继续深入开展“立项攻关、降本增效、科技创新、履职尽责”承诺活动的通知》。全年共开展课题立项81项，征集合理化建议100余条，为企业生产经营贡献了智慧和力量。三是积极开展统战理论研究，在2018年度全市统战理论研究论文评选中，本钢集团有3篇论文分别荣获特别奖、一等奖和三等奖。四是积极开展统战信息报送工作，本钢集团党委统战部荣获本溪市2018年度统战信息工作先进单位。五是5月20日，省委统战部副部长王东秀到本钢调研。本钢集团党委副书记赵忠民代表本钢党委对本钢统战工作和党外知识分子工作进行了专题汇报。六是本溪市委统战部副部长刘绍堂一行到本钢调研，集团党委统战部进行了统战工作汇报。七是组织本钢4名统战干部及9名统战成员参加省、市统战理论研究培训班。八是承办了“2019年全省国有企业统战工作会议”，省委统战部副部长张兴奎出席会议并讲话。《助力新发展 开创新局面——2019年全省国有企业统战工作会议在本钢召开》的稿件在《本溪智慧统战》上刊发。九是按照市委统战部要求，组织各民主党派成员参与本溪市委统战部举行的“全市统战系统庆祝新中国成立70周年”书画摄影展，共推荐40幅书画摄影作品参与活动，其中18幅作品获奖，本钢集团党委统战部荣获优秀组织单位。十是统战宣传月期间，深入挖掘、选树党外人士代表的先进典型事迹，并在《本钢日报》开辟专版对16名统战先进典型事迹进行了宣传报道。

**【政协工作】** 一是按照上级统战部门《关于对十二届省政协委员、常委变化情况调查的通知》《关于对十三届市政协委员、常委变化情况调查的通知》的有关要求，做好本钢2名省政协委员、常委以及33名市政协委员、常委的调查工作，并按上级要求完成了2名市政协委员的调整工作。二是积极组织本钢市、县（区）政协委员参加议案提案培训班，积极开展建言献策，履行参政议政职能，全年被市政协采纳提案22件。

**【民主党派工作】** 一是支持本钢各民主党派基层组织开展自身建设，协助民革、民进、九三学社等基层组织开展“党派之家”建设，2019年，民革本钢厂区支部、民进本钢总支、民盟本钢冷轧厂支部先后获得本溪市优秀“党派之家”、民进辽宁省委先进基层组织和民盟本溪市委先进集体等荣誉称号；指导民进、农工、九三等4个支部（社）完成换届工作。二是围绕学习习近平总书记关于加强和改进统一战线工作的重要思想、贯彻习近平总书记在辽宁考察和在推进东北振兴座谈会上的重要讲话精神，按照省委统战部下发的《关于印发〈中共辽宁省委统战部支持无党派人士“不忘合作初心、继续携手前进”主题教育活动有关安排〉的通知》要求，在本钢各民主党派和无党派人士中深入开展“重走抗联路、共续统战情”和“钢铁是怎样炼成的”生产工艺调研等主题教育活动，进一步凝聚思想、凝聚共识。三是7月，集团公司党委副书记赵忠民参加省委统战部召开的“国有企业民主党派人士调研座谈会”，并代表本钢集团进行经验介绍，省委常委、统战部部长范继英参加会议并讲话。四是推荐3名民主党派代表人士为省级层面党外代表人物。

**【党外知识分子工作】** 一是按照省国资委党委统战部和本溪市委统战部《关于开展

2019年度全省党外知识分子建言献策活动的通知》《关于申报2019年全省统战工作实践创新项目的通知》《关于申报2019年统战理论研究立项课题的通知》要求，组织报送了全省统战工作实践创新项目1项；完成了2019年统战理论研究项目申报3项，其中有1项被列为辽宁省2019年统战理论研究重点立项课题；组织报送2019年度党外知识分子建言献策立项课题3项，11月，3项课题全部完成结题验收。二是按照市委统战部要求，组织报送了本钢党外知识分子联谊会班子成员信息表及本钢集团党外知识分子工作汇报材料。三是组织本钢4名无党派知识分子参加本溪市委统战部举办的“无党派人士培训班”。

**【民族宗教工作】** 一是围绕《关于依法治理民族事务促进民族团结的意见》的有关精神，持续做好落实宪法和民族区域自治自查工作。二是5月19日，支持北营焦化厂满族职工、民盟盟员谢克心，在本溪市群众艺术馆举行“满族文字推广”教学讲座，通过《本钢日报》对活动情况进行了广泛宣传。三是按照“本溪市宗教工作自查动员会议”和“本溪市宗教工作自查调度会议”的统一部署，持续做好本钢集团宗教工作。

**【对台侨务工作】** 一是1月18日，按照市侨联要求，对市侨联民主生活会征集意见工作进行了反馈。二是9月3日，组织台胞、侨胞代表，到矿业露天铁矿、板材冷轧厂三冷轧工序开展参观调研活动。三是9月10日，组织2名侨眷参加本溪市侨联举行的“迎国庆、话团圆”座谈会。

**【本钢各民主党派概况】** 本钢集团现有“民革本钢支部、民盟本钢总支、民建本钢委员会、民进本钢总支、农工党本钢支部、致公党本钢支部、九三学社本钢委员会”等7个民主党派，共有基层委员会（总支）、支部（社）等组织29个，民主党派成员382名。其中，民革本钢支部下设3个支部，现有党员40名，市、区政协委员3名；民盟本钢总支下设8个支部现有盟员137名，市、区级人大代表、政协委员8名；民建本钢委员会，现有会员78名，市、区级人大代表、政协委员4名；民进本钢总支下设3个支部，现有会员46名，市、区级人大代表、政协委员4名；农工党本钢支部现有党员8名，市政协委员1名；致公党本钢支部现有党员16名，市、区级政协委员5名；九三学社本钢委员会，下设6个支社，现有社员57名，市、区级人大代表、政协委员7名。一是理论学习方面。结合庆祝新中国成立70周年、人民政协成立70周年活动主题，民革本钢支部组织开展了集中学习研讨3次，观看《开国大典》《建国大业》等教育影片。民盟本钢总支邀请盟市委副主委张仁庆到板材冷轧厂三冷轧工序开展“不忘合作初心、携手继续前进”主题教育宣讲。民进本钢总支组织会员认真学习了《习近平总书记系列重要讲话读本》《习近平新时代中国特色社会主义思想三十讲》等内容。农工党本钢支部组织党员学习了《中共中央关于坚持和完善中国特色社会主义制度、推进国家治理体系和治理能力现代化若干重大问题的决定》等文件。致公党本钢支部围绕习近平关于新型政党制度及在东北振兴座谈会上的重要讲话将神等内容进行培训学习。九三学社本钢委员会围绕“不忘初心、牢记使命”主题教育，先后开展理论学习两次。二是组织建设方面。民革本钢支部完成了支部换届的各项筹备工作，民主推荐了新一届支部班子成员；全年新发展党员1名，发展联系人士3名。民盟本钢总支2019年共发展盟员4人，冷轧厂支部被民盟本溪市委评为“先进集体”。民建本钢委员会对原组织架构进行了调整，重新划分成立4个支部，并完成了换届筹备工作。民进本钢总支荣获2019年度民进省委“先进基层组织”荣誉称号，并推进辽宁冶金职业技术学院支部完成了换届工作。致公党本钢支部2019年发展党员1名。三是参政议政方面。2019年，民革本钢支部共提交个人提案的3份、社情民意信息2份。民盟本钢总支提交议案、提案14件，其中单斌同志被评为2019年本溪市优秀市人大代表，当选为民盟市委监督委员会委员。民建本钢委员会提交建议和提案4件，推荐4名会员担任市、区各级特邀参政议政监督员，并参加市政协关于整合主城区路网专题协商座谈会以及参与社会调研、视察等活动。致公党本钢支部提交提案5件。九三学社本钢委员会提交提案10件、统战信息2条。四是特色活动方面。民革本钢支部积极组织党员参与民革省委“庆祝建国70周年”系列活动和“思想政治建设年”专题调研活动；春节前夕，开展了老党员走访慰问送祝福活动。民盟本钢总支积极组织盟员参加盟市委举办的“庆国庆-话重阳”两节联欢活动和“典型就在身边”推荐活动。民进本钢总支积极推荐优秀作品参与“全市统战系统庆祝新中国成立70周年”书画摄影作品评选活动，其中李哲和万志勇两名同志的绘画作品分别获得一等奖和三等奖。致公党本钢支部积极参与“立项攻关、降本增效、科技创新、履职尽责”承诺活动，李虹与王恩斌两名同志共同立项的“连退皮带助卷器与卷取机相互搭接纠偏连杆底座”攻关课题，目前项目已经改造完毕。九三学社本钢委员会积极组织社员开展传承红色基因主题教育活动，参加社市委组织的“五四”青年活动以及“中华文化与养生知识”讲座等活动。五是社会服务方面。民革本钢支部发展社会义工7人，积极参与社会服务活动，取得了良好的社会反响。民盟本钢总支积极组织盟员开展社会捐助活动，张光政、朱元芹两位同志为圣火养老院捐衣捐被12件，冷轧厂支部盟员捐款530元，捐物品51件。民建本钢委员会响应民建市委号召，开展河北丰宁消费扶贫工作，共完成消费扶贫额度5300元。六是岗位建功方面。民革本钢支部陈宇同志荣获2019年辽宁省科技进步二等奖；宋涛同志荣获2019年本钢科技进步二等奖。民盟本钢总支曹丽娜同志被评为2019年度本钢集团劳动模范；闻壮宏同志的两项课题立项分别荣获辽宁省一等奖和本溪市一等奖；袁家君同志的课件获2019年度本溪市职业学校优秀课件制作一等奖；鲁阳艳同志参与教材《大学生职业规划与就业创业指导》的编撰、出版、发行工作，并担任副主编；李文轩同志荣获省23届教学竞赛二等奖。民进本钢总支的齐亚荣同志荣获本溪市“五一劳动奖章”。九三学社本钢委员会徐海涛同志主导自主研发《本钢无人值守系统》在省青年工业设计大赛上获优秀产品奖，并成功签订并完成了江苏淮安五号、六号高炉、江苏高义二号转炉、高义连铸自控系统等项目以及签订完成本钢集团首个境外项目越南和发集团高炉项目，在国际上树立了本钢品牌，同时荣获2019年度本钢集团劳动模范。 （王鹏飞）

## 工会工作

**【概况】** 本钢集团有限公司工会（简称集团工会）下设劳动经济工作处、组织民管保障处、文体女工处、综合财务室。集团工会工作人员 16 人，其中：管理岗位 6 人，分别为常务副主席 1 人、副主席 1 人、处长 3 人、区域正职 1 人，业务岗位 10 人，分别为主任业务师 7 人、责任业务师 3 人；具有高级职称 7 人、中级职称 5 人。2019 年末，共有子公司及所属厂（矿）级工会委员会 82 个、1000 余个作业区级分会、6500 余个工会小组，职工入会率达 99.8%。

**【工会组织工作】** 加强基层工会组织规范化建设。召开集团工会一届五次全委会，安排部署 2019 年工会工作。开展针对性的培训，指导基层工会规范程序，依法选举，全年有 38 家基层工会完成换届（组建）工作，13 家基层工会完成工会主席变更。开展基层工会组织和工会会员实名制基础数据录入工作，完成与省总工会组织会员管理系统的对接，共录入工会会员 82101 人。

**【职工民主管理工作】** 围绕集团公司“四定”改革及“僵尸企业”处置工作，组织和指导相关单位在改革过程中规范履行民主程序。围绕本钢厂办大集体改革工作，指导制定《本钢集团厂办大集体政策履行民主程序的指导意见》等文件，监督 364 家参改单位履行相应的民主表决程序，各参改企业的《改革方案》和《职工安置方案》均获得通过；会同相关部门，直接参与接待厂办大集体职工近千人次，作了耐心细致的政策解答工作。召开本钢集团有限公司第一届职代会九次代表团长联席会议审议，通过推荐出席 2019 年全国五一劳动奖章和工人先锋号名单；召开集团公司 2020 年《集体合同》协商会议，召开一届职代会十次代表团长联席会议和一届四次职代会，签订集团公司 2020 年《集体合同》。为充分行使职工代表的民主权利，积极为企业发展建言献策，按照集团公司职工代表建议提出、转递、答复、反馈、跟踪落实的闭环式管理流程，集团工会扎实开展职工代表建议和意见的答复处理工作。在 2019 年集体合同执行情况检查过程中，共收集反馈职工代表提出的集团、厂矿级问题 323 条，各单位和部门给予了认真答复和解决。职工代表普遍关心的厂区公交车、停车场及部分单位的职工更衣箱更换等建议逐步得到了落实解决。集团公司一届三次职代会职工代表提出的 46 条建议案，在整理分类呈报集团公司领导批示后，逐项落实整改。为及时畅通职工表达意见和建议渠道，在 OA 办公系统设立“倾听职工心声”信箱。

**【工会宣传教育工作】** 坚持用习近平新时代中国特色社会主义思想教育职工群众听党话、跟党走。将“解放思想推动高质量发展大讨论”成果和“不忘初心，牢记使命”主题教育相结合，运用工会之家学习园地、职工讲堂和党组织的三会一课、学习强国网络媒体等方式，推动学习向纵深发展，收到了很好的效果，促进了工作的提高。大力弘扬劳模精神、劳动精神和工匠精神，罗佳全作为劳模工匠代表荣登中国机械冶金建材工会“讲工匠故事·展劳模风采”主题活动英雄榜，《逐梦奋进罗佳全》宣讲视频入选中国工会数字资源库，并接受辽宁卫视“做新时代的好工匠”栏目专题采访；省总工会“劳动筑梦”活动走进本钢宣讲劳模徐长兴、刘宏亮事迹。为庆祝新中国成立 70 周年和本钢恢复生产 70 周年，举办“与共和国同行·与振兴本钢同在”主题系列读书活动，弘扬书香本钢文化；扎实做好职工书屋建设工作，在大学生公寓新建职工书屋，被评为辽宁省职工书屋示范点。组织拍摄《班长日记》短视频，记录全国工人先锋号矿业公司露天矿爆破班的工作纪实；参加首届“最班组”全国短视频大赛，获得一等奖。全年在国家、省、市各类媒体上发表外宣稿件56篇。不断提升本钢集团工会网络新媒体平台建设水平，“本钢集团工会”和“本钢工会会员服务”两个微信公众号全年推送微信208条。参加全总和中央网信办联合举办的“网聚职工正能量　争做中国好网民”活动，在五个子项目活动中获得了六个奖项，是获奖最多的企业工会，提升了本钢集团工会影响力。

**【工会经济技术工作】**　紧紧围绕企业中心任务，开展以“当好主人翁、建设新本钢、建功新时代”为主题的系列劳动竞赛。集团工会组织与基层工会自行组织相结合的方式，有力地促进了集团公司经营目标的实现。围绕集团公司“对标挖潜、日清日结”等工作，在板材炼铁厂、板材炼钢厂、北营炼铁厂、北营炼钢厂四家单位，开展了以降低能耗为核心的劳动竞赛；针对集团公司联合检修，在修建维检公司和机电安装公司开展了“保工期、保质量”劳动竞赛；在板材原料厂开展了保冬季保供劳动竞赛。集团工会全年拨付竞赛奖励费用合计41万元。职工技能大赛有力推动了知识型、技能型、创新型职工队伍建设，调动了职工学技术、长才干、提素质的积极性。2019辽宁省职工技能大赛启动仪式及推进会在本钢召开，承办了炼铁、烧结、内燃机车司机三个省级工种技能大赛。比赛严格按照国家级大赛标准，在竞赛组织、活动宣传等方面，得到了省市领导和各参赛单位的充分肯定。本钢的赛事承办经验被其他赛区广泛借鉴，推动了2019年辽宁省职工技能大赛的全面开展。承办了本溪市技能大赛6个工种的赛事，组织开展了16个集团级工种的比赛，指导基层单位组织开展了70多个工种的比赛，并积极组织优秀职工参加省其他赛区的比赛。全年总计参赛人数达7000人次以上，4人获得了辽宁省状元，9人获得了本溪市状元，共有1000余名职工获得了各级奖励，由集团公司竞赛奖励达78余万元，极大调动了职工学习技术的积极性。召开了“工匠之路”技能大赛表彰大会，提炼“求知、敬业、技艺、传承、荣耀”五个主题思想，运用影像技术展示了本钢高技能人才成长历程及技能导师的风采，彰显了本钢职工追求“工匠精神”、崇尚“工匠精神”的时代风貌。职工经济技术创新成果取得突破性进展。板材炼铁厂一线职工张守喜发明的《特大型高炉液压泥炮国产化关键技术及应用》项目，被全总推荐入围全国科技进步奖名单。3名一线职工的创新项目，获得了参评全省科技进步奖提名。6个劳模创新工作室创新成果获得省优秀创新成果奖。罗佳全劳模创新工作室被省总工会确定为辽宁省职工职业技能培训基地。以“加强班组长队伍建设和提升班组长综合素质”为目标，举办了12期优秀班组长培训，共有一线班组长500人参加了班组管理技巧、班组安全标准化建设、班组长的沟通技巧、班组长心理健康等方面的培训。2019年，集团公司获全国工人先锋号1个、辽宁五一奖状1个、辽宁工人先锋号1个、辽宁五一劳动奖章7人、辽宁省劳模（职工）创新工作室4个、全国钢铁工业先进集体1个、全国钢铁工业劳动模范2人。

**【工会劳动保护工作】**　深入开展“安康杯”竞赛。积极配合行政开展“安全生产月”主题活动。组织动员职工深入开展“查身边隐患、保职工安康、促企业发展”和“安全隐患随手拍”等群众性隐患排查活动，促进了企业安全生产。

**【工会生活保障工作】** 持续开展中央、省、市、集团专项帮扶救助工作，依档施助，动态管理，精准发放救助款520余万元；继续开展两节“送温暖”活动，全年各级工会组织送温暖共发放救助款物2018万元。做好全员疗养的组织工作，制定《本钢集团有限公司在岗职工健康疗养暂行规定》，明确责任，强化职工自主管理，全年安排职工疗养19000余人，安排集团劳模疗养356人。开展职工互助保险工作，全年共为69957名职工续保，理赔7864人次，理赔金额745万元。认真做好职工集体福利保障工作，稳步推进各项普惠服务。加强了招投标平台建设，对米、面、油商品和职工生日蛋糕卡等进行了招标；对运动会服装、奖品等进行了集体招标采购。联合国贸公司与国内著名家电厂商合作，举办了“本钢格力日”和“本钢奥克斯内购会”等活动；开展了职工团购车活动，职工优惠购车212台。为职工身心健康服务，建立第二批心理健康咨询师团队，为职工身心健康服务增添力量。聘请专业心理专家授课，推动团队成长。将心理健康讲堂嵌入技术学院培训和班组长课堂之中，实现心理健康知识普及宣传，为9个班级500余名职工开展了健康心理团训活动。

**【工会女职工工作】** 积极推进女职工巾帼建功主题实践活动，开展本钢集团纪念“三八”妇女节表彰会暨交响音乐会，表彰集团12名“三八”红旗标兵、百名“三八”红旗手和50个“三八”红旗集体。深入开展“读书论报、每天学习一小时”活动，征集作品37篇，利用新闻媒体开辟女职工读书专栏，展示十年来女职工读书活动优秀作品。根据《女职工劳动保护特别规定》维护广大女职工的利益，做好女职工“四期”保护工作，为3417名女职工进行了妇女病普查普治；并分别组织综合公司和建设公司等困难企业女职工5000余人参加市女性免费“两癌”筛查体检。积极参与企业有关政策，法规制定和监督，做到事前参与，事后监督维护；在政策支持下，针对各单位工作环境，更加灵活有效地做好哺乳期女工这一特殊群体的关爱工作。组织民主推荐26名优秀女职工代表参加了市第十四次妇女代表大会。推选3名优秀女职工参加了省妇女代表大会。

**【职工文体活动】** 举办了第四届“钢花杯”本钢职工歌手大赛等系列活动，参加了全省职工书法、美术、摄影展，本钢职工获特等奖1名、金奖2名、银奖5名。参加了省总全健排舞大赛获得金奖。艺术精品走进本钢，职工文化生活得以升华。由评剧表演艺术家冯玉萍主演的大型古装评剧《孝庄长歌》走进本钢，本剧数字电影的开机仪式在本钢启幕。这些活动拉近了戏曲艺术与本钢职工的距离，增进了艺术家与企业的情感，赢得了职工群众的好评。本钢文化中心被确定为沈阳大学评剧艺术研究中心实践基地，为本钢人丰富文化生活搭建了新平台。举办了本钢第三届职工运动会。本届运动会以“喜迎七十华诞，致力钢铁强国”为主题，首次通过“5G”无线传输手段直播了运动会盛况。运动场上国旗与本钢旗交相舞动，歌声嘹亮、竞赛激烈，场下秩序井然，彰显了本钢职工热爱生活、热爱企业、热爱祖国的真情实感，提振了士气，振奋了精神，展现了新时代本钢人的卓越风范和崭新风貌。开展了“辽宁男篮队员进厂区”活动，活动达到了相互激励和宣传本钢的目的。参加全国职工沙滩足球赛获得冠军；参加了全国冶金职工运动会和省拔河锦标赛等比赛，均荣获前六名以上的好成绩。

**【工会财务与经审工作】** 严格贯彻执行全总下发的《工会预算管理办法》及省总下发的《辽宁省基层工会经费收支管理办法实施细则》，强化工会经费管理，制定下发了《本钢集团有限公司工会经费收支管理办法实施细则（暂行）》等相关制度文件，建立健全了工会财务内控体系；优化经费支出结构，按照市总《关于规范职工集体福利支出管理的意见》全面推进基层工会职工集体福利保障行动；规范各级工会经费的管理和使用，不断提升工会经费收支管理水平，定期举办基层工会财务培训和财务检查，定期解读《辽宁省基层工会经费收支管理办法实施细则》。加强专项审计整改工作。针对部分基层厂矿工会经费使用情况专项审计发现的问题，集团工会召开了工会经费使用情况专项审计结果通报会，对存在问题的单位进行约谈，下发了问题整改意见及要求，形成了《集团工会对2017年、2018年部分经费使用情况专项审计发现问题的整改报告》。加强审计整改监督，完成了31家问题单位工会经费使用整改情况专项检查“回头看”工作。完成对20家基层单位2018年度经费使用情况和2019年运动会经费使用情况的专项审计工作。（肖　林）

## 共青团工作

**【概况】** 本钢集团共青团工作由本钢集团党委宣传部（统战部、企业文化部、团委）具体实施。主要负责集团公司共青团工作的开展，承担着本钢团组织建设、青年思想教育、青工安全、青年文化建设以及青年人才培养等职责。截至2019年末，集团团委下设直属专业化公司团委5个，副科级以上建制的团委、团（总）支部60个（含专业化公司团委直属单位），基层团（总）支部245个。

**【青工思想教育】** 一是认真学习宣传贯彻党的十九大精神、习近平新时代中国特色社会主义思想、习近平总书记在纪念五四运动100周年大会上的讲话精神以及团的十八大精神，切实开展青年理想信念、使命担当教育。通过青年大学习、团干大讲堂、主题团日等活动，积极开展党史团史培训、理想信念和使命担当教育和学习分享交流等主题活动，进一步强化了对基层团干部及团员青年思想引领。二是结合纪念“五四”运动100周年及新中国成立70周年重大时点，积极开展爱国主义教育。“五四”前夕，积极组织基层团组织和团员青年集中收听收看纪念五四运动100周年大会盛况，认真学习习近平总书记重要讲话精神；利用主题团日活动发放《习近平在纪念五四运动100周年大会上的讲话》单行本学习资料100余本，并开展学习心得体会分享活动。国庆前夕，以庆祝新中国成立70周年为主题，组织千余名团员青年进行了升旗仪式以及国旗教育活动；组织开展了《我和我的祖国》千人快闪活动，集团公司领导与团员青年充分互动交流，共同唱响爱国主义旋律；组织开展了《我和我的祖国》MV录制活动，在“学习强国”辽宁学习平台予以展播，广泛宣传了本钢青年传唱《我和我的祖国》的热烈气氛和爱国情感；围绕爱国主题还积极开展了“抖动青春　记录美好”抖音大赛、本钢团委与东航浙江分公司团委共建交流等系列活动，进一步丰富了爱国主义教育内容。三是认真开展“青春心向党·建功新时代”主题团日活动。在各级团组织和广大团员青年中深入开展“青春心向党·建功新时代”主题宣传教育实践活动，积极开展了重温革命历史、传承红色基因主题教育和岗位建功立业、争做时代先锋等先进典型选树活动。四是深入贯彻落实集团公司一届三次职代会暨2019年经济工作会议精神，积极开展形势任务教育和企业文化教育。邀请刘晓方、李世杰教授为2019届新入职大学生、2018年度优秀高校毕业生及“五四”先进青年进行了企业形势任务教育和企业文化宣贯。10月，组织各基层团干部开展了“钢铁是怎样炼成的”企业生产工艺参观活动，从矿山到厂区，从原料到成品，促进基层团干部了解本钢，热爱本钢，进一步激发了对企业的认同感和自豪感。

**【团组织建设】** 一是2019年初，成功召开了共青团本钢集团有限公司第一次代表大会。二是深入推进“智慧团建”网上平台建设，及时更新维护基层团组织和团员基础信息数据库，进一步促进了规范有序管理。截至2019年末，本钢集团共有基层团组织310个、共青团员1650名。三是持续加强团干部队伍建设。以团干大讲堂活动为载体，积极开展基层团干部综合素质和业务能力提升培训。全年共开展团干大讲堂教育培训11期，累计培训1800余人次。同时，积极组织团干部加强外部交流，全年共组织11人次参加团中央、团省委、全国钢铁行业团指委的学习交流培训活动。四是积极开展团内表彰活动。“五四”期间，深入挖掘先进集体和优秀典型，共评选表彰先进集体46家，先进个人128名。此外，在上级团组织评选表彰中，本钢集团团委荣获“全国五四红旗团委”；板材技术研究院汽车板研发所荣获辽宁省青年五四奖章（集体）；板材冷轧厂团委荣获辽宁省“五四”先进团委。

**【服务企业生产经营】** 一是积极开展青工安全工作。以“青安杯”竞赛活动为载体，进一步深化青年安全生产示范岗的创建，通过开展青安岗长培训、青工安全教育，安全应急演练等活动不断提高青工安全生产意识和操作技能，推动青工安全工作较大幅度提升。同时，在全国钢铁行业“青安杯”竞赛活动中，本钢集团团委荣获优胜单位；板材炼铁厂一烧结作业区中控室青安岗荣获全国钢铁行业青年安全生产示范岗。围绕企业安全管理工作，在全国第十九个安全活动月期间，与安监部联合策划开展了安全征文和“我为安全代言”活动。共征集安全论文201篇，推选5名优秀青年为安全代言人。围绕“防风险、遏事故，除隐患”主题为基层一线的团干部和青工500余人开展了安全理论培训，增强了青工安全意识。二是大力开展青年志愿服务活动。学雷锋活动月期间，在《本钢日报》上发表学雷锋倡议书，号召本钢广大团员青年弘扬雷锋精神，围绕企业生产经营和社会公益等方面积极开展志愿服务活动。三是持续加强青年岗位练兵。围绕企业技能人才和青年工匠培养工作，与集团工会联合举办了第三十六届青工技术比武活动，共评选出21名青年岗位技术能手，进一步促进青年岗位技能提升。

**【服务青年成长成才】** 一是深入推进高校毕业生职业生涯规划实施。积极配合人力资源中心完成了41家单位高校毕业生职业生涯规划指导工作，促进564名毕业生纳入规划管理。二是积极开展新入职大学生入职典礼及优秀毕业生素质拓展培训。组织2018年度优秀高校毕业生100余人开展素质拓展培训，邀请部分本钢“时代先锋”“五四奖章”获得者为大学生讲述成长经历、分享成长心得；成功举办了2018年度优秀高校毕业生表彰暨2019届入职典礼，集团领导分别为8名新入职大学生代表和48名优秀毕业生颁发了《入职通知书》以及证书。三是大力开展青年文体活动，丰富业余文化生活。中秋、国庆双节前夕，举办了本钢集团第十一届青年大学生趣味运动会，为广大团员青年提供了交流沟通、增进友谊、团结协作的平台；为充分展现青年才华，选树优秀青年典型，组织开展了第二届青年素质挑战赛。共有687名青年报名参赛，66名选手入围复赛，最终将选拔出16名选手进入决赛；各基层团组织结合青年需要，积极开展了演讲比赛、诗歌朗诵比赛、歌手大赛、参观东北抗联纪念馆、徒步登山等各类文体活动，进一步丰富了青年文化生活。四是积极开展外地住宿及单身大学生关心关爱活动。积极开展大学生住宿、用餐等情况走访调研，及时了解掌握住宿大学生需求，为他们解决实际困难；积极搭建单身青年交友联谊平台，打造未婚青年“朋友圈”，努力为单身青年交友牵线搭桥。（王鹏飞）

## 人民武装工作

**【概况】** 本溪钢铁（集团）有限责任公司人民武装部有在籍职工13人，其中正部级1名、正科级2人、副科级1人、科员1人，高级专业职称1人、中级专业职称1人、初级专业职称1人，工人8人。下设军事科、政工科、人防科、武器装备科。

**【国防教育工作】** 认真学习习近平总书记提出的一系列强军指导思想，贯彻落实省军区民兵调整改革工作会议精神，教育和强化广大职工参与国防的积极性和主动性。与集团公司党委宣传部共同开展“赞颂辉煌成就，军民同心筑梦”国防教育征文活动。4月28日，在《本钢日报》周末版开辟专栏；在中国人民解放军建军92周年，为继承和发扬我军的光荣传统和优良作风，推进“不忘初心，牢记使命”专题教育深入开展，武装部开展了一系列活动。在《本钢日报》及集团公司相关媒体以纪念建军92周年为主题，开展爱国拥军宣传教育活动，各基层单位积极运用电子显示屏、网站、微信、QQ群等多种载体多种平台加大宣传力度，强化职工群众国防观念和“双拥”意识；7月3日本溪军分区司令员马英南大校、副司令员于国锋大校携机关各处处长及县区人武部部长（政委）参观考察板材热连轧厂；“八一”前夕组织集团公司所属单位党委书记或分管领导、专兼职武装干部80余人到“北部战区军事装备展馆”及“辽宁陆军步兵第192师”教导队进行参观学习，参与军事训练体验活动；结合“9·18”警报试鸣日搞好人防、民防知识宣传活动；原总政治部纪检部副部长杨庆堂少将带领军委国动部调研人员及本溪军分区机关人员到本钢进行国防动员调研。肯定本钢集团深刻理解习近平总书记在党的十八大报告中提出的“全民国防”理念，行动到位，对本钢集团国防建设工作给予了高度评价。9月30日抽调部分单位50人参加向本溪市烈士丰碑敬献花篮仪式活动。

**【国防动员】** 根据军委国防动员部《民兵调整改革检查考评办法》有关规定和《辽宁省深化民兵调整改革检查考评办法》有关规定，武装部按照本溪军分区工作要求，对本钢集团856名基干民兵及87人预编民兵信息进行采集。组织856名基干民兵进行了专项体检、政治审查，合格率100%。省军区、本溪市军分区考核组先后对本钢基干民兵工作进行检查，对本钢民兵基础工作给予高度评价；按照集团公司主管领导工作指示，协调有关部门统计省国资委下发《2019年度国防动员潜力统计调查工作》，5月30日前按时间节点上报省国资委维稳处；6月6日上报本溪市国防动员潜力数据；9月26日上报本溪市发改委动员潜力统计表及交通战备办公室动员潜力数据。

**【军事训练】** 根据省军区、本溪军分区年度军事工作安排要求，按照《2019年本溪市民兵军事训练指示》和《民兵军事训练大纲》明确的标准，11月11日组织118名专武干部及民兵分队进行为期12天应急科目训练，组织20名基干民兵保障空军物资收发分队12天军事训练。配合军分区在本钢训练基地对预征青年进行军训工作。

民兵应急分队战术队形演练（张兴阁 摄）

**【预备役工作】** 根据年度训练计划安排，武装部积极配合预备役部队开展军事训练工作。5月21~24日，预备役部队组织板材特钢厂等单位新入队13人进行训练；7月8~12日北营公司等单位16人参加抗洪骨干集训；9月16日组织保卫中心等单位40人参加榴弹炮一、二营分队专业训练。北部战区于25~26日对预备役炮兵团部队进行抽点值班分队30人，一个重点连队84人点验并检查板材特钢连部建设；10月10日北部战区陆军预备役192师师长冯国忠大校携机关人员到板材特钢厂检查预备役连部建设情况并参观生产线。

**【双拥工作】** 根据《本溪市春节走访慰问困难退役军人和重点优抚对象工作方案》精神，结合本钢实际制定下发了《本钢关于走访慰问困难退役军人和重点优抚对象工作的通知》。春节前共53家单位走访困难退役军人总数325人，发放慰问金274253元，向优抚对象发放米2000余斤、面1500余斤、油60余桶等年货。集团公司党委副书记赵忠民走访慰问了保卫中心困难退役军人张家明，总经理助理唐朝胜走访慰问困难退役军人北营炼钢厂李岩。“八一”前夕集团公司拿出50余万元对1万余名在职、离退休退役军人开展优抚活动，集团公司领导及中心领导分别代表集团公司党委走访慰问市级、本钢级特殊困难军人 4 人，本钢基层厂矿走访 18 名困难退役军人。上报省国资委《生活困难退役军人职工统计表》共计 30 人，其中工会帮扶资金救助 14 人（市级），工会送温暖资金慰问 16 人（本钢级）；“八一”前夕，本钢先后向省、市推荐了“最美退役军人先进集体”和“最美退役军人先进个人”人选。通过评选，本钢机电安装公司罗佳全、板材炼钢厂丁显军、保卫中心任宝纯被本溪市评为“最美退役军人”，保卫中心板材警卫大队一中队被评为退役军人先进集体；根据《中共本溪市委退役军人事务工作领导小组办公室关于印发<开展解决部分退役士兵社会保险问题工作实施方案>的通知》（市委退役军办发〔2019〕5 号）相关规定，配合集团公司人力资源部门对各单位退役军人社会保险欠缴情况进行调查统计。共统计上报单位 68 家，确认符合补交保险退役士兵 4276 人，其中有安置介绍信退役士兵 4004 人，无介绍信退役士兵 272 人，经确认盖章《退役士兵社会保险欠费补缴审核表》21380 份。

**【人防工作】** 定期对人防工程进行日常维护与管理，结合“全国安全月”活动，开展了人防工程安全大检查工作，及时整改不留隐患。特别是“9·18”前夕，对所有警报器进行全面检查与维修，确保国防日试鸣时鸣响率达 100%。对本钢人防专业队进行整组、点验和拉动共两次，在省市人防办进行实名呼点和拉动中受到领导好评。

**【武器装备】** 认真执行武器装备物资管理工作。完善电子账簿、纸制账簿、出入库登记账簿。着重做好所有物资清查整理和数量的统计，做到物、账相符。在军分区对武器库清查库存检查中，武装部装备工作得到认可，做到了账、物相符。根据本溪军分区要求，对照《基干民兵分队编制表（试行）》和辽宁省 2019 年民兵队伍建设任务，结合武装部任务需要确定所需装品种数量，预征预储装备数、装备科自有装备数清查、清点上报征用装备登记表；根据军分区统一部署，武装部在集团公司范围内开展一次枪支弹药清查整治专项工作。军分区于副司令员亲自带领检查组到本钢武器库及基层单位进行检查督导。此次清查整治工作对原武器装备仓库（兵器室）、曾经储存过武器装备的库（室）、多年未进的库房、交接过程中历史遗留等问题进行一次全面的清查整治。在此次清查整治专项工作中清查出手枪子弹 228 发、老式苏制子弹 176 发、步枪子弹 121 发、训练用空包弹 136 发、教练弹 339 发。配合军分区对枪支弹药及各种危险品清查及销毁。

**【民兵参建工作】** 集团公司依据本溪军分区赋予的编兵任务结合民兵预备役整组成立了符合企业实际和社会需要的抢险救灾应急队伍，承担着企业和社会责任。加强对民兵预备役参建工作的组织领导，坚持“有作为才能发展、有贡献才能生存”的工作思路。组织广大民兵预备役带头承担企业急、难、险、重任务，在生产建设、重点工程改造、扶贫帮困、维护厂区治安等方面发挥民兵预备役组织突击队和战斗队作用。努力争取“军事训练当尖兵，生产经营做标兵”，强化使命和责任意识，抓好综合能力锤炼和行动预案演练，确保应对突发事件，本钢民兵预备役成为企业持续发展的重要力量。

**【战备工作】** 积极应对多种安全威胁及突发事件，坚持战备值班，及时修订和完善应急预案，做好在春夏两季防火、防汛、重大节日、敏感时期极易发生安全威胁时段的工作落实。安排民兵预备役战备值班 8 次。涉及 45 家单位，落实人员 300 多人次，均做到命令下达后，应急队员通信联得上，人员按规定时间集结到位，预案能落实。

（刘广军）

## 科协工作

**【概况】** 本钢集团有限公司科学技术协会（简称科协）（兼本溪市金属学会办公室）有专职工作人员 3 人，其中高级技术职称 2 人、中级职称 1 人。本钢集团共 74 个单位设立科协组织，其中二级子公司科协 4 个、二级厂矿科协 70 个，专兼职科协干部 143 人；健全科协分会 319 个、科协小组 518 个、专业学组 273 个；科协会员 10658 人。

**【讲理想比贡献活动】** 本钢科协广泛发动和组织科技人员紧紧围绕生产经营建设开展献计献策、提合理化建议、科技攻关、科技承包、技术创新和科技论证等活动，把这些活动作为“讲、比”活动的主要内容狠抓落实。全公司参加“讲、比”活动的科技人员达 10210 多人次，共立项 7351 项，已完成 4085 项，取得了可观的经济效益。2019 年，板材技术研究院、本钢信息自动化公司、板材炼铁厂、板材炼钢厂、板材热连轧厂、板材冷轧厂、板材焦化厂、板材发电厂、矿业公司、北营公司等单位，在“讲、比”活动中取得了突出的成就。如：板材技术研究院汽车板研究所首席工程师刘宏亮创新团队，突破了产线能力限制，试制并生产出 QP980 高强钢并通过了试模验证，标志着本钢成为国内少数具备第三代汽车高强钢生产能力的企业。本钢信息自动化公司科协广大科技人员在知识产权、自主研发方面取得了可喜成绩：《废钢验质管理系统》等 6 个项目成功申请软件著作权，《主抽风机自动控制系统》等 4 个项目成功申请软件产品。北营炼钢厂转炉留渣工艺降低石灰消耗项目已推广实施，2019 年 1～3 月，新区全留渣共 1784 炉、全留渣率达 28%，平均石灰单耗 20.03 千克/吨钢，石灰降低 3585 吨，降低成本 161 万元；渣量减少其铁损失减少 730 吨，降低约 203 万元（铁以 2782.49 元/吨测算），合计降低 364 万元；同时提高了转炉脱磷率（约提高 5%），提高了钢水质量。

**【科技之家建设】** 进一步加强优秀科技人员事迹和科技成果的宣传工作。公司科协与本钢宣传中心继续开办“创新视野”专栏，开展了有奖征文活动，全年共组织刊发各类稿件 123 篇。以《本钢集团科协开展主题活动庆祝“科技工作者日”》——加强论文写作促进技术交流为题对科技论文写作培训、学术交流活动进行了报道，《以先进技术引领高质量发展》对 2019 年本钢炼钢系统学术交流会进行了宣传报道。与宣传中心联合开展了“庆祝新中国成立 70 周年”宣传本钢优秀科技工作者事迹，对板材冷轧厂、北营公司、修建维检公司等单位 20 名优秀青年科技工作者的事迹进行了宣传报道。《本钢日报》对北营炼钢厂科技人员张军以“铁匠”丹心为题进行了宣传，进一步增强了科技人员的荣誉感和自豪感。开展了为科技人员送温暖工作。板材焦化厂科协关心科技人员生活，为科技工作者送去了温暖。2019 年，在新招入的 80 名大学生到厂之际，由新老工程技术人员组成的教师团体对新人进行了为期一个月的全方位的培训，保证新人快速适应新岗位，掌握操作技能；中秋节和春节，厂长和书记亲自组织对外地大学生的节前慰问和座谈会，解决他们实际困难，努力为科技人员办好事、办实事。在科技之家建设中，本钢修建维检公司、板材能源总厂、板材原料厂、板材储运中心、板材废钢厂、板材热连轧厂、采购中心、北营公司、北钢公司等单位都取得了显著的成效。

**【学术交流活动】** 组织开展了学术论文征评和推荐工作。开展了本钢科协2018年度科技论文的评审工作，经过网上检索查重、初审、初评、复评、终评，评选出一等优秀论文10篇、二等优秀论文30篇、三等优秀论文90篇。组织开展了2019年度本钢科技论文征评活动，共征集论文441篇。组织开展了辽宁省2019年自然科学学术成果奖的论文征集活动，共推荐优秀科技论文98篇，获奖论文31篇，一等奖2篇、二等奖10篇、三等奖19篇。积极组织参加各层次的学术会议。组织板材产品研究院、板材特钢2名科技人员参加了由中国金属学会举办的2019年“电冶金工艺理论及技术培训班”；组织板材技术研究院科技人员参加了由中国设备管理协会冶金行业国际管理服务中心举办的第四届全国金属涂镀层及表面处理技术发展研讨会；组织板材炼钢厂、板材特钢厂、北营炼钢厂等3名科技人员参加了由中国金属学会炼钢分会举办的2019年（第二十一届）全国炼钢学术会议；组织板材炼钢厂、板材特钢厂、北营炼钢厂3名科技人员参加了由中国钢铁工业协会举办的连铸工艺技术优化及铸坯质量控制高级研修班；组织板材炼钢厂、北营炼钢厂、板材技术研究院、规划发展部等共11人参加了由辽宁省金属学会举办的炼钢护炉技术专题研讨会；组织矿业公司科技人员参加了“智慧矿山，绿色发展——第二十六届十省金属学会冶金矿山学术交流会”征文活动，本钢有14篇优秀科技论文获奖，其中一等奖2篇、二等奖4篇、三等奖8篇。矿业公司选矿厂肖启飞撰写的《提高南芬选矿厂中碎作业区碎矿机运转率》、范兆玲撰写的《南芬选矿厂的环境治理与实践》分别获得一等奖、二等奖，并受邀在大会上宣讲。组织全公司相关科技人员参加了第十二届中国钢铁年会的征文活动，投稿25篇，有21篇被收录到论文集，其中2篇为墙报版，8篇受邀请参加大会宣讲。组织板材技术研究院、板材炼钢厂、北营炼钢厂3名科技人员参加了由北京金属学会等三省市金属学会举办的“2019年度全国炼钢品种质量及冶金辅料高级研讨会”。组织板材制造部、板材热连轧厂4名科技人员开展了外出参加学术会议和培训回来再交流活动，共有100余名科技人员参加了活动。组织开展了“2019年本钢炼钢系统学术交流会”，板材特钢厂李生栋、板材炼钢厂鲍振东、北营炼钢厂富强、倪勤盛分别做了题为《连铸水口结瘤原因分析以及预防措施》《连铸板坯主要质量缺陷及优化冷轧钢板冶金缺陷控制技术》《炼钢造渣工艺及夹杂物的控制及钙处理工艺的合理性》《细节铸就精品》的交流，45名炼钢系统的科技人员参加了交流活动。组织板材炼铁厂、北营炼铁厂2名科技人员参加由中国金属学会组织召开的2019年首届全国炼铁厂设备厂长工作座谈会、2019年全国高炉冷却壁、风口、耐材应用技术专题研讨会回来再交流活动。

**【科学普及活动】** 本钢集团各单位以普及科学知识和技术、传播科学思想和科学方法、弘扬科学精神和科学道德为主要内容，共开展各类科普活动 3130 次、科普讲座 1465 次、科普宣传板报 927 期、科普挂图 410 多套、科普录像 186 场次。在《本钢日报》开设了“科普之窗”“健康科普知识”专栏，每周一期开展科普宣传。公司科协与《鞍钢技术》联合开展全公司科技论文写作培训，集团公司 22 家单位 192 名科技人员参加了培训。与板材检化验中心联合开展专项科技论文写作培训，62 名科技人员参加了培训。2019 年，在开展科普活动中，板材炼钢厂、板材铁运公司、板材能源总厂、板材废钢厂、板材原料厂、板材计控厂、北营公司、本钢恒通公司等单位取得了丰硕的成果。如：2019 年北营公司科协积极组织各单位科协开展科普宣传活动，利用内部网、橱窗、宣传栏、展板等设施，以不同内容、不同形式进行科普宣传。北营炼铁厂 1~11 月利用厂内《铁流报》进行科普知识宣传 11 期。板材废钢厂积极开展以“绿色发展，节能先行”为主题的节能宣传周活动，通过宣传展板、悬挂宣传标语、微信、电子大屏幕等媒介宣讲普及节能知识，动员全体职工参与节能减排降碳，从自身做起，减少能源浪费。

**【制度修订】** 为进一步规范科技论文的评审、发表与交流等管理工作，调动广大科技人员积极撰写和发表高水平科技论文，促进集团公司科技进步和提升科技创新能力，制定了《本钢科技论文管理办法》。进一步明确科技论文的概念和范围、评审程序、查重率，提高了奖励标准。与人力资源管理中心、板材技术研究院联合下发《关于在<本钢技术>发表论文相关规定的通知》，明确了在《本钢技术》发表论文在晋升职称中的效用，并提高了稿酬到 500 元。

（田　宏）

# 机关党委工作

**【概况】** 本钢集团有限公司机关党委（简称机关党委），是本钢集团有限公司党委下设的直属党委，2018 年 10 月 26 日召开第十四次代表大会，选举产生新一届委员会，设兼职党委书记 1 人、党委委员 6 人（2019 年，因工作调整辞去职务 2 人）。根据集团公司机构设置，机关党委与办公室（党委办公室、董事会办公室）合署办公，办公室下设机关党委工作处，负责机关党委日常工作。截至 2019 年末，机关党委下设 5 个党总支、16 个直属党支部、46 个分支部、75 个党小组，有正式党员 888 人，其中女党员 247 人，研究生学历 103 人、本科学历 582 人、大专学历 171 人、大专以下学历 32 人。

**【党建工作】** 一是将“不忘初心、牢记使命”主题教育扎实推进。机关党委在主题教育中成立了专门领导小组，历时三个月，开展了党委班子及 22 个总支、支部副处级以上党员领导干部的专题研讨、调查研究、警示教育、检视问题、对照党章找差距、谈心谈话、检视剖析问题、专题民主生活会、专题组织生活会及机关全体党员的学习教育。上报专题研讨发言提纲 1692 份、检视问题清单 752 份、对照《党章》找差距清单 188 份、检视剖析材料 113 份。机关党委形成调研报告 7 份、学习心得体会 7 份。组织机关全体副处级以上党员领导干部参观东北抗联纪念馆红色基地，重温入党誓词。组织机关 800 余名党员观看电影《黄玫瑰》；通过开展主题党日、专题党课、观看专题片进行警示教育等形式，将主题教育向纵深推进。建立各级党组织主题教育台账，完成主题教育各项基础资料归档工作。二是开展十三项专项整治排查工作。制定了《机关党委关于贯彻落实习近平总书记重要指示精神集中整治形式主义、官僚主义的实施方案》等专项整治文件。从形式主义、官僚主义等问题入手，在副处级以上干部中开展专项整治排查工作。三是落实省委第五轮巡视反馈整改问题“回头看”工作。机关党委对组织管理基础工作、党员领导干部双重组织生活、基层党组织会议记录、党建工作经费使用及党委意识形态工作等工作进行了逐一落实和反馈，做到整改落实不留死角。四是深入学习贯彻《中国共产党支部工作条例（试行）》开展“大学习、大检查、大规范、大提升”活动。建立《“四大”活动问题查摆整改落实台账》指导基层党支部逐项对照检查、认真整改。五是开展“不忘初心，牢记使命，创建先锋党支部，争当旗帜党员”建功立业活动评比工作。全年评出“先锋党支部”41个，“旗帜党员”92名。六是党员领导干部双重组织生活制度化。机关党委建立和完善了2019年党员领导干部双重组织生活台账，对所有资料进行整理分类，更加制度化、规范化。七是支部活动多元化凝心聚力。各支部以主题教育为主线，通过组织党员参观红色基地，学习典型事迹、举办党建知识竞赛、征集党建论文、开展纪念建国七十周年“我爱祖国、我爱本钢”庆祝活动等形式，利用展板、微信等多种宣传渠道凝心聚力。

**【组织工作】** 一是党员组织管理工作规范化。严格执行发展党员工作组织程序，认真审核组织发展材料。全年发展预备党员14名。办理组织关系接转手续113人次。其中调入党员61人、转出52人（其中退休党员35人）。二是党员管理工作标准化。定期开展困难党员调查，动态管理困难党员档案，全年对机关22名困难党员进行走访慰问。自1月1日起，机关党委在集团范围内率先开展为党员过政治生日送电子贺卡活动。三是《全国党员管理信息系统》数据维护准确化。全年对党员个人信息数据核查890人次，调整数据86笔。确保新老系统数据的准确性。四是党费收缴工作精准化。各总支、支部认真执行党费收缴新标准。全年共收缴党费126.68万元。

**【宣传（统战工作）】** 一是以“不忘初心、牢记使命”主题教育为契机，提升中心组学习质量，认真组织开展专题学习研讨，撰写心得体会。二是加强“学习强国”学习平台建设。2月，“学习强国”平台上线，机关党委组织和动员机关各级党组织及全体党员完成了注册工作，保证了上线率和学习效果。三是以主题教育为主线，建设主流意识形态。机关党委认真落实意识形态工作责任制，党委书记负总责，委员各负其责，各总支、支部书记为基层党组织的第一责任人，把意识形态工作列入活动评比。充分发挥宣传阵地导向作用，为机关营造和谐文明、积极向上的工作氛围提供了有力的思想保证、精神动力、舆论支持。四是组织完成统战立项工作。按照集团公司统战工作要求，组织统战人员签订立足本岗、发挥智力优势、为企业创新发展献计出力的承诺书，开展立项攻关。

**【纪检监察工作】** 一是狠抓党风廉政，落实主体责任。机关党委坚持把全面从严治党主体责任放在首位，将党风廉政建设工作纳入全年工作整体布局，结合主题教育，抓教育引领，抓制度执行，让廉洁自律形成常态化。2019年签订《党风廉政建设责任书》149份。二是以制度为准绳，加强纪律建设。开展对《党章》《中国共产党廉洁自律准则》《中国共产党纪律处分条例》等党内规章制度的深入学习。开展《中国共产党重大事项请示报告条例》《中央纪委公开曝光六起违反中央八项规定精神问题》《关于四起违反中央八项规定精神问题典型案例的通报》等违纪案件的警示教育。重点抓住元旦、春节、清明、高考等重要时间节点的教育，杜绝违规违纪问题的发生。婚丧喜庆报备工作常态化。三是开展专项整治，巩固教育成果。开展借出差之机旅游及纪律处分决定执行情况的大排查。组织开展了“违反中央八项规定精神的突出问题”专项整治工作，形式主义、官僚主义专项整治工作，都取得了一定成效。

**【工会工作】** 一是提升服务职能，创新普惠工作。全年，开展了会员生日慰问、到龄退休职工慰问、金秋助学普惠、节日普惠活动，深受职工好评。组织机关劳模及职工疗养 43 批次 299 人次。维护女职工健康权益。纪念“三八”国际劳动妇女节，举办了以“提升女性魅力，塑造优雅形象”为主题的职业礼仪知识讲座和化妆技巧演示。组织 296 名女职工参加“两癌”普查体检，做到早发现早治疗，提升自身健康意识。二是扎实开展帮扶送温暖医疗互助工作。全年走访慰问 52 名困难职工、重大疾病职工、工伤职工和一线职工，送去慰问金 1.92 万元；慰问直系亲属去世职工 14 名，送去慰问金 4100 元；申报 109 人次职工互助保险理赔，获得理赔 9.59 万元。三是围绕职工运动会开展文体活动。组织 204 名职工参加了集团公司运动会 8 个单项 39 个项目的比赛和运动会开幕式，承办了“集团机关杯”乒乓球比赛，共有 43 家单位 333 名选手参赛。集团机关取得体育道德风尚奖、特殊贡献奖、男子团体第六名的优异成绩，展现了机关良好的精神面貌和顽强拼搏的体育精神。四是工会会员实名制管理实现信息化。申请了辽宁省基层工会组织和工会会员信息管理系统权限，成功导入机关 987 名会员信息，实现与省总数据的网上有效对接。建立了机关工会固定资产管理台账，加强工会经费使用管理。

**【共青团工作】** 一是推动学习教育常态化制度化。采取自学和集中学习相结合，通过主题团日、座谈等形式，组织团干部和团员青年深入学习新时代中国特色社会主义思想、团十八大精神，收听收看纪念“五四”运动 100 周年大会和建国 70 周年盛会，开展了形式多样的庆祝活动。紧密围绕集团公司生产经营形势，传达集团公司职代会精神、“四定”及“混改”相关政策。二是加强团组织建设，提升团干队伍整体水平。指导各支部完善“智慧团建”系统，组织团支部书记和系统管理员集中学习了团中央文件和培训视频，在 12 月底前完成了团支部组织整顿工作。加强团员青年信息管理，建立了 42 周岁以下青年信息库。三是结合机关实际，开展青年活动。纪念五四运动 100 周年，机关团委开展了以“读书增智　奉献本钢”为主题的读书活动，号召团员青年多读书、读好书，提升自身修养和内涵。积极组织青年大学生参与到集团公司各项活动中。11 月，组织机关 38 名青年参加集团公司第二届青年素质挑战赛，15 名选手进入复赛。机关团委荣获 2018 年度集团公司“五四红旗团委”称号。另外，机关武装、科协等组织积极围绕生产经营中心开展工作，促进了机关、各部门各项工作目标的完成。

（梁丽娟　王　莉）

**栏目编辑　李　学**

# 本钢年鉴 *2020*



本钢集团

# 钢铁主业

# 本钢板材股份有限公司

**【概况】** 本钢板材股份有限公司（简称板材公司）是本钢集团有限公司所属的国有控股钢铁主业上市公司（股票简称：本钢板材，股票代码：000761、200761），注册资本3875371532元。截至2019年12月末，总资产607.31亿元，固定资产261.23亿元，净资产194.87亿元。公司下设办公室（党委办公室、董事会办公室）、规划发展部（科技发展部）、运营改善部、人力资源部（组织部）、财务部、制造部、设备部、能源环保部、资本管理部、审计部、法律事务部、安全管理监督部、企业文化部（宣传部、统战部、团委）、纪委（监察部）、工会15个职能部门；采购中心、销售中心、技术研究院（技术中心）、信息化中心、计控中心等5个直属单位；炼铁厂、炼钢厂、热连轧厂、冷轧厂（本钢浦项）、特殊钢厂、焦化厂、发电厂、铁运公司、能源总厂、原料厂、废钢加工厂、检化验中心、储运中心、辽阳球团公司14个厂矿级单位。在职员工17582人，其中生产人员13932人、销售人员197人、财务人员141人、技术人员1463人、行政人员1849人，博士15人、硕士348人、本科学历3690人、大专学历5427人、中专高中技校以下学历8102人。

**【主要经营指标】** 2019年，板材公司全年生产生铁972.72万吨，同比增长14.61%；粗钢996.39万吨，同比增加11.20%；热轧板1226.74万吨，同比增加6.77%；冷轧板562.63万吨，同比增加0.37%；特钢48.67万吨，同比减少28.44%，安全生产较大人身事故、较大火灾事故、重大设备事故实现“三为零”。

**【公司规范运作】** 在公司董事会领导下，围绕公司治理、三会运作等方面开展工作。在内部治理方面，严格按照《公司法》《证券法》《上市公司治理准则》《股票上市规则》《上市公司规范运作指引》规定，结合公司实际情况修订了《公司章程》《股东大会议事规则》《董事会议事规则》《董事会各专门委员会议事规则》等治理制度，完善了公司内部治理制度。在会议组织方面，积极做好股东大会、董事会及监事会的会议组织和筹备工作。全年共召开董事会12次、监事会8次、股东大会5次，审议事项包括董事会报告、监事会报告、定期报告、年度投资框架计划、内部控制自我评价报告等。在报告议案编撰和信息披露方面，在董事会秘书领导下，组织相关部门开展工作，保证了定期报告及各项临时公告的顺利披露，全年编撰定期报告4份，各项议案共计120余项，披露文件680余件。在投资者关系管理方面，认真贯彻执行监管部门要求，利用交易所投资者互动平台、股东大会、投资者来访、证券行业会议、现场参观、电子邮件、电话沟通、媒体采访报道等形式，耐心细致回答投资者提出的各种问题，解除疑虑，宣传公司理念，增强了投资者投资本钢板材的信心。在资本运作方面，积极做好非公开发行股票的解限售工作。完成公司拟发行68亿可转债筹备及审报工作，现已取得核准发行批文。协助集团完成股权质押及解除质押工作和股份增持工作。

**【管理创新工作】** 公司实行契约化管理，完善“经营者、管理者”紧密衔接、结果挂钩、责权利对等的激励约束机制，推动绩效考核与领导班子、领导干部任免、奖惩相衔接，自9月起，启动了《领导班子经营业绩契约化管理责任状》工作，组织签订责任状

18份，按月跟踪各单位完成情况，形成月通报制度，在板材公司绩效考核和干部管理方面具有里程碑意义。为强化内部管理，加强效能建设，2019年4月实施推行问责追责工作，运营改善部、办公室、组织部共同成立督查小组开展监督管理工作；同时借鉴先进经验，组织安监、设备等专业部门对责任事故科学分类分级，协调各基层单位建立了问责追责实施细则，将公司精神传达到公司每一名职工，形成定期通报制度，各层级逐渐树立了“有权必有责、有责要担当、失责必追究”的责任意识。积极开展管理创新成果立项、实施、总结工作，共评出获奖成果19项，其中一等奖2项、二等奖6项、三等奖11项。按照压缩管理层级、整合相近业务等原则，持续优化精简机构，全年共削减厂矿级以上机构8个，压减比例10%。加强流程优化，加大制度监管和执行检查力度，梳理核心业务流程6个，关键控制点12个，绘制流程图4个，有效促进了工序之间配合，进一步提升了管理效能。加强风险管理，强化内部控制，深入开展风险识别、评估、风险知识培训工作，着重对重大事项和核心业务控制有效性进行测试评价，本钢板材连续7年实现重大缺陷为零。强化信息化建设，为精细化管理提供信息化支撑，以特钢厂电炉改造为试点，为技改工程同步建设信息化明确了工作思路和管理路径，为工程项目建成后实现高效、高质、低成本运行奠定了基础。加强资本管理运作，完成现金收购关联方资产运作，将2300mm和1780mm热轧生产线设备资产组入板材公司。

**【科技创新工作】** 秉承轻量化、绿色环保的设计理念，以质量稳定、成本合理、附加值高以及较强的市场竞争力为目标，紧密结合市场需求与未来技术发展方向考虑自身产线特点，积极开发适销对路的新产品。2019年成功开发新产品牌号41个。其中辊压用高强马氏体钢MS1180突破产线能力限制，标志着本钢汽车用冷成型产品具备1200兆帕级别供货能力，这是在成功开发2000兆帕级超高强韧性热冲压成型钢后，取得的又一次重大突破。成功开发冷成型用淬火配分钢、高强防弹用钢、轿车轮毂轴承用钢，填补了本钢产品空白。本钢部分汽车板产品被列入奔驰汽车全球采购名单。推进热成形钢产品产业化发展，实现从1300兆帕到2000兆帕强度级别的产品全覆盖，成功开发了最宽、最厚、宽工艺窗口和抗氧化等特色产品。组织完成冷轧、镀锌、酸洗、特钢等产品认证70个牌号，同比增加25%，涵盖汽车板、家电板、特钢材等用户。下达公司级重点科技项目54项、自管科技项目112项。与北京科技大学、中国钢研集团、中科院金属研究所、上海光机所等进行多层次、多渠道、多形式的合作与交流，签订14个合作项目，加速了科技成果向现实生产力的转化。“高品质含硼钢全流程关键技术创新及应用”“汽车用800MPa级高成形热轧酸洗板研制开发”两个项目获得辽宁省科技进步二等奖，“抗工艺敏感性冷轧双相钢系列产品研发”“一种新型文丘里高效反应脱硫装置的作用”两个项目获得辽宁省科技进步三等奖。2019年，共有146件专利获国家知识产权局受理，新增授权专利113件。板材公司成功加入中国知识产权发展联盟，并顺利通过“国家知识产权优势企业”和“辽宁省知识产权优势企业”年度考核。

**【营销采购工作】** 坚持以效益为导向，优化品种结构，合理匹配资源，加大市场开发力度，实现产销率100%目标。积极推进主机厂开发和认证工作，不断拓展销售渠道，努力争取汽车板订单。为实现产线效益最大化，结合各品类产品市场价格及需求情况，科学确定资源调整方案，将冷轧、硅钢等效益较低的产线资源量调整到效益较好的热轧、酸洗产线，进一步增加效益。以效益为导向，稳步增加东北区域资源投放量，增效效果明显。全面推行板材项下进口物资由企业财务公司保函总担保和汇总缴税业务，提升了通关效率，全年减少资金占用8亿元，创效1500万元，成果获得中国钢铁工业协会管理现代化创新评选一等奖。为降低采购成本，通过压低无烟煤价格、引入高硫煤降本、掌控地矿资源压制价格、实施对标挖潜降价降本等措施，全力开展采购品种5%～15%降价降本工作；继续实施资源开发、品种替代、择机采购等专项降本；降低库存减少库存资金占用，为公司创造效益。以“解决网内部分品种竞争不充分问题”为出发点，以力争实现各采购品种可选供应商达到五家及以上为工作目标，通过制定开发计划、强化考核以及集中引入等措施，全力组织开发引入优质供应商，不断完善供应商结构。开展采购对标工作，以采购价格及采购成本为核心，组织确定对标立项项目，明确采购100万元以上品种全部立项对标，建立了对标立项台账，明确责任人，逐项落实各品种对标工作开展情况，并对完成情况进行考核。在大宗品种以及辅料、备件等方面采购价格降低明显，为公司提升产品市场竞争力、提高产品创利能力提供强有力支撑。

**【生产运行工作】** 炼铁厂新1号高炉1月份平均日产达到10512吨，创历史最好水平；六号高炉5月份平均日产7278吨，取得历史新突破。炼钢厂6月22日日产32655吨，创日产历史最高纪录，6月份铁耗完成963.05kg/t，创历史最好水平。特钢厂促进产能释放，轧机有效作业率稳定在72%以上，钢材尺寸精度由国标三组提高到国标一组。冷轧厂优化组织模式，大幅提升产能，硅钢酸洗机组连续6个月商品产量突破4万吨大关。热轧厂6月23日全厂日产34249吨、6月29日全厂日产34283吨，两次刷新了全厂最高日产纪录。同时，各相关部门和单位全力推进增产、降耗、增效工作，企业生产运营水平不断提升。进一步优化生产组织，充分发挥调度指挥、协调作用，科学、高效组织各项生产综合平衡，扎实、稳步推进降本、增效攻关工作。坚持执行成本管控体系和日清日结机制，全方位开展对标和工序成本分析工作，实现了关键指标和成本运行的动态管控。安全、优质、高效、低耗完成四个阶段联合检修工作，设备系统运行质量大幅提升。实施了以新5号高炉、CCPP绿色高效发电等重点项目为代表的新一轮大规模技术改造。特钢轧机改造工程、炼钢1号6号转炉节能环保改造工程等项目顺利竣工投产。检化验中心强化过程控制，严把质量关口，质量抽查、样品比对及跟踪监督1022批次，同比增加34%；通过强化监督管理，不合格品种和扣款金额逐步下降，进厂采购物资质量持续向好。储运中心实行24小时供料，全力做好物料验收、配送工作，为联检任务的顺利完成提供物资保障。能源总厂TRT发电量完成3.42亿千瓦时。包装、原料、铁路运输等保产单元积极配合保产保供，为生产顺行提供了稳定可靠的保障。

**【党建群团工作】** 公司各级党组织深入学习贯彻习近平新时代中国特色社会主义思想和党的十九大精神，认真抓好巡视整改后半篇文章，巡视整改成果得到持续巩固。认真贯彻落实党中央、省委和集团公司党委部署，全面深入开展“不忘初心、牢记使命”主题教育。在协同推进学习教育、调查研究、检视问题和整改落实各项重点措施过程中，职工群众关心关注的热点问题得到有效解决。修订完善党建工作制度，组织学习贯彻《中国共产党支部工作条例（试行）》，开展“大学习、大检查、大规范、大提升”活动，基层党组织规范化、标准化建设水平不断提升。加强党员教育管理，推进“两学一做”学习教育常态化制度化，扎实开展党员建功立业活动，党员先锋模范作用得到充分发挥。进一步规范了党费、党建工作经费的管理和使用。

**【民生及社会责任】** 为解决职工停车难问题，对4号门立体停车场进行改造，总建筑面积2.04万平方米，分四层停车，于2019年6月1日开工，11月1日投入试运行。积极推进开通厂内公交车工作，截至10月底公交车运行方案基本确定，争取在2020年初实现厂内公交车试运行。安全管理基础持续夯实，严格执行安全生产责任制，实现了安全生产责任制全覆盖。创新安全培训方式，建立安全实训基地；强化安全生产监督，开展建筑施工、危险介质等专项检查，实施“保平安、迎大庆”安全生产专项整治行动；强化有限空间、高处作业等危险作业管理，落实安全措施和监管责任，确保重点风险安全受控。环保治理效果不断显现，按照环保投资计划大力实施改造项目，对国家、省市明确要求的焦炉烟气脱硫脱硝等重点项目，按照超低排放标准进行设计和实施建设。前三季度实现厂区优良天数230天，同比增加9.2%；各项污染物减排16.48%。

（金一嘉）

# 技术研究院

**【概况】** 本钢板材股份有限公司技术研究院（技术中心），承担着本钢新产品、新技术、新工艺的开发推广及应用，属国家级技术中心，拥有国家级实验室。现有职工165人，其中管理人员21人、专业技术人员123人、生产操作人员21人，博士学位研究生10人、硕士学位研究生56人，副高级以上职称79人、中级技术职称45人。下设综合管理、技术管理2个职能单元，以及汽车板研究所、工程结构用钢研究所、家电板研究所、钢轧工艺研究所、长材产品研究所、应用及检测技术研究所、铁焦工艺研究所共7个研究所和一个中试基地。现有设备700多台，其中拥有国内外先进水平的大型研发检验设备100余台，固定资产原值已达1.32亿元，并处于可控状态。

**【产品研发】** 2019年，研究院大力开展新产品研发工作，全年共研发新产品48个牌号。其中，“辊压用高强马氏体钢MS1180”成功实现工业化试制，是本钢连退产线生产的最高强度产品，标志着本钢冷轧产品已具备了1200MPa供货能力；“冷成型用淬火配分钢QP980”通过长安汽车试模验证，产品质量等级达到同行业先进水平；“镀锌双相钢DP980”产品质量满足宝钢产品标准要求，已具备1000MPa镀锌双相钢产品供货能力；“960MPa级超高强度热轧非调质结构钢BG960、1700MPa高强防弹用钢BGFD”使本钢的热轧系列产品和热轧调质产品分别达到1200MPa和1700MPa；“汽车用热轧酸洗板BG290/440HE”扩孔率达120%，产品已通过用户认证，成功替代进口产品；“轿车轮毂轴承用钢 SAE1055”用于制造第三代轮毂轴承，填补了本钢中碳轴承钢的空白；“薄规格高牌号无取向硅钢 35BW440”标志着本钢产品再向高端拓展。除此之外，热镀锌相变诱导塑性钢 TR780+Z 在西马克调试未成功情况下实现自主研发；耐磨钢 NM450、高扩孔钢 HE980、CP980、DP1180 等产品完成实验室工作。

**【技术攻关】** 对板材 7 号高炉、北营新 1 号高炉炉缸碳砖破损情况进行调查研究，测量、分析数据 3000 余个，分析并找出影响高炉炉缸寿命的主要因素，寻求延长碳砖使用寿命的途径和方法，提出了应对措施，为今后同类型高炉长寿设计和日常安全生产提供参考依据。组织板材炼钢厂及相关部门围绕 180 吨转炉复吹的寿命、降耗和冶金效果、产品质量提升，开展技术攻关工作，攻关目标顺利完成。实现吨钢降成本 9.93 元/吨，累计降成本约 5121 万元，4 号转炉全炉役复吹达到 6969 炉，创本钢转炉炼钢历史记录，达到国内先进水平。通过对热轧卷取温度、冷却方式，冷轧退火温度、工艺速度等工艺参数优化，按规格细化管理，冷轧、镀锌高强钢合格率由 2018 年的 97.6% 提高到 99.5%，同比提高 1.9%。完成攻关目标。对中高端车型冷轧汽车表面板（供上汽、日产外板料）关键工艺控制参数进行优化；对问题点按照一贯制要求进行原因分析、责任落实，并制定对应的改善措施；按照 VDA 要求，实现质量闭环控制。中高端外板产品三季度合格率达到 67.08%，完成了 60%的攻关目标。保证了上汽乘用车和东风日产的稳定供货。通过前期攻关，原工序 137 项整改问题已整改 135 项，电镀锌机组进入稳定运行状态。已具备批量生产磷化汽车板（FB、FC）产品的条件，产品合格率已稳定在 94%以上。分析汽车板表面非金属夹杂缺陷特点，增加了非夹杂缺陷异物压入缺陷图谱，制定了汽车外板炼钢工序生产过程参数控制标准和连铸坯放行标准。使得冷轧汽车外板夹杂缺陷率由 26.27% 降至 8.14%，完成了缺陷率≤15%项目目标。通过优化热轧卷曲工艺解决了热成形钢热轧板形不良、酸轧焊接断带、连退生产效率偏低等问题。实现稳定生产，连退生产效率提高 1 倍，酸轧无断带，力学性能一检合格率 100%。结合市场需求及本钢装备实际能力，通过钢轧联动成功完成了 PHS1500 产品 1800mm 宽规格生产试制，力学性能一检合格率 100%。为提升品种钢盈利能力，降低合金成本，对性能余量大钢种进行再次系统梳理，通过优化成分设计、合金替代、降低钢种酸溶铝、P 成分上限调整等措施实施，实现成本降低。截至 10 月，降成本总额 399.9 万元。

**【认证工作】** 2019 年，研究院共组织开展认证项目 37 项，上汽乘用车主机厂认证、一汽解放 20CrMnTiH 重载汽车齿轮钢、广汽新能源汽车、上汽通用五菱、上汽大通汽车、大连威斯特电机等 19 项、共 243 个牌号和规格已通过认证；华晨雷诺认证、奔驰重卡酸洗板、格力电器硅钢、通用汽车泛亚认证（2018）、一汽富维酸洗板 SPFH590 认证等 14 项等待用户反馈；宝马、上汽汇众酸洗板等 4 项认证积极推进中。其中，奔驰重卡认证取得阶段性成果。电镀锌、热镀锌 GI、冷轧板共计 15 个牌号 32 个规格通过奔驰汽车德国总部的样片检验认证，本钢部分汽车板产品已被列入奔驰汽车 BQF（全球采购）名单。积极推进宝马认证工作，研究院将继续组织相关单位推进宝马对本钢的产线与产品的认证。雷诺认证高效推进。完成了认证钢种6个规格的试验数据，顺利通过法国雷诺对实验室的审核并获得好评。研究院积极与中国汽车工程学会、汽车轻量化技术创新战略联盟、国汽（北京）汽车轻量化技术研究院等单位合作，开展2GPa热成形钢技术验证和产业化推介等工作。先后在通用中国研究院、东风天汽模、华晨汽车、长安汽车、北汽新能源、长城哈弗、爱驰汽车等开展相关评估，效果良好。PHS2000已顺利通过长城哈弗认证。实现1300~2000MPa强度级别的产品全覆盖与稳定批量供货，并成功开发了最宽、最厚、宽工艺窗口、抗氧化等特色产品。

**【科研管理】** 2019年，围绕公司“品种研发”“技术进步”“质量提升”，开展科研项目81项，其中公司级项目46项（品种开发项目25项、工艺技术研究项目15项、技术攻关项目6项），公司级项目节点计划完成率达75%以上，同比增加25%。重视产学研联合，强化校企合作，注重技术资源合理配给，积极推进对外合作项目实施。《冷成形用系列高扩孔钢研制开发》《高级别耐磨钢板研制开发》对外合作项目，按合同规定完成第一阶段研制内容，并通过了集团公司的审核；本钢集团与辽宁科技大学签订的《高炉高效煤粉喷吹技术研究》《炉渣综合性能优化研究》联合基金项目，正在有序推进。《高延伸率双相钢系列化产品开发》《基于物理冶金原理的工业大数据挖掘与智能制造》《板材高速拉伸试验及车身模态、刚度、碰撞数值模拟方法研究》3个产学研合作开发项目，完成了技术服务合同签订，已开始前期工作。上述项目的成功实施，将对公司品种提升、现存工艺技术问题的解决起到积极推进作用。国家级技术中心评定如期完成。现已通过了省发改委审核，评价良好，已上报国家发改委。国家级实验室换证复评审顺利通过。能力验证6项外部质控，顺利通过；人员培训、设备校准、内审和管理评审工作按标准开展。通过2019年国家实验室（CNAS）换证复评审。荣获2019年省自然科学学术成果奖12项，其中：技术研究院李霞在《本钢汽车用冷轧双相高强钢DP590的研发》论文获一等奖；研究院张群、齐峰、郭晶、胡维铸在《穿水冷却对低合金高强钢Q345E低温冲击性能及组织的影响》《电梯曳引机用C45E+N钢的生产工艺研究》《汽车板180BH三维表面轮廓测试》《直流辉光放电原子发射光谱法测定中低合金钢中锆》四篇论文分别获得二等奖；三等奖7项；荣获2018年度辽宁省科技进步奖《基于整车轻量化应用的1500MPa热成形钢系列化开发》《汽车用高扩孔热轧酸洗板系列产品研制开发》二等奖2项；《高品质低成本钛合金化高强钢研制开发与应用》《先进高强钢-冷成形用热轧延伸凸缘钢的研制与应用技术研究》《高级别抗酸腐蚀管线钢热轧卷板研发》三等奖3项。荣获2018年度本钢科技进步奖《超高强度热冲压成形钢研制开发》一等奖1项，《一种防止铸坯角裂含硼钢的制备方法》《高等级汽车齿轮钢19CrNi5（H）的研制开发》等6项获二等奖，《冷轧低合金高强钢HC420LA产品的研制与开发》等8项获三等奖。起草并发布实施冶金行业标准1项，YBT 4739—2019《铬铁　磷、铝、钛、铜、锰、钙含量的测定　电感耦合等离子体原子发射光谱法》；企业标准13项；参加公司论文评审19篇论文获奖，其中一等奖3篇、二等奖6篇、三等奖10篇；省部级以上刊物发表论文20篇，年申报专利159件，授权6件，其中发明专利2件。应用检测所累计检验分析物理、化学、耐材等试样10259余件。试样加工及时精准完成累计加工试样27272件，其中物理试样22778件、化学试样3771件、加急试样1672件。在配合各研发所开展研发工作的同时，积极与东北大学、湖南大学、中国科学院等科研院所联络互动并提供小炉冶炼等技术服务，涉及10余个品种、总计120余炉次。科技情报工作开创新局面，研究院负责《本钢技术》以及《本钢科技信息简报》的编辑出版工作。通过广泛聘请公司业内专家，优化编辑人员结构，在专业技术人员协助下以高效优质的内容向集团公司各部门提供最前沿的科技信息，得到集团公司有关领导的认可。

**【基础管理】** 按照集团公司要求，建立了安全管理机构、完善了管理制度，认真履行安全管理主体责任，将各项管理指标和工作任务层层分解。按照上级要求，坚持制度落实、监管落实、检查落实，重点开展了反习惯性违章作业、电气设备设施防火隐患排查治理、煤气安全管理整治等多项专项整治工作，安全隐患整改达标率100%。在制度管理上，进一步强化了制度建设，强化内部管理。为保证管理有法可依、有章可循，先后制定完善了《本钢技术研究院经济责任制考核办法》《本钢板材技术研究院绩效量化考核方案》和《本钢板材技术研究院劳动纪律管理办法》等20多项管理制度，明确了管理考核内容，细化了步骤，量化了标准，保证技术研究院各项基础管理工作有条不紊的运行。为进一步加强技术研究院管理、业务、技术岗员工队伍建设，完善激励和约束机制，依据《本钢板材技术研究院技术岗位聘任及考核管理办法》和《本钢板材技术研究院管理、业务岗位聘任及考核管理办法》，对所有管理、业务和技术人员进行年度考评。通过强化产学研合作，开展与各大院校和研究院所以及下游行业广泛的合作交流，邀请资深学者、教授讲学，参加各类学术会议等方式为技术人员创造学习和提高能力的机会，开展内部的技术讲座与交流讨论，开展了开放实验室检验业务培训，提高了研发人员的常规检验能力。为了提高研究院技术人员科技论文写作能力和水平，组织技术人员进行通用型科技论文写作方法的培训。为进一步加强高校毕业生的培养，使新入职大学毕业生尽快了解本钢的生产工艺和生产流程，并为未来的个人成长和职业发展夯实基础，安排毕业生到相应的生产厂矿现场实习或挂职锻炼，鼓励大家继续学习深造等方式营造学术氛围。

**【党群工作】** 技术研究院党委认真贯彻落实集团公司主题教育指导组部署，制定了《本钢板材技术研究院“不忘初心、牢记使命”主题教育实施方案》，按照“不划阶段、不分环节”的要求，自觉把学习教育、调查研究、检视问题、整改落实四项重点措施贯穿始终，抓思想认识到位、抓检视问题到位、抓整改落实到位、抓组织领导到位，聚焦“守初心、担使命，找差距、抓落实”总要求，坚持抓点带面、上下联动，推动了主题教育扎实深入开展。组织党支部结合专题进行研讨，并召开专题组织生活会，对党员进行民主评议。在党支部标准化建设方面，注重夯实基层党建工作基础，把形势任务教育的着力点体现在调动职工积极性、主动性、创造性上，为提质增效、产品研发等实际工作增添动力。落实全面从严治党“两个责任”，深入开展党风廉政建设，组织首席工程师及以上领导干部签订廉洁自律承诺书；党委书记与领导班子成员、党支部书记与支部全体党员签订党风廉政建设责任书。通过开展形式多样的廉洁教育形式，抓好任务分解，明确职责分工，强化各级领导干部的责任意识和责任担当，把主体责任落到实处。积极弘扬“劳模精神”，做好各方面先进人物的宣传工作，配合新闻中心对“精英团队”刘宏亮团队、“劳动模范”张霞、“优秀共产党员标兵”高洪刚等先进人物的采访和报道，营造了浓厚的向先进学习的氛围，充分调动了广大职工积极性。认真贯彻集团公司下发省财政和市财政送温暖资金政策，救助 2 人。办理职工互助医疗的住院费报销 19 人次，报销金额 21248 元。为职工购买微波炉 2 台，建设职工活动阵地 2 处。在会员生日慰问、直系亲属去世、退休职工慰问、会员生病住院慰问等方面积极作为，发放生日慰问礼券 167 人，支出工会经费 25050 元。其他普惠制工作共慰问 10 人，支出工会经费 6280 元。积极组织文体活动，丰富职工文化生活，增强职工的凝聚力和向心力。为青年的成长成材搭建平台，在集团公司 2019 年度五四表彰大会上，刘宏亮荣获“时代先锋”，杨天一荣获“优秀青年标兵”，富聿晶荣获“大学生创业成材标兵”，汽车板所荣获“辽宁省五四奖章”。

（宋宪伟）

## 炼铁厂

**【概况】** 2019 年末，本钢板材股份有限公司炼铁厂（简称板材炼铁厂）在籍职工 2020 人，其中管理人员 51 人、业务人员 49 人、技术人员 133 人，高级职称 39 人、中级职称 215 人、初级职称 150 人。下设 5 个管理室、12 个作业区。党委下设 20 个党支部，56 个党小组，党员 669 名。全厂主要设备包括 4 座炼铁高炉（5 号高炉炉容为 2600 立方米，6 号、7 号高炉炉容均为 2850 立方米；新 1 号高炉炉容为 4350 立方米），2 台 265 平方米烧结机、1 台 360 平方米烧结机、1 台 566 平方米烧结机、8 台煤粉中速磨、2 台铸铁机。主要产品为炼钢生铁，副产品主要有高炉水渣、高炉煤气等。

**【指标情况】** 全年生铁产量完成 972.72 万吨，同比提高 123.99 万吨，比计划超产 11.72 万吨。全年入炉焦比实现 346 千克/吨，同比降低 18 千克/吨；燃料比实现 535 千克/吨，同比降低 9.1 千克/吨。

**【安全管理】** 层层签订安全生产责任状，严格实行安全绩效奖罚。积极组织开展以“提高安全意识、提升安全技能”为主题的大讨论和安全知识培训。扎实开展安全生产“百日攻坚战”活动，全厂辨识各类危险源 431 项，整改完成 429 项，其余 2 项处于受控状态。重点针对七炉炉缸水温差偏高，研究制定科学合理的护炉方案，实现高炉安全顺利过渡到检修状态。全员、全流程抓好 7 号高炉炉缸浇筑工程和新 5 号高炉节能环保改造工程的安全文明施工。申请专项资金 101 万元对全厂 6 个作业区近百条皮带系统进行防护改造，保障职工人身安全。全年安全生产实现“三为零”。

**【生产经营】** 通过强化生产组织、优化内部操作，有效克服了酸性料不足、原燃料质量不稳定、焦四大修干熄焦变水熄焦等不利影响，保证了四座高炉实现长周期稳定顺行。5 号高炉在高炉超期服役三年、设备严重老化、生产和改造交织的不利局面下，依靠一整套完备、系统的操作预案，激发了老高炉的新潜能；6 号高炉紧紧抓住“人”这一关键要素，通过不断增强对核心操作人员培养和引导，提升了操作人员的整体素质；新 1

号高炉以稳定炉况为中心，科学合理操作，主要生产指标稳中有升，一季度产量、消耗等多项指标创出历史最好水平；7号高炉通过一年来的生产实践，提高了对高炉生产在各种特殊情况下的系统认知，为今后生产积累了宝贵的经验。特别是在9月26日3号热风炉突发事故抢修中，全厂干部职工众志成城，集智攻关，仅用10天时间完成抢修复产。10月18日，在两座热风炉维持生产的情况下，7炉日产突破5000吨。11月3日，随着参数不断优化，7炉日产突破6000吨，并一直保持安全稳定运行。烧结系统以“提质降耗、满足高炉需求”为宗旨，坚持“稳定水碳、厚平慢转、严控终点、烧透筛净”的操作方针，重点提高烧结矿质量，为高炉生产提供优质原料。煤粉、铸铁、原料运输、水渣、防尘等供辅系统立足“零影响、零故障”方针，严细管理，强化服务，实现了安全保供。此外，物料平衡、能源介质管控、运输保障及生产调度指挥等方面，克服各种困难，积极组织协调，为生产稳定顺行创造了有利条件。

集团公司党委书记、董事长陈继壮到板材炼铁厂7号高炉生产现场调研指导工作（张新　摄）

**【设备管理】** 努力夯实设备系统各项基础工作，通过开展隐患排查、专项治理、持续推进点检业绩考评、提升点检员积极性等举措，有效降低设备事故故障。积极探索并实施设备定修新模式，高炉定修间隔时间由原3个月一次延长到4个月一次，每台烧结机平均45天检修一次。圆满完成7号高炉炉缸浇筑工程，1094项检修项目全部安全优质完工，比计划工期45天提前4天13小时完成，并做到一次开炉成功，快速达产达效。广泛开展修旧利废，全年领用外委修复类备件1507.1万元，实际修复率16.45%，累计节约资金1176.5万元；自修备件926件，降成本1057万元。积极推进技改工程建设，5号高炉节能环保改造工程于2019年2月正式动工，3月新制粉工程投入使用并实现达产达效，年底已经按期完成了高炉、热风炉基础和高炉、热风炉炉壳封顶四个大合同节点，同时安全、质量处于可控状态。

**【企业管理】** 严格落实集团公司《问责追责调整意见》，结合实际详细制定了《板材炼铁厂领导干部问责追责管理办法》，有效促进炼铁厂干部队伍的作风建设，强化了责任意识，提升了管理水平。认真贯彻集团公司要求，扎实开展文明生产管理、三级成本核算管理、“日清日结”工作体系、工作纪律督查等重点工作，从严从细加强过程管理和考核，对出现的各种事故和影响，层层落实管理责任，从严考核，向“严管理”要效益。不断加强劳动力管理和职工培训工作，全年共参加公司培训班（含特种作业）14期，培训108人次。厂自办班113个，培训4707人次，培训率达234.4%，职工操作技能得到有效提升。积极稳妥推进“四定”工作，从10月8日岗位竞聘工作正式开始，炼铁厂各轮岗位竞聘有序开展，前六轮岗位竞聘工作全部按计划完成。

**【党建工作】** 严格按照集团公司“不忘初心、牢记使命”主题教育要求，整个主题教育不分阶段、不走过场，突出解决实际问题。期间班子成员分别到基层联系点上党课7次，联系自身分管工作确定调研题目13个，先后深入基层开展调研28次，召开调研专题会议17次，发现各类问题44个，形成改进措施66项，其中19项制度和措施已经在生产实践中得到推进应用，其他改进措施正在逐步推进实施中。认真梳理问题清单，共检视各类问题127条，统筹制定“10+2+1”专项整治方案，全部明确了整改措施和整改时限，确保主题教育收获实实在在的成果。此外，厂党委坚持以习近平新时代中国特色社会主义思想和党的十九大精神为统领，坚持把“实现高炉长期安全稳定、持续高产低耗”作为党建工作第一要务，强化党支部基础管理，开展党支部工作大检查，对标对表查摆问题56个，并逐一进行了整改。结合实际积极参加“我的铁厂我的家，我是党员十带头”主题教育实践活动、“党员戴牌亮身份，高产低耗比技能，安全生产做贡献”党员建功立业活动，划分了52个责任区，确定了43个党员建功立业项目，引领广大党员围绕生产经营中心工作献计出力，为厂生产经营提供了强大动力和思想保证。

（张　新）

## 炼钢厂

**【概况】** 本钢板材股份有限公司炼钢厂（简称板材炼钢厂）截至2019年底共有在籍职工2018人，其中生产（操作）人员1803人、技术人员110人、业务人员55人、管理人员50人，博士研究生学历1人、硕士研究生学历16人、本科学历416人，正高职称2人、副高职称16人、中级职称416人、初级职称369人、高级技师10人、技师360人。下设6个管理室、12个作业区、328个班组。党委下设28个党总支（支部）、87个党小组、党员755名。主要拥有7台铁水预处理站、7台转炉、5台RH真空精炼装置、1台AHF化学升温装置、5台LF钢包精炼炉、2台1600mm双流板坯连铸机、2台1750mm薄板坯铸机、1台矩形坯连铸机、1台2300mm单流板坯连铸机、1台1900mm双流板坯连铸机、1台铸坯表面火焰清理机等具有国际先进水平的技术装备。固定资产原值96.18亿元，净值30.47亿元。可生产汽车板用钢、石油管线钢、电工硅钢、集装箱用钢、冷轧深冲钢等十余个系列、600多个钢种。全年共产钢978.8121万吨，比计划超产14.9万吨，较2018年增产119.6万吨，创历史最好水平；质量非计划率达到2.61%，完成计划目标；实现成本降低额4.27亿元。

**【安全管理】** 一是继续推进安全专业化管理、安全三项承包管理、相关方管理等重点工作，确保各项安全基础工作扎实有效开展。二是扎实开展“炼钢厂安全管理薄弱环节的指导意见”“炼钢厂事故预案演练”等工作，强化安全隐患排查，做好整改治理。三是加强技改工程、联合检修、技术创新项目的安全管控，确保了各项工作的安全顺行。

**【生产管理】** 加大炉机匹配的推进力度，开展降铁耗增产专项攻关，提升薄板坯铸机产能，全力以赴实现优质高产，各产线产量全面提升，其中1号、2号铸机完成390.643万吨，3号、4号铸机完成199.0247万吨，5号铸机完成32.9938万吨，6号、7号铸机完成356.1506万吨。6月、7月日平产量连续突破29000吨；6月22日日产32655吨，创日产历史最高纪录。2019年铁耗完成980.85kg/t，其中6月铁耗完成963.05kg/t，创历史最好水平。

**【成本管理】** 按照2019年年初预算（含耐材降价和多吃废钢降成本因素），板材炼钢厂7~11月累计完成了公司给定的降低50元/吨钢的目标。通过开展行业对标挖潜，落实成本日清日结，推行炉结炉清，设立多项成本指标与绩效挂钩，实现企业利润与职工利益联动。此外，做好低产期经济运行，落实节水节电措施，强化能源调度管理，降低了能源消耗。各项成本指标进步显著，2019年，钢铁料消耗完成1092.76kg/t，对比年指标降低4.66kg/t，其中12月钢铁料消耗完成1088.22kg/t，为近两年最好水平。合金成本比预算降低8.63元/吨钢。通过开展转炉复吹攻关，有效降低了石灰消耗，炼钢工序石灰消耗已经控制在38kg/吨钢左右，特别是管理消耗从2018年的5~6kg/吨钢降低到了1kg/吨钢以下，创历史最好水平。总能源成本降低2002万元，其中气体类消耗降低成本2643.8万元，吨钢降低2.7元，实现了全工序负能炼钢。

**【品种质量】** 2019年非计划率完成2.61%，对比考核指标降低0.48%；质量异议率完成0.01%，对比考核指标降低0.01%，均完成预算。生产RH钢388.78万吨，同比增加3.61万吨，占总产量的33.12%，较好地完成了公司下达的各项品种生产任务。

**【设备管理】** 全面推进设备系统对标挖潜管理工作，形成与鞍钢、首钢、南钢炼钢厂的对标数据库。组织实施了两次设备联合检修，完成了8次转炉炉役修和5台铸机年修。2019年11月1日实施6号、7号铸机离线整体承包，标志着板材炼钢厂铸机设备管理进入一个全新阶段。

**【技改工程】** 1号转炉节能环保改造胜利竣工并于2019年1月11日实现一次热负荷试车成功。9月6日，6号转炉节能环保升级改造完成并顺利开炉，改造后的6号转炉实现了快速达产达效，平均供氧时间达到13分钟，超出了15分钟的设计水平，向全面实现炉机匹配迈出重要一步。1号RH改造工程于6月5日实现一次热负荷试车成功，对于稳定生产运行、提高转炉蒸汽利用率、提升产品质量发挥了显著的作用。火清机除尘改造工程于6月1日竣工并投入生产使用，改造后烟尘排放达标。

**【全员创新】** 推进合理化建议、科技创新和管理创新，厂整体工艺技术水平实现了跨越式发展。一是转炉复吹工艺有效降低了造渣料、钢铁料和合金消耗，吨钢效益达到10

元以上。7 台转炉全部实现复吹，碳氧积 0.0017~0.0023。其中 4 号、5 号转炉复吹寿命达到 7000 多炉，创历史最好水平。二是煤脱氧工艺属行业首创，潜在效益巨大，已申请国家发明专利，自 2019 年 3 月实施后，吨钢降低成本 2.5 元，该技术下一步还有很大的提升空间。三是开展提高转炉供氧强度、缩短冶炼周期攻关，供氧流量由原来的 $28000m^3/h$（标态）提高到了 $40000m^3/h$（达态），达到国内先进水平，供氧时间也由最初的 18.5min 缩短到 13min，转炉冶炼效率大幅度提升，为炉机匹配提供了必要保障。四是滑板挡渣+挡渣标工艺创造性地实现了转炉出钢下渣量的有效控制，又很好地解决了出钢末期炉内剩钢的难题，挡渣效果及运行的稳定性达到了国内领先水平。五是钢包、中间包烘烤器改造方面，已先期改造完 5 台钢包烤包器，缩短了钢包烘烤时间，大大提高了烘烤效果，解决了困扰炼钢厂多年钢包烘烤温度低的难题。六是钢包周转解难题，进入 10 月，随着 70240 吊车拆除、1 号倾翻机及 10 号 260 吨车的投入使用、铸二跨吊车滑线延长，大大缓解了炉前等钢包现象的发生，解决了限制多年的钢包周转难题。七是连铸机离线检修承包方面，6 号、7 号铸机离线检修产线承包取得实质性进展，2019 年 11 月 1 日起正式启动承包方案。通过实施铸机离线检修整体承包，将有利于铸机尽快实现由周检提高到半月检，便于铸机离线检修管理及在线监控，全面提升铸机精度。此外，白云石代替补炉料等合理化建议、三级成本管理和全工序迎高产物流系统优化等管理创新项目也都取得了显著的成效。

**【推进信息自动化】** 转炉智能化炼钢在原有的加料自动控制、氧、副枪自动控制、优化合金加入的基础上，实现过程控制纠错语音提示、数据智能分析、操作习惯综合评价等新功能，是涵盖最全面、综合性最强、智能化程度最高的转炉智能炼钢产品之一，在业内处领先水平。

**【“四定”岗位竞聘】** 在公平、公开、公正的基础上，全力推进“四定”第二阶段工作，圆满完成了管理、业务、技术、操作四大职群的岗位竞聘；同时，作业区级管理岗位新提任本科及以上高校毕业生 7 人，业务岗位新任职本科及以上高校毕业生 3 人，技术岗位新任职本科及以上高校毕业生 4 人，操作岗共有 19 名高校毕业生竞聘至高技能操作岗位，基本实现了中层管理者的新老交替，形成了以“技术型”“创新型”为代表的新一代中坚力量，并立即在工作中提出了很好的见解，发挥了自身潜力和重要作用。

**【体系审核】** 为实现集团公司以开发重点行业、重点客户、高附加值产品为目标的战略部署，积极开展体系认证工作，强化质量监督，对审核发现的问题按期进行整改，做好质量认证工作。接受了北京国金恒信、莱茵公司、CE 等公司的认证审核，完成泰国 TISI、沃尔沃、宝马、海尔、华晨雷诺、福特、上汽酸洗等多家顾客产线认证及文件审核，满足了公司发展和顾客需求，促进了质量管理水平的进一步提升，质量方针适宜有效。

**【党群工作】** 一是按照集团公司的统一部署，开展了“不忘初心、牢记使命”主题教育，广大党员干部进一步坚定了理想信念，责任担当意识大大增强。二是做好基层党组织建设，贯彻落实《中国共产党支部工作条例（试行）》，深入推进“共产党员创新工作室”“共产党员先锋工程”等活动，充分发挥了党组织战斗堡垒和党员先锋模范作用。三是围绕生产经营继续开展劳动竞赛、青安岗等活动，积极组织参加集团公司第三届运动会等文体活动，实施了铸机大包操作室加装空调、食堂加装空调机组、浴室整体修缮、女浴室更衣箱更换等一系列举措，解决了职工在工作、就餐、洗浴等方面遇到的实际困难。四是抓好信访稳定、综合治理、治安保卫等工作，完成了两会、国庆等敏感时期的维稳工作。（郑弟科）

## 热连轧厂

**【概况】** 本钢板材股份有限公司热连轧厂（简称板材热连轧厂）现有职工总数1124人，其中管理人员41名、专业技术人员145名、业务人员52名、生产操作人员886名，高级专业技术职称41名、中级专业技术职称人员182名、初级专业技术职称人员204名。厂下设有5个管理室、12个作业区、1个改造项目部。党委下设1个党总支、16个党支部，党员532名，党员占职工总数47.3%。主要设备有三条轧制线，其中1700生产线有4台加热炉、3架荒轧机、7架精轧机、3台卷板机，1880短流程生产线有2台辊底式加热炉、2架荒轧机、5架精轧机、2台地下卷取机，2300生产线有4座步进式加热炉、1架定宽压力机、2架荒轧机、7架精轧机、3台卷取机等，厂还有一套1700平整分卷机组、一套2250平整分卷机组，主要产品为热轧板。2019年，热轧卷板缴库量943.08万吨，比公司计划超产21.07万吨。厂变动成本累计降低成本12903万元，吨钢降成本13.65元。全厂实现重大安全事故“三为零”。

**【生产管理】** 时刻保持争创态势，产量指标超计划完成，日产量记录连续刷新，品种规格优化明显。热连轧厂通过组织“四大班劳动竞赛”，开足马力，争创高产。其中2300产线5~9月连续5个月实轧量超过40万吨。1880产线6~8月连续3个月热轧产量超过20万吨。6月23日、29日，12月22日，全厂日产纪录连续突破34249吨、34283吨、34754吨。热轧品种钢（不含DC01、Q235B）累产638.1万吨，占总产量的67.0%，同比品种钢产量增加20万吨。酸洗板、石油管线钢产品轧制量较2018年同期分别提高21%、126%，其中石油管线钢增幅巨大。冷轧料累产504万吨，占总产量的53.5%。供冷轧汽车板产量152.0万吨，占总冷轧料产量的30%。

**【质量管理】** 质量攻关、合理化建议取得成效，新产品试制达到预期，管理体系持续改进。1. 全员科技攻关和合理化建议蓬勃兴起。全厂申报科技攻关和合理化建议39项。其中申报科技项目6项，申报公司级合理化建议14项，厂内攻关项目19项。厂按照相关规定，拿出11万元对厂内结题项目给予奖励。良好的科技氛围带来了显著的效果。厂全年外部异议率0.29%，同比降低0.01%，相比公司考核指标降低0.16%。全厂非计划率0.19%，完成公司考核指标。2. 电镀锌料调试及汽车板、高级别石油管线板生产质量良好。厂未产生电镀锌料非计划品；汽车板产品质量良好；首次试制成功DP590热轧车轮用钢、耐候钢09CuPCrNi-A、BG960高强钢等新产品；为中俄天然气管路和宝武汽车板等高端重点项目实现批量供料。3. 管理体系内外审核顺利通过，厂内生产检查情况实现闭环管理。厂对公司内外审提出的25个问题项、1

个不合格项，全部按要求整改完毕，并通过审核；厂对工艺制度执行情况抽查、降成本攻关指标完成情况抽查、文明生产专项检查中存在的问题项进行通报和整改，形成闭环管理。

**【成本管理】** 成材率攻关、能耗管控效果显著，对标挖潜和产线分工提升了经济效益。在单项指标中，2019 年成材率累计降成本 4344 万元，占总降成本额的 33.66%；油耗累计降成本 875 万元，占总降成本额的 6.78%，贡献度较大。全厂能源成本比计划降低 5078 万元。综合煤气完成 1.27GJ/t，比目标计划 1.30GJ/t 降低了 0.03GJ/t。综合电耗完成 73.27kW·h/t，比目标计划 78.18kW·h/t 降低了 4.91kW·h/t。同时我厂还深入开展与先进企业对标挖潜工作，分别与首钢京唐、鞍钢、通钢、山钢日照分公司以及吉林建龙分公司开展对标工作，通过对标找差距、补短板，使我厂生产经营水平、降本增效能力进一步提升。特别是通过合理匹配产线分工，争取各品种规格效益最大化工作，全年达效 5000 万元以上。2019 年，1700 线对比预算降低成本 4133 万元，1880 线对比预算降低成本 4296 万元，2300 线对比预算降低成本 4474 万元。

**【文明生产】** 文明生产规范了职工职业行为，提升了现场管理水平。2019 年，热连轧厂按照公司要求和厂《文明生产管理标准及考核办法》规定，对各作业区进行联合检查和专项检查，共查出文明生产方面的问题 716 项（其中，涉及生产现场方面的问题 144 项，涉及设备管理方面的问题 110 项，涉及厂容环境方面的问题 159 项，涉及安全防护方面的问题 138 项，涉及办公环境方面的问题 165 项），对相关单位进行严肃考核，并在早调度会和厂内“文明生产工作群”给予曝光，督促相关单位做好整改落实。厂还积极推进工作岗位手机管理、站立式交接班、网格化管理、可视化自查管理、参加文明生产工作培训等重点工作，得到了公司的肯定。

**【设备管理】** 设备管理水平稳步提升，设备运行、点检、维保、年修计划精准落实，1700 线技改项目如期推进，污染源管控措施有力。1. 设备运行管理。三条产线设备故障时间 86.33 小时，同比去年降低 52.59 小时；设备故障 32 次，同比去年减少 19 次。在板材公司两次点检抽样考评中，热连轧厂先后取得第二名、第一名的好成绩。设备春检、秋检工作名列公司第一名。2. 设备检修管理。厂结合 1700 线及 2300 线加热炉超十年运行的现状，制定加热炉三年整改规划，并通过对 1700 线、2300 线的 3 炉、4 炉扩大性定修，消除了耐材存在的运行隐患。厂还对主电室和电磁站地下室电缆进行隐患查处，提前完成全厂高压电缆热缩头改冷缩头的五年更换计划，总计 142 组，消除了安全生产隐患。通过落实设备点检责任制，点检人员敬业意识得到提高，及时发现 2300 线 E2 操作侧减速机一轴轴承隐患、飞剪减速箱轴系零件损坏、1700 线 F2 齿轮轴异常磨损、1700 线 R1 传侧压下蜗杆窜动、1880 线 R1 一段轴齿面剥落等重大设备隐患。在各产线设备年修中，解决了飞剪减速机、定宽机超期服役等关键设备隐患，及时发现并消除主减速机、齿轮机座、接轴裂纹、掉肉等多处缺陷，保证设备状态良好。特别是 1880 线年修，相比往年进步较大，得到公司好评。3. 设备维保。厂与三冶、矿机修、机电等三家维保单位签订补充协议，强化维保人员指标共担意识，明确故障热停与维保费用挂钩，积极推进产线承包工作，以此弥补维检等施工单位力量不足。12月完成了三热轧产线运营维保承包工作，开启全新设备维保模式。4.1700产线技改重点项目。已按计划进行项目招标、详细设计、设备采购工作，部分项目已经具备施工条件。5.备件费用管理。厂通过严格控制备件计划、招标采购、修旧利废、降低储运利库等措施节约降低备件费用。在全年设备年修工程中，厂大量使用库存5年以上的备件972万件，有效盘活了库存。6.环保管理。厂严格按照排污许可证要求不断更新制度，完善管理模式，开展了为期100天的雾霾治理工作，较好地控制了污染排放。

**【安全管理】** 安全生产责权明确，整改到位，效果显著。2019年，厂为落实安全生产“党政同责、一岗双责”的安全管理理念，与12个作业区的党政领导班子签订“安全生产目标考核责任书”，并结合各个时期的工作特点，开展春季、秋季安全大检查，消防重点部位专项检查，安全生产“百日攻坚战”，“保平安　迎大庆”安全生产专项治理行动，特种设备安全专项整治工作，以“防风险、除隐患、遏事故”为主题的安全月活动，发现并整改各类安全隐患71项。在设备年修工作中，厂安全检查小组在各产线年修现场进行动火作业、高处作业、吊装作业、危险介质作业等检查，叫停违章作业多起，发现问题均现场整改。厂还在1700线年修期间组织作业区、施工单位人员开展了煤气泄漏应急疏散演练，提高了职工应急处置突发事件的能力。厂实现重大人身、设备、火灾事故“三为零”。

**【人资管理】** “四定”第二阶段工作如期完成，民主管理和送温暖工作得到落实，职工敬业意识和归属感得到提升。6月，热连轧厂被公司确定为第二阶段“四定”试点推进单位。厂党委及厂部高度重视此项工作，迅速成立竞聘组织机构，制定竞聘方案，率先实施竞聘工作，并于11月14日如期结束。参与竞聘人员共计556人，有488人竞聘上岗，总淘汰率为12.23%，整体组织过程达到了“符合工作要求，职工群众满意”的预期。厂积极推动民主管理工作，特别是在“四定”等涉及职工利益的重大事项上，均经过职代会表决后才推行实施。在实施过程中，厂共收集职工意见和建议44条，均给予答复解决。在关心职工生活方面，厂在重大节日期间，对优秀党员、困难职工、外埠未婚大学生青工进行了走访慰问；组织513名职工到北戴河、汤沟参加健康疗养，使职工感受到了企业的关怀和温暖。

**【党群工作】** 深入开展“不忘初心、牢记使命”主题教育，党建及干部人才建设卓有成效。厂两级党组织把“守初心、担使命，找差距、抓落实”贯穿主题教育全过程，组织党员干部参观东北抗联史实陈列馆，在全体党员中开展了“不忘初心、牢记使命”学习心得“手抄稿”展比活动。围绕“四个着力”“三个推进”开展了9次专题研讨，收集职工意见68条，并制定措施，逐条整改落实。在干部人才推荐工作方面。经厂推荐，有5名同志被集团公司任命到厂处级重要岗位；向省里推荐百千万人才工程领军人才1人、百千万层次人才3人，省高层次人才库41人；推荐4名人才参加集团公司MBA管理能力提升班学习，其中2人已被公司提任到重要岗位；有3名优秀高校毕业生获得集团公司“岗位实干之星”“成长进步之星”“潜力希望之星”的荣誉称号；在党风廉政建设方面，厂党委在派驻纪检组的指导下，认真贯彻落实党风廉政建设主体责任，全年研究部署党风廉政建设工作3次；开展了一次党员、干部廉洁从业教育；与支部签订《党风廉政建设责任书》16份，重点岗位人员《廉洁从业承诺书》74份，并以责任条款监督支部、党员、重点岗位人员履职尽责。在信访维稳工作中，厂出色完成全国“两会”“两节”及“国庆阅兵”期间的稳控工作。（刘彦东）

## 冷轧厂

**【概况】** 2019年末，本钢板材股份有限公司冷轧厂（简称板材冷轧厂）拥有职工总数2446人（在籍职工1998人、人力资源中心448人）。其中，研究生学历38人、全日制本科学历272人，高级职称74人、中级职称288人。下设6个管理科室、20个作业区。党委下设23个党支部，共有党员848人，占职工总数的34%。拥有酸轧联合机组、罩式退火、连续退火、热镀锌、电镀锌、彩涂、热轧酸洗和硅钢连退等29条生产线。主要生产冷轧板卷、热镀锌卷、电镀锌卷、彩涂卷、酸洗卷、冷硬卷和硅钢卷七大类产品，广泛应用于汽车制造、家电、石油化工和建筑等行业，不仅直供东风日产、上汽、格力、美的等国内知名汽车和家电企业，而且出口“一带一路”沿线50余个国家和地区。2019年，冷轧厂克服资源不足、品种钢和宽规格产品逐月递增等诸多不利因素，主要生产经营指标与2018年相比全面提高。全年降低工序成本1.69亿元，同比多降1.9亿元；完成总产量562.28万吨，同比增产2.1万吨；质量非计划率完成3.0%，异议量同比减少4659吨，异议赔偿额同比降低399万元；实现安全生产“三为零”目标；圆满完成“四定”评聘工作，企业融合愈加深化。

**【安全管理】** 深入落实各级安全会议精神和管理制度，秉持管业务就要管安全的“一岗双责”理念，进一步规范各级人员安全履职检查与考评，筑牢全员安全责任意识。以深化职业健康安全管理体系运行为遵循，以推进班组安全标准化建设为抓手，以全员安全意识培养和安全技能培训为保障，强化关键时期和重点部位的安全管控措施落实，不断增强各级人员对事故风险的防控能力，有效促进安全管理体系建设和安全管理绩效全面提升。夯实检维修联系确认制等安全措施，规范相关方管理，巩固安全思想大讨论成果，落实各项保障措施，实现年修及日常检维修的作业安全。由厂领导带队重点开展了百日攻坚战、“保平安、迎大庆”、危险化学品以及消防设施等14个方面的专项检查，发现隐患和问题962项，全部完成整改，营造出稳定可靠的安全生产环境。

**【对标降本管理】** 深入贯彻落实集团公司对标降本工作要求，以浦项、宝钢等行业领先企业为标杆，依托信息化技术，全力推进“日清日结”管理常态化。通过建立三级成本管理体系和八大降成本攻关项目，引入新供应商形成竞争机制，厂领导班子逐项逐级制定降本措施并带头组织攻关，细化各层级绩效考核制度发挥经济杠杆激励作用以及签订责任状等一系列举措，9~12月降低工序成本31.73元/吨，实现攻关目标。其中，锌耗和成材率指标比全年预算分别降低1.34亿元和1148万元，同比多降成本8432万元和6696万元，效果十分显著。此外，通过内部技改技措、科学优化加油制度等手段，油品消耗同比降低成本550万元。

【生产管理】 根据各机组生产能力和运行状态，进一步发挥“大厂制”优势，打通影响物料流转的壁垒，实现各机组交叉供料，推动产能最大化。在资源不足的情况下，组织重点机组产能攻关，解决生产瓶颈。全年累计打破月产纪录4次、日产纪录9次、班产纪录5次。1月完成产量52.82万吨，创历史新高。硅钢酸洗机组在刷新月产纪录的同时连续6个月商品产量突破4万吨；3号酸轧机组1月完成产量19.91万吨，实现达产水平。注重新品种研发，积极配合技术研究院成功生产马氏体1180MPa高强钢、热镀锌DP780产品和35BW440中高端无取向电工钢产品，填补了本钢空白；供宝武集团宽度2000mm以上汽车外板产成率达到82.06%，宽板产品质量获得行业和市场认可，打造了本钢冷轧的“拳头”产品。

【技术质量管理】 按照“日清日结”标准强力推进IATF16949体系和质量一贯制管理，不断完善和细化质量控制点和控制措施，加大奖励和考核力度，提升全员质量意识，高等级汽车板产量及合格率稳步提高。5号镀锌机组首次生产华晨雷诺外板及奔驰重卡产品，合格率分别达到87.92%和84.28%，取得历史新突破；电镀锌汽车板产量同比翻一番，合格率提升11%。开发“冷轧用户服务管理系统”，建立质量和异议信息流转及分析的线上管理平台；根据用户反馈情况，新修订上汽乘用车、东风日产等重点用户个性化判定标准10项，并收集蒂森、宝钢等行业领先企业的标准样板，指导工艺控制和质量判定，实现异议量和异议赔偿额同比“双降”。大力推进文明生产工作，重点加强对带钢通道线的清理与维护，有效降低因异物进入造成的产品降级风险。顺利通过IATF16949和ISO9001体系外审，以及华晨雷诺、长安福特、海尔等高等级汽车和家电用户的现场产线审核。同时，组织通过了奔驰重卡、上汽通用、东风日产、格力等十余家用户涉及冷轧、镀锌等五大类品种、30余种牌号规格的产品认证。此外，获得上汽乘用车公司2019年度“优秀供应商”称号，在众多竞争者中成为国内唯一获此殊荣的钢铁企业；冷轧DC04/DC05/DC06以及镀锌DC51D+Z产品通过冶金实物质量“金杯奖”复评。

【设备管理】 深化点检员考评机制，形成能进能出的管理模式，有效提升点检队伍的责任心和技能水平。试运行OEE设备综合评价机制，逐步摸索完善设备、生产、质量等多方面的评价标准，与行业先进的设备运行管理接轨，进一步提升设备管控水平，综合设备开动率达到95.18%，同比提高1.07%。坚持“预防”为主的理念，不断强化日常点巡检和检维修质量，使老设备焕发新活力。1号酸轧机组设备开动率达到86.53%，同比提高6.5%。机组产线承包效果显著，3号、4号镀锌机组屡次刷新运行纪录，达到行业先进水平。全面总结备件管理经验，完善全流程管控，合理降低现有库存，为降成本工作及稳定运行奠定基础。实现两级利库9991万元，自修备件580件节约费用414.51万元；利用报废轧辊改制节约费用683万元。

【能源环保管理】 在能耗预算指标大幅削减的情况下，建立健全能源管控制度，将指标、措施和责任层层分解落实到岗、到人，切实提升全员的节能意识和工作积极性。抓住管理薄弱环节，通过完善计量网络、开展九项重点攻关、建立能源调度系统等措施，有效推进能源管理从“日清日结”向“日清日解”不断转变，全年能耗成本同比降低3412万元。扎牢环保工作的“紧箍咒”，将环保设施的稳定运行作为工作重心，规范日常设备检修与维护，环保设施投入率达到100%。强化环保指标的监督与考核，完善快速响应机制，突发环境污染事件为零；水、废气、噪声等污染物实现达标排放；一般固废及危险废物合规处置率达100%。此外，顺利完成本浦区域生活水改造工程，根治了该区域生活水排放问题。

**【技改工作】** 按照集团公司整体战略布局，立足企业未来发展，调集优势资源，有效利用现有资金，不断优化改造方案，完善组织机构，明确各项目负责人及工作职责，确保各阶段工作达到预期效果。1号酸轧机组改造组织召开了第一次项目联络会议；平整机改造项目已具备商务招标条件；新建重卷机组改造项目进入土建施工阶段。聘请韩国浦项建设进行技术服务，本浦提质完善改造工程正在向着国际先进水平靠近。完成项目实施1项、招标2项，其余项目均处在上报采购计划和技术协议收尾阶段。高强钢技改工程预算审批率达到100%；涂层机组建设满足开标条件。5号镀锌机组出口贴标签机器人项目开始联动调试。小改小革取得实效，自行设计改造3号镀锌机组涂油机以及1号连退和3号、4号镀锌机组的HMI系统，节约投资500余万元。

**【“四定”工作】** 抓住“四定”机遇，实现冷轧深度融合。从企业发展实际出发，坚持“公平公开公正”和“四个注重”两项原则，科学制定工作方案、严肃工作纪律、明晰工作职责。圆满完成“四定”七轮次的评聘工作，历经4个月时间，累计1629人次参与。同时，不断完善领导干部及事故责任人的问责追责制度，让全体干部职工明底线、知红线，有效提升全员的履职尽责意识和使命担当精神，全年共有3人被问责。另外，按照“一盘棋”的整合思路，将原三个区域的公辅及磨辊作业区进行整合；把原老冷区域的“线管”模式转变为“块管”，推动统一化、规范化管理。

冷轧厂四定管理岗正职评聘演说现场（符筱　摄）

【人才管理】 围绕生产过程中的重点难点问题，有针对性地设立50项攻关课题和6个专业化管控小组，切实发挥“百人”人才库和大师工作站的突出作用，打造冷轧专家团队。通过广泛开展科技项目、合理化建议和修旧利废等技术攻关，合计创造效益5348.49万元。激光焊机管控小组攻关效果显著，2号酸轧机组连续10个月未发生一起焊缝断带事故，大大提升了机组的生产稳定性。通过搭建技术交流平台，组织召开厂科技创新技术进步推进会，定期与韩国浦项以及外部供应商开展技术交流，既营造出了“尊重知识、比拼技术”的良性竞争氛围，又实实在在地解决了现场疑难问题。2019年，板材冷轧厂获得国家专利6项、国家级优秀六西格玛项目1项，有10篇科技论文被“第十二届中国钢铁年会”及“全国冷轧板带技术交流会”录用。此外，获本溪市优秀专家荣誉2人，本溪市“五一奖章”2人；推荐省千层次人才2人、万层次人才3人。

【党群工作】 全方位聚焦企业生产经营中心，充分发挥党建引领和群团桥梁纽带作用，保障企业健康稳定运行。一是“不忘初心、牢记使命”主题教育取得阶段性成果。厂班子成员开展理论中心组学习23次、50余学时；进行9项专题研讨，深入基层调研发现问题47项，均制定了改进措施并得到有效落实；经常开展批评与自我批评，广泛开展谈心谈话和听取意见，共检视整改问题111项，切实为基层和职工群众解决了实际困难。此外，其他党员以党支部为单位，依托“三会一课”、主题党日和学习强国APP平台，认真开展形式多样的学习教育，持续增强全体党员的综合素质。二是始终把队伍建设放在企业发展的重要位置。在第三派驻纪检组的监督和指导下，明确落实党委主体责任和纪委监督责任，建立健全党风廉政教育长效机制，强化基层党委监督能力。设立职工意见箱，组织干部和风险岗位共计531人签订《廉洁自律承诺书》，并加强日常的监督和检查。发挥宣传舆论正面导向作用，累计刊发外宣稿件105篇、内宣稿件83篇，印发《冷轧年修快报》14期；举办“礼赞70年，冷轧新征程”历程图片展，既展示了冷轧30年来取得的丰硕成果，又提升了全体职工的荣誉感和归属感。承办本钢集团第二十二届职工技能（轧钢工）大赛，弘扬工匠精神，有效促进操作岗位职工知识基础和技能水平提升。围绕生产经营中心，开展班组达标评定和优秀班组推选工作，评选出优秀班组54个，占总数的32%，实现了队伍建设和生产经营的有机融合。三是通过形式多样的特色活动进一步激发全体职工的团队意识和工作热情。组织“三八”节表彰和“五四”青年节系列活动，培养广大女职工和青年职工爱岗敬业、无私奉献的优良品格。精心组织，获得集团公司第三届职工运动会团体总分第五名、板材公司第一名的历史最好成绩，并获得道德风尚奖，实现了运动成绩和精神文明双丰收。坚持职工需求导向，探望生病住院职工73人，发放慰问金2.26万元；为180名职工报销医疗互助理赔款14.44万元；为46人发放金秋助学奖励1.26万元；夏季为职工送清凉以及年修期间为参战人员购买慰问品合计投入13.17万元，切实让广大职工群众感受到了冷轧大家庭的温暖。此外，板材冷轧厂团委获得辽宁省“五四”红旗团委和全国钢铁行业“青安杯”竞赛先进集体荣誉称号。

（薛乃斌）

## 本钢浦项公司

【概况】 本钢浦项冷轧有限责任公司简称本

钢浦项。2019 年，是本钢浦项实现深度整合、融合，企业改革发展的关键之年。按照集团公司“四定”总体部署，树立新观念、制定新措施、取得新成效。截至 2019 年末，本钢浦项拥有职工总数 596 人（在籍职工 542 人、人力资源中心 54 人）。其中，研究生学历 16 人、本科学历人 257 人，高级职称 30 人、中级职称 81 人。下设 7 个管理科室（含改造办）、8 个作业区。党委下设 10 个党支部，共有党员 195 人，占职工总数的 32.7%。拥有酸轧机组、连退机组、镀锌机组等 7 条主要生产线，本钢浦项采用“一贯制”生产技术，结合当今世界先进的装备技术水平，致力于高档汽车板和家电板的生产。2019 年，本钢浦项克服资源不足、品种钢大幅增加的困难，完成总产量 166.12 万吨，同比增加 6.8 万吨。异议量同比减少 3088 吨，异议赔偿额同比降低 316 万元。实现销售收入 67.94 亿元，盈利 1687 万元，同比增长 28.68%。全年累计降低工序成本 1800 万元，安全生产实现“三为零”目标。

**【安全管理】** 认真贯彻落实国家、省、市及集团公司关于安全生产工作的部署，树立安全红线意识、强化安全责任落实。与各科室、作业区逐级签订《安全生产目标考核责任书》。强化绩效考核和责任追究等工作措施的落实，将领导干部安全责任分片承包工作实行常态化管理。进一步加大业主单位、施工单位各级负责人和管理人员的安全检查频次，强化各级安全责任落实。开展安全纪律专项整治，夯实安全基础管理。抓住关键环节，对照“双违”行为清单，规范各类操作和作业。重新完善安全标准化作业卡，固化整改措施实施效果。强化安全隐患排查整治，规范人员安全行为。开展安全生产“今冬明春”“百日攻坚”、春季秋冬季安全生产专项整治，累计排查整治安全隐患和规范安全行为 606 项；抓牢安全教育培训，提升全员安全素质。有针对性地组织开展安全生产责任制、岗位安全技能、职业健康安全管理体系知识等各类培训 15 项，实现了全员覆盖，切实提高了职工安全意识和安全技能。

**【生产管理】** 优化生产组织模式，大幅提升产能。根据各机组生产能力和运行状态，进一步发挥冷轧系统优势互补作用，推动产能最大化。在资源不足的情况下，组织重点机组产能攻关，解决生产瓶颈。定期开展工艺纪律大检查，提高机组产能和产品质量，全面推进标准化作业。全厂累计刷新 4 次机组产量纪录。其中，连退机组连破两次日产纪录，最高日产达到 3639 吨，最高班产达到 1404 吨。抓牢重点合同，保证按期交付。完善重点合同生产预案，由厂领导带队现场跟踪指导，第一时间解决质量、设备等方面问题。充分发挥生产管制中心的日常监管和协调作用，科学调配物料平衡，推进规模化生产。合同交付率完成 98.59%，剔除外部影响因素，基本实现 100% 目标。

**【技术质量管理】** 扎实体系建设，强力推进质量一贯制管理。做到日分析周总结，不断完善和细化质量控制点和控制措施，高等级汽车外板合格率达到 86%，实现攻关目标。认证及产线审核工作实现新突破，顺利通过 IATF16949 和 ISO9001 体系外审，以及华晨雷诺、长安福特、海尔等高等级汽车和家电用户的现场产线审核。组织通过了上汽通用、东风日产、格力等十余家用户涉及冷轧、镀锌 10 余种牌号规格的产品认证，获得用户普遍好评。市场开发取得新业绩。成功开发四环天利、上海交运等四家一汽、上汽的汽车零部件配套厂，并实现批量供货。获得一汽轿车 C105EV 车型 25 个零部件、D357 车型 14 个零部件和上汽乘用车 IM31 车型 4 个零部件的订货份额，产品影响力逐渐扩大。

**【设备管理】** 设备基础管理不断增强，运行效率持续攀升。深化点检员考评机制，有效提升点检队伍的责任心和技能水平。试运行 OEE 设备综合评价机制，逐步摸索完善设备、生产、质量等多方面的评价标准，与行业先进的设备运行管理相接轨，进一步提升设备管控水平，全厂综合设备开动率完成 96.56%，同比提高 4.02%。同时，日常检维修及年修工作组织得力，能够做到保质量、保安全、保工期和降费用的总要求；产线承包效果显著。1 号、2 号镀锌机组分别实现连续 64 天和 45 天无故障运行，创造了历史新纪录，达到行业先进水平；专业化管理取得实效。酸轧机组三次刷新月故障停机时间纪录实现连续 14 天无故障运行，2 月故障停机时间为 7.48 小时，创投产以来最好水平；备件管理愈加规范。完善全流程管控，合理降低现有库存，为降成本工作及稳定运行奠定基础。

**【能源环保管理】** 推进节能减排，发展绿色钢铁，加大能源环保管理力度，采取每月抽查和定期检查相结合的方式，进行总结点评。建立健全能源管控体系，完善计量网络，开展重点指标攻关，细化考核制度，合理利用经济杠杆提升全员的节能意识和工作积极性，实际能耗成本同比降低 1892.5 万元；扎牢环保工作的“紧箍咒”，规范日常设备检修与维护，环保设施投入率达到 100%。强化厂内对环保指标的监督与考核，水、废气、噪声等污染物实现达标排放；一般固废及危险废物合规处置率达 100%。完成生活水改造工程，根治了困扰已久的生活水排放问题。

**【降本增效】** 以制度为保障，实现攻关目标。对标浦项、宝钢等先进企业，依托信息化技术，建立三级成本管理体系；严抓指标分解落实，与各单位签订责任状；细化各层级的绩效考核制度，发挥经济杠杆激励作用，实现了后四个月降低工序成本 30 元/吨的攻关目标；突出重点，降本措施实效化。由厂领导组织八大降成本攻关项目，逐项逐级制定降本措施，强力推进“日清日解”工作常态化、制度化。其中，锌耗指标比预算降低成本 4661 万元，同比多降 3075 万元；成材率指标比预算降低成本 116 万元，同比多降 1598 万元；树立过“紧日子”思想，加大修旧利废力度。鼓励点检人员发挥技术特长，累计自修备件 252 件，节约费用 328.5 万元；另外，利用报废轧辊改制节约费用 426 万元。

**【人才管理】** 通过实行“专业化小组”“百人人才库”“技术交流平台”“厂内培训师”等一系列新举措，营造了尊重知识、比拼技术的良好氛围。不断优化科级管理人员的 KPI 和 MBO 评价体系，建立中层干部、班组长和一般管理人员的上岗、离岗条件及问责制度，填补了管理上的“空白区”。开展特色培训，科学规划新入职职工的职业生涯，让丰富的理论知识与现场紧密配合，加大对职业规划实施过程的监管力度。组织召开科技创新、技术进步推进会，定期与浦项及外部供应商开展技术交流，充分发挥技术和技能人才解决生产经营重点难点问题的作用。建立内部培训师团队，促进学习教育常态化、实效化。

截至 11 月末，组织厂内培训 33 项，1188 人次；参加集团公司培训 12 项、94 人次。组织 3 批次 6 人到浦项人才创造院进行培训交流。通过“四定”工作，有效调动了管理、技术、业务、操作各层次人才积极向上、岗位争先的工作积极性。

2019 年 6 月 11 日，本钢与浦项举行 2019 年定期技术交流会（金进　摄）

**【党群工作】** 以开展“不忘初心、牢记使命”主题教育为契机，领导班子成员深入基层调研，切实为基层和职工群众解决实际困难。结合生产实际组织开展 5 项党建项目化、4 项共产党员工程和“瓶颈”机组劳动竞赛，有效促进各项经营指标全面提升。完善党支部考评办法，按照“组织健全、制度完善、运行规范、活动经常、档案齐备、作用突出”的 24 字标准推进支部规范化建设。10 个党支部以主题党日活动、支部书记上党课等多种形式庆祝中国共产党成立 98 周年。发挥宣传舆论引导功效，紧密围绕提产提质、降本增效、日清日结、文明生产和职工先进事迹等开展内外宣传工作。坚持职工需求导向，把竭诚为职工群众服务作为工作的出发点和落脚点。为新婚职工 11 人发放祝福金 3300 元，探望生病住院职工 27 人，发放慰问金 7800 元；为 36 名职工报销医疗互助理赔款 2.65 万元；为 4 人发放金秋助学奖励 800 元；为年修参战人员购买慰问品、现场送豆浆花费 1.34 万元；夏季为职工送清凉发放绿豆和饮料花费 8400 元，购买电扇冰柜等花费 9200 元。共青团举办“筑梦冷轧、奋斗青春”主题演讲比赛，教育及带动广大青年职工在新时代更好地继承和发扬“五四”精神。年修期间，组织青年志愿者在生产一线设立青年服务岗，中秋节、春节慰问外地大学生，使广大职工切实感受到了本钢浦项大家庭的温暖。

（金　进）

## 特钢厂

**【概况】** 2019 年末，本钢板材股份有限公司特殊钢厂（简称板材特钢厂）在岗员工 1625 人。其中，管理岗 41 人、业务岗 54 人、技术岗 131 人、操作岗 1399 人，研究生学历8人、本科学历236人，副高级职称32人、中级职称163人、初级职称106人、高级技师9人、技师158人。下设有5个管理室、1个临时项目部、8个作业区、216个班组。党委下设35个党支部、38个党小组，党员593名。全厂主要设备包括50吨交流电弧炉2座、50吨LF精炼炉2座、50吨VD精炼真空炉1座、R15米3机3流方坯铸机一台；蓄热步进式加热炉2座，$\phi$1150mm/$\phi$850mm/$\phi$480mm系列轧机各1套。主要产品以轴承钢和齿轮钢为主，生产优质特殊钢钢锭、方坯和优质特殊钢棒线材。2019年，在全面推进改造的情况下，电炉钢完成173800吨，特钢材完成484900吨。

**【降本增效】** 2019年，以“日清日结”为抓手，共建三级成本核算体系，共筑全员全过程降成本意识，开启新一轮成本变革。全厂实际成本比计划降低3735.03万元。钢铁料定额消耗完成1079.22kg/t，同比降低23.01kg/t；配料比降成本2982.3万元，同比降低4121.8万元；合金定额消耗完成397.41元/吨，降成本537.66万元；电炉用电完成343.07kW·h/t，同比降低223kW·h/t，降成本1716.42万元；综合成坯率完成97.3%，同比提高0.29%，降成本229.82万元；可控费用比计划降低1478.95万元，同比多降低2628.1万元。

**【提质创效】** 完善以符合用户要求向以稳定为中心转变的质量体系，过程管控能力和质量有效提高。内控合格率完成96.84%，末端窄带控制实现90.15%；轴承钢平均氧含量达到历史最佳水平（$7.17\times10^{-6}$），氧含量$\leqslant9\times10^{-6}$合格率达到89%。完成轴承钢攻关第一阶段氧含量$\leqslant7.5\times10^{-6}$，氧含量$\leqslant9\times10^{-6}$合格率达到85%目标；碳化物网状合格率完成99.98%，同比提高0.01%；低倍合格率完成99.95%。

**【安全环保】** 强化安全发展理念，切实落实“党政同责、一岗双责、齐抓共管”，结合技改工程和生产特点，强化安全生产主体责任。实行月安全工作大会制度，强化应急演练，强化安全培训，注重抓好事故隐患检查考核、整改落实，安全形势稳定可控。千人负伤率完成0.55‰；未发生火灾事故；查找隐患1907条，整改率100%。全厂共辨识危险源529项，均处于可控状态，实现安全生产“三为零”。坚持建设绿色特钢。以落实排污许可证制度为主线，坚持环境管理和环保治理相结合，查缺补漏、规范管理，推进中央环保督察问题整改和落实省委环保督察制度，持续推进绿色生态特钢建设。57个污染源点有效管控，环保设施运行率100%、完好率100%、达标率100%。

**【机制改革】** 作为集团“四定”试点单位之一，特钢厂对职工晋升通道推行重大改革，覆盖全厂所有重要岗位，建立管理类、业务类、技术类、技能类职工晋升“四通道”，转变机制发展模式。组织厂级竞聘6次，提供重点岗位220个，参与竞聘275人次。管理岗落聘率12%，业务岗位落聘率13.33%，技术岗落聘率18.75%，变动率34.5%。作业区级组织竞聘1次，提供岗位109个，参与145人。有2名本科生选择竞聘首席操作岗位，有14名本科生从操作岗位竞聘到业务和技术岗位。过程严谨，执行严肃、严密的程序，全程录像、全程公示，规避人为干预，保证“四定”工作的公开、公正、公平。通过实施“四定”，激发全员危机意识、竞争意识和发展意识，有效提升了人事效率，初步形成人岗相适的局面，对人资管理有里程碑的意义，实现生产经营和体制改革两不误、两促进，开创发展新局面。全面实行薪酬包干，使一线职工的积极性有效提高，组织专业知识培训协同举办，干部管理能力不断提升，有效提升了企业综合管理水平。

【技改工程】 主动对标高质量发展要求，顺利完成了既定的各项改造任务，开创了特钢厂大规模技术改造的历史先河。初轧机改造工程热试成功，小棒分线改造工程加速推进，精整线完善工程开工建设，电炉升级改造工程开工建设，四大项目创造特钢历史改造规模之最，开启了蝶变之路，展现出光明发展前景。全面构建工程流程和风险管控体系。实行项目组“组长”负责制，由专兼职人员共同组建了4个项目实施机构；建立了《特钢厂基建技改工程项目管理实施细则》等10个制度文件，完善了设备采购流程、招标流程、出差考察流程等7个管理流程。围绕生产和改造紧密结合的实际，强化安全风险的辨识和控制，保安全、项目、质量，全力提升工程组织能力。攻坚克难项目有序协同实施。面对改造工程技术储备不足、改造规模大、在线改造难度大的困境，举全厂之力攻坚、砥砺奋进、精心组织。4月25日，初轧机工程经过两次停产过渡改造后，开始进行最后停产施工，完成了开坯机、850连轧机等主轧线设备的安装；6月23日，大棒轧线实现热负荷试车。小棒分线改造工程按计划推进，完成了减定径机组和加热炉的招标、现场勘探等工作，施工前的各项工作在稳步实施。电炉升级改造工程全方位推进。通过招标采购累计节约资金16837.66万元，平均降幅35.4%，为集团公司全面开展招标工作奠定了基础。环厂公路于9月20日建设完成，标志着精整线完善工程开工建设，新特钢规模雏形初显。加速信息化建设补齐短板。2019年8月，特钢厂确定了以MES系统为核心，包括SPC系统、大棒加热炉L2系统、三级能源计量、视频监控云平台、设备管理系统在内的六大改造项目，信息化改造工作正式启动，全面提升企业竞争力。

【党群工作】 厂党委紧紧围绕特钢发展战略、生产经营中心、基层基础、职工思想动态、党风廉政建设，全方位提升党建工作质量，以党的建设高质量引领高质量发展。全面加强领导班子建设，扎实开展“不忘初心、牢记使命”主题教育。高质量开展理论大学习、主题大讨论、思想大碰撞，把学理论、促业务相结合，增强发展特钢的使命感和责任感。以巡视整改为契机，夯实基层党建基础，促进规范化建设。梳理问题清单31项，整改率100%。强化思想引领，充分发挥党支部团结群众的核心和攻艰克难的堡垒作用，丰富党建载体，开展党建+项目的实施等活动，逐渐转变党建软指标变为硬考核，从“规定动作”向“自选动作”转变，完善党支部考评体系。坚持正确舆论导向，讲好特钢故事，讲好职工故事，用榜样的力量激励人，用美好的愿景鼓舞人。广大职工心往一处想、劲往一处使，深入开展劳动竞赛、合理化建议等活动，对生产创效、降本增效、安全发展起到积极推动作用。从严治企增动力。坚持从严治党带动从严治企，严肃党内生活，坚持“三会一课”制度，抓好支部书记素质能力提升培训。坚持党管干部，着力打造忠诚、干净、担当的干部队伍。坚持开展“以案说法、以案明纪、以案促廉”，全面落实“两个责任”，严格追责问责，为高质量发展营造勇于担当、干事创业的清风正气。积极开展群众性创新创效活动，围绕重点工序达产和质量提升组织专项竞赛。大力弘扬劳模工匠精神，加快创新工作室创建步伐。申报一个省级、两个市级劳模创新工作室，其中赵抒阳劳模创新工作室已获省职工创新工作室荣誉，穆加强、郭忠文创新工作室正在评审中。强化精神文明建设。在本钢第三届职工运动会上，取得团体总分第八、女团第七，并荣获运动会特殊贡献奖以及大众体育比赛亚军。开展以“拥抱特钢、接力明天”为主题的庆祝建国 70 周年系列活动，提振和鼓舞干群士气，传递和传承力量信念。坚持为职工办好事办实事，推进全员疗养、职工生日卡、“金秋助学”等活动，凝聚发展力量。 （黎　伟）

# 焦化厂

**【概况】** 本钢板材股份有限公司焦化厂（简称板材焦化厂）共有职工 1180 人，其中管理、业务、技术岗位 158 人，生产操作岗位 1022 人，中共党员 427 人，具有中、高级专业技术职务任职资格 115 人。下设 6 个管理室、11 个作业区。固定资产原值 44.86 亿元，净值 17.82 亿元。现有焦炉 8 座，其中 6m-60 孔焦炉 4 座，6m-45 孔焦炉 2 座，7m-60 孔焦炉 2 座。配套干熄焦系统 5 套，其中处理能力 110t/h 的 2 套，150t/h 的 2 套，190t/h 的 1 套。煤气净化系统 3 套，设计煤气处理能力分别为 $100000m^3/h$、$100000m^3/h$、$76395m^3/h$。焦油精制系统 2 套，年设计处理焦油能力 20 万吨。还有 2 套生物脱氮污水处理设施，设计处理能力分别为 180t/h、70t/h。焦炭年设计生产能力 480 万吨。2019 年，生产焦炭 458.94 万吨，其中冶金焦产量 394.19 万吨，冶金焦率达 85.89%。焦油产量 15.27 万吨，粗苯产量 4.31 万吨，焦油精制率达 98.10%。

**【安全管理】** 安全管理室负责安全、防火、职业卫生管理及业务指导，规范厂级安委会、作业区安委会、班组安全活动等基础工作。落实安全生产责任制，落实厂长每月安全专题检查、作业区每周检查、班组每班巡检的“事事有人管、落实有时限”的安全管理模式。开展反习惯性违章作业和违章指挥行为的整治工作，重点对违反集团公司 20 条禁令行为进行检查。完善岗位安全操作规程、安全标准化作业卡，开展电气、消防、相关方、煤气作业、危险源辨识管控等安全培训，查处并整改厂级安全隐患 295 项，作业区级安全隐患 400 项。2019 年，审批动火共计 7440 项，其中特级 241 项，一级 7199 项。全厂 337 处危险源全部处于受控状态。

**【生产管理】** 生产技术室负责生产管理及业务指导。2019 年，狠抓操作岗位工艺纪律、焦炭质量等工作，共生产焦炭 458.94 万吨，特别是 7 月创造出日产冶金焦 10993 吨的高产记录，冶金焦率达 85.89%；焦炭 M40 完成 89.2%，同比持平；M10 完成 5.6%，同比降低 0.1%；CSR 完成 67.75%，同比上升 0.12%；CRI 完成 21.31%，同比降低 0.21%；焦油收率 2.61%、粗苯收率 0.69%、焦油精制率 98.10%；焦油深加工 14.22 万吨，外销焦油 1.18 万吨；全焦工序定额成本 1945.50 元/吨，比预算 1957.55 元/吨降低 12.05 元/吨，成本累计降低 5533.42 万元；焦油加工工序定额成本 682.01 元/吨，比预算 698.35 元/吨降低 16.34 元/吨，降低成本 227.91 万元，可控费用比预算降低 805.77 万元。全年比预算共降低成本 6567.10 万元。

【技术质量管理】 生产技术室负责技术质量管理及业务指导。以稳定焦炭质量、煤气质量和降低炼焦成本为主要核心任务，从配煤、炼焦、干熄焦等环节严格操作管控和制度落实，保证产品质量稳定。对原料煤进厂全程管控，从跟踪质检样到货场货位抽查样，从槽下样到配合煤样全过程化验管控，保证配煤准确度。优化用煤结构，降低配煤成本，检查入厂煤样 1200 多个、配合煤样 150 多个、槽下煤样 1700 多个，配合煤和贫瘦煤粉碎后细度监控 400 余次，调整配煤比 74 次。加大外发产品质量抽检力度，保持产品质量稳定受控，2019 年外供焦炭质量综合合格率达 98.82%，硫铵合格率、工业萘一级品率、粗苯合格率、煤沥青合格率均达到 100%。

【设备管理】 设备管理室负责设备运行、检维修、三电管理及业务指导。2019 年，以强化点检队伍个人素质为基础，以公司下发的考评标准为依托，以优化维保队伍建设、制定维保考核细则为抓手，以优焦保供为目标，逐步推进设备系统管理工作，共修订设备管理制度 11 个，完善点检标准 321 个，坚持隐患排查制度化，坚持月度、季度周期性检查，坚持大中修“修则全，改则到位”的工作方法，大幅度提高管理水平。清仓利库同比降低库存 329.71 万元。推进废钢铁切割及保运工作，超额完成计划 1778.96 吨。合理利用不锈钢丹东公司自产废次白钢材 196.36 吨，对焦二作业区、焦三作业区、焦四作业区、干熄焦作业区及净化一作业区易腐蚀的管路进行白钢保温。

【技改工程管理】 项目部负责技改工程管理。2019 年，围绕两个重点技改工程和六个专项工程项目实施全过程管理。7 号焦炉烟气脱硫脱硝工程 10 月初完成主体工程滤管反应器土建及钢结构施工，10 月下旬开始设备安装；新增一塔式脱硫改造工程，7 月下旬开始土建进场施工，8 月末土建基础施工完成，11 月初开始设备制作及安装，实现了重点工程安全、质量、工期齐头并进的目标。同时，完成了焦炉精确配煤系统功能完善；8 号、9 号焦炉干熄焦锅炉升压改造；4 号、5 号炉组配煤筛分改造；煤气脱氨及硫铵维修等工程项目。回收区域 VOCS 尾气治理、蒸氨改造等工程项目稳步推进。

【环保工作】 设备管理室负责能源环保管理及业务指导。2019 年，重点对焦炉无组织排放和烟尘感官污染进行治理，成立烟尘治理推进工作小组，每周召开问题分析及整改措施推进会，梳理相关设备问题并制定详细整改计划，完成各类焦炉烟尘治理项目 1046 项，回收除尘焦粉 10.73 万吨，同比多回收 1.75 万吨、多创效 1050 万元。炼焦作业区更换拉条 28 根、看火孔底座 37 个、蓄热室风墙抵抗墙 226 面、砖煤气道喷浆 540 个，清透死火道 23 个、陶瓷焊补炉墙 34 面，处理串漏炉墙 103 面。5 月开始，每周五、周六由厂领导组织生产技术室、设备管理室、净化二及净化三作业区专业人员召开深度处理专题推进会，采取各项措施，实现两套生物脱氮系统的稳定运行。强化对危废物品和焦粉运输过程的监管，修缮各槽区围堰，避免储槽溢流、跑冒等事故的发生。完善应急防范设施，规范危险废物的存放和处理，防止二次污染，降低环境风险。大力实施文明生产厂容环境整治，清理工程余土约 3200 立方米，生活垃圾约 200 吨，路沿石修复 1000 余米，修复路面 1.7 万平方米，人行道板2000平方米，平整绿化场地2000平方米，平整场地1600平方米，规划出车位55个。组建防腐刷油保温专业维保队伍，5~9月，对厂区内1.12万平管道、槽罐，150吨钢结构进行防腐刷油。

**【党群工作】** 严格落实学习制度，加强党委中心组学习、党支部“三会一课”及“党日”活动，以《学习强国》等活动载体学习新时代中国特色社会主义思想，推进“两学一做”教育常态化、制度化。开展“不忘初心、牢记使命”主题教育，按要求完成专题学习、调研报告，班子成员基层讲专题党课11次，召开领导班子专题民主生活会、党支部组织生活会及党员民主评议，领导班子检视问题56项，全部整改完毕。开展《中国共产党支部工作条例（试行）》“大学习、大检查、大规范、大提升”活动，全厂排查77项问题，全部整改完成；做好党员发展及党籍管理、党组织和党员信息库维护及党内年报统计；开展党费收缴和使用的自检自查，规范党费使用程序。制定领导干部追责制度；组织重点岗位人员廉洁承诺；通过廉政专栏和廉洁教育专题会、传统警示教育展板开展廉政教育；开展“违反中央八项规定精神的突出问题”专项整治工作。加强群团工作建设，按时完成工会、团委换届改选。工会组织开展困难职工动态管理和送温暖活动、改善职工作业环境、组织职工健康疗养；团委依托党建带团建，在持续开展“青安杯”竞赛基础上，在全厂团员青年中开展爱祖国、爱本钢、爱岗位教育。

（张敬波）

## 发电厂

**【概况】** 2019年末，本钢板材股份有限公司发电厂（简称板材发电厂）在籍职工1145人，其中生产操作人员1001人、管理岗人员38人、技术岗61人、业务岗45，具有高级技术职称15人、中级技术职称79人、初级技术职称53人、高级技师8人、技师167人，硕士研究生8人、本科87人、大专以上292人。厂内设6个工作室、9个作业区，72个班组。党委下设1个总支、11个分支部、47个党小组，党员418人。拥有固定资产原值22.487亿元，净值10.393亿元。主要设备有锅炉13台（包括燃煤锅炉4台、全燃煤气锅炉4台，煤气煤粉混烧锅炉1台、烧结蒸汽余热锅炉4台）、汽轮发电机组15台、鼓风机组5台（包括电鼓2台，汽鼓3台）。主要产品为风、电、蒸汽、除盐水、余热水。2019年全年完成发电量20.498亿千瓦时，超发电1.1亿千瓦时，创历史最好水平。能源介质生产全面满足公司生产需要，其中供风量10584367千立方米、供热量1120.0906万吉焦、外供水量349万吨；全厂成本比公司年初计划降低成本7894.26万元，超额完成全年降成本任务。安全生产实现“四为零”目标。

**【生产组织】** 一是充分发挥能效管理平台作用，强化生产调度精准指挥，生产组织严格按照发电量计划实施，确保按计划完成发电任务。二是优化多项增发电措施，烧结余热发电机组与烧结工序之间建立了数据通信，提升烧结余热发电量。三是优化机组运行方式，充分利用多烧富裕煤气，机组发电能力最大化。四是受气温高及公司加大能源管理力度影响，外供蒸汽量比历史同期明显减少，为多发电创造了条件。五是事故预案演练卓有成效。6月2日，板材发电厂高压和鼓风两个作业区同时受市供电公司东风变66千伏保护动作跳闸影响，单网运行2小时 19 分钟。故障发生后，电厂相关人员迅速到厂指挥，现场处理及时、操作得当，为集团公司避免了重大的经济损失。

**【安全管理】** 坚持以人为本的安全理念，狠抓安全生产责任制落实，全年实现“工伤事故为零、火灾事故为零、重大设备事故为零、重大生产事故为零”的安全生产目标。一是开展安全生产、防火等各类专项大检查，并结合实际制定《板材发电厂安全生产工作量化标准》，严格监督考核。二是加强安全培训，重新审定和修改了《安全技术规程》，全年组织了消防、煤气、职业卫生、安全规程等各类安全培训，共计参培 223 人次。热电作业区举行岗位操作人员安全知识对抗赛，提升职工学习安全知识的热情。三是开展机械转动、传动部位等安全防护装置、危险化学品安全隐患，以及特种设备规范使用和劳动保护穿戴等情况的专项检查整改活动。四是认真开展岗位检查，成功避免事故。热化作业区热网班班长房启民在进行蒸汽管道巡检中确认供炼钢厂 RH 炉 3.4MPa 蒸汽管道三通本体（铸造件）泄漏，成功避免了一起可能发生的蒸汽管道爆裂的重大安全生产事故。

**【能源成本指标管理】** 全年能源消耗指标实现六降一平两超。一是能效管理平台上线运行以来，通过实时采集电厂各系统的相关能耗指标数据，实时监控重点耗能设备运行，从而合理安排运行方式，降低了生产成本。二是建立厂、作业区、班组三级成本核算体系，逐级落实成本费用管理责任，控制成本费用支出，降低产品单耗，提高经济效益。三是加大管控力度，减少能源浪费。四是持续强化计量管理，完善三级计量表计，加强对一、二级计量表计的监督、检查、校验工作。五是增烧富余煤气，减少煤气放散和动力煤消耗，为公司节约采购成本。六是进一步提高余能利用率降低电耗汽，1～12 月比计划增加发电量 2396 万千瓦时。

**【设备环保管理】** 加强设备管理和环保管理检查与指导，利用能效平台全面提升设备管理水平，降低设备故障率。1～12 月设备可开动率为 96.44%，比计划超出 0.15%；故障停机率 2.70‰，比计划降低 0.28‰。一是推进设备管理工作，制订《发电厂设备管理基础工作评价细则》，同时制定设备对标挖潜管理工作实施方案，通过对标找出管理上的不足。二是为进一步提高专业点检员责任心、综合素质和业务能力，组织对所有点检员的业务能力进行测试，夯实点检基础工作。三是加强计划管控和备件的修旧利废，持续推进备件领新交旧。全年设备备件外委修复发生 1017 万元，节约备件费 1610 万元。全年备件修复率为 36%，完成全年备件修复指标。四是电厂严控外排水，成立外排水氨氮超标攻关小组，针对重环区域制定严格的管控办法，采取措施保证废水零外排。五是对环保税数额进行核定核算，减免环保税数额 70.37 万元。2019 年，板材发电厂获得 2018 年企业环境信用评价良好单位。

**【技改工程】** 板材发电厂 CCPP 发电工程是本钢集团一项重要的节能环保工程，也是集团陈继壮董事长亲赴意大利，并在习近平总书记亲自见证下签约的“一带一路”项目。2019 年 9 月 29 日，CCPP 发电工程正式开工建设，主厂房区域的汽轮发电机基础、余热锅炉基础施工完成，燃机厂房打桩完成。31 号发电机组升压改造工程、土建施工和主蒸汽吹扫管道连接已结束，减温减压装置已经投入使用。超低排放工作已组织可研单位对热电和高压作业区超低排放进行方案论证，热电部分技术附件完成并组织招标。

**【经营管理】** 一是强化内部管理，制定问责追责管理办法和量化考核标准，对发生安全、生产、设备、环保等责任事故的相关管理室及作业区进行考核问责。二是积极推进能效平台二期建设，拓展能效平台使用范围，引入经济核算程序，增加班组竞赛指标设计等功能，持续改进能效平台“一条龙”竞赛规则，并通过平台各作业区进行横向比较，促进生产管理信息化、智能化。

**【人资管理】** 一是“四定”工作稳妥推进，逐步完成岗位竞聘。每轮竞聘平均用时12天，各职群均有调整变动。为检验竞聘成功人员是否称职，开展了“后评价”工作，经过考试、考核、公示、测评，做到公平公正。面对高技能操作竞聘人员构成复杂的实际情况，全面做好竞聘方案的宣贯和学习，解答问题，打消疑虑，鼓励职工积极参与。共推出235个岗位进行公开竞聘，406人参加竞聘，其中，前五轮管理、技术、业务职群竞聘，原在岗人员落聘13人，落聘率为9.4%，岗位变动58人，岗位变动率42.03%。最后两轮，首席操作推出9个岗位公开竞聘，25人报名；高级操作88个岗位138人报名，起到了竞争作用。广大干部职工对竞聘过程和结果认可和满意，成功竞聘上岗人员迅速进入角色，各项工作有序，生产稳定顺行。二是大力开展两级机关作风建设检查工作，进一步加强劳动纪律管理，全年开展干部作风建设检查27次，劳动纪律检查45次。三是优化对奖金分配的管理，增加向一线扛指标岗位倾斜力度，提高职工满意度，有效鼓舞职工干劲。四是有步骤、分层次实施职工培训。全年厂内自办各类培训班71个，2328人次参加培训。安排参加公司特种作业培训256人次。大力开展兼工种培训，鼓励职工跨工种学习技术，共有74对职工签订了师徒合同。

**【党群工作】** 充分发挥党组织政治核心作用，为企业发展提供坚强政治保证。一是强化党建基础工作，打造三级“共产党员之家”。二是深入开展“不忘初心、牢记使命”主题教育，全年组织党委理论中心组集体学习12次，党委书记上专题党课3次，班子成员下基层讲专题党课8次，共征集意见或建议五类36条，解决问题32项。三是开展建功立业活动，发挥党员作用。组织广大党员以“党员责任区”为平台，围绕生产开展形式多样的生产实践活动，组织突击奉献活动30余次。四是强化思想政治工作，为电厂营造良好舆论氛围。充分利用《本钢日报》《发电简报》、微信公众号等媒介开展多方位的形势任务教育及先进人物的宣传报道，展示了强大的正能量。五是强化群团纽带作用，积极推进劳模创新工作室建设，在全厂开展选树“六型”标杆班组工作。2019年，承办了本溪市职工职业技能大赛水处理运行专业，来自板材发电厂和北营发电厂的15名个人获奖选手和班组对抗赛前三名集体受到表彰。举办200余名职工参与的“庆祝建国70周年大众体育比赛”。在参加集团公司第三届职工运动会中，板材发电厂代表队男女团体取得了158分的好成绩，刷新历史纪录。共青团组织开展学雷锋系列活动，组织青年志愿者开展义务协勤，集体参加“雷锋公益林”大型公益植树活动，组织召开“青春心向党 建功新时代”主题教育实践活动暨弘扬正能量朗诵会。板材发电厂团委还被授予辽宁省优秀青年志愿者组织、本溪市“雷锋号”、本钢红旗团委标兵等荣誉称号。（姜　涛）

# 铁运公司

【概况】 2019年底，本钢板材股份有限公司铁运公司（简称板材铁运公司）职工总数1807人（包含人力资源职工272人）。其中管理岗48人、业务岗55人、技术岗58人、生产操作岗1646人，研究生学历8人、本科学历108人，副高级职称14人、中级职称81人、初级职称67人、技师126人。下设有5个管理室、12个作业区，89个班组。党委下设13个党总支、直属党支部，35个基层分支部，69个党小组，党员855名。固定资产原值10.9亿元，净值3.2亿元。主要设备有内燃机车52台、电力机车22台、铁道车辆992辆、铁道线路248千米、电力架线144千米、信号楼14座、道岔961组，（其中电动道岔884组）。2019年，完成运输量5694.1万吨，货物周转量85773.6万吨千米，路局车在矿一次停时17.85小时。设备故障停机率0.33‰，机车工序能耗1.0千克/吨，吨钢耗柴油0.36千克/吨，吨钢耗电1.1千瓦时/吨。

【安全管理】 一是推进安全管理责任体系建设，细化安全管理，严格执行问责追责相关制度，全面落实了安全生产主体责任。二是持续强化安全检查整治力度，成立7个公司级综合检查组，严格开展日常检查和重点领域的风险管控工作，形成了高效率、常态化、制度化的闭环管理模式。三是贯彻落实集团董事长的安全批示精神，2163人参与了形式多样的安全培训和安全讨论。四是以问题为导向，以提升道口设备本体安全防护性能为目的，规范道口作业标准、完善道口设备状态，建立道口视频监控体系和与交管大队联动严查过往车辆等各项措施，逐步改善了道口占用时间过长和机动车辆违章闯道口等各项难题。五是扎实开展防暑降温、防火用电、劳动保护等各项基础管理，推进安全工作向纵深发展。2019年，累计防止各类事故42起，治理各类安全隐患300余项，反馈集团公司违章闯道口机动车辆300余台，实现了人身轻伤以上责任事故为零的安全工作目标。

【运输组织】 一是根据集团公司钢铁生产节奏变化，适时调整运输布局，强化交接口运输组织管理，高效顺畅完成了大宗原燃料接卸和产品外发工作。全年接入原燃料总车数332296辆，外发主要产品总车数177027辆。二是通过调整车组、专机配合、跨站跨区域运输等各项措施，高质量完成了生产波动、联合检修、施工配合等不同时期的厂内物料运输平衡工作和季节性运输抢修保产任务。三是通过合理捣配、加快周转、持续跟踪，鱼雷罐周转率多次达到了2.0。四是创新开展文明生产，制定了特色鲜明、内容丰富的实施方案，以“文明生产主题日”为抓手，逐步形成了全方位管理的有效实施载体。五是引进23套先进的数字化机车平面调车系统，根据实际确定了信令标准，在车站系统成功推广应用。六是提高机车运输效率，严格审核各项铁路费用，减少作业机车2台，冬季保产节约临时机车2台，全年降低外部铁路运费180余万元。

【设备管理】 一是重新组织修订完善设备设施三大规程、四大标准，建立点检员业绩考评长效机制，修改完善铁道线路及信号设备点检标准，进一步夯实了设备基础管理。二是加大检修资金投入比例，提高线路的技术状态，深入开展了贯穿全年的铁路线路专项排查整治工作。全年整改完成铁道线路隐患435项。三是制定多项降本措施，备件修复工作成效显著，并在集团公司的协调下，成功引入路局C16敞车247辆，替代了技术状态劣化的部分公司敞车，节省了设备购置成本3600万元。四是推进环保、能源、测量三大体系建设的深度融合、相互促进，风、水、电、汽消耗指标全面完成。五是各项技改工程按照计划稳步推进，全年完成了新购25吨轨道吊车调试、验收；完成了数控轮床的土建安装；完成了25处无人值守道口的升级改造，增加道口监控98处，监控点覆盖27处道口，实现了道口全程监控；改善电力机车、内燃机车作业条件，完成了49台车载空调系统、28台车载监控系统的安装调试工作。在信号大修项目中，完成了2000米的信号电缆铺设工作。

**【经营管理】** 一是按照集团公司“四定”工作总体部署，积极稳妥推进“四定”第二阶段工作。制定下发《板材铁运公司岗位竞聘工作方案》等8个文件，严格按照既定时间表，组织开展六轮岗位竞聘，共有325名同志通过资格审查，参与总计215个岗位的竞聘。其中，共有42人通过管理、业务、技术职群的竞聘，实现了职级晋升；有10人落聘转岗到其他岗位。在高级操作64个岗位的竞聘中，164名职工参与竞聘，原在岗人员落聘率达到44%。二是扎实推进三级成本核算体系建设，加大成本考核力度，形成按月考核的常态化机制，完成了指标压缩任务。三是加强同行业对标挖潜，逐步建立了“本钢、鞍钢、莱钢运输部对标数据库”，通过查找差距、改进不足，进一步明确了管理方向。四是以培养多技能复合型人才为目标，采取多元化教育培训方式，组织开展了脱产“青年干部培训班”、外聘辽宁轨道学院教授开展专题讲座，结合技术比武等工作广泛开展各类培训，累计参训职工6011人次。五是加大治安综合治理力度，严把物资出门管理，开展警企联动打击盗窃犯罪，加强重点区域治安巡查，常态化开展了送法进站段和重点人帮教转化等工作。六是压实信访维稳责任，畅通信息渠道，强化源头化解，扎实做好了三级“两会”和新中国成立70周年等政治敏感时期的维稳防控工作。

**【党群工作】** 一是以开展“不忘初心、牢记使命”主题教育为引领，持续推进“两学一做”学习教育常态化、制度化。二是铁运公司党委全面落实从严治党主体责任和监督责任，在“三重一大”重要事项决策和“四定”竞聘等各项具体工作过程中，把关定向、全程监督。三是深入推进党支部规范化建设。重新修改完善了12项支部工作制度，推进党支部“五簿册”，进一步夯实党建基础管理工作。四是完成了“共产党员之家”阵地建设，为党员提供了一个学习、教育、活动为一体的多功能组织生活新平台。五是加强组织建设和党员队伍建设。召开中共本钢板材铁运公司党员代表大会，补选党委委员1人，全年新发展党员17名、转正党员9名。六是开展“学习强国”推进工作，学习机构搭建完成率100%，注册认证率100%。七是积极开展党风廉政建设警示教育活动，开展了“党支部纪检委员业务知识专题培训”，撰写“读书思廉”学习教育活动心得笔记107篇。签订《科级干部廉洁自律承诺书》39份、《重点岗位人员廉洁自律承诺书》185份。八是首次承办了省级职业技能大赛内燃机车司机工种比赛，铁运公司8名选手代表本钢参赛，取得了第一、二、四名的优异成绩。九是共青团组织开展

"拜师学艺"活动、"高举团旗跟党走，凝聚团青献运输"主题实践活动，助手和后备军作用有效发挥。（李浩源）

## 能源总厂

**【概况】** 截至2019年底，本钢板材股份有限公司能源总厂（简称板材能源总厂）职工总数1537人（包含人力资源职工288人）。其中，研究生学历11人、本科学历259人，副高级职称42人、中级职称173人、初级职称133人、高级技师10人、技师167人。下设有7个管理室、16个作业区，97个班组。党委下设19个党支部、67个党小组，党员631名。主要设备有主变压器83台、电缆回路394条、电缆总长337.13千米、架空线路115条、66kV铁塔535基座、固定电话包括窄带用户9504门、宽带用户517门、中继电路63个、核心交换机2台、制氧机组5台、29万立方米高炉煤气柜1座、9万立方米焦炉煤气柜1座、8万立方米威金斯型转炉煤气柜2座、4套TRT发电机组、4套PSA制氢系统、主体直供水泵255台、污水系统环保设备设施185台、供水管网300千米、下水管网40千米。固定资产原值48.28亿元，净值16.18亿元。

**2019年板材能源总厂主要经济技术指标完成情况**

| 指标 | 单位 | 完成情况 |
|---|---|---|
| 供电损失率 | % | 1.75 |
| 上网电量 | $\times 10^4$kW·h | 2010 |
| 高炉煤气放散率 | % | 2.72 |
| 焦炉煤气损失率 | % | 1.43 |
| 转炉煤气回收 | $m^3/t$ | 104.52 |
| TRT发电 | $\times 10^8$kW·h | 3.419 |
| 氧氮电耗 | kW·$h/m^3$ | 0.391 |
| 吨钢耗新水 | 吨 | 2.97 |

**【安全管理】** 2019年，板材能源总厂以重大危险源管控、高风险作业管控、安全生产百日攻坚、特种设备安全专项整治、危化品专项检查、转动和传动部位防护设施检查、重点联检项目安全检查、新建工程安全管理、职业健康基础管理、安全体系运行等为主要内容的安全管理工作为重点，组织开展安全专项检查19次，发出《安全检查通报》13份，下发整改通知单21份，组织安全培训25次，参培人数达3000余人次，实现较大设备事故、较大火灾事故、人身责任伤亡事故"三为零"的工作目标。在集团公司统一安排下，板材能源总厂深入开展"保平安、迎大庆"安全生产专项整治行动，突出重大危险源、重点风险、重点岗位、重点作业以及重点时段，集中开展专项整治。行动期间，一是查履职、安全责任制落实情况；二是加大"反三违"力度，宣传、查处到位；三是实行重点危险作业报告单制度，明确并落实各级人员的监护和管理责任，坚决防止发生各类事故，确保能源介质保供安全生产形势稳定。

**【生产运行】** 优化生产运行方式，合理平衡能源介质供需，确保公司生产用能稳定和相关产线联检任务顺利完成。其中，燃气系统全年共组织大型停送煤气作业60余次，抽堵盲板140余块；制氧系统充分利用液体后备系统的应急保产和调峰节能作用，经济合理安排制氧机运行方式，优化氧氮平衡方案；供电系统利用集团公司春、秋检作业时机，按计划完成30个站所的春秋检设备扫除、绝继保试验工作，共处理缺陷42处；供水系统完成软化水管网改造工程，四水源和五水源供水管路与泓源公司观音阁水源管路的切换交接工作，排水主干管线和取水构筑物的清淤工作。同时，全力组织污水回收，为集团公司节能减排做出贡献。不断强化工艺纪律和巡检管理，规范生产事故应急预案编制和演练，提升保产保供服务水平。一是通过采取现场抽查记录、视频录像、派人跟踪等手段强化岗位点检和巡检管理。二是完善规范各作业区生产事故应急预案版本，使应急预案真正发挥应急保产作用。三是结合集团公司三大规程检查工作，进一步规范现场各项生产指挥流程和操作步骤，杜绝习惯性违章作业。四是为集团公司及厂内重点技改工程提供专业技术服务和支持。五是提前安排布置，确保各生产系统安全度汛，并结合生产实际，组织开展好防寒防冻工作。六是优化文明生产管理工作日常检查形式和管理方法，逐步形成了全员参与文明生产管理的良好氛围。

**【设备管理】** 一是高效完成围绕板材7号高炉大修和板材三热轧产线年修的两次设备联检任务，共计完成检修项目901项。实现设备故障次数比同期降低75%，设备故障时间比同期降低70%，设备可开动率比同期高出0.16%，为总厂设备稳定运行打下坚实基础。二是夯实各项设备管理工作。推进点检员考评长效机制，开展点检员全员考试；每月对各作业区进行设备基础管理检查、排名，制定相应管理考核办法；严格执行公司设备部《关于强化物料全流程管控“领新交旧”工作的通知》内容。三是严格物料管控工作。新品库存照比年期初库存降低309.16万元；移交库存照比年期初库存降低122.86万元；消耗检修辅料对比同期检修辅料降低602.67万元，完成年初制定的计划任务。四是做好专项工程工作。职能科室每周组织专项工程推进会议，针对项目进展情况进行跟踪，发现问题及时沟通解决。

**【降本增效】** 开展对标挖潜活动，推进降本增效工作，实现全年降低成本5851.65万元。一是对煤气供需采用动态平衡管理手段，严格控制主管压力，除高炉煤气放散率受用户端用气量影响而偏高外，其余指标均完成计划，做到应收尽收。二是充分利用6号、7号制氧机增氮改造项目，避免启动其他备用机组，节约电能4000余万kW·h。此外，还加大液体产品生产和销售力度，全年完成液体产品销售总量55512.96吨，实现销售收入近2752.68万元。三是开展兴安转供生活水管网测漏工作，共计排查管路3500余米，减少管路漏损70m$^3$/h。四是利用能管中心EMS系统对线路所带负荷进行合理分配，并根据各变电站所变压器容量，千方百计减少公司上网电量和利率电费。五是完成能源介质外转供缴费和清欠工作任务，定期对历史欠费进行全力追缴。六是积极做好公司居民用电管理和摘转工作，为公司进一步优化用电管理提供了重要保障。在集团公司下达9~12月压缩成本费用5%的工作目标后，总厂再举新措，一是最大限度降低备用制氧机组启动，二是合理调整水系统机组运行，三是制定最优的药剂投放方案，全面完成降成本目标。

**【工程建设】** 2019年，板材能源总厂共有技改工程16项，总投资14.35亿元。在总厂参建人员的共同努力下，7号高炉干式布袋除尘工程主体施工已经完成，10月20日正式引煤气投入生产。另外，板材能源总厂配套CCPP发电项目新建29万立方米高炉煤气柜、9万立方米焦炉煤气柜工程，五号高炉循环水站工程和布袋除尘工程正在按计划施工。中水深度处理回用工程、特钢电炉改造配套第四加压站扩容改造工程、新建CCPP煤气加压站工程、新建8号单流铸机水处理系统工程、新建 220kV 变电站工程、新建 1 号转炉煤气柜工程全部有序进行，板材能源总厂将全力以赴确保各项技改工程按期完成，为本钢集团高质量发展提供有力保障。

**【环保工作】** 为全力做好辽宁省环保厅对本钢进行的达标排放检查，板材能源总厂组织召开专题会议，制定各作业区排放标准。对于系统异常情况的排水，确定联系汇报制度，合理组织排放。同时，要求各作业区对自管区域存在的排水情况，制定有效的管控措施。针对上端用户违规排放情况，组织给水作业区与化验室，利用中午休息时间或早上 3 时至 5 时等特殊时间段进行取样排查。每天两次对福金河、污水外排口、太子河本钢断面及市政河段进行取样监测，确保本钢断面不出现超标现象。为保证冬季污水 1 号泵站不出现溢流现象，板材能源总厂在进水流道增加一条虹吸管路，将水直接引入滤出管路，这一举措彻底解决了冬季溢流问题。积极在线运维协调督促监测报告，满足环保体系外审要求，完善环保预案网络信息维护更新，完成第二次污染源普查及入河口相关的附件收集及整理归档工作。

**【“四定”工作】** 板材能源总厂作为集团公司“四定”第二阶段首批试点单位，在上级部门的帮助与指导下，仅用 3 个多月时间便平稳完成四个层级、七个轮次的竞聘工作，共计 530 人次报名参加，完成聘任 427 人，落聘 82 人。一是“四定”工作的开展，为干部队伍的培养与发展打下坚实基础。同时，打通人才培养与上升通道，28 名操作岗职工通过竞聘走上业务与技术岗位。二是本轮“四定”工作为各专业之间的人才交流提供机会，3 名管理岗位人员成功跨专业竞聘，为实现专业融合提供助力。三是进一步增强干部队伍责任意识和危机意识。在落聘的 82 人中，有 16 人落聘到操作岗，真正体现出“能者上、平者让、庸者下”的人才管理理念，使板材能源总厂人力资源配置更加科学、合理。

**【基层党建】** 一是深入开展“不忘初心、牢记使命”主题教育活动，板材能源总厂党委聚焦主题教育目标任务和重点措施，确保主题教育方向不偏离、动作不走样、进度不脱节。二是做好巡察反馈问题整改工作，对巡察出的 4 类 55 项问题，经过责任分解、落实、整改，年度完成整改 53 项。三是全面推进党支部规范化建设，开展党支部业务培训，进一步明确党支部日常工作内容与标准。四是扎实有效地做好意识形态工作，切实将意识形态工作融入各项工作之中。五是认真做好党员干部廉洁从业工作，不断增强重要岗位人员廉洁从业意识，实现党风廉政建设责任层层传导。

**【群团工作】** 板材能源总厂工会通过培训、技术比武、岗位练兵，逐步搭建提升职工技能素质平台，在集团公司燃气储运工技术大赛中，板材能源总厂囊括大赛的个人前 3 名、净化作业区 6 号洗涤班获得班组对抗赛第一名的优异成绩。有效做好精准帮扶工作，实现困难职工动态化管理，慰问各类特殊群体 130 人。职工健康疗养、大众体育比赛、女职工体验、职工歌手大赛、送清凉等特色服务，进一步促进企业和谐高效发展。板材能源总厂团委以实现能源介质保供“零影响”为重点开展青安岗活动，组织青年团员广泛开展“青年大学习”行动，带领青年团员积极在保产保供等重点工作中发挥生力军作用。此外，信访维稳、保卫武装、科协统战等群团组织，按照各自职责和使命，结合企业发展需要，积极发挥自身作用，为板材能源总厂实现高效发展做出贡献。

（刘　阳）

## 原料厂

**【概况】** 2019年末，本钢板材股份有限公司原料厂（简称板材原料厂）职工总数1351人，其中在籍职工794人、人力资源职工55人、二建协力职工67人、常年顶岗劳务职工435人。在籍职工中，管理岗23人、业务岗30人、技术岗29人、生产操作岗712人，研究生学历4人、本科学历62人。副高级职称9人、中级职称45人、初级职称53人、高级技师2人、技师46人。下设有5个管理室、5个作业区，46个班组。党委下设6个党支部、26个党小组，党员299名。主要设备有翻车机10台、堆取料机18台、解冻库17座、门吊4台、吊车22台、推土机21台、装载机14台、抓料机9台、挖掘机6台、皮带机273条，皮带累计长度为74千米。

**【安全管理】** 始终坚持安全和谐发展理念，积极推进安全管理制度化，安全操作标准化，安全考核精细化，为全厂安全生产提供保障。一是安全责任落实到位。结合厂1号文件精神，各作业区制定全年安全生产规划，厂部与作业区、作业区与班组层层签订安全目标责任状和安全承诺书，将安全压力逐层传导、责任逐层落实。厂领导班子成员认真履职，按时参加承包单位会议，确保全厂安全工作有序开展。二是教育培训不走形式。修订完善了《安全事故管理办法》《火灾事故管理办法》《安全规程》及《有限空间管理规定》等相关制度，并及时进行宣贯。制定下发《开展思想大讨论强化全员安全培训工作方案》，深入开展了隐患排查方法、高温安全注意事项、安全法规、安全标识标准知识等培训，在生产任务相对较重的原料三作业区开展了“今天我是安全员”活动，进一步提高全员自我安全防范意识。三是专项检查落到实处。结合国内同行业皮带通廊火灾事故案例，开展了积煤积尘和皮带防护专项检查，对检查出的问题通报考核，并督促及时整改。针对现场动火管理、停送电联系制和确认制、作业现场责任落实及各项安全措施制定等情况，开展检维修作业现场安全工作专项检查，对现场作业监护人员不到位、区域负责人员履职不认真等问题，提出考核意见和整改建议，全年共整改各类隐患405项。四是相关方管理进一步细化。继续完善相关方管理台账，对人员持特种作业证情况进行排查梳理，强化区域管理，健全作业区监管、考核机制，坚持严监管、重考核、零容忍，确保双方工作安全。

**【生产管理】** 作为本钢生产链条重要环节，原料厂始终服从公司大局，服务下道工序，优质保供理念深入人心。一是工作积极主动，充分发挥服务、协调、指挥、管理职能，科学合理组织生产，实现了物料及时高效翻卸、科学有序供应，特别是年初面对极端严寒天气，及时启动生产应急预案，两级班子带头值班值宿，深入一线、靠前指挥，全力抢翻卸、保供料，全年共组织翻卸车27.6万辆，周转物料4346万吨，既保证了路局车辆的有序接卸周转，又确保了炼铁、焦化、发电生产需求。二是强化质量意识，配煤配矿均质化工作取得实效。成立均质化管理工作领导小组，制定配煤配矿各环节的管控措施和管理方案，全力推进均质化改造项目，完成混匀库配料秤改造、车号自动识别系统上线及料位计前期实验，为进一步提升配煤配矿均质化奠定了良好基础。全年供应焦化炼焦煤质量合格率100%，混匀库预配料室配料秤改造后，配料秤精度由7%提高到1%，混匀料全铁和二氧化硅稳定率分别提高了0.47%和4.22%，全年平均分别达到91.47%和90.62%，其中$SiO_2$标准偏差小于0.18，达到行业先进水平。三是服从公司大局，全力配合做好厂矿之间调料工作。按照集团公司物料总体平衡要求，原料厂克服困难，通过内部挖潜，全面完成了与北营、炼钢、耐火球团之间的调料工作任务，全年共涉及13个品种，累计调转物料1.2万余车，总量达60余万吨。四是结合工作实际，全面做好防寒防汛工作，年初对郑家河及料场所有电缆沟、排水沟进行清淤，重新制定汛期炼焦煤各区位储存标准；汛期，在郑家河设立观测点，进行全天监测，对各部位泵坑指定监护人，做到定期清淤、及时抽水，全厂实现安全度汛；入冬前，持续推进影响冬季生产问题整改，积极开展解冻库排查整顿和人员上岗前操作培训；较2018年，2019年进口矿砂冬储时间延后，冬储量减少15万吨，为实现经济库存下的生产保供，原料厂不等不靠，通过细化生产预案、合理统筹组织、加强值班值宿，主动化解问题，为全面打赢冬季生产攻坚战奠定了坚实基础。

**【设备管理】** 全面细化设备基础管理，不断提高设备现代化管理水平，实现设备开动率99.86%，完成公司考核指标。一是继续完善设备定修模型，科学制定全年设备检修计划，坚持每周与生产协调，积极做好设备计划检修工作，全年共完成153项计划检修任务，计划执行率100%；根据集团公司联检工作安排，全面做好设备联合检修工作，科学制定计划、细致落实项目、合理组织施工，确保680个联检项目顺利完成。二是持续强化设备点检，开展点检员能力培训，对点检员进行业绩考评，充分发挥岗位点检和专业点检双重作用；通过专业点检检查，发现并消除设备隐患1010项，设备故障率有效降低；切实发挥岗位第一点检人作用，消除设备隐患19项，通过减速机打小盖检查，发现并处理减速机问题8项，确保全厂设备运行稳定。三是继续做好环保工作，严格落实“环保设备等同于主体设备”的理念，完善环保设施点检定修制，每周对除尘运行及记录情况进行检查、通报、考核，发现问题立即整改，做到除尘设施与皮带系统同步运行，确保除尘设施稳定运行、达标排放；结合生产实际，及时制定重污染天气应急预案，重新修订料场喷淋管理办法，确保定时喷淋，减少环境污染；各作业区克服人员少、任务重的实际困难，党员干部带头做好料堆苫盖工作，全年共苫盖物料21.5万平方米，抑尘效果显著。四是全面完成技改工作，完成了干煤棚、焦场抑尘网、精矿库2台25吨吊车安装、混匀库14台电子秤安装以及混匀库、精矿库房盖更换等项目施工，做好施工过程监督，确保工程质量。

**【成本管理】** 面对当前严峻经济形势，进一步夯实各项基础工作，全面加强经济运行管理，全年降费用980万元。一是积极推进三级成本建设，重点抓班组用电躲峰生产和煤气、蒸汽的操作管理，联合炼铁、焦化共同实施躲峰生产方案，全年用电峰谷比完成0.97，较2018年降低0.01。通过开展班组评比活动，皮带小时过料量提高了3.5%，同时，合理组织解冻库生产，降低用电消耗，全年降电费400万元；煤气管控方面，加强解冻库日常操作管理，严格执行解冻库各项操作制度，合理控制温度和送风时间，提高解冻效率，并根据天气情况实行阶梯性停库，全年降煤气费20万元。二是改变供应炼铁厂566m$^2$烧结混匀库配料、布料的固有模式，采取4BLOCK阶段布料方式，配料稳定率不仅得到提升，而且实现了小料种单独配料，同时还解决了料线紧张的问题，实现了经济运行；全面做好炼钢厂使用无烟煤烘干脱氧项目建设施工和物料供给，不仅满足炼钢生产需求，而且为公司降本增效做出积极贡献。

**【“四定”工作】** 按照集团公司“四定”第二阶段工作部署，作为集团公司第二批开展“四定”工作的单位，7月初，全面推进“四定”工作，截至12月中旬，六个轮次岗位竞聘工作已全部完成。涉及管理、业务、技术、高级操作等93个岗位，共有167人报名参加竞聘，其中由于学历、职称等条件限制，经报请集团公司“四定”工作指导组同意，有13人为破格报名人员。经笔试、竞聘演讲、组织考核等环节，共聘任93人，平均落聘率为44.3%，人员调整率为23.65%，有的岗位落聘率高达75%。此次“四定”工作是在集团公司领导指示和指导组帮助支持下进行的，厂党委和行政高度重视、认真履职，纪检派驻组全程监督，在方案制定、信息发布、动员宣传、组织报名、资格审查、封闭出题、考试、纪检监察、竞聘演说、组织测评和考核等环节严格履行组织程序，符合集团公司和厂方案要求。该工作充分体现了“能者上、平者让、庸者下”的改革初衷，实现了人岗相适、能上能下的总要求，通过岗位竞聘，进一步激发了职工工作热情，营造了浓厚学习氛围，促进了职工队伍的内在活力，增强了管理、业务、技术以及操作序列在岗人员的竞争意识、危机意识，达到了激发企业活力、推动原料厂发展的目的。

**【党群工作】** 坚持以人为本，不断凝聚正能量，积极营造和谐稳定发展氛围。按照中央、省委和集团公司党委要求，深入开展了“不忘初心、牢记使命”主题教育，按照工作要求，厂党委共组织中心组集中学习3次，开展专题研讨10次，上专题党课5次，深入基层调研10次，撰写调研报告4篇，召开主题教育民主生活会1次，为基层解决实际问题19项，班子及班子成员查摆整改问题46项，确保主题教育不走形式、取得实效。切实履行全面从严治党主体责任，深入推进党风廉政建设，组织92名党员干部和重点岗位人员参观辽宁省反腐倡廉警示教育基地，组织管理干部和重点岗位人员签订廉洁自律承诺书181份，强化党员干部廉洁自律意识，为企业发展营造良好氛围。深入开展了以“坚定发展信心、凝聚发展力量、积极应对挑战、持续稳健发展”为主题的形势任务教育，积极开展以“抓党建促生产，抗严冬保供料”为主题的党员建功立业活动，坚持正向激励，注重与生产结合，为全面完成保供任务保驾护航。厂工会继续开展冬季和汛期生产劳动竞赛、技术比武活动，承办了集团公司2019年“工匠杯”堆取料机岗位技能大赛，10人获得集团公司奖励，5人获得技术能手称号。积极参加集团公司第三届职工运动会，获得体育道德风尚奖和特殊贡献奖，进一步增强职工凝聚力，激发职工工作热情。（刘清恒）

## 废钢厂

**【概况】** 本钢板材股份有限公司废钢加工厂

（简称板材废钢厂）为公司双重职能单位，是本钢板材股份有限公司下属主体厂矿之一。主要承担板材公司炼钢生产所需废钢铁的接收、加工、仓储、供应工作及公司内部废钢铁回收管理。该厂位于兴安白石厂区，占地面积 14.1 万平方米。2019 年末，共有职工总数 272 人（包含人力资源职工 54 人）。其中，管理岗 17 人、业务岗 16 人、技术岗 7 人、生产操作岗 232 人，研究生学历 3 人、本科学历 61 人（全日制本科 7 人），副高级职称 4 人、中级职称 25 人、初级职称 13 人、高级技师 1 人、技师 4 人；下设 5 个职能室和 3 个作业区，15 个班组；党委下设 4 个党支部、10 个党小组，党员 118 名；主要生产设备 35 台，其中废钢打包机 1 台、800 吨液压剪切机 1 台、液压抓钢机 14 台、桥式起重机 13 台、龙门起重机 6 台。生产工艺为火焰切割、冷剪加工、打包压块及精料加工。固定资产原值 22518.35 万元，净值 10349.03 万元。2019 年，废钢铁调入量 114.4 万吨，其中外购 64.01 万吨、内部回收 50.39 万吨。废钢铁供应量 111.78 万吨，其中供应炼钢厂 93.15 万吨、供应特钢厂 3.36 万吨、其他 15.27 万吨。综合能耗 0.87 千克标煤/吨。

**【安全管理】** 一是明确安全管理主体责任。认真贯彻落实 2019 年公司和厂两个 1 号文件精神，深入推进全员安全管理，逐级逐层签订责任状，将安全工作目标层层分解落实，形成自上而下、责任明确、风险共担的安全管理模式。二是坚持抓好隐患排查和整改工作。全年组织专项检查整治工作 40 余项，共排查隐患 348 项，全部整改完毕。三是重视全员安全教育培训。利用班前会、周安全活动、微信群等多种形式开展全员安全培训教育，共培训 2957 余人次。另外，结合集团公司“三项规程检查”要求，对作业人员进行“过筛子”式考试，3 个作业区安全员联合监考，互相批卷、打分，核定每名参考人员的成绩，效果显著，有力地提高了职工的安全素养；完成集团公司第一批安全常识“马拉松”答题活动，共有 207 人参与，获公司二等奖 4 名、三等奖 4 名的良好成绩。四是对封闭物、爆炸物、不明物的辨识进行现场实物展示，严把废钢铁质量关。全年共回收并按规销毁封闭物 700 余枚，妥善保管爆炸物、不明物 4 枚。五是坚持抓好基层队伍建设。以“四定”第二阶段工作为契机，切实发挥高技能员工的传帮带作用，提升岗位操作熟练程度、规范操作行为，上标准岗，干标准活，提高现场分析和处理问题的能力。

**【生产组织】** 一是本着按需供料、优质供应的原则，始终将质量管理贯穿于生产加工的每个环节，加大切割加工力度，强化供应质量标准，力求供应优质废钢、精品废钢，全面实现了优质保供“零影响”。全年废钢铁供应量超计划供应 7.56 万吨。二是高产期间，强化生产系统指挥调度，厂领导带头值班值宿，快速应对突发问题，保证供料零影响。在此期间几项生产指标连续刷新历史纪录，实现了月总供应直配料斗 3780 斗，超计划 630 斗，创历史最好成绩；实现日供应炼钢厂转炉直配料斗 140 斗，创历史最高水平；实现日供应炼钢厂废钢铁 4702.5 吨，创造废钢厂建厂以来的最高纪录。三是继续深入开展鱼雷罐加废钢工作，为弥补鱼雷罐专用二级废钢不足，创新工作，集众人之智采取多项措施，实现多品种废钢科学配加，使鱼雷罐单罐加入废钢量逐步增加至近 10 吨。全年鱼雷罐加废钢共计 5950 罐、4.95 万吨，仅 6 月鱼雷罐加废钢 1143 罐、

11229.8 吨，实现历史突破。同时，从 8 月开始，实业生铁因硫成分超标不能直接在转炉炉口加入，废钢厂积极组织从鱼雷罐加入，共计加入生铁和切边 19297.06 吨，增加铁水量为公司创造可观的价值，此项工作还在继续实施。四是通过对内挖潜，有针对性地加强待加工废钢的切割力度，合理调整各场地切割作业人员数量，采用夜间延时切割、周末出勤等方式，增加作业时间，有效提升加工量，减少待加工废钢库存，为公司节省外采资金约 7634 万元（按 2200 元/吨测算，不含税）。全年切割废钢 10.95 万吨，超计划完成 3.47 万吨；加工打包压块 3.65 万吨；加工废油桶 2.27 万个。五是加大内部废钢铁稽查回收力度，深入公司各厂矿及时掌握废钢铁分布情况，对不便运输的大件废钢将切割加工前移，积极帮助、协调解决各厂矿回收工作中的实际问题，做到应收尽收，基本实现内回待加工废钢“日进日清”。全年共回收废钢 50.39 万吨，超计划 11.56 万吨，有效降低公司采购成本。

**【设备管理】** 一是有效地降低和预防设备事故的发生，实现了设备的稳定运行。主要生产设备可开动率 99.22%、设备故障率 0.001‰、设备完好率 100%，组织设备定修 158 台次，478 小时；年修 10 台次，2389.5 小时；故障抢修 5 台次，10 小时。二是对全厂点检人员进行优化整合，集中管理，强化日常点检技能学习和培训，点检人员由原有 19 人精简到 9 人。在上半年公司设备点检专项检查中，废钢厂获得辅线第一名，点检员迟文宇入围公司综合排名前二十名优秀点检员；在公司工程预算管理培训考试中，陈贵松、辛长利考试成绩名列前茅，取得总成绩排名第六名；在公司 QC 基础知识和统计工具应用培训中，徐文获得考试第二名；设备春检获得辅线第一名、公司第四名的成绩。三是加大废旧物资回收力度，全年废旧物资共回收冲减成本 43.3 万元，超额完成全年计划。四是对绿化区域开展全面治理，共清理枯死树 40 余棵，补种果树 30 余棵，全厂绿化区域清理面积达 1 万余平方米；同时新制作绿化带围栏，对厂内老式垃圾箱进行更新替换。五是为确保 2019 年能源指标的完成，进一步加强能源管控，将全年指标分解到各作业区、班组及个人，编制了《2019 年能源工作计划》《能源绩效考核办法》《经济运行方案》等，使能源工作层层有人管、处处有落实；同时，配合计控中心持续推进厂三级计量完善工作。

**【成本管理】** 一是树立过“艰苦日子”思想，坚持“能省则省、杜绝不必要的支出”的理念，一切以经济效益为中心，以成本管理为主线的经营指导方针，将生产经营指标层层分解，落实各级管理责任，深挖内部潜力，建立完善相关制度，加大成本管控力度，真正做到了科学合理支出、量化考核。同时，每月定期组织召开经济活动分析会，认真对成本差异进行分析，找出影响成本的不利因素，制定降成本措施，确保全厂降本增效工作顺利实施。全年成本考核指标实际比计划降低 230.05 万元，实现成本管理“零超支”。二是管控措施到位，降本增效工作成绩显著，有效提升了全员成本意识。强化能源使用的监督和管控，积极开展节能降耗攻关，合理组织用电躲峰生产，有效降低了能源消耗。通过采取多种手段全年定额费用降低 9.17 万元，备件费总体结余 11.13 万元，材料费总体结余 2.84 万元，辅料费总体结余 15.63 万元，能源性费用总体结余 7.17 万元。三是通过科学合理安排内外部废钢铁卸车场地，减少各型品种废钢二次倒运，严格按照制度使用另派车等一系列措施，有效降低运费支出，全年运费比计划降低68.25万元。

**【基础管理】** 一是进一步深化改革，创新工作思路，按照公司要求，以稳妥、快速、准确、有序的原则开展“四定”工作，在广泛征求职工意见的基础上，分别制定了作业区级管理岗正职竞聘操作细则等六轮次竞聘操作办法，整个过程组织严谨、操作规范，符合集团公司对“四定”工作的要求，达到了“职工群众满意”的初衷，全面、平稳完成“四定”工作，并得到公司领导和部门的认可。二是全面做好特殊时期信访工作，及时排查不稳定因素，采取有效措施进行化解，杜绝了越级上访事件发生。三是进一步完善、细化文明生产检查制度，有效改善作业环境、规范操作行为、提高生产效率，促进文明生产管理标准化、制度化、规范化。四是结合废钢厂的实际情况，强化门禁管理和夜间巡查，有力打击盗窃和捡拾人员的不法行为，有效杜绝了物资流失。五是加强制度建设，结合实际有针对性地重新修改、完善多个管理制度。

**【党群工作】** 一是认真落实巡视整改工作，持续规范党内组织生活，扎实开展“不忘初心、牢记使命”主题教育活动。通过完善制度，细化流程，结合实际开展行之有效的学习活动，增强基层党组织生活的政治性、原则性、规范性。二是高度重视意识形态领域工作。把意识形态工作作为一项重要工作来抓，健全工作机制，明确责任落实。同时不断加大宣传力度，认真组织厂党委政治理论中心组学习，集中学习研讨与分散自学相结合，把各项学习任务落到实处，提高运用理论解决实际问题的能力。三是厂纪委认真落实党风廉政建设。通过开展多种形式的教育，让党员干部树立正确的权力观、地位观、政绩观，真正做到权为民所用、情为民所系、利为民所谋。四是厂工会通过组织开展职工“技能大赛”，调动职工重安全、学技术、比技能的热情；组织开展冬送温暖、夏送清凉、困难救助、劳模关爱、节日走访慰问等活动，彰显组织的关怀，深受职工的欢迎和爱戴；组织开展各项文体活动，丰富职工的业余文化生活。五是厂团委结合团员青年的特点，围绕当前形势和保供工作实际，积极组织团员青年参加集团公司大学生运动会、“安全一帮一”活动、“降本增效”活动、青安岗活动等，激发团员青年爱岗敬业的热情，为团员青年成才搭建平台，正确引导青年职工与企业同舟共济、共渡难关的坚定决心。六是厂科协深入开展科普宣传和科技建家活动，结合生产经营实际开展合理化建议征集和科技论文征集活动，充分发挥废钢人的聪明才智。 （管兴兵）

## 检化验中心

**【概况】** 2019年，按照集团公司“四定”第二阶段工作安排，本钢板材检化验中心（简称板材检化验中心）深入推进机构改革和人员改革，下设有6个管理室、17个作业区。党委下设18个党支部、48个党小组，党员434名。截至2019年末，在籍职工（含北营）总数1175人（含协力派工人员86人），其中管理人员52人、业务人员39人、技术人员82人、生产操作人员1002人，副高级以上职称17人、中级职称109人、初级职称152人。2019年，按采购结算口径，外购生产物料取消让步接收和质量折价扣款累计1.28亿元。其中退货28个品种，退货额 2998 万元；判废不予结算 7 个品种，不结算额 307 万元；废钢验质累计扣款 1464 万元；大宗物料质量折价扣款 8060 万元。安全生产实现“三为零”目标。累计降成本 289.5 万元，完成降成本工作目标。

**【检化验管理】** 成立质量督查室，建立健全监督机制，加大外购生产物料的监督力度，与集团办公室督查室、纪委纪检组、制造部等单位协作，对废钢、贵重合金、地煤地矿等敏感物料开展联合督查，极大地震慑了投机供应商；梳理板材、北营两厂区检验标准，逐步统一检验设备和方法，两厂区检验水分差的问题得到基本解决；铁前工序各作业区将“保铁”作为中心任务，根据生产厂要求增加烧结用菱镁石检验工作；按照要求对船运内贸煤实施港口卸船后采样化验；积极开展配煤配矿均质化工作，制定均质化工作方案，为指导高炉生产提供数据保障；钢后工序重点关注品种钢检验，跟踪品种钢检验 200 余次，针对具体问题与技术中心、产品用户进行技术交流和比对分析；全年完成检验工作 258.51 万批次，其中计划外工作量 3.76 万批（件）。积极开展体系认证工作，完成实验室认可内部审核、IATF16949 质量管理体系内审和外审、VDA6.3 过程审核，雷诺、海尔、包头一机、福特产线、东风小康、自愿性产品、英标螺纹钢 CARES 等产品认证。申报能力验证 19 项，18 项为满意结果。

**【设备管理】** 以确保设备“保运行、零影响、降成本”为工作目标，充分发挥点检岗位作用，查出设备隐患 79 项，其中较严重设备隐患 11 项，全部组织及时处理；处理临时故障 49 次，其中自主维修 18 次，节约维修费 4 万余元。大力开展设备系统对标挖潜工作，制定实施方案，先后两次组织专业人员到鞍钢、马钢、首钢考察、对标，查找不足，制定整改方案。不断完善设备管理办法和规程制度体系，完成 58 类设备使用规程、55 类设备维护规程和 50 类设备检修规程的修订工作。以项目化方式有序推进油品、炼钢快分、北营采样机改造项目，以及门禁考勤视频会议和监控系统建设工程、废钢验质二期工程、两厂区监控系统工程，通过重点改造项目和工程的实施，提升检化验装备水平和技术能力。

**【成本管理】** 按照公司总体部署，积极推进三级成本核算体系，制定《检化验中心三级成本核算体系管理制度》，建立和完善指标日统计、周分析、月考核的闭环管理模式，并确立了 30 项成本项目，核定各部门月成本指标，使降成本工作目标明确、有的放矢。同时成立中心三级成本核算组织架构，并按照职级分工制定三级成本核算中心和相应负责人，使各项工作沟通顺畅、反馈及时、执行高效，确保降成本措施真正落到实处。积极开展利库工作，严格控制有库存物料的计划额度；严格考核作业区申报计划的准确性，层层把关，降低费用支出。开展“日清日结”工作，梳理出采制化 152 个品种 9500 项检测项目，按照人工费、材料费、设备修理费、能源消耗等分项，测算出了所有检测项目单个样品的成本构成情况，已具备为服务单位提供各项检测费用的条件。

**【安全管理】** 建立健全安全管理制度体系，对现有的安全生产规章制度进行全面梳理、评审，制定《检化验中心安全绩效管理办法》，签订安全生产目标管理责任书 22 份，有效落实安全责任；广泛开展厂级、作业区级和班组级安全生产大讨论和知识竞赛，提高全员的安全意识和安全技能；全面开展安全培训工作，持证上岗率100%、安全规程培训率100%；完善风险防控制度，建立中心危险源辨识、风险评价、分级控制和隐患排查治理双重事故预防体系，辨识三级危险源17个，四级危险源230个，五级危险源196个，危险源全部处于受控状态；实行建筑项目及施工项目开工准入证制度，对炼钢快分、油品检验、歪矿检化验等施工项目严格落实安全确认制，实现风险受控；强化重点关键时段安全管控，进行消防安全检查，共发现隐患170项，整改170项，隐患整改完成率100%，消除了南芬火车采样重大危险源，解决了北营大高炉炉台采样安全隐患等一系列问题；强化现场环境管理，加强文明生产日常检查，不断提高现场环境的目视效果。2019年，实现生产安全责任事故、火灾事故、设备事故“三为零”。

**【人力资源管理】** 制定《本钢板材检化验中心“四定”工作方案》及竞聘细则，于9月27日完成“四定”岗位竞聘工作，是集团第一家完成“四定”第二阶段工作的单位，“四定”全程做到岗位公示清晰，报名审查规范，出题全程监督，面试公平公开，成绩当场发布。协调集团公司将冷轧厂浦项检验室划拨到中心，解决了冷轧检验作业区人员、管理“两层皮”的问题。将6个作业区的业务和机构进行整合，进一步优化了管理界面和业务流程。结合“四定”，将机关非管理职能岗位划分至作业区，精简机关业务及人员，充实基层技术力量，中心机关人员缩减28%。优化和健全《检化验中心绩效考核办法》，薪酬分配向一线岗位倾斜，将机关奖金系数由1.25下调到1.0，技术岗高岗级设置在作业区。优化和健全绩效考核办法，规范北营厂区奖金分配，实现全中心奖金分配方式的统一。大力开展劳动用工管理、清理整顿工作，对精神病人员、病休人员、上“花班”人员按规章制度严肃处理。加大岗位培训力度，针对“四定”后管理、技术、业务、高级操作岗位人员变动较大的实际情况，组织开展“团建拓展训练培训”“管理人员综合能力提升培训”和“班组长岗位能力提升培训”。积极做好“师带徒”工作，为新分配大学生配备优秀指导教师，制定大学生职业成长规划，搭建科学合理的人才梯队建设。组织开展技术比武，发掘和培养高技能人才，带动全中心上下形成苦学技术、爱岗敬业的浓厚氛围，切实提升职工专业技术水平。

**【党群工作】** 扎实开展“不忘初心、牢记使命”主题教育，召开转变工作作风大会，将主题教育成果落到实处。结合实际组织开展了报告会、知识竞赛、歌咏比赛等活动，以党建引领，丰富职工文化生活，促进两个厂区文化逐渐融合。认真履行全面从严治党主体责任。认真完成省委巡视、公司党委巡察、首轮巡察整改情况专项检查等工作。筹备召开中心党员代表大会，增选了中心党委委员，充实了中心党委的领导力量。坚持“两学一做”学习教育常态化、制度化，开展“大学习、大检查、大规范、大提升”活动，组织学习《党支部工作条例》，查找、整改党支部建设存在问题。深化干部作风建设，结合上半年职代会上提出的“抓改革，转作风，树形象”工作要求，2019年7月25日召开转变工作作风干部大会，坚决抵制“特权思想”，中心班子带头将办公室的空调拆除，安装到一线生产岗位和会议室；明确周末及节假日值班制度，中心各级干部以上率下带头值班；2019年10月起，各作业区每月回访服务厂，征求厂矿的意见和建议，增强工作的主动性、针对性和有效性。大力夯实党建基础工作，制定基层党支部组织生活会程序模板，召开专题培训会，规范党支部组织生活会程序和记录。认真贯彻落实中央八项规定精神，签订廉洁自律承诺书，对“四定”竞聘上岗人员进行廉洁从业教育谈话，修订《廉洁从业管理规定》等制度，会同纪委第三纪检组召开党风廉政建设专题工作会议，加大对“关键岗位”和“关键环节”的廉洁从业教育。

（吉冰海　王双双）

## 储运中心

**【概况】** 2019年，板材储运中心有职工899人（包含人力资源职工39人），其中管理岗位39人、业务岗位67人、技术岗14人、生产操作岗位740人，具有副高级职称5人、中级职称76人、初级职称85人，研究生学历9人、本科学历117人。下设6个管理室、13个作业区，64个班组，党委下设15个党支部、29个党小组，党员344名。共有设备194台（套），主要设备有起重机85台、叉车19台、锅炉2台、电梯3台、汽车吊4台。拥有固定资产原值30892万元，净值16570万元。主要负责板材公司、北营公司、矿业公司各厂矿大宗原燃料、小原料、辅料及备件的验收、仓储、配送工作及集团公司物资回收工作，通过狠抓“四保一降一树”工作落实，实现验收、仓储、配送、下机物料科学管控，为公司降低库存、节约资金做出了贡献，全年实现安全工作目标及保供零影响。

**【经济指标完成情况】** 2019年，备件、辅料及小原料实现累计收入82.08亿元，发出83.56亿元。存货资金占用16.88亿元，与2018年同期相比下降了1.42亿元。完成废旧物资回收额14684万元，超额完成计划指标3524万元。变动费用实际发生1822万元，比预算降低606万元。

**【质量验收管理】** 贯彻落实各项物料验收的相关规定和制度，严把物料入口关，以质量体系建设为依据，规范验收制度流程，堵塞管理漏洞，及时发现了锰硅合金入库、歪矿柴油入库、钨铁销售等欺诈行为，为公司挽回了经济损失。开展了主题为“提质量　保生产　增效益　促发展”的质量宣传月活动，全面提高全员质量意识，重点以质量管理体系为手段，进一步加强外购物料验收、仓储、配送质量管理工作，提高公司外购产品质量，确保板材储运中心的质量管理体系有效运行。2019年，合计上报采购中心验收异议727笔，涉及金额16032万元，共处理异议退、换、补、赔406万元，扣皮重总计2073万元。

**【仓储管理】** 坚持以保产保供为主线，一是进一步完善制度和流程，以加强体系建设为契机，逐步规范和统一三个区域物料管理制度，制定了《储运中心物料管理办法》；二是加强物料管理督导和检查，成立物料管理专项检查组，有效地促进了物料规章制度及操作流程的规范性；三是强力推行日清日结，制定了《储运中心日清日结管理办法》，全面推行物料当日收发存规范性操作，加大监督和考核力度；四是细化盘点，对在库物料进行全面盘点，确保库存数据信息的准确性；五是以物料大数据分析为支撑，建立库存预警机制，开展了库龄结构、物料周转率、账外物资处理动态等数据分析，真实全面反映了物资状态，为公司科学决策和实现经济库存提供了有力数据支撑；六是强化工作执行，提高工作效率。积极配合公司制造部、设备部等部门组织对账外、呆滞物料的盘活利库及北营区域1.1亿元账外备件盘活处置工作。

**【配送管理】** 不断提升服务质量，主动到各厂矿进行调研、征求意见和建议，不断优化物料收发存流程，增强保产保供的服务意识。强化调度指挥职能，实行分区域值班制度，密切关注检维修、突发事故等非日常供料工作。在公司多次联合检修中，实行24小时供料，全力做好物料验收、配送工作，有效完成物料配送任务，实现配送零影响。

**【物资回收工作】** 强力推进“领新交旧”工作，一是严格执行“领新交旧”操作流程，在严格数据比对的同时，重点加大现场下机物料抽查比例，2019年，累计上报设备部并予以停发备件351次；二是努力实现废旧物资应收尽收。在公司联检的过程中，组织人员深入厂矿现场，及时确认下机物料，将能够回收入库的下机物料及时回收。及时关注纯紫铜等贵重物资的数量，为公司销售做好依据；三是制定了《危险废物回收实施细则》，严格履行危废回收销售程序，及时回收了厂矿存留的废电瓶，并通过了环保部门的审核。同时，为了加强合同执行过程中的风险管控，制定了《销售合同监装流程补充细则》。

**【安全设备能源】** 不断加大安全设备能源等专项管理力度，为企业管理工作顺行奠定基础。一是夯实基础，落实责任，制定了《2019年储运中心安全生产工作安排》，及时调整安委会及各级领导分片承包单位，并逐级签订责任状落实责任。二是管控风险，专项整治，针对习惯性违章操作现象开展了专项整治工作，特别是加强了涉油岗位及起重岗位日常操作规范性和安全性的整治。三是积极消除安全隐患，开展歪头山备件库区周围杂草、灌木清理，对矿业420油库增设防火墙、北营加油站进行防火整治等安全隐患清理工作，全年共查处安全隐患78项，并全部整改。四是扎实推进设备能源环保管理，加大能源管理检查力度，杜绝跑冒滴漏现象发生。按期完成“物料管理监控系统”和“配送物资车辆监控系统”等工程，大幅提升储运中心物料管控能力；完成了板材区域“天车岗无人值守”“汽车衡无人值守”及北营区域“油库围堰防渗”等工程项目；全面加强日常基础设施修缮及特种设备的维护工作。

**【基础工作】** 努力夯实基础管理工作，促进整体管理水平稳定提升。一是落实管理责任，强化问责追责，制定并下发了《储运中心问责追责管理办法》《关于安全设备生产质量环保回收责任事故单位相关责任人问责追责办法的调整意见》，使责任更明确、更清晰；二是压缩费用支出，严格控制成本，在集团公司资金紧张的情况下，构建了储运中心三级成本核算管理，落实压缩指标，层层签订责任状，人人树立成本意识；三是加强工作纪律管理，宣贯工作纪律管理相关文件，成立了由储运中心副主任带队的三个联合检查小组，坚持日常及夜间对职工在岗状态情况进行检查，全年共开展了中心及作业区级工作纪律检查726次，对存在问题进行了通报和考核；四是严格文明生产管理，制定《文明生产管理办法》和《储运中心工作岗位手机使用管理细则》，开展“6+1”

文明生产管理模式，将网格化管理具体落实到员工，对检查情况定期通报，逐步推进文明生产工作的落实；五是依据公司“四定”工作的总体要求，坚持“公平、公正、公开”原则开展了岗位竞聘工作，从2019年8月1日开始至12月19日结束，历时四个半月，储运中心五轮竞聘工作全面完成，共有211人次参与了121个岗位的竞聘，总体落聘率为34%，参与竞聘人员落聘率为43.1%，岗位变动率为76.7%。

**【党群工作】** 围绕生产经营，开展扎实有效的党建工作。一是加强理论武装，筑牢思想基础，以“不忘初心、牢记使命”主题教育为契机，制定季度学习计划，深入组织学习了习近平新时代中国特色社会主义思想和党的十九大精神。按季度制定“两学一做”学习教育工作要点，指导和督促各党支部继续深入推进学习教育，同时形成学习教育常态化制度化和理论联系实际的良性工作机制。严格执行党内各项规章制度，全面落实从严治党责任，执行“三议一报告一执行”制度，坚持民主集中制及“一岗双责”“党政同责”原则。开展“五好五带头”季度评选活动，进一步规范基层支部“三会一课”制度，切实做好组织发展和党员教育管理，全面夯实各党支部标准化规范化建设。制定了《板材储运中心党风廉政建设三级管理体系建设方案》《板材储运中心党风廉政案例》等制度资料，签订了《板材储运中心2019年度党风廉政建设责任书》，全面加强班组、作业区、中心三级管理体系的建立，充分运用监督执纪“四种形态”，不断提升党员干部的拒腐防变意识。二是落实巡察整改，夯实党建基础。中心党委作为集团公司首轮巡察单位，在巡察整改工作深入的同时，不断推动基层党建工作基础进一步夯实。针对整改问题，坚持“对号入座、逐一检查”，并结合工作实际，制定具体整改措施和推进时间表，确保整改工作有序推进，落到实处。三是强化宣传教育，注重舆论导向，建立健全工作机制，形成“内鼓士气、外塑形象”的意识形态建设格局。创办了《储运月报》，加大了《本钢日报》和“今日本钢”投稿数量，树立职工主人翁意识，培育爱厂爱岗情怀。四是搭建桥梁纽带，发挥群团作用。成功召开了板材储运中心第一次工会会员（职工）代表大会，完善了基层工会组织建设。制定并下发了系列读书日活动方案，参加了本钢集团第三届职工田径运动会，男女团体总成绩获得130.5分，位居本届运动会第19名，创历史最好成绩。制定了《板材储运中心工会经费支出管理办法实施细则》，及时关心慰问困难职工和办理二次报销、理赔等，共慰问54人，发放慰问金1.76万元。积极参加集团团委各项活动，组织拍摄了爱国题材的MV，三个区域团员青年100余人参与拍摄。认真完成了集团公司科协和武装组织安排的各项工作任务，为板材储运中心的建设发展做出了积极贡献。

（王远航）

# 包装公司

**【概况】** 2019年末，本钢板材股份有限公司包装公司（简称包装公司）在籍职工32人，其中管理岗11人、业务岗9人、技术岗3人、操作岗9人。设立3个职能科室、5个作业区，负责特钢厂、热连轧厂、一冷轧厂、本钢浦项和三冷轧厂的产品包装管理业务。2019年，保质保量完成公司各项产品包装任务，其中冷轧产品包装量556.2万吨；热轧产品包装量277.23万吨；特钢产品包装量 36.53 万吨。全年共完成包装量 869.96 万吨。

**【成本工作】** 2019 年，包装公司推进精细化管理，狠抓降成本工作。成本指标是包装公司工作重点之一，年初公司给定的考核指标为吨钢消耗指标，分为材料费用和人工费用两部分。为切实推进包装成本精细化管理，将指标分解到每条产线、每道工序中。通过严格材料入厂检验、严格包装材料使用制度、严格仓储管理以及推进新型包装材料的使用、包装方式等手段，使包装降成本工作取得了较好效果。2019 年度包装材料费用 25214 万元，剔除材料价格上涨因素实际降低成本约 5562 万元；全年人工费用对比预算指标降低 339.2 万元，出色完成全年成本管理工作。推进信息化系统建设工作，做好前期的需求设计、现场调研及前期的人员培训的工作，预计 2020 年项目竣工，将更加科学有效地对包装成本及包装现场进行管理。

**【质量管理】** 2019 年，产品包装质量工作创新思路，提高包装技术能力，加强包装质量管理，严格执行包装材料验收，及使用过程中抽检的监督管理和年度抽检及性能检测计划，对产品包装质量形成各作业区和技术质量科两级检查制度，厂内包装不合格率明显下降，由上年度每月平均 2.02%，下降到 1.53%，降幅 24%，完成全年 2.14% 目标。集港产品包装破损原残率明显下降，2019 年月均 26 件，较上年月均到港修复（105 件）降低 75%。积极配合国贸公司处理各种临时赴港口修复工作，有力地促进了集团公司产品销售工作。积极推进新的本钢产品包装标识，规范了标识中英文全称、字体大小和颜色、两侧新增开卷方向等要求，有效提升了本钢产品包装的辨识度及品牌形象。持续改进包装质量管理，加大监督检查力度，每月定期组织各作业区和协力单位召开质量总结会议，针对主要包装质量问题克服困难，稳步提升，建立了《冷轧产品包装操作十不准》展板置于包装现场，对冷轧产品现场包装操作起到了提示和警示作用，有效降低了包装质量缺陷的发生。

**【文明生产及现场 6S 管理】** 2019 年，包装公司实现了“轻伤及以上事故为零、火灾事故为零”的安全生产管理目标。按照集团公司要求，开展今冬明春火灾隐患、重点行业领域“百日攻坚战”、春季安全生产大检查、防汛安全、“保平安、迎大庆”等安全生产专项检查，共发现的安全隐患 22 项，均已整改。夯实包装队伍管理，持续推进工作纪律管理，成立工作纪律检查组，每周对包装公司所有科室和作业区实行全覆盖检查并形成周《通报》材料，督促各单位（含协力单位）强化劳动纪律管理、规范安全生产操作纪律、严格执行包装质量标准的工艺纪律等，逐步形成执行工作纪律的自觉性。

**【党建工作】** 2019 年，包装公司党委以习近平新时代中国特色社会主义思想为指导，以强化党员宗旨意识、责任意识、服务意识教育为主线，以引领党员转变工作作风为重点，坚持党建引领，积极推进“基层党建规范化”工作模式，把党组织建设成为讲政治、有活力、能战斗的坚强政治核心，把党员干部队伍建设成为政治强、业务精、作风优的过硬队伍。抓好思想建设，深化思想引领，持之以恒开展系列学习教育活动。通过系列教育，引领党员认真学习贯彻习近平新时代中国特色社会主义思想，坚定“四个自信”，扎实开展“不忘初心、牢记使命”主题教育，深入推进“两学一做”学习教育常态化制度化，认真贯彻落实《中国共产党支部工作条例（试行）》，努力创建规范化、标准化基层党建工作，为包装公司提供坚强有力的组织保障和政治保证。

（侯　亮）

## 辽阳球团公司

**【概况】** 本钢板材辽阳球团有限责任公司（简称辽阳球团公司）共有职工530人，其中管理人员17人、业务人员25人、技术人员14人。下设原料、焙烧、除尘三大作业区，5个职能科室；党委下设5个党支部，共有党员145人。2019年，生产优质球团矿201.25万吨；质量合格率累计为84.59%，球团抗压强度2225N/球，全铁品味65.38%。全年完成产值2.85亿元，利润89.6万元，降低成本1400万元。

**【生产管理】** 科学合理地组织生产，加强工艺操作纪律的检查，加强过程控制，推行岗位标准化操作，强化信息沟通。铁精矿运输的防寒防冻组织得当，较好地完成了接卸工作。强化原料作业区上料系统生产管理，在各道篦子处及时清理冻块和塑料布等杂物，保证了原料运输畅通无阻。在生产组织过程中，保证均衡、稳产，加强配料、混合、造球、主控操作，做到勤观察、及时调整，严抓造球操作和造球设备完好率，控制稳定生球量，保证生球质量。严格执行热工制度，优化热工参数，增强造球岗位的责任心，提高筛分效率和链箅机布料的均匀性，减少湿返料量，保证生球干燥预热充分。认真落实各项保产措施，采取年修前强化设备运行末期特护，年修后进行保产特护，保证了生产稳定运行。组织专业人员到其他球团厂进行考察，学习先进经验。

**【安全、环保、文明生产】** 以“坚持安全第一，履行主体责任；强化红线意识，依法科学管理；推行‘三全’管理，消除事故风险；持续改进绩效，实现安全发展”为方针，落实安全生产责任制，强化安全基础管理，深化现场监督监管。通过了二级安全标准化企业复评，制定、修订了《消防四位一体巡查制度》《火灾事故管理办法》等11项管理制度，完成应急预案备案工作，对3个较大危险源进行重点管控。排查事故隐患190项，整改171项。职工全员安全培训率100%，较大风险受控率均按计划指标完成。修订重污染天气应急预案，年修期间重点完成脱硫系统主体设备的检修和维护。更换除尘器布袋3000条，有效减少了污染物排放量，脱硫在线运营全年实现达标排放。2019年减免排污税13万元。文明生产工作实行PDCA闭环管理，排查问题1020项，全部整改完毕，整改完成率100%。推进手机集中管理、物品定置摆放、站立式班前会和列队行走的活动，取得较好效果。

**【设备管理】** 完善设备管理考核及岗位操作点检一表化的标准，加强岗位巡检工作。不断完善定修模型，加强技术创新、设备改造和小改小革工作，提高设备运行的稳定性。每月对作业区进行润滑、紧固、清扫等方面检查，查出的问题做成PPT限期整改，对整改不彻底的作业区进行考核，现场设备维护管理得到全面提升。每月对作业区点检员工作进行检查，内容包括设备基础资料、现场点检实际、岗位点检工作等多个方面，同时对点检员进行有针对性的培训，使点检工作得到全面提升。2019年年修是厂10年来年修中项目最多、工作量最大、参与人数最多、检修任务最重的一次年修，年修工期25天，共完成机械、电气、耐材、自动化等检修项目691项，为年稳产高产提供了保障。

**【质量管理】** 坚持执行铁精矿指标预警制度，精确配料、精细造球、精心操作。合理调整干湿料配比，对三大主机的操作参数进行优化，保证成品质量指标完成。严格成品球团质量考核办法。每日坚持对成品球团矿和干球进行抽样检测，发现问题及时进行调整。重点做好高压辊磨工艺参数对铁精矿质量影响的相关技术指导工作，保证第一时间掌握其对铁精矿加工后的相关变化，全程跟踪原料铁精矿的使用情况。采取调整膨润土配比量、改进造球盘、工序管控等措施，保证球团矿质量，满足高炉炼铁的要求。

**【降本增效】** 全面开展成本对标工作，确定国内5家先进球团厂作为对标对象，形成各专业详细的对标体系。开展增产降耗攻关，采取调整膨润土配方、进行造球试验等攻关措施，降低了土耗；合理调节设备热工参数、提高热能利用率等攻关措施，有效降低煤粉消耗；采取设备躲峰运行、推进节能技术改造等攻关措施，降低电耗，厂煤、电指标均低于同行业平均水平。外委修复节约金额162.5万元；自修节约金额完成70.61万元。组织对低品位铁精矿粉回收利用3167吨，为公司盘活资金158万元。全年多次进行新配方复合膨润土球团工业性试验，大幅度降低造球成本。制定球团矿粒级管控办法与考核细则，提高了粒级合格率。在职工中积极倡导提合理化建议活动，征集24项合理化建议，上报集团公司3项。加强财务预算管理与成本管控。制定实施方案，对近五年各项指标进行分析对比，形成生产、质量、设备、能源等各专业详细的对标二级体系。进一步细化分解指标，每月定期召开成本分析会议，促进各项降耗措施落实。对重点消耗指标实现日清日结，完善厂、作业区、班组三级核算，将降成本指标压缩额度分解到各个作业区。

**【党群工作】** 以树牢“四个意识”、坚定“四个自信”、做到“两个维护”为根本，深入学习领会习近平新时代中国特色社会主义思想，深化学习贯彻党的十九大及十九届二中、三中、四中全会精神，认真组织开展“不忘初心、牢记使命”主题教育，不断用党的创新理论武装党员干部群众头脑，紧密结合实际抓好形势任务教育，为完成厂生产经营任务统一思想、凝心聚力。开展创建“红旗党支部”“红旗党小组”活动为抓手，认真落实《中国共产党支部工作条例》，不断提高党支部规范化建设水平。组织开展了民主评议党员、主题党课评比等活动。持续开展党员建功立业活动，进一步强化党员守初心、担使命、做贡献。加强宣传思想工作，抓好意识形态管控。加强党风廉政建设，营造风清气正从业环境。持续开展扫黑除恶专项斗争，为新中国成立70周年大庆营造平安环境尽职尽责。有序完成“四定”竞聘工作，推进“三项制度”改革。认真贯彻落实《本钢集团有限公司“定岗、定编、定责、定薪”工作指导意见》精神，对作业区、职能室管理、业务、技术和高技能操作岗位进行公开竞聘。通过竞聘有5名全日制毕业的大学生走上了新（高层级）的工作岗位，竞聘达到了预期效果。认真落实公司工会决策部署及指示精神，围绕服务企业、服务职工，以暖人心、聚人心、添动力、创效益为目标，履职尽责。持续开展了

“做文明职工、创文明岗位、建文明球团厂”活动；组织职工参加了公司及市级技能大赛，2名职工获得“工匠杯”优秀奖；开展了夏季为一线职工送清凉活动；发挥厂电气班组、脱硫班组示范引领作用，强化班组建设。完成了2020年度会员互助医疗保险续保工作；开展关怀送温暖，组织职工为因家属大病致困职工家庭捐款1.28万元。在公司领导的关怀下购买直饮水设备，实现了净化水质，解决了职工饮水安全问题。抓好党建带团建，加强对团员青工的思想政治引领，开展技能培训，组织参加技术比武、岗位竞赛、才艺展示、文体活动等，陶冶情操、增长才干、提升素质，为厂可持续发展打下坚实基础。 （孟祥东）

## 不锈钢丹东公司

**【概况】** 本钢不锈钢冷轧丹东有限责任公司（简称不锈钢丹东公司）现有人员总数323人，其中正式员工233人、业务大包人员90人，硕士毕业生4人、本科毕业生94人、专科毕业生110人，党员82人。共设立了6个科室和4个作业区。6个科室分别是综合办公室、党群工作室、生产技术室、设备管理室、安全管理室、财务室，其中财务室人员由集团公司派驻；4个作业区分别是轧钢作业区、退火作业区、精整作业区、公辅作业区。产品品种是以304、316L为代表的AISI300系和以430、409L、410、439代表的AISI400系的不锈钢冷轧产品，表面等级为2B/2D，带钢厚度0.20~3.0mm，带钢宽度970~1320mm。主要工艺设备包括1条准备机组、2台20辊森吉米尔轧机、1条冷带酸洗退火机组、1条平整机组、1条重卷拉矫机组和磨辊间设备及起重运输设备等。2019年，完成产量6.7万吨，全年实现销售收入11.5亿元，综合成材率为95%，一级品率为87%（原料因素影响6%），吨钢完全成本1687.52元/吨（不含财务费用和折旧），其中变动成本1031.12元/吨。

**【安全管理】** 围绕全年安全生产工作目标，建立安全管理职责和管控措施清单，层层落实了安全生产职责。重新梳理、完善、修订并下发了27个安全管理制度文件，对辨识出的506项危险源的管控实现了全覆盖。持续开展反“双违”治理工作，从增加防护设施和落实安全措施入手，从安全本质化上消除和控制违章行为。坚持排查隐患和落实整改同步进行，全年共进行专项安全检查64次，整改隐患问题174项。突出安全教育培训工作，有针对性地开展各类安全培训教育31场次，参与人员达1350人次。经常性开展各类岗位人员应急演练，提高事故应急处置能力，强化应急预案的科学性及实效性。通过以上工作，夯实了安全基础管理，实现了全年安全生产“三为零”的工作目标。

**【生产管理】** 2019年，全年产量为6.7万吨，实现合同交付率100%。加强生产组织管理，强化集中生产理念，加大调度系统对生产运行的管控力度，进一步提高了各机组整体生产效率。建立外发产品结算回款跟踪流程，加速资金流动，减少资金占用，保证生产经营顺利进行。全面清理原料库存9522吨，非计划产品1085吨，头尾卷922吨，废品702吨。通过文明生产工作的开展，公司整体管理水平有了大幅度的提高，作业现场的工作环境和职工的工作态度有了明显转变，做到了现场清洁卫生无死角，实现了从被动管理到主动执行，使职工养成了良好的工作习惯，职工的行为规范和遵章守纪的情况发生巨大转变。

**【成本管理】** 通过梳理核心业务排序，调整品种结构，持续开展成本和质量攻关，进一步压缩费用和支出，全年共降本增效 1194 万元。一是减少了亏损严重的内贸 SUS304 合同量，开发了具有约 300 元/吨边际利润的韩国 SUS430 钢种出口，全年共出口 3957 吨 SUS430 产品，增加利润 119 万元。二是开展了缩短梯形段和平整未平段攻关，成材率比上年同期提高了 1.4%，合计节省 320 万元。三是加强了各工序垫纸和收纸控制，合计降低成本 82 万元。四是在重卷机组开展纸套筒攻关，通过优化出口张力，纸套筒厚度减少了 5mm，降低成本 19 万元。五是优化了废水处理工艺，成本比上年降低 97 万元。六是轧机挤干辊和重卷拉矫辊改为自主磨削，共节省修复费用 18 万元。七是在退火炉入口煤气管道加装煤气过滤器，全年节省煤气及电能消耗 24 万元。八是完成 2019 年直购电交易共计 4510 万 kW · h，减少电费支出 25 万元。九是冷线酸洗循环泵国产化已试用成功，节省 11.2 万元。十是通过引进多家供应商招标，轧制油采购价格由 16030 元/吨降低至 13890 元/吨，降低成本 10 万元。十一是实现陶瓷纤维片国产化，降低成本 44 万元。十二是全年检维修费用压缩 12%，减少费用 360 万元。十三是通过招标，汽车运输和包装均实现了降价，全年降低汽运费用及包装降低费用 28 万元。十四是对电解酸洗 EP02 段控制板退火整流装置控制板及轧机 101 控制板进行了修复，合计节省 37 万元。

**【设备管理】** 严格贯彻执行设备事故、故障管理制度，加强了点巡检管理，减少了设备小停，全年设备开动率达到了 97.69%，故障率控制在 7.7‰以下，实现了各生产线设备稳定顺行。积极开展设备质量非计划攻关工作。通过调整退火机组焊机精度、标定辊组水平，优化卷取 EPC 功能，有效降低了带钢过酸、过烧及卷取内圈折印等质量缺陷的产生，月均减少降级品 34 吨。在设备功能完善方面，一是组织恢复轧钢板形自动控制功能；优化轧后板面残油控制，降低轧制油消耗；拓宽轧机齿条控制板型限幅；降低一中间辊窜辊轧制速度限制；优化了准备机组导板台取样功能。二是在退火炉入口煤气管道加装煤气过滤器，解决了生产期间停炉清理煤气过滤网问题，提高了生产的连续性及效率。三是组织优化了退火酸洗线电解酸洗溶液的冷却功能，满足了 400 系产品生产需求。四是进一步完善了退火入口带钢穿带通道，确保不同厚度规格带钢穿带平稳顺畅，减少了入口换卷作业时间，避免了头尾升降速对产品质量的影响，同时有效提高了作业安全性。

**【质量管理及技术攻关】** 通过调整设备和生产操作，稳定了工艺速度，保证了产品性能均匀性和质量稳定，解决保温杯用户提出的部分产品冲压后表面橘皮、性能偏软问题。大力开展工艺和操作标准化培训工作，组织 13 个岗位、2 批次、128 人次职工学习工艺规程、操作规程，考试通过率达到 100%。通过对标完善了 SUS430 钢种工艺规程和操作要点，优化了设备投入功能，提高了生产控制能力，提高了产成率，实现了向韩国市场批量出口。开展了极薄规格轧制攻关，实现了 0.10mm 极薄规格轧制，突破了 0.20mm 设计规格极限，创造了 20 辊森吉米尔轧机轧制宽幅极薄规格的纪录。为提高产品盈利空间，向品种和规格要效益。开展了300系硬态产品研发及带料加工，成功试制了SUS304、SUS301的1/2H和3/4H硬态产品，稳定了硬态产品生产工艺，综合边际利润为320元/吨。与中铝沈阳有色金属加工有限公司以带料加工方式合作开发钛材冷硬产品，该产品目前已完成试制，产品力学性能和表面质量均满足用户需求。与东北大学开展产学研合作，开发高强塑纳米/亚微米晶SUS304产品。在东北大学实验室取得成功的基础上，2019年在不锈钢丹东公司生产线上进行了三次试验，力学性能接近实验室结果。开展碳钢冷硬产品试生产工作。11月博思格钢铁（苏州）有限公司到不锈钢丹东公司进行了产线认证及试验料生产跟踪，产品已达到该公司原料到厂试验标准，下一步将在博思格公司上线测试生产。通过工艺优化和新产品开发工作的开展，增加了不锈钢丹东公司的品种生产能力，满足不同用户的个性化需求，为企业提高利润和拓宽发展方向打下了良好的基础。

**【人事管理】** 按照集团公司“四定”第二阶段工作总体要求，深入开展了岗位聘任工作，完成了“四定”管理岗竞聘工作，确保了岗位竞聘工作“制度公平、过程公开、结果公开”，建立了保障优秀人才脱颖而出、管理人员能上能下的选人用人机制。重点强化了干部及管理人员的考核问责机制，制定了《作业区级管理人员工作责任事故问责追责管理办法》，进一步完善各级管理人员责任机制和绩效考核机制，增强管理人员责任心。进一步加强劳动纪律管理，全年共进行81次劳动纪律检查工作，并对违反劳动纪律的相关人员进行考核。根据劳动纪律管理办法及劳动合同管理办法，每月对劳动合同整治和劳动纪律自查情况进行统计，全年共计清理解除劳动合同3人。加强职工培训工作。全年共开展培训88班次，合计537课时，累计参加人员达1996人次，培训内容涉及安全教育、党建工作、干部管理、三体系建设、操作技能提升等方面。

**【党群工作】** 深入开展“不忘初心、牢记使命”主题教育。集中组织理论中心组学习12次，并对9个专题开展学习交流研讨。组织党委班子4名成员参观红色基地“中共满洲省委旧址”。组织设备支部党员参观“大梨树”；组织班子成员和支部书记参观抗美援朝纪念馆。邀请机电学院思政部教授对党员干部分别进行形势政策教育和十九届四中全会精神解读。组织党员干部先后观看了电影《雷锋在1959》《毛丰美》《黄玫瑰》《永远在路上》等警示教育片。班子成员过双重组织生活，到所在联系点参加各支部“不忘初心、牢记使命”“七一”主题党日活动，进行了重温入党誓词、给新党员戴党徽等活动。党委班子成员结合企业改革发展稳定和自身分管工作确定了调研题目，分别到基层调研听取职工的意见和建议，共召开座谈会12场次，访谈干部职工86人次，形成了问题清单，并逐项进行了整改；认真落实意识形态工作责任制，“四定”第一阶段后，重新任命工作分析研判小组成员，全年无任何意识形态和网络意识形态问题发生；充分利用《辽宁日报》《中国冶金报》《本钢日报》和丹东市电视台、“丹东新区零距离”等新闻媒体为企业进行积极宣传，取得了良好效果，“本钢”企业品牌得到提升；加强职工爱国主义教育，国庆期间组织全体职工开展爱国主义教育“升国旗、唱国歌”活动，集体收听观看“习近平在庆祝中华人民共和国成立70周年的重要讲话”，增强了不锈钢职工建设祖国的责任感和使命感；积极参加集团公司第三届职工运动会、青运会等活动，极大地丰富职工的业余文化生活；开展“保生产、送清凉”活动，为一线职工送去冰镇酸梅汤、西瓜等解暑食品及饮料，受众人数约1000人次，受到了职工群众的一致好评。（曾　铮）

栏目编辑　金一嘉

# 本溪北营钢铁（集团）股份有限公司

**【概况】** 本溪北营钢铁（集团）股份有限公司（以下简称北营公司）是以钢铁冶炼及钢材轧制加工为主的大型钢铁联合企业，隶属于本钢集团有限公司。北营公司下设14个基层单位，其中生产单位12个，直属单位2个，公司机关设有职能部室9个。截至2019年末，北营公司在职员工19060人，其中管理岗人员606人，业务岗人员890人，技术岗人员495人。职工文化结构：初中（含技校）10319人、高中（含中专）2802人、大专4357人、本科1500人、研究生82人。固定资产原值364.83亿元，净值240.89亿元。主要设备包括高炉5座、转炉7座、焦炉8座，轧钢生产线7条、铸管离心机13台。

**【指标情况】** 北营公司2019年完成生铁617.26万吨，同比欠产77.96万吨；完成钢坯620.33万吨，同比欠产72.54万吨；完成钢材616.1万吨，同比欠产59.37万吨；完成冶金焦274.09万吨，同比超产22万吨；完成发电量14.49亿千瓦时，同比欠产1.32亿千瓦时；铸管按合同组织生产，完成9.48万吨。对比集团年初预算指标，累计降本增效8.15亿元。

**【生产经营】** 2019年，北营公司以提产增效、提质增效、降本增效和管理创效为抓手，全面加强生产经营管理，积极克服制约生产的实际困难，全力以赴保稳产、促高产。1~9月，面对高炉特护、长周期大型联合检修对主要产品产量影响较大的不利局面，北营公司及时调整生产组织模式，加强工序衔接和原燃料保供，快速启动大高炉及其他主体工序联合检修程序，统一指令，精心组织，保质量、压工期，主要产线均提前完工，将检修对生产影响降到最低，为四季度全面提产提效奠定了坚实的基础。

9月以后，贯彻落实集团契约化管理要求，在9月26日与所属厂矿党政一把手签订责任状，充分调动各方面积极性和创造力，四季度一举扭转了被动局面。10月和11月北营公司全面完成集团公司下达的任务，主体设备稳定顺行，铁、钢、轧、焦等主要产品产量节节攀升，主要产品生产定额单耗大幅下降，各工序能耗大幅降低，北营公司及所属厂矿全面完成责任状指标任务。10月和11月实现降本增效2.85亿元，吨材降成本229元，比集团下达指标多降55元，增幅31%。多项指标创历史新高或达到近年来最好水平。

**【设备工程管理】** 北营公司认真贯彻集团公司设备、工程管理思路，主动作为，积极探索和推进点检定修制，降低事故故障率，抓好工程规划和施工组织，为生产稳定和经济运行奠定基础。强化设备运行管理。针对事故高发的轧钢加热炉系统、发电一焦干熄焦余热锅炉系统进行大修，强化电气自动化设备日常隐患排查，及时消除6号变电所4号主变接线板温度异常等17项重大隐患，各项设备运行指标明显提升。全年，无重大设备事故，事故和典型故障37起，同比降低61%；影响时间447小时，同比降低63%。

加强检维修组织管理。完成2次大型联

合检修、4 次小型联合检修。其中，两次以高炉为核心的大型联合检修连续奋战 130 余天，累计完成 43 条产线 6993 项的检修任务，消除了包括高炉炉缸碳砖侵蚀、裂缝在内的设备隐患 1227 项，实现“零事故、零伤害、零火灾”的检修安全目标。两次联合检修还同步完成了炼铁烧结系统大修，炼钢两座转炉除尘环保设施改造及炉役修，轧钢四高线加热炉大修、1780 年修，焦化干熄焦系统大修，以及发电、燃气、动力系统等辅助产线检修任务，消除了安全和环保隐患，设备状态全面好转。9 月以来，主要设备开动率创历史新高，故障率创历史新低。有序组织工程建设。科学规划工程进度，狠抓工程质量管理，规范施工现场检查，所有重点工程均保质保量稳步推进。全年开工 24 项重点工程项目，有 13 项已经投入使用；炼钢一区产能置换、轧钢 60 万吨优质高线、新三万五制氧等 11 项工程严格按计划组织推进。

**【节能环保】** 严抓能源系统管理，大力实施增发电攻关，单日发电量屡破纪录，阶段发电量创历史新高，四季度完成发电量 4.7 亿千瓦时，超计划发电 1.6 亿千瓦时，同比增加 0.9 亿千瓦时。严格落实降电费措施，通过避峰就谷、降低基本电费、降低力率电费等，合计减少电费支出 7900 万元。积极推进直购电，全年完成直购电交易总量 18.4 亿千瓦时，节省电费支出 1018 万元。狠抓环境质量提升，深入落实《环境领域安全生产“百日攻坚战”实施方案》，开展环境风险隐患排查，有效控制突发环境事件；积极推进厂容环境综合整治，强化生产及环保设施运行监管，主要污染源点冒烟频次总体呈持续下降趋势，无污染事故发生，厂区环境得到显著改善。全年环保设施运行率达到 98%，自行监测数据发布率达到 95%以上，限期整改指令完成率 100%，北营厂区良好以上天数达到 83%以上。

**【安全管理】** 全面落实“全面从严、共享共担、重心下移、注重过程”安全管理十六字方针，以全面从严抓安全为工作核心，强化过程管控、突出细节管理，实现了安全效益全员共享，安全责任全员共担，公司安全生产形势总体稳定，伤害事故总起数同比呈持续下降趋势。推进安全标准化示范班组建设，组织对 55 个作业区的 115 个班组进行安全操作标准化示范班组验收，充分发挥优秀班组的示范引领作用，激发班组荣誉感和工作热情，切实提升基层职工的安全防护意识和标准化操作水平。开展安全风险专项整治，全面落实安全管理措施，消除安全隐患，全年共查出隐患问题 8439 项，完成整改 8360 项，整改率在 99%以上。

**【管理创效】** 创新实施“五位一体”考核。面向全体员工实施绩效考核，面向骨干实施专项激励考核，面向核心岗位实施风险绩效考核，面向领导干部实施季度考核，面向机关部室实施工作作风考核。针对不同群体精准施策，精准考核，合理拉开了主体单位与辅助单位、核心员工与普通员工、主要贡献者与一般参与者的收入差距，体现了多劳多得、精准激励的考核效果，充分发挥考核机制的激励、引导作用。

稳步推进“四定”工作落实。实施机构优化整合，机关部室由 12 个缩减至 9 个，精简 25%。紧扣“科学定编、人岗相适、薪酬匹配”组织原则，规范流程、周密部署，有序推进“四定”竞聘工作。13 家厂矿单位 10 月中旬全部完成前五轮竞聘工作，共计公示竞聘岗位 1364 个，报名参与竞聘

1665人，落聘301人，落聘率22%；岗位调整258人，调整率19%。充分体现了“能上能下”“能进能出”的用人理念。公司全日制本科生699人，通过竞聘上岗356人，占比51%，其中有75人通过竞聘实现岗位晋级。扎实开展“三级成本核算”和“日清日结”工作。按照集团公司的总体安排，北营公司积极建立三级成本核算体系，按厂级、作业区级、班组级层层分解成本指标，制定配套的绩效考核办法，打破“大锅饭”的平均分配方式，实现指标到位、责任到位、激励到位，提升职工工作积极性，实现指标控制的全员化。同时，全方位开展“日清日结”工作，公司层面选取燃料比、钢铁料消耗、成材率等34项主要指标进行重点管控，实施“日通报”“周总结”“月考核”。全年重点管控指标降本增效贡献度超过100%。深入推进“找、堵、增”和“全员改善”工作。突出顶层设计，聚焦关键环节，规范过程控制，强化督导落实，上下联动推进“找、堵、增”工作，干部职工思想意识明显转变，提报问题人员范围不断扩大。征集各类合理化建议2108条，实现整改增效9000余万元。10月以来，公司继续扩大成果，按照“党委领导、行政主抓、工会落实、全员参与”的方针，深入开展“全员改善”工作。制定了《北营公司改善提案工作管理办法（暂行）》，并于12月3日专题召开“全员改善”工作启动大会，对全员改善工作进行全面动员和总体部署，全力营造“人人参与改善，事事追求提高”的良好氛围。

北营公司改善提案工作启动大会（杨野　摄）

**【党群工作】** 公司党委以党的十九大精神为指引，全面加强党的领导。深入开展“不忘初心，牢记使命”主题教育，引导党员干部牢记宗旨，转变作风，真抓实干，两级班子成员都撰写了有质量的调研报告，检视问题总计1145条，征求意见建议286项；加强思想政治工作和党风廉政建设，凝聚发展正能量，每月下发《廉政宣传要点》，公司各单位在《本钢日报》刊发稿件338篇，营造风清气正的良好氛围；配合集团纪委完成省委巡视反馈问题的整改落实，建章建制，规范从严治党要求；组织编制印发《党支部工作实务》，为基层党支部开展工作提供遵循和参照。将党建融入到生产经营工作之中，推进“繁星工程”和“样板工程”评比，定期编制《党建风采》刊物，充分发挥党员干部和骨干员工的表率作用。公司工会发挥桥梁和纽带作用，助力企业经营发展。适时开展“提产增效”劳动竞赛，为铁、钢、轧、电等工序创高产营造了良好氛围；组织“战高温、送清凉、情系一线职工慰问活动”，投入资金28万元；成功承办各级职业技能竞赛，引导和培育技能人才和青年技工崇尚精益求精的工匠精神；积极组织足球和篮球比赛，组织参加“本钢第三届职工运动会”，丰富了职工的业余文化生活；开展扶贫帮困，发放帮扶金139万元，报销职工医疗互助理赔90万元，为18625名职工集体投保中国互助医疗保险242万元，体现了企业温暖，凝聚了发展合力，充分调动了职工建功立业的工作热情。此外，信访维稳、共青团、武装、科协、离退休管理等工作也紧紧围绕企业需要，积极发挥自身作用，为企业改革发展做出了应有的贡献。（杨　野）

## 炼铁厂

**【概况】** 2019年末，本钢集团本溪北营钢铁（集团）股份有限公司炼铁厂（简称北营炼铁厂）共有职工3243人（包含在籍3112人、化肥协力61人、建设协力70人）；其中大专、本科以上学历为895人，各类专业技术人员为437人（初级341人、中级91人、副高级5人），管理岗人员52人、技术岗人员76人、业务岗人员92人、操作岗人员3023人；下设5个管理室、14个作业区，共计19个单位。全厂主要设备包括5座炼铁高炉（9号、10号、11号高炉容积为530立方米，新1号、新2号高炉容积为2850立方米），300平方米、360平方米、400平方米烧结机各1台，75万吨球团系统生产线2套；其他配套设备铸铁机2台、喷煤中速磨6台等。设备系统主要设备全年可开动率达到94.8%；固定资产总值159.40亿元，净值125.82亿元。主要产品有炼钢生铁、烧结矿、球团，副产品主要有高炉水渣、高炉煤气、脱硫石膏等。

**【主要指标完成情况】** 2019年，生铁产量完成617.26万吨，铁水合格率100%，高炉有效利用系数2.67吨/(米$^3$·天)；烧结矿产量完成933.12万吨，入炉焦比实现393.86千克/吨，喷煤比144.69千克/吨，烧结矿品位稳定率100%，烧结矿合格率99.83%，烧结有效作业率97.77%；球团产量完成160.22万吨，球团抗压强度2568N/个球；TRT发电量26009.34万千瓦时。

**【成本降耗】** 通过制定方案、细化指标、明确责任、落实措施，在降本增效工作上取得了明显效果。一是在公司的大力支持下，发挥焦化富余产能，从4月起为530立方米高炉生产二级焦炭并配用，彻底停配高价的外购焦，每月创效额600万元以上。二是通过与板材对标，积极组织焦化除尘灰在高炉喷吹工作，3月开始在高炉喷吹部分焦化除尘灰，实现了炼铁和烧结的降耗双盈，2019年高炉喷吹焦化除尘灰3.35万吨，创效约3000万元。三是组织高炉开展配加小块焦攻关，制定高炉配加小块焦奖励政策，原少量富余的焦化焦丁在烧结破碎后作为燃料，通过高炉逐渐增加焦丁配比，8月中旬实现高炉筛下焦丁及焦化焦丁全部入炉，全年创效1031万元。四是新1号高炉从9月开始，通过不断调整操作制度，提高煤气利用率，使燃料比降到了520千克/吨，焦比降到了365千克/吨的历史最好水平，四季度降低燃料成本7088万元。五是积极采取措施优化配矿结构，配加东洋高品位矿粉12万吨（替代巴西红粉），配加南芬低品质矿粉18.7万吨，多配加低品位混匀料18.3万吨，从而减少了进口矿粉的消耗，全年创效1.5亿元。六是通过各高炉更换小筛孔的筛板，改善烧结矿强度等措施，使全年平均返矿率降到了12.33%，比上年度降低4.25%，成本增效约3180万元。七是烧结通过合理控制生石灰配比，将生石灰单耗控制在50千克/吨以下，提高价格低的石灰石粉用量，烧结辅料成本每月增效200万元以上。

**【生产组织】** 炼铁厂牢固树立以高炉稳定顺行为中心工作理念，在外界条件发生变化时，积极采取有效措施保障炉况稳定顺行。5月6日新1号高炉发生烧穿事故并转大修；5月9日和17日分别对10号、11号高炉进行炉缸浇筑检修；新2号高炉于7月4日开始对高炉炉缸进行浇筑检修，受热风炉烟囱事故影响，实际检修时间54天18小时，超计划14天18小时。四座高炉检修期间，烧结、球团产能处于过剩状态，在确保烧结矿产量、质量满足高炉生产的前提下，统筹安排三台烧结机和两台球团产线停机检修，做到低产状态下的经济运行。9月12日以新2号高炉热风炉主烟囱过渡为标志，拉开了大干四季度的序幕。高炉恢复到“2+3”生产模式后，烧结和球团产线全力生产，为生铁的稳产高产提供了充足原料保障。以新1号高炉为试点，本着“以中心气流为主，边缘气流为辅”的思想，让高炉两股气流共同发展。采用小风口面积、大角差、大矿批、厚料层、大风量、低富氧、高动能等一系列辅助技术，保证高炉炉缸热量的充沛，使风量在较短的时间内达到5500立方米/分钟以上，日产量快速达到8000吨以上，消耗同时大幅度降低。新2号高炉8月28日点火送风后，采用临时烟囱生产，低强度冶炼给高炉强化带来了困难，通过积极采取提高炉温、稳定风量等措施，保障了炉况稳定顺行。三座530立方米高炉自9月开始通过稳定小品种料配比，优化各项冶炼制度，产量不断增加并稳定在5600吨/日以上。

**【设备管理】** 2019年是炼铁厂历史上第一次面临高炉、烧结、球团多条产线同时检修的局面，设备系统克服了检修项目多、工期紧、时间长等困难，通过统筹施工力量、全力组织资材、合理调整方案、狠抓进度质量，确保了各项检修任务安全、优质、高效完成。尤其是在新2号高炉热风炉烟囱损坏后，仅用6天完成临时烟囱的制作安装，为新2号高炉恢复生产争取了宝贵时间。设备系统通过与板材和鞍钢炼铁厂进行装备水平、运行指标、点检定修周期、耐材价格及性能、工序能耗、能源计量结算等方面的对标工作，改进了在备件质量、设备使用、检修周期等方面的不足，提升了相应的指标和管理水平。同时，炼铁厂积极开展修旧利废，降本增效活动，专门制定了修旧利废专项奖励办法，2019年度自修备件总计551件，节约662.87万元。

**【重点工程项目】** 北营公司10号高炉环保改造工程，投资310万元；300平烧结PLC及2台吸风机励磁控制系统升级改造，投资152万元；球团放灰系统改造，投资289万元；300平方米烧结振动筛升级改造，投资670万元；皮带秤改造，投资229万元；为炼钢一区产能置换配套项目，投资903万元；新1号高炉热风炉自动烧炉系统改造，投资120万元。炼铁厂认真落实投资计划，拟定施工方案，严审两费支出，尽最大努力将各项成本费用降至最低，将企业年度降低成本消耗作为工作的重要目标。

**【环保管理】** 2019年结合相关环保法律法规对涉及环保管理、危险废物管理、放射源管理等制度进行了规范，修订下发了《炼铁厂环保运行管理办法》《炼铁厂环保管理制度汇编》《炼铁厂环保管理责任制》等相关管理制度，全年制定环保提标改造项目19项，上报公司申请立项。利用300平方米烧结检修机会，投资590万元将整粒电除尘改造为袋式除尘器，同时投资254万元对全厂15个转运站的点式除尘进行改造，10月开工，2020年6月完工。配合冶金工业规划院完成了炼铁厂2020~2025年生态环境保护规划方案的编制工作。

**【安全管理】** 始终坚持“全面从严抓安全”的管理理念。一是在安全管理基础方面，制定、修订、完善了《北营炼铁厂安全生产责任制》等10个安全规章制度，共增加岗位安全规程11个，补充内容涉及82个岗位，完善岗位安全规程350余条，并新增消防操作规程9个；另对动火证、有限空间作业票、高处作业票审批明确、规范签字人员相关审批流程。二是在安全教育培训方面，开展厂级《安全规程》培训3087人次；组织参加公司安排的员工自救互救、电气作业安全、起重作业安全等三项生产安全技能培训95人次；“应知应会”安全知识培训及考试3315人次。安全月活动期间，为深入贯彻“防风险、除隐患、遏事故”安全月活动主题，以分析安全管理存在问题，讲解安全风险辨识，分享安全管理经验等为授课内容，组织管理人员安全培训146人次，班组长安全培训155人次。三是高度重视相关方安全管理工作，完善了《北营炼铁厂相关方安全管理制度及考核细则》，解决了以往相关方管理职责不清等问题。

**【技术管理】** 一是在新2号高炉停炉前通过科学计算，准确确定了残铁口标高和孔道角度，新2号高炉停炉后成功打开残铁口，炉内残铁完全排净，保证了大修前期工作。优化炉缸浇注修复技术及开炉方案，对高炉大修开炉各项技术进行细化分工，使两座大高炉大修后快速达产。二是优化新1号高炉布料制度，科学合理提高炉顶煤气利用率至50.6%，降低入炉焦比及燃料比，完成降低成本要求。三是在三座530立方米高炉配加小品种物料烧结矿的条件下，逐步优化五大操作制度，保持了炉况的稳定顺行，燃料比下降。四是合理控制高炉有害元素入炉，克服入炉负荷大幅波动的不足，避免因有害元素的集中引起的炉况波动，为高炉的长期稳定顺行提供基础保障。五是按照集团公司三规检查的通知要求，围绕北营全员“学规程、懂规程、用规程”活动，重新对岗位、技术规程进行梳理，修订新1号高炉等8个作业区规程。

**【科技质量成果】** “一种高炉除尘加湿设备的管路加热装置”等12项专利成果获国家实用新型专利；开展的六西格玛项目《提高新1号高炉一氧化碳利用率》获本钢优秀六西格玛二等奖。全年征集科技论文15篇，张军撰写的《本钢北营大高炉降低炼铁成本实践》等2篇论文在第九届低成本炼铁技术研讨会发表；李杰撰写的《本钢北营新2号高炉操作技术进步》获本钢科技论文二等奖；刘绪明撰写的《北营400平方米烧结节能环保生产实践》等2篇论文获本钢科技论文三等奖。

**【人资管理】** 根据集团和北营公司“四定”工作总体要求，炼铁厂竞聘工作领导小组在竞聘过程中坚持公平、公正、公开的原则；坚持既注重学历，更注重工作经验和工作业绩的原则；坚持宁缺毋滥的原则，通过广泛宣传、精心筹划、公开选拔，历时3个半月，圆满完成五个轮次的竞聘工作。竞聘过程中发布竞聘岗位214个，257人参加了岗位竞聘（选聘），其中落聘43人，调整26人。竞聘晋升的10人均为全日制高校毕业生，做到了岗位与专业相匹配，人员特点与岗位相匹配。2019年下半年，根据公司提出的开展“学规程、懂规程、用规程”活动要求，制定了《北营炼铁厂“学规程、懂规程、用规程”管理办法》，在年度培训计划的基础上，开展高炉值班室、热风炉、燃气、喷煤、烧结五大关键岗位三大规程厂级培训80课时282人次，全员三大规程摸底闭卷考试101场，全员三大规程培训效果闭卷考核127场，培训前后安全规程合格率对比增加22.91%，设备规程合格率培训前后对比增加43.90%，工艺技术规程合格率培训前后对比增加30.84%，培训效果显著。

**【党群工作】** 一是扎实开展“不忘初心、牢记使命”主题教育活动。厂党委制定了主题教育实施方案，成立领导小组，对学习计划做出详细部署，将学习领会的成果融入到实际工作中，有力推动了各项工作的开展。二是学习先进典型和开展廉政警示教育。组织党员干部共同观看了电影《雷锋在1959》《毛丰美》《黄玫瑰》。参加了北营党委组织的参观小市抗联纪念馆和廉政教育专题会，增强了党员的宗旨意识和廉政自律意识。三是炼铁厂班子成员紧密围绕职工群众反映强烈的热点难点问题，注重调研工作实效，解决党的建设面临的紧迫问题。围绕降本增效、提质增产、安全环保、节能降耗等生产经营管理重点工作，按照职责分工到联系点进行实地调研，通过与职工面对面交谈及走现场的形式，听真话、查实情，切实掌握第一手材料，提出了有针对性、指导性和操作性的意见建议。四是按照党组织规定，重新完善党支部、党小组机构设置，现有党总支3个、党支部19个、党小组56个、党员责任区49个、党员先锋岗14个。在发展党员上，厂党委坚持“控制总量、优化结构、提高质量、发挥作用”十六字方针，各支部有针对性地在一线、重点岗位、大学生及青年团员中进行重点考核培养，全年发展党员10人，转正4人。五是工会方面切实发挥好“维护、参与、建设、教育”的职能，为厂生产经营目标的实现做出积极贡献。组织职工积极参与本钢集团公司2019年“工匠杯”职工职业技能竞赛的各项工种比赛，其中陈长虹以优异的成绩夺得了辽宁省技能大赛的冠军。六是坚持“党建带团建”，积极实施团建创新，在完善各项基础工作的同时，全面加强“青安岗”“青安杯”等“青字号”品牌活动，确保了青工发生重伤及以上事故为零，青工直接造成特大设备事故和重大火灾事故为零，青工千人负伤率为零的“三为零”工作目标，为企业的安全生产健康稳步发展做出了有效的贡献。

（毛金凤）

## 炼钢厂

**【概况】** 2019年，本钢集团本溪北营钢铁（集团）股份有限公司炼钢厂（简称北营炼钢厂）下设 5 室、15 个作业区。在岗员工 2735 人，其中厂班子成员 8 人、管理人员 45 人、业务人员 85 人、技术人员 62 人、操作人员 2535 人，女职工 304 人。具有全日制大专以上学历 360 人（其中研究生学历 1 人、本科学历 109 人、大专学历 250 人）；具有初级职称 361 人、中级职称 90 人、副高级职称 3 人，技师 43 人、高级技师 2 人。北营炼钢厂现有固定资产原值 5213459012.27 元，净值 2750088902.80 元。拥有 50 吨顶底复吹转炉 4 座、120 吨顶底复吹转炉 3 座、板坯连铸机 3 台、方坯连铸机 6 台、方矩坯连铸机 1 台、900 吨混铁炉 1 座、1300 吨混铁炉 1 座、40 吨-LF 精炼炉 2 座、120 吨-LF 精炼炉 3 座、RH 精炼炉 1 座、转炉副枪装置 3 套、铁水预处理系统 3 套、40 吨单线双工位倒罐站 1 座、135 吨双线双工位倒罐站 1 座。

**【主要经济技术指标】** 2019 年北营炼钢厂共计生产钢坯 620.19 万吨，其中方坯 328.85 万吨，板坯 291.34 万吨；钢铁料消耗完成 1081 千克/吨，达到近五年最好水平；铁耗完成 982.02 千克/吨，通过降低铁耗实现增产 11.15 万吨；电耗完成 57 千瓦时/吨，节约电费 502 万元；合金消耗完成 123.79 元/吨，降低消耗 2.88 亿元；白灰消耗完成 38.7 千克/吨，渣量较成本降低 6410 万元；整个炼钢工序全年较年初预算目标降低成本 4.13 亿元。

**【表彰与先进】** 2019 年北营炼钢厂被授予本钢集团先进单位荣誉称号，北营炼钢厂党委被授予本钢集团先进党委荣誉称号，北营炼钢厂获得本钢集团“北营焦化杯”篮球比赛女子组第一名、男子组第七名、本钢集团第三届职工运动会总成绩第六名的好成绩，炼钢二作业区苗强荣获辽宁省总工会授予的辽宁省职工技能大赛炼钢组第五名荣誉及本钢集团“工匠杯”职工职业技能竞赛转炉炼钢工“状元”荣誉称号，党群工作室张宝璟荣获全国钢铁行业共青团工作指导和推进委员会授予的全国钢铁行业“青安杯”竞赛先进个人荣誉称号，郭晓春、刘全生、高振崇、胡英伟、李强荣获本钢集团劳动模范称号，鹿林荣获本钢集团优秀共产党员标兵称号，赵博、徐金成、刘艳庆、张柱荣获本钢集团优秀共产党员称号，吊车二作业区成品天车丁班女工小组、自动化一作业区动力变电所女工小组荣获本钢集团“三八”红旗集体称号，刘素菊、李桂玲、张淑敏、钟玉荣获本钢集团“三八”红旗手称号。

**【科技成果】** 2019 年北营炼钢厂完成了 12 个专利的申报工作，其中“炼钢厂化验室碳硫分析样品钻屑装置”“连铸测量水口插入深度及液渣层厚度装置”“连铸方坯低倍取样装置”三个项目均获得国家级专利；开展《北营炼钢厂提高帘线钢炼成率实践与研究》《降低焊丝钢 ER50-6 系列氮含量实践与研究》《北营炼钢厂 H08 系列 LF 炉造渣工艺研究与实践》《北营炼钢厂 RH 品种钢“硅脱氧”工艺的研究与应用》四项科技项目攻关，通过本钢集团专家组评审，并已经申报科技成果奖励；《提高 5 号铸机吨钢耐材成本》被推荐申报 2020 年辽宁省优秀质量管理小组奖项。

**【生产组织】** 1. 2019 年北营炼钢厂按照公司整体战略思路组织生产，根据联检计划分阶段开展降耗、提产工作，1~4 月以降耗为主；5~9 月联检模式以提产为主；10~12 月以接铁任务为主，两区开足马力，满负荷生产，钢坯产量达到22139吨，创新高。2.内部生产组织以提高转炉生产节奏为主，加强两区转炉作业计划管理，严抓“转炉四不等”，强化工序间生产管理，树立工序互保意识，为下道工序生产创造有利条件，充分释放转炉、铸机产能，11月25日，新区甲班单班生产52炉，创小班班产新高。3.经济运行模式，5月公司进入联检模式，北营炼钢厂以“停运产线同步停运配套设备，运行产线最大限度经济运行”为思路，根据两区转炉炉役情况，先后三次调整联检期间经济运行方案，老区根据供料及铁水产量，全线停产节能备用17天，使能源介质消耗降至最低。4.新区炉役交叉且时间长，这是对生产组织最大的考验，在接铁、年修的双重高压下，根据公司联合检修方案，及北营炼钢厂生产组织方案，11月老区1号转炉炉役期间钢坯平均日产20504吨，创炉役期间产量新高，为集团公司整体增效做出巨大贡献。

**【技术质量】** 2019年北营炼钢厂继续紧密围绕提高重点品种炼成率、挖潜降耗、提升产品质量等开展工作，通过加强质量体系管理等各项工作有序开展，完成公司制定的各项经济和技术指标。重点围绕提高品种炼成率开展工作。2019年通过重点品种过程工艺控制、气体含量的攻关，帘线系列炼成率稳定达到85%，ER50-6焊丝系列稳定达到90%，较2018年均提高5%，有效提高了产品质量，降低了生产成本，市场竞争力增强。围绕挖潜降耗开展工作。为全面完成北营公司降耗及品种增利目标，实现技术系统年度指标，北营炼钢厂制定“降低RH铝粒消耗攻关”“降低铸坯清理率攻关”“提高重点品种炼成率攻关”等，全面完成成本指标。质量管理工作。为提高过程质量控制水平，提高成分控制水平和铸坯质量、降低非计划产品总量和成本损失，制定了《炼钢厂产品质量检查管理办法》，加强过程质量监控力度，对日常检查情况进行通报。通过此项工作开展，北营炼钢厂各岗位操作水平得到了较大提高，缺陷铸坯和非计划产品量大幅下降。质量管理体系认证工作。在2018年顺利通过TS16949向IATF16949转版准备工作的基础上，2019年持续改进。IATF16949质量管理体系年度审核，莱茵公司审核人员主要对北营炼钢厂客户反馈过程、绩效指标达成情况、工艺质量控制过程等进行审核，最终顺利通过；与此同时完成了CE产品、自愿性产品认证审核、ISO9000质量体系审核以及螺纹钢产品的现场审核等工作。

**【安全保障】** 2019年北营炼钢厂实现全年人身伤亡、重大伤害、重大火灾事故、重大交通事故为零；特种作业人员持证上岗率达100%。坚持以全面从严抓安全为中心。细化危险源辨识、标准化作业、安全培训、安全管理评价等基础工作。强化安全履职意识、确保严抓安全工作常态化。按照“党政同责、一岗双责、失职追责”的责任体系和“管专业必须管安全、管业务必须管安全、管生产必须管安全”的总体要求，实现安全管理全员参与、全过程管控、全方位预防。注重过程安全管理，强化作业过程控制。根据生产操作、工程建设、检维修、维护保养等作业的特点，全面开展作业前风险分析；改变以往相关方检修作业时反违章及隐患排查滞后的管理模式，填写“检修安全日志”，推行过程跟踪的全程监管模式，发现违章行为和安全隐患进行实时整改。严抓建设施工项目安全管理。全面规范工程设计、施工过程、竣工验收各个环节的安全管理，制定管理要求，明确管理标准，并严格监督执行。

**【环保减排】** 2019 年，北营炼钢厂以履职督查为抓手，切实抓好环保、厂容、绿化等各项管理工作。全面提升防污、治污能力和现场环保管理水平，厂区环境质量有了显著改善。一方面，做好污染设施管理，北营炼钢厂现有污染防治设施共计 40 套，其中大气污染防治设施 33 套、废水处理设施 7 套，设施运行率、完好率、达标率均达到设计要求；另一方面，加强操作标准化、危废管理，注重厂容、绿化及道路清扫管理工作。

**【设备管理】** 2019 年北营炼钢厂持续推进设备基础和运行管理工作，合理组织设备系统维护，强化设备保产奖罚相结合，设备工况不断提高，实现了平稳运行。1. 全年主体转炉、铸机设备计划定修 437 次，实际完成 414 次检修，执行率 94.74%。2. 重新组织对岗位人员、维修人员和专业点检员点检任务进行分工，进一步明确了工作职责；利用微信群跟踪点检时效推进，以考核、奖励为手段促进点检员综合业务水平的提升。2019 年度共上报设备隐患 186 项，全部完成整改；获得公司专项奖励 12150 元，设备故障发生数量对比往年呈明显下降趋势，为生产顺行提供了设备保障。3. 北营炼钢厂陆续与板材炼钢厂、鞍钢炼钢厂二分厂就设备运行指标、备件指标、检维修费用、油品消耗、备件修理等进行对标，查找自身差距，制定整改措施，取得一定成果。现转炉检修周期已由 14 天调整为 21 天，提高设备可开动率；润滑油品方面推进产线整体承包工作，实施磺酸钙润滑脂、聚尿基润滑脂整体招标；取消独家供货，引进郑研所参与 240 吨吊车四段齿修复招标，实现降价 93000 元/件。

**【技改工程】** 北营炼钢厂积极稳步推进装备升级改造。1. 炼钢二区生产提效改造（一期）。LF 炉于 12 月 20 日热试完成；RH 精炼炉及配套项目本体设备安装完成，配套水处理完成冷却塔安装改造，水处理间完成 60%。2. 炼钢二区转炉一次除尘改造。采取一次招标及分段实施的方法合理利用检修时间进行施工，与炉役同步完成了 2 号转炉、3 号转炉厂房内新 OG 部分的设备改造工作。3. 炼钢一区产能置换工程。处于前期准备三通一平及施工承包合同申请阶段，按照集团公司统一部署进行合理有序的推进。4. 炼钢二区钢包热修位搬迁安措工程。完成总工程量 70%，施工正常组织进行中。

**【降本增效】** 充分运用“三级成本核算”管理模式。实现成本从班组到个人的精确控制；制定精准激励政策，大大激发了全员成本控制意识。加强事故管理。继续通过事故日分析、日考核、责任领导扣分制度及劳动竞赛等手段，降低事故发生率，减少事故造成的设备损坏、物料浪费及能源损失，生产事故同比去年降低 55.49%；新区综合连浇炉数完成 10.95 炉，较统计期增加 1.05 炉，铸余从原来的吨钢 6.14 千克/吨降低到 5.2 千克/吨；非定尺比例从 1.3%降低到 1%水平。推行“硅脱氧”工艺。即在转炉出钢过程采用硅铁合金进行脱氧，降低转炉钢水氧含量，稳定 RH 进站氧含量，确保 RH 到站温度，减少 RH 升温及脱氧铝消耗，有效降低成本 3.58 元/吨。加强修旧利废管理。对使用要求不高的机加件及工艺件自行修理和加工，保证现场使用；对常用电机先进行自修，修复不了的方才外委修理，全年共计节约修理费用 2357.71 万元。

**【治安保卫】** 为夯实厂区治安防范管理工

作，全面提升治安保卫能力，有效遏制偷盗案件的发生，北营炼钢厂对重点部位要害岗位开展治安防范检查，即加强了监控设施的投入和完善；对重点人员进行管控，对职工班中和班后生活状态进行了掌控；开展扫黑除恶宣传工作；对各类应急和处理进行培训；加强治安防盗管理工作，全年隐患排查98项、考核47项，98项整改完毕。

**【6S管理】** 北营炼钢厂本着“推行6S管理为载体，努力带动区域安全、生产、设备管理，提高员工素质、提高工作效率，降低生产消耗”总体工作思路，推行提高员工综合素养的专项培训活动，全面提高各项工作管理水平。全年共检查问题1628项，全部落实整改。

**【人资与薪酬】** 根据集团公司“四定”第二阶段竞聘工作总体安排，北营炼钢厂以党政班子为组长成立竞聘工作领导小组，全厂上下统一思想、提高认识，紧扣“科学定编、人岗相适、薪酬匹配”等关键要素，按步骤、按程序、按计划平稳有序开展。制定竞聘方案、三大职群竞聘细则，各职级人员原职务全部解聘，按照推进计划，每轮经过全厂竞聘信息公示、申报、资格审查及公示，笔试、面试、成绩公示、党委会讨论、组织考察、确定人选上报公司审核备案等程序，按时完成管理、业务、技术职群的五轮岗位竞聘。三个职群共通过资格审核申报竞聘职工225人，竞聘岗位198个，最终管理岗聘任46人、业务岗聘任85人、技术岗聘任62人，共计193人聘任上岗。竞聘后，原职级岗位落聘人员9人，新调整聘任人员10人，管理、技术、业务三大职群聘任上岗的大学生42人，占总人数的45%，促进了作业区专业室之间人员流通，提高了广大职工学习热情和竞争意识，营造了炼钢厂积极向上的良好氛围。

**【科协工作】** 北营炼钢厂充分发挥科协组织的主观能动性，积极调动广大科技工作者的主动性和创造性，促进企业的科技发展，努力完成上级的各项工作任务，开展了“讲理想、比贡献、献计献策攻难关”活动，全厂上下一心、齐抓共管，陆续开展了“质量月”活动、两项“QC质量攻关活动”（其中一项获得省优秀项目、一项六西格玛攻关项目）、“岗位技术比武活动”，重点做好科技工作者建设之家活动，为科技工作者提供良好的工作环境和后台保障。

**【党群工作】** 认真开展“不忘初心、牢记使命”主题教育，牢牢把握“守初心、担使命，找差距、抓落实”的总要求，并贯穿主题教育全过程。北营炼钢厂党委将安全工作融入到党建日常工作中，推行“党支部责任区制度”，2019年党员参与党日活动达2000余人次，基层党支部结合各自生产经营实际，适时组织党员、骨干进行党日奉献活动135余次。通过《本钢日报》《党建风采》及内刊《活力炼钢》多角度、全方位宣传弘扬奉献和担当精神，深入学习以张富清为代表的老革命同志的先进事迹和崇高精神，以先进典型为榜样，学先进、赶先进、当先进，争做职工群众信任满意的好党员、好干部。北营炼钢厂党委还将党风廉政建设作为干部业绩考评的一项重点内容，对发生违规违纪的领导干部，坚决实行“一票否决”；组织对全体中层干部和重点岗位人员签订廉政责任状，并通过开展“安康杯”劳动竞赛等活动，促进北营炼钢厂各项经济技术指标进位争先。

（杨丽颖）

# 轧钢厂

**【概况】** 本溪北营钢铁（集团）股份有限公司轧钢厂（简称北营轧钢厂）下设5个管理室、12个作业区。在籍职工2726人，其中大专、本科以上学历1242人，管理和技术人员113人，获得初、中级以上职称543人，获得副高级以上职称5人，享受本钢集团技术津贴29人。北营轧钢厂党委下设6个直属党总支、22个基层党支部、59个党小组，在籍党员640人，共青团员179人。

2019年，生产钢材615.5万吨，同比下降8.9%，其中线材$\phi$5.5mm规格30.5万吨，占线材产量比例12.3%；热轧卷板2.0mm以下薄规格2.2万吨，占热卷产量比例1%；棒材$\phi$12mm以下规格产量11.1万吨，占棒材产量13.5%；轧材出口总量89.3万吨，占总产量比例14.5%；板材供冷轧料67.6万吨，占热卷产量比例11%。总成本实际完成3051.85元/吨，较集团公司计划指标降19.88元/吨，降成本11846万元。

**【机制体制调整】** 随着1780产线实现维保和60万吨新高线工程项目建设的深入推进，轧钢厂积极探索新的管理模式以适应当前企业发展。2019年5月，轧钢厂根据集团公司和北营公司批复同意的《机构改革方案》，将企业管理模式由“专业化横向管理”升级改变为“产线集中管理”，对原有14个作业区重新拆分合并，精简为12个作业区，进一步理顺了各产线之间的生产关系。体制调整后，轧钢厂成立三高线作业区；成立四高线作业区；成立二棒材作业区；成立三棒材作业区；撤销三四高线作业区；撤销棒线电气作业区；撤销棒线动力作业区；撤销棒材作业区；撤销成品作业区；生产准备作业区负责的棒材区块相关业务内容整体划归二棒材、三棒材作业区。党支部重新拆分合并，成立三高线作业区党支部；成立四高线作业区党支部；成立二棒材作业区党支部；成立三棒材作业区党支部；撤销三四高线作业区党总支；撤销棒材作业区党总支；撤销棒线电气作业区党支部；撤销棒线动力作业区党支部；撤销成品作业区党支部。工会分会重新拆分合并，成立三高线作业区工会分会；成立四高线作业区工会分会；成立二棒材作业区工会分会；成立三棒材作业区工会分会；撤销三四高线作业工会分会；撤销棒材作业区工会分会；撤销棒线电气作业区工会分会；撤销棒线动力作业区工会分会；撤销成品作业区工会分会。作业区机制体制重新调整后，各产线之间相对独立，每条产线上下工序之间的联系更加紧密，有效克服了以往因人员不足和技术力量薄弱带来的管理弊端，“产线集中管理”的生产组织优势得到充分发挥，产能得到最大程度的释放，有效促进了轧钢厂的可持续和健康发展。

**【安全消防管理】** 全面贯彻和落实北营公司2019年安全生产工作重点措施，持续贯彻“全面从严抓安全”理念，以夯实安全基础管理工作为主线，以严抓责任落实、严抓安全教育培训、严抓违章作业行为、严抓隐患治理、加强消防基础管理为重点，提升安全管理能力和水平，预防各类事故的发生，实现安全管理工作的自主性管理，确保安全生产稳定顺行。组织开展危害因素重新辨识、班组标准化评审、重点时段安全管控工作；全面开展起重设备、煤气系统、电气系统、消防系统、工程建设等安全专项检查工作；

逐级签订安全生产责任状，确保安全责任到位、安全投入到位、安全培训到位、安全管理到位、应急救援到位。2019 年轧钢厂千人负伤率 2.59‰，安全培训率 100%，职业健康体检率 100%。消防工作始终坚持预防为主，防消结合原则，落实消防安全责任制，不断提升消防安全管理水平。组织开展对厂级各类消防规章制度、消防设备设施管理台账进行补充完善，组织开展煤气泄漏、火灾救援、细水雾自动喷淋等应急救援演练活动 11 次，坚决遏制火灾事故发生。

**【生产管理】** 根据北营公司 2019 年生产经营计划，以“增产增效”的管理理念组织生产，以强化生产过程管理，提升轧材产量；强化现场基础管理，降低生产成本；强化操作岗位培训，提高操作技能；强化监督服务意识，提升现场管理水平为原则，圆满完成了公司给定的产量任务。优化产线分工，综合考虑各线检修、钢种规格更换频繁及工艺件组织、轧辊准备、坯料供应等因素，合理制定各线生产任务，将产能释放最大化。各级调度系统实施“一贯制管理”，对生产动态处理、提前介入、稳定运行，实现管理能力全面提升。在调度系统协调组织生产过程中，以安全生产为原则，及时与总调、能源调度等单位协调，及时了解炼铁、炼钢、焦化等单位生产运行状况，掌握煤气、水、电等能源介质供应情况，提前做好预判，降低外部影响。细化生产计划排布跟踪流程，明确各层级管控职责，形成闭环管理，实现合同兑现率 100%，保证生产稳定顺行，实现企业利润最大化。

**【设备管理】** 2019 年在集团公司的大力推进下，北营轧钢厂深入开展专业点检员业绩考评工作，制定了轧钢厂专业点检员业绩考评长效机制实施方案，明确了工作流程标准，完成了两次北营公司级和厂级点检员的业绩测评。通过持续开展，在两级公司考评组的专业指导下，轧钢厂明确了自身点检队伍建设存在问题及管理短板，有针对性地开展工作改进，点检员工作能力也在考评工作的推动下得到大幅提高。依据设备系统专项计划组织完成了点检基础管理专项检查、机旁库专项检查、工业建筑专项检查、工业炉窑专项检查及液压润滑油品专项检查，共排查问题隐患项目 173 项，其中 152 项完成整改，21 项列入整改规划，通过设备系统专项检查的深入持续开展，轧钢厂设备标准化运行日趋规范，设备管理水平得到稳定提高。根据集团公司学用规程活动工作要求，全面开展设备系统学用规程工作，制定了《北营轧钢厂学用设备使用、维护、检修规程活动方案》，完成了三规文件覆盖范围、文件内容符合性及准确性的全面审查及修订，完成了设备系统全员规程培训及考试工作，通过了集团公司规程检查组的审查，通过学用规程工作开展的持续深入，轧钢厂设备系统在设备标准化运行及标准化检修维护方面日趋规范，为设备的安全稳定运行打下基础。产线综合可开动率达到 91.23%，完成计划指标。发生设备故障 175.68 小时，完成指标，同比 2018 年降 799.02 小时，降幅 81.81%，其中棒材产线降低 138.56 小时，降幅 82.43%；线材产线降低 620.94 小时，降幅 85.87%；1780 线降低 39.52 小时，降幅 52.32%。轧钢厂 1780 产线实现了点检定修制及产线维保等工作，1780 产线的设备故障大大降低，轧钢厂已基本实现了集团公司下发的“事故故障较 2018 年降低 50%以上，事故故障台时控制在 1000 小时以内”的目标。2019 年共消耗备件材料 22581 万元，较 2018 年下降 4286 万元；吨钢成本 35.3 元，较 2018 年下降 4.77 元/吨。2019 年轧钢厂库存为 26632.22 万元：其中储运库存为 9173.68 万元，利库指标为 165.00 万元，实际完成利库 386.58 万元；机旁及移交库存 17458.54 万元，利库指标 1721 万元，实际完成利库 1769.59 万元，较 2018 年利库下降 282.25 万元。全年 56 项检维修项目已全部完成，实际签订合同金额较计划金额降 314 万元。1780 提质改造工程，总计 17 项，完成 4 项，计划金额 9900 万元，签订合同额 4877 万元。以“安全、优质、高效、低耗”为工作原则，圆满完成了 1780 线以及棒材、线材六条生产线的年修组织工作，实现了各产线年修安全事故为“零”、检修质量“优”、项目进度“高效”、成本资金“低耗”的总体目标。在线设备精度在年修中得到了最大程度的恢复，产品控制精度得到全面提升，产品实物质量得以保障。各产线年修工作的顺利开展，为轧钢厂 2019 年生产经营目标的超额完成，以及 2020 年设备系统稳定运行奠定了坚实的基础。

**【技术管理】** 为有效的对影响产品质量问题进行管控，修订专业质量管理办法，明确责任，确保各个质量关键点得到有效管控，保证产品质量稳定，全年共组织技术质量攻关项目 6 项，用以推进工艺优化和产品品质的提升工作，主要涉及产品组织性能方面，各项攻关均取得良好效果。全年质量异议率计划指标 0.09%，实际完成 0.08%，完成计划指标。2019 年非计划指标 0.10%，全年实际质量非计划完成 0.03%，完成计划指标。顺利通过莱茵公司 IATF16949 体系外审及内审工作、北营公司质量体系内审、帘线钢 VDA 内审、出口螺纹钢 CARES 外审、CE 产品外审、自愿性产品认证等体系和产品审核，共计 7 次。全年长材开发新牌号 3 个，规格拓展 15 个，延伸了产品链条，拓展了盈利空间，客户反馈良好。北营轧钢厂全年上报科技项目四项，分别是《本钢 1780mm 热连轧降低飞剪切损率技术研究》《本钢 1780mm 热连轧优化轧制节奏研究》《本钢 1780 热连轧降低氧化烧损率技术研究》《降低北营 1780 热轧机组 R2 轧机故障率》。完成并上报两项管理成果，分别是《以降低出口低碳冷轧料轧漏缺陷为核心的热轧管理的建立与实施》和二线《以提高焊线产品强度为核心管理的建立与实施》。六西格玛项目一个，为三高线《降低三高线 BGLD06 顶锻开裂次品率》和《降低四高线废品率》。1780 线 QC 小组项目《降低 1780 生产线不良品率》获得辽宁省优秀质量管理小组。

**【降本增效】** 围绕承担的“钢坯加工成本、能源成本及备件材料消耗成本”三个方面，进一步夯实各层级基础管理，保安全、稳质量、提产量，明确科室、作业区细化分解的目标，积极开展多途径降低能源消耗、多元化攻关挖潜降低材料备件消耗等系列工作。全年节约成本 1.1 亿元，其中能源成本降低 7.13 元/吨，折合降 4392 万元；钢坯成本降低 10.43 元/吨，折合降 6425 万元。

**【党群工作】** 北营轧钢厂党委坚持以习近平新时代中国特色社会主义思想为指导，深入贯彻落实党的十九大精神，不断强化党委会的领导核心和政治核心作用，切实发挥国企党建工作的政治引领作用，使企业生产经营等各项工作取得新进展。厂党委坚持把调查研究作为开展“不忘初心、牢记使命”主题教育的重要步骤，将检视自身存在的问题，作为主题教育的“动员令”和“风向标”。以“守初心、担使命，找差距、抓落实”为内容召开专题民主生活会，坚持真学、真查、真改，在理论联系实际中解难题、促发展、求实效，不断推动主题教育向纵深发展。深入推进“繁星点点，照亮北营”繁星工程评比和“筑堡垒、创佳绩、争先锋”党建样板工程两项主题活动的开展，不断强化党的组织建设。通过星级党员、星级员工评比，建立起了科学的党员和员工评价体系，促进了党员队伍和员工队伍整体素质的提升。在日常工作中注重将党支部标准化建设、三会一课、党日活动、党员教育和管理、“两学一做”学习教育常态化制度化、“学习强国”等党建工作，与建国70周年、建党98周年结合起来，使党员加强了党性修养、提高了自身素质，树立了党员良好形象。强化舆情管控，提升企业形象，有针对性地在职工群众中开展形势任务教育，扎实推进和开展思想政治工作，确保职工队伍思想稳定，实现各产线稳产、高产。持续加强党风廉政建设，深入推进全面从严治党，积极营造风清气正的政治生态。制定《轧钢厂领导干部问责追责管理办法》，形成了党委统一领导、专业管理室齐抓共管、党员干部履职尽责的工作新格局，推动了企业生产经营工作的全面提升。定期组织党员、干部认真学习《中国共产党廉洁自律准则》和《中国共产党纪律处分条例》等文件法规，节假日前夕开展党风廉政宣教和反腐宣教工作。严格执行“三重一大”等民主决策、干部述职述廉、民主测评、诫勉谈话、重大事项报告等制度，切实将党风廉政建设转化为保障企业稳定运行的源泉和动力，为企业广大干部职工营造了风清气正、干事创业的良好政治氛围。全面贯彻党的群众路线，充分发挥群团组织的桥梁和纽带作用，积极维护广大职工的合法权益，教育和引导广大职工为企业发展献计献策、贡献力量。通过组织开展劳动竞赛、技能大赛、安全班组标准化评比等方式正面激励职工；通过举办和参与运动会等各项文体活动，提升职工自豪感和获得感；通过重点帮扶困难党员和困难职工，解决职工群众后顾之忧；利用工会经费和行政补贴积极普惠职工。通过加强《本钢日报》中的正面宣传报道，切实塑造和提升企业对内、对外形象。厂工会承办了本钢集团工匠杯线材轧钢工技能大赛，王建华、臧绍春、孙建分别荣获前三名。组织职工9人参加了辽宁省焊工职工职业技能大赛，衣延鹏夺得省焊工大赛第十五名，本溪市焊工大赛第四名。承办的“北营轧钢杯”五人制足球比赛暨2019“中国足球发展基金会杯”中国职工足球联赛(冶金赛区)，受到上级的肯定和职工的赞扬。在本钢集团第三届职工运动会中，以团体总分498.5分夺得了第二名的好成绩。共青团组织坚持“服务企业、服务青年”的工作方针，通过开展“青春有我，砥砺前行”、学雷锋、“安全在我心中”主题演讲比赛、“青安岗”等活动，提高了青年团员“重视安全、珍惜生命”的责任意识和安全防护意识，增强了青年团员立足岗位、忠于职守的奉献精神。科协组织带领广大科技工作者，围绕生产经营总体目标，创造性地开展了各项活动，有力地推动了企业科技进步，促进了生产经营建设的不断发展。征集合理化建议解决了技术和设备等方面的工作难题，创造经济效益约844万元。开发新产品5个，延伸产品链条，拓展盈利空间。积极为统战对象提供参加本党派活动的条件，现有民主党派人士3人、无党派人士1人，均在技术岗位工作，为企业改革发展做出了应有的贡献。武装部门以编兵整组为契机，加大正规化建设步伐，调整、充实了预备役队员及民兵队伍。参加了北部战区点验行动，“庆八·一”系列主题教育活动及实弹射击等武装活动，参与了3次预备役拉练活动，自行组织了春季预备役及民兵义务劳动。

（张　丹）

## 焦化厂

**【概况】** 2019年末，本溪北营钢铁（集团）股份有限公司焦化厂（简称北营焦化厂）下设5室、12个作业区。在籍职工1529人，其中管理岗40人、业务岗54人、技术岗53人、操作岗1382人，全日制研究生学历1人、本科学历71人、大专学历146人，副高级职称5人、中级职称62人、初级职称164人，技师58人，助理技师63人。厂党委下设党总支2个、直属党支部11个，中共党员497名，共青团员37人。主要设备包括8座焦炉及配置干熄焦装置、除尘地面站设施、煤气处理系统和污水处理系统。

**【指标情况】** 全年共生产焦炭319.7万吨，同比增长9.15%；硫铵3万吨，同比增长18.8%；焦油9.65万吨，同比增长12.08%；粗苯2.26万吨，同比增长7.04%；干熄焦产气160.27万吨，同比增长7.35%；产焦炉煤气131906.5万立方米，同比增长9.32%；焦炭热强度68.42%，强度合格率96.15%；全年焦炭可控成本较目标计划增效1.5亿元。

**【生产组织】** 以提产增效为目标，以“吨焦必争、吨焦不失”为原则，顺应焦煤市场现状，多举措提产增效。8月以前，在大小高炉大修期间钢、铁、轧等单位大幅度欠产的情况下，焦化厂在保证焦炭质量的前提下，满负荷生产。加大对外进煤的质量、数量和市场资源情况监督和管控。根据进煤计划，科学组织炼焦煤分流、入厂，确保各区煤种供应均衡。严抓焦煤卸车、上料和配煤管理，确保配煤准确率达到99%以上。加强焦炉炉体维护和设备管理，提高$K_{总}$系数，严格监督加煤操作实现“满、紧、平”，保证单炉加煤量。调度室加强了生产协调、指挥、检查、监督职能，从卸车、上料到焦炉生产，从化产品外发到煤气外供，从除尘系统运行到生产运行车辆管理各个环节入手，加强标准化操作，缩短结焦时间，深挖焦炉产能。冶金焦产量由2019年1月的7585吨/日提高到4月7650吨/日以上。7月23日生产冶金焦7676吨，创日产新高；全年完成冶金焦274.1万吨，创历史新高。

**【降本增效】** 围绕《焦化厂降本增效攻关方案》，以日清日结和三级成本核算工作为基础，建立能源管理调度体系，加强生产过程管控，降低能源消耗。在降低配煤成本方面，从4月开始执行降本配煤方案，降低进口主焦煤使用量，增配低价离柳、兑镇等高硫焦煤，全年配煤总成本降低1.476亿元；在废水处理药剂管控上，严格执行厂制定的加药制度；在能源介质消耗上，合理控制生产工艺中的蒸汽、氮气消耗，实施了“避峰就谷”生产，杜绝“跑、冒、滴、漏”现象；在备件、材料消耗上，不断扩大自修范围和利库力度，有效降低了资金占用。此外，10月根据集团公司对焦炭成本吨焦降50元的要求，北营焦化厂以契约化管理为抓手，主要考核指标为焦炭吨焦可控单位成本降35元/吨和化产品冲减少成本提高5%，与各作业区及部门签订责任状；并成立了5个攻关小组，日通报配煤成本、能源消耗、回收冲减完成情况，通过以上措施，化产品回收率焦油2.35%、硫铵0.73%、粗苯0.58%，达到近三年来最好水平，全年焦炭可控成本较目标计划增效 1.5 亿元。

**【安全工作】** 遵循“一切服从于安全”的管理理念，强化法律意识、责任意识、红线意识。明确厂管理室、作业区、班组各级管理责任，按“全面从严、共享共担、注重过程、重心下移”的管理要求，抓好各级安全履职工作，实行日检查、月考核制度。针对动火、受限空间、危险介质、抽堵盲板、高空等危险作业制订严格管理规定和保证措施，严把审批关；利用微信监督群每日反馈安全履职情况，使各级安全生产责任得到了有效落实。在外请“中国培训百强名师”周恩斌教授对班组长、骨干进行应急救援知识培训，承办公司级危险化学品安全生产事故应急救援演练的同时，全年开展各类安全培训 20 次，培训特种作业人员 215 人，对焦化厂 78 个相关方，开展相关方人员培训约 435 人次；对接触职业危害岗位的 1345 名员工进行职业健康体检；对焦炉地下室、油库、粗苯、鼓风机、脱硫等区域开展应急演练及现场处置演练 31 次，提高了管理人员应急处置能力和员工自我保护意识。结合焦化生产实际，修订了焦化安全操作规程，修改安全管理规定和动火管理规定；推进班组安全标准化达标；实施重大危险源分级管理；严格执行相关方安全准入制度，明确“小业主负责制”，对作业前的安全教育、交底、危险辨识、告知及作业过程全天候监督等做出明确要求，确保安全投入有效实施。开展了“反三违”和“隐患排查治理”，加大了对集气管包补、上升管及阀体更换、炉体修复、一三区提效工程、脱硫脱硝等工程现场安全管理力度，实现了安全、火灾、环保事故为零，较大生产、设备事故为零的工作目标。

承办公司级危险化学品安全生产事故应急救援演练（唐珊珊　摄）

**【环保工作】** 以贯彻落实国家环保法规和相关政策为切入点，持续推进环措工程项目建设，加强环保设施运行监管。完成了在全国污染源监测平台监测数据的发布任务，全年共缴纳环保税 363 万元。通过开展环保法律法规培训、环保案例学习培训及各项环保应急预案演练，不断完善严格考核及责任追究制度，为开展好环保工作创造先决条件。建立了网格化管理体系和环保管理台账，实现了环保设备设施“人机对位”。通过加强标准操作管理，使废水系统的处理能力最大化；源头控制，深挖原因，杜绝超标排放。控制感官污染，全力保证除尘设备设施稳定、连续、有效运行，实施焦炉炉体及铁件维修、陶瓷焊补工程措施，有效治理冒火冒烟。同时，加大重点环措项目投入，如土壤修复治理、焦炉集气管压力稳定改造、回收区域 VOCS 尾气治理等工程。

**【技术质量】** 以稳定焦炭质量、煤气质量和降低炼焦成本为中心开展技术质量工作，对全厂工艺技术规程、岗位操作规程、安全操作规程、设备使用维护检修规程进行了重新修订完善，规程覆盖率达 100%。在联系确认上，加强了进煤质量影响和过程管控，协调采购部门对外进单种煤严格按照采购标准进行控制，进一步完善港口炼焦煤管理及发运信息传递和质量信息反馈制度，根据外进煤质量情况及时优化调整配煤比。在内部管控上，根据集团均质化工作要求，修订《焦化厂稳定焦炭质量工作方案》，成立了质量跟踪小组，下设备煤、炼焦、回收三个工序质量控制点，从调整配煤比到新煤入炉、推焦、采样化验，层层把关，加强焦炭采样和化验的跟踪，全年焦炭热强度达到了 68.42%，强度合格率 96.15%，炼焦配煤技术和焦炭质量实现了新的突破。

**【设备管理】** 以设备春、秋检为契机，以设备评价体系为标准，自检自查出 317 项问题，完善 16 项设备基础管理制度。按公司要求，为创造效益，提高焦炭产量，焦化厂设备系统通过加强点检时效管理、定修质量管理，克服生产和施工交叉作业的困难，完成了 2019 年检维修工程计划 38 项，并按照网络计划积极推进一区三区提效改造工程和 2 号焦炉脱硫脱硝工程。按照“安全、优质、高效、经济”工作目标，投入检修人员 1148 人次，配合新 1 号、2 号高炉年修进行两次联合检修，共完成检修项目 517 项，其中消除设备隐患 259 项，恢复功能 33 项，整改安全、环保隐患 143 项。全年焦炉作业率完成 99.67%，干熄焦故障次数比计划降低 21%，干熄焦故障时间比计划降低 16%，焦炉设备故障次数比计划降低 35%，焦炉设备故障时间比计划降低 40%，设备系统的稳定保证了生产的良好运行。

**【党建工作】** 开展“不忘初心，牢记使命”主题教育。厂班子开展专题研讨 9 次，理论学习中心组共进行集中学习 20 次，召开了“不忘初心、牢记使命”专题民主生活会，实现了在政治上、思想上、行动上与党中央保持高度一致。党委开展了“繁星点点 照亮北营”星级评比、“攻坚克难，百日会战”等生产实践活动，工会开展全优班组建设、劳动竞赛、“安康杯”竞赛、职工技术比武、改善提案活动等群众性生产实践活动，承办了集团职工职业技能竞赛之“焦炉调温工”工种技术比武活动和“焦化杯”职工篮球赛，创建了焦化厂劳模工作室、大师工作站，全力弘扬劳模精神，培养企业“工匠”。在集团第三届职工运动会上，取得了团体第 4 名的历史最好成绩。

（汪泽凤）

## 铸管公司

**【概况】** 本溪北台铸管股份有限公司（简称铸管公司）是由北营钢铁（集团）股份有限公司、中国信达资产管理股份有限公司、长春燃气股份有限公司、中国三冶集团有限公司和天津五矿进出口有限公司五家股东组成的股份有限公司，主要经营球墨铸铁管及配套管件的制造、销售安装等。公司注册资本52789.866万元，已形成年产50万吨生产能力，是国内目前同行业设备最先进、规模最大、产品规格最齐全的球墨铸铁管生产厂家之一，已成为中国第二位、世界第四位大型现代化球墨铸铁管生产企业。2019年末，铸管公司下设12个科室（含销售4个）、3个作业区。职工819人，女职工27人，党员248人。其中大专以上学历208人，大专以下学历611人；中级职称41人、初级职称77人、副高级职称2人，技师33人、高级技师5人。

2019年，铸管公司完成全年产量完成9.45万吨，实现同比增长2.7%；销量完成9.8万吨，实现同比增长8%；以不变价格计算，2019年定额成本实现同比降低389万元；应收账款实现同比降低1.16亿元；产成品库存实现同比降低0.33万吨；综合合格率完成96.13%，安全生产实现较大人身、火灾和设备事故“三为零”。

**【产品销售】** 全力配合国贸公司对各区域市场布局和开发，参与“一带一路”建设项目，落实全款模式签合同。铸管公司以效益为中心，紧跟市场行情，适时调整售价。待执行合同适时涨价签订补偿协议，安排专人组织发货、跟踪催款，保证销售结算和项目补偿款同步到位。全力配合国贸公司对各区域市场进行布局和开发，落实全款模式签合同，全年累计签订合同12万吨，同比增长50%。积极配合国贸公司抢占国际市场，实现连战连捷。全年共实现与俄罗斯、阿联酋等8个“一带一路”沿线国家签订出口合同4.8万吨，出口发货量完成3.1万吨，出口交货值2167万美元，实现同比增长69%。

出口阿联酋DN600、DN800特殊防腐管整装待发（许永春　摄）

**【生产组织】** 在铸管生产组织方面，继续强化生产前准备管理。加强交接班的管理与考核，强调开机前各分项准备完成时限，明确任务及责任人，提高了单机的有效生产时间。同时克服严重缺员困难，动员管理干部及骨干适时加班，保证了正常生产。

在保证特殊合同时段，骨干人员利用空班时间加班，保证合同按期交货。制定并实施“学规程、懂规程、用规程”方案，保证规程覆盖率100%，通过抓现场的实操标准化，全面提高生产效率。小口径管生产效率同比提高5%，大口径管生产效率同比提高6.5%。积极开展“文明生产百日专项整治”工作，通过定区域、定责任人、定标准进行考核，文明生产评比多次获得北营公司前三名。在铸铁生产方面，铸管公司树立“铸铁第一、大局为重”的观念，确保钢铁链条稳定顺行，始终把上级领导关于保铸铁的指示精神不折不扣落到实处，保证了全年下炉役阶段的翻铁工作。在鱼雷罐化废钢工作方面，利用鱼雷罐化废钢是上级领导提出的一项新举措，对降铁耗工作意义深远。铸管公司高度重视，在无经验、无借鉴工艺的情况下，从铸管生产线临时调配天车工、熔炼工增加操作人员力量，通过改造天车、自制作业平台等措施提高作业效率，经过不断完善，鱼雷罐化废钢工作取得预期效果。截至12月，累计化废钢1.71万吨，创造效益1000余万元。在安全管理方面，铸管公司切实贯彻北营公司“全面从严、共享共担、重心下移、注重过程”指导方针。严格落实领导干部值班值守制度，认真落实集团、北营及公司一号文件要求。从严落实安全生产责任制，全面落实反违章、查隐患，对发现的问题均按照隐患项目制做到闭环管理。严抓各级管理人员周安全履职。坚持副作业长级以上干部进班组，全面推动班组安全标准化工作，上标准岗、干标准活，有力巩固基层班组安全标准化建设持续开展。加强项目改造的安全管理。厂房更换屋面板是重点也是难点，施工过程中实现定人、定点监督、监护，确保工程施工安全无事故。

**【设备管理】** 一是坚持“逢修必改，改则有效”。充分发挥点检人员的作用，以春秋两检为契机，制定检修计划，逐台落实。发挥岗检人员积极性，发现设备问题及时报告，坚持解决问题不过夜。在没有外请专家的情况下，先后完成离心机PLC控制程序优化，2号衬滤振修复等重要工序的检修工作。二是强化工程管理。面临大口径管（*DN*1400）集中供货，造成单品种满负荷生产。同时，换房盖工程、鱼雷罐接铁工程交叉施工。为化解矛盾，采用集中生产，分步施工的方案。鱼雷罐接铁站工程比计划提前5天完成，为全年降本增效工作创造了有利条件。

**【产品质量】** 在质量管理过程中，强化质量管理，严格落实质量缺陷追责，保证有限的铁水生产高质量产品。对出现的质量问题采取倒查方式，从源头查找质量漏洞，问题出现在哪个环节、哪个人，都一查到底，严格处罚。严控表面质量，持续开展工序质量考核，坚决执行工序间自检、互检，提高工序间产品交接质量，提高辅助岗位操作水平。同时在新产品开发方面，取得一系列成果：设计完成出口突尼斯*DN*300、*DN*500、*DN*1000内自锚式接口管；新研发的*DN*2400顶管首次投用北京大兴新机场项目，填补了国内最大口径球墨铸铁顶管空白；新开发了NG型*DN*900内自锚管出口到了突尼斯，新签合同2200余吨，实现了当年研发，当年销售，当年见效益。实现了多个新产品的成功投放，本钢铸管市场影响力持续提高。

**【党群工作】** 铸管公司党委以职责标准化为抓手，建立党员领导干部职责标准化、普通党员职责标准化、班组职责标准化，将党建工作融入企业中心任务，把企业改革发展中的难点热点作为党建工作的重点，把提高企业效益、增强企业竞争实力作为企业党组织工作的出发点和落脚点，切实发挥党组织政治优势和主心骨作用，团结带领广大党员干部职工积极投身到保全年生产经营指标完成的任务中。一是强化党建主体责任，抓好履职尽责。党委书记要认真履行党建工作第一责任人的责任，树立“抓好党建是本职、不抓党建是失职、抓不好党建是不称职”的理念，把党建工作作为主业，把抓好党建工作作为最大的政绩。制定下发《党委委员参与党建工作任务和要求》，对公司党委委员参加双重组织生活提出了更高的要求，党委委员带头到各支部开座谈会、讲党课，规范活动时间和频次。同时，要求党委委员对所在支部和党建联系点支部的党建工作进行指导和监督。制定下发《党支部委员职责分工及考核制度》和《党支部委员职责分工及考核细则》，对支部工作进行了分工，进一步明确了支部书记、组织委员、宣传委员的岗位职责，同时制订了考核细则，按月考核，强化了基层支委成员的职责，进一步夯实基层党支部建设。二是细化干部职责化考核，做好责任追究。为促进领导干部勇于担当，主动作为，结合调研情况，对每一名干部量身定做了职责考核标准，制订了考核措施，下发了《铸管公司领导干部职责化考核办法》。各单位、各部门根据职责化考核内容，制订相应的工作计划、标准及方案。综合办公室、党群工作室每月按照职责化标准，对干部进行考核。通过该办法的实施，管理干部职责更加清晰，每月重点工作有的放矢，对部分指标能够提前预判，各部门沟通协作明显增强，工作起来更加轻松。三是履行党员基本职责，开展党员达标。尽管从严治党抓党建已经开展几年，但在对基层支部的走访调研和与职工谈心谈话中，仍然发现基层部分党员存在个别党员萎靡不振，不思进取，党员先锋模范作用发挥不充分，党员不敢或不愿意冲锋在前的问题，为此，铸管公司按照《中国共产党章程》中对党员的基本要求以及新时期“四讲四有”合格党员标准，制定了铸管公司党员主要工作职责，内容为：“做党员要合格，按照标准定职责；讲政治有信念，政治责任是首责；讲规矩有纪律，遵章守纪无过错；讲道德有品行，言谈举止是楷模；讲奉献有作为，完成工作零差错。做党员有义务，要对工友有监督，有监督是爱护，我们共同来进步，按上述之要求，我们共同来遵守。党员身边无问题，党员身边正气足。党员责任和义务，我们事业之基础。”要求全体党员对照《中国共产党章程》中对党员的基本要求以及新时期“四讲四有”合格党员标准，就“如何做合格党员”广泛开展了大讨论，支部围绕党员基本职责各党支部支委成员就“如何做合格党员”为党员上了一次党课。通过开展“履行党员基本职责、开展党员达标”活动，党员的理想信念和党性意识有了显著提升，党员找准了自身定位，明确了自身职责，工作有了目标，不再心浮气躁，生活上严于律己，工作中能够率先垂范，党员在岗位上发挥了越来越重要的作用。四是创建“3+N”班组职责标准化工作模式，助力生产经营。为进一步加强班组基础管理工作，提高班组自主管理能力，规范生产现场标准化操作，鼓励职工创新创效，全面促进公司生产经营责任制和各项目标，北营铸管公司以“3+N”为载体在全公司范围内开展班组职责标准化工作。推行“3+N”模式，即安全职责标准、5S 职责标准、提案管理和班组特色职责标准（含生产、成本、质量、设备等），通过职责标准化制定和分工，把

"标准"贯穿于班组日常管理，班组成员在专业部门的引导下，自行制定安全、5S、设备、工艺、质量等职责标准，全力打造标准化班组。班组为职工提供发展环境和成长土壤，让其充分发挥自身的光和热，发挥所长，主动成长，自主立项，自主创新，把被动评比变为主动争创，变被动管理到自我约束，变无形纽带为有形力量，为全面完成企业生产经营目标提供保障。（许永春）

## 矿业公司

**【概况】** 2019年年底，本溪北营钢铁（集团）股份有限公司矿业公司（简称北营矿业公司）有正式职工1069人、劳务工25人，党员255人，其中管理人员38人，高级职称2人、中级职称29人、初级职称77人、技师57人、高级技师3人。下设5个管理室、11个作业区。公司主要设备有四立铲、潜孔钻、挖掘机、推土机、各种运矿车辆、液压旋回破碎机、对辊式破碎机、静电除尘器和800吨环保回转窑、陶瓷过滤机等。固定资产原值7.8亿元，净值3.4亿元。主要生产石灰粉、熔剂石、生石灰等产品。2019年全年完成铁精粉28万吨、石灰粉80万吨、30~90mm窑石68万吨，成本比目标计划降低860万元、安全无较大事故。

**【生产组织】** 细化生产管理、确保各产品产量和质量。通过优化石矿生产工序，强化生产过程中的指挥、协调、监督、服务，对生产中出现的问题紧密跟踪、落实，提高石灰粉等熔剂产量；根据回转窑生产实际情况调整机加各粒级熔剂产出比例，将部分自产回转窑窑石供给2~3号窑使用，完成回转窑达产试验。针对石矿采矿证和安全生产许可证到期的现状，积极与相关部门和溪钢分局沟通协调，签订外委爆破协议，同时做好后山采场超前穿爆工作，外委本钢矿建公司对石矿采场进行爆破施工，矿业公司全程参与爆破设计和施工过程中的监督与安全管理，保证了爆破的安全和效果。北营矿业公司石灰石矿岩穿孔爆破后，石灰石矿石由运矿车辆运输到机加，经旋回破碎和二次破碎系统破碎筛分后，产出三个粒级产品，50~80mm粒级石灰石供弗卡斯窑，30~50mm粒级石灰石供800吨环保回转窑生产生石灰，30mm以下粒级石灰石破碎成石灰粉供炼铁烧结。目前铁矿处于筹备露采转地采接续阶段。选矿贾选过滤系统保证贾矿矿粉的过滤工作。2019年7月，建成北营钢渣处理环保改造及资源综合利用项目，完成年处理钢渣50万吨。

**【设备工程管理】** 严抓设备点检定修，保证设备稳定运行。严格执行设备点检定修制度，合理制定设备检修计划和上报备件计划，减少非计划停机；积极实行设备小改小革，及时消除设备隐患，提高设备工作性能。积极推进钢渣水磨重选工程项目，优化工程设计和生产工艺，保证工程质量和进度。严格审核工程设计，积极与设计院、施工单位沟通；编排工程施工计划，明确责任人，并安排专人负责现场施工，及时解决制约生产的设计及施工问题，保证工程施工质量和进度。自工程试生产考察试生产投料以来，通过原料加水降尘、加风管控制不棚仓；精矿加筛底料斗及筛底"地炕"快速降水；降低钢粒接料槽子地面高度，扩大高差改造等措施，边生产、边摸索、边改进，对钢渣水磨重选生产工艺消缺补漏及工艺指标摸底。积极做好回转窑大修和试生产工作。按照大修方案，明确各检修项目负责人和时间节点，跟踪耐材施工进度和质量，确保回转窑大修的质量。回转窑大修后按照不同矿源分为四个阶段试验，并对试验数据进行总结分析，不断摸索试验，使回转窑产量稳步提升。

**【环保管理】** 强化环保管控，改善矿区环境。制定对标大气、水、土壤污染防治行动计划，加强环保法规宣贯，严守环保红线，严格落实各级人员环保管理责任制，规范管理、堵塞漏洞，全力推进厂区环境清理、整顿环保突出问题整改、强化环保管控和深入开展专项检查。2019 年北营矿业公司青山二期工程顺利完工，绿化总面积 39.69 亩。另外对石矿区域及厂区道路两侧进行平整绿化，植树 1200 余棵，新增绿化面积 2000 余平方米；对破碎间的产尘点进行了封堵和湿式降尘，减少粉尘排放，石矿三年环境整治已见成效，石矿矿区环境有了彻底改善。

**【安全管理】** 按照“全面从严，共享共担，重心下移，注重过程”的工作要求，坚持管专业必须管安全的安全管理工作职责；开展班组及岗位安全操作标准化工作，充分发挥班组及岗位安全职能，抓好过程中的安全管控。2 号、3 号弗卡斯窑划归矿业公司管理后，对所有工种人员进行了安全培训，制定涉及煤气区域生产及检修作业的安全操作规程，完善煤气区域安全标识和警示牌；开展空气呼吸器日常规范管理和员工实操的培训。开展全员以“安全生产考试不能走形式”为主题的安全思想大讨论活动，并组织开展安全应知应会知识考试活动。开展安全生产“百日攻坚战”工作方案、今冬明春防火安全大检查、特种设备安全隐患专项整治、有限空间与煤气专项排查、易燃易爆危险化学品、厂内交通安全检查等开展责任制落实、隐患排查整改、三违检查工作。

**【综合管理】** 积极推进“学、懂、用”三大规程专项工作。为提高全体职工安全操作标准化水平，强化规程培训学习、现场规范操作，达到“人人都学规程、都懂规程、都用规程”的目标，开展“学规程、懂规程、用规程”活动，从安全、设备、工艺技术三个专业管理方面进行规程的修订完善、培训学习、验收评比。制定矿业公司三大规程学习评比方案，对各作业区的规程学习和执行工作进行监督、指导、考核，并结合公司方案中的工作重点进行查缺补漏，梳理工作各环节，发现问题和不足，积极进行整改完善，其中对公司 170 项岗位安全规程共修订 125 条，删除 23 个岗位安全规程，增补 9 个岗位安全规程。建立三级成本核算模式，开展降本增效工作。将成本指标层层分解到作业区、班组，并制定了绩效考核办法，与职工工资收入挂钩，打破“大锅饭”的平均分配方式，提高工人工作积极性。稳步推进“四定”第二阶段工作。按照集团“四定”第二阶段工作部署，制定了岗位竞聘的实施方案，管理、业务、技术职群的岗位竞聘实施细则，完成了岗位竞聘的阶段性工作。坚持既注重学历、年龄、更注重工作业绩和工作能力的原则，严格把关每个岗位的竞聘，让有知识、有能力、年轻有为的人才通过竞聘聘任到适合的岗位。

**【党群工作】** 把意识形态工作放在党建工作的重要位置，开展职工思想动态调研，实现了职工队伍稳定。多次召开党委会部署意识形态工作，重新制定了《北营矿业公司党委意识形态工作责任制实施细则》《北营矿业公司党委网络意识形态工作责任制实施细则》等，将意识形态工作纳入《北营矿业公司基层党建重点任务三年工作规划（2018—2020年）》和《北营矿业公司干部考核方案》。公司所属13个党支部按要求分别组建意识形态工作小组，明确工作职责，建立意识形态工作报告制度。每季度开展职工思想动态调研，对职工反映的热点、难点问题及时处理和回复，充分利用北营矿业公司党委微信公众号，通过“党建工作”“安全专栏”“先进人物”等专栏，及时宣传公司生产经营中好的做法和先进人物事迹，弘扬正能量。开展“大学习、大检查、大规范、大提升”活动。以党支部为单位每月开展一次形式多样的党日活动，如党员义务进社区、到养老院慰问帮助老人、开展义务劳动美化环境等内容。开展了党组织“双达标”活动、“一名党员，一面旗帜”活动，开展了读一本好书活动，购买党建书籍8种、126册，为党员提高理论知识水平提供了条件。这些活动的开展促进了党支部战斗堡垒作用和党员先锋模范作用的发挥，为全面完成生产经营目标提供坚实保障。制定《北营矿业公司党委2019年党风廉政建设工作规划》，组织中层干部开展读书思廉活动，对中层干部及部分党员开展了廉政教育培训。定期对重点岗位人员进行廉政教育谈话，筑牢反腐倡廉思想防线。紧密围绕企业实际，充分履行工会职能。开展了“有规程、学规程、懂规程、用规程”劳动竞赛活动；竖窑工、中控工、特种汽车驾驶员共3个工种81人参加的职工技术比武；矿业公司工会看望住院职工、退休职工购买纪念品，把关心职工生活落到实处。（栾立吉）

## 冶金渣公司

**【概况】** 北营冶金渣公司主要负责北营炼铁厂产生的水渣的外发、倒运及现场管理工作；北营公司内部废钢组织回收切割加工及外部采购废钢的仓储、倒运；对运输铁水的鱼雷罐进行倒渣处理；对炼钢厂钢渣焖制回收加工处理，回收的含铁物料供炼钢厂、炼铁厂使用；此外，还负责北营部分厂区和北台街道办事处居民区的冬季供暖热源调控管理。截至2019年末，北营冶金渣公司在北营厂区内有工作场所（地）9处，占地面积10.6万平方米，其中建筑面积0.53万平方米；现已具备年外发水渣260万吨，加工处理钢渣180万吨，处理脱硫渣20万吨，废钢周转量120万吨，冬季供暖90万平方米的综合能力。公司设置5个管理室、4个作业区；即生产技术室、设备管理室、安全管理室、综合办公室、党群工作室；废钢作业区、干渣作业区、焖渣作业区、回收作业区。党委下设6个党支部，共有党员116人，占职工总数的29%。现有员工398人，其中，管理岗17人、业务岗15人、技术岗7人、生产操作岗359人，中级职称9人、初级职称38人，高级技术等级59人、中级51人、初级143人。公司拥有固定资产原值9432.17万元，净值2048.88万元。

**【经营管理】** 2019年，是冶金渣公司持续成长和发展的关键一年，面对新形势和新挑战，公司全体员工不断创新思维，转变管理理念，采取各种有效措施以增强和激发企业活力，促进企业持续健康发展。一是公司各级领导干部与全体员工一道凝聚力量，开拓进取，在工作中埋头苦干，认真履职勇于担当。二是全面落实北营公司2019年经济责任制中的各项生产指标，在工作中做到分工明确、责任清楚、奖罚分明，保证了全年各项生产指标的顺利实现。三是根据“四定”工作需要，对作业区级管理人员和技术岗、业务岗人员进行了全员竞聘上岗，使公司整体管理水平得到了提高，让合适的人干合适的事。四是新建二焦提纯产线，日产粒钢100吨，共加工物料约6.7万吨。4月3日矿山场地提纯生产线提前一个月正式投产，日产达80吨。其中粒钢TFe达到70%，筛选物TFe45%，为公司创造了可观的效益。400平方米过渡生产线在人员和车辆紧缺的情况下，产量从原2300吨提产到3000吨，粒钢回收量从100吨提产到目前的230吨，为降低炼钢成本做出贡献。五是积极响应集团公司“炼钢工序、多吃废钢、提高产量”工作要求，自4月16日鱼雷罐开始加注废钢，全年加注废钢3374罐、3.6万吨。为北营公司创造效益约1047万元。六是加大废钢回收力度，全年回收内部废钢21.79万吨。其中生产类转供废钢6.55万吨；生产类直供废钢12.23万吨；非生产类废钢2.72万吨；工程类废钢0.28万吨。为集团公司节约大量采购资金。主要产品指标：供钢、铁厂物料共计89.98万吨，其中供钢厂70.51万吨，比2018年同期增长17.8%；转供铁厂12.97万吨，全年废钢吞吐量104.59万吨，比2018年同期增长1.02%；全年切割废钢8.57万吨，比2018年同期增长46.75%。全年接卸外进废钢35.95万吨，其中，火运重中型1.31万吨、汽运重中型10.17吨、破碎废钢17.37吨、打包块7.1吨。加工钢渣154万吨，提取含铁物料23.07万吨，外发尾渣38万吨，其中，提纯后的粒钢供钢厂6.71万吨、复用废钢5.3万吨、脱硫渣块2.98万吨、回炉铁4.08万吨、低位回炉铁6.7万吨、筛选物19.48万吨。外发尾渣38万吨，其中，尾渣块18.03万吨，占47%，尾渣粉19.98万吨，占52%，铁厂干渣2.81万吨，占1%；外发水渣231.03万吨。全年利润计划1388万元，利润实际完成2831万元，超额完成利润1443万元。

**【生产组织】** 为了提高鱼雷罐添加废钢效率，公司组织维修人员利用一周时间在倒渣间新建一条鱼雷罐加废钢上料系统，克服了时间紧、任务重、人员材料短缺等困难，为鱼雷罐多加废钢创造了条件。各作业区针对设备老化、人员短缺、工艺落后、安全隐患较多、生产受阻等诸多因素，积极主动想办法，通过强化生产、安全、工艺、设备升级改造使尾渣质量得到控制，实现了生产工序的平稳顺行。生产技术室在生产指挥、协调、监督及考核等管理上起到了至关重要的作用，在生产过程中精心组织，准确下达指令，及时发现生产运行中存在的问题，并有针对性地给予解决；设备管理室在设备管理工作中稳扎稳打，对于工程的方案研究、施工计划和工程质量、检维修等工作成效显著，项目部各项工作开展得有条不紊；各作业区敢打敢拼，根据自身的生产工艺特点，克服各种困难，积极开展工作，保持了生产平稳，实现了年度各项生产指标顺利完成。

**【安全管理】** 2019年实现了安全事故、火灾事故为零的工作目标。一是夯实安全管理基础工作，强化对《安全生产法》的宣贯工作，规范“班前会”“周五安全活动”等记录。积极开展标准化班组创建工作，4个班组一次性审核通过。二是着力开展各类专项检查、隐患排查整治工作。分别开展了春季防火专项检查，机械传动、转动部位、介质管道专项检查、安全大检查、冬季防火等检查活动。加强节假日、“两会”期间安全检查和落实工作。由公司领导带队检查，各职能管理室参加，对检查出215项隐患问题进行了整改。及时开展“双反”排查整治活动，共处理各类违章 35 项。三是针对废钢封闭物、爆炸物管理情况。严格按照《冶金渣公司废钢爆炸物、封闭物管理规定》要求，加强从废钢入场到切割直至装车出厂的过程监管，杜绝爆炸物、封闭物流入到炼钢工序，作业现场设置了封闭物存放点，账物清楚、责任到人、管控到位，全年共处理 1656 件封闭物，封存 662 件。四是其他方面，对鱼雷罐加废钢作业安全工作进行了严格管理，加强检维修、外委施工的安全管理，制定了相应的安全措施，积极组织开展安全月各项活动，10 月 23 日顺利通过职业健康安全管理体系审核验收。通过上下努力，职工安全意识得到增强，现场规范操作，安全工作有了改观。

**【设备管理】** 公司设备事故故障停机率、设备完好率、设备可开动率均完成指标，无影响生产事故。检维修项目方面：重点对废钢作业区 2 号龙门吊电气线路进行了全面更换，对干渣 1 号场地及 4 号场地天车进行检修更换部分备件，减少外委检修资金约 16 万元。落实集团公司降本增效工作管理要求及挖潜降耗指导思想，修复旧备件 49 件，利废值 144 万元，节约金额 50 万元。工程项目方面：废钢场地地面硬化工程。6 月 30 日开工，施工单位按要求办理相关准入手续和安全培训教育；对特种作业人员进行了资质审查，共投资 161 万元，于 8 月 15 日竣工。钢渣处理环保改造项目。组织技术人员对江苏东方特钢、中冶节能、京唐钢铁、赤峰远联钢铁国内钢渣处理先进企业进行实地考察，为新建钢渣处理生产线提供技术支撑。在环保工作方面：加大对新环保法及配套规章的宣贯，提升全员环保意识，强化日常环保监督考核，各类污染物排放得到有效控制。实现 2019 年冶金渣公司环境目标，仓库泄漏失火或爆炸发生率为 0；危废的有效处置率 100%；除尘运行率 100%；电耗不超 0.176 千瓦时/吨渣，全部达标的好成绩。

**【党群工作】** 冶金渣公司党委按照工作计划完成了上级党委的工作安排。一是坚持和完善中心组学习制度。持续深入贯彻习近平新时代中国特色社会主义思想和党的十九大精神。今年以来共集中学习 22 次，集中学习习近平新时代中国特色社会主义思想三十讲，习近平谈治国理政，毛丰美、王桂兰、邹笑春、罗阳、雷锋、焦裕禄、郭明义、张富清等同志先进事迹，学习纪检案例等文件精神，通过学习提高了党员干部思想认识水平。二是扎实开展“不忘初心，牢记使命”主题教育活动，通过活动的开展，密切了干群关系，激发了全体党员干部的工作热忱。三是党委班子按上级要求召开了 2 次专题民主生活会。通过联系公司工作和自身工作实际，认真查找自身存在问题，深入剖析思想根源，做到红脸出汗、洗心革面。

（刘有方）

## 公运公司

**【概况】** 公运公司是本溪北营钢铁（集团）股份有限公司下属单位，承担北营公司生产物料公路运输、职工通勤、公务用车、厂内服务车和驻在车服务任务。资产总额 2.047 亿元，净值 0.483 亿元，各种运输车辆及工程机械 717 台，运行 517 台。2019 年，公司下设 5 个科室、7 个作业区，在职职工总数 1051 人。公司党委下设 8 个党支部、29 个党小组，285 名党员。2019 年完成货运量 1348 万吨，货物周转量 3514 亿吨千米，行驶里程 2662 万千米，通勤客车运行 25.4 万趟次，客运量 1268 多万人次，全年成本消耗 1.64 亿元（含工资），利润（只考核 1～7 月）968.61 万元；重大人身、火灾、设备、交通事故为零。

**【安全管理】** 按照北营安全生产十六字方针，强化安全履职考核，层层考核追责，提高各级人员安全工作共享共担意识。强化现场安全管理，积极推进班组安全操作标准化达标工作。健全规章制度和规程标准，规范班组作业操作标准，改善业环境，强化危险源辨识，提升反“三违”和隐患排查治理能力。认真开展职工安全教育，修订《公运公司安全技术操作规程》，用 161 学时，对 2422 人次进行了“三规”安全培训，对严重违章驾驶员实行下岗培训学习并实地上线纠违。严抓手机管理，切实保障岗位安全操作和安全生产。制定《职工工作岗位手机使用管理办法》，将岗中玩手机行为列入 A 类违章行为，并实行安全、劳纪双向检查。通过安全月活动不断强化班组安全文化建设，开展专项应急救援培训和演练及安全隐患排查治理等系列活动，发现并整改问题 13 项。开展上线纠违，强化现场安全管控。各级领导干部和安全管理人员深入作业现场检查，及时发现并纠正各类违章隐患，有效解决现场“双反”问题。积极推进班组安全操作标准化达标工作，安全管理水平，在今年北营公司安全标准化示范区评选工作中，公运公司有 5 个班组被评为安全标准化示范班组。

**【生产管理】** 以“精心组织、合理平衡”为原则，紧跟北营公司生产节奏，细化生产管控，严肃生产制度落实，重点对车辆工作率、日运量、运费、燃油、GPS 在线率管控；对车辆老旧严重、运力不足等现状，采取白班司机延时及倒班司机上副班的方式缓解；安排专人现场跟踪，及时协调解决生产运行方面的问题，保证生产组织顺畅；对 717 名岗位人员进行了三大规程培训及考试，培训学时 76 时，提高了职工学规程、懂规程、用规程意识，促进了操作标准化、规范化的开展。

**【设备管理】** 树立“管好、用好、养好、修好”理念，教育驾驶员精心维护、精心使用、精心操作，将设备“三检制”（行车前、行车中、收车后检查）列入班组班前会必讲内容，规范动作，及时消除车辆安全隐患，对检查发现的问题必须闭环管理，保证车辆的安全性能。严格落实车辆一二级维护管理，科学制定车辆及工程机械点检、定修及检维修计划，对重点车辆专人包保，增加周点检频次，保证车辆、工程机械本质化安全运行，全年检修计划实现率 98.09%，车辆完好率达 95.76%。2019 年，利用大高炉检修及恢复生产期，集中本单位全部维修力量，对 138 台车辆及工程机械进行全面检修，为北营公司高产期生产保岗提供了有力的设备保障。

**【成本管理】** 把挖潜降耗、经济管控指标分解落实到每个环节，指标完成情况与绩效挂钩考核，有效降低成本，实现经济运行。一是采取就近返带物料，减少往返空运趟次，提高作业效率降低成本。二是进行车辆优化，提高运行效率。三是加强油耗管理，实现“日清日结”。四是全面落实三级核算管理制度，将预算成本指标层层分解落实到责任科室、作业区、单车，将三级成本核算与职工工资挂钩考核，确保成本指标顺利完成。结合车辆优化，报废车辆与工程机械 81 台，有效降低了生产成本；根据生产任务变动及时调整油耗指标，油耗管理实现“日清日结”，有效节省资金费用。

**【环保管控】** 抓源头，按《车辆装载管理规定》严格控制装载量，利用 GPS 定位监控与专人上线稽查相结合方式，重点监管弯道、铁路道口、减速带等易发生洒料的部位，及时制止违章超速行为，减少洒漏料发生。教育驾驶员树立环保管理大局意识，从思想上重视环保工作。加强环保设施、设备管控，及时对车厢封堵不严、腐蚀破损、密封盖故障整改修复，保证设施密封完好，避免造成漏料及扬尘污染。积极开展厂容环境综合整治和车容车貌、6S 检查，对不符合目视管理要求的，及时进行整改，保持环保目视效果达标。加强危险废物管理，对危废标识、危废储存、危废标签信息、管理制度、危废台账等加大检查频次和考核力度，促进危险（固体）废物管理规范化。

**【综合治理】** 加强人员的遵纪守法和治安防范意识教育，全员签订《不参与不偷盗企业资财承诺书》，健全治安防范责任体系，以班组为单位划分 33 个责任区，实行网格化管理，保证了职工队伍稳定。在车辆管理方面，严格执行《公运公司车辆运输含铁物资管理制度》，加强物资监管，规范外排渣、氧化铁皮监装、运输工作流程。在物资管理方面，强化库房管理，采取维修工具箱定置管理，严格执行物资领用（移库）及保管流程，避免物资流失。在治安维稳方面，切实做好国庆节期间的维稳安保工作，在日常工作中，认真开展联防联检，每周对作业区物资监管、劳纪管理、重点部位（仓库）、危险货物运输车辆、治安防范、文明生产、车辆运行 GPS 等进行检查，对查出的 171 项问题进行了整改，确保了生产经营环境、治安环境稳定。

**【党建工作】** 党委把促进生产经营的成效作为检验标准，“务实”党建工作，发挥政治优势为生产经营稳定顺行保驾护航。一是深入开展“不忘初心、牢记使命”主题教育，坚持主题教育与实际工作相结合，激发广大党员干部爱岗敬业奉献。二是落实党建主体责任，落实“党政同责，一岗双责”，将党建工作责任考核、考核标准列入年度经济责任制，与行政工作同安排、同检查、同考核，使党建工作接地气。三是全面贯彻从严治党要求，落实党风廉政建设主体责任，层层传导压力，不断加强干部队伍建设，营造风清气正的干事氛围。四是贯彻落实《中国共产党支部工作条例（试行）》，抓好班子建设、党员管理及党的组织制度建设，有效落实基层支部标准化。抓好工会、群团工作，为企业生产经营助力。做好民主管理、厂务公开、困难帮扶、人文关怀等工作，当职工的贴心人，帮职工解决实际困难，充分调动职工工作热情及主动性，促进公司全面完成生产经营任务。认真做好意识形态工作，将其纳入党建工作责任制，及时掌握职工思想动态，把握意识形态工作主动权，通过开展劳动竞赛、技术比武等活动，引导职工正确认识当前生产形势，积极投身到工作中，使党建工作与生产经营工作相整合、两促进。

**【基础管理】** 在公司内部分层级、按业务全面推行基础管理标准化，夯实基础管理，提高工作效率。各项工作实现全面、及时准确、系统的反映记录及留痕，促进了各项工作制度化、规范化、标准化、流程化，提升公司管理水平。其中薪酬管理标准化受到本钢集团关注并在全集团内交流经验。开展重点工作督导检查与落实，提升工作执行效率。由两办成立督导组，对公司早调度会安排的各项重点工作全程督导，每周下发重点工作推进周报，月度汇总考核，共计完成110项重点工作督导，有效提升了工作完成效率及工作质量。（禚晓霞）

## 铁运公司

**【概况】** 北营铁运公司是北营公司的辅助生产单位，主要承担北营公司进厂大宗原燃料接入、厂内物料倒运、铁水调运、产品外发等铁路运输任务。2019年末，有正式员工1020人，其中：管理岗位人员35人、业务岗位人员21人、技术岗位人员24人、操作岗位人员940人，中专以上学历360人，初级职称以上人员190人，技师以上人员8人，初级技能以上人员798人，中共党员256人，共青团员33人。下设“五个管理室”：即生产技术室、安全管理室、设备管理室、党群工作室、综合办公室，并有机务、内燃、车辆、工务、电务、机车检修、原料站、炼铁站、炼钢站、道口、调度室等11个作业区服务于全厂运输生产。固定资产9.42亿元，净值5.62亿元。主要设备：GK1C型内燃机车15台、GKD1A型内燃机车20台、DF10D型内燃机车6台、普通车辆257台（辆）、320t鱼雷罐车34台、75t铁水罐车26台（辆）、11立方米钢渣车12辆、NS0632型63吨伸缩臂式内燃起重吊车1台、柳工CLG906D型履带式液压挖掘机1台。

**【安全管理】** 北营铁运公司2019年深入贯彻国家安全生产法律法规，坚持以“全面从严、共享共担、重心下移、注重过程”和安全生产责任制作为全年安全管理工作总方针，牢固树立“零事故，零伤害”和“一岗双责”安全管理理念，全面落实安全生产责任制和安全生产标准化工作。通过安全生产包保检查、安全管理制度修订、全员安全教育培训、隐患专项治理、应急处置演练、安全标准化建设、反习惯性违章作业和违章指挥排查整治以及强化相关方管理等活动的深入开展和措施的有效实施，全年铁路运输安全顺畅、稳中有进，实现了重大人身、生产、设备、火灾、交通事故“五为零”的工作目标。在北营公司开展的“标准化操作示范班组”建设活动中，工务作业区宁家班组、原料站北台一班、内燃作业区宁家三班和电务作业区宁家信号班荣获北营公司“标准化操作示范班组”称号。全年围绕安全生产责任制、安全操作规程、体系管理、消防安全等培训各类人员3383人次、1012课时，合格率达100%，保证了正常生产经营秩序。为规范铁运公司相关方的安全管理工作，全年累计下达7项安全管理监督指令书，督导相关单位严格履行安全协议内容，加强自身监管，从源头上杜绝事故的发生。在反习惯性违章作业方面，制定了《铁运公司反违章安全管理规定》，对员工标准化作业执行情况进行检查，全年累计查处违章违纪行为308起，其中严重违章违纪16起。在安全隐患治理上，定期组织开展隐患排查，对发现的问题严格按照“四个清单”进行闭环管理，全年累计查处各类隐患129项，整改129项，整改率100%。在安全风险管控方面，每月开展危险源辨识，对辨识出的危险源进行网格化分级管控，落实到具体负责人，对于临时性、危险性较大的作业，在作业前或班前会组织开展辨识，根据危险源制定有效的安全防范措施，告知到参与作业的每名员工，做好预先防范。在安全专项奖及安全业绩考评方面，继续推行安全员和班组长安全绩效奖励，每月对各作业区、班组安全基础工作和现场安全管理情况进行检查验收，对通过考评的安全员及班组长按照标准给予一定的奖励，鼓励基层安全管理人员能够积极主动的参与到安全管理工作中来，保证安全基础工作有序推进，安全隐患得到及时处理。

**【生产技术管理】** 紧随北营公司高炉特护、长周期大型联合检修以及稳产、高产等不同时期生产经营步伐，适时调整铁路运输生产组织方案，优化运力资源配备，合理组织分流，确保大宗原燃料正常接卸，精准掌握高炉出铁时间、铁水流向信息及钢厂翻罐进度，抓好铁水调运及鱼雷罐配加废钢工作；围绕炼铁高炉、400 平方米烧结及一焦干熄炉检修期间物料保供工作，强化工序衔接、信息反馈和监督协调，积极组织备料；采取路企合署办公以及“先验后配”配装方式，强化原燃料接入和产品外发各环节工序组织。全年运输量 2635.8 万吨，局车一次作业时间 15.89 小时/车，全年鱼雷罐周转率 2.69%，鱼雷罐配加废钢 4866 罐，渣铁罐正点率、高炉供料及时率、局车周转率均达 100%，日均周转局车 969 辆、外发重车 173 辆，铁路运输生产稳定顺行，全面实现保产保供零影响目标。全年围绕生产现场、设备设施、区域环境等落实厂容环境管理职责及文明生产管理巡视检查制度，持续开展专项治理，全年粉刷道口护栏 1200 余米，铁路线路标线 1000 余米，建筑物 2300 余平方米，管道支架防腐涂油 340 余米，回收钢轨约 40 吨，职工生产和工作环境得到了持续改善。

**【设备管理】** 2019 年北营铁运公司结合集团春秋检要求制定并下发了《北营铁运公司设备春、秋检实施方案》，并召开专题会布置推进工作，全年自查各类缺陷及隐患 88 项，整改 88 项，整改率 100%，为公司设备安全稳定运行提供了有力保障。在设备日常管理工作中，以“红旗设备”评比为抓手，严抓主体设备定修管理，围绕检修计划、检修备件、检修工具、检修过程及检修质量等落实责任、精准管控。针对动力介质管网、电气设备、特种设备以及计量器具等定期开展专项检查检验，按计划组织实施各项检维修工程管理。全年共计检修内燃机车 148 台次，冶金车辆 35 辆次，铁路线路 191.68 千米，铁路道岔 296 组；完成拆铺铁路线路 2155 米、铁路道岔 19 组，内燃机车年修 11 台，鱼雷罐维保 21 台，自修自改项目 14 项。信息化方面，按照信息系统职能和业务分工变化，对《铁运公司信息系统操作手册》进行修订，确保岗位交接后信息系统正常运行，同时根据各系统操作人员业务情况，重新梳理 ERP 系统权限，累计调整权限 42 项。在软硬件管理上，对 11 处网络设备进行拆机除尘，备份网管交换机数据，按照集团公司软件正版化工作安排，完成 WPS 软件安装运行工作，清查 Adobe 软件计算机，亚新安全防毒墙网络版安装率 100%。信息化运行方面，系统运行平稳，数据传输稳定，完成各项考核指标。清仓利库工作，全年上交储运备件利库 26.25 万元，消耗机旁库内老库存备件 6.84 万元，材料 114.51 万元，完成利库指标。全年开展“修旧利废”项目 160 项，节约资金 32.84 万元。

**【工程建设】** 北营铁运公司 2019 年检维修工程共计 16 项，检修合同额 1076.0288 万元，已全部按计划完成现场施工及合同决算、挂账等工作。

【“四定”工作】 为进一步加强公司各职群岗位设置及人员的管理，建立科学规范的岗位体系，北营铁运公司按照集团公司要求，认真开展好“四定”第二阶段岗位竞聘工作。自2019年6月份起，公司成立岗位竞聘工作领导小组，多次召开会议研究、制定竞聘方案和操作细则，由职工代表讨论表决、全员宣贯。参与竞聘人员通过报名资格审查、竞聘演讲、现场提问、成绩公示等环节，做到职工全员参与、职工代表全过程监督、公司严格把关、竞聘人才不拘一格。2019年共计完成5个轮次、74个岗位竞聘工作，竞聘岗位变动率达41%。

【成本管理】 将2019年成本费用逐级分解到公司班子成员、管理室、作业区、班组、机台，制定挖潜增效方案，全面实施“日清日结”和对标攻关，建立、完善三级成本核算体系，深入开展降本增效工作。生产系统围绕物资进厂、产品外发、铁水调运、物料倒运等环节，强化工序管控，提高机车作业效率，全年两辆鱼雷罐调运比例为52.35%，货物直供比例达96.67%，装车线配车完好率完成95.71%，完成生产工艺优化3项。设备系统结合修旧利废、技术改造、自修自改等大力开展攻关增效活动，强化设备经济运行管控。全年累计实现降成本665万元。

【党群工作】 北营铁运公司党委坚持“以人为本，发挥优势，服务中心，务实创新”的工作方针，紧密围绕生产经营中心工作，充分发挥党组织的政治核心作用和战斗堡垒作用，保证公司各项生产经营目标的实现。在班子建设方面，以“中心组”学习为载体，组织领导班子对习近平总书记新时代中国特色社会主义思想和十九大精神等内容进行了深入学习，做到思想上始终清醒，政治上始终坚定，作风上始终务实。在日常工作和党内生活中，凡涉及“三重一大”方面事项，能够召开党委会集体研究决定。班子成员能够围绕各自分管工作，深入联系点作业区进行调查、走访，帮助职工解决实际问题。在党组织和党员队伍建设方面，制定下发了年度工作要点，与11个党支部签订了工作责任状；对党支部工作实行“月检查、季评比、年表彰”制度；始终坚持“三会一课”制度和组织生活会制度，坚持基层党支部在重要问题方面应集体研究决定的民主集中制，持续开展“主题党日”活动和党员为职工义务理发活动。全年组织发展党员5名，预备党员转正2名，接收外单位劳务党员8名、大专生预备党员2名。通过开展“繁星点点　照亮北营”繁星工程评比、党员安全示范岗、党员承诺践诺等主题活动，使党支部战斗堡垒和党员先锋模范作用得到进一步突显。在廉政建设方面，在公司党委与管理室、作业区签订《党风廉政建设责任书》的基础上，组织重点岗位人员签订了《廉洁自律承诺书》，组织全体党员签订了《贯彻落实中央八项规定承诺书》，重要节日前均组织各级党员干部进行廉政教育，党员婚丧喜庆等事宜按要求进行报备谈话。在形势任务教育方面，利用班前会、员工大会等，向员工宣传本钢集团形势任务，传递压力，通过与员工深入交流，了解员工所思所想，帮助解决生产生活困难。在思想政治工作方面，采取正面教育、个别谈心、经理意见箱、现场办公会等形式听取员工在生产、生活中存在的困难和意见，及时给予解决和反馈。在治安综合治理方面，对进厂的外来施工人员身份信息到平北派出所进行了核实，确认无案底、无网逃后方可办理入厂，确保了人员的稳定。制作横幅大力宣传扫黑除恶专项斗争，定期开展扫黑除恶专项培训活动。2019 年在做好职工通勤、配餐、洗澡、防暑降温等后勤保障工作基础上，通过周五“零报告”以及月份职工思想动态分析等形式，掌握职工思想动态，了解职工队伍整体状况，发现问题及时解决。在群团组织方面，党政工团各级组织利用各种形式加大对困难群体的帮扶力度，对困难职工家庭进行走访，全年帮扶困难党员、困难职工 7 人。在文化生活方面，各群团组织通过开展青年志愿者服务、民兵预备役政治学习、合理化建议征集、技术比武等活动，发挥了党的助手和后备军作用。（周　田）

## 原料厂

**【概况】** 2019 年末，本钢集团本溪北营钢铁（集团）股份有限公司原料厂（简称北营原料厂）拥有职工总数 802 人（在籍职工 733 人、内部协力工 69 人）。其中管理岗 22 人、业务岗 26 人、技术岗 6 人、生产操作岗位 679 人，研究生学历 1 人、本科学历 17 人，具有副高级职称 2 人、中级职称 12 人、初级职称 41 人、技师 4 人。下设 5 个管理室、5 个作业区，40 个班组。党委下设 6 个党支部、14 个党小组，党员 139 名，占在籍职工总数的 19%。下辖一次料场 5 座，主要担负大宗原燃料受卸、储存和为高炉、烧结、焦化供料的生产任务。主要设备有翻车机 4 台、双螺旋单侧卸料机 2 台、天车 4 台、除尘器 7 台、电磁站 5 座、斗轮堆取料机 6 台、皮带 95 条，皮带累计 2.4 万延长米。

**【主要指标情况】** 2019 年，完成受卸火车 152550 节、汽运 63661 辆；入库原燃料 1215.73 万吨，出库原燃料 1230.28 万吨，年吞吐总量 2446.01 万吨；实际完成成本 7618.64 万元，对比计划降低成本 281.86 万元；安全生产实现“三为零”，全面完成北营公司考核指标。

北营原料厂双四百料场（崔震　摄）

【安全管理】 防风险、查隐患，全面从严抓安全，连续2年实现安全生产“零事故”。2019年，北营原料厂上下绷紧安全弦，贯彻落实公司安全工作“十六字”方针，从年初开始，定期开展厂级、作业区级和班组级安全大检查，以“人、机、料、环、管”五位一体为侧重点，将“反习惯性违章作业”“反违章指挥”排查整治工作落到实处，实现了安全生产“零事故”，也为“保平安、迎大庆”营造了安全生产环境。全年共计查出“三违”行为155项，安全隐患464项，考核218人次，均按四个步骤进行了整改，使安全风险和危险源得到有效遏制，员工的作业行为得到规范，安全风险防范意识明显增强。6月，扎实开展第19个全国“安全生产月”的各项活动，通过组织“安全知识巡展”“安全知识问答竞赛”“安全漫画征集”“安全演练”“安全专题培训”等形式多样、内容丰富的安全活动，引领员工提升安全技能，增强安全意识，营造了“人人要安全”的良好氛围。同时，积极开展班组安全标准化达标活动，通过抓安全标准化培训、强化班组安全基础工作、开展班组安全文化建设，5个班组顺利通过公司审核，获得了公司安全操作标准化示范班组荣誉称号，激发和调动了员工们安全生产的自觉性、主动性。

【生产组织】 优质高效完成保供任务，连续15年实现保产保供零影响。2019年，积极贯彻集团公司“均质化”工作方针，以不上错料、不混料为目标，优化料场货位，强化经济库存，通过严抓岗位标准化操作，科学组织、精准调度，全力确保进厂原燃料卸得下、供得上，无条件满足下道工序生产，为炼铁、焦化稳产、高产贡献全部力量。在高炉联检、焦炭不减产期间，全厂干部职工克服走焦炭灰大、作业难度大等不利因素的影响，组织平整出临时焦炭储存场地近3万平方米，组织汽车接卸焦炭14.7万吨，全厂焦炭最大存储总量达到创新高的34万吨，全年共计入库焦炭67.6万吨，不但为公司节省了外购资金，也为进入四季度之后炼铁的稳产高产创造了良好条件；为防止汛期因下雨导致物料流失，提前对15万吨含铁料进行了封盖，做好物料围堰，同时，不放过沉淀池、泵坑、地沟里的散落料，年初至今累计回收撒落料约3850吨，实现了向精细管理要效益；面对原燃料低储的现状，认真制定冬季生产应急组织预案，强化调度指挥权威性和科学性，严抓员工岗位标准化操作，做好场地内货位和物料的科学摆布，千方百计组织好原燃料在低储、低温状态下的卸车保产任务，为冬季高产、稳产打下了坚实基础。10月22日，全厂原燃料卸车量达757车，创年度新高。

【成本管理】 细微处着眼，精打细算，使降本增效落到实处。重点从节支、降耗、修旧利废、小改小革、严格考核入手，将有限的资金用在刀刃上，在确保设备正常运行的情况下，比年初计划多降成本281.86万元；在能耗指标的管控上，通过有计划性组织生产，集中控制减少设备空载时间，最大限度减少设备频繁启停导致电耗升高现象，使上下道工序尽量无缝对接；在原材料和备品备件管控上，从源头严把计划申报关，时时关注库存，坚决杜绝超储，并安排专人验收入厂备件、材料质量，严把入厂和出口关；在三级成本核算工作上，每月召开专题会，对照指标完成情况，分析潜力和影响因素，有针对性地制定降成本措施，严查能源跑、冒、滴、漏现象，细化车辆费用管控，减少场地物料倒运，提高用车效率；自主开展修旧和小项目革新改造，努力延长设备使用周期，实现修旧利废297项，使降本增效落到实处，圆满完成公司下达的降本指标任务，使现场管控更加有序，浪费现象逐渐减少，员工自主管理的责任意识得到增强。

**【设备管理】** 立足自身强化点检定修，实现设备运行零影响。全面推进设备管理标准化，贯彻设备包机到人、责任到人，立足自身加强点检定修，持续降低设备故障率，通过岗位培训强化岗位工的初级事故判断能力，通过实操培训提升维修人员的检修质量，通过强化考核提升点检人员的工作责任心，通过强化三级点检定修使设备基础管理得到夯实，确保了设备安全稳定运行，为保产、保供做足充分的设备保障。5~9月，抓住高炉大修联检时机，自行组织对全厂设备进行了大面积的自改自修28次达100多项，在节约成本支出的同时，也减少了外委维修资金，锻炼了队伍，为迎战高产奠定了设备保障基础。为了解决双四百1号翻车机升降台老化变形这个设备隐患，在招标没有外部施工单位承接，也没有施工经验可供借鉴的情况下，克服检修强度大、项目不熟悉、吊装困难且危险、工期短等不利因素，自行研究改造方案和吊装方法，组织维修人员加班加点施工，仅用15天就安全顺利完成了升降平台的整体更换，为公司节省外委施工费近10万元，设备稳定运行率大幅提高。

**【环保管理】** 加强除尘设施管控，加大清洁工厂建设，环保工作再上新台阶。针对露天料场二次扬尘问题，克服困难组织了近千人次的物料苫盖，苫盖面积达16.8万平方米，有效地降低了物料扬尘，减少了因扬尘造成的物料损耗；按照环保设施与生产设备“同频同启同检修”原则，各除尘器均严格按计划检修，全年有效运行率达100%；在厂容环境建设上，加强了对进出料场车辆车轮冲洗管理，严格管控洒料现象。双四百料场、三烧大煤场在无投资的情况下，自主设计安装车轮冲洗设备，确保车轮干净出厂；为改善厂容环境，自行组织对厂内路面、挡墙进行修缮，移栽树苗、果树等绿化工作，使厂容厂貌不断改观；为认真贯彻公司文明生产工作方针，通过厂内互检、设置文明生产标杆岗位、检查评比、巡视等形式，加强了作业区自主管理能力，不断提升文明生产建设水平，多次在公司专项评比中拔得头筹。

**【“四定”工作】** 准备充分，过程严密，结果公正，圆满顺利完成“四定”前五轮竞聘工作。于7月19日正式启动了“四定”第二阶段工作。在公司“四定”工作小组的指导下，结合自身实际，成立了党政一把手挂帅的“四定”工作领导小组，建立例会制度，认真制定了较为科学合理、实操性强的竞聘方案和操作细则，并于7月23日召开了全厂各层面职工代表80余人参加的动员大会。由于方案可操作性强、前期发动宣传到位，加之竞聘各环节公开、公平、公正、严谨，在公司指导小组严格把关下，历时70天，除操作岗之外，前五轮竞聘工作已圆满顺利完成，实现了人岗相适目标，也使员工们在这场比拼中得到了历练和成长，调动了大家力争上游的积极性，形成了人才选拔的良性运行机制，原料厂的“四定”工作也受到了公司指导小组的肯定。

**【管理创新】** 扎实推进“付祥志劳模创新工作室”建设，2019年，创新室确定创新项目5项，发明项目3项；持续推进改善提案征集活动，认真制定工作方案和季度推进计划，通过召开改善提案动员大会、现场征集、网络征集等形式，不断激发职工的智慧和潜力，2019年先后征集合理化建议和改善提案99条，采纳实施55条，奖励11420元，既给安全生产带来了技术保证，又为生产顺行保驾护航。

**【职工培训】** 2019年，北营原料厂改变以往培训形式，通过开展三大规程全员摸底考试，本着缺啥补啥原则，以关键岗位、易发生事故岗位以及每个员工的薄弱环节作为培训重点，“一对一”进行岗上实际操作培训，引导员工上标准岗、干标准活，2019年共计完成培训班45个，培训1845人次，完成352学时，并通过师带徒和技术比武大赛等活动检验培训效果，不断提高职工的工作热情，使员工的技能水平得到了提升。

**【劳纪管理】** 从严加强劳动纪律管理，重新修订了手机管理、考勤管理等制度，全面开展劳动纪律大检查，规范长病人员管理，全年厂级检查165次，发现问题7项，11人次，均予以了处理和整改。严明的劳纪管理，锻造了一支有纪律、有执行力的干群队伍，有效助力了企业基础管理水平的提升。

**【治安保卫】** 夯实厂区治安防范管理，加强治安巡查工作力度；开展盗窃源点排查清理工作，确保治安防范无隐患。加大废钢回收力度，全年共计回收上缴废钢240.04吨；开展矛盾纠纷排查和思想动态调研，及时释疑解惑，确保了节日、“两会”和国庆70周年大庆期间治安形势稳定。

**【党建工作】** 2019年，厂党委继续以“两抓两带两服务”为重点，以“四个工程”为引领，扎实推进繁星工程，深入开展“不忘初心、牢记使命”主题教育，打造“共产党员之家”阵地建设。通过加强基层党支部建设，实施“固本强基工程”；加强思想政治建设，实施“固元铸魂工程”；强化主体责任的落实，持之以恒正风肃纪；实施“服务职工暖心工程”，充分发挥党建工作优势，为企业健康发展提供了坚强的政治保证和组织保证。

**【群团工作】** 工会、共青团等群团组织以生产实际需求为导向，助力企业发展，开展了健康疗养、困难职工送温暖、健康体检、防暑降温等工作，使广大职工深切感受到工会组织的爱心，凝聚了职工爱企情怀；团总支为充分发挥团支部生力军和突击队作用，开展主题团日、创建青年安全示范岗、举办青年职工大学堂等活动，激发了广大团员青年蓬勃向上的精神风貌，增强了团组织的战斗力和凝聚力；9月7日，在本钢集团第三届职工运动会上，原料厂被授予“体育道德风尚奖”荣誉称号，展现了原料人良好的精神风貌。

（丁　明）

## 发电厂

**【概况】** 北营发电厂是热电联产型企业自备电厂，主要任务是向北营公司内部各单位及三冷轧提供蒸汽和电力能源，是北营公司辅助生产单位。拥有职工总数791人，其中具有中专学历40人、大专学历123人、本科以上学历42人。各类专业技术人员103人，其中初、中、高级职称人数分别为68人、31人、4人，工程系列84人，经济系列1人，政工系列8人，统计系列1人，执业资格系列5人。下设5个管理室、5个作业区。

拥有固定资产原值 14.56 亿元、净值 10.61 亿元。主体设备：汽轮发电机组 14 台、燃气锅炉 15 台、干熄焦余热锅炉 4 台、烧结余热锅炉 3 台，装机总容量为 26.9 万千瓦，锅炉产汽总容量为 1369 吨。

**【主要经济技术指标】** 全年计划发电量为 137100 万千瓦时，实际完成发电量 118928 万千瓦时，完成计划的 86.74%。全年实现超额降成本 2000 万元。

**【生产组织】** 2019 年，北营发电厂克服高炉炉况劣化、煤气发生量减少等不利因素，紧紧抓住年初天气转暖和 9 月高炉检修后设备状态全面提升的有利时机，优先组织三电高效机组发电，采取靠上限运行的组合措施，突出三电发电“主力军”作用以及干熄焦、烧结余发电的有效补充作用，实现了发电量历史性突破。9 月下旬出现一波创高产的小高潮。9 月 20 日发电量达到 507 万千瓦时，突破 2018 年 9 月 6 日创造的 506 万千瓦时的发电量纪录。21 日日发电 513 万千瓦时、22 日 518 万千瓦时、26 日 523 万千瓦时、29 日 526 万千瓦时，5 次连续刷新纪录，将单日发电量指标上推到 526 万千瓦时；同时，9 月累计发电量达到 13217 万千瓦时，又创历史同期新高。10 月继续保持高产势头，共计完成发电量 15982 万千瓦时，创建厂以来最高单月发电量纪录；日均发电量 515.5 万千瓦时，10 月 24 日单日发电量更是达到了 537 万千瓦时的历史新高度，各项指标全面刷新了历史纪录。11 月在天气转冷、外供蒸汽增加的情况下，又实现发电 12452 万千瓦时，刷新历史同期最好水平，12 月更是在供暖任务加重的情况下，首次突破 1 亿千瓦时发电大关，冲上采暖期发电的历史同期最高峰。

**【成本管理】** 全面加强三级成本核算管理。重新理顺和完善了三级成本核算各项规章制度，重点对作业区、班组级成本加强管控，厂级成本指标 87%以上都落实到班组，使成本管理真正意义上实现落实在基层，显效在基层。同时加大作业区、班组级成本考核力度，作业区拿出 200 元绩效工资（占作业区可分配绩效工资的 50%以上）对班组实行指标差级考核，充分调动了广大职工重视成本、降低消耗指标的积极性。严控水、电消耗，抓住关键降成本。在厂用电管控上，加强运行参数管控，重点管控锅炉给水压力，减少给水泵运行数量，降低厂用电消耗。对比计划节电 300 万千瓦时，单耗降低 0.60%。在工业水管控上，重点管控水封、集水池、射水箱溢流，以及风机冷却水和集水池排污和防寒水排放。实现减少工业水消耗 100 多万吨。积极开展对标工作，通过“亮指标、选标杆”，形成工序指标对标体系。12 月初，组织到板材发电厂开展能源、设备、安全、人资等方面对标工作，找到了指标差距，学到了较为先进的工艺改造办法和管理措施，明确了今后努力方向。

**【设备管理】** 以设备管理为切入点，严格执行领导现场带班制度，以上率下，极大调动广大职工生产积极性。厂各级领导干部都能率先垂范，亲自上手，在生产的重要场所和关键检修时段亲自上前指挥，对生产和设备情况做到了如指掌。根据烧结余热的生产情况，聘请中冶长天专家为烧结发电会诊，同时根据环冷漏风情况到板材烧结学习，利用烧结检修机会进行密封维护，做到逢修必堵，保证设备最大限度良性运转，为多发电出力。加强设备点巡检，确保点检部位、质量、频次“三保证”，作业长亲自每天早晚各点检一次，副职以上人员现场带班对大型设备做到早停晚启。针对一电干熄焦设备就故障频发问题，全面启动设备升级管理，竭尽所能抽调精兵强将组织设备抢修，采取全天候监控、定时汇报参数值、发生泄漏后全天候抢修、降低参数运行等一系列特护措施，有力保证干熄焦稳定运行。在周密组织和全力配合下，一电干熄焦余热锅炉经过53天艰苦奋战提前10天圆满完成大修任务，成为检修组织工作的成功典范，受到上下的一致好评。完成了一、二、三、四电母管检测、二电、三电区域机炉等重大检修任务，解决了许多后顾之忧和重大隐患问题。

**【安全管理】** 深入贯彻公司的安全工作方针，强化危险化学品、重大危险源、特种设备、大客车运输、动火作业管理等专项安全检查，严厉打击违章指挥和违章作业，持续开展反习惯性作业和习惯性指挥的专项整治工作，将“双反”整治工作重点放在作业现场，杜绝违章行为发生。加大三大规程培训力度，通过有计划、有步骤、有重点的组织学习、培训和考试，使规程“落地生根”，职工能够按规程进行标准化作业。同时在未投入任何资金的情况下，自己动手，将废弃的水封房改造成水封培训实习基地，并组织北营公司涉及煤气作业单位共计40余人进行交流学习，提高了职工的安全意识和技能。全力推进班组安全操作标准化工作，全年已完成公司验收操作项目20项，涉及全厂5个作业区7个班组，其中，5个班组通过北营公司安全操作标准化验收。将全厂生产工艺系统重点作业项目、危险作业项目制作成安全操作标准化视频教程辑录，通过人工模拟视频采集，在微信群中展播，加强了全厂职工的学习交流。严格落实各层级安全管理人员履职考核，大力开展各类安全培训、安全月系列活动，全面提高员工安全素养，做到安全管理工作“全覆盖、无禁区、零容忍”，形成安全管理齐抓共管良好局面。

**【环保管理】** 2019年，北营发电厂严抓在线设备环保运行管理，重点做好煤气锅炉烟气监控，在外部煤气变化的情况下，及时投用简易喷尿素装置，处理烟气中氮氧化物含量，从而控制污染物达标排放。对锅炉启停作业合理安排，尽量减少启停次数，以减少启停炉过程中出现的异常超标现象。加强危废化学品管理，对废机油、废树脂严格管控。合法转移废树脂87吨、废药品0.26吨，解决了多年的遗留问题。推进环保治理项目建设环保项目，于年初完成三电21台消音器全部改造。环保设备检修率100%，运行率100%，废水污染源控制合格并全部达标排放。

**【工程建设】** 全力推进高温超高压机组、二电75吨煤气炉改造和冷轧高强钢热力配改造三大专项工程的前期准备工作，争取早日开工建设。北营发电厂高温超高压机组项目是本钢集团重点工程项目之一，截至2019年12月末，该项目环评报告已正式通过省生态环境保护厅审批，技术附件审查基本完成，预计2020年9月开工建设，2022年2月竣工投产。届时，北营厂区将按照产能置换原则建成一台高温超高压机组，年增供电量1.7亿千瓦时，为北营及集团公司创造更大效益。二电75吨煤气炉改造项目正在做技术方案论证工作。冷轧高强钢热力配改造项目已经通过前期各项审核，正式进入招标阶段。发电厂全面做好各项工作准备，确保三大专项工程开工建设后即能进入正轨，继而实现工程按期投产达效。

【党群工作】 2019年，北营发电厂党委深入学习党的十九大精神，紧紧围绕生产经营工作，全面加强党的建设。一是继续深入开展“两学一做”学习教育活动，把《党章》《党支部工作条例》作为当下党建工作必须遵循的行为规范。二是夯实支部工作基础，确保党建工作稳步推进。制订下发了《北营发电厂2019年党支部目标管理考核方案》，通过月考核评比，不断提升党支部的创新力、凝聚力和战斗力。继续开展繁星工程评比，使全体职工学有方向，赶有目标。三是紧紧围绕生产经营，开展各项实践工作。厂党委主动融入行政工作中，在职工队伍稳定、综治信访、安全武装等方面积极出力，组织开展重点人员排查，严肃劳动纪律，对随意旷工或上花班等人员进行考核，并记录备案。开展“战高温、防大汛、保生产”百日劳动竞赛，为实现保产保供目标的顺利完成助力。新开辟北营发电微信公众号，将厂各项工作闪光点及时进行宣传，增强了干部职工的信心。四是开展“不忘初心、牢记使命”主题教育活动，加强党风廉政教育，筑牢拒腐防变之墙。厂党委将检视自身存在的问题，作为主题教育的“动员令”和“风向标”，按照对标对表要求，聚焦思想、政治、能力、作风和廉政方面存在的突出问题进行检视，全面查找不足和短板。通过自己找、群众提、互相帮、集体议等方式，对检视出的问题进行梳理，共检视问题50项，在民主生活会上，班子成员以对同志负责的态度，相互咬耳扯袖、提醒警醒，逐人逐项把检视出来的问题逐条讲清楚，制定了切实可行的整改措施，并跟踪落实。同时，在全厂范围内组织广大党员干部学习习近平重要讲话精神，观看《毛丰美》《雷锋在1959》教育片，开展学习《中国共产党纪律处分条例》《关于严明党的纪律和规矩论述摘编》，撰写学习心得和党员读书笔记。开展《党员干部廉洁自律责任状》签订活动，完善廉政档案和廉洁谈话等制度，层层落实考核，推进了党风廉政建设制度化、规范化。五是推行“四定”改革，做好职工队伍稳定工作。按时保质推进第二阶段“四定”规定的各项工作。在此期间，厂党委及时掌握员工的思想动态，定期向一线干部、职工征求建议和意见，广开言路，使员工一些不稳定因素很快反映上来，并及时给予重视，采取有效措施加以解决，保证了企业改革和生产经营工作的顺利进行。六是以班组建家为依托，落实群团组织建设，积极关心爱护职工，调动职工工作积极性。2019年累计向19名直系亲属去世的职工发放丧亡慰问金0.95万元，为43名患病职工办理了医疗互助报销、发放住院慰问金1.29万元，为18名退休职工发放退休纪念品0.36万元，组织59名女职工参保团体安康保险，为627名在岗职工支付住院医疗保险金2.9万元。开展一线职工的防暑降温工作，共投入资金9740.70元，给一线岗位职工发放西瓜近2000斤，发放白糖约1500斤。继续加强困难职工动态管理，2019春节走访慰问2018年困难职工本钢级5人、北营和厂级9人。积极组织参加本溪市2019年本溪市职工职业技能大赛电气设备调试工、维修电工、钳工、焊工、安全员、水处理值班员6个工种的技术比武活动，并获得优异成绩。 （韩立伟）

## 能源总厂

【概况】 2019年末，本溪北营钢铁（集团）股份有限公司能源总厂（简称北营能源总厂）下设5个科室、12个作业区。在职员工1014人，其中管理岗44人、业务岗38

人、技术岗25人、操作岗907人，硕士学历3人、本科学历65人，副高级职称1人、中级职称51人、初级职称164人、技师24人，党员302名。主要工艺设备有主变压器26台、高压柜1348面、高压线路杆塔143座、水泵152台，制氧机5套、气体存储器16座（总容量达7930立方米）、液体储槽13座（总容量9550立方米），煤气柜4座、电除尘8座、煤气加压机29台、空压机23台、脱硫塔9座、脱萘塔6座，以及6kV架空线路共17条、导线共63根（总长约110910米）、电缆回路共169个、419条电缆（总长357741米），全力承担着北营公司风、水、电、煤气等能源介质的安全供应。拥有固定资产总值28.15亿元，净值18.75亿元。

全年氧气放散率计划指标0.7%，实际完成0.27%，降低0.43%；液体销售实际完成31273吨，超计划18073吨；发电量计划91525万千瓦时，实际完成118928万千瓦时，超27403万千瓦时；力率电费完成奖励367.82万元，超计划127.82万元；转炉煤气回收率实际完成炼钢一区吨钢102.90立方米，二区吨钢95.87立方米。

**【安全管控】** 2019年，北营能源总厂本着“全面从严、共享共担、重心下移、注重过程”十六字工作方针，层层压实安全生产责任。一是重新修订了安全生产责任制，重新制定《北营能源总厂安全绩效考核办法》等7项制度，完善了75项安全操作规程，现已形成97项安全管理制度、401项安全操作规程的制度体系。二是积极开展安全技能培训。2019年全厂组织安全培训班15个，培训学员13000人次。三是高度重视安全隐患排查与整治，全年共计排查治理大小安全隐患1356项，专项奖励职工21000多元，为职工人身安全和生产稳定打下了坚实的基础。四是全面做好联检期间的安全管控。前后配套大高炉实施了6次联检，厂安全、生产、设备系统全程跟踪，坚决杜绝违章指挥和违章操作等违章行为发生。五是规范了变电倒闸作业、液体外发作业等11项作业标准，扎实推进安全标准化建设。

**【环保管理】** 为有效管控氨氮、COD指标，在集团和北营公司主管部门的协助下，提前在3月上旬组织了为期15天的污水厂停产检修。设备系统精密安排，动力维修、制氧维修积极组织人力对污水厂高密池进水闸板、高密刮泥机进行检查维修，并对故障水泵、电机、管道、电气设备整体进行了功能性修复。供水运行负责清洗、拆卸、组装V滤滤头5000余个，使隐患问题得到彻底改善。12月，伴随着省市环监局对邱家断面加大检查力度状况下，果断采取调整加药和观音阁补水方式，完善5台氨氮监测设备在各排污口，调度室、化验室人员全天候倒班取水化验，各室、作业区联动监督与调控，保证了氨氮监测指标的达标。另外，厂安全室、设备室、生产室还不定期抽检水封水回收，危险废弃物上交等工作，阶段性打赢环境污染防治攻坚战。

**【生产组织】** 根据铁钢等主体生产链介质需求，不断优化生产组织，强化生产管控，加大工序协调与事故预防，实现了生产保供的“零影响”。生产系统制定了严格的调度考核细则，规范调度岗位人员要时时掌握生产动态，科学指挥，精准安排。各运行作业区岗位人员广泛推进操作标准化建设，变电系统强化落实“两票三制”，制氧、煤气、供水运行作业区域强化执行标准化操作卡，杜绝习惯性违章作业；同时，每月定期组织生产预案培训与应急演练，增强指挥、操控人员应急处置能力。

**【设备管理】** 按照设备系统制定的《能源总厂2019年点检管理开展推进规划》及具体推进方案，加强“点检定修标准化台账”的常态化管理，设备故障率较往年有大幅下降。其中，供电系统加强隐患治理，解决电缆敷设中硌伤与受力50余处，全年处置更换老化电缆头630套，解决2处历史遗留树木隐患，处理7处树木超高问题，砍伐线下超高树木2400余棵，有力保障了主线工序的安全稳定生产。燃气系统密切关注焦炉煤气指标情况，组织对三冷轧加压站7台脱硫塔和切割加压站2台脱硫塔、2台脱萘塔填料进行逐个更换，有效改善了外供焦炉煤气质量问题；供水系统完善预案，加强枯水期预警，积极克服细河水源枯竭、翻板坝隐患、冬季管网防冻等隐患，保障供水安全。制氧系统35000（标态）立方米/小时、50000（标态）立方米/小时、20000（标态）立方米/小时组DCS控制升级优化，保安备份，有效降低事故故障发生率。同时，利用新1号、2号高炉检修契机配套实施了6次联检，计划修理项目526项，实际完成496项，完成率达96.1%。

**【工程技改】** 按照“安全、优质、高效、低耗”的总体要求，完成已下达投资计划的煤气柜设备隐患整改、新区加压站电气和自动化系统升级、三区至大高炉区域中压蒸汽联网、生活水管网改造等专项工程21项，新35000制氧机工程、中水深度处理回用工程、炼钢一区产能置换项目和能源总厂外围配套等技改工程8项。其中，煤气柜设备隐患整改、新能源介质管道工程、中压蒸汽联网、管道隔热防护、生活水管道更换等工程已完工并投入使用。新35000制氧机工程按计划稳步推进，一钢产能置换项目和中水深度处理回用工程羁绊较多，厂工程项目组多方协调，倒逼工期，按照时间计划节点积极推进。

**【降本增效】** 根据《能源总厂成本管控实施方案》《能源总厂三级成本核算方案》及“日清日结”工作要求，扎实推进“全工序、全流程、全方位”降本增效工作，全年创效额达1462万元。一是明确成本管控职责，层层分解指标到作业区、班组、人头。二是开展对标挖潜工作，通过对标板材能源总厂、鞍钢能源管控中心等主体工艺，找差距，剖根源，实施改善增效。通过优化交换器再生周期，减少大盐加入量年降费50万元；通过调整供水方式，减少太子河取水量，增加细河用水与中水回用量，年降费80万元。三是在保供稳定前提下，优化设备运行模式，制氧系统增加空气分离效率与液体产量、降低氧气放散率，加大对外销售，年增效约955万元；煤压、空压系统通过调整运行方式年节电300余万元；供变电系统适时调整功率因数，合理安排无功补偿装置的投、退，年获得力率电费奖励367.82万元。四是能源稽查加大跑冒滴漏点位的检查、跟进与改善，年降耗20万元。五是推行《北营能源总厂改善提案管理办法》，累计征集改善提案62项，在增效前提下稳步促进了管理工作的提升。

**【人资管理】** 作为北营公司“四定”首批四家试点单位之一，严格按照聘任程序流程，积极稳步推进“四定”改革工作。厂前五轮包含管理、技术、业务序列的96个岗位竞聘全部结束。通过此次竞聘，一是为有品德、有业绩、有经历、有学历的人才打通职业晋升通道，历练了干部队伍。二是进一步加速了厂各系统人员跨专业融合。三是在总配额不动前提下做优了管理序列，做强了技术序列，做精了业务序列，真正将集团改革初衷落到实处。

**【党群工作】** 厂党委紧紧围绕能源总厂2019年生产经营目标，始终把党的政治建设放在首位，坚持以习近平新时代中国特色社会主义思想为指导，在集团党委、北营公司党委的正确领导下，以“围绕中心，服务大局，发挥作用，促进发展”为定位，以基层党组织建设为重点，积极开展“繁星样板工程”“党员一带三”样板工程，紧紧围绕作业区安全生产、成本降耗、技术改造等工作，继续深入开展“创先争优”“保产、保供、零影响”等活动。截至年末，支部党员、干部为职工解决实际问题87项，由党员牵头共排查安全隐患19项，修旧利废、降低生产成本费用280万元。在认真贯彻执行党的路线、方针和上级党委的决策、部署中，坚持学习，提高能力。在2019年度本钢集团先进集体评选工作中，荣获“本钢集团先进党委”荣誉称号。在深入开展“不忘初心、牢记使命”主题教育中，厂党委严格将“学习教育、调查研究、检视问题、整改落实”贯穿主题教育始终，先后开展9次专题集中研讨，征集群众意见建议和查摆问题70项，按时召开“不忘初心、牢记使命”主题教育民主生活会，针对13项专项整治工作内容逐项进行分析、梳理、落实、整治，保证了主题教育扎实有效开展。在积极搭建“学习强国”平台组织架构中，302名党员100%注册完成，日登陆率均达到90%以上。在开展扶贫帮困活动中，发放慰问金240628元及米面油和生鲜票。在组织职工健康疗养中，687人参加汤沟、北戴河、市劳模疗养，并为175名女职工参加安康保险，缴纳保费5850元。在积极参加本钢集团第三届职工运动会中，获得“体育道德风尚奖”殊荣。在加强干部队伍建设中，积极推进干部绩效考评工作。在厂“四定”工作中，严格按照干部任用流程，审核任职资格，严格组织程序，进行民主测评、思想政治和工作能力考察，保证了“四定”工作得以规范有序开展。在加强作风建设中，强化领导干部带头作用，提升党风廉政水平，严格落实中央八项规定精神和集团纪委党风廉政教育相关要求，签订廉洁承诺书165份，坚决打造风清气正工作氛围。同时，团委也通过“青年安全生产示范岗”“青安杯”竞赛、学雷锋月青年志愿服务、趣味运动会等活动提升本厂青年队伍的战斗力、凝聚力和向心力。 （张　净）

## 生活服务中心

**【概况】** 2019年末，本溪北营钢铁（集团）股份有限公司生活服务中心（简称北营生活服务中心）职工总数421人。其中中专以上学历111人，具有高级职称2人、中级职称16人、初级职称23人。下设5个室、5个作业区，即综合办公室、党群工作室、生产安全室、设备管理室、食堂管理室，环卫作业区、维修作业区、土建作业区、综合作业区、食堂作业区。主要承担北营厂区绿化美化，厂区道路维修维护、保洁，公辅设施维修维护，防汛防寒及临时性工程施工、外委工程管理，职工午餐制作配送，大学生宿舍管理，本钢集团、北营公司机关后勤保障服务，公司外转供能源收费及公司部分行政业务职能。2019年，成本费用计划目标

5127.85万元，实际发生管理费用4761.12万元，同计划指标相比降低366.73万元。

**【安全管理】** 完善制度建设，制定下发《生活服务中心2019年安全生产管理工作措施》等管理制度37个；加强作业人员安全知识培训，提高作业人员安全生产技能，共开展各类理论和现场操作培训31余次，培训600人次；落实领导干部安全履职检查，有针对性地开展各种日常、专项和季节性安全生产检查。开展各类安全隐患检查55次，发现安全隐患205项，并完成整改；落实人员密集场所防范措施，遏制火灾事故发生，同时针对重点部位进行消防应急预案演练，提高人员疏散逃生能力；认真开展安全标准化评比验收工作，提升标准化管理水平。通过一年的努力，安全生产局面得到了较大改观，实现了“零事故，零伤亡”的安全工作目标。

**【设备管理】** 进一步完善设备系统安全规章制度，对安全设施整改实行PDCA闭环管理，确保设备安全运行；完善设备台账、强化设备点检定修及维护保养，提高设备可开动率；认真组织学习设备管理涉及的作业、技术、给油脂、点检“四大标准”，并结合设备春检、秋检进一步完善管理制度；加强对重点设备的日常检查及隐患排查，重点排查车辆、设备润滑、电气线路以及煤气介质等方面，发现隐患175项，已完成整改；实行设备承包奖励机制，做到奖罚分明，极大调动了全员设备管理的积极性，有效提升设备管理水平，确保车辆、设备安全、稳定运行。

**【治安综治管理】** 加大节假日期间治安保卫工作力度，尤其是“新中国成立70周年大庆”的安保和信访稳定工作，积极宣贯落实各项安保文件，做好矛盾纠纷排查、强化重点人员互保以及长病长休人员的跟踪走访，做好原“法轮功”习练者的三级包保工作，全年无一例上访、集访和群体性隐患事件发生；不断完善“三防”建设，大学生公寓和各食堂技防设施不断完善，监控范围不断扩大，监控点位进一步增加；强化库房、备品备件及作业现场物资管理，积极清除被盗源点，共上缴废钢51.2吨；严格按照反恐工作要求和标准，做好重点要害部位、人员密集场所的治安反恐工作；继续做好“扫黑除恶”相关工作，将“扫黑除恶”工作落到实处。全年无一例治安事件发生。

**【道路清扫管控】** 实行道路清扫包片制度，采取人机结合，机械为主，人工为辅的清扫工作思路开展清扫工作，确保厂区道路干净、整洁。同时，通过采取创新巡查方式、加强监督考核、多部门联动等措施，强化厂区道路清扫和管控，确保厂区道路安全畅通。实行稽查人员轮班倒班制，分上午、下午两组人员，进一步加强道路清扫巡查力度，发现问题及时处理；组织北营环保部、制造部、本钢汽运公司主要领导及负责人召开了以外埠单位在厂区撒料、漏料处理办法为主要内容的专题会议。再次重申道路管控要求，严肃考核纪律；联合北营环保部、矿业公司、公运公司将9号检查站外一处刷车泵重新安装并投入使用，要求所有大型载货车辆进入9号检查站前必须冲洗挡泥板、轮胎，杜绝了车辆带泥上路现象，通过采取以上措施，有效改善厂区道路环境。共下发整改通知1300余项。

**【道路维修及绿化美化】** 本着先重点参观路线，后主要道路的原则，对厂区主干路进行摊铺修补工作，全年铺设（修补）厂区沥青混凝土路面4.8万平方米，与外委相比，为公司节约道路维修费用316万元；完成北营路、制氧路、滨河南路、滨河北路、会展路、铸管路等路段草坪修剪29万平方米，绿篱修剪12000米；为做好防汛清淤工作，对细河沿岸倾倒杂树进行了砍伐、清理，共计砍伐树木1800棵，清理面积5万平方米。同时，积极做好厂区草坪、树木、模纹等绿化带的修剪、拔草、浇水、施肥、病虫害防治等养护管理工作，确保绿化带植被正常生长。

**【厂容治理及设施维修】** 为确保公辅设施正常运行使用，延长其使用寿命，降低维修成本，以保障良好的工作环境，中心积极做好厂区公辅设施维修维护及所辖办公区域上下水、电器线路等日常维修工作。完成所辖区域办公楼上下水维修1120余次，电器维修200余次；公共浴池淋浴阀门维修140个，脚踏板维修30块、防滑脚垫铺设60米、脚踏水栓维修150余次；清理单行线排水槽88个、下水井清掏22个；维修防护栏580米、护栏网700平方米；铺设人行道板206平方米，维修安装路牙石645米；清洗、粉刷围墙8000平方米；所辖区域供暖巡查70余次，供暖小修240次，安装、更换暖气片660片，及职工通勤站日常维修、维护等。

**【职工配餐】** 通过开展食品安全专项检查、落实应急预案、把好食品原材料质量关等确保职工就餐安全；根据季节变换及时调整菜谱，落实“师带徒”人才队伍建设，开展优质配餐专项劳动竞赛活动，生产加工坚持规范化、标准化操作，使配餐质量、服务质量、环境卫生等方面显著提升，得到了广大就餐职工的肯定。全年，窗口供餐277万份，为住宿大学生提供1元自助早餐8544份，除夕慰问餐制作配送3763份。在本钢集团第三届职工运动会活动中，为北营公司和本钢矿业公司两个板块运动员及观众加工制作午餐4740份，食品口感及服务质量均得到了就餐单位的一致好评。

**【工程施工及外委工程管理】** 为确保厂区各项防汛防寒、临时工程、检维修外委工程施工以及公共设施维修维护工作按时保质保量完成，生活服务中心在工程安全管理、质量管理、成本控制和施工进度等方面严格把关，在保障工程质量的前提下确保各流程按时间节点正常推进。全年，共完成厂区防汛、防寒及各项临时工程、外委工程施工220余项；作为北营公司外委工程业主单位，完成北营公司设施修缮服务，北营宾馆设施修缮服务，山上宾馆设施隐患修缮服务等检维修外委工程共计22项，工程总造价785.74万元。

**【民心工程建设】** 严格按照公司领导指示，积极推进“民心工程”建设，主要项目有生活中心楼（炼钢一区产能置换项目配套工程）项目建设，进一步改善职工就餐环境；机关、新区、双四百3个公共浴池整改维修及双四百浴池楼体外墙修缮，及时消除安全隐患；大学生公寓修缮及6个食堂的改造施工，改善职工住宿及就餐环境，切实增强职工的幸福感、安全感。

**【其他行政管理】** 以“三服务、三满意”为工作目标，强调优质服务，全力做好北营公司各办公区域上下水、电器设备等日常维修工作；通过开展劳动竞赛、技术比武、设置优质服务示范窗口和优质服务示范岗，推进企业文化建设，推广管理标准化等，使中心的管理水平、服务水平和员工综合素质不断提升；强化收费管理，保证各项能源费用应收尽收，全年收缴各项能源费用共计3137.66万元，实现全年费用收缴率100%；职工住房取暖费登记、签证、审批及报销2.23万户，资金总额3366万元；山上宾馆关于配餐、洗浴、供暖、室内外保洁、绿化、宾馆、会议室、设施维修维护等工作落实到位，为集团公司机关工作人员提供良好的办公环境。同时，坚持以市场为导向，全面开展北营宾馆营销工作，实现了年底收支平衡。

**【党群工作】** 生活服务中心党委现有党支部6个、党小组14个，党员151人。2019年，中心党委按照“助力生产、服务北营”的管理理念，将党建工作与生产经营深度融合，全力打造“三服务、三满意”工程，扎实开展“不忘初心、牢记使命”主题教育，为中心生产经营提供坚强的政治和组织保证。1. 党建与重点工作紧密结合，助力生产经营初见成效。一是以每月“党日”活动为载体，围绕文明生产、防汛、道路清扫等重点工作，发挥旗帜引领作用效果明显。二是围绕北营下达的10~12月责任状目标，中心党委积极组织落实，仅道路维修费用就实现月降15.4万元。三是与生产安全系统配合，组织职工代表安全视察，严抓班组安全标准化建设。四是劳模创新工作室对食堂作业区灶台、烟道等进行改造。五是重点对干部考核、干部追责问责制度、10~12月责任状等完成情况进行监督检查，确保落实。2. 围绕民生开展服务职工党建样板建设，增强职工获得感和幸福感。一是今年又对1号停车场改建扩建，增加停车面积3000平方米，增加停车位41个。二是认真做好浴池供暖和环境改造工作，使职工洗浴环境得到较大改善。三是克服人员严重短缺困难，完成每天10300份配餐任务，还完成住宿大学生早中晚供餐，为除夕在岗员工制作发放年夜饭3763份；为检修职工熬制羊汤3128份；为在岗职工熬制、发放绿豆水1.91万份；制作本钢第二届职工运动会配餐4740份。3. 繁星工程评比和选树有声有色。2019年，中心评选出星级支部3个、星级党员17人、星级员工17人、安全之星2人，奖励11100元。中心深度挖掘先进人物和事迹，并通过《本钢日报》、微信群、党建风采等进行宣传，真正起到树标杆、立榜样作用，全面促进中心各项管理。4. 关爱大学生暖人心，全力为住宿大学生“倾情筑家”。一是硬件上持续改善，在各房间安装数字电视和无线网络，修缮塑钢窗，新建自行车停车棚等，改善住宿环境。二是软件管理上，通过建立大学生公寓微信管理群和留言板、季度召开大学生座谈会等措施，加强与大学生沟通，及时解决问题7项。并制作“不忘初心、牢记使命”的雕塑景观，提高政治氛围。5. 以问题为导向，主题教育工作扎实有效开展。中心党委从方案制定到四个环节落实，严格按进度和标准，提早部署，精心准备，确保主题教育工作不打折扣地在中心扎实有效开展。领导班子集中学习研讨9次、上专题党课5次、撰写调研成果报告5篇，集中学习摘编纲要等文章19篇。通过自查、到作业区调研和谈心谈话等形式，广泛听取作业区、室职工对班子及领导干部意见和建议，并以问题为导向，建立整改落实清单，确保问题得到有效解决。同时，还为职工做了一件暖心窝工程，即对原2号供餐点和5号供餐点进行搬迁和改造，真正解决了职工打餐冬天寒冷、夏季炎热、尘土大等问题，得到了职工广泛称赞。

（王翠波）

# 退管中心

**【概况】** 北营退管中心成立于2008年3月，2018年“四定”工作机构改革后下设6个管理室，2019年，在岗员工58人，其中管理岗13人（专务4人）、业务岗12人、技术岗20人、操作岗13人。

**【主要指标】** 2019年，北营退管中心承担落实离退休职工、离岗职工和生活费人员以及工伤职工的管理政策，紧密围绕服务职工、信访稳定和费用管控三项重点工作，精准服务、精准扶贫，加强费用管控，确保了离岗、离退休职工队伍稳定。

**【行政工作】** 1. 信访稳定工作。退管中心始终把职工队伍稳定工作作为第一工作要务，坚持常抓不懈。特别是在今年“两节两会”“新中国成立70周年活动”、本钢集团运动会等重点时期，中心全体人员紧密配合，超前工作，不辞辛苦进行值班值守，安排专人稳控重点信访人员，结合“五位一体”稳控包保责任制度，重点案件实行领导包案，确保包保到位，较好地完成了全年的信访工作任务，连续6年实现进京访为零，未发生省市重大及有影响的信访事件，为北营公司的发展提供强力的稳定环境保障。全年共接待登记来访共84案批次，计311人次，其中集访11批次，计196人次，个访34案次，计75人次；民心网交办案件8件；国家信访局交办案件2件；市劳动监察大队关于农民工欠薪交办案件1件；集团公司保卫中心交办需落实的信访案件13件。2. 深入开展劳动合同清理整治工作。按集团公司和北营公司劳动合同清理整治工作要求，2019年继续针对中心离岗人员实际情况，对离岗人员进行深入清理。全年共清理112人，其中上岗18人，办理保留劳动关系20人，办理解除劳动合同11人，死亡4人，办理退休59人，停发工资700多人次。3. 提高占地退休（职）人员生活待遇工作。根据《关于适当提高原本钢全民占地招工退休（职）人员生活待遇办法的通知》文件，对2018年占地退休人员进行了核查档案及待遇测算工作，共176人，增加待遇额4140元/月。4. 大额医保收取工作。自大额补充医疗保险收费工作移交至退管中心以来，积极对退休职工宣贯收费标准和报销政策，2019年电话通知3182多人，共收取6807人，金额242550元。5. 取暖费审核报销工作。对退休及离岗职工6943户取暖费发票进行审核，报销金额共计996万元，在4月初将报销费用直接转入职工社保卡。6. 培训工作。2019年完成职工培训和考试共计236班次8151人次，组织2465人次上机考试。其中：特种作业（特种设备）人员上机考试及笔试1732人，质量技术监督局特种设备人员培训793人，新入厂人员安全培训476人，公共类培训217人，业务能力培训1211人。7. 保留劳动关系及工伤1~4级职工保险收缴工作。2019年共收缴保留关系人员77人缴纳的个人部分保险金238366.71元，收缴工伤1~4级人员33人缴纳的保险金402598.65元。

**【安全管理】** 北营退管中心始终坚持“安全第一、预防为主”的工作方针，积极开展各项工作，确保了全年安全工作目标的顺利实现。全面开展安全大检查活动，从劳动纪律、安全规章制度落实、防火防盗、行车安全等各个方面进行深入细致的排查，一旦发现隐患，立即进行整改，坚决将不安全因素消灭在萌芽状态中，从而杜绝了安全事故的发生，让员工真正做到“我会安全、快乐劳动”。

**【党群工作】** 北营退管中心党委现有党员180名，其中在岗党员43名，离岗党员137名。党委下设4个党支部。2019年，退管中心党委紧紧围绕全年工作目标，以习近平新时代中国特色社会主义思想为指导，继续深入学习贯彻党的十九大精神，推进“两学一做”学习教育常态化、制度化，使全体党员牢固树立“四个意识”，坚决做到“两个维护”，切实改进党员干部工作作风，对照中央和省委巡视组反馈意见，加大全面从严治党力度，推动各项制度的完善和落实，为全年各项工作任务和目标的顺利完成提供了强大的精神动力和思想、政治以及组织保证。（肖　扬）

**栏目编辑　李　学**

# 本溪钢铁（集团）矿业有限责任公司

**【概况】** 本溪钢铁（集团）矿业有限责任公司（简称矿业公司）组建于 1995 年 12 月 28 日，是本钢集团公司的全资子公司，是本钢主要原料生产基地。截至 2019 年底，在籍职工 8882 人，在岗职工 8650 人，其中技术人员 342 人、管理人员 390 人、业务人员 502 人、操作及检修人员 7416 人。公司下属 9 个单位：南芬露天铁矿、歪头山铁矿、南芬选矿厂、石灰石矿、矿产品厂、贾家堡铁矿、炸药厂、设备修造厂、汽运分公司。公司共有设备 15377 台（套），主体设备 322 台（套）；拥有固定资产原值 97.81 亿元，净值 44.9 亿元。

**【指标情况】** 1. 主要产品产量：铁精矿 790.01 万吨，同比增产 53.10 万吨；球团矿 201.25 万吨，同比增产 3.12 万吨；生石灰 110.62 万吨，满足集团生产需求。2. 成本指标：全年变动成本比预算降低 7770 万元，超额完成全年降成本目标，其中：主要工序定额成本降低 3365 万元，可控费用降低 4405 万元。3. 主要产品质量：铁精矿品位 66.97%，铁精矿稳定率 88.3%。其中南芬选矿厂铁精矿品位 67.29%，铁精矿稳定率 93.69%；歪头山矿铁精矿品位 68.2%，铁精矿稳定率 83.06%；贾家堡矿铁精矿品位 63.51%，铁精矿稳定率 78.21%。活性灰 CaO 含量 90.55%，粉灰稳定率 95.27%。球团矿合格率 84.59%。

**【安全管理】** 以安全规程学贯用为重点，强化安全技能知识培训，职工安全意识不断增强。扎实开展“互检对标”“月、季、年安全综合评比”等工作，全面提升安全基础管理水平。优化皮带输送机启动转车流程，完善皮带安全防护设施，落实采场行车安全措施，强化现场安全监督检查。开展“采场行车”“内燃设备防火”等综合性安全整治，全面提升重点环节安全管理水平。以双重预防机制建设为核心，实施风险分级管控，有力保障矿山安全稳定发展。全年实现重伤、工亡、重大设备、重大火灾、重大交通责任事故“五为零”工作目标。

**【生产管理】** 为满足集团生产需要，先后两次制定、调整增产计划，科学落实各项增产措施，圆满完成生产经营目标。在矿石性质变化与选别设备不匹配的情况下，以铁精矿生产为核心，合理优化配矿方案，铁精矿同比增产 53 万吨，是历史第二高、近四年最好水平。为解决采场矿源不足与精矿增产的现实矛盾，重点组织采场矿石和回收矿石增产，铁矿石同比增产 117 万吨，创历史最好水平。近年来由于扩帮工程滞后、采场岩石欠剥造成采场技术状况逐年下降，为满足当前生产需求和长远发展创造条件，通过缩短运距、提高满斗率和装载量等措施，在矿山设备状态逐年老化、设备能力未新增的情况下，岩石同比增产 1633 万吨，创历史最好水平。为解决因增产造成的矿岩储量不足问题，组织露天、歪矿、贾矿、炸药、汽运节假日爆破 105 次，出勤 8906 人次，增加爆破量 1200 万吨。严抓生产关键环节，各类影响精矿生产的事故同比降低 43%，增加磨机作业时间 2193 台·时；坚持召开日生产协调例会，及时掌握生产情况，解决问题 120 项；成立联合保产检查组，重点检查夜班、交接班、节假日期间生产 315 次，发现并解决问题 150 项；重点考核生产中存在的问题，鼓励有利生产的项目301项，起到积极良好作用，厂矿间生产协作存在的问题大幅降低。在高效稳定组织生产的同时，坚持开展对标挖潜、日清日结等降成本工作，生产定额降7582万元，外委运费降460万元，水处理药剂费用降52万元。加强文明生产管理，组织参加集团公司培训5次，发布专项通报31期，现场作业环境明显改善。

**【设备管理】** 强化设备运行管理，开展岗位点检专项整治，实现岗位点检标准化、规范化。推行“区域点检承包”及两次定修期间“零故障”，专项整治29项设备隐患，从源头上遏制了设备事故故障发生，全年发生影响生产设备事故故障同比减少7起，达到历史新低。全年完成大年修项目221项、7700余万元，检修项目完成率达到100%。开展备件修复，坚持备件能自修决不外委原则，全年备件修复创效6500万元。全年补充1.46亿元的设备总成件，更新改造102项老旧设备，为矿业公司完成生产经营任务提供保障。

**【财务管理】** 深入开展三级成本管理、对标挖潜、日清日结工作，根据集团公司下达的降成本任务，对各厂矿成本预算进行动态调整，制定并落实降本增效措施，全年降低变动成本7770万元。按照集团公司统一部署，组织开展第二轮清产核资专项工作，各厂矿、部室各负其责、密切配合，历时1个多月，按规定时间节点完成资产盘点、审计、评估工作。加强对各单位实物资产的管理，每季度对各单位存货、固定资产、在建工程情况进行清查盘点；加强外部债权管理，及时清理债务，避免坏账、呆账的发生，维护公司利益。准确把握个税新规，及时完成全体员工的专项附加扣除信息采集，让每名职工都享受到税改的红利。按照集团公司契约化管理的考核要求，逐级签订后四个月（9~12月）领导班子经营业绩考核责任状，监督并通报完成情况，圆满完成后四个月铁精矿产量增产16万吨、变动成本再降低5%的目标。

**【能源管理】** 夯实能源基础管理，全年按制定的能源使用计划，细化作业区能源消耗分析及考核。主体产线作业区实现班组、机台能耗与岗位工人绩效挂钩，降耗效果显著。对大车耗柴油、电耗、煤耗等6项指标分档设定节能攻关目标，实施激励机制，全年能源成本降低1246万元。制定经济运行方案，开展联合检查，峰谷比完成计划。充分利用直购电政策，完成10.5亿千瓦时直购电交易，节约电费支出410万元。

**【技术管理】** 按照工序服从原则建立配矿模型，严抓采场配矿管理，强化全过程质量管控，实现了铁精矿“质量达标、持续稳定”的目标；加强工艺纪律管理，公司成立工艺纪律联合检查组，发现问题及时督促整改，全年共发现及整改问题850项，有效促进生产顺行。公司主要产品铁精矿、球团矿质量均完成计划，球团矿全铁品位指标完成65.39%，创近五年最好水平。铁精矿、球团矿品位指标名列全国大中型矿山前列，歪矿铁精矿品位（68.20%）名列第三位，南芬选矿厂铁精矿品位（67.36%）名列第五位，马球球团矿品位（65.39%）名列第二位。

**【环保管理】** 取得了南芬露天铁矿、歪头山铁矿主采场、贾家堡铁矿采矿及马耳岭选厂四个项目的水土保持方案批复。实现矿业公司2018年、2019年水保费较2017年分别降低了3766万元和4196万元。取得了《本溪钢铁（集团）矿业有限责任公司炸药厂歪头山生产点工业炸药生产线技术改造项目环境影响报告书》批复。取得了南芬露天矿、南芬选矿厂、石灰石矿、阎家沟矿锅炉排污许可证。完成了贾家堡铁矿、歪头山铁矿马耳岭选矿车间突发环境事件应急预案备案。全年种植乔木2万株，花灌木8万多株，成活率达80%以上。

**【人力资源管理】** 根据集团公司“四定”第二阶段工作总体要求，深入推进岗位聘任工作。下属9个单位于11月6日前完成了四大职群的岗位竞聘工作。“四定”工作前，矿业公司原科级及以下管理岗位921人，“四定”竞聘后，管理岗位转业务岗位504人，管理、业务岗位共826人，减少95人，减员比例10.3%，为优化人力资源配置、建立能上能下的用人制度奠定了坚实的基础。加强职工培训，按集团新的管理模式要求，积极组织参加特种作业和公共类专业培训1063人次，爆破作业、设备润滑、班组长安全管理等有针对性的个性化培训4861人次，师带徒传帮带59对，有效提升了岗位操作技能、提高了工作效率。争取本溪市失业保险支持参保职工提升职业技能奖励扶持政策，鼓励职工学技术，为职工申领提升技能补贴奖励金14.45万元。强化劳动纪律整治，公司上下以检查工作纪律为契机，进一步加强劳动组织管理和加大劳动纪律检查力度。按要求签订《承诺书》，制定下发实施方案，组织各单位开展自检自查，形成了劳动合同清理工作的长效机制，实现劳动纪律规范管理。

**【重点工程建设】** 2019年矿业公司安排52项工程开工建设，46项工程竣工投产。其中选矿厂65吨锅炉11月1日正式投产，环保达标，按时供暖，满足冬季生产需要；露天矿乡村公路迁移11月10日具备通车条件，释放4号土场受土空间，为生产创造条件；歪矿164m倒装站工程、炸药厂歪头山生产线改造工程均按计划完成，满足矿山生产需求。

**【后备矿山开发】** 现有生产矿山采矿权延续顺利完成，2019年3月1日取得了歪头山铁矿正式延续采矿证，有效期至2028年8月28日；4月19日取得了南芬露天矿采矿证，有效期至2027年12月31日。后备资源开发取得阶段性进展，2019年9月3日取得了南芬露天矿、歪矿探矿权；花岭沟铁矿完成了“邻矿协议”签订；先后解决了棉花堡铁矿探矿权新立占用青山保护区问题、太阳谷小镇调整问题，完成了棉花堡铁矿探矿权联审表，并于9月通过了灯塔市政府常务会，后备资源开发为本钢持续稳定发展提供了有力保障。

**【党群工作】** 1. 加强政治理论学习。公司党委坚持理论中心组学习制度，深入学习贯彻党的十九大和习近平总书记系列重要讲话精神，提高政治站位，强化责任担当，在学懂弄通做实政治理论教育上下功夫，自觉用新思想、新观点、新举措指导矿山生产实践，为建设现代化矿山奠定了坚实的政治理论基础。2. 开展“不忘初心、牢记使命”主题教育。在公司范围内以党员领导干部为主体，全体党员共同参加，系统开展了“不忘初心、牢记使命”主题教育。牢牢把握“守初心、担使命、找差距、抓落实”的总要求，教育引导党员干部牢记党的宗旨，真抓实干，转变作风，确保主题教育取得扎扎实实的成效。3. 持续夯实党建工作基础，进一步履行党组织书记抓基层党建工作第一责任人的职责。加强班子建设，全面提高干部管理水平，每季度对各厂矿的工作业绩和工作作风进行考评，促进了工作作风转变，提高了管理水平。组织召开了“中共本钢集团矿业有限责任公司第四次党员代表大会”，选举产生新一届党委委员和党委书记。以“不忘初心、牢记使命”为主题，组织召开专题民主生活会，盘点收获、检视问题、深刻剖析、整改落实。深入基层厂矿和对口联系点开展调研，把职工群众的利益深深植根于思想中，放在心中最高位置，具体落实到行动上，着力解决关乎职工群众最关心的利益问题。组建“矿业公司党委党建工作基地”，以“基地”为学习平台，组织领导干部上党课、重温党史、传承斗志、砥砺前行。开展廉政教育，让领导干部守规矩、知敬畏。继续开展年度党建基础工作大检查，检查后形成点评通报，促进了党建基础工作再上新台阶。4. 发挥宣传媒介的导向作用，塑造企业良好形象。通过报纸、电视新闻、矿业风采微信等多种平台，大力宣传公司生产经营工作中涌现出的先进典型和工作经验。全年在《本钢日报》等新闻媒体发表新闻稿件536篇。矿业风采微信平台发布稿件30篇。积极参加集团公司党委开展的“庆祝新中国成立70周年，我们争做新时代追梦人”主题征文活动，荣获论文和诗歌作品一等奖2篇、三等奖2篇、优秀奖3篇。5. 扎实做好稳定工作。牢固树立责任意识、大局意识，深入细致的做好信访维稳工作，面对信访情况复杂、任务繁重、工作难度大的信访局面，不回避、不退却、不推诿，始终围绕全力维护矿山稳定为中心，严格落实各项维稳措施，突出抓好超前防范，积极主动化解矛盾，千方百计稳定重点人员，取得了较好的效果，矿山整体形势平稳，全年共接待上访109件次，597人次。6. 发挥群团组织作用，凝聚力量共建和谐企业。工会推进创新工作室建设，被辽宁省命名为省级劳模创新工作室2个；评选矿业公司级示范班组2个，标杆班组16个，培训班组长80人次；举办第九届职工技能（焊工）大赛，承办集团公司6个A级工种技能大赛，5人获得“本钢工匠”荣誉称号；安排职工1770人、劳模21人参加疗养。共青团工作取得显著成果，6个基层团委荣获“五四”红旗团委称号，2个支部荣获“五四”红旗团支部称号，18名同志荣获“五四”个人先进称号。科协、综合治理等工作都取得了显著成绩，为公司发展和稳定做出积极贡献。

（刘　佳）

## 南芬露天铁矿

**【概况】** 本溪钢铁（集团）矿业有限责任公司南芬露天铁矿（简称南芬露天铁矿）现有职工总数1730人，其中管理岗位62人、技术岗位79人、业务岗位62人、生产操作岗位1527人。下设8个职能室、13个作业区、119个班组。党委下设26个党（总）支部、75个党小组，有党员684名。主要设备有WK-10B电铲7台、295B电铲3台、WK-20电铲2台、9350E液压电铲1台、YZ55钻机6台、YZ35钻机3台、KY310钻机2台、KY250钻机1台、PV351钻机1台、MT3700电动轮汽车17台、MT3600B电动轮汽车6台、MT4400AC电动轮汽车4台、789C矿用汽车9台、TR100矿用汽车5台、倒装站系统1套、岩石站系统1套、矿石站系统1套。固定资产原值28.8亿元，净值8.55亿元。全年发出矿石1169万吨，满足选矿厂生产需求；剥岩8352万吨，较公司计划超产983万吨；安全实现“五为零”；变动总成本降低3612万元。

**【生产组织】** 科学组织生产，合理编制、执行生产计划，实现采场矿石储量充足、生产组织经济高效。强化矿石管理，通过纵深推采南部190米水平超三期境界外部分矿石，增加可采矿量100万吨；根据铁厂硫含量变化，动态调整出矿部位；结合生产需求，利用钩机灵活配矿，实现矿石发出均衡稳定。改善采场技术状况，推进采场道路向北山迁移，将154～190台阶固定运输系统移至北山端帮，增加采场作业线长度；将下盘扩帮南部370、358、346水平南侧与4号路相接，上部与430通路连通，实现南部扩帮运输系统互通对接，减少台阶压占，释放采场空间。制定措施深挖土场潜力，实现4号土场、2号土场局部位置各增加排土量约400万吨。突出经济排岩，围绕382岩石站延长使用方案组织排岩，与运行310岩石站相比，节约成本约1700万元。

**【安全管理】** 安全生产实现“五为零”。夯实安全基础，修订、完善了《安全生产责任制》《绩效考核办法》等制度，并严格执行。深入开展安全宣传教育，组织换季操作规程教育等专项培训及考试，合格率均达100%；组织事故大讨论50余次；在安全平台发布安全信息859条。构建双重预防机制，做好风险分级管控，现存801项危险源，均有风险控制措施，实行动态管理；强化隐患排查，开展“春秋检”“大车防火”等专项检查，查处、整改不符合项1069项。开展安全专项整治活动，组织开展“百日行车夜查”“反习惯性违章行为整治”“保平安、迎大庆”等主题检查，累计查处、整改不符合项182项。加大相关方监管力度，严格按照公司17项准入条件审核相关方入厂资质，重点加强乡村公路、山下工业场地等处相关方安全监管，强化隐患检查和考核，共查处安全不符合35项，全部下发安全监督文书，督促外委单位整改完毕。创新安全管理，制定手机管理方案，为大车司机制作手机储存箱、严禁司机驾驶过程中使用手机；推行站立式班前会，全面提升班前会质量。强化职业卫生管理，协助集团安监部和职防所，形成职业卫生现状评价报告书，完成职业危害因素检测和粉尘岗位普查等工作；组织351名特种作业人员进行健康体检；为全矿100个班组更新血压计。

**【设备管理】** 引进江铃高空作业车一台、10立方米洒水车一台、柴油发电机工程车两台、同力TL855B自卸车两台、杭州CB-CD100H叉车一台、晋工ZL50铲装机一台。注重设备点检定修，在主体作业区推行点检产线承包，发挥技术骨干作用；加强点检基础建设，开展点检员考评、点检计划和点检日志完善等工作；推进设备定修，完成主体设备大修9台，年修10台次，有效恢复主体设备作业状态。深化设备运行管理，成立降低设备故障推进小组，对设备事故“三不放过”，整改措施及预防措施责任落实到人，故障次数和时间较指标降幅15%。加强修旧利废管理，累计外委及自修复件3584件，节约金额4067.53万元。持续推进进口备件国产化工程，完成MT3700B球形轴承国产化，单价降低62.5%；完成R9350E利勃海尔以及D275、D10T散热器的立项，可节约成本43.6万元；完成R9350E利勃海尔液压胶管国产化立项19项、38件，可节约20万元。

**【成本管控】** 大力开展成本三级核算，主体作业区全部实现成本三级核算，单机台考核。严格执行日清日结，对柴油、炸药、动力电三项定额指标实行日清日结核算，及时上报消耗情况、超支分析及整改措施，并持续跟踪整改，形成闭环管理。深化成本措施管控工作，以生产、设备、物资管理为突破口，制定并推行了30余项降成本措施，降低成本2237万元。对标挖潜成效显著，通过对标，轮胎承包指标降低3%，节省172万元；减少12种油品，压缩18种油品单价；与鞍钢就外委剥岩进行全工序对标，形成2020年外委剥岩招标方案，费用得到大幅压缩。

**【重点工程】** 乡村公路迁移工程，完成全线黑色路段摊铺、挡墙砌筑、护栏安装，以及农电线路迁移、路灯、监控管线铺设等工作。代家店工业场地建设，完成295B工业场地改造以及农电线路、内部通信线路迁移、加油站工程招标等工作；持续推进停车场场平、运岩作业区厂房改造工程。采场排水工程，按期完成管道铺设、设备安装及供电线路架设等工作，保证了矿山汛期生产顺行。开采优化设计，设计院正在开展初步设计，已完成境界圈定等相关工作。深部补充勘探工程，已完成钻探和槽探工程的野外施工作业。

**【“四定”推进】** 全面完成工作任务，在全集团率先开展“四定”工作，结合自身特点优化方案，设立基础拟任分值，严格执行回避制度，严把报名入口关，在规定时间内圆满完成了“四定”全部七个层级的竞聘工作。核减作业区级机构，原有作业区级机构28个，核减7个，核减比例为25%。核减班组级机构，原有班组级机构123个，核减4个。合理配置各职群人员，原有管理、业务、技术三类职群201人，“四定”后实际配备194人，竞聘岗位调整率达50%；高技能操作岗位聘任人数120人，竞聘岗位调整率78%。

**【环保工作】** 推进环保专项工作，开展“全国污染源普查”以及“百日攻坚环境安全检查”等活动，深入推进环境防控，增强矿山防范和应对突发环境事件的能力。充分发挥环保设施作用，提高环保设施完好率，同时，运用现有设备加强矿石装卸、倒运的防尘洒水，严格控制二次扬尘。强化危废管理，对照危废品规范管理指标逐项检查，健全危险废物处置台账，实现危险废物管理规范化、标准化。

**【党群工作】** 强化思想政治建设，以党的十九大精神为指导，深入开展“不忘初心、牢记使命”主题教育，矿班子带头完成专题学习和研讨，并定期下发学习计划，为681名党员购置学习用品，为基层党组织和党员开展学习提供指导和支持。发挥党委廉政建设主体责任，开展党员干部廉政警示教育活动5项，中央八项规定自纠自查6次，与90名党员干部签订《廉洁从业承诺书》。助力生产经营，开展“八比八争做”“保安全、创高产、降成本、创佳绩”等党内建功立业活动，成立攻关小组12个，立项课题25个，创造经济价值150多万元；修旧利废创造经济价值800余万元；党员义务献工600余个。群团组织促进生产经营，科协征集合理化建议19条，可创效益2000万元；“创新工作室”完成的“VOV平路机G990刹车助力电机改造”等项目在矿业公司内部获奖。关心关爱职工，全年救济困难职工218人(次)；为职工发放医疗互助理赔款26.69

万元；为全矿1946名职工过生日、发放粮油等福利累计投入64.5万元；走访困难党员、老党员53人（次），发放慰问金4.7万元；改善职工作业休息环境，完善更新倒班职工休息室设施，为作业区购进洗衣机、电视机和电风扇等电器，为大车司机购买了凉坐垫。精神文明建设成绩显著，在各类媒体、报纸上发表稿件、视频260余条；以爆破班事迹拍摄的纪录片《班长日记》荣获《工人日报》首届“最班组”全国短视频大赛一等奖；参加集团公司职工运动会取得团体总分第三名；开展了“国庆七十年职工大合唱”“青年电子竞技大赛”等10余项文体活动。　（陈　亮）

采场全景（蒋忠敏　摄）

## 歪头山铁矿

【概况】 2019年，本溪钢铁（集团）矿业有限责任公司歪头山铁矿（简称歪头山铁矿）在籍职工2280人，其中管理人员66人、技术人员82人、业务人员83人、生产操作人员2049人；下设8个科室、16个作业区。固定资产原值21.4亿元，净值9.7亿元。2019年，采剥总量完成3216万吨，其中矿石638万吨、岩石2578万吨，扩帮岩石量完成1646万吨，创历史新高；铁精矿计划220万吨，实际完成226万吨，在矿源不足的情况下，实现超产6万吨；精矿品位68.22%，位居行业前列；铁精矿单位成本392元/吨，全年降成本4421万元。

【安全管理】 安全生产实现“三为零”。宣贯董事长关于“安全不能走形式”的批示，全员开展安全思想大讨论和“三大规程”闭卷考试活动，矿领导带头开展“领导讲安全”活动，营造浓厚的安全氛围。逐级落实风险管控责任，全年消除较大风险1项、一般风险3项，各类风险全部受控；开展带式输送机安全专项整治，建立全矿119条皮带机的安全管理档案；针对山林火灾风险，划分防火责任区，设置警示牌、责任界标，购进12台割灌机分发给各作业区。开展隐患排查和视频查违章，共下发专项检查通报49期，排查治理隐患316项；实行视频监控逐级抽查、上报制度。强化重大危险源管控，完成小西沟尾矿库主坝筑坝、压坝工作，形成十期子坝；完成尾矿库主管路上移工作及老泄洪塔封塔工作。

**【生产组织】** 以公司精矿需求为己任，实现稳产、高产。强化采掘管理，重点组织主采场上部台阶靠界工作，生产台阶数量由10个减少至7个；扩帮区完成原152米站及联络线路基的采出工作，6月末具备3个台阶同时作业条件，采场技术状况得到改善。下盘264米新增机车排土线，年末形成255米临时机车排土线，缓解土场受土能力不足的压力。加大土场矿石回收力度，日均处理回收矿石8000吨；完成264米碎石生产线建设及244米矿石回收生产线改造工作，增加回收土场矿石40万吨，增加机车排岩能力400万吨，有效改善主采场矿源不足的状况。加强磨矿管理，实现磨矿作业率95%以上。制定124米、146米两个岩石倒装站生产激励、考核制度，确保机车完成岩石产量。加宽铁路道口，设置压道铃，增设北部出口分流车辆，提高汽车通过能力。

**【设备管理】** 创新设备管理，设备运行稳定。开发歪矿停开机管理系统，合理调配检修力量，缩短故障影响生产时间。制定主体设备大年修五年规划，对应修未修的设备实施扩大定修，减缓设备劣化速度，逐年扭转主体设备欠修现状。开展铁路线巡检、维护近80千米，脱线次数较往年明显降低。严格执行“领新交旧”制度，杜绝“以领代耗”形成账外物资。积极开展116米皮带运输系统高压柜互锁保护、246米站场铁路信号控制等电气系统改造及信息自动化系统建设，消除供电线路运行隐患，提升信息化管理水平。

**【成本管控】** 加强三级成本核算，做到日清日结，全面完成降成本任务。制定降成本措施和成本考核方案，实现降本指标的层层分解、层层落实、层层考核的管理制度，实行“亮黄牌、摘帽子”的考核办法，实现成本考核与职工薪酬挂钩。深入开展日清日结工作，实现成本管控数据信息从厂部、作业区两级提升到班组三级的模式，时时动态分析成本完成情况。抓住关键环节，全年能源和定额成本累计降低3213万元；积极组织修旧利废，全年完成自制件1473件，创效1598万元；回收废旧物资价值达240万元，上交废旧钢铁3165吨，超出公司计划量2165吨。

**【重点工程】** 上盘164米岩石倒装站工程于年末竣工。完成上盘土场251米站及联络线施工建设。完成主选高压室改造、牵引变电所改造、采场6号高压室土建施工及设备安装工作。全力组织歪矿低品位矿及废石辊磨干选资源综合利用项目的推进工作，完成预可研及可研报告编制工作。积极推进矿权办理工作，9月初取得主采场探矿权；完成主采场补充勘探方案编制工作，并通过专家内审；棉花矿预交价款取得省厅批复；完成花岭沟储量分割报告并通过专家评审。

**【人力资源管理】** 依据“公开、公平、公正”的原则，全面完成“四定”工作，9月底完成四个职群、七个轮次的岗位竞聘工作；9名原正科级人员、14名原副科级人员落聘到专业师级岗位，17名责任师级岗位人员落聘到操作岗位；18名专科以上学历的大学生从操作岗位竞聘到业务和技术岗位，点检员从48人精简至29人。重视技能人才的培养，大力倡导岗位练兵和技术比武活动，共有16名职工在集团公司级电机车修理、钻孔机司机技能大赛中获得前8名，2名职工在矿业公司钳工技能大赛中获得前6名，在公司奖励的基础上，歪矿实行等额奖励，进一步激发了职工群众学习技术的热情；积极开展拜师学艺活动，鼓励青年职工爱岗敬业，钻研技术。

**【环保工作】** 改造三水平衡泵站事故池闸板，更换三水泵站监控，在三水泵站下游建造第二道透水坝，保证沙河的水质。配合高新区环保局清理岱金峪小河，出动钩机 50 台次。美化矿区环境，在南山种植刺槐 2 万株，各作业区种植 6 万余株苗木，绿化面积达 1 万平方米，现有绿化面积已提升至 96.89%。顺利通过国家环保督查组“回头看”、本溪市环保局及辽阳市环保局的检查验收工作。

**【党群工作】** 扎实推进“不忘初心、牢记使命”主题教育活动，将主题教育动员到 55 个党支部，推动全矿主题教育有力有序开展。荣获集团公司 2019 年度“先进单位”“先进党委”等荣誉称号。积极配合集团公司完成党委第二轮巡察工作，做到即知即改、立巡立改和全面整改。加强矿山文化建设，在集团公司第三届职工运动会上，获得女子总分第一名、男子总分第一名、团体总分第一名的优异成绩。推广注册“学习强国”平台，注册率达到 98.26%，参与度达到 80%。对职工宿舍增加门禁系统，添置窗帘被褥等日常生活用品，为新入职毕业生和倒班司机提供方便、舒适、卫生的居住休息环境；对存在重大安全隐患的机关浴池进行维修改造，解决 300 余名职工无处洗浴的问题；关注弱势群体，加大“送温暖”工作力度，在春节、国庆等节日期间，走访慰问住院、长病休职工 266 人次，慰问金额共计 21280 元。武装、保卫、信访、法律事务等群团组织充分发挥各自职能，促进矿山和谐、稳定、健康发展。（高　朋）

## 南芬选矿厂

**【概况】** 2019 年末，本溪钢铁（集团）矿业有限责任公司南芬选矿厂（简称南芬选矿厂）在籍职工总数 1415 人，其中操作人员 1248 人、管理干部和专业技术干部 167 人，研究生学历 13 人、本科学历 147 人，高级职称 22 人、中级职称 77 人、初级职称 63 人。下设 7 个职能室、10 个作业区。党委下设 19 个党（总）支部、70 个党小组，党员 485 名。固定资产原值 21.57 亿元，净值 9.48 亿元，主要产品为铁精矿。2019 年，南芬选矿厂铁矿石处理量完成 1297 万吨，铁精矿产量完成 443 万吨，铁精矿单位成本完成 430.64 元/吨，实现销售收入 27.56 亿元；精矿品位完成 67.26%，金属回收率实现 79.79%，工序能耗完成 5.59 千克标煤/吨。实现了安全生产目标。工业废水废气排放处理率为 100%。

**【生产组织】** 强化生产调度指挥，加强内外部信息沟通协调，实现产量、收率最大化。积极与露天矿沟通协调，组建两个单位“跨界”微信管理群，实现信息共享。加强生产组织，采取三碎联动降粒度、选别抓操作等措施，实现稳产高产。新建低粉回收系统，全年增产铁精矿 1 万吨。做好防寒防汛和尾矿库冬季蓄水工作，确保生产顺行。全年，公司两次追加增产任务 13 万吨，生产系统精心组织、靠前指挥，努力消除不利因素，为全面完成生产任务做出了突出贡献。

**【技术工艺改造】** 加大技改力度，推进相关选矿试验有序开展。完成四选高场强磁选机改造，提高金属回收率。实现细碎碎矿机电流报警、跑块报警，降低跑块频次。联合研究院开展相关选矿试验，为优化工艺改造提供参考。开展了高压辊磨、干选抛尾碎矿新工艺研究前期工作。

**【质量管理】** 以提升质量管理为中心，加强质量管控，更新磁选机、振动筛等选别设备，稳定产品质量，为集团公司提供稳定合格的铁精矿。细化工序要求，进一步完善工艺技术规程，加大检查力度，严格执行工艺质量标准。成立质量攻关组，加强质量过程管控，成效显著。与检化验中心密切配合，第一时间启动应急预案，避免给下道工序造成影响。

**【安全管理】** 以持续推进安全基础管理工作为主导，重点落实隐患排查治理，严格落实风险管控措施。认真落实董事长关于《安全考试切忌走形式》的批示精神，组织1600余名职工闭卷考试，开展规程抽考验收累计150余人次。修订完善安全操作规程71项，编制新规程12项。全力推进建设项目“三同时”，取得卧龙沟尾矿库336~380m安全生产许可证，完成小庙儿沟尾矿库闭库验收。粗碎作业区两条皮带机实现无人值守，细碎作业区安装2台皮带清扫器，进一步降低职工作业风险。组织开展安全检查，下发隐患整改通知书27份，全部整改完成。汛期组织卧龙沟尾矿库大型实战应急演练，得到省、市应急管理部门高度评价。对细碎作业区9个重点产尘点位安装除尘器，改善现场作业环境。加大相关方考核力度，全年累计考核相关方单位21200元。

**【设备管理】** 加强设备基础管理，完善设备使用、维护、检修规程和“三级”点检制度，提升设备完好率和开动率。全年，实现设备作业率95.8%，比计划提高2.8%；设备可开动率98.11%，比计划提高0.83%；故障停机率0.33‰，比计划降低0.09‰。全面开展技术培训工作效果明显，技术人员整体素质和责任心明显增强。强化设备点检定修，加快推进工序完善项目。推进领新交旧工作，保证物资的合理使用。以大停车和设备春秋检为契机，对查出的743项隐患全面整改。稳步推进设备自动化、信息化改造，完成自动化改造5项。实施点检承包责任制，稳步推进“操检合一”管理模式，设备故障及非计划台时同比降低1474小时。强化费用管控，修旧利废节约742.74万元，完成利库84.2万元，上交废钢铁和废旧物资创效374万元。

**【重点工程】** 大力推进重点工程建设。在65吨锅炉建设过程中，项目部全力以赴攻坚克难，确保工程按时间节点竣工投产；三段磨选工艺改造完成项目后评价，全面决算；卧龙沟尾矿库在线监测完成决算；三级计量系统建设完成，能耗数据更加直观可控；完成1号浓缩机厂房拆除和南芬过滤间墙体改造，消除2项重大危险源；新建厂内职工食堂；厂区1号门维修后，面貌焕然一新；选矿大型化改造可行性方案已经形成，勾勒出年处理1800万吨原矿的现代化企业蓝图。

**【能源管理】** 坚持向能源管理要效益，推进三级计量网络建设和应用。全年，铁精矿用电单耗95.68kW·h，比计划降低0.42kW·h；新水精矿单耗完成2.1t，与计划相比降低0.3t。推进单机台考核与职工收入挂钩，提高全员节能意识。通过逐步淘汰高耗能电机、变压器，有效降低电能消耗。合理组织生产用水，实现经济运行。

**【环保工作】** 进一步加强环保整治力度，切实履行环保主体责任。整顿危废暂存点和集中控油点，定期检查放射源点位，投资134万元实施除尘器改造项目，确保环保设施有效运行。

**【降本增效】** 面对成本指标一降再降的艰巨任务，全面落实降本措施。全年创造效益4782.20万元，圆满完成降本10%，再降5%的任务。推行日清日结和对标挖潜工作，组织人员开展对标考察，找差距，定措施，促改进。推进三级成本核算，落实26项降本措施，降成本3547万元。充分利用税改优惠政策，降低税费2637.11万元。严控非生产性支出，“四小”费用同比降低1.58%。修旧利废创效益742万元。征集实施合理化建议207项，创效益2684万元。

**【人资管理】** 快速稳妥推进“四定”第二阶段工作。在集团公司率先完成岗位竞聘工作。“四定”工作后，呈现出“三多三少”新局面，得到两级公司的充分肯定。全厂推进“操检合一”工作，既缓解了生产岗位人员不足问题，又保证了设备日常检维修的及时性。实行“工资总额承包”和“点检承包”，职工收入、工作效率显著提高，设备故障率明显下降。

**【创新管理】** 树立全员培训新理念，学习新知识、新技能，提升全厂干部职工的工作能力和技术水平。成立科级干部政治理论学习班，切实提高管理人员的思想素质和管理能力。组建青年人才培训班，努力培养企业的中流砥柱。“笃学求是”精选读书会为职工搭建读书分享交流平台，提升全厂的学习氛围。每月为作业区发放人均55元培训费，按照“干啥学啥”“缺啥补啥”的原则进行培训，全体职工的综合素质得到普遍提高。坚持每月一次民主生活会，遇到问题及时和中层干部沟通，职工凝聚力和向心力得到增强，精气神越来越足，为企业稳健发展积攒后劲。营造全新服务理念，倡导厂领导班子为全厂服务、机关为作业区服务、作业区为班组和职工服务的新思想，不断提升各层级管理人员的服务能力。全厂上下呈现出目标一致、团结一心、不惧困难、勇挑重担的良好氛围。借助集团公司契约式管理，明确任务、落实责任，人人分解指标，制定《问责追责管理办法》，增强各级管理、业务、技术人员的履职担当和干事创业的积极性。以职工意见无小事为工作宗旨，大力实施民生工程，重点解决了五大民生难题：一是新建职工食堂并投入使用，解决了职工吃饭难问题；二是为四选过滤间和运输新站铺设自来水管线，解决了职工饮水难问题；三是更换细碎岗位间防尘门，解决了粉尘大的问题；四是规划停车场，解决了停车难问题；五是大学生公寓重新装修，改善大学生生活条件。通过一系列民生工程的实施，职工的获得感、归属感、荣誉感、幸福感倍增。

**【党群工作】** 各级党组织以开展“不忘初心、牢记使命”主题教育为契机，认真开展纪念“建党98周年”和“庆祝新中国成立70周年”系列活动。完成19个党（总）支部的换届改选工作。增设党建活动室，完善党建阵地建设。做好干部管理考核及竞聘上岗工作，形成干部能上能下、能进能出的选人用人机制。狠抓两级班子学习教育，深化职工思想引领。加强党风廉政建设，定期组织廉洁自律教育公开课，进一步增强党员干部廉洁从业意识和拒腐防变能力。着力抓好意识形态、宣传、统战和企业文化建设工作，全年在《本钢日报》和“今日本钢”发稿135篇，印发《选矿工作信息》12期，发送“魅力选矿”微信102期，充分发挥舆论导向作用，树立了我厂良好的企业形象。工会组织深入开展小改小革合理化建议活动，全年共征集合理化建议48项，创效益60多万元。组织技术比武，两名青年职工在本溪市技能大赛中取得优异成绩。扎实推进星级班组及劳模创新工作室建设。做好职工普惠工作，组织健康疗养，为职工发放米、面、油。走访慰问39名困难职工。选矿拔河队在省和公司比赛中分获两个级别的冠军。持续做好信访维稳、预备役、共青团、老干部等工作，确保了企业和谐稳定发展。（王学思）

## 石灰石矿

**【概况】** 2019年末，本溪钢铁（集团）矿业有限责任公司石灰石矿（简称石灰石矿）固定资产原值8.42亿元；员工1269人，其中管理岗56人、业务岗77人、技术岗57人、操作岗1079人；下设14个作业区和10个职能室；主要设备有600t/d回转窑2座、500t/d套筒窑1座、300t/d套筒窑1座、280$m^3$竖窑1座、250$m^3$竖窑4座、YQ150A潜孔钻机7台、WD-400等型号挖掘机14台、BZK3530等型号自卸式载重汽车26辆等；主导产品有成品石灰石、成品生石灰、活性石灰。2019年，完成采剥总量502.71万吨、石灰石原矿295.39万吨、生石灰总量110.62万吨、脱硫剂7.4万吨；粉灰稳定率达95.27%，活性灰CaO含量90.55%，均高于公司考核计划；累计降低成本1340.5万元；安全生产实现“五为零”；粉尘达标排放，污染因子合格率达100%。

**【生产组织】** 密切与钢铁厂保持信息沟通，根据钢铁产能释放程度及其对石灰石、生灰需求量，灵活调整生产，以新形势下双方共同关注为出发点，充分发挥产用联动效应，依托现有炉窑工艺水平，合理排布生产计划，制定并落实各项保产稳产措施，满足钢铁工序需求。明山矿区原矿发出受溪湖修路（6~9月）影响，略有欠产，但仍满足了竖窑原料供应；阎家沟矿区克服年初运输合同到期、道路整治等困难，完成发出计划；黏土矿区强化生产过程管控，调整设备技术参数，完成脱硫剂7.4万吨，满足公司需求。

**【设备管理】** 强力推行以计划为核心的设备点检定修和规划中长期检修，实现了从短期检修向中长期检修的过渡。为满足钢铁生产需求，2018年9月，经过科学研判，细致评估，向公司申请推迟2号套筒窑的大修，为高产奠定基础。与公司联检同步，保安全、保质量、保工期完成1号回转窑与3号竖窑大修工作，受到公司好评与嘉奖。严格落实集团公司点检岗位承包要求，将回转窑、套筒窑、竖窑三条产线实行点检承包，通过一个点检周期的运行，炉窑设备技术状况均有效提升，达到预期效果。

**【安全管理】** 通过安全操作规程和责任制的学习、考试，有效提升全体职工的安全主动意识和自我防范能力，进一步提高安全管理水平。充分结合企业实际和季节特点，有针对性地开展专项安全检查，累计查出隐患6182项，全部整改。实现全年无轻伤及以上事故和火灾事故发生。部分安全管理好的做法和专项工作受到公司表扬与嘉奖，共嘉奖53项，奖励1.96万元。

【降本增效】本着“划清管理范围、明确经济责任、单独考核业绩”的原则，以日清日结、三级成本核算为主要抓手，对各项指标再次进行深度细化、深度分解，实时推进各类能耗对标、测算，准确掌握单日消耗情况以及影响单耗升高的因素，通过技术改造等有效手段，及时解决生产经营存在的问题。全年石灰石工序、生石灰工序等 11 项指标全部完成计划，实现累计降低成本 1340.5 万元。

【环保管理】实时巩固环保成果，顺利通过中央环保回头看。绿化工作完成苗木栽植 20000 余株；更换除尘布袋 1576 条，实现持续达标排放；在线监测运行稳定，数据传输率 100%。B5、B6 皮带除尘设施改造工程，成品破碎机除尘器改造工程，活性石灰发出区域除尘改造工程已全部进点施工，完成阎家沟矿区水土保持项目，完成黏土矿区脱硫剂产线布袋除尘器更新与电子秤除尘器改造工程，很大程度上改善了岗位作业环境，消除职业危害，实现达标排放。

【质量管理】始终贯彻落实集团公司质量工作方针，突出强调预防为主和持续改进要求，及时掌握钢铁厂质量情况反馈，确保质量管理体系运行的有效性；同时加大对采场原矿质量管理力度，强化煅烧过程控制，粉灰稳定率和活性灰 CaO 含量均有明显提高。黏土矿区加强质量管控，脱硫剂 CaO 含量和粒度均满足钢铁生产要求。

【人力资源】根据公司“四定”第二阶段工作总体要求，平稳完成各职级竞聘，干部岗位 170 余人参与竞聘，从下级竞聘成功人员 16 人，上级落聘人员 7 人。平稳完成首席操作、高级操作竞聘工作；完成职工培训计划。加强劳动纪律管理，有针对性地开展劳动纪律检查工作，共进行检查 257 次，查出违反劳动纪律 33 人次，考核 1.38 万元。

【技术管理】共征集合理化建议 69 项，其中《0-3 粉灰系统改造》项目向集团公司进行申报立项，预计年产粉灰增加 18 万吨，效益可观。矿业公司课题立项《大明山石灰石矿降低爆破振动技术研究》项目基本完成，效果达到预期。《一种型钢弯曲成弧装置》和《一种可移动电缆的多功能装置》获得国家实用新型专利。

【业务对接】2019 年 4 月，黏土矿划归石灰石矿管理，管理模式、企业性质定位、业务对接、审批流程等方面存在诸多问题，通过开展大量基础工作，实现平稳过渡，各项工作有序进行。

【炼铁厂协力】强化协力人员管理，完善各项基础工作，严格实施各项考核，职工队伍管理得到提升，各项工作平稳有序开展，圆满完成各项协力工作任务。

【集体企业改制】所辖 6 家集体企业共有 781 人，由于历史原因，基础数据欠缺，改制工作难度较大。为全面完成改制工作，抽调人员从大量基础工作入手，重新梳理档案，完善个人信息，在综合工业公司统一要求下，完成企业性质界定、职工身份认定、清产核资、履行民主程序、签订两个协议一个证明等相关工作，集体职工呈稳定态势。

【党建工作】一是扎实开展“不忘初心、牢记使命”主题教育，班子成员对照党章党规深入开展自我剖析，通过深入调研，查摆自身存在的问题和不足，并详列整改措施，逐一整改；同时，教育引导广大党员干部牢记党的宗旨，真抓实干，转变作风，确保主题教育取得扎实成效。二是基础工作有效开展。组织开展庆祝建党 98 周年系列活动，继续深化党内建功立业主题实践活动，开展走访慰问困难党员活动，组织共产党员奉献月活动。三是开展以“增产稳质、降本增效”为主题的劳动竞赛和“安康杯”竞赛活动，均取得较好效果；参加集团公司第三届职工运动会项目，成绩优异。四是组织团员青年开展读书活动，进一步激发青年职工的工作热情和创新活力。五是出色完成“两会”、职工运动会、“十一”大庆等特殊时期的信访维稳工作。矿山保卫、计划生育、科协等工作有序开展，为生产经营顺行做出贡献。（许子朋）

## 辽阳贾家堡铁矿有限责任公司

**【概况】** 2019 年末，本溪钢铁（集团）矿业辽阳贾家堡铁矿有限责任公司（简称贾家堡铁矿）在籍职工 375 人，其中生产操作人员 309 人、技术人员 17 人、管理人员 21 人、业务人员 28 人，党员 135 人。下设 5 个管理室、4 个作业区。公司管理设备 748 台（套），其中主体设备 124 台（套），固定资产原值 143421.85 万元，净值 129370.02 万元。2019 年，完成采剥总量 989.73 万吨，其中矿石 420.51 万吨、岩石 569.22 万吨；完成铁精矿产量 120.07 万吨，超考核计划 5.07 万吨，超设计能力 5.07 万吨；精矿品位 63.51%，超计划 0.51%；质量合格率完成 78.69%，超计划 18.69%；铁精矿计划单位成本 423.8 元/吨，实际完成 412.21 元/吨，变动成本总额比计划降低 1906 万元。

**【基础管理】** 构建和完善三级成本核算体系，提高职工收入与成本挂钩幅度。按照集团公司成本管理要求，从 5 月逐步完善作业区和班组三级成本核算体系。通过开展日清日结工作，钢铁球、精矿耗电等大宗定额消耗做到日分析、日总结。作业区及班组重新修改成本奖考核办法，成本奖比例达到 20%，职工成本收入差距将近 200 元，成本意识大幅提升，真正实现了量化考核。创新开展文明生产工作，全面提高自主管理水平。制订贾矿文明生产推进方案，推进站立式班前会、走动交接班和规范手机管理工作。通过开展清洁文明岗评比活动的正向激励作用，促进作业区文明生产工作积极开展，作业区制订文明生产巡检路线，实现网格化管理。实现了区域承包、专人负责、贾矿定期通报的良好生产氛围，贾矿文明生产工作一直走在矿业公司的前列。加强“三规一标”培训、考核工作，提升职工技能水平。贾矿生产、设备和安全三部门联动，强化“三规一标”的宣贯，制订全员的培训方案，严肃考核办法。签订契约化管理责任状，实现管理压力的层层传导。贯彻落实集团公司契约化管理要求，10 月 18 日矿与各作业区及管理室签订契约责任状。第四季度生产、成本指标完成情况决定了管理干部职务的任免，极大调动了基层的工作积极性和创造性，10 月完成精矿产量 10.95 万吨，创造贾矿历史最高水平；完成铁精矿稳定率 83.7%，比计划提高 23.7%。

**【安全管理】** 构建全员参与的安全管理体系，推进危险源网格化管理，明确安全职责，月季领导安全履职检查形成常态化。细化安全生产规章制度，强化全员安全教育培训，有效提高了全员安全意识和防范能力。制定“两会”期间以及“保平安　迎大庆”

贾家堡铁矿召开绩效考核工作会议（韩红雨　摄）

国庆期间爆破及各项安全工作措施，确保矿山的生产安全稳定，营造良好安全生产氛围。加强隐患整治闭环管理，排查安全隐患354项，整改率达到100%，5项较大危险源和12项一般危险源全部处于受控状态。吸取安全事故教训，加强对边坡、土场、爆破、道路车辆、高压设备、电气防火封堵、自动消防报警终端、消防设施器材、电缆沟等重点区域的专项检查，及时消除安全隐患。完善《贾矿联系确认管控项目、措施及考核制度》，建立《贾矿带式输送机安全管理规定》及《带式输送机管控档案》。重点开展学习陈继壮董事长对安全工作重要批示的专题讨论活动。组织对全矿职工进行责任制和操作规程闭卷考试，职工通过率100%。全年实现轻伤以上人身事故、重大设备事故、重大火灾事故及行车事故“三为零”。

**【生产组织】** 科学合理组织日常生产，保证全矿生产长周期平稳顺行。通过多次与属地政府沟通协调，以及采取调整采掘计划、择机爆破、增加爆破频次、调整出矿部位等措施，全力推进采场矿岩生产，矿岩储量逐步提高，采场技术状态逐步恢复；针对贾矿碎矿中、细碎处理能力不足，加强爆区设计优化爆破参数，采用“以爆代碎”方法，提高爆破质量，降低爆区矿石块度，为提高碎矿作业处理能力提供有力保障；采取“以破代磨”方法，改善破碎效果，提高磨机能力。通过钻孔取样，科学制作配矿模型，根据生产实际调整矿石配比和抛废比例，稳定矿石性质，提高入磨品位，降低选比，实现金属回收率、铁精矿产量的最大化；引进新型淘洗机选别设备，替代四段磁选机，提高精矿产量。先后试验增加2台1.2米淘洗机、2台1.8米淘洗机，增加入磨量4吨/小时，每月增产约747吨；持续加强生产操作管理，实现岗位操作的规范化、标准化，降低生产小耽误对产量的影响，提高生产效率；通过加强厂际间沟通协调，做好计划停车的组织工作，合理安排设备检修时间，主动调整运行方式，消化停车检修、故障等因素的影响，提高磨机作业率；精心组织雨季防汛和冬季防寒等保障工作。在汛期前组织对全矿的排水沟渠进行清理，保证汛期排水通畅；完善排土场日常检查监测台账并加强雨季排土场平整度、作业面反坡度、日常沉降、监测等方面监管力度，确保排土场安全稳定。在入冬前提前储备炉灰、岩石细料和大盐，安排专业工程车辆和人员，随时组织对通勤道路和采场运输道路进行除雪防滑作业；自主修复各厂房供暖设施，保障冬季生产。

【设备管理】 夯实设备基础管理，积极推进两级公司要求的阶段性设备基础管理工作。加强检修安全管理，完善管理制度，严格审批准入手续，审核各项检修安全措施，检修、作业区、管理室现场共同确认，全过程跟踪，纠正违章作业行为，实现安全无事故的良好局面。推行点检产线承包机制，严格执行检修质量验收管理，实行点检员、岗位、检修三方验收，重点项目设备管理室跟踪过程并验收，实现两次定修期间无故障。2019 年，通过推进点检产线承包和检修人员参与点检，抓相关方检修质量管理，破碎机、球磨机运行隐患整改，精心安排检修项目，优化检修方案等措施，设备技术指标完成较好，影响生产设备故障为零；设备可开动率完成 98.96%，比计划提高 3.2%；磨机作业率完成 96.78%，比计划提高 1.53%。认真开展计划定修工作，定修计划 100%完成。全年 13 次定修，492 个项目，全部按时完成，为设备稳定运行创造条件。优化检修方案，在保证质量的前提下，检修时间提前 65.7 小时，球磨机作业率提高 1.51%。6 月检修完成计划项目 91 项，历时 10 天，是贾矿有史以来规模最大、历时最长的一次定修。积极开展设备、能源对标工作，深入开展挖潜降耗。完成了太钢袁家村、鞍钢矿业对标工作，找出了电、水单耗超指标的原因，确定采场增加大块干选，选别增加淘洗机工艺改造措施，产品产量逐步提升，质量稳定，为降低能源消耗创造条件。完成排土场新增大块干选系统工程，为降低成本提供有力的保证，投入使用后预先降低矿石贫化减少废石混入破碎及磨选系统，以减少后续矿石处理成本。预计每年处理混岩矿 69 万吨、减少 42 万吨废石混入选别工艺系统，每年可创造经济效益 184.34 万元，现已投入生产。

【工程管理】 2019 年上半年，根据集团公司审计部于 2018 年 9 月提出的《关于贾家堡铁矿及配套选矿工程的审计报告》（征求意见稿）存在的工程管理问题，贾矿分别在矿业公司、集团公司、设计院、审计部组织 5 次专题会议研究，并逐项进行了解释和答复。贾矿与审计部已经就 30 项审计问题达成一致意见，同时审计部已形成审计意见初稿。“细河建桥工程”设计工作。2019 年 8 月 30 日，辽阳市双河生态建设示范委员会对贾矿建桥问题正式发函，对贾矿建桥事宜无意见。此后，黑龙江农垦设计院多次与葠窝水库管理局协调沟通，9 月 20 日，葠窝水库管理局通知该设计院向省水利厅报防洪评价及设计方案。《卧龙沟尾矿库混合排放筑坝试验》项目已开展，12 月末完成尾矿筑坝实验室试验阶段。6 月 20 日与中冶北方公司进行了深入交流，从技术上、进度上、内容上等方面提出了下一步开展地采可研优化的总体要求，全面系统推进露采转地采设计。

【矿山规划】 长期制约 3 号排土场作业的钉子户动迁工作取得较大突破，2019 年 11 月，在辽阳县法院、公安局和寒岭镇政府的积极行动中，对直接影响排土作业的 5 户钉子户进行依法拆迁；2019 年 7 月，贾矿全面启动开展露天转地下开采前期工作，制定采矿权办理、项目核准、设计等推进计划。

【环保管理】 粗破碎、中细碎除尘灰输送改造工程，自投资计划下达后，积极组织推进。在集团公司两次招标无果的情况下，在10月30日按公司要求重新上报工程议标请示。为使工程早日投产见效益，11月16日提前组织施工单位进点开工，已完成粗破碎、中细碎除尘灰搅拌槽安装，$\phi$219mm矿浆输送管路焊接约500m、$\phi$108mm生产水管路焊接约50m、$\phi$50mm蒸汽伴热管焊接约500m。植树绿化美化厂区环境，平整场地1500$m^2$，种植树木、蔬菜面积30亩，栽种刺槐、果树共计32000多棵，美化了矿区。取缔燃煤锅炉工程自投资计划下达后，以降低工程造价、缩短工程工期为原则，通过多处现场路由踏勘，对支架基础形式、旋转补偿器安装位置和数量等方面进行设计优化，共计降低工程造价约33.5万元。2019年9月22日工程正式开工，至10月31日完成全长约2000m（$\phi$273mm）管线焊接，11月1日组织试汽，全线无渗漏。该工程已正式投入使用。规范生活垃圾处理程序，与辽阳县签订生活垃圾处理合同，实现环保合法排放。

**【财务管理】** 坚持眼睛向内，采取提高磨机效率、增加精矿产量、减少运距、提高磨机作业率、降低定额消耗等九项措施，实现生产成本大幅降低。全年变动成本累计降低1906万元；实现盈利7840万元，全年上缴税费12684万元。

**【党群工作】** 坚持党委中心组定期学习，专题学习《中共中央关于加强党的政治建设的意见》《中国共产党重大事项请示报告条例》《党政领导干部选拔任用工作条例》。按照《集团公司集中整治形式主义、官僚主义问题实施方案》要求，对照自查表4个方面20项形式主义、官僚主义问题，进行全面排查，并制定整改措施。按照公司初步安排，在做好六个方面学习的基础上，针对四个专题研讨题目，认真撰写发言提纲，确定调研题目，开展“不忘初心、牢记使命”主题教育。认真开展“四定”工作。按照两级公司统一部署，10月25日全面完成“四定”二期竞聘工作。传达省市级关于党员领导干部违规操办升学宴文件，并组织党员干部集体签订不办升学宴承诺书。开展借公务出差公款旅游自查工作，发挥监督执纪问责作用。运用“学习强国”学习平台、“辽宁先锋”公众号、本钢微信公众号等开展在线学习。“七一”前夕，组织科级干部集体过政治生日，党委书记还结合“不忘初心、牢记使命”主题教育进行了专题讲课。组织参加集团公司运动会，组织青年开展“青年林”植树活动，组织团员青年参观辽阳雷锋纪念馆主题团日活动，参加集团公司青年大学生趣味运动会，获得团体并列第六名，有两名团员青年获得青年标兵、集团优秀团员称号。 （刘焕诚）

## 矿产品厂

**【概况】** 2019年末，本溪钢铁（集团）矿业有限责任公司矿产品厂（简称矿产品厂）职工留守总数4人。矿产品厂拥有一条年设计生产能力200万吨的链箅机—回转窑球团生产线，于2015年11月23日关停，2019年处于停产留守状态。

**【安全管理】** 根据停产后制定的安全管理工作方案，对停产厂房的治安防范设施进行检查，在各重点部位、路口设置巡更器进行巡查。严格执行门禁管理规定，加大出门车辆检查力度，确保停产后资材不流失。对存在安全隐患的基础设施建筑物进行排查与整改。

**【设备运行】** 2019年，本溪钢铁（集团）矿业有限责任公司与本溪南芬华润燃气有限公司签订工业用户供用气合同，华润燃气为矿产品厂2台燃气锅炉供应天然气。同时，本溪钢铁（集团）矿业有限责任公司与本溪钢铁（集团）机械制造有限责任公司签订《生产运行承包合同》，由矿机修承包矿产品厂部分设备存续运行。2台2吨燃气蒸汽锅炉机相关辅助设备运行维护良好，为周边本钢内部全民企业提供冬季供暖和日常洗浴，实现保供零影响。厂内浴池、变电室、厂区门卫及监控设施运行良好。

**【留守工作】** 鉴于本钢南芬球团项目卫生防护距离范围内敏感目标较多，动迁安置费用巨大，集团公司确定暂时停止南芬球团原址复产推进工作。完成辅助车辆维保、监控系统维保、土建防水维修、电机维修、厂设备维护检修、燃煤锅炉检修等六个检修工程。保证矿产品厂资产和设备完好完整。

（杨志坚）

## 设备修造厂

**【概况】** 本溪钢铁（集团）矿业有限责任公司设备修造厂（简称设备修造厂）下设党群工作室、综合办公室、安全管理室、设备管理室、生产技术室5个管理室；工矿、电修、修加、汽修、备件、检修、机修、运修8个作业区。2019年，在籍509人，其中在岗481人、退养1人、长病休6人、保留劳动关系7人、见习岗4人；党员194人。管理岗27人，其中作业区级正职19人、副职8人；业务岗22人，主任业务师2人、专业业务师5人、责任业务师15人；技术岗14人，主任工程师1人、专业工程师4人、责任工程师9人。高级职称6人、中级职称36人、初级职称9人。2019年，自有固定资产582项，原值为86708282.71元；新进固定资产15项。机加、电修、修旧产值考核计划为1900万元，实际完成2049.8万元；年修考核计划142台，实际完成148台；整修、碎修、临修考核计划166台，实际完成233台；推土机维保碎修完成450台次；电铲维保碎修完成358台次；牙轮钻机维保碎修完成224台次。实现安全生产“五为零”目标。

**【生产管理】** 设备修造厂在两级公司的领导下，严格按照矿业公司计划会议确定的目标任务开展工作。2019年，完成电机车年修12台，自翻车136台；协助主体厂矿大停车抢修4次、封堵泄洪塔2次、球磨机给排矿缸法兰扩孔1次，参加抢修人员96人次。全年为主体抢修设备、制作加工备件、维保碎修、临时性急活加班325天，出勤3616人次，保证了主体厂矿生产需求。向矿业公司申报合理化建议10项，立项4项，4项获矿业公司级鼓励奖。重新修订完善岗位作业标准。增补5项、删除1项、完善1项。

**【安全管理】** 认真贯彻两级公司安全工作重要部署，以《安全生产法》为红线，进一步健全全厂安全制度体系。全年编制下发厂文件11个、安委会文件15个，重新调整安委会机构并划定领导干部安全生产责任制分片承包，对各级管理人员安全岗位责任制进行重新修订，组织综合及各类专项检查30余次，作业区开展自检自查240余次，厂、作业区、班组共排查不符合项803项，全部整改。按照公司双重预防机制文件要求，全部完成双重预防机制各项工作建设。编发文件《设备修造厂全面加强危险作业安全监管工作》《危险作业报告单》，制定危险作业报告制度，规范危险作业审批环节，重新制作“二十条禁令”展板40块，配发至各班组；对全厂安全知识题库进行更新修订700余条；聘请南芬区应急大队应急管理专业人员为厂100余名职工进行消防培训；开展二轮安全技术操作规程考试及春、秋季安全知识等培训；聘请劳研所专家为厂200余名职工进行职业卫生知识培训。开展作业场所职业危害因素检测和评价工作，同时健全职业卫生健康监护档案。全年完成安全技改项目14项。开展优秀单位及优秀班组评先、对标，对各个作业区安全管理工作进行月度排名，对存在问题进行点评通报，使安全管理工作达到量化与亮化相结合，发现问题与解决问题相融合，强化了事前预防、责任落实工作的齐头并进。

**【设备管理】** 全厂可用设备582台，封存设备40台，设备运行状态良好。设备开动率完成85%，比上年提高1%。故障停机率完成2%，完好率完成98%，比上年提高1%。检修费全年计划656.48万元，其中备件费88万元、检修材料费498万元、施工费65万元、检测费5.48万元。修理费全年消耗641.8万元，其中备件费69.62万元、检修材料费508.98万元、施工费58.69万元、检测费4.5万元，检修消耗费用全部完成计划指标。检测起重机21台，压力容器3台，氧气、乙炔、压力表302块，一氧化碳报警器2个，千分尺（游标卡尺）128件，均按要求进行定期检测，检测合格率96%。

**【能源环保】** 全年总用电量为189万千瓦时，汽油18.82吨，柴油12.77吨，焦炭购进71.31吨。紧紧围绕“绿色发展，节能先行”的宣传主题开展节能宣传周活动，完善了各项能源计划及考核办法。高耗能设备能够按照要求躲峰运行，有效节约能源消耗。全年回收废旧物资1.09万元，完成废钢铁指标84吨。超额完成了公司下达的指标任务。全年各作业区栽种花草树木900余棵(株)，成活率100%，进一步美化了厂区环境。完成了三级计量电表和超声波流量计的安装，安装超声波流量计7块、电表7块。各作业区紧紧围绕第31个爱国卫生活动月“共推厕所革命　共促卫生健康”的主题，通过LED电子显示屏，用各种方式宣传爱国卫生知识和爱国卫生常识。

**【成本管理】** 针对年成本考核指标实际情况，重新修订了成本考核制度。认真抓好月度分析，严格审查采购项目申报。及时做好跟踪确认，杜绝了违规与不合理上报物料情况的发生。严格按照相关规定要求按日记账、按月结账，做到日清月结。收入资金及时存入银行，不坐支；资金支出坚持领导一支笔，500元以上必须领导签批，坚持收支两条线，没有发生一笔错账，保证了生产的需要。2019年计划考核费用1034.85万元，累计实际发生985.65万元，累计降低49.20万元。非定额非修理辅料定额、能源性费用、安全费用等项目累计得到降低。

**【综合管理】** 全年进行人事档案移交52份，形成会议纪要材料共32份。按照两级公司下发的劳动纪律管理办法和劳动合同管理办法的要求，对全厂职工进行了劳动纪律考试。对作业区不在岗人员进行调查清理，上报不在岗长病休人员6名、退养1名、保留劳动关系7名。组织全厂职工进行劳动合同文本更换和重新签订工作，并进行汇总和登记，配合矿业公司对全体509名职工进行了定岗定编工作，对全厂职工进行岗位能力评价。组织劳动纪律检查120次，每周最少8次，夜岗检查15次。编制岗位定编管理台账和特种作业管理台账，安排特种作业人员116人进行培训。采集在职职工工资总额，共采集人数529人，工资额29010348元。为7名职工申请办理失业保险补助金达8000元。共办理退休40人，办理新入职职工劳动合同签订6人，调出3人，死亡2人，调入1人。解除劳动合同2人。根据生产、安全实际需求开展各类培训班7期，共培训职工462人，组织开展师带徒5对。申报2019年技能鉴定工作，共有75人申报晋级考试。组织特殊工种培训116人。

**【党群工作】** 党委以习近平新时代中国特色社会主义思想为指导，认真学习贯彻党的十九大精神和习近平总书记系列重要讲话精神，积极开展“不忘初心、牢记使命”主题教育活动，认真召开民主生活会和民主评议党员工作，厂班子成员带头开展自查整改，征求基层意见。全年安排党委理论学习中心组学习19次，编辑下发学习资料30多万字。组织全厂8个支部开展了“主题党课观摩评选活动”。根据《党支部工作条例》相关规定，精心组织了厂8个党支部的换届和一个支部的撤销工作。按照公司“四定”工作要求，积极做好“四定”各项工作，认真召开党委班子会，讨论通过了部分干部职务的调整方案，按照公司管理岗、业务岗、技术岗编制数，本着规范管理、精干高效、发挥优势的原则，对管理、业务、技术岗开展公开竞聘工作，并成立“四定”工作领导小组，制定工作方案，全程公开透明，全过程在公司纪检派驻组和干部职工监督下进行，历时三个多月时间完成7个轮次64个干部岗位和8个首席操作、22个高级操作的竞聘工作。集中开展了干部档案审查回头看工作。对档案要件信息和工资表接续信息按新标准重新排查，对66名管理、业务和技术岗位人员的近千条信息进行比对核查和相关材料补充。积极宣传厂服务矿山好人好事，全年编辑印发《修造简报》30期共330份，发表各类宣传稿件300多篇。在《本溪日报》《本钢日报》等外部媒体发表稿件227篇。节日期间各级组织对伤病和困难职工进行了慰问救助，共计达68人次，发放各级帮扶款7.8万余元，送去节日慰问品大米、面粉、豆油等共计2千余斤。共青团积极组织团员青年开展纪念“五四”运动100周年，红色精神传承活动。组织大学生参加集团公司大学生趣味运动会、召开座谈会，组织青年参加集团青工素质挑战赛等活动，凝聚了青工的人心士气。计生、信访、民兵、保卫等组织也卓有成效地开展工作，为全厂和谐稳定做出了积极贡献。不断强化网络舆情和职工群众意识形态安全管理，加强反邪教宣传教育工作，牢牢把握意识形态工作主动权。加强对党员干部的思想教育和作风监管，让广大党员干部通过理论大学习牢固树立“四个意识”，不断增强“四个自信”，坚定“两个维护”，全面夯实思想政治基础。

（李　欣）

## 汽车运输分公司

**【概况】** 2019年末，本溪钢铁（集团）矿业有限责任公司汽车运输分公司（简称汽运分公司）下设5个科室，5个作业区。职工总数342人，其中在岗334人、保留劳动关系3人、退养4人、长病休1人，男职工323人、女职工19人，管理岗19人、业务岗 20 人、专业技术岗 6 人、操作岗 297 人，副高级职称 1 人、中级职称 14 人、初级职称 19 人、技师 10 人、助理技师 12 人，中共党员 144 人。运行车辆 223 台，其中客车 63 台，吊车 18 台，油罐车 9 台，粉物料运输（罐）车 11 台，货车 106 台，铲车、挖掘机、推土机等工程机械 16 台。2019 年，完成产值 3495 万元，成本 4487 万元，实现安全生产“六为零”，保产保供服务零影响。

**【生产管理】** 牢固树立大局意识、服务意识，以服务矿山生产为天职，24 小时全天候做好运输服务。面对矿山撵产提产任务，积极克服人力资源紧张、设备老化、长途运输、采场路况变化频繁、作业现场不固定等困难，班子成员靠前指挥，坚持昼夜值守，科学组织，各作业区强化服务，科学调度，车辆到位，人员到岗，协调配合，不计得失，在做好矿山日常生产服务的同时，组织运力加班加点圆满完成选矿厂、炸药厂、板材辽阳球团公司等用户铁精粉周转、动力煤供给、碎石运输、硝铵抢运、防洪防汛、迎战台风、防滑保产和设备大修用车服务等突发性、临时性任务。妥善应对交通、运输、环保等多个行政管理部门专项集中整治活动较多等不利条件，精心组织、加强巡检、提前预判，在有效满足厂区生石灰供给的条件下，为北营厂区运输冷烧灰 480 吨，为矿山系统生产平稳顺行提供了坚强有力保证。深入贯彻落实《领导干部问责追责管理办法》，修订“三大规程”“问责追责”制度，强化“学贯用”工作落实，结合两级公司“契约”化管理工作要求，制定并与各作业区、管理室签订《经营业绩考核责任状》，推动绩效考核与干部任免、奖惩相衔接。2019 年 3 月 20 日和 21 日先后停止选矿厂小块干选和石灰石矿阎家沟采区职工通勤运输。

**【安全管理】** 把行车安全作为重中之重，召开专项会议部署安全工作，实施安全评比激励机制，提高全员参与安全管理工作积极性。与各作业区签订《安全生产责任状》，作业区与班组及驾驶员签订安全互保合同和安全行车协议，把安全指标层层分解到班组、机台。加强重点风险管控。认真吸取国内客车事故教训，列出“21 项检查清单”，增加频次，加大力度，班子成员数次带队，对 5 个作业区 56 台运行客车逐台逐项检查，清除和整改客车运行安全隐患 18 项，更新客车 23 台。落实岗位责任制，规范职工安全操作行为，加强情绪管理，关注岗前“五态”，深入开展“百日攻坚”“反习惯性违章作业和违章指挥”，结合“两节”“两会”、春秋检和“保平安　迎大庆”等活动，开展安全行车、设备、电气、防火综合大检查 30 余次，查出各类安全隐患和问题 500 余项，全部得到整改。注重全员安全生产意识提升，开展班子成员上讲台、安全巡回演讲、应急演练、技术比武等活动，组织进行交通安全普法教育和安全驾驶技能培训，对 32 个岗位 417 名在籍及项目承包相关方职工进行安全风险告知签字确认。加强文明生产工作。制定下发《手机使用管理规定》、推行站立式交接班等制度。以现场整治为重点，党政主要领导带队，多次对作业区进行逐班检查、逐项工作落实，召开现场会议进行点评，现场督办整改。

**【设备管理】** 健全完善设备管理制度。落实矿业公司《设备管理对标挖潜工作实施方案》《能源管理考核办法》，完善设备管理考核制度，深入开展对标挖潜和“红旗设备评比”，坚持岗位点检标准化、规范化，进一步强化设备“点（门）检”“岗位点检”和车辆检修、保养等各项工作的落实，严查设备隐患，提高设备完好率，为运输生产奠定设备基础。超前工作，科学制定计划，积极做好技术协议完善、草拟和签订，加强跟进督促和协调，全年投资1234万元，购置车辆33台，提前执行2020年维简计划车辆4台，维简执行率位于矿业公司前列。强化落实，积极协调，争取政策和资金，完成露天车队路面硬化、刷车台扩建，选矿车队停车库改造，歪头山车队供暖改造和刷车库建设以及合属办公机关浴池更新改造。

**【成本管理】** 眼光向内深挖潜力。作业区自行设计焊接和改造办公楼梯、走台、会议室和食堂，拓展办公空间，改善办公环境。利用双休日、节假日开展班组建设、老化电气设施改造、防火封堵、自主修筑作业区破损路面、粉刷办公楼和车库墙体等活动。完善成本核算制度和组织架构，组织对标考察，取长补短。重新制定《成本管理制度》，在单车核算基础上，开展模拟日清日结和三级成本核算，指标细化分解到科室、作业区、班组机台。全年汽柴油消耗降低12吨；上交废钢铁100余吨；完成修旧利废1990件，节约资金43.62万元，比计划增加2万元。强化工作纪律监督检查。开展督导检查40余次，作业区自查500余次，全年劳动纪律考核处罚1000余元，提升执行力和工作效率。

**【党群工作】** 坚持以习近平新时代中国特色社会主义思想为指导，深入开展“不忘初心、牢记使命”专题研讨、专题调研、民主生活会及“回头看”等主题教育，深刻检视问题，扎实做好整改，取得预期效果。按时完成各支部改选，进一步加强党的组织建设。履行从严治党主体责任，开展多种形式党风廉政教育，组织参加矿业公司“廉政教育警示讲座”。严格执行中央八项规定，落实《领导干部个人重大事项报告制度》，与20名中层以上党员干部签订《廉洁自律承诺书》。在元旦、春节、清明、端午等时间节点开展案例学习和廉洁自律警示教育，筑牢廉洁自律思想防线。全面完成“四定”第二阶段工作。认真制定工作方案、竞聘操作细则和进度表，坚持公开、公平、公正原则，细化工作流程，加强工作衔接，减少内部矛盾，提高工作效率，完成7轮岗位公开竞聘工作。牢牢掌握意识形态工作的领导权、管理权、话语权。坚持正确舆论导向，加强对外宣传，全年在《本钢日报》等媒体发稿100余篇，2篇论文获冶金行业工会和中国劳动学会优秀以上级别奖项。加强班组文明生产建设。为全体在岗职工配备水杯435个，为生产班组配备饮水机19台、保温热水桶6台。丰富职工文体活动。积极组织参加集团公司运动会，取得乒乓球赛男子团体第五名；组织参加矿业公司迎“五一”职工书画展，上报6幅作品全部获奖。落实职工集体福利政策和民生工程。投入5万余元，发放集体福利345人次；出资7600元，走访慰问结婚、患病和去世职工37人次；安排职工健康疗养24批次212人；办理互助保险理赔36人次，理赔金额3万余元。扎实做好安保维稳工作。制定和落实“保平安 迎大庆”工作方案，认真排查梳理不稳定因素，妥善化解内部矛盾，保证“两会”“两节”和“建国70周年大庆”等特殊敏感时期和谐稳定。

（李　洪）

## 炸药厂

**【概况】** 本溪钢铁（集团）矿业有限责任

公司炸药厂（简称炸药厂）现有职工197人，其中生产操作人员166人、管理岗13人、业务岗10人、技术岗8人，高级职称2人、中级职称14人；党员78人。下设5个科室、2个作业区，分布在南芬矿和歪头山矿。拥有特种混装炸药车11台。主要为南芬露天矿、歪头山矿、石灰石矿、贾家堡子矿、阎家沟矿提供爆破所需炸药生产。2019年完成爆破量13719吨，全年主要费用指标降低55万元；安全生产实现“五为零”。

**【安全管理】** 完善安全生产责任体系建设，狠抓基础管理、领导履职、隐患查改，评选月安全明星班组，示范引导；开展重大危险源火险隐患部位的杂草、灌木清理、整治工作；组织民爆安全知识考试，提升全员安全意识；以“保平安 迎大庆”为重心，开展全方位安全隐患专项检查和民爆安全专项检查，全年共检查43次，发现并整改隐患问题187项，下发PPT通报23期。

**【生产组织】** 针对矿山高产运行、生产压力大等困难，全厂干部职工不讲条件、不打折扣，通过双休日出勤、延时加班等方式满足矿山爆破需求，全年累计双休日出勤18次，延时加班1750小时；对装药机、乳化器等民爆专用设备进行特护，通过双休日出勤、每日提前1小时开机生产等措施，确保炸药供应，歪头山作业区提前4个月完成全年炸药生产量。狠抓生产工艺全流程管控，加大硝酸铵库房检查，做好文明生产、手机管理、站立式交接班的检查落实；积极推进对标挖潜、日清日结及班组经济核算工作；完成歪头山旧炸药生产线延期半年的申请，并已经通过工信部的审批。

**【炸药质量】** 严格按照《工艺技术规程》，加强炸药全过程质量控制，从原材料计量和检测入手，加强地面站和生产线各种半成品的质量检测与控制，将每台炸药车的密度检测由1次提高到2次，做好爆区现场乳化炸药发泡和密度的检测；完成与南京理工大学共同开展的“乳化炸药质量检测与控制研究”科研项目，于9月通过项目验收，达到预期效果。

**【设备管理】** 完善设备管理制度，坚持周检点和日常检查相结合制度，扎实开展好春季、秋季设备大检查，确保了设备安全稳定运行。强化民爆专用设备管理，定期对民爆设备检查维修，对达到安全使用期限的3台乳化器和2台螺杆泵进行更换，保证了民爆专用设备安全、稳定运行；坚持民爆设备安全联锁装置试验，保证炸药生产的本质化安全。

**【工程管理】** 歪头山炸药生产线改造工程项目，是集团公司2019年8个责任状项目之一，是炸药厂2019年的一项重点工作。该项目6月完成初步设计，并通过省工信厅组织的专家评审，7月中旬正式动工。该项目土建施工和设备安装已基本完成，具备试生产条件。

**【人力资源】** 按照公司安排部署，第二阶段“四定”工作于10月末全部结束。四大职群共有32人次参加竞聘，聘任27人，落聘5人，8名操作岗位职工走到了技术或业务岗位；全面做好公司问责追责文件的宣贯工作，制定下发了各系统的问责追责文件，强化各级干部的履职担当意识。继续做好劳动纪律检查工作，加大电子考勤和纸质考勤管理，完善机关人员因公外出记录制度，全年共检查 49 次，作业区自查 215 次，考核处罚 2450 元。

**【党群工作】** 以开展“不忘初心、牢记使命”主题教育为重点，把学习教育、实地调研、检视问题、专项整治贯穿到主题教育中，教育广大党员干部在工作中履职尽责、担当作为，塑造求真务实的工作作风。抓好基层支部党建工作，进一步夯实党支部各项工作。坚持每月支部书记例会制度，按期完成党支部换届改选工作。开展干部档案专项审核工作，逐卷梳理，补充完善。坚持厂党委中心组理论学习制度，全年共进行了 22 次集中学习，组织“不忘初心、牢记使命”主题教育专题民主生活会 2 次，形成思想合力。巩固“两学一做”教育常态化、制度化，充分发挥党支部战斗堡垒作用和共产党员的先锋模范带头作用。切实开展了党风廉政教育，特别是对“两节”“十一”“升学宴”等敏感问题，加大自检、自查工作力度。厂工会围绕生产经营工作，开展了生产竞赛、双增双节等活动，积极组织参加集团公司运动会，展现企业风貌；走访慰问困难职工 9 名，发放慰问金 5800 元；全年有 126 名同志参加了健康疗养，感受到了组织的关怀和温暖。（侯明辉）

栏目编辑　金一嘉

# 本钢年鉴 2020



本钢集团

# 多元产业

# 本钢集团国际经济贸易有限公司

**【概况】** 本钢集团国际经济贸易有限公司，现有职工353人（含腾达公司），承担本钢集团生产的各类钢铁产品、焦化产品、气体产品、各类钢铁副产品的国内外销售及设备、大宗原燃材料的进口采购，以及对外劳务输出、工程承包、技术引进等工作；还承担集团公司海运业务归口管理、反倾销等贸易救济案件的预警、组织与协调等工作。

下设综合管理部、进口部、出口市场销售部、出口计划执行部、商贸部、物流事业部、非钢产品销售部、长材销售部、铸管销售部、不锈钢销售部10个内设机构；国内在上海、广东、江苏、福建、山东、沈阳、长春、黑龙江等地设立8个驻外贸易分公司；在天津、本溪设立2个加工配送公司；在本溪设立国贸腾达公司、北方恒达物流有限公司，在大连设立北营大连进出口公司，分别在香港地区及欧洲、美洲、韩国、越南设立了5个境外分公司。

**【出口工作】** 根据国际市场区域价格不同，将资源量科学统筹，择机投放到高价市场。2019年由于国内市场价格持续走高，热轧产品减少了出口数量，在保证MOU客户的基础上，尽量将产品投放到价格最高的区域市场，从而实现出口效益最大化。重点开发了印度管线钢市场，同印度排名前三的管厂建立了联系并签订了合同，同时针对印度的WELSPUN进行了工厂认证，为下一步的管线钢市场开发奠定了基础。受欧洲、美国当地政策影响，使目标市场减少，冷系产品出口市场以东亚、东南亚和南美为主，冷系产品出口压力较大。

**【进口工作】** 2019年，通过紧跟市场走势、加强市场研判、强化内部管理和同行业对标，不断提高工作效率和工作水平，较好地完成了工程项目引进、生产保供、采购降本、贸易创效等工作。大宗原燃料采购方面实现了避峰就谷采购和保产保供零影响。海关通关工作持续创新：全面推行企业财务公司保函总担保、汇总缴税业务以及关税保证保险业务，极大减少资金占用并提高清关效率。组织参加2019年11月召开的第二届中国国际进口博览会，在博览会上与淡水河谷、必和必拓、ABB、施耐德4家公司签订合作意向书，积极提高企业影响力。

在第二届中国国际进口博览会上本钢与淡水河谷签字仪式（刘佳丽　摄）

**【非钢产品销售】** 2019 年销售副产品 893.74 万吨，同比增加 9.26%。销售收入（不含税）完成 17.57 亿元，同比增加 0.06%。

**【铸管销售】** 国贸公司继续严控风险，坚定推进铸管销售模式转变。2019 年度计划销售 13 万吨，全年实际新签合同量 13.09 万吨，完成率 100.7%，有款订单比例 100%，同比增长 42.8%；销售渠道明显改善，实现出口订货 4.94 万吨，同比增长 160.2%。

**【调坯轧材】** 2019 年紧跟市场价格变化，大力开发采购渠道，保证了生产开轧过渡料需求。开发了辽阳轧钢厂、风城凤辉、北满特钢等周边钢厂作为备选方坯采购渠道。引进了厦门建发金属有限公司等大型国有企业作为坯料采购托盘商，缓解了资金压力，稳定了代理费用。

**【电商销售工作】** 2019 年国贸公司借助欧冶云商线上线下平台，在电商平台交易、仓库货物监管、客户服务、物流园建设等方面保持了良好的发展势头。在完成钢材产品全年在电商平台竞价销售的任务外，同时继续扩大了非钢产品电商销售的品类和数量，通过欧冶云商的化工宝和循环宝实现非钢产品的电商销售。

**【党群工作】** 一是加强理论学习，坚定理想信念。扎实开展“不忘初心、牢记使命”主题教育，坚持把政治学习摆在首位，夯实理论基础，汲取信仰力量，坚定理想信念。坚持以问题为导向，深刻检视问题。坚持以刀刃向内的勇气，推动问题整改落实。牢牢抓住深入学习贯彻习近平新时代中国特色社会主义思想这个根本任务，召开专题研讨、专题党课、中心组学习共 21 次。全面把握主题教育总要求，开展专题党日活动、革命传统教育、廉政警示教育，召开专题民主生活会等，促进党员领导干部进一步坚定理想信念、筑牢政治灵魂。二是提高政治站位，党建主业上肩。认真落实全面从严治党主体责任，履行党委书记第一责任人职责，党委其他成员结合分工抓好职责范围内的党建工作。以提升组织力为重点，层层压实责任，突出政治功能，明确职能定位，强化基层党组织的政治责任和政治担当，促进业务工作与党建融合。选优配强基层组织班子，筑牢基层组织战斗堡垒，全面完成 30 个基层组织换届工作。持续强化党风廉政教育，组织党员领导干部签订廉洁自律承诺书，开展系列廉政教育活动，开展借出差之机旅游等问题专项排查，节假日期间重申严肃有关纪律要求等，全年未发生廉政风险。三是落实工作条例，夯实基层堡垒。认真贯彻落实《党支部工作条例》，加强党支部标准化、规范化建设，不断提高党支部建设质量。依据国贸公司行政职能机构的设置和党员分布情况，及时合理调整基层党组织设置，2019 年 7 月对基层党组织进行优化调整，调整后国贸公司党委下设 1 个党总支、34 个党支部、47 个党小组，实现党组织和党的工作全覆盖。不断创新党建活动载体，认真落实“三会一课”，规范主题党日活动，严肃党内组织生活。突出党支部政治功能和政治标准，引导广大党员旗帜鲜明讲政治，牢固树立“四个意识”，坚定“四个自信”，做到“两个维护”。同时把意识形态工作纳入党支部目标管理，确保意识形态工作责任制的落实，让党支部在基层工作中发挥战斗堡垒作用。四是拓宽党建工作模式，强化驻外党组织建设。针对国贸公司点多、面广、人员分散的特点，推广“互联网+党建”、建立

"党建工作群"等做法，拓展党建工作新模式，强化驻外党组织建设。根据国贸业务特点，每到关键时间节点，以传达上级要求以及通报典型案例等方式进行提醒谈话，要求驻外党员树牢"四个意识"，坚定"四个自信"，坚决做到"两个维护"。多次对驻外党员干部理论学习、开展活动等提出要求，驻外党员采取网络学习、远程交流等方式加强理论学习和思想武装，依托网络媒体等平台，及时认真学习习近平新时代中国特色社会主义思想和党的十九大精神。引导驻外党员不忘初心，牢记使命，围绕中心，服务大局，保持党员的先进性和纯洁性，立足岗位积极发挥党员的先锋模范作用。（贺　聪）

## 本钢板材股份有限公司采购中心

**【概况】** 本钢板材股份有限公司采购中心（简称采购中心）主要负责集团公司生产、工程所需大宗原燃料、辅料、设备备件等物资的采购经营工作。2019 年采购中心在岗职工 206 人，其中：高级职称 41 人、中级职称 129 人；下设焦煤、燃煤、原料、矿粉废钢、金属建材、电气化工、生产备件、工程设备 8 个专业采购部，计划管理、供应商管理、质量监督管理、技术商情、财务结算、综合管理 6 个管理部。

**【采购经营指标】** 2019 年，实现采购总值 426 亿元，比公司预算降低 22 亿元，比 2018 年同期降低 10 亿元。保产、保供实现"零影响"；质量指标、途耗指标、库存指标全部完成公司考核指标。

**【保产保供工作】** 重点物资源掌控力度显著增强。一是稳定煤炭供货渠道，提高国矿掌控力度。面对年初严峻市场形势，提前着手统筹资源布局，强化了与大型国矿合作力度，与龙煤、山焦以及阳泉等各大煤炭国矿签订长期合作协议，提前锁定炼焦煤、无烟煤资源量 1125 万吨，同时，与各铁路局和矿方签订产、运、需三方互保协议，确保了煤炭连续稳定供货。全年组织完成发运煤炭 1076 万吨，完成率达到 95%以上，为公司生产顺行奠定基础。二是加大地矿资源开发，实现高炉经济运行。采购中心先后开发了"三家子""鞍钢"等地矿资源，同时，通过加强东北地区钢厂采购联盟价格平台建设，平抑市场，阻止资源外流，全年实现采购数量 358 万吨，低于周边钢企实际成交价格 31.6 元/吨。三是随着集团公司废钢需求量大幅增加，主动改变以往废钢采购模式，引入废钢协议户管理方式。同时根据本溪市政府建议，推动实现本溪湖经济开发区成为本钢废钢加工配送基地进程，完成了与市政府签订废钢产业战略合作协议工作，加大了与该园区废钢企业的战略合作力度。全年采购废钢 98.8 万吨，满足了生产需要，其中采购本溪市废钢企业废钢铁 41 万吨。四是督促供应商的优质保供，提高合金保供能力。8 月受内蒙古地区限电影响，锰硅合金产量大幅度降低，板材和北营锰硅合金到货受到严重影响，库存出现预警。主动走出去先后开发内蒙古等地区 14 家供应商，保证了资源充足的同时，提高了有效竞争，库存逐渐恢复到合理水平，满足公司生产需要。备件辅料采购供应能力明显提升。一是配合公司联合检修，保障资材及时供应。围绕以"板材 7 号高炉""三热轧定宽机测压装置更换"为核心两个阶段联合检修，与厂矿积极配合，详细制定保供方案。实施联检物料计划执行责任制及"双周"例会制度推进，逐项落实跟踪资材计划、合同以及到货全过程。两次联检共签订备件采购合同 935 份，采购金额 9401 万元；辅料采购合同 421 份，采购金额 7010 万元。在联检过程中积极组织专人多次到制造厂加强实物监造和过程质量管控，圆满完成了 2019 年联合检修任务。二是跟踪服务重点工程项目，确保工程按期投产。完成了板材特钢轧机改造工程，炼钢 4、5、6 号转炉节能环保改造及北营 300 平烧结机改造等 57 项重点工程技改项目。另外，围绕集团公司下达技措、环措、安措等 193 项专项项目，全部按节点时间完成。三是紧盯现场主动服务，确保应急物资及时供应。针对公司发生的各类生产事故，采购中心及时与厂矿跟踪落实事故情况，采取“绿色通道”和“应急通道”进货方式，组织抢修过程中的急需用料，保证了在最短时间内恢复生产。尤其是在北营炼铁厂新 1 号、新 2 号、10 号、11 号炉和板材炼铁厂 5 号高炉 9 号热风炉、7 号高炉 3 号热风炉等突发事故应急抢修工作中，落实现场急需物料，组织供应商应急保供，同时派专人与现场紧密配合，与供应商沟通协商，优先排产，确保了所需物料按时、保质到达现场。组织抢修过程中急需用料，接收应急备件辅料计划 189 项次，采购金额为 26081 万元。四是提前策划提前储备，保证危化品等特殊物资稳定供应。提前制定了“春节”“两会”“国庆”等重要节日和会议期间盐酸、液碱、硝酸铵等易燃、易爆、易制毒危化品的保供预案，并根据厂矿库存合理安排到货时间，提前完成了备料工作，保证了国庆期间危化品、爆炸品到货需。另外，按照集团公司 2019 年防汛总体部署，建立了防汛应急预案，在汛期来临之前完成了编织袋、锹、镐、潜水泵等防汛物资全部组织到货，同时对常用防汛物资组织供应商进行合理储备，建立了防汛物资供应商联络机制，有力保障了集团公司各生产单位的安全度汛。

**【降本增效工作】** 一是资源开发。在炼焦煤方面，继续推进阳泉曲替代马兰和东曲替代红阳等项目以外，新开发了鑫飞焦煤替代屯兰和凯嘉瘦煤替代京唐焦煤，双鸭山 1/3 焦替代恒山 1/3 焦，实现降本 7453 万元；在地矿方面，用相对低价的“硼镁矿粉”资源替代部分地矿消耗，实现功能替代降本 455 万元；在矿产品方面，板材炼钢厂用大块白云石替代补炉料，实现降本 1381 万元。二是择机采购。通过洞察采购物资上游资源、下游需求的市场动态，加强商情研判，合理利用采购窗口期，全年在煤炭、废钢、铁合金及汽柴油等品种上进行择机采购，全年实现择机降本 807 万元。三是对标挖潜。在耐材方面，通过与鞍钢、新抚钢等企业对标，引入五大钢供应商，结合原材料价位走势分析与供应商进行了五轮磋商谈判，综合降幅达到 7.71%，全年降成本 8177 万元；在油品方面，配合公司设备部组织油品去品牌、完善参数、对标、公开招标工作，油品综合降幅达到 4.5%，全年降本 1200 万元；水处理药剂部分品种通过公开招标降幅达到 20%以上，全年降本 900 万元。四是价格管控。加强市场研判，为了实现大宗品种采购价格在相对科学、合理的区间内运行，把握市场的主动性，实现了严格价格管控降低成本。通过联合鞍钢与各大煤矿商谈压价降本，全年实现无烟煤压价降本 16500 万元；利用地矿协议户制度，在锁定资源的前提下，提高了相对市场定价主导权。全年实现采购地矿平均价格为 675 元/吨，周边钢企价格为 705 元/吨，相差 31 元/吨，直接降本 11151 万元。五是资金管控。2019 年春节过后，在实现保供的同时全力降低煤炭、矿粉以及废钢铁等大宗原燃料库存量，紧盯公司生产实际消耗及生产节奏，一方面配合公司制造部制定合理经济库存指标；另一方面积极与各煤炭及矿粉供应商合理组织发运。另外，按照集团公司统一部署，推迟冬储工作，12 月末煤炭、矿粉以及废钢铁各品种的库存量与去年同期相比降低 25 万吨，减少库存资金占用 2.4 亿元。

**【党群党建工作】** 一是不断完善党建工作。认真组织学习贯彻习近平新时代中国特色社会主义思想和党的十九大精神，继续推进“两学一做”学习教育常态化制度化。加强了采购中心党委中心组理论学习，以读原著、学原文、悟原理为重点，通过每月不少于两次的集中学习，不断强化党员干部理论水平；充分利用“学习强国”平台，号召采购中心广大党员干部加强学习，以党支部为单位，对学习成绩进行排名并在支部例会进行通报、点评，从而用党的政治理论武装头脑、指导实践、推动工作、增强本领、提升能力。二是开展主题教育活动。以巡视整改和开展“不忘初心、牢记使命”主题教育为契机，不断提升党建管理水平。按照集团公司党委开展“不忘初心、牢记使命”主题教育总体部署，制定了《采购中心“不忘初心、牢记使命”主题教育实施方案》，并将主题教育与采购经营管理实际紧密结合，通过找差距、找问题，抓整改、抓落实，实现党建工作基础进一步夯实，同时促进了采购管理水平不断提升。另外，以集团公司党委第三巡视组到采购中心开展巡视巡查工作为切入点，自上而下全面体检，认真查找了采购各环节风险点，规避风险的同时，实现了采购行为更合规、更规范。三是开展廉洁教育工作。先后在元旦、春节、清明节及端午节前进行廉洁教育，组织全员签订《廉洁自律承诺书》236 份。开展了观看警示教育片活动，通过典型案例，时刻敲响廉洁警钟；组织全体党员干部参观省反腐倡廉警示教育基地，组织撰写观后感，不断增强员工廉洁自律意识，切实做到守住底线、不碰红线，扎实做好采购工作。四是切实加强群团工作。各群团组织积极发挥桥梁纽带作用，紧紧围绕采购工作，创新开展主题实践活动，促进了采购经营工作的顺利开展。工会开展了以明星团队为集体竞赛、岗位之星个人参与劳动竞赛活动，紧紧围绕采购工作的难点、重点，极大地激发了员工工作热情，促进采购工作的提升，收到了良好的效果。另外，科协、共青团、武装、统战、信访、计划生育等系统围绕采购中心经营工作，积极创新工作方式，有力促进了公司及采购中心的平稳运行。 （孙玉娟）

# 本钢集团财务有限公司

**【概况】** 本钢集团财务有限公司（简称财务公司）是由本钢集团有限公司、本溪钢铁（集团）冶金渣有限责任公司、本溪钢铁（集团）实业发展有限责任公司共同出资设立，经辽宁银保监局批准的非银行金融机构，于 2014 年 12 月 25 日开业，注册资本 30 亿元（含 1000 万美元）。2019 年，财务公司年度资产总额 188.12 亿元，负债 155.65 亿元，所有者权益 32.47 亿元；累积实现营业收入 1.39 亿元，利润总额 5528.85 万元，全年缴纳税金 4324.5 万元，为集团增效 4 亿余元。下设综合管理部、信贷部、结算营业部、风险管理部、审计稽核部、计划财务部 6 个部门，2019 年末在籍职工 28 人，其中研究生学历 4 人、本科学历 22 人，高级职称 5 人、中级职称 10 人；党员 16 人。

【结算业务】 2019 年，财务公司树立高质量服务的核心理念，充分发挥财务公司作为资金结算中心、金融服务中心的功能作用。财务公司已开户成员单位累积达到 101 家，日均存款额为 148.34 亿元，累计吸收存款总额 1963.58 亿元，操作代理支付业务 21851 笔，共计 519.61 亿元；回拨业务 4299 笔，共计 1264.95 亿元；内部结算业务 6350 笔，共计 4361.11 亿元。为财务公司开展各项经营业务、拓宽业务领域提供了资金保证，发挥了整合资金资源和提高资金使用效率的职能作用。

【信贷业务】 2019 年，财务公司坚持依托集团、服务集团的经营方针，充分发挥产融结合平台功能，向集团和成员单位提供信贷支持。截至 2019 年末，财务公司各项贷款余额 154.97 亿元，同比增长 14.61 亿元，增幅 10.4%。

【票据业务】 2019 年，财务公司继续以服务集团为经营宗旨、以依法合规为经营理念，根据集团公司主要成员单位对外采购结算需要，适时开具电子承兑汇票，全年累计签发 151 亿元，年末余额 64 亿元，极大缓解了企业资金管理压力，有效降低了资金运营成本，财务公司金融服务作用得以进一步体现。

【保函业务】 自财务公司列入全国首批海关事务担保试点的两家财务公司之一以来，保函业务不断取得新突破，年末保函余额 4.3 亿元。通过为成员单位开具海关总担保保函、海关缴税保函、进口关税保函等业务，为集团节约资金成本 2000 余万元。

【风险管控】 2019 年，财务公司坚持把规范管理、管控风险作为保障长远、健康、稳定发展的第一要务，实行创新发展与规范管理两个轮子齐头并进。一是财务公司不断强化公司治理建设，完善财务公司基本治理制度，进一步夯实管理基础。二是坚持“制度先行”管理模式，不断完善风险管理制度体系，集中组织制度梳理，修订完善制度 30 个，汇编制度 85 个，编制操作手册 3 项。三是配合监管部门开展专项自查及现场检查，充分发挥公司“三道防线”作用，各项检查均无重大问题，并得到监管部门的肯定。在日常风险管理中，设定各类监管指标 16 项，对其进行日监控、日报送，截至 12 月末累计形成风险指标预警表 200 余份，确保财务公司各项业务合规稳健开展，全年无重大问题发生，无风险案件发生。

【党建工作】 2019 年，财务公司坚持学习贯彻习近平总书记系列重要讲话精神、党的十八届六中全会精神、党的十九大精神、全国国有企业党建工作会议精神，引导广大党员干部不断增强“四个意识”，坚定“四个自信”，自觉在思想上政治上行动上同以习近平同志为核心的党中央保持高度一致。财务公司党支部认真贯彻执行集团公司党委的各项方针政策，加强学习，改进干部作风，通过开展警示教育专题民主生活会，增强党员政治意识、纪律意识、廉政意识和大局意识，影响和带动了全体员工积极向上的精神风貌。

（张　骞　张　旭）

## 辽宁恒亿融资租赁有限公司

【概况】 辽宁恒亿融资租赁有限公司（简称恒亿公司）是经辽宁省外经贸厅批准成立的

辽宁省内首家外商投资融资租赁公司，由本钢集团有限公司及本钢集团香港有限公司于2014年9月9日共同出资设立，注册资本3.5亿美元。经营范围包括融资租赁业务、租赁业务、向国内外购买租赁财产、租赁财产的残值处理及维修、租赁交易咨询和担保。公司下设综合管理部、财务部、业务部、风险稽核部4个职能部门，公司董事会项下设立风险评审委员会专门机构，主要负责公司租赁业务的风险控制和评估工作。2019年末在籍人员18人，其中，本科学历15人，高级职称1人、中级职称5人。

2019年末，融资租赁合同余额为176.77亿元，其中，直接租赁合同余额为7.68亿元，已结清合同额为11亿元，租赁业务不良率为零；总资产为186.23亿元，所有者权益为11.09亿元，实现营业收入8.17亿元，实现利润1.61亿元，超出全年考核计划31%。

**【直接租赁业务情况】** 根据财政部于国家税务总局下发的财税〔2016〕36号文件，恒亿公司不断创新业务模式，充分发挥租赁业务的“抵税效应”。2019年末累计已签署直租业务合同约7.68亿元，实现收益约0.29亿元，签订采购合同待签订租赁合同21.71亿元，直租业务额度逐渐增加。根据集团公司日常生产经营所需备品备件的需求现状，扩大直租业务标的物，将备品备件类采购纳入直租业务范围，提交6大类采购名单由信息化部在系统中设定直租业务规则，已具备开展条件，线上测试成功后每年可增加直租业务量约10亿元，每年可提高集团公司经济效益约600万元。

**【财务管理】** 2019年，以集团公司整体利益观为出发点，为了节约集团公司现金流支出，恒亿公司进行降低所得税的方案设计，通过与集团内部成员单位债务重组全年合理规避所得税约2115万元。

**【风险管控】** 2019年，恒亿公司坚持把风险管控作为高质量、可持续发展的重中之重，将风险管控机制贯穿到经营管理的各方位，将风险防控意识强化到每名在籍员工。根据直接租赁业务开展的必要性，重新对售后性融资租赁和直接租赁的业务范围进行界定，根据业务性质的特殊性重新梳理下发了相关业务制度。不断强化“三会一层”为主体的法人治理结构，完善基本治理制度，定期召开董事会、监事会，决策“三重一大”事项及公司经营管理重大事项，确保集团公司的方针政策、董事会各项决议、经营计划的贯彻落实。

**【党建工作】** 2019年，深入学习贯彻习近平新时代中国特色社会主义思想和党的十九大精神，认真贯彻落实党中央、省委和集团公司党委的决策部署，全面深入开展“不忘初心、牢记使命”主题教育。在协同推进学习教育、调查研究、检视问题和整改落实各项重点措施过程中，将主题教育与实际紧密结合，确保将学习成果切实转化为工作的动力，切实推动本钢集团融资租赁业务高质量发展。

（王　鹏）

## 辽宁恒基资产经营管理有限公司

**【概况】** 辽宁恒基资产经营管理有限公司（简称恒基公司）是本钢集团有限公司全资子公司，注册资本300万元人民币，主要负责对本钢集团授权的部分对外投资产权、股权和外埠经营性房产的经营和管理，2019年末共有在职员工14人，其中本科学历14人，高级技术职称8人，设有综合办公室、经营管理、财务3个科室。

**【依法依规推进闲置资产处置工作】** 按照集团公司对原本钢余姚模锻厂房产、土地处置的要求，恒基公司在集团公司相关部门的协助配合下，依照《本钢集团公司国有资产处置管理办法》，通过对外公开招标方式，遴选第三方评估中介机构，经集团公司相关部门认定后，评估价为人民币601万元。在履行完集团公司董事会和产权交易所等相关手续后，在2019年5月29日在大连产权交易所公开挂牌交易，2019年6月24日，经过交易所网络竞价，最终以726万元交易成功，溢价率20.8%。在2019年7月完成该处资产的交易切割。同时，积极与大连产权交易所沟通，成功减免了交易费用20万元，实现了资产处置收益最大化。

**【规范有序开展僵尸企业退出工作】** 按照省国资委和集团公司董事会要求，恒基公司按相关破产程序要求，积极向集团公司相关部门提供本钢集团丹东钢管有限公司、本溪富乐多制管有限公司本钢集团大连耐火材料公司相关材料，组织完成了僵尸企业（含本钢集团大连耐火材料公司）退出所需费用的初步测算、工作节点进程情况。丹东钢管公司退出工作，经恒基公司配合集团法务部多次去丹东市中级人民法院、丹东市元宝区人民法院进行丹东钢管公司破产立案材料投递，在集团公司履行相关承诺后，丹东市中级人民法院受理了破产立案，并出具了裁定书。破产工作正在由法院指定破产管理人有序进行。针对全国劳动模范、离休干部吕昌奎医疗费用问题，对近400张票据进行逐一审核，并上报集团公司给予了报销。针对大连耐火材料公司“僵尸企业”退出事宜，恒基公司会同集团公司相关部门进行实地调研，研究解决问题办法，为集团公司后续决策提供决策参考建议。根据集团公司僵尸企业退出业主负责制的原则，恒基公司协助大耐公司积极谋求新方法，采取措施，按照集团公司的部署，积极按照要求完成了本年度“退僵”工作。本溪富乐多制管公司破产工作，本溪市中级人民法院已经对该企业破产立案，在2019年5月，法院指定本溪华丰会计师事务所为破产管理人，恒基公司多次督促管理人，要求尽快开展工作，现相关资料与资产等已经移交破产管理人。现破产管理人正在按照破产程序开展工作。将密切关注该单位破产进程，力争早日破产终结。按照集团公司要求，恒基公司安排专人将所托管被列入的10家壳企业情况逐个进行落实、核查，在掌握现有情况的同时，积极找寻当年相关当事负责人沟通，查找相关企业历史资料，对资料进行整理、归档。及时将企业资质、相关材料、存在问题等情况向集团公司进行沟通、汇报，积极做好壳企业注销前期准备工作。

**【集团公司混改所涉及尽职尽责调查】** 提供尽职尽责基础材料。按照集团公司第二、三次混改的要求，完成了恒基公司本部和下辖21家控股、参股公司企业营业执照、公司章程、财务报表、人力资源管理等股权投资项目尽职调查的资料信息上报工作。对企业层级查询及资料信息多次进行核实。

**【外埠房产管理】** 恒基公司按照集团公司将“广州市海珠区本钢工贸公司”名下位于番禺区两套房产（185.97平方米）确权更名到本溪钢铁（集团）有限责任公司名下的

决定，完成了两户房产的土地增值税备案和减免契税工作，为集团公司减免契税14327.13元；并按照广州不动产登记机关的要求完成两套房产的测绘工作，现两户房产新的不动产证已经领取。办理完成了深圳长城大厦、大连、广州市白云区同和镇蟾蜍石村40号（纪委办理奈东凡案件移交房产）小产权房纳税更名及出租缴税等工作。按集团公司房产证照统一管理要求，完成恒基公司产权名下及集团公司委托管理房屋所有权证（共计27套）上交集团公司行政管理中心工作。制定了恒基公司房屋租赁管理制度，并严格执行，对房屋承租人进行租金催缴工作，保证租金按合同约定及时履行。

**【控股参股公司监管】** 大河公司小商品城发生火灾以后，恒基公司在协助大河公司妥善处理火灾善后工作的同时，要求大河市场加强安全管理和经营管理工作，特别是现场卫生、消防等基础工作，采取积极有效措施，消除消防等安全隐患，加强消防整改工作，通过实施“一车一杆”、完善区域亮化工程等有效措施，使市场面貌和环境有极大改观。针对本溪市政府拟收购大河公司股权事宜，积极配合资本管理部做好大河公司股权转让先期的调研等相关工作。按照集团公司要求，开展大河公司评估、审计工作的招标工作，并协调大河公司配合做好相关资产评估、审计工作。现已经由第三方出具审计、评估报告。严抓参股股权的管理工作，密切关注正在经营中的深圳冶金矿山联合公司和本溪高新钻具公司等单位的运营情况，对经营状况尚好的参股企业，积极主张股利分配，对六家正在经营的参股公司的经营情况及时向集团公司相关部门进行汇报。对北京爱德威金属杆照明技术有限公司的设备情况组织相关部门进行了研究，确定其权属，尽快加快闲置设备处置，盘活有效存量资产。针对参股公司海南冶金矿山联合公司在清算过程中出现的个别清算人员损害股东权益问题，恒基公司积极与鞍钢矿业、攀钢矿业等国有股东协调沟通，联合相对控股股东的民营企业，召开临时股东会议，及时终止自主清算，罢免原清算组长，向海口中级人民法院提出强制清算申请并要求对前期清算的资产处置、费用支出情况进行司法审计，现海口法院已经受理立案，并开展了工作。恒基公司将继续维护出资人权益，通过法律手段，维护本钢利益不受损失。

**【党建工作】** 恒基公司党支部每月定期组织全体党员开展深刻学习《党章》、习近平总书记系列讲话等理论学习活动，深入推进了“两学一做”学习教育常态化、制度化，进一步加强基层组织建设，并结合“不忘初心、牢记使命”主题教育工作，充分调动广大党员干部的积极性，恒基公司党支部以深入学习贯彻习近平新时代中国特色社会主义思想和党的十九大精神，把学原文、读原著、悟原理贯穿在日常的理论学习中。

（东　风）

## 辽宁恒汇商业保理有限公司

**【概况】** 辽宁恒汇商业保理有限公司（简称恒汇公司）是经辽宁省国资委批准，由本钢集团有限公司出资设立的全资子公司。2017年11月22日公司注册成立，注册资本10亿元人民币，实缴2亿元。注册地点位于中国（辽宁）自由贸易试验区沈阳片区，日常经营场所位于本溪市东明路10号本钢集团金融中心。2019年，公司坚持依托集团、服务集团的经营方针和积极审慎的业务政策，紧密结合集团公司资金形势开展业务，服务上游客户。

**【经营管理】** 根据《商业保理公司管理办法》等相关规定，公司在开业初期和未来发展中可以经营以下业务：以受让应收账款的方式提供贸易融资；应收账款的收付结算、管理与催收；销售分户账管理；与本公司商业保理业务相关的信用风险担保；资信调查与评估；相关咨询服务。

**【主要职能】** 恒汇公司把防范金融风险作为经营管理的红线，在严控风险的基础上努力拓展业务品种，完善自身业务职能。首先，助力推广本钢财务公司电票和本钢商票的发展，缓解集团资金压力，同时降低集团财务费用支出。其次，保理公司能够增加本钢集团融资渠道，通过再保理、ABS等业务模式成为本钢集团一个新的融资平台。另外，利用集团公司闲置资金，在市场价格的不同窗口期（月末、季末、年末）投资套利，实现资金增值。

**【内部控制情况】** 恒汇公司自成立以来坚持"稳健经营、科学发展"的经营方针，以确保公司持续、快速、健康发展，内控制度和风险管理方面的重点主要在以下两方面：首先，业务控制管理方面。根据国家有关部门规定，制定了《保理业务管理办法》《综合授信管理办法》等业务管理办法，建立了评审和业务相分离、分级审批的保理融资业务管理体系。制订了《利率管理办法》，对业务评审委员会的人员构成、职责及议事规则等做出明确规定。建立了完整的业务档案，包括申请、调查、评审委员会审批记录、业务合同等，并定期进行稽核检查。其次，风险管理控制方面。制定了《风险管理办法》等风险管理制度，建立了统一领导、独立监控、贯穿过程、量化指标、综合考核、奖惩分明的风险管控体系。实行全面风险管理战略，以服务为核心，通过在公司管理的各个环节和经营过程中执行风险管理基本流程，培育良好的风险管理文化，建立健全风险管理体系，建立风险管理的识别、计量、监测和控制机制，包括风险管理策略、风险理财措施、风险管理的组织职能体系、风险管理信息系统和内部控制系统，从而有效控制信用风险、操作风险、市场风险、流动性风险等。（董　磊）

## 辽宁容大投资有限公司

**【概况】** 辽宁容大投资有限公司（简称容大公司）成立于2009年8月，是本钢金融板块的重要组成部分，是本溪市唯一一家集投资、典当、担保、物流和经济信息服务为一体的综合性准金融机构，注册资本5.5亿元人民币；全资或控股子公司有辽宁容大融资担保有限公司、辽宁容大典当有限责任公司、辽宁容大物流有限公司和辽宁容大经济信息服务有限公司；主要经营本钢商票质押典当、本钢商票融资担保、本钢财务公司电票质押典当、本钢上游应收账款质押典当、中小企业贷款、银行贷款担保和短期融资等业务品种；下设业务一部、业务二部、业务三部、业务四部、风险合规部、资产管理部、计划财务部和综合管理部，在籍职工37人，其中管理岗32人，操作岗5人。

2019年，容大公司全年实现考核利润1032万元，清回不良贷款6027万元，全年新增业务"零"风险，全年无安全、消防和重大事故发生。

【业务创新】 2019年，容大公司业务创新成果丰硕，形成了公司新的利润增长点。首先，为支持本钢集团推进商票结算工作，创新推出本钢商票典当业务和本钢商票担保业务。其次，为了减轻上游典当客户还款压力，创新推出上游典当借新还旧和共同取款业务。同时，积极关注市场动态，创新推出对外存单质押业务。深入推进本钢财务公司电票和上游应收账款典当业务。在全力服务本钢、开展好票据及保理业务的基础上，积极拓展业务范围，走出本溪，尝试性在沈阳开展消费类金融业务，以汽车和二手房为切入点，已成功操作了新车质押典当业务，正尝试操作沈阳房产贷款等业务，逐步站稳并扩大沈阳业务市场。

【商票推广】 2019年3月容大公司敏锐捕捉到本钢将启动商业票据支付的信息，立即开始研发本钢商票典当及融资担保业务，制定业务操作流程并全面推广，全年通过本钢商票典当方式为本钢上游供应商直接贴现1亿元以上，为本钢上游供应商银行融资提供担保额度近6000万元。同时，将服务重点投向省外、市外较少金融机构支持的本钢供应链客商，主动联系并优先帮助他们解决商票贴现事项，拓宽省外客商本钢商票贴现渠道，提高对本钢商票的认可度。在商票典当贴现中，始终坚持6.2%/年的低利率，比欧冶云商等同行业利率水平至少低1.3%/年，尽管容大公司短期收益受到了影响，但相对较低的利率对本钢商票的市场商誉和价格平抑起到了非常好的支撑和示范效应，有力地促进了本钢商票的市场推广。

【行业合作】 领导层带头“走出去”，先后赴上海、大连、沈阳等地，深入行业优秀企业调研学习，积极参加行业协会以及金融税务等部门组织的学习交流，密切了同业间的沟通合作。与上海欧冶金服实现高层交流互访，学习借鉴经营管理经验和金融科技产品。与大连万众普惠签署战略合作协议，为双方进一步推进务实合作奠定坚实基础。依托容大担保公司平台与各大银行开展授信合作，已获得本溪银行、朝阳银行和工商银行授信总额6亿元，其他多家银行的授信也将在2020年陆续批复。容大担保公司成功入围辽宁省再担保体系，全省共35家，本溪唯此一家，标志着公司的整体实力、风控能力和规范化水平得到省担保集团和省市监管部门的认可，为本钢商票贴现担保奠定了坚实基础。

【项目清收】 在集团公司法务部等部门的指导下，四川内江世高公司破产重整及相关法律诉讼工作取得全面进展，共计清回资金8027.95万元。中富神州案件，法院已将中富神州16套房产裁定给容大公司，并推动存量资产的出租变现。积极应对明玖公司和高远控股等债务主体破产清算事项。理顺抵债房产权属关系，推进沈阳龙城和中富神州部分抵债房产过户工作，已完成沈阳龙城7套房产过户工作。全力推进抵债房产变现工作，在确认出售底价后尽快启动上海和平茶城挂牌出售工作，持续推进沈阳龙城地下负一层出租事项。针对集团公司督办的10项历史遗留问题，公司班子定期分析研判，齐抓共管，多措并举，主动作为，确保案案有措施，案案有进展，案案有回音。

【风险防控】 一是建立管控架构。为有效防控各类风险，确保公司安全稳健运营，成立了容大公司全面风险管理委员会，风险管理从公司业务层面延伸到公司治理的各个环节。在公司董事会的领导下，开展全面风险管理，督促做好各项工作的风险识别和管控工作，完善管控体系，提升管控能力。二是完善决策机制。严格决策程序，规范决策行为，防范决策风险，提高决策水平，制定了《容大公司“三重一大”决策制度实施办法》，修订党支部、董事会、经理会三项议事规则，严格执行“三议一报告一执行”工作程序，保证重大事项决策程序制度化、规范化、科学化。三是强化制度落实。坚持以制度建设为先导，在业务创新方面始终坚持制度先行，全年研发推出的所有业务品种，均提前制定配套的操作规程，规范业务运营管理。全年修订完善各类操作规程、收费标准、准入标准、议事规则等规章制度21项，并建立以制度动态调整和常态化检查为主要措施的管理机制，有效推动了规章制度的贯彻落实。四是推进隐患排查治理。通过谈心谈话、调查研究和专题研讨等方式，梳理归纳出整改问题32项，并逐项研究制定整改措施，坚持立行立改，深入整改，长效推进；同时，认真做好巡视整改后半篇文章，持续巩固巡视整改成果。

**【党建工作】** 容大公司党支部认真贯彻落实本钢集团党委和北钢党委工作安排部署，深入开展“不忘初心、牢记使命”主题教育，坚持学习教育、调查研究、检视反思、整改落实四项重点措施贯穿始终，坚持把党员领导干部和普通党员的主题教育工作一同部署、一起抓。通过组织全体党员对10个专题的学习交流，对公司存在的问题、解决措施、发展方向等方面形成了普遍共识，广大职工积极立足岗位敬业奉献、团结协作、奋发有为，展现出团结奋进、精干高效的团队形象。严格落实“三会一课”、党日活动等制度，坚持读原著、学原文、悟原理，充分利用“学习强国”平台，及时跟进学，随时随地学。加强意识形态教育，每月坚持开展1~2次党员集中学习，包括政治理论、形势任务和财税法规等内容。严格贯彻落实党风廉政建设责任制和“一岗双责”制度，进一步加大反腐倡廉警示教育力度，严格落实中央八项规定精神，严格落实纪律处分期薪资待遇要求，带头执行本钢公车改革管理规定，认真执行差旅费管理办法、业务招待费管理办法，聚焦“四风”新动向，关注婚丧喜庆、子女升学、公务出差、公务接待、公务用车、劳动纪律等方面事项，强化制度执行和管理落实。牢固树立过“紧日子”思想，厉行勤俭节约，将中央八项规定精神牢牢印在每一名干部职工的脑海里和体现在行动上。

**【民生福祉】** 发放春节、“五一”、国庆奖金，全年职工工资增幅与集团保持同步。增设职工董事，完成工会换届。保障落实职工带薪休假，职工休假率达到97%。为全体职工办理医疗互助保险，已有多名职工受益。组织职工健康体检和女职工妇科病筛查，及时慰问生病住院职工。开展全员健康疗养、夏季“送清凉”活动，组织全员录制《我和我的祖国》快闪视频，开展职工户外趣味游戏活动，开展健康知识讲座，更换职工工装，逐步缓解办公电脑运行慢等问题。设立公司党建文化墙、统一办公室门牌、设置楼层指引等。积极组织参加本钢运动会、青年素质挑战赛、北钢朗诵比赛等活动，弘扬正能量，增强凝聚力，助力企业发展。 （陈利军）

## 本溪钢铁（集团）有限责任公司

**【概况】** 本溪钢铁（集团）有限责任公司（简称本溪钢铁公司）是本钢集团有限公司

所属的全资子公司。公司设有党委会、董事会和经理层，下设办公室（党委办公室、董事会办公室、机关党委）、规划发展部（科技发展部）、运营改善部、组织部（人力资源部）、财务部、资本管理部、审计部、法律事务部、安全管理监督部、宣传部（统战部、企业文化部、团委）、纪委（监察部）、工会 12 个职能部门，保卫中心（武装信访部）、行政管理中心、退管中心（老干部办）等 3 个直属单位，建设公司、修建（维检）公司、机械制造公司、新实业公司、冶金渣公司、热力公司、恒通装备公司、恒泰重机公司、职业技术学院、房地产公司、包装公司、信息自动化公司及其他子公司等。2019 年底有在籍职工 42617 人（其中女职工 4866 人），在岗职工 40036 人（其中女职工 4636 人）。在岗职工中，管理岗 1961 人、业务岗 3157 人、技术岗 2851 人、操作岗 32067 人。在管理岗中，年薪制正职 103 人、年薪制副职 127 人、部门正职 21 人、部门副职 35 人、职能负责人 86 人、区域正职 999 人、区域副职 590 人，在业务岗中，高级业务师 33 人、主任业务师 348 人、专业业务师 628 人、责任业务师 2148 人。（金一嘉）

# 机械制造有限责任公司

**【概况】** 本溪钢铁（集团）机械制造有限责任公司（简称机械制造公司）是本溪钢铁（集团）有限责任公司所属的全资子公司。下设综合办公室、人力资源（党群工作）部、经营技术部、财务部、销售部、采购部等六个管理和业务部室；下辖第一机修厂、矿山机修厂、第三机修厂三家专业生产厂，以及本溪爱科液压密封有限公司（独资）、本溪威尔堆焊制造公司（合资）。主要从事矿山、冶金、焦耐、水泥、运输、化工、塑料等行业所需设备及备品备件的加工制作和修复。2019 年末在籍职工 1790 人；在岗职工 1700 人，其中管理岗 63 人、业务岗 149 人，技术岗 78 人。拥有固定资产原值 27395.99 万元，净值 5452.15 万元。2019 年所属的 5 家集体企业 486 名集体企业职工参改工作顺利推进，3022 名退休退养人员上收工作顺利完成，“四定”工作按照计划有序开展，“僵尸企业”处置年度任务高质量完成。全年机械制造公司实现销售收入 3.8 亿元，利润实现 879 万元。

**【市场拓展】** 在严峻市场形势下，重点实施了“双线战略”。积极参与本钢采购平台招投标，与外部企业在招标平台真刀真枪“拼刺刀”，保证常项产品、优势产品不流失，实现内部承揽 2.37 亿元。将外部市场拓展作为重点经营方向。依托台车、冷却壁、渣罐、大套、箅条等优势产品全面出击，全年实现外部承揽 1 亿元，较去年增加 4000 万元，同比增加 67%。其中新开发了柳州钢铁 2000 万台车项目、宁夏钢铁和舞阳钢铁共 930 万冷却壁项目、出口韩国渣罐 438 万项目。箅条、隔热垫产品也历史首次走出辽宁，签下徐州钢铁近 700 万元大订单。通过逆势而上内争外拓稳固活源总量，带动了生产全链条持续加速运行。

**【生产组织】** 在北营新 1 号、10 号、11 号高炉冷却壁抢制过程中，以集团公司利益为重，迅速调整既定生产计划，在资金极为紧张的状况下，对原材料、配套件的采购优先给予资金支付。克服了 3 次冷却壁进度大调整对生产组织的冲击，采取交叉组织的方式，竭尽所能保证了 12 批次、84 块、213

吨冷却壁，2组风口大套，2套热风阀的按期、保质供货。针对下半年活源激增的实际，公司实施了“大干一百天，攻坚年目标”工作，第一机修厂大干期间实现产值4818万元，尤其是10月完成产值1774万元，为2019年历月产值的最好水品，月均产值比2019年上半年月均增加35%，各单位产能和效益都实现了大幅度提升。面对铸铁件计划量处于高位，铸钢件任务量严重不足，结构件和锻造需求相对疲软，加工设备开动率较低等实际状况，公司以工序网络管控为手段，强化各工序节点衔接，随时调配人员实施内部生产协力，解决各工序临时性生产瓶颈问题，确保了本钢5号高炉，外部河北敬业台车、湖北大冶冷却壁、新抚钢台车等重点工程合同的按期交付。

**【技术创新】** 全年新产品、新技术立项实施22项，有17项新产品投入市场，创产值2356万元。仅第一机修厂新技术应用创产值就达到1700万元，该厂大型轧机轴承座项目产品已经通过各项指标检测，实现销售80多万元；新设计制造出口韩国浦项的渣罐陆续实现发货。矿山机修厂的沃尔沃挖掘机大小臂项目已经完成修复两组，开始上机试用；高强钢焊接质量攻关项目的工艺技术论证已经完成，现场实验操作已经展开；爱科公司机械密封转化、包胶铁骨架油封结构改进、充气密封阀国三个国产化项目已在现场使用且反应良好。获得“一种焊接方法生产25B铲斗”“一种炉箅条生产方法及装置”两项新型实用专利。技术攻关解决了隔热垫消失模铸造质量，并形成生产过程操作控制要点。组织工程技术人员在解决渣罐、冷却壁等产品技术难点的实践工作中，通过提炼总结在国家和省级专业期刊发表论文10篇。

**【制度管控】** 全面依靠制度管控，将强化制度的完善与规范、加强对各业务流程的管控、有效降低经营风险摆在了突出位置。制定和完善各类企业制度18项，进一步加强了企业重大决策、资金管理、资产管理、安全生产、供应商管理、外部协作管理等多方面流程管控。重点对党委会、董事会、经理办公会议事规则进行了修订完善，对涉及“三重一大”的项目上做到了党委会前置程序，并进一步强化了集体决策机制的运行。按照集团公司的部署全面建立追责问责机制，有利促进了各级责任制的落实。以产品和工艺特点为基础推行不同绩效考核方案，提升了工作积极性。结合铸铁产品需求旺盛的情况，率先在铸铁作业区域推行新的绩效考核并协助一机修理顺分配方案，以按劳分配原则拉开收入档次，有力拉动了铸铁、铸钢产品的持续高产。

**【安全管理】** 突出安全现场检查计划性，结合公司安全管理实际，编制了《机械制造公司2019年安全检查计划》，重点对春季安全大检查、季度综合现场检查、月度专项安全检查设定了28项检查重点和64个具体检查内容，公司及各单位排查各类隐患566项，完成整改548项。危险源管控强化责任落实，全年危险源辨识总数1053项，其中根源类788项，状态类265项，同比2018年可控危险源数量增加了52项。同时将危险源日常管理按照三级负责制落实到了厂、作业区和班组，每一个危险源都明确了管理责任人和管控方式。以“保平安、迎大庆”为工作主线，全面保障建国70周年平安渡庆。强化重大危险源、重点风险、重点岗位、重点作业以及重点时段的生产安全管控，集中开展了金属冶炼、机械传动、危险介质、电气作业、动火作业、易燃易爆危化品、有限空间作业、高处作业等隐患排查。验收阶段共查出隐患问题项 48 项。对重复隐患和红线问题进行了绩效考核，确保了公司安全生产形势稳定，营造了建国 70 周年良好氛围。

**【党建工作】** 坚持以党的建设引领企业改革发展，以认真开展党委中心组学习和民主生活会为重点，认真抓好两级领导班子和干部队伍的政治理论学习，全面落实基层“三会一课”制度，围绕“不忘初心、牢记使命”主题教育，按照“守初心、担使命、找差距、抓落实”总体要求，聚焦“理论学习有收获、思想政治受洗礼、干事创业敢担当、为民服务解难题、清正廉洁作表率”六项目标，先后实施了“践初心、强担当、树形象”主题实践活动、韩国罐质量提升及减重降本措施、职工集体福利保障措施等项目，为顺利完成全年工作目标提供了保障。围绕庆“七一”、迎国庆等重要节日，开展了主题党日、公开党课、党员献礼、“喜迎华诞七十年百日大干勇争先”等系列主题活动。深入结合机械制造公司“百日大干”思想认识教育，发布了三期《树立牵头理念坚持两个导向》系列宣传材料，以及《讲诚信、讲大局、讲团结》宣讲教育材料，为落实公司生产经营各项决策营造了良好的理论氛围。加强了对特困职工帮扶的工作力度，中秋节至国庆节前夕走访慰问困难职工 50 人次，发放慰问金 25000 元。为 146 人次生病住院和特病职工办理了医疗理赔，赔付金额为 15.2 万元，使广大职工切实体会到了企业的关怀和组织的温暖。（张维峰）

## 修建（维检）公司

**【概况】** 本溪钢铁（集团）修建有限责任公司与本钢设备维护检修中心合署办公，简称修建（维检）公司，是集冶金设备大中修、定修、小修、生产设备维护、钢结构件制作、运输和吊装为一体的大型综合专业化公司，具有国家冶炼工程施工总承包一级资质。公司在籍职工总数 4220 人，其中，修建方向在籍职工总数 1067 人、维检方向在籍职工总数 3153 人。从事管理岗 90 人、业务岗 157 人、技术岗 91 人，具有正高级职称的 2 人、副高级职称的 34 人，中级职称的 192 人、初级职称的 195 人，高级技师 27 人、技师 587 人。公司下设 8 个处（部、科）室，29 个队（站、厂）、作业区。党委下设 15 个党总支、95 个党支部、214 个党小组，共有中共党员 1493 名。拥有德国产 250 吨吊车、美国产林肯焊机、数控切割机、卷板机、千吨压力机等一系列施工设备。固定资产原值 12569.19 万元，净值 1414.62 万元，其中，修建方向固定资产原值 8368.85 万元，净值 1001.53 万元；维检方向固定资产原值 4200.34 万元，净值 413.09 万元。

2019 年，实现各项收入 5.4 亿元，其中，修建方向 2.89 亿元，比计划增加了 890 万元；维检方向 2.53 亿元，与计划持平。全年实现利润 55 万元，比计划增加了 12 万元；可控费用发生 1389 万元，比计划降低了 3.4 万元。企业资产负债率为 87%。企业国有资产保值增值率为 101%，实现了保值增值。实现了保产“零影响”。

**【检维修管理】** 积极配合各生产厂开展保产、保运行工作。共完成产线设备定检 704 次，定检计划执行率 100%。发现并整改处理设备隐患 659 项，完成事故抢修 151 次。完成板材联检项目 3516 项，北营联检项目 547 项，总计投入人力达 8500 余人次。组织工程检修项目 26 项，组织跨区域协作 52 次。在检修方面，较好地完成了板材炼铁厂 5 号高炉 9 号热风炉格子砖更换、北营轧钢厂 1780 线年修、炼钢厂一区 3 号转炉炉役修等工作。尤其是在板材和北营各两个阶段的联检工作中，公司上下齐心协力，通过建立管控网络，深挖内部潜力，提高检修效率，强化过程组织，保质量、保工期、保用户满意地完成了全部检修任务，实现了集团公司提出的“不着一把火、不伤一个人”的目标，同时兼顾有生产任务产线的安全、平稳、经济运行，做到了联检和保产“两不误”。在维保和抢修方面，针对集团公司对检修队伍综合要求，召开了强化维保工作专题会，梳理和规范了各产线的维保管理工作，严格执行三级巡检制度，及时发现和处理设备隐患，进一步提升了服务保产水平，实现了年度无责任设备事故的目标。以快速恢复生产厂生产为己任，快捷高效地完成了北营 1780 线 F1 主减速机、北营新 1 号高炉、板材焦化厂东风配煤车间 C2-1 皮带、炼铁厂 5 号高炉北一道、二道铁道线路拆除、炼钢厂 2 号铸机抢修等任务，得到了集团公司的赞誉。

**【技改工程管理】** 在技改工程方面，保安全、保工期、保质量地完成了板材炼铁厂 5 号高炉节能环保改造拆迁、焦化厂煤气脱氨及硫氨维修拆除、发电厂老三电拆除、能源总厂污水处理加药池改造、热力公司 360 烟气回收改造、南芬选矿厂三选 1 号、2 号浓缩机厂房改造等工程。截至 2019 年末，5 号高炉热风炉工程正按照施工节点稳步有序推进。

**【质量管理】** 在质量管理方面，认真做好基础工作，开展了“质量月”活动，恢复、重建了质量管控体系，下发了《关于规范质量管理工作的通知》，并坚持对炼铁厂 7 号高炉 3 号热风炉和 5 号高炉热风炉工程进行跟踪检查，把质量管理落到了实处。

**【安全管理】** 修订完善了《安全生产责任制》，杜绝安全管理压力层层衰减现象。认真落实好“党政同责、一岗双责、失职追责”的安全生产责任制，开展了联系确认制专项整治。加强安全教育培训，开展安全生产月活动，认真贯彻落实继壮董事长在《本钢日报》刊发的《安全考试切忌走形式》文章的批示精神，开展了全员安全思想大讨论等活动。持续推进安全自主管理。扎实开展“火灾隐患大排查”和“安全生产百日攻坚战”活动。加大安全资金投入，全年投入劳动保护费用 298 万元，防暑降温费用 103. 2 万元。

**【市场开发】** 公司立足本钢，不断在“走出去”战略上进行探索与实践，取得了显著成效，全年共实现产值 5400 余万元。一是通过与 7 家企业竞标，最终以 4501 万元的价格中标了中冶京诚炼铁厂 5 号高炉热风炉项目。二是以 480 万元的价格承揽了炼铁厂 5 号高炉热风炉渣铁沟等非标件制作项目。三是以 296 万元的价格中标了湖南湘潭钢铁厂 2 号高炉大修耐材拆除砌筑项目。在与湖南本地两家企业和宝冶的竞标中，凭借深厚的历史积淀和品牌效应中标，将修建维检公司历史上的“四下江南”更新为“五下江南”。四是承揽了南芬选矿厂细碎车间碎矿机维保工作。五是贾家堡精矿搅拌槽、北营炼铁厂和辽阳球团厂胶带机等设备制作项目实现利润 98. 71 万元。六是工具贸易实现利润 44. 48 万元。

**【企业管理】** 在经营管理上，一是加强资金管控，加大对存货及固定资产的管理，全年完成招（议）标工作 113 项，节约资金 361.65 万元。二是加强成本管控力度，建立了单项工程成本核算机制，真实反映了单项工程的盈亏情况。三是重新制定并完善了生产经营管理工作流程及 12 项生产经营管理办法，进一步规范了生产经营管理工作。四是积极推进检维修体制改革，积极内部挖潜，成立了由歇班骨干、党员和青工组成的应急班组，有效缓解了作业区人员急缺的突出问题，保证了生产厂设备的稳定和生产顺行。积极参与产线承包工作，成立了公司改革工作领导小组，加强与各生产厂的协商、对接。五是加强设备更新，新购进了 20 台计算机、3 台小解放汽车和 2 台叉车，提升了装备水平。六是加强资质管理，取得了交通运输企业安全生产标准化建设等级证明，完成了锅炉安装、维修许可证资质审核。

**【人力资源管理】** 在人力资源和组织机构管理上，一是稳步开展“四定”二阶段工作。在开展的七个轮次竞聘工作中，累计公布岗位数 552 个，报名人数 591 人，拟聘人数 529 人，其中原在岗人员平均落聘率 8.01%。涉及职群或职级岗位变动调整 129 人，平均调整率为 37.98%。公司历史上这一涉及面最广、调整力度最大、推进周期最长的人事制度配套改革，为持续推进更深层次的体制机制改革奠定了坚实基础。二是强化干部管理工作，健全完善了《后备干部选拔任用工作管理办法》等一系列干部考核管理制度，开展了 2018 年度基层班子和干部考核工作，优化组织机构，对部分中层干部进行了岗位调整，及时进行离任审计，促进了各级干部作用的发挥。三是加强职工培训工作，充分发挥大师工作站培养人才的作用，安排 10 名驻站大师各带 1 名徒弟，对新入职的 13 名大专生签订了师徒协议，每季度进行 1 次考核。委托辽宁科技学院对 100 名班组长分 2 期进行了集中培训。组织开展了技术比武活动，全年组织了 20 项技术比武，共有 314 人参赛，有 83 人获得了前六名的奖励。四是圆满完成了 681 名劳务派遣技校生的招聘入职工作。整个招聘过程在公开、公正、透明、平稳有序的状态中进行。招聘结束后，与技师学院合作，对新入职人员分 8 期开展了脱产培训。五是通过制定下发《关于开展劳动纪律、操作纪律、安全纪律整治工作的通知》向全体职工宣贯集团公司的要求，使职工违纪率明显降低。六是按照集团公司整体部署，稳步向前推进厂办大集体改革、离退休体制改革等工作。

**【保障职工利益】** 克服资金紧张和历史负担沉重的压力，确保了修建方向职工工资等资金的按时足额支出，同时补缴了修建方向历史陈欠养老保险金 130 万元。完成了铁检作业区本溪工段等单位的厂房、办公楼和库房防水工作，完成了炼铁作业区高炉工段厕所和热轧作业区工段综合楼下水管道的维修和改造项目以及退管办外墙保温工作。完成了维检办公楼、机检二队和锅炉队基地楼的搬迁及新基地修缮工作，为职工创造了良好的工作及休息环境。

**【党群工作】** 组织工作方面，切实加强政治理论学习，制定了《党委中心组学习制度（试行）》，促进了学习进一步制度化和规范化。党委理论学习中心组共开展了 18 次集中学习和研讨。认真组织召开了民主生活会，进一步统一了思想。落实意识形态工作，制定了《党委意识形态工作责任制实施细则》等文件。严格执行中央八项规定，党委层层落实责任、层层传导压力，持之以恒、锲而不舍，使中央八项规定精神在公司落地生根。针对集团公司党委第三巡察组反馈的60项问题，公司党委采取挂图作战的方式，多次召开专题会议进行研究落实，在集团公司党委规定的时间内全部整改完毕，有力地夯实了党建基础工作，进一步规范了经营管理流程，促进了综合管理迈上新的台阶。宣传工作方面，深入开展形势任务教育。各级党组织负责人亲自上台做政策宣讲，特别是面对部分党员干部存在的责任意识不足等问题，党委书记以《全面提高基层党的建设质量，发挥模范带头和示范引领作用，建设让集团公司和职工双满意的模范党组织》为课题，为机关干部和基层党务工作者上了一堂生动党课，引导大家做一名好干部、好党员、好职工。党风廉政建设方面，扎实开展“不忘初心、牢记使命”主题教育。一是精心制定方案，确保学习教育有效开展。二是丰富学习形式。邀请本溪市党建研究会副会长刘晓方教授做了专题辅导，开展了9次集中专题研讨和1次对照党章党规找差距专项会议，组织观看了《黄玫瑰》等影片，认真学习了优秀共产党员张富清、马忠生的先进事迹，组织近100名各类先进人物代表赴丹东毛丰美教育基地学习，并发出“学习毛丰美，实干促发展”的倡议书，营造了浓厚的主题教育氛围。群团工作方面，扎实有效开展工作，有力促进了生产经营工作的开展。开展了建家评比，评出优胜班组54个、合格班组445个。开展了立功竞赛，授予集体三等功1次、个人二等功1次、个人三等功1次。组织职工参加各类文体比赛，在本钢第三届职工运动会上获得了“体育道德风尚奖”和“特殊贡献奖”。组织参加本溪市“工匠杯”技能大赛，取得了优异成绩。全年组织职工参加健康疗养586人次，累计发放慰问金95800元，联检期间为职工送慰问品牛奶208箱、蛋糕210盒。推荐桥北作业区三冷轧公辅综合班青年安全监督岗为2018年度全国钢铁行业“青安杯”竞赛先进集体。开展了“讲、比”活动，共征集学术论文74篇，并首次向省住房和城乡建设厅推荐申报了《生产状态下快速更换液压泥炮施工工法》项目。公司法律事务、综合治理、信访稳定、武装保卫等工作也都取得了各自的工作成效。

（吕彧鹏）

组织党员干部在大梨树爱国主义教育基地重温入党誓词和新党员宣誓（吕彧鹏　摄）

# 建设有限责任公司

**【概况】** 本溪钢铁（集团）建设有限责任公司（简称建设公司）是本钢全资子公司，公司下设一建公司、二建公司、三建公司、矿建公司、机电公司、路桥公司、天宇消防公司、高级装修公司、检测公司等子公司和建筑工程分公司、矿山实业分公司、金属结构分公司、协力分公司、设备供销分公司、混凝土分公司、市场经营分公司、青海分公司、抚顺分公司等专业化分公司。取得国家建设部颁发的总承包资质，涵盖建筑工程、矿山工程、冶金工程、机电安装工程、市政工程、水利水电工程、公路工程等总承包资质。专业承包资质涵盖钢结构工程、土石方工程、建筑装修装饰工程、消防工程、建筑智能化工程、起重设备安装工程、环保工程、交通工程、桥梁工程、隧道工程、公路路基工程、公路路面工程等专业承包资质。

2019 年末，公司净资产 1.75 亿元，注册资本 3.2 亿元。在籍职工 4004 人，其中管理岗 207 人、业务岗 395 人、技术岗 270 人、操作岗 2621 人，各类工程技术经济人员 745 人，包括中、高级职称人员 492 人，具有国家一级注册建造师 106 人、二级注册建造师 142 人，注册安全师 17 人。

**【指标情况】** 2019 年，建设公司坚持以习近平新时代中国特色社会主义思想为指导，在本钢集团公司党委的坚强领导和大力支持下，深入开展“不忘初心、牢记使命”主题教育，坚持“管理型、专业化”改革方向，落实“管理年”管控举措，推进外部市场开发，突出工程项目管理，实现了经营模式的重大转变，完成全年生产经营主要目标。全年完成产值 14.86 亿元，比计划增加 2.86 亿元，同比增加 1 亿元；其中外部产值完成 2.43 亿元；利润亏损 2626.26 万元，比计划减亏 2173.74 万元，同比减亏 1671.27 万元；支付工资 2.04 亿元，同比增加 1955 万元，职工平均工资 5.19 万元，同比增长 0.9 万元（含保险、公积金）。

**【管控运营】** 一是全面过程管理取得显著成绩。实施全流程系统管理，制定和优化合同、项目、资金、采购、工程等管理办法 39 项。通过建立健全项目管理机制，加强对项目运行有效控制；着力推进安全、防火、风险、环保预控体系建设，层层传导压实管理责任，不断增强自主管理能力；发挥专业优势，着力推进预算管理精准精细化，增强责任主体意识，积极寻求政策支持，基本实现工程预算成本精准测算、应收尽收；规范标后预算管理，明确项目经理的权利和义务，督办预算成本执行和落实，定期开展经济活动分析和核算，确保费用支出与施工进度匹配运行；严格管控本钢内外重点工程施工，促进施工生产标准化运行，注重工序衔接，实现施工生产全过程动态控制，确保施工项目工期节点目标；注重“精益化”质量管理，全面营造“优质高效、追求卓越”的质量文化氛围，促进项目施工质量升级；加强文明施工管理，注重职业素质和企业品质，较好维护企业形象和企业信誉；科学运用资金杠杆，实现历史陈欠债务重组收益 798 万元；通过建立健全资金使用内部制约、监管机制，完善资金支付流程，强化资金管理，确保资金安全；建立物资采购供应管理平台，优化招标采购流程，全年公开招标采购 113 场次，办理招标采购业务 1183 项；完善项目督查审计体系，全年督查整改问题 24 项，避免经济损失 314 万元；强化经济责任制自查整改，通过拉网式全领域全方位清查，发现闲置、被侵占、出租房产土地64项，面积28.7万平方米，账实不符资产236项；自我体检，摸清家底，全员动员，清收外部债权9699万元，其中收回2014年以前陈欠债权389万元；加大诉讼力度，全年立案35件，诉讼金额7726万元，胜诉16件，避免经济损失2583.5万元；新增资质3项，升级资质1项。矿山生产、产线服务领域强化内部管控，竭力维护设备运行状态，不断提高整体运行效率和抵御风险能力，抢抓机遇，克服困难，实现了达产稳产目标。二是企业技术创新取得新进步。强化技术创新和成果转化，切实发挥重点工程、重点项目的支撑引领作用，助力企业管理水平和企业核心竞争力的快速提升。成立BIM技术中心，聘请专家讲座、培训、辅导，推进BIM技术在4号停车场、炸药厂、沈阳宝锦工程的实操应用；以装配式桥梁研发、制作安装为抓手，完善了装配式建筑的政策机制、标准体系、产业基础建设，积极做好专业业绩积累和专业人才培养工作，通过辽宁省装配式建筑产业示范基地专家审核，成为本溪地区唯一示范基地；总结提炼企业工法20项，其中申报省级工法4项，申报专利5项，撰写论文150篇；出版了《2019优秀科技成果汇编》，择优收录“四新”成果13篇、工法14篇、论文33篇；出版了《2019优秀施工组织设计（专项方案）汇编》，收录典型工程施工组织设计5篇、专项方案11篇。《基于“管理型，专业化”战略，实现高质量发展》被评为本钢集团企业管理创新成果三等奖；瞄准项目管理、法律事务、技术管理、管理体系、人力资源等领域，举办了21场次专项业务培训；完成新版《工程建设施工企业管理规范》的转换及新版《职业健康安全管理体系》的学习培训，促进管理体系要求与实际管理工作深度融合，模拟外审模式开展管理体系内审工作，为通过“三体四标”认证外部监督审核打下良好基础。

**【企业改革】** 一是全面深化改革取得实质性进展。进一步明确两级公司职能定位，全面优化“简政放权”“项目管理”“人力资源动态管理”等因企制宜的管控模式，不断调整体制结构，为实施“管理型、专业化”发展战略奠定坚实基础；“僵尸企业”处置完成预期工作目标，一建、二建、三建公司的资产关系清晰、账实相符，注销了25个子、分公司，安置转岗职工1326人，有效避免了资产流失和债务增长，保持了职工队伍的稳定；积极稳妥推进厂办大集体、离退休人员、退养职工社会化（集中）管理、公务用车制度改革及企业混改尽职调查等项工作，按时完成了各项工作任务；全面推进“四定”第二阶段工作，累计公布岗位873个，报名人数851人，拟聘人数794人，落聘人数57人，其中原在岗人员平均落聘率6.69%，最高达到60%。从总体岗位调整情况看，涉及职群或职级岗位变动调整359人，平均调整率为45%；聚焦突出矛盾和关键环节，不断完善务实、灵活的用工方式和用人机制，有效盘活人力资源，优化人才发展环境，不断吸引优秀人才回流助力；二是强力开发外部市场取得扎实成效。实施区域开发经营战略，以青海、交投、佳利华、抚顺等区域市场为有效支撑，促进区域开发经营协调发展。推进与中国交通集团合作，放大青海分公司市场功能，全年完成施工产值6000余万元；推进与辽宁交投集团合作，成功入围辽宁大通公路交通安全设施产品项目供应商名录，相继承接张家堡子等三座钢、混装配式桥梁研发、制造安装高速公路

ETC 门架等施工项目，由此向装配式制造领域迈出了坚实的步伐；推进抚顺区域市场开发，新建高新区雨水事故池、东泽污水处理厂升级改造工程项目顺利通水运行，得到省、市领导的一致好评；推进与辽宁佳利华、西安绿建、辽宁有色地勘集团合作，达成战略合作伙伴关系；智慧路灯总包安装工程进展顺利，合资组建“智能装备制造有限公司”项目进入筹备阶段。

**【党群工作】** 建设公司各级党组织开展了“解放思想推动高质量发展”大讨论，全面落实中央和省委巡视反馈意见落实整改工作，党的基层组织建设不断加强，党建工作载体不断丰富完善，企业文化建设不断推进，各级党组织的政治核心、战斗堡垒和广大党员的先锋模范作用得到充分发挥；结合企业深化改革，扎实开展“不忘初心、牢记使命”主题教育，有效解决了制约企业改革发展的历史遗留问题和职工群众关心关注的热点问题；探索方法、创新形式，开展了建党 98 周年纪念活动，组织了 30 次党委理论学习中心组专题研讨集中学习、专题讲座；组织开展“党在我身边、向榜样看齐”微视频大赛，借助彩色大屏幕、微信公众号等宣传平台，倾心打造“以诚求成，和舟共赢”的企业文化理念；开展形势任务教育，强化意识形态工作，营造了建设公司稳定顺行的工作局面。民生建设持续推进，切实维护职工切身利益，持续开展“送温暖、送关爱”等活动，走访慰问困难职工 957 余人次；完成了所属单位具备条件的工会组建和改选换届工作，组织参加了集团公司第三届职工运动会，并成功承办了“建设杯”棋牌比赛，充分展示了建设公司干部职工良好的精神风貌；认真做好敏感时段信访稳定工作，积极应对信访稳定事态，完成信访维稳安保工作任务。共青团组织开展了纪念“五四”运动 100 周年大会及青年表彰、青年团队选树等活动；科协、统战、武装、计划生育等组织都在各个工作领域团结一心、积极工作，为建设公司各项工作成绩的取得做出了应有的贡献。 （高新丽）

## 辽宁恒通冶金装备制造有限公司

**【概况】** 辽宁恒通冶金装备制造有限公司（简称恒通公司）是生产轧辊及铸铁异型件的制造企业，承担着本钢及其他大型轧钢企业所需各种轧辊等备件生产和开发的主要任务。公司下设生产部、技术质量部、设备部、采购部、财务部、销售部、综合部 7 个职能科室，热轧辊作业区、冷轧辊作业区、加工作业区、维检作业区等 4 个作业区。截至 2019 年末，公司职工 374 人（女职工 56 名）。其中管理人员 23 名、业务人员 19 人、工程技术人员 28 名、生产操作人员 286 名、长病休职工 1 名，高级职称 6 人、中级职称 42 人、初级职称 43 人，技师 17 人、助理技师 13 人。

2019 年，公司固定资产原值为 45892.93 万元，净值为 37389.07 万元。固定资产总数量为 715 台（套、条、座），建筑面积 60012 平方米。2019 年实现销售收入 2.0048 亿元，与预算相比基本持平；实现利润 971.48 万元，比预算增加 522.48 万元，增长 116.37%，与上年同期相比增加 661.18 万元，增长 213.08%。全员劳动生产率实现 53.6 万元/(人·年)。

**【市场营销】** 公司坚持效益为导向，优化产品结构，合理匹配资源，加大市场开发力度，新开发外部客户6家，新签订合同金额达2002万元，实现产销率100%目标。全面履行轧辊合同，年初“本钢品牌”高铬铁轧辊出口墨西哥；7月与上海唐舢进出口有限公司签订了第二笔出口合同，出口土耳其地区；8月选派专人赴越南河静公司进行技术交流，草拟了轧辊制造技术协议，建立起协作共赢的合作模式；12月7日公司再次选派精干技术人员赴俄罗斯新利佩茨克钢铁公司（HLMK）、谢维尔钢铁公司（SeVertal）等大型钢铁联合企业做轧辊技术交流，为明年持续加大海外市场产品出口做好准备。规范销售代理管理模式，完善客户风险评价体系，强化合同评审管控，控制发货节奏，加大回款力度，降低市场经营风险。截至2019年末，公司累计承揽总额16671.72万元（不含税），其中外部7601.49万元，；外部累计回款13271.58万元，回款率103.42%。

【质量管理】 坚持以“精优工艺”为前提，持续开展高铬铁、高镍铬钼轧辊辊身硬度符合性质量攻关，从热处理工艺、辊身加工余量、轧辊成型后冷却速度控制等多方面采取措施，促进产品质量的持续提升；实现改进型轧辊工作层材质设计多样化，适应不同轧机需要的耐磨型轧辊、抗事故型轧辊等的制造技术积累日趋完善；编制60余个轧辊数控精加工程序，大幅度提高轧辊精加工质量；大力推进新产品研发，平整机轧辊目前已经铸造53.853吨，铸造合格率93.78%；成功试制出日照钢铁ESP前架高速钢及后架高镍铬轧辊，稳步推进直径1200mm以上大型高铬钢轧辊差温热处理工艺改进；完成轧辊新产品的基础数据搜集统计和本钢集团4条热轧线轧辊使用质量跟踪与数据统计分析，完成本钢使用过的国内外厂家高速钢轧辊的金相、光谱成分、硬度的检测、对比、分析，全面落实质量管理监督制度，全年轧辊质量铸造合格率达到97.78%以上，比计划提高2.78%。以规范现场管理为前提，公司全面完善并严格执行相关制度及记录，质量、环境、职业健康安全三体系顺利通过北京国金衡信外部审核并获得证书。

【生产管理】 一是根据市场价格走势研判，克服各种不利因素影响，统筹组织各种规格轧辊粗车、半精车加工，协调解决轧辊热处理瓶颈，实现了生产稳定顺行的良好态势。进一步发挥MES生产制造系统管理功效，生产数据反馈准确，为公司管理决策提供翔实的科学参考；合理调整产品规格，中板产品结构调整成效显著，轧辊平均单重已达到10.53吨。4月新余钢铁大型中板辊成功组织生产，单只毛坯净重达到40余吨，再创建厂以来轧辊单重最高历史纪录。据统计，截止到12月末，生产各种规格轧辊成品1430支，产量15740吨，与2018年基本持平。二是保产保供实现零影响。物资采购人员密切跟踪生产消耗及市场资源动态，适时调整采购策略，找准市场切入点低价采购，合理规避采购风险。质量检验人员强化过程控制，严把产品质量关，探伤、硬度、金相检测均按照加工作业区班次配备连班作业，完善了外购合金原料的现场成分采集判定管理流程，做到了与进料同步建档。物流人员全力做好物资验收、配送工作，全年累计接收各种物料1.57万吨，发出物料1.32万吨，外发轧辊1290支，为公司生产顺行提供了稳定可靠的保障。

【安全环保】 安全管理基础持续夯实，制定并下发恒通公司1号文件、绩效考核方案、安全管理方案，实现了安全生产责任制全覆盖；针对生产现场危险性较大的部位，重点完成了轧辊作业区地坑护链制作和安装等4项隐患整改；深入开展安全隐患大排查及专项检查、专项整治工作，共检查整改隐患问题53项，下发隐患整改通知书49份，安全考核7800元；强化危险源及各类事故风险管控，安全生产形势总体稳定。绿色环保工作持续加强，以减少公司直接外排污染物为核心，落实环保设施等同主体设备的管理要求，每周定期对中频炉除尘系统进行维护保养，除尘设备开动率达到100%；完成中频炉除尘系统噪声治理，经第三方现场噪声检测，测试结果符合国标三类地区噪声标准；完成利旧中频炉除尘罩安装调试，已具备负荷试车的条件。

**【成本管理】** 全面实施大宗原燃辅料、物资备件等招标采购，降低采购成本；在保证产品质量的前提下，用“废钢铁+增碳剂”替代“高价生铁”组织进行轧辊生产，降低成本160余万元；拓宽采购渠道，以本钢新事业公司下属东风湖钢铁资源利用有限公司原产生铁为基础，联合开发出适合轧辊生产的铸造生铁，降低成本62万元；实施夜间开炉躲峰用电，节约费用243万元，持续为生产成本降低做贡献。此外采取提高集团内部废辊回收循环利用水平（包括采购不锈钢边丝等）、关键岗位对标挖潜、车工刀具综合考核管理以及降低非生产性费用支出等措施，取得显著成效。截止到2019年末实际总成本比预算总成本降低1120.48万元，降低率7.10%，取得显著成效。

**【财务管控】** 严格控制应收账款增长幅度，加大催缴货款的力度，截止到年末我公司应收账款比年初降低385万元。统筹进行税费筹划，加强税收管理，使企业和个人充分享受国家税改的政策红利，全年税费节约200万元以上。持续加强资本运作，对已经进入法律程序的陈欠款积极关注并完备手续，2019年7月取得东北特钢公司的债务股权证，并时刻关注天铁破产的法庭最终审判结果。

**【设备管理】** 坚持以“精控设备”为目标，强化设备精准稳定运行管理，支付47.9万元委外维修4台数控轧辊车床、1台数控双面铣床，满足现阶段轧辊精加工技术要求；持续做好设备点检定修和设备故障预知性维修工作，通过设备工程招标、修旧利废，降低备件及修理费直接成本60余万元。全年设备检修部门利用节假日及生产间隙时段，做好设备点检及预知维修，完成设备检修计划114项，完成率100%；设备故障停机率控制在0.77‰，总停机率为0.80‰，开动率为99.87%，满足生产需求，为增产、提质、降本创造了条件。

**【重点项目】** 结合自身实际，贯彻落实《恒通公司未来（2018—2020年）规划》，年初正式通过市开发办一期恒通工程的规划验收，获得规划验收证书；露天跨80吨龙门吊车通过终验收投入使用；二期增产项目的消防封堵已完成，铸造区域设备正式投入使用；完成加工区域数控双面铣床公开招标。公司通过自筹资金，全年完成工程投资1752.82万元。尤其值得一提的是在今年12月25日我公司正式介入集团公司磨辊间设备维保工作，签订合同额195万元，实现由轧辊制造商向轧辊综合服务商角色转变。此外支承辊、冷轧辊项目持续推进，今年成功修复3支1700支承辊，完成本钢二冷2支4820工作辊和4支5326中间辊的最终热处理工作，经检验各项指标均符合技术要求。

【人力资源管理】 按照集团公司部署，强力推进“四定”第二阶段工作，积极鼓励具备竞聘条件者参与竞聘，营造出“能者上、平者让、庸者下”公开竞聘浓厚氛围。截止到9月30日，按照规定时间节点顺利完成竞聘工作，公司内部舆情稳定。其中管理、业务、技术三个职群岗位编制总数66个，成功竞聘上岗62人，岗位调整率达到41.9%。通过本次“四定”竞聘，顺利实现部分新老管理人员工作交接，选拔出一批德才兼备、业绩突出、表现优秀的年轻人才，真正树立起企业良好的用人导向，获得了公司内部绝大多数职工群众的认可。广开渠道招揽符合企业发展需要的各类人才，在高校毕业生招聘方面，转变招聘方式为全年随时招聘，招聘高校及高职专毕业生11人；全面开展工作纪律检查督查工作，加强了劳动纪律的日常检查和节假日及夜班抽查的力度，和谐、规范、有序的生产经营环境氛围初步建立；采取外委培训、自行组织培训等多种方式相结合的形式，组织开展培训，截至12月末共有200多人次参加培训，支付培训费用12.2万元，进一步提升员工队伍整体素质。

【党建工作】 一是深入学习贯彻习近平新时代中国特色社会主义思想、党的十九大及十九届二中、三中、四中全会精神，组织召开辽宁恒通公司2019年党委（扩大）会议，部署全年党建工作；牢牢把握“守初心、担使命，找差距、抓落实”的总要求，深入开展“不忘初心、牢记使命”主题教育；以“学理论、抓建设、夯基础、提服务”为导向，深入推进学习型党组织建设；扎实开展“党员责任区、党员示范岗”活动，实现全体党员“在区、上岗”的目标；坚持标准，准备充分，公司各基层党支部换届改选工作在10月底全部完成，新的基层党组织充满活力；利用“七一”下拨党建经费，购买书籍充实“共产党员之家”，鼓励党员职工利用工余时间开展“学习强国”阅读活动；结合下半年外部市场的严峻形势，有针对性地做好形势任务教育，员工队伍思想稳定、积极向上。二是落实管党治党主体责任，贯彻实行“三谈两述”制度；组织开展党风廉政建设集体约谈，公司中层以上领导干部30余名全部参加；“三管六外”重点岗位人员（含领导班子成员及中层管理人员）共计51人全部签订廉洁自律承诺书，全公司143名中共党员签订廉洁自律上岗承诺书；组织开展了违规报销差旅费、操办升学宴、领导干部配偶子女及其配偶经商办企业等党风专项治理；明确领导干部“一岗双责”责任担当，强化合同签订、备件及物资采购的管理监督。全年审核各类经济合同359余份，参与业务采购招标10次，防范了人员“经济风险”，有效保护了企业自身利益，效果良好。三是坚持和完善职工代表大会制度，组织召开职代会审议并通过公司“四定”《实施方案》，保障职工民主权利；持续开展温暖助学、外地单身大学生慰问、金秋徒步行、轧线轧辊使用情况技术交流及“青年讲学堂”等活动。完成公司358名职工健康体检工作。为359名职工办理医疗互助保险，36名职工获得理赔，赔付金额达2.62万元。建立健全困难职工档案，全年累计发放各级专项帮扶资金2万多元，下发慰问物品折合人民币3600多元。投入专款2.85万元，为基层作业区及班组购置了微波炉、冰箱、洗衣机、除湿机、厨宝等物品，受到职工的普遍欢迎。 （徐洪国）

# 辽宁恒泰重机有限公司

【概况】 辽宁恒泰重机有限公司（简称恒泰

公司）是本溪钢铁（集团）有限责任公司一级子公司，是集研发、设计、制造、安装、大中修为一体的起重运输机械设备制造企业。拥有国家A级特种设备（起重机械）制造许可和A级特种设备（起重机械）安装改造维修许可及建筑业起重设备安装工程专业承包一级资质、钢结构工程专业承包三级资质；具有电磁搅拌装置及成套设备的销售与维修，机械式停车设备制造、安装、维修，起重机安全监控和起重机设备安全保护装置、定子异常失电保护装置和单片机控制产品的设计制造维修销售资质；拥有省级技术中心和市级研发中心。2019年末拥有职工608人，在籍职工355人，在籍职工中从事管理岗位18人、业务岗位26人、技术岗位19人、操作岗位292人，副高级职称5人、中级职称39人、初级职称25人、高级技师2人、技师17人、助理技师4人。公司下设6个职能室和3个作业区。公司党委下设4个党支部，共有党员82名。

2019年，全年实现收入6110万元，比2018年减少763万元；实现利润-1444万元，比2018年多亏673万元；上缴税金479万元；治安综合治理及计划生育工作等项均完成上级考核指标；安全生产实现“四为零”。

**【市场销售】** 坚持市场化发展理念，按照立足本钢，依托而不依赖集团市场的发展目标，倾力抢抓集团内部板材特钢电炉升级改造和北营炼钢厂一区改造项目中大量起重机类项目需求的市场机遇，精心组织，积极运作招投标工作，加大制作、检维修等项目承揽力度，内部市场签订的合同份额突破亿元大关，有效缓解公司经营指标的压力。积极践行“走出去”发展战略，成功开发天津铁厂、邢台轧辊公司、鞍钢钢铁厂、武汉院、沈阳中煤集团、长沙院、鞍钢器材、新余钢铁、吉林建龙等客户。在保证重点客户合同额提升的基础上，外部市场合同额实现同步大幅提升，较2018年同期增长近10倍，其中：中冶京城在与我公司中断合作10年后实现再次续约；新签订的湖南中冶重工科技有限公司和沈阳中煤工程技术有限公司高达近千万元的钢结构制作项目大额订单，为日后承揽大型环保类钢结构构件制造项目做好铺垫；天铁公司鱼雷罐、渣罐和高炉上料小车项目、大连特钢200/65吨铸造起重机等新项目为外部市场从单一的起重设备销售向多元化市场销售纵深发展奠定坚实基础。全年公司共签订合同额13743万元，较去年增加4944.55万元，市场份额创近6年来历史最好水平。其中：集团内部10455.8万元，外部市场3287.21万元。

**【生产组织】** 牢固树立全局意识，以“提产增效”为工作主线，狠抓生产工期，突显生产计划在生产组织中的主导作用，在生产中采取倒排工期制，加强统筹安排、组织协调与生产调配，最大限度提高工序生产产能。创新管理模式，贴近生产组织，将生产、研发部门工作地点迁至桥头基地，进一步促进了主管部门与生产现场之间的相互联动，紧密配合，现场中出现的技术和生产组织问题得到快速解决。为加快生产组织节奏，新购数控切割机和联合冲剪机床，提高生产组织效率。在生产组织中，面对新产品种类繁多、工艺复杂、产地不足等不利因素，以保工期、高质量交付为中心，合理调配人员，提高执行力，快速反应，在生产任务集中时，掀起大干热潮，生产进度得到有效推进，逾期合同得到有效控制。从全年完成的活源数量、技术难度来看，人均创造产值、人员潜力发挥等方面均达到了历年的较高水平。

**【科技攻关】** 积极开展新技术、新工艺攻关，面对首次施工的陕西龙钢、汉中钢结构环保项目，内蒙古霍林河破碎站钢结构制作项目，克服了新型项目图纸识图、施工高度历史新高等工艺方面存在的诸多困难，保质保量完成施工项目，提升了工艺制造水平。顺利完成质量管理体系、环境管理体系、职业健康安全管理体系认证工作。顺利完成特种设备桥式、门式起重机 A 级、机械式停车设备 B 级生产许可证换证工作。

**【安全管理】** 坚持规范管理，完善《安全生产责任制》《生产设备安全环境质量环保管理干部问责追责制度》等 8 项制度，始终把安全生产、健康发展作为企业发展第一要务，压实各级安全责任。持续开展各类安全隐患排查，开展春季建筑物、构筑物的排查工作，加强现场安全督查和生产过程、设备运行等出现的隐患排查，强化整改，做好安全风险防控。针对新制作钢结构项目安全作业空间受限等隐患，积极协调解决施工措施，消除安全隐患。切实抓好安全教育培训工作，全年开展各类安全培训 1800 余次，职工安全教育率 100%。

**【财务管理】** 重新修订完善绩效考核管理方案，制定《恒泰公司财务管控方案》，从财务管理、风险控制方面强化管控经营管理流程。重新制定契合基层实际的考核机制，打破以往一概而论的基层作业区工作绩效考核方式，按照制造作业区和其他作业区的情况不同，核定考核指标，有效促进了各单位工作积极性的提高。突出财务管理作用，强化预算管理，积极推进制造和维保检修项目的三级成本核算，力争进一步降低人工成本，改善企业成本居高不下的局面。精细预算管理，严格归口费用管理，把有限的资金投入到生产组织中，保证资金高效使用。眼睛向内，挖掘降本潜力，通过行业比价对标、充分利用原库存钢材等方式降低采购成本 141.9 万元。积极组织回款，全年累计回款 9251 万元。加强历史清欠，共清回历史遗留款 201 万元，在一定程度上缓解了资金压力，有效降低了资金风险。

**【质量管理】** 加大技术交流，参加桥式起重机年会，中国起重机首次安全、绿色、智能高质量发展大会，学习了《特种设备生产和充装单位许可规则》，有效提高质量管理水平。将三名技术人员充实到质量管理工作中，增强质量管理人员力量。加强现场生产过程中的自检、互检、专检，强化质量管理考核，严把质量关，针对经常出现的各种质量问题进行了统计分析，严格要求采购部门替换供应商；加强对半成品、成品件及公司自制件检查力度，产品质量明显提高，尤其是长沙院钢结构施工质量精度达到 1‰，中煤集团钢结构良好的喷涂效果和优质的焊缝，均受到甲方一致好评，从而实现了与我公司第二次合作。

**【企业改革】** 积极推进业务整合，重新整合并划分机关和作业区业务，将机关由 7 个部门压缩为 6 个职能室，将 5 个作业区压缩为 3 个作业区，逐步实现机构的扁平化管理，有力促进管理效率的提升。按照集团公司要求，制定了“四定”全员竞聘方案及竞聘细则，为下一步企业推动三项制度改革，进一步优化干部职工队伍创造良好条件。

**【基础管理】** 为建立健全公司有效规章制度，组织各归口部门对照集团有效规章制度目录梳理公司内部各项规章制度，重新制定完善行政和党群方面各项规章制度21项，管理制度的执行力不断提高。加强法律事务管理，实现重大法律事务案件审核率100%。利用法律手段积极维护企业利益，加强历史陈欠款清理，完成丹东港集团、吉林通钢有限公司债权申报；完成天海集团合同挂账工作，规避了经营风险，减少企业经营损失。积极开展集团公司各项内训与外训工作，实现员工培训率100%。开展工作纪律系统检查与通报，下发通报12期，促进各单位形成积极、规范的工作环境。按照集团要求，推进退休人员集中和社会化管理工作，平稳有序地推进了219名退休职工相关资料整理移交工作。

**【党群工作】** 1. 完善党委组织架构，加强基层党组织建设。年初，按照上级党委关于支部建设的相关要求，经过整合调整形成以职能单元为核心的4个党支部，下设9个党小组，健全了公司由上至下组织机构，为充分发挥基层党组织的核心作用提供保障。2. 加强党建工作。公司党委在2019年先后组织党务人员到太钢、首钢京唐等地交流学习，拓宽党建工作视野、理顺工作思路，提高了党建管理水平。围绕生产经营中心工作，深入推进"两学一做"学习教育常态化、制度化机制。深入开展党的十九大精神工作学习教育工作，充分利用微信平台、党委中心组学习、微党课等方式，强化全体党员的学习，增强了党员的政治素质。3. 按照集团党委统一部署，积极配合集团纪委第三轮巡察工作，通过巡察提升了企业在经营管理、党建管理等方面管理水平。4. 积极开展"不忘初心，牢记使命"主题教育工作，组织全体领导干部通过专题学习9次、深入一线实地调研、交流研讨、对基层上党课、专项整治排查等方式，将主题教育与企业改革发展实际紧密结合，一些制约企业发展的突出问题和职工群众关心关注的热点问题得到有效解决。开展"七·一"传承红色基因，牢记初心使命红色主题教育活动，组织全体党员到本溪县抗联纪念馆参观学习，重温入党誓词，各级党员干部的政治素质明显提高。5. 加强党风廉政建设，加强对党员干部节假日期间廉洁自律教育，组织全体党员干部和重点岗位人员签订廉洁从业承诺书，对全体党员开展廉洁宣传教育，建立婚丧喜庆台账，尤其对升学宴宴请人开展谈心谈话教育，杜绝违规违纪现象发生，营造了企业风清气正的工作氛围。6. 关心职工群众生活，公司工会全年共发放救济款7496元；组织对父母去世的职工和退休职工发放慰问金2640元；为37名因病住院职工发放医疗理赔保险金36008元；组织职工参加疗养114人次。以职工需求为导向，注重加强职工后勤服务体系建设，为职工增加工作餐补助，增设早餐；为保证职工利益，公司在取暖费报销管理方面执行本钢集团新的管理制度，增加了职工的报销额度，扩大了报销对象范围，赢得职工好评。7. 各群团积极组织参与公司第三届职工运动会、大学生运动会，"五四"青年活动等，凝聚了推动企业发展的强大合力。 （王　红）

## 信息自动化有限责任公司

**【概况】** 本溪钢铁（集团）信息自动化有限责任公司（简称信息自动化公司）成立于2003年11月27日，是本钢集团公司全资子公司，受信息化中心统一管理，注册资金5000万元。担负着本钢集团信息化、自动化、智能化系统运行维护、技改工程和新建工程等任务，是集团公司信息化、自动化设备稳定运行的保障单位；集团公司信息化、自动化技术和人才的支持、储备单位；集团公司生产经营、企业管理各类信息化和自动化项目的研发、实施单位；集团公司对外经营创收的高科技公司。是国家级高新技术企业、辽宁省计算机“双软”认证企业、辽宁省省级企业技术中心。

2019 年末，公司在籍员工 149 人，专业技术人员 118 人，其中高级职称 22 人、中级职称 42 人，中高级职称人员占技术人员总数的 54.24%。2019 年实现合同承揽 18385.48 万元，销售收入 14594.07 万元，利润 905.9 万元，实现人均创利 6 万元，承揽、收入、利润主要经营指标全部实现了同比增长。

**【保产保供】** 信息自动化公司建立了 24 小时全天候事故应急和技术保障服务机制，主动参与集团公司突发应急故障处理、紧急工作和重点工程建设任务。2019 年成功处理本钢门禁管理系统瘫痪故障、歪头山铁矿 5 个站场控制系统抢修、11 号门主干光缆断损事故处置、研究院小间距大屏幕的设备采购和安装调试等急难险重工作任务，保障能力显著提升。积极参与集团公司重点工程项目建设，顺利完成了板材 6 号转炉节能环保改造、北营新 1 号高炉大修、能源总厂 7 号高炉干法除尘系统建设、能源总厂十一加 DCS 系统升级改造、南芬 65 吨锅炉改造等重点工程和抢检修项目。自主开发和实施了两厂区焦化均质化配煤项目、两厂区废钢验质项目、矿业公司三级计量项目、板材铁路信号识别项目、板材原料厂皮带秤项目、日清日结信息化项目和本钢集团住房公积金升级项目等，为集团公司成本核算、精细化管理创造了条件。

**【市场开发】** 面对变幻莫测的市场形势，信息自动化公司始终坚持发挥自身技术优势，以输出技术和成熟产品为手段开发市场，内外部市场领域再获突破。内部市场密切跟踪集团公司生产经营难点、重点，积极主动为集团公司制定系统性解决方案，全年共编制解决方案 82 份，形成技改合同 53 个。顺利完成了特钢厂大棒轧机控制系统升级改造项目，承接了北营 1780 轧线传动系统改造项目，实现了自动化专业在轧制领域的突破。通过智能化技术的应用，圆满完成了立体停车场等项目，内部市场新领域不断拓展，企业发展空间不断扩大。外部市场积极参与“一带一路”建设，成功实施越南和发榕橘钢铁公司四座 1080 立高炉项目，其中 1 号、2 号高炉分别于 2019 年 6 月 30 日和 11 月 26 日顺利出铁。向国内钢铁同行推广成熟技术，完成淮安钢铁 5 号、6 号高炉调试工作，于 2019 年 4 月 20 日投入运行；完成中冶京诚新建 29 万立高炉煤气柜和 9 万立焦炉煤气柜工程，已交付使用；签订了山西高义钢铁公司 120 吨转炉改造项目合同。这些项目的实施，标志着自动化公司具备了走出去与同行竞争的能力。

**【技术创新】** 信息自动化公司始终从企业发展的角度自主投入搞研发，2019 年设立物流管理系统、能源计量管理平台应用等科研立项 12 项，全年归集研发费用 1114.89 万元。研发的技术为项目实施提供了支持，北方恒达物流园和本钢包装公司信息化整体方案得到了业主认可和同行业高度评价，贴标签机器人应用于三冷镀锌线，进一步提升了公司技术厚度。持续推进科技成果转化，2019 年取得 6 个软件著作权证书和 5 个外观设计专利证书。《高炉自动化控制系统的开发与实践》等 6 项科技成果分别荣获集团科技进步第二、三等奖。投入16.15万元用于奖励取得科技成果、专利、著作权及优秀科技论文的技术人员。积极推动高新技术企业换证、软件企业认证换证、省级企业技术中心年度评定等资质管理工作，为企业享受国家优惠政策和高质量发展提供了保障。

**【降本增效】** 信息自动化公司以保产保供为前提，通过平台招标、扩大竞争、战略合作和压缩资金等措施，全力开展降本增效工作，全年累计组织平台招标178项，合同金额2984.69万元。深化与品牌供应商的合作，扩大了京东工业品采购范围，与西门子等品牌厂商签订年度框架协议，使八大类常用设备采购获得了价格优惠政策。加强了供应商管理，新引进施工队伍9家，清除不合格供应商10家，扩大了选择范围，规避了经营风险。采取压缩资金及“延迟支付”的方式，扩大本钢财务公司电票、本钢商票支付范围，90%的客商接受了6个月的账期付款节奏，大幅度降低了财务成本。

**【基础管理】** 信息自动化公司紧紧围绕信息化中心机制体制建设这项中心任务，以制度建设为推手，新制和修订《追责问责制度》《外部债权清欠办法》等管理和经营相关制度19个，推进了中心管理机制的“体系化、制度化、流程化”建设。持续抓作风建设，通过“追责问责”制度的实施、督办督查工作的开展、专项工作定期通报等手段，公司各项工作质量明显提高，员工队伍作风得到显著加强。全面完成了以全员竞聘上岗为核心的“四定”工作，整个竞聘组织过程实现了公开、公平、公正，做到了“平稳有序”。通过竞聘岗级变动率达到17.03%，岗序变动率达到88.9%，全公司149名员工通过竞聘上岗，有效解决了历史遗留的人事问题、整体岗薪偏低问题、高技术岗位和重要岗位低配问题以及技术和业务层级不清问题，实现了“人岗相适”的目标，为深入推进“三项制度”改革奠定了良好的基础。通过采取资金平衡会和资金支付三级审核制度，统筹资金使用，全年实现资金周转2次，提高了资金使用效率。加快外部陈欠债权的清理，全年清回外部历史预付账款65.39万元、应收陈欠账款554.41万元，其中长期呆滞账款168.52万元，皆为历年最多。对内加强费用管控，可控费用同比降低79.07万元。全面贯彻集团公司安全生产工作部署，开展“党政同责”“一岗双责”安全生产责任制落实工作，全年组织专项检查114次，考核涉及项目实施质量、劳动保护穿戴、现场违规操作等安全问题11项，考核责任单位和个人13710元。积极组织参加集团公司安全马拉松万人竞赛，综合排名集团公司第一。举办了全员安全知识竞赛、消防演练等活动，为信息自动化公司实现安全生产“五为零”奠定了基础。

**【党群工作】** 信息化中心坚持加强基层党组织建设，完善基层党建工作机制，严格执行领导班子双重组织生活制度，全年修订《领导班子基层党建联系点制度》等党建制度19个。坚持围绕中心“四大”职能任务打造建功立业平台，通过“讲奉献、比业绩、创一流”建功立业和党员作风竞赛活动，组建先锋队2支，创建党员先锋岗18个，设立共产党员责任区13个，开展党员课题攻关6项。开展主题鲜明、特色突出的“不忘初心，牢记使命”主题教育，组织了9次专题学习研讨，开展了主题党课、主题调研、问题查摆等工作，结合中心实际开展了以“守初心、担使命”为主题的一线厂矿参观交流、辽宁警示教育基地学习等活动，切实达到理论学习有收获的主题教育目标。以建党98周年和建国70周年为契机，开展结合实践撰写理论文章和政治思想论文征集活动，《以党建工作为统领　以专业整合为契机　加速信息化产业发展的研究》荣获中国冶金政研会2019年冶金企业党建思想政治工作研究优秀论文二等奖。通过制作《歌唱祖国，为祖国送祝福》短视频，营造爱国氛围，提振了工作士气，牢牢掌握了意识形态工作主动权。规范了“三重一大”决策程序，完善了业务招待和公务用车等管理制度，推动了惩防体系建设与内控风险管理建设的深度融合。坚持发挥群团组织功能优势，结合实际开展技术比武、献计献策等群众性生产实践活动，全方位服务企业发展。关心员工生活疾苦，2019年对生病住院职工及直系亲属去世进行走访慰问，发放慰问金额共计8300元。为173名职工办理职工互助保险，交纳保险费22490元，为5名职工办理互助保险理赔3700元，使广大员工充分感受到企业的关怀和温暖。员工培养获得喜人成绩，尹成宇荣获第三届辽宁省工业机器人技术应用技能大赛职工组一等奖，被授予“辽宁省技术能手”称号，并代表辽宁省参加全国工业机器人技能大赛。王晓禹在辽宁省网络信息安全大赛上取得优秀成绩。

（王大鹏）

## 新实业发展有限责任公司

**【概况】** 本钢新实业发展有限责任公司（简称新实业公司）为本钢集团有限公司多元产业发展板块下属公司。公司机关设有综合办公室、党群人力资源（组织）室、生产设备室、经营计划室、财务室、安全环保室、采购室7个科室；所属单位有东风湖钢铁资源利用公司、回收分公司、劳动防护分公司、焦化分公司、铁路修建分公司、机电安装公司、广告分公司、环保绿化分公司、炉料分公司、铝粒作业区、汽水厂、生活服务分公司、瑞丰分公司、瑞丰商贸公司、物业分公司、幼教管理中心、本钢金山宾馆、北京天弘善宾馆、文化中心、中石油（本溪）本钢油气销售有限公司20个下属单位。全公司共有在籍职工1541人，其中在岗职工1365人、退养及保留劳动关系（不在岗）职工176人，在职高级职称职工56人、中级职称186人、初级职称162人。主要产品有炼钢辅料、炼钢生铁、炼钢炉料、烧结配料、金属制品、铸造件、渣罐涂料、氧化锌粉、钝化镁粉、增碳剂、尘泥干粉、劳动防护工装、特种作业防护用品、防尘滤袋、五金制品、印刷制品、工业水处理剂等。工业服务主要有公路运输、设备维修、工业管道清洗、厂容绿化、计器仪表安装维保、电力通信的安装维保、废旧材料回收加工、工程设备维修等。拥有完整的汽水和冰果生产流水线。城市服务业主要有厂区职工生活服务、办公用品销售、媒体广告宣传、职工公寓物业管理、宾馆餐饮住宿及会议接待、幼儿管护及教育等。

**【指标完成情况】** 2019年，新实业公司实现销售收入55600万元，实现利润180万元，比预算收入增加477万元，利润比预算增加99万元。实现安全生产“三为零”。

**【主要装备及产品情况】** 截至2019年底，拥有的固定资产主要装备：加工各类含铁料产品生产线3条、沉泥烘干设备有直径1.8米×25米回转窑1条、脱锌设备直径2.8米×40米回转窑2条、大型振动筛8台、压球生产线2条，加工能力为尘泥干粉20万吨/年，低品位含铁料18万吨/年；水冷长炉龄无炉衬热风冲天炉2座、中频感应熔炼炉和保温炉2台，年产炼钢生铁3.5万吨，铸造件5000吨；钝化镁粉生产线1条，年产炼钢脱硫用钝化镁粉6000吨；铝渣球产线1条，年产能力10万吨；切屑铝产线2条，年产2000吨；五金制品加工生产线1条、主要设备有开平纵剪切机组1套、冲床20台套、剪板机10台、电镀喷漆线1条、电控退火炉1台，年产五金制品2万吨；工业水处理药剂生产线1条、年加工各类水剂产品5000吨；纸板印刷生产线1条，主要设备有四色胶印印刷机组1套、不干胶制品生产机组1套、剪纸机组1套、黑白印刷机组等；大型工程运输铲装设备70余台套，主要包括XG916型装载机10台、12吨以上货车60台、WZY42-5型抓料机1台、履带式挖掘机4台，年创运输工程产值3000万元；工业厂房20座，总建筑面积25万平方米。全年完成炼钢生铁及铸件3.9万吨、增碳剂9364吨、尘泥干粉44万吨、脱锌回收料3.5万吨、氧化锌粉3772吨、钝化镁粉5419吨、水处理药剂9817吨、职业工装6.83万件套、汽车运输收入2197万元、机电安装工程收入1754万元、印刷及传媒收入1231万元。

**【提升管理水平】** 认真落实“四定”工作要求，本着“能上能下、有进有出、人岗相适、权责对应”的基本原则，一方面对区域正职、副职、主任业务师、专业业务师、责任业务师和责任工程师岗位开展竞聘上岗。通过竞聘，职工充分展示了自己的才能，同时为企业未来发展储备了人才力量。另一方面，针对技术岗位人员开展了相应的技能培训，有效提升技能水平。建立设备隐患整改台账，进一步强化了设备故障管理，并将典型事故分析内容建档，便于及时查找隐患，降低设备故障率。

**【创新创效】** 1. 为有效盘活企业现有资源，增加企业收益，制定切实可行的生产计划、提产措施，使原有低品位含铁料、脱锌回收料、氧化锌粉、钝化镁粉等产品实现稳产、高产，降低了库存，盘活了资金。炼钢尘泥、预处理渣坨、含锌灰的销量稳步提升，有效降低了库存量。新一条脱锌窑建设工作正在开展，为提高经营收入添砖加瓦。2. 强化管理，开拓市场，完成年初既定目标。东风湖钢铁资源分公司在生产工艺和投料配比上加大管理，强化设备点检、改造，生产经营得以有效顺行。炉料分公司的铁碳球一期工程建成投入生产后，全年共生产销售钝化镁粉5400余吨。铝粒厂完成脱氧剂销售2900吨，利润及销售收入双赢。环保绿化分公司主动闯市场，全年签订合同创历史最好。为保证生产一线职工防暑降温需求，汽水厂严把产品质量关，实现销售产品合格率达100%。3. 积极研发创新产品。新开发铁鳞球、切屑铝两项产品。其中铁鳞球可作为化渣剂或降温剂在转炉上使用，预计降低吨钢成本4元以上。经实验检测，使用后铁耗同比降低2.73千克/吨，按年产600万吨钢可为集团公司创效2400万元。优化炼钢铁水预处理脱氧剂——铝粒制作工艺，以铝锭代替铝线，原料成本降低200元/吨左右，计划在炼钢厂实验后，制定标准并推广。

**【基础工作】** 1. 安全为生产保驾护航。对职工开展安全教育及培训工作，提高职工全员安全意识。安全生产达到制度化、规范化，全年实现安全生产“三为零”。结合实际，全年不间断开展系列活动。从火灾隐患排查和整治入手，在全公司开展隐患排查整治回头看，实现闭环管理。农场森林防火安全度过。对人员聚集场所和重点消防部位进行了九类消防安全突出风险隐患专项整治检查，消除存在安全隐患和隐患死角。组织开展“新实业公司百日攻坚战”工作，通过各类安全专项检查，排查出问题、隐患共计33项，已整改31项，剩余隐患落实到具体单位整改。推进了镁粉厂安全生产许可证换证工作、脱锌三号线项目建设的“三同时”等专项内容。2. 食堂餐饮服务始终以满足职工需求为目标，扎实开展各项工作。由于猪肉价格持续上涨，对食堂正常服务带来严重冲击，各食堂及时调整食谱，深入源头产地统一采购蔬菜类、水产品等原材料，降低食材采购价格，调节肉类涨价带来的不利因素，使职工就餐支出不增加、饭菜质量不降低。面对夏季高温特点适时增加过水面条、冷面、粗粮水饭、羊汤等消暑食品。春节期间增设本钢放心食品组合，既有传统的猪蹄、肘子、酱牛肉、炸刀鱼、本钢大馒头、豆包等10余个品种，又增加了自制香肠、熏鹅等新品种，投放市场既满足了职工需求，又提升了本钢食品市场形象，增加了经营效益。3. 物业分公司为新入职外地青工积极创建舒适温馨的居住学习环境，在集团工会的鼎力支持下改造了原有的图书室，购置了新的阅览桌椅，定制了新的图书柜、书刊，安装了地板和空调，增购了大量专业和工具图书，满足了大学生的学习需求。4. 幼教中心克服教职工年龄偏大等困难，通过形式多样，丰富多彩的教学展示，在托人数、幼儿出勤率同比增加10%以上，经营收入同比增加28万元。本钢宾馆全年接待了省第四督导组、省委组织部、集团公司老干部座谈会、南钢工作组、辽宁省炼铁技能大赛等各类大中小型会议共计312次，超额完成经营指标。5. 文化中心划归新实业公司后，积极调整经营理念，通过市场宣传、场地清理，提高了剧场及其他房屋的租金收入和房屋利用率。铁源传媒分公司先后承接了市委组织部举办的迎国庆大型晚会视频片制作、本钢集团环保部厂区美化设计、产品研究院外展布置设计、北营党委画册设计等工作，有效增加了经营收入。中石油合资公司在本钢润滑油招标实现零突破，新接手的加油站也已顺利运行，成为未来本钢新实业公司经营收入的新亮点。

**【党群工作】** 结合“两学一做”制度化常态化要求和本钢集团党委“不忘初心、牢记使命”主题教育工作部署，组织学习了习总书记关于供给侧改革、国企党建、在辽宁考察时、在东北振兴座谈会上的重要指示精神，以及在内蒙古考察并指导开展“不忘初心、牢记使命”主题教育时的重要讲话等内容；先后组织了478名党员参观本钢博物馆，150名党员代表参加“铭初心　担使命”主题党课和70名干部代表参加“形势任务教育”专题党课；以“主题教育”开展为契机，加强党委班子建设和基层党组织建设工作。坚持民主议事和重大事项集体决策，全面严肃党内组织生活制度，强化党建责任落实，认真履行基层党建“第一责任人”职责，进一步强化了党建责任落实；工会组织积极开展“安康杯”竞赛活动，为基层单位选拔人才、拉练技能提供资金支持。组织职工代表巡视，征集合理化建议56条，办理职工大病医疗保险，为公司164名住院职工报销费用188689元。为37名困难职工发放救助钱款物资，折合人民币15500元。

（刘海涛　金艳琪）

## 冶金渣有限责任公司

**【概况】** 本溪钢铁（集团）冶金渣有限责任

公司（简称冶金渣公司）是本溪钢铁公司全资子公司，主要承担本钢炼钢过程中产生的冶金渣加工处理及综合利用职能。截至2019年末，下设炼钢协力、钢渣、热焖、磁选、加工、检修、运输7个作业区，本溪金路汽车运输有限责任公司、本溪华源建筑材料有限责任公司、辽宁矿渣微粉有限责任公司3个独立经营子公司。在籍职工433人。党委下设11个党支部，党员217人。公司总资产86615万元，固定资产原值49173万元，净值27065万元。

2019年冶金渣公司实现收入4.11亿元，超计划1.6亿元；实现利润3580万元，超计划1600万元。实现了生产安全轻伤以上责任事故、火灾事故、较大设备事故、交通安全责任事故、职业危害事故“五为零”的安全生产工作目标。

**【安全管理】** 夯实安全基础管理，进一步系统完善各项管理制度，加强执行过程履职监督，及时查缺补漏、堵塞漏洞，全年修订完善10项安全管理制度，制定9项重点作业风险防范措施。持续开展安全生产责任制逐级考评工作，落实两级领导班子承包作业区、班组工作制度，采取班组安全管理模板化、班前会录音、班组结对子、安全竞赛、安全讨论等举措，提高班组安全管理水平和全员安全素质。坚持开展各类安全检查，抓好隐患排查、整改工作，全年下发安全检查通报46期、下达安全监督指令书5份，整改隐患398项。持续做好安全教育培训，开展全员安全思想大讨论，举办培训班、安全知识答题、消防应急实战演练等活动，提高职工安全意识和应急能力，累计培训700余人次。

**【生产管理】** 紧跟集团公司生产节奏，以“排渣保产、含铁料保供”为主线，实现保产、保供“零影响”目标。全年翻排各类钢渣166.43万吨，回收渣铁、粒铁22.17万吨，废钢2.35万吨；供应精矿粉B22.88万吨，回收废旧耐火材料5826吨。积极响应集团公司号召，全力完成交办的各项任务。完成废轧辊切割任务，共切割废轧辊4812.64吨；完成50万吨场存原渣磁选任务，多回收渣铁、粒铁4.5万吨，日供炼钢厂含铁料由460吨提高到800吨，为集团公司减少外采废钢降铁耗做出了突出贡献。

**【设备管理】** 以保生产顺行为中心，以点检定修为手段，加强设备技术状态评估和检维修过程管控，提高检修效率和质量，确保设备安全、稳定、经济运行。建立点检员业绩考评长效机制，提升设备管理水平。加强检修计划执行和费用的有效管控，通过招标方式节约检修费成本60万元。更新4台自卸汽车和2台装载机，极大缓解了设备老化带来的生产压力。大力推进领新交旧工作，提高备件计划的准确率，全年利库11.02万元。同时加强三级计量数据统计、分析工作，实时监控高能耗设备运行情况，落实躲峰生产方案，降低电耗，实现对油、电、水、氧等能源介质成本的有效管控。

**【环保管理】** 强化环保责任落实，加强环保设施运行管理，确保排放达标。做好危险废物的规范化管理，从使用、回收、存储、转移全过程管控，全年共转移废油桶2.37吨，废油24.68吨。加强现场抑尘、控尘措施的落实，充分利用2台洒水车对现场道路进行洒水，投入7台雾炮进行抑尘，对料堆苫盖定期维护，全年苫盖抑尘网6万平方米，不断改进现场环境。

【成本管理】 强化财务管控，成本费用有效降低。将各项成本指标细化分解到作业区和子公司，按月对成本完成情况进行考核。强化资金管控，坚决禁止超预算支付，全年可控费用降低253万元，定额成本降低160万元。积极利用经济库存指标控制存货采购量，存货资金占用比年初降低3472万元。充分利用国家“减税降费”优惠政策，做好税收筹划工作，依法节税，减免所得税541万元。利用各种有效手段，积极开展清欠工作，全年清回陈欠款238万元。

【项目研发及建设】 积极推进钢渣环保改造项目，配合鞍钢设计院编制项目初步设计方案，组建钢渣环保改造工程项目部，做好钢渣环保改造项目前期准备工作，明确分工和职责。通过对现场渣区钢坨、渣铁坨和铁水预处理渣坨进行破碎或异地存储方式，加快场地“三通一平”进度，确保钢渣环保改造工程按期开工建设。

【人力资源管理】 根据集团公司“四定”第二阶段工作部署及时间节点要求，结合冶金渣公司实际，开展全员公开竞聘工作的宣贯、实施细则的制定和岗位竞聘考试等工作，完成了作业区级管理、业务、技术和高技能操作等7个轮次的岗位竞聘和薪酬调整工作，其中管理业务技术人员定员总数82人，报名人数97人，最终竞聘上岗81人。同时优化人力资源配置，加强职工技能培训和劳动纪律管理，有效提升了员工工作效率。

【治安防范】 不断完善风险管控措施，降低生产作业过程中的安全和含铁料外流风险。通过视频监控、GPS定位，增加抽检和回放次数，加大重点部位和运输车辆的监控力度，建立风险管控制度，对风险防范重点部位、治安防范风险点措施落实和责任人履职情况进行定期检查考核。加强职工法制教育，以出现的违法、违纪案件为例，加大法制宣传教育力度，加强日常检查及夜间巡查工作，做好企业治安防范工作，降低企业经营风险。

【党群工作】 强化思想武装，抓好宣传思想政治工作。以自学与集中学习的方式，加强理论学习，提高党员干部思想素质。落实意识形态工作责任制，结合实际开展形势任务教育和思想政治工作。充分利用公司简报、微信群、QQ群、作业区板报等宣传阵地，发挥正面舆论宣传导向作用。全面做好巡视巡察反馈意见的整改落实。扎实开展“不忘初心、牢记使命”主题教育、纪念建党98周年和庆祝新中国成立70周年系列活动。开展“保产保供保安全，降本增效做表率”等主题建功立业活动，充分发挥党支部的战斗堡垒和共产党员的先锋模范作用。加强党风廉政建设，营造风清气正的良好氛围。发挥工会等群团组织桥梁纽带作用，走访困难职工，为职工发放生日礼包，关注青年职工健康成长，关心职工生活。开展形式多样的文体活动，丰富职工业余文化生活。强化信访维稳措施落实，创造和谐稳定的生产经营环境。

（翟利彬）

# 辽宁冶金职业技术学院

【概况】 辽宁冶金职业技术学院（简称职业技术学院）是经辽宁省人民政府批准、教育部备案的省属全日制普通高等学校，2010年实现首届招生。学院在职职工459人。本科及以上学历职工327人，中级职称157

人、副高级及以上职称 138 人。2019 年学院坚持以习近平新时代中国特色社会主义思想为指导，深入开展“不忘初心、牢记使命”主题教育，全面贯彻落实习近平总书记在辽宁考察时和在深入推进东北振兴座谈会上重要讲话精神，在集团公司的正确领导和大力支持下，继续秉承优良的办学传统，强化内涵建设，坚定不移深化教育教学改革，全面完成 2019 年各项工作任务。全年实现外部教学培训收入 1874 万元，比计划增收 299 万元，同比增收 372 万元；实现考核利润-82 万元，比计划减亏 331 万元，同比减亏 552 万元。培训计划完成率 100%、满意率 100%。

**【教学工作】** 1. 专业建设成果突出。按照“适应市场、动态调整、强化重点、突出特色”的专业建设原则，优化和调整专业布局。专业与企业密切对接，中高职 23 个专业深化校企合作，开展订单、定向、冠名班人才培养，有针对性地为企业培养技术技能型人才。新增新能源汽车技术、网络营销等 3 个高职专业。教育部现代学徒制试点专业、辽宁省对接产业集群示范专业、辽宁省创新型实训基地等项目通过国家级、省级验收。获批省级 1+X 证书制度试点专业 10 个、省级现代学徒制试点 1 个。积极协助集团申报产教融合型试点企业，本钢集团被省发改委列为辽宁省第一批产教融合型企业建设培育范围的企业。校企共同建设沙盘模拟企业经营实训基地、大数据和信息安全实训中心、本钢集团安全实训基地。2. 科研大赛硕果累累。4 名教师担任国赛、省赛专家评委，1 名教师被聘为海南中职教育评估专家；2 项科研课题入选省级重点课题项目，获实用新型发明专利 2 项，软件著作权 17 项；34 名老师在国家级、省级期刊发表论文 51 篇，教师主编、参编教材 3 本；获国家级教学能力大赛一等奖 1 项、省赛三等奖 1 项；获钢铁行业多媒体课件评选一、二、三等奖 7 项；获辽宁省教学信息化大赛二、三等奖 10 项；获辽宁省职工技能大赛选拔赛第二、三、四名 3 项；获本溪市“工匠杯”职业技能大赛第一名 2 项，教学设计大赛一、二等奖 11 项，课件大赛一、二等奖 12 项。

**【学生工作】** 1. 学生素质不断提高。学院把健康教育、思想品德、职业素养、法治教育等纳入人才培养方案，培育和践行社会主义核心价值观，提升高素质技能型人才培养水平。开展学风建设活动，建立“全员、全过程、全方位”狠抓学风建设的工作格局，营造良好的育人氛围。开展职业道德教育，把工匠精神贯穿到教育教学、文化活动、实习实践全过程，引导学生思想政治状态良性发展。推行晚自习大讲堂活动，发挥学生干部“自我管理、自我教育、自我服务”的作用。保质保量完成征兵工作“五率”考评指标。2. 校园活动丰富多彩。以文化活动为载体，开展校园文化节、寒暑期社会实践、安全消防应急演练等主题活动，扎实做好形势政策报告、主题班会等主题教育活动，举办第一届大学生创新创业大赛、开学典礼文艺汇演。强化社团建设，组织学生球类比赛。2 名学生在辽宁省职业院校技能大赛中获奖。学院团委获“本钢‘五四’红旗团委标兵”荣誉称号，20 多名优秀青年获国家及集团先进荣誉称号。

**【招生就业工作】** 1. 招生人数再创新高。一是认真做好招生宣传工作，充分利用校园网、微信、新闻媒介、咨询会等平台开展宣传，推介办学优势，搭建全方位咨询服务平台，吸引生源。二是科学制定招生工作方案，深入省内各生源校现场宣传，顺利完成了单独招生、普招、退役士兵扩招和中职招生。2019年招生人数再创学院近年新高，高职录招生2645人，其中退役士兵1562人；中职招生600人。在校生已达5656人。2. 就业工作稳步提升。坚持就业创业并重，就业质量明显提高。加强毕业生就业指导和服务，拓展实习就业基地。2019年举办专场招聘会30余场，提供优质就业岗位3000余个，高职毕业生391人，就业率达98.5%；中职毕业生98人，就业率100%。

**【培训工作】** 1. 企业培训能力增强。党校培训模式不断创新，党校课程开发与时俱进，2019年省国资委授予本钢党校基层理论宣讲先进集体。企业培训不断提升培训能力、提高培训质量，着力为集团服务。实施网络培训，开发特种作业培训平台，解决职工工学矛盾。自主开发培训能力增强，积极开展企业新型学徒制和维检中心、烟草公司、观音阁水库管理局等集团计划外培训。全年完成435个班次、99562培训学时、23815培训人次，实现收入1361万元，同比增加40余万元，其中自主开发培训187.7万元。2. 社会培训取得佳绩。继续教育学院创新函授招生模式，改革招生手段，利用新媒体进行招生宣传，函授新生入学571人，学生在籍人数达到2300人。承办省市大赛8次，实现了服务型向效益型的转变。社会培训开始向周边城市辐射，开展法库瑞和集团培训，取得了很好的社会效益和经济效益。技能鉴定1344人，首次通过率达到75%。全年各项收入累计545万元，同比增加127万元。

**【技术服务工作】** 1. 技术服务能力增强。积极开拓外部市场、研发项目。实习厂自筹资金改造厂房，完成技改立项8项，通过质量体系外部审核，接收129名学生进厂实习，与天津大学达成自动化焊接合作意向，全年完成营业收入2792.72万元，利润20.2万元，利润同比增加2%。高远公司先后承接了板材公司、矿业公司、北营公司等十多家企业的信息化项目，实现销售收入、利润、贡献力三项指标新的突破，全年完成营业收入1423.3万元，利润59.9万元，利润同比增加240%。2. 产训结合成效显著。借助校企合作承接企业生产加工业务，开发“工学一体”创新型生产实训课题，教学任务紧贴生产实际，使教学与生产、学生与企业“零距离”接触，完成中小型焊接结构件、高压胶管总成4000余件，创造产值113.68万元。教师利用课余时间为本钢三冷轧做设备动平衡技术服务，践行了“校企一体、双体共育”的育人理念。

**【安全工作】** 深入贯彻落实习近平总书记关于新时代安全生产工作的重要指示精神，牢固树立安全发展理念，强化红线意识和底线思维，全面落实全员安全生产责任，坚持管理重心下移，以推进班组安全标准化建设为抓手，以加强风险管控为重点，严格落实安全教育培训、反“双违”专项整治、隐患排查治理、绩效考核和责任追究等工作措施，不断提升学院安全管理水平。坚持贯彻“安全第一，预防为主，综合治理”的安全工作方针。履行安全管理主体责任，消除控制风险，依法科学管理，持续改进绩效，实现安全发展，创建平安校园。实现安全生产一般责任伤害事故、一般火灾事故、一般设备事故“三为零”，力争实现“零事故、零伤害”的安全工作目标。

**【管理工作】** 1. 推进人事改革，取得阶段效果。全面推进“四定”第二阶段工作。在全员参与讨论、领导班子广泛听取职工意见、职工代表表决通过的基础上，形成了适应学院实际的岗位竞聘方案和操作细则，五个轮次的竞聘工作已全部完成。累计公布岗位数239个，报名人数370人，上岗人数335人，其中原在岗人员落聘率3%，职群或职级岗位变动调整143人，调整率为43%。顺利完成调整力度最大、推进周期最长的人事制度改革，并达到预期目标，为持续推进更深层次的机制改革奠定了坚实基础。2. 推进问责追责，强化绩效激励。推进中层干部考核、问责追责等举措，逐步建立起公平公正、创先争优的良好氛围，干部职工的精神面貌焕然一新。制定出台了学院《中层干部问责追管理办法》《关于安全设备生产质量环保责任事故单位相关领导问责追责办法的调整意见》《绩效考核办法（讨论稿）》，坚持绩效工资向教学一线岗位倾斜，推进绩效考核试运行。3. 加强平台建设，提高工作效率。推进信息化建设，完善CRP系统各项功能，基本实现了办公、教学系统智能化，各项管理流程进一步规范。借助与中国电信本溪分公司签署战略合作协议，升级改造校园一卡通，全面提升了学院软、硬件办学条件。4. 落实降本增效，加大内部管控。通过压缩采购计划、拓宽购货渠道、废钢换取板材、调剂物资等手段，节约采购资金20万元；通过自行承担制作护栏工程、维修排椅、改造供电线路工程、改造卫生间节水器等节约费用14万元。推进6S管理工作，使工作现场及办公区域标准、规范、整齐划一。推进综合实训楼建设项目的有效实施，积极办理施工工程验收手续，实施了汽修实训设备的安装等工作，为综合实训楼的有效利用打下了坚实的基础。5. 加强综合治理，构建平安校园。围绕“创建平安单位，构建和谐校园”目标，加强和完善安全管理、治安管理、食品卫生管理及卫生防疫管理等工作，全面落实管理责任制，加大隐患排查和整改力度，综合治理、信访稳定工作有序开展，保障了学院各校区的安全和稳定，实现了校园重大安全事故“五为零”的工作目标。6. 处理历史问题，实现预期目标。学院成立了厂办大集体改革工作领导小组，按时完成集体职工身份认定、企业性质认定、工伤认定等工作，做到了及时、准确、高效、可控，受到集团业务主管部门的表扬；学院制定了离退休人员退养职工集中管理工作实施方案，启动离退休退养人员集中管理移交工作，同时开展700余名离退休人员人事档案规范化整理和数字化工作，稳步推进离退休人员社会化改革工作。

**【党建工作】** 1. 党建工作基础更加扎实。深入学习贯彻习近平新时代中国特色社会主义思想和党的十九大精神，坚决贯彻落实中央、省市、集团党委的决策部署，扎实开展“不忘初心、牢记使命”主题教育，将主题教育与学院改革发展实际紧密结合，教职工获得感和满意度不断提升。学院党委按期换届。组织学习贯彻《中国共产党支部工作条例（试行）》，开展“大学习、大检查、大规范、大提升”活动，基层党组织规范化、标准化建设水平不断提升。推进“两学一做”学习教育常态化制度化，基层组织活力进一步激发，党员先锋模范作用得到充分发挥。2. 全面从严治党持续深化。深入落实中央八项规定精神。扎实开展领导干部利用名贵特产类特殊资源谋取私利问题专项治理；开展形式主义、官僚主义集中整治工作；持续开展操办升学宴等党风专项治理；以召开廉政教育警示大会、通报典型案例、定期考核、谈话诫勉、述职述廉、签订廉洁自律承诺书、重大事项报告等形式强化对干部的教育监督管理，打造对党忠诚、个人干净、勇于担当、清正廉洁的干部队伍。3. 推动宣传思想工作守正创新。严格落实意识形态工作责任制和网络意识形态工作责任制，加强教职工意识形态责任制教育，守住课堂教学意识形态安全底线和红线；进一步推动思政课改革创新，落实立德树人的根本任务；以“回眸七十年、建功新时代”为主题，开展形式多样的系列活动，唱响时代主旋律；以学习贯彻《新时代高校教师职业行为十项准则》、争做“四有”好老师主题活动为载体，不断提高师德水平和教育教学质量；全力推广运用“学习强国”学习平台，统筹推进党员干部和职工群众的学习教育；充分利用各种媒体，讲好学院改革发展故事。（谭艳艳）

## 房地产开发有限责任公司

**【概况】** 本溪钢铁（集团）房地产开发有限责任公司（简称房地产公司）是本钢集团全资子公司。注册资金 5 亿元。是一家集房地产经营、开发、销售，工程建筑设计、工程建筑施工，产品生产、矿山开采加工及房产物业管理为一体的多产业、综合性房地产开发企业，具有国家房地产开发三级资质、房屋建筑安装施工二级资质、规划设计乙级资质及房产物业管理三级资质。2019 年底在籍职工 142 人，在岗职工 141 人，离岗休养 1 人。下设综合办公室、党群工作室、人力资源（组织）室、财务管理室、开发管理室、合约预算室、工程技术室、计划管理室 8 个科室，好佳物业公司、好佳建筑公司、微细粉公司、海口公司、经营分公司、清欠办 6 家分子公司。原炉料公司 27 人 7 月划入新实业公司，好佳建筑设计院完成注销。2019 年房地产公司实现营业收入 13370 万元，实现利润-3412 万元。实现安全生产“三为零”。

**【人力资源管理】** 根据集团公司“四定”工作部署，房地产公司认真贯彻落实集团公司“四定”工作指导意见，准确把握“四定”工作内涵，结合实际认真制定“四定”方案，经过集团“四定”工作组多次审核后，房地产公司严格按要求履行民主程序，并于 2019 年 10 月中旬启动了各职群的竞聘工作，按规定程序贯彻“四定”方案，妥善做好宣传和稳定工作，通过竞聘等方式安排岗位，原有机构 19 个，本次核减 4 个，核减比例为 21%，竞聘报名共 106 人，竞聘上岗 93 人，11 人由业务岗落聘到操作岗位，实现优者上、劣者下的竞争淘汰机制，稳妥、准确、有条不紊，确保“四定”工作顺利完成。扎实开展中层干部绩效考核工作，加强劳动合同清理整治工作，全面排查劳动合同履行情况，整顿考勤管理制度，提高职工的出勤率和工作效率。

**【主业开发】** 2019 年房地产行业形势依然严峻，合理规划各开发项目进度，降低开发风险。本钢宾馆及周边改造项目已完成项目策划、开发测算，待集团公司批示以开展下一步工作。盘活存量土地，进行千金地区剩余土地、溪湖东山棚户区剩余土地、南芬南山剩余土地的综合利用及招商工作。加强合作开发项目管理，海口铂金华府合作项目 2019 年收回合作收益 3716 万元，完成合作全部收益 6316 万元。

**【企业改革】** 按照省国资委的要求，做好僵尸企业处置工作，积极推进僵尸企业数据整理工作，为避免风险及给企业造成损失，一方面合法依规保护房地产公司现存的优良资产，另一方面积极推进房地产公司下属的分子公司整合剥离工作。配合集团公司处置僵尸企业工作组形成僵尸企业处置方案分析和基本材料上报集团公司。为了做好企业挂牌转让后职工安置工作，制定《本钢房地产开发公司挂牌转让职工安置方案》，依据国家和地方的有关法规规定和本钢集团的相关要求，先后聘请三家事务所进行了财务审计、资产评估审计、离任审计，挂牌方案上报集团公司通过，于12月11日在沈阳联合产权交易所正式挂牌。

**【经营管理】** 依据集团公司清产核资工作的要求，主动配合审计所、评估所进行清产核资，其中债权债务清理工作，对存货、固定资产进行清查和盘点，夯实家底，对存货的盘亏、待报废进行彻底清查。健全房资台账，实时掌握使用情况、变动情况，面对房地产市场经济低迷、形势严峻的情况，采取各种方法促进存量房销售，增加现金收入。全年共实现销售收入2620.85万元，其中销售现金收入1470.12万元，房产租赁收入63.48万元，停车场收入67万元，交易费收入19.7万元。清欠办为了确保公司利益不受损，坚定不移执行公司房产清欠的方针政策，结合公司所辖区域管理现状特制定有效的实施方案，全年电力稽查收入455万元；房产监察收罚没款103万元；清欠收入262.52万元，其中现金收入96万元，清回实物评估价值166.52万元。

**【多元产业】** 根据各分子公司的生产经营状况，结合当前的市场发展形势及各公司的自身条件，充分发挥各单位的主动性、积极性，确保收益最大化。好佳建筑公司积极寻求活源，完成溪湖明山沟101号、109号楼收尾工程95万元。好佳物业公司以维修促收费，以质量要效益，以服务求生存，以管理求发展，维修服务和收费收入实现双丰收。好佳物业公司全年实现物业收费530.29万元。飞腾矿业矿石销售15221吨，实现收入162万元。矿山巷道排渣9200立方米，节约排渣费20万元。鑫汇微细粉公司收缴厂房及设备租金120万元，办理房产及土地税减免工作，节约资金10万元。炉料分公司按照集团公司总体布局，人随业务走，整体划转到新实业公司，厂房及设备采取租赁的方式出租给新实业公司使用。

**【积极稳妥处理历史遗留问题】** 1. 积极稳妥化解动迁安置矛盾，回迁安置动迁户78户，货币安置千金地区动迁户68户。完成千金、南芬、泉涌和溪湖等地区的租房费发放工作，发放金额195万元。2. 溪湖明山沟101、109号楼完成室外水、电、供暖等配套工程，68户居民已进户。3. 加快已建小区办理确权，公司在资金严重短缺的情况下，今年先后完成平东园二、三期、泰运小区、和平小区消防工程，验收合格，组织移交物业管理。4. 积极与政府相关部门协调沟通，加快完成已建成入户项目的确权工作及居民分照工作，全年完成1200户居民个人产权分照办理工作。5. 切实做好信访维稳工作。全年共受理网上信件21件；市长热线受理156件；省交办信访积案29件；行风热线全年118件，办结率80%；民心网254件，回复率100%。去省上访6批次39人次，与去年同期相比批次下降；进京上访4批次14人次，进京非访为零。6. 积极应对法律案件，与集团法务部密切沟通，研究案情，积极寻找律师和法官提供法律咨询、服务，主动采取措施，保障资金安全。

【党建工作】 2019年房地产公司党委在集团公司党委的正确领导下，持续深入贯彻党的十九大精神，坚持以习近平新时代中国特色社会主义思想为指导，坚持全面从严治党，强化意识形态工作责任，系统学习习近平新时代中国特色社会主义思想和党的十九大精神，积极贯彻执行上级党组织的决策部署，扎实开展“不忘初心，牢记使命”主题教育，制定房地产公司“不忘初心、牢记使命”主题教育工作方案，主题教育开展期间，党委班子召开专题研讨11次，领导班子成员到所在支部讲授党课3次，各党支部书记讲授党课6次，参与党员多达164人次，提升了基层党组织的凝聚力和战斗力。扎实开展党建工作，提升党建工作科学化水平，为推动房地产公司安全、持续、有序发展提供良好的政治生态。根据集团公司党委工作安排，制定《本钢房地产公司党委2019年工作要点》，印制下发到各党支部遵照执行，不断提高思想建党的科学化、规范化水平。正确把握舆论导向，强化思想宣传，集中组织12次中心组学习，按季度上报中心组学习情况。为庆祝建国70周年，举行一系列庆祝活动。关心困难职工，体现党委关怀。“七一”前夕，走访慰问生活困难党员、老党员，发放慰问金。走访房地产公司2名派驻村干部所在的南甸镇滴塔村和岫岩县大房身村贫困户共8户，发放慰问金及日常生活物资。发挥工会组织联系职工的桥梁纽带作用，积极配合行政工作，以服务为宗旨，切实维护职工的合法权益，为全体职工办理了医疗互助保险，完成职工住院二次报销51人次，报销金额3万余元；组织职工参加健康疗养17期，疗养43人次。组织参加集团公司第三届职工运动会，共有10名职工参加了各项比赛取得了优异成绩，获得了体育道德风尚奖。 （黄　卓）

# 热力开发有限责任公司

【概况】 本溪钢铁（集团）热力开发有限责任公司（简称本钢热力公司）为本钢集团公司的全资子公司，下设8个职能科室、4个双职能单位、10个供热分公司。截至2019年末，在籍职工656人，其中在岗619人、退养人员37人。在岗人员中管理岗41人、业务岗40人、技术岗16人、操作岗522人，具有副高级职称14人、中级职称35人、初级职称22人。本钢热力公司是一家集工业余热供暖和锅炉集中供暖为一体专业化供暖公司，供暖区域涵盖市内的南地、平山、东明区域，市郊的南芬、歪头山地区。2019年末供暖面积731.3万平方米，供暖用户达10.14万户，其中：余热供暖554.7万平方米、锅炉供暖176.6万平方米；共有余热管网3条（分别为三电、焦化、冲渣水）、余热泵站2座、余热换热站32座；供暖锅炉房2座，锅炉换热站25座。总供热能力330兆瓦，用热负荷366兆瓦。2019年末，固定资产原值8.50亿元，固定资产净值4.02亿元。2019年超额完成集团下达的各项考核指标，实现利润-3250万元，比计划减亏1456万元；实现收入19706万元，比计划增收1130万元。

【生产管理】 在供暖运行期，从强化生产调度指挥职责入手，建立健全调度指挥生产运行的工作流程和制度，采取了一系列保产保供措施。第一，每天早上八点准时召开生产早调会，每天下午四点准时到作业区召开热网运行分析会，及时研判供暖运行状况，随时解决出现的问题，有效提高了运行质量。第二，制定了《本钢热力公司生产调度管理制度》，完善了作业区运行参数日报表制度，通过强化生产调度指挥职责，促进公司整体运行管控能力逐步提高。第三，加大对各条供暖管网运行的调节力度，严格按照技术参数标准分配热量。同时，严格落实《供暖运行考核办法》，把供暖质量纳入到日常工作考评之中，有力地保证了供暖质量。第四，强化抢修设备、车辆及队伍的日常管理，重点保证供暖管网突发事故抢修的及时性。积极开展专项查漏测漏工作，避免小耽误造成停工事故，确保供暖生产连续稳定。第五，严格执行《重点阀门井及供热管网巡视管理办法》，每天安排专人对重点阀门井和辖区内管网进行巡查，做到发现问题，快速解决。通过强化生产调度指挥责任，精心组织供暖生产，保证供暖生产高质量运行。

**【重点工程】** 在夏检期间，积极推进重点余热开发工程的建设，加大供暖锅炉污染源的整治力度，为实现达标排放目标提供保证。第一，强力推进大余热工程建设，完成了发电热源开发及管网改造工程，成功关停市内仅存的中心、平山两座大锅炉房，实现了市内全部区域余热供暖。第二，完成了歪头山矿区“三供一业”供暖工程一期改造任务，取缔了歪头山三座高耗能、高污染的小锅炉房，有效解决了燃煤锅炉污染环境的难题；同时，还完成了歪头山居民供水业务的移交任务，彻底消除了歪头山地区饮用水的安全隐患。第三，完成了南芬集中供热锅炉除尘布袋和脱硫设施的改造任务，在线运行监测显示符合环保排放要求，解决了南芬集中供热锅炉环保不达标的问题。通过以上三项重点工程的实施，为本钢集团公司完成省、市下达的全年环保任务做出了贡献，也为实现本钢绿色供暖发展目标打下了基础。

**【安全管理】** 按照“党政同责、一岗双责”的要求，认真落实《热力公司安全生产责任制》等相关制度，全面加强安全基础管理工作。一是将安全指标层层分解落实到基层单位，分别签订了《安全生产责任状》，逐级压实管理责任。二是重新修订了《生产安全事故管理办法》《安全生产追责问责实施细则》等制度，做到管理规范、责任明确。三是组织开展了“百日攻坚”“保平安、迎大庆”等系列安全活动，共计检查 89 次，排查出隐患 48 项，全部整改完成。此外，认真推行工程施工、检维修作业安全管理、反“习惯违章作业和违章指挥”等专项治理行动，安全基础管理工作得到了夯实和加强。通过强化安全生产管控工作，堵塞了安全漏洞，实现了安全生产“三为零”的佳绩。

**【收费管理】** 紧紧围绕增收工作目标，全年收费工作重点采取了如下保证措施：一是积极协调邮储银行，在国庆节前就开通银行缴费功能，方便用户及时交费。二是开通了微信平台的交费功能，随时满足用户的交费需求。三是搞好市场调查，准确掌握新开发楼盘的入网信息，为顺利接点做好准备。全年实现收入 19706 万元，圆满完成收费任务目标。为全面做好清缴陈欠工作，促进增收，积极采取以下清欠保证措施：一是继续执行交新费带交陈欠的办法；二是抓住房屋交易的契机，追缴陈欠；三是加强公建供暖面积核查，查缺补漏；四是加大对各类陈欠用户催缴工作力度，下达催缴费用单 5600 多份。全年共收缴上年及以前年度陈欠费达 1480 余万元。通过加强收费管理，加大清缴力度，收费工作取得了良好效果。

**【成本管理】** 充分利用供暖期，结合供暖实际制定能源考核计划，重点加大四项能耗指标的攻关力度，积极落实各项降本保证措施。每天对各作业区失水率指标进行跟踪分析，根据天气变化动态调整供暖运行参数，合理调节供暖温度和水力工况。每周召开生产经济运行分析会，通过对各作业区一周的能耗指标消耗情况综合评价，分析查找原因和不足，制定并落实具体整改措施。每月召开绩效考评会议，严格落实成本管控责任，促进成本管理水平不断提高。出台了《2019—2020 年供暖管网查漏工作专项奖励办法》，鼓励广大职工积极开展查漏堵漏工作，有效地处理管网泄漏点 30 余处。同时，安排供暖稽查队员重点对失水量大的区域进行全面摸排整治，共处理违章、拆除私接水嘴 150 多个。从供暖运行实际效果看，9 个供暖区域已有 6 个失水率控制在 1.5%以内。2019 年水、电、热源、煤四项定额能耗实际发生额 9117.5 万元，比 2018 年降低 1436.7 万元，降幅为 13.6%，降本增效工作取得实效。

**【稽查工作】** 紧密围绕供暖工作，加大稽查工作力度，依法依规整治违章行为，保障供暖工作顺利开展。一是配合供暖作业区全面抓好违章排查工作，针对失水量大的发电供区，张贴违章整改通知单 1000 多份；截止到 2020 年春节前，利用夜间、双休日、节假日，组织稽查队员共计出动 700 多人次，分别对发电、平东、平西、中心、焦化、歪矿，以及南芬集中供热区域楼房和小公建入户检查，追缴热源损失费 10 万元左右。二是安排 4 个供暖稽查小队分别对主动报停用户共 5680 户逐户进行检查、拍照取证，杜绝私接搭车供暖现象。三是做好陈欠在供用户拍照取证，张贴催缴通知单，严格执行供暖“黑名单”制度，认真落实开关阀制度，全力追缴欠费。

**【客服服务】** 为了“高质量、高标准、高效率”地服务于广大用户，结合客服工作实际，对现有客服平台的软件进行了技术升级，完成客服系统 34 个终端的调试任务。严格执行《行风服务考核管理办法》，不断加大执纪监督和追责力度，实行“民心网”办件工作奖惩制度，促进各供暖作业区服务更加高效。在市投诉中心派驻联络员，便于及时沟通，快速解决用户的诉求。开通了“微供热”微信服务功能，实现了网上缴费、政策宣传、科普知识、解惑答疑、投诉报修等多项功能。真正做到用户报修工单办结率达 100%，回访率达 100%。在做好用户基础性服务工作的同时，努力提高全体员工的大局意识和服务意识，大力推行“首次接待负责制”，积极采取各种便民服务措施，促进企业从“窗口服务型”向“全员服务型”转变。2019 年省供暖直通车平台统计办理用户诉求共计 216 件，热力公司办件按时分转率、反馈率、办结率、用户满意率等考评指标均实现 100%，处于全市同行业的前列；受理市级 8890 热线及其他网络平台诉求共计 755 件，有效办结率均达到 100%，受到市供暖办的多次表扬和奖励。

**【法律事务】** 全年共办理法律诉讼案件 32 件，其中理赔诉讼案件 11 件、结案 6 件，避免经济损失 134.01 万元。积极推动盘活闲置资产工作，严格执行集团公司房产租赁管理相关规定，规范履行集团租赁审批流程，全年共计收缴租金 51.85 万元。合同管理严格履行审批会签程序，认真审核，严格把关，为有效避免合同风险提供保证。全年共签订合同 191 份，继续保持合同会签审核率和合格率“双达百”。

**【党群工作】** 2019 年热力公司党委从夯实党

建基础工作入手，扎实开展群团组织建设。重点围绕集团公司党委党建巡察工作指出的问题，逐项认真整改，同时深入开展了“不忘初心、牢记使命”主题教育。第一，制定了基层党支部“三会一课”、廉洁自律规定等14项制度，组织开展了一系列党建活动，开展了党建和生产经营工作相融合“节能我先行”活动，不断加强党建基础工作。第二，建立了《热力公司党委班子成员基层联系点工作制度》，安排党委班子定期到基层讲党课，组织各类学习活动，不断严格干部管理工作。第三，严格履行党风廉政建设监督责任，强化对党员领导干部的日常教育管理，有效防止“四风”问题反弹回潮，不断加强廉政建设工作。第四，扎实推进“不忘初心、牢记使命”主题教育，通过深入基层开展专题研讨、调研活动，重点完成了13项专项整治任务。特别是围绕保供暖就是保民生这一中心工作，把开展主题教育同完成生产经营和改革发展稳定各项任务结合起来，有力推动了余热暖民工程的建设。群团组织始终坚持服务职工的宗旨，开展了保护女工权益、帮扶困难职工、丰富职工生活等系列专题活动；开展了向基层班组送温暖活动，覆盖全部基层单位，并按照要求完成了工会换届任务。不断加强廉政监督工作，强化各类违纪风险防范，全面推行领导干部重大事项报告制度。宣传工作形式多样，发表涵盖党委、行政、工会、纪委、团委与基层一线等全部工作范畴的新闻宣传稿件，宣传正能量，弘扬主旋律。特别是举办主题为《我和我的祖国》庆祝新中国成立70周年诗朗诵比赛活动，受到职工热烈好评。此外，2019年深化企业内部改革的“四定”工作如期完成，厂办集体企业改制工作按照集团的部署有序推进，信访维稳、综合治理等方面工作都较好地完成了任务，为公司实现全年生产经营总目标提供了保证。

（吕景慧）

# 本钢综合工业公司

**【概况】** 本钢综合工业公司是本钢集团管理厂办大集体企业的机构。下设12个职能部门，分别是办公室（党委办公室）、党委工作部、财务处、人力资源处、生产安全处、工程设备处（运输管理处）、信访处、技术开发处、民政企业管理处、商业处、纪委、工会。截止到2019年11月底（本钢厂办大集体改革实操前），本钢厂办大集体共有374家独立核算法人企业，其中，一级法人企业167家。在籍职工14962人，其中，本钢集团派集体全民籍职工167人、集体籍职工14795人；在岗职工4934人，占总数33%；离岗职工10028人，占总数67%；退休职工32293人。资产总额351893万元，负债总额550746万元，资产负债率为156.5%，净资产为-198853万元。

**【重要企业管理工作】** 1. 生产管理。全公司实现社会总产值257339万元，同比增长12%，创历史最高水平；实现销售收入257314万元，同比增长4.2%。其中，工业产值212033万元，同比增长18%；工程产值17747万元，为同比的95%；商业产值313万元，为同比的79%。利润总额-6344万元，同比减亏2658万元。利税总额8844万元，同比增加8659万元。一是企业生产稳中有升。16家规模企业实现工业产值205338万元，同比增长17%，占总产值的80%。其中钢联发展公司实现产值7.1亿元，同比增长26%；聚丰发展公司实现产值2.1亿元，为同比的88%；劳动服务公司实现产值2.72亿元，为同比的90%；露天铁矿综合厂实现产值5.2亿元，同比增长44%；南芬选矿综合厂实现产值1.2亿元，与上年持平；镀锌钢管厂实现产值1.54亿元，同比增长64%；第三轧钢厂实现产值3833万元，为同比的77%；钢材轧制厂实现产值5295万元，同比增长12%；矿渣厂实现产值7413万元，同比增长62.4%；环宇磁性材料公司实现产值3983万元，同比增长16%；环宇磁业公司实现产值3078万元，同比增长13.3%；给排水公司实现产值2154万元，同比增长12%。二是整体配套服务能力进一步增强。聚丰发展公司、化工厂、一铁综合厂、第二轧钢厂、钢材轧制厂、冶金材料厂、矿渣厂、给排水公司等企业围绕集团公司各厂矿的生产，完善服务质量，为集团高质量发展做出了积极贡献。矿业建筑公司、环保工程公司、筑炉有限公司、冶金电力公司等工程企业完成集团各类检维修工程1.77亿元。18家运输单位完成对集团运输服务3700万元。第四焊管厂、石灰石矿综合厂、一机修炼钢厂、报社综合厂等30多家困难留守企业不等不靠，生产自救可圈可点。三是新培育5个经济增长点。其中钢联金属资源公司废钢加工扩能改造项目，投资560万元，年生产破碎料15.5万吨；化工厂利用中间馏酚生产重油项目，投资18万元，年产量120吨，实现产值35万元；镀锌钢管厂碎石加工项目，福康熔炼铸造厂铁皮球项目，给排水公司的板材能源总厂污水外排水处理项目等3个项目实现当年改造当年投产。四是全公司运行质量持续回升。连续2年实现减亏，累计减亏6200万元。从企业看，露天铁矿综合厂、聚丰发展公司、南芬选矿综合厂、镀锌钢管厂等规模企业实现利润正增长。五是加大了对企业生产和施工管控力度。对规模工业企业生产经营状况及主要经济指标实行全过程跟踪；对钢联发展公司所属企业坚持了月盘点制度；对内部同类产品企业市场份额进行宏观调控；对所属企业转供集团能源介质情况进行清理整顿；全年授权38家工程企业参与集团外委工程承包，签订工程合同284份，合同金额1.14亿元；对5家工程企业转包、挂靠、违法分包等情况进行了核查处理；对承揽集团外委工程的26家个体挂靠企业进行取缔。六是积极沟通协调助力企业经营。为工业企业争取到享受集团提前3个月结算货款的支付政策；为定点安置占地职工的工程企业确定延续工程决算不扣减指标的扶持政策；为各类企业争取到享受集团内部企业在产品、工程招投标过程中准予参标、跟标等政策，最大限度地保全市场份额。2. 安全管理。全年认真贯彻习近平总书记和李克强总理关于安全生产工作的重要讲话和指示批示精神，落实省、市、区监管部门关于安全生产的重要部署，进一步完善安全生产责任制和党政同责、一岗双责责任制，及时吸取各类事故教训，开展了各类安全大检查、安全生产月、消防月活动等，组织参加各类安全培训，会同公司工会举办了安全生产知识竞赛，促进了企业安全生产、平安运行。通过完善《安全生产风险抵押金实施办法》，与工业企业签订《年度安全生产责任书》，与工程企业签订《专项安全目标管理责任状》，确保主体责任落实。积极做好年度防洪防汛工作。针对台风“利奇马”影响，要求企业对洪涝易发区加强核查管控；对靠近山体、河岸、尾矿坝等企业加强巡察检查，确保企业安全度汛。公司实现了安全生产“四为零”，工亡事故为“零”目标。3. 环保管理。与55家企业签订《环保责任书》，明确环境保护工作主体责任；对企业环境负责人进行《中华人民共和国环境保护法》普及培训；开展作业现场污染物达标排放督查整改，确保达标排放。环保设施完好运行率100%，环境隐患整改完成率100%，环境危险源控制率100%。4. 资产管理。完成了年度集体无形资产和固定资产清查工作。厂办大集体共有土地总面积155万平方米，房产总面积52.17万平方米，各种设备实物5769台（套）。其中有账有物设备5238台（套），包含特种设备556台，车辆760台；有物无账设备531台（套）。依据集团规范企业公车管理规定，对各企业公务用车加强了运行监管。就一铁综合厂、第三轧钢厂滨河北路场地动迁补偿和土地权属事宜分别与市建委、集团行政管理中心进行协商，争取到最大利益。5. 财务管理。实行收支两条线，杜绝产生“小金库”。每月按时调配资金，保证公司及直管企业运营，并首次实行预算制管理。按时完成所属99家企业财务数据统计汇总。根据集团审计意见，对集团借付资金使用中存在问题进行及时整改。6. 工商和法律事务管理。为17家企业办理了厂办大集体改革工商注册，25家整体改制企业办理了工商变更。为第二轧钢厂、第三轧钢厂、商业总公司等6家企业依法处理经济和劳动纠纷6起，维护了企业和职工权益。7. 权益保障。一是薪酬发放及时到位。完成在岗职工工资计发24516万元，人均工资32022元/年。露天铁矿综合厂、镀锌钢管厂、聚丰发展公司、第二轧钢厂、筑炉有限公司等多家企业给在岗职工增加了工资或奖金。二是继续巩固全员医保和大额医保全覆盖工作。借付困难企业医保缴费资金418万元。三是员工管理政策正常履行。完成退休审批2581人，其中特岗退休233人；及时审核有重病职工申请劳动能力鉴定；及时指导企业开展特岗核定及在职职工特岗资格认定工作，确保集体职工享受提前退休政策。四是及时完成了本钢占地群体各项保障工作。全年完成占地职工退休养老保险“退一补一”缴费、医保缴费、年度取暖费核销、离岗人员生活补助费、大病人员补助费、农龄及超龄人员补助费、退休人员提高待遇补助费、劳务工资等支付或发放2009.21万元。

**【党群工作】** 截至2019年底，共有基层党组织126个，其中直属党组织46个、党委12个、党总支部8个、党支部26个；基层党委所属党支部80个。共有党员1243名，其中离岗党员452人。1. 以党建为统领，全力以赴打好改革攻坚战。用习近平新时代中国特色社会主义思想最新的理论成果武装全体党员干部头脑。有计划组织公司两级理论学习中心组学习研讨，跟进学习了《习近平新时代中国特色社会主义思想三十讲》《习近平总书记在辽宁视察时和在推进东北振兴座谈会上的重要讲话》《中共中央关于加强党的政治建设的意见》《习近平总书记在中央“不忘初心、牢记使命”主题教育大会上的重要讲话》《习近平总书记在庆祝中华人民共和国成立70周年大会上的重要讲话》等。进一步转变党员干部作风，开展了“千名党员进万户”人走访大调研活动。使每名党员、管理干部争做改革的先行者、宣传员和引领员，通过活动进一步密切党群、干群联系，拉近与职工的距离，将改革的形势和政策宣讲入户到人进心，使广大职工理解、支持、参与改革，充分了解职工疾苦，实施精准救助化解思想矛盾。活动中600多名在岗党员入户走访12200户职工。开展了“不忘初心、牢记使命”主题教育。开展专题学习研讨9次，上党课3次，检视出班子和班子成员存在问题78条，撰写调研报告22篇，专项整治完成率达94%，发表主题教育文章16篇；还开展了论坛报告会、形势政策宣讲会、观影活动、参观红色基地等多种形式活动。全公司6名党委班子成员、35名副处级以上领导干部、46个党组织的1280余名党员不同程度受到主题教育洗礼。实施“强本固基”工程。对基层党建工作进行全面检查；选举出席本钢公司第十次党代会代表6人。继续推进“两学一做”学习教育常态化制度化，深化“学习强国”平台建设，实现了党员教育管理经常化和组织生活常态化。开展了2019年度民主评议党员工作。全年发展新党员15名。推荐集团先进党支部6个，党员标兵2人，优秀共产党员10人。2. 加强“两级”班子和干部队伍建设。一是完成了2018年度企业班子和领导干部的考核评价工作。评出年度好班子16个、年度较好班子21个，分别占班子总数27.6%和36.2%；评出年度优秀领导干部28人、年度表扬干部35人，分别占考评领导干部总数的18.4%和23%。班子整体功能和领导干部履职能力都有新的提升。二是坚持“任人唯贤，以德为先”方针，严格执行选任干部规定程序和“四必”要求，防止“带病提拔”和“带病使用”，确保了企业班子及时调整配备。全年共调整任用领导干部45人次，涉及企业班子成员33人，涉及企业班子20个。三是强化干部日常监督管理工作。制定印发了《本钢厂办大集体改革期间干部考核管理办法》和《在改革推进期间进一步强化全民派集体职工及两级机关人员考核办法》。按照《公开招聘财务人员工作方案》，聘用2名同志充实到公司财务处力量；完成了干部人事档案专项审核“回头看”工作，共审核档案63册；按照《本钢厂办大集体改革全民派集体人员安置办法》，开展了安置前期各项准备工作；重新登记整理了干部信息模块，其中《直属企业领导班子成员名册》涉及146人，《公司机关管理人员名册》涉及54人，《公司副处级干部名册》涉及52人，《公司直管科级干部名册》涉及207人，《公司党委级单位自管科级干部名册》涉及208人。3. 全面从严治党，落实“两个责任”，为厂办大集体改革保驾护航。制定了公司班子成员落实中央八项规定分片包干责任制，建立了企业领导干部“一岗双责”责任制；加大对领导干部在厂办大集体改革中履职尽责状况监督力度，运用“四种形态”约束领导干部行为；对新提职领导干部进行廉政从业谈话；组织41名公司副处级以上领导干部签订《廉洁自律承诺书》；抽调6名基层领导干部成立厂办大集体改革巡察督导办公室，制定《实施细则》，在企业清产核资、两协议一证明、专项审计、职工垫付返还阶段全程跟进督导。注重倾向性、苗头性问题处理。及时传达集团重要时间节点有关纪律要求，对各级各类负责人进行必要的提醒，确保其认真履行职责；定期召开严肃企业改制纪律暨党风廉政警示教育大会，增强党员干部和重点工作人员廉洁自律和拒腐防变能力。扎实开展党风专项整治。本着立行立改原则，开展领导干部公务用车专项整治；对集团管或备案处级以上领导人员亲属是否经商办企业、从事国有生产经营活动进行了专项整治。充分运用“四种形态”与重拳反腐相结合，对各类信访举报案件全部受理调查核实处理。全年共受理信访举报件19件，按照管理权限，给予党内警告处分1人、诫勉谈话2人。对所有离任领导干部进行了离任审计。加大了改革期间问责追责力度。对个别企业和领导干部工作拖拉、慢作为行为进行约谈督办；对48家问题企业进行特殊审计。监督执纪问责几种手段灵活运用，保障了大集体改革的顺利推进。4. 强化了意识形态宣传阵地、思想政治阵地和职工文化生活阵地建设。切实把意识形态工作的领导权、管理权、话语权牢牢掌握在党组织手中。以学习宣传贯彻习近平新时代中国特色社会主义思想和党的十九大精神为主线，以各种会议、新创刊的《新征程》报、《本钢集体工作》微信公众信息平台为宣贯阵地，以“传递信息、服务改革、凝聚力量、推动发展”为工作目标，扩大影响力，使之成为了解公司的大政方针、企业动态、重要会议精神、大集体改革的主旋律、党员先锋的正能量的“官媒”，对职工进行了形势任务、法律法规和改革政策的宣传教育。开展让党旗在微信群中高高飘扬活动，让党的声音唱响主旋律，开设了集改热线、政策解读、新征程 3 个栏目，共有浏览者 5000 余人，点击率超过 12 万次，回答网友提问 498 条，帮助参改职工答疑解惑，化解急躁情绪。通过把握舆论导向，传递正向能量，宣传改革政策，凝聚发展力量，让职工群众更有序、更有质量地参与到改革中来，最大限度地减少改革阻力。5. 积极支持工会独立开展工作。狠抓了职代会、厂务公开、民主议事等民主管理制度有效落实，确保集体资产处置、“三重一大”问题经过职代会审议通过后实施。特别是厂办大集体改革过程中，《企业改革方案》《职工安置方案》都是经广大职工民主表决通过后实施的。开展为职工送清凉活动，为一线职工送去西瓜 2. 8 万斤，汽水、矿泉水 940 多箱。开展精准救助工作，全年发放救济款 501 万元、救济粮油 867 份，救助困难职工达 3904 人次。举办了“我心中的综合工业公司”为主题的职工书法摄影大赛、拔河赛、长跑比赛等。参加集团 2019 年度职工运动会，获得了体育道德风尚奖和特殊贡献奖，取得了超过上届的运动成绩。

**【信访稳定】** 1. 全年以服务和保障厂办大集体改革顺利推进为重点谋划信访稳定工作。配合辽宁中科建有限公司本溪评估公司就本钢厂办大集体改革开展社会稳定风险评估，历时 4 个月，评定等级为中级；结合实际情况，制定了《本钢集团厂办大集体改革社会稳定风险防范评估处置预案》及 4 个子预案；根据管理方式、企业分布、人员多少等情况，按照“谁主管，谁负责”的原则，建立健全分层分工接待、重点人包保机制，明确了企业负责处置个性化问题，公司负责处置共性化问题，协同市厂改办、市维稳办、信访局负责处置政策性问题的责任；大力构建面向全市性的信访维稳警企联动大格局，成立了驻企民警联合办公室，配齐各方力量，建立了例会制度，健全重点群体重点人员数据库，纳入全市“五位一体”包保体系，时时跟进联防联控，确保本溪地区和本钢集团大局稳定。同时，改革实操阶段，建立了信访事项答复人制度，共安排接访 8 次，接待近 1000 名集体职工；强化了对参改企业微信工作群监管，与市公安国保部门保持对接，及时采取措施化解各类矛盾；建立了一支包括参改企业书记、厂长（经理）及办公室主任、专兼职信访工作人员的信访稳控队伍，为处置突发性群体性事件做好了人员保障。10 月 14 日，接待市委常委、政法委书记徐胜、副书记毕西安一行来本钢集团调研改革期间信访稳定工作，11 月 7 日，承办了副市长、公安局局长王会奇一行来本钢集团召开了本溪市政府服务本钢厂办大集体改革信访稳定推进会，都极大推动支持了本钢厂办大集体改革工作。2. 按照“三个不发生、一个减少”的工作目标，通过层层落实工作责任制、领导干部包案责任制和精准救助工作力度等有力措施，较好地完成了国家三级“两会”，“一带一路”高峰论坛、建党98周年、建国70周年大庆等重要时间节点和重大敏感时期信访稳控工作。全年共接访142起，涉及4040人次，其中：集访37起3916人次；越级访20起，涉及300人次。

**【厂办大集体改革】** 2019年是本钢厂办大集体改革攻坚决胜年。1. 在3月底完成了参改企业性质界定工作。通过审核358家，其中本钢公司339家、北钢10家、辽健集团原本钢医疗系统9家。2. 在6月底完成了参改职工身份认定工作。通过认定32685人，其中本钢公司31508人、北钢557人、辽健集团原本钢医疗系统620人。3. 在8月中旬完成了本钢厂办大集体改革社会稳定风险评估工作，结论是改革社会稳定风险为中级。4. 完成了参改企业清产核资，审计、评估工作。给343家企业出具了《资产评估报告》，358家企业出具了《专项审计报告》。5. 在9月底前建立了“1+9”本钢集团厂办大集体改革政策体系。编制了《本钢厂办大集体改革问答手册》100题。6. 在9~11月3个月按着先易后难原则，分5批完成了对参改企业实施关闭316家，其中，本钢公司299家、北钢8家、辽健集团原本钢医疗系统9家；组织42家参改企业实施整体改制，其中本钢公司40家、北钢2家，企业处置率100%。7. 在10月、11月组织改革时点内人员履行民主程序，表决通过了《企业改革方案》《企业职工安置方案》，参与表决人员占应表决总人数的90.15%，表决同意人员占应参加表决总人数的86.34%。8. 组织参改企业与时点内参改人员签订债务和解协议28951人，占应签人数98.20%以上；签解除合同协议16284人，占应签人数97.48%；签劳动合同证明16276人，占应签人数97.48%；妥善安置职工31030人，占应安置职工总数98.5%以上。9. 完成了本溪钢铁（集团）有限责任公司及下属主办国有企业授权本钢综合工业公司统一管理本钢集团厂办大集体349家企业工作（本钢公司发运营字〔2019〕5号），同时完成了本钢综合工业公司授权本溪钢联发展有限公司统一管理本钢集团厂办大集体166家企业的决定（本钢综委发〔2019〕14号）；完成钢联公司所属53家子公司工商、账户、税号、社保号注册（或变更）工作；召开了3次董事会，制定并通过了10多个内部管控办法。钢联公司改制企业预计续签转换身份在职职工4800多人，已经完成新《劳动合同》预签3795人。10. 完成了中央及省财政专项补助资金首次申领工作，已申领6.3亿元，实行专款专户专管专用。正在组织参改企业开展职工个人替企业垫付保险返还和职工个人欠缴养老保险补缴工作。截至12月31日，共有139家参改企业返还职工个人替企业垫付保险，返还人数6642人，返还金额12820.87万元，占应返还总人数的44.71%。共有186家在职解除劳动合同职工补缴个人养老保险欠费，已完成补缴7859人，补缴金额20375万元，占应补缴总人数的56.66%。总体看，本钢厂办大集体改革各项工作正按计划有序稳步推进。

（胡宗泉）

# 北台钢铁（集团）有限责任公司

**【概况】** 北台钢铁（集团）有限责任公司（简称北钢公司）隶属于本钢集团有限公司，下设全资子公司6家、控股子公司3家，公司机关设有处室4个，注册资本40.468亿元。截至2019年末，拥有资产总额73.11亿元，在岗员工1953人。2019年，北钢公司全年完成工业总产值4.004亿元，实现营业收入8.48亿元，实现税金2128.27万元。主要产品完成情况：生产尿素10.9万吨，生产80吨新型矿用水车6台，销售钢管7.36万吨。

**【生产经营】** 优化品种结构，主动对接市场创效。2019年，北钢公司以市场为导向，深挖潜力，大力开发适销对路产品，进一步提升企业的市场应变能力和创效能力。辽煤化公司按照效益最大化原则实施产销联动，根据市场变化，适时调整增加液氨、氨水、热水等产品营销比例，全年实现品种增利300万元。北重公司主动对接市场，成功与中煤平朔集团签订6台80吨新型矿用水车合同，结束了多年无矿用汽车订单的历史。钢管公司紧扣市场需求，对应高钢级、大口径、超长度、厚壁管的生产主动进行技术创新，增加创利空间。容大公司创新业务品种，全力推进逾期清欠，剔除集团定增因素后，全年实现利润1030万元。工业装备公司进一步加强技术服务，全年实现利润170万元。实施对标挖潜，努力节流降耗增效。重点对辽煤化、北重、钢管公司的产品成本实施控制，加大考核力度，着重在降低材料消耗、电耗水耗和提高产品合格率、成材率等方面挖潜，通过开展“双增双节”、争取直供电、利用“峰谷平”节电、技术攻关、运输招标等措施，进一步深挖内部潜力，降低工序成本，3家公司全年合计实现降耗增效300余万元。强化资金管控，确保企业资金安全。推行全面预算管理，严格落实资金管理规定，通过加强资金统筹平衡和调度、压缩非生产性支出、提高现汇使用效率等措施，保证了企业生产经营所需资金。

**【安全环保】** 夯实安全生产主体责任，贯彻落实集团公司安全生产责任制实施细则、领导干部问责追责管理办法等规章制度，严格执行“零事故，零伤亡”安全方案，各单位层层签订《责任状》和《互保协议》，实现安全生产责任制全覆盖。定期召开安全会议，及时传达、部署和落实安全生产工作，切实做到安全生产工作责任到位、管理到位、落实到位。强化安全隐患整治力度，进一步规范安全专家库管理，以问题为导向，加大安全隐患整治力度。以安全生产月活动为契机，深入开展安全思想大讨论活动，按制度规定组织开展安全和消防应急演练，营造起了良好的安全生产氛围。深入开展环保治理工作，进一步完善环保管理制度，强化责任落实，重点针对辽煤化公司，对照国家最新法律法规和标准，推进粗放管理向精细化管理转变，逐步完善解决环保存在的问题，加强污染物源头管控，确保清洁生产。

**【综合管理】** 健全完善公司制度体系，按照集团制度体系及集团公司对子公司的管控模式，结合公司实际，全面开展制度优化工作，全年共修订和完善各类规章制度70多项，编纂完成《北钢公司规章制度汇编》(第一、二卷)，并建立以制度动态调整和常态化检查为主要措施的管理机制，推动规章制度有效贯彻执行，有力提升了企业规范化管理水平。严格执行三重一大决策机制，进一步发挥党委领导核心作用，组织各单位进一步修订与完善党委会、董事会、经理办公会三项议事规则和三重一大决策制度，保证企业重大事项决策程序制度化、规范化、科学化。加强综合督导检查工作力度，针对近年来审计披露问题、省委第三巡视组巡视反馈意见等整改工作要求，列出整改检查清单，公司组成综合督导检查组，从5月开始集中对基层单位开展为期 3 个月的全方位现场督导检查，发现问题立即进行整改指导，促进企业基础管理水平的提高。继续强化企业基础管理工作，制定和完善招标采购制度，优化招标采购流程，统一纳入集团招标电子平台，基本实现“统一归口、全面覆盖、合规高效、有效协同”的管理目标。进一步优化定员，完善人力资源基础信息管理台账，推进北钢在籍人员基础信息管理融入集团人资 ERP 系统。

**【党建工作】** 党建基础更加牢固，年初公司党委召开专题党委会和两委（扩大）会议，研究部署全年党建工作和意识形态工作，明确全年工作目标和重点任务。扎实抓好巡视整改“后半篇文章”，以钉钉子精神深入整改，持续巩固巡视整改成果。深入开展“不忘初心、牢记使命”主题教育，将主题教育与企业生产经营、转型发展和党建等各项工作紧密结合，深入开展 13 个方面突出问题的专项整治，取得了显著成效。进一步加强基层组织建设，推进党组织书记抓基层党建项目，规范党建工作经费管理和使用，持续推进“两学一做”学习教育常态化、制度化，深入学习贯彻党支部工作条例和党员教育管理工作条例，严格落实“三会一课”、党日活动等制度。开展党员建功立业活动，通过“党员先锋岗”“党员一帮一”“双百竞赛”“三比一争”、党的知识测试等特色载体和竞赛活动，有效推动党建工作与生产经营管理深度融合。从严治党持续深化，严格贯彻落实党风廉政建设责任制和“一岗双责”制度，进一步加大反腐倡廉警示教育力度，集中整治形式主义和官僚主义，督促党员领导干部严格遵守中央八项规定，充分运用监督执纪“四种形态”重点查处顶风违纪问题，促进各级党员干部筑牢思想防线，推进党风廉政建设和反腐倡廉工作全方位覆盖。民生工程不断推进，各级工会组织竭诚维护职工合法权益，积极构建大帮扶体系，为全体职工办理医疗互助保险，已有 171 名职工获得理赔，赔付金额达 13.28 万元；开展全面健康疗养；夏季开展为基层单位“送清凉”活动；8 月和 10 月分别为全体职工进行健康体检和女职工妇女病筛查。同时，工会、团委等各群团组织围绕中心，积极引导职工广泛开展形式多样的劳动竞赛和文体活动，先后承办了本钢集团羽毛球赛，举办了北钢首届职工乒乓球赛、“重温红色经典”等系列活动，参加本钢第三届职工运动会、“迎国庆”职工健康知识讲座、以“壮丽 70 年·奋进新时代”为主题的喜迎建国 70 周年诗歌朗诵比赛等活动，弘扬正能量，增强凝聚力，助力企业发展。 （潘玉红）

栏目编辑　李　学

本钢年鉴 2020



本钢集团

# 改制企业

# 本钢耐火材料有限责任公司

**【概况】** 本钢耐火材料有限责任公司（简称耐火公司）现有职工486人，其中管理人员63人、专业技术人员12人。公司下设10个专业部室、4个生产分厂、2个全资子公司和1个分公司，其中全资子公司本溪南芬鑫和冶金炉料有限公司因环保问题，自2015年11月至今，始终处于关停状态。主要产品和服务项目有球团、耐火材料的生产销售，鱼雷罐整体承包。2019年拥有固定资产原值20871.36万元，净值2003.08万元，净资产8783.8万元。全年（不含子公司）完成球团59.72万吨，耐火材料11667吨，其中不烧砖8976吨（鱼雷罐砖3214吨，约合31个罐），不定型及散状料完成2691吨。全年共砌筑鱼雷罐20个，拆除20个，中修194个。实现销售收入17213万元。

**【生产管理】** 2019年，球团生产方面产量较低，特别是下半年，仅完成了270472吨。主要原因是6月开始球团生产热源改变以后，设备运行不稳定，窑内结圈速度过快，导致连续生产周期缩短；其次，由于矿粉来源不固定，水分波动较大，最高达到11%以上，不仅影响造球进度和质量，也是产生窑内结圈的重要因素。为了缓解水分大对冬季生产带来的不利影响，生产单位和设备管理部门共同攻关，利用原烘干机燃烧室改建了一台沸腾炉，一定程度上改善了原料条件。耐火公司全资子公司——本溪鑫钰冶金炉料有限公司全年共完成产量742755.28吨，销售收入8851.26万元。

耐火材料生产方面，由于受资金状况影响，耐火原料进货时断时续，对生产计划的制定和生产组织带来了诸多不利影响。特别是下半年，仅8月、10月、11月就累计停产33个工作日。对此，生产部门与销售部门密切联系，及时合理制定了相应的生产追加计划，最大限度保证了耐火材料制品生产的连续性及供货的及时性。为了提高耐火材料产量，从年初开始，将原来外购的鱼雷罐修补料逐步转为自行生产，全年增加产量560吨。由于生产秩序的不稳定性，导致耐火材料生产时断时续，耐火材料生产线合理安排人员，在原料条件具备的情况下，力争多开动压力机的台次，适时加班加点，从而保证了炼钢厂钢包用砖的及时供应及鱼雷罐的及时砌筑。

**【安全管理】** 年初制定并印发了安全生产目标计划、措施任务的公司一号文件，组织基层单位宣传贯彻，明确责任、层层落实。以国家有关安全生产的法律法规和相关政策为依据，科学制定企业安全生产规章制度。认真开展安全隐患排查与治理工作，积极消除岗位身边存在的不安全因素，达到了预防为主的效果。高度重视特种作业人员培训工作，努力提高作业人员的操作技能；在煤气区域、涉爆区域等关键部位安装设置了安全警示牌；对喷煤系统新上岗人员组织转岗培训，及时制定操作规程并做到制度上墙，便于职工学习。完善职业健康管理工作，与职工签订职业危害告知书，重新整理了各生产单位的职工个人职业健康档案。加强对班前会和周一安全活动会的管理和检查，要求车间班子和工段长适时参加周一安全活动会，听取职工的安全建议和意见，及时处理事故隐患。加强安全检查工作，全年开展了春季安全设备大检查、全国安全月大检查、重要节日节前安全大检查等活动，并且针对危险源点、用电安全、起重机械、煤气设施等方面进行专业性的安全检查工作。扎实做好企业三级安全教育等基础工作，积极配合人力资源部门和生产单位做好转岗职工的转岗教育工作。规范和量化基层单位安全培训工作，规定危险源岗位每月、其他岗位每季由本单位组织一次安全考试，考试结果存档，以备检查。加强特种作业人员上岗资格管理，必须持证上岗。全年共组织新工人厂级安全培训 55 人次，职业健康培训考试 450 余人，安全管理人员资格培训 8 人次。实现了安全生产“五为零”目标。

**【劳动人事管理】** 由于资金紧张，职工工资发放出现延迟现象。全年工资总额为 2445. 13 万元，比 2018 年降低 156 万元。职工年人均工资收入（险前）48670 元，比 2018 年略高。全年新招劳务人员 56 人次。办理劳务转正 11 人。全年办理退休 24 人。新招和续签劳动合同人员备案 26 人次。组织参加特种作业培训 39 人次。加强劳动组织，合理调配劳动力，把一些后勤岗位人员往生产中充实，削减附属岗位，尽力不招或少招劳务，全年共调配人员 26 人次。在籍人员缴纳保险费 976. 57 万元。

**【设备管理】** 2019 年，球团生产由煤气焙烧改为煤粉喷吹焙烧，新上了粉煤制备系统，其目的是将煤气发生炉产生的废水、降尘灰等环境污染问题一并解决。该系统主体设备是中速磨，为了在投入使用时能尽快掌握设备操作方法，为生产提供充足的热源，公司组织相关人员去厂家学习，并与厂家工作人员共同调试，在最短的时间内掌握了基本操作方法。6 月该系统投入使用后，发现爆燃现象非常严重，并且窑内结圈速度快，停产清理结圈后，调整了送煤风机风量、煤粉粒度，效果依然不理想。在 10 月停产检修期间，对环冷机一段风管进行改造，煤粉仓改到原煤气发生炉厂房内，缩短与其他厂家的工艺差距，但预热段温度低、结圈快的问题依然未能从根本上解决，此问题将作为下年度设备改造的重点，力争尽快达产达效。通过落实“点检定修”制度，加强运行过程中的保养和维护，尽最大可能减少因设备原因造成的“小耽误”。严格执行国家的相关法律法规，定期对特种设备进行检验，并及时对公建进行维护，为生产顺行提供了必要条件。

球团脱硫系统改造（陈树伟　摄）

**【质量管理】** 质量管理以加强入厂原料主要指标的控制为重点，在确保产品实物质量的前提下，优化产品原料的替代方案，耐火材料制品的使用寿命稳步提高。质量管理人员长期坚持走访用户，及时掌握耐火材料制品的使用效果，虚心接受使用单位的意见和建议，发现问题及时解决。对有较大缺陷、主要理化指标不合格原料采取降级、退货的处理手段，确保产品质量的稳定。全年共完成原料取样 359 批次，成品取样 83 批次，质量验收扣款 26 万余元。制定和完善了鱼雷罐整体承包的各种工艺技术文件，监督检查并改进了大修鱼雷罐的砌筑工作，确保了大修后的鱼雷罐在使用初期不钻铁、不漏罐。2019 年，顺利完成了国家耐火材料生产许可证的现场审核及换证工作。

**【成本管理】** 成本管理方面，对球团生产线脱硫系统损坏轻微的塑料配件，公司自购塑料焊枪进行修补后重复使用；脱硫系统石膏压滤用的滤布，经常因漏眼而无法使用，生产单位自购修鞋机自行缝补，可反复多次使用；球团生产线在点火过程中需要大量柴油，生产单位根据窑内温度、火焰状态及时调整柴油用量，柴油消耗由 4000 升/次降至 2000 升/次。耐火材料生产线通过加强废砖利用、落地料回收、原料品种替代等措施，有效降低了生产成本。设备管理部门通过开展修旧利废、以旧换新等方式，缓解了备品备件的采购压力。通过进一步加大合金模板的使用范围，在有效提高耐材制品外形尺寸精度的同时，大幅度降低了模具成本。对鱼雷罐砌筑过程中产生的大量废旧物资分门别类进行回收再利用，效果明显。

**【党群工作】** 耐火公司党委充分发挥领导作用，履职尽责。从加强班子队伍建设上着手，不断提高自身和班子的领导能力，认真履行工作职责，自觉把党建工作和经济工作有机结合，推动耐火公司各项工作的顺利开展。认真开展“不忘初心、牢记使命”主题教育，深入学习贯彻习近平新时代中国特色社会主义思想和党的十九大精神的各项决策部署。用习近平新时代中国特色社会主义思想武装头脑，增强“四个意识”，坚定“四个自信”，做到“两个维护”，推进“两学一做”学习教育常态化、制度化。认真落实省委巡视整改意见，扎实抓好整改落实，立行立改、真改实改，做好集团公司党委巡查问题整改工作。强化政治功能，推进基层党建工作。班子成员积极发挥表率作用，对于公司的生产形势、遇到的困难等情况，如实进行传达和宣导，全力做好广大职工的思想稳定工作。严格党的组织生活，落实“三会一课”、民主评议和组织生活会等组织生活制度，提升组织能力，增强政治功能，提高组织建设质量。严格按照集团公司下发的学习计划，组织党委理论学习中心组进行了 22 次集中学习和研讨；班子成员带头下基层上党课，进行调查研究，及时召开调查研究成果交流会。加强党员队伍建设，制订中心组学习计划，完善学习激励机制；加强沟通，互促互学，鼓励在职党员自学，不断提高政治素质、业务素质。积极作为，通过“共产党员先锋岗”“共产党员责任区”“党员活动日”等活动，加强了党组织党员同职工群众的密切联系，发挥了基层党组织战斗堡垒作用和党员先锋模范作用。严格党员教育管理，按照组织发展原则做好党员的发展工作，发展生产一线新党员 3 人；认真组织支部书记参加集团公司轮训；民主评议不走过场，对个别党员在工作中落后于普通职工的现象，对党员违反劳动纪律和企业规章制度现象进行严肃批评；关注困难党员的日常生活，全年共救助困难党员 26 人次，发放慰问金 13500 元。工会救助困难职工 41 人次，救助金额 11540 元；通过职工医疗互助报销医疗费 67 人次，报销金额 42387 元；温暖助学 15 人，助学金额 7485 元。

（陈树伟）

# 本钢汽车运输有限责任公司

【概况】 本钢汽车运输有限责任公司是以承担本钢生产、基建、生活等公路运输为主，对外运输为辅的专业运输企业，具有铲、吊、装、货运、客运、修理、机械加工、备件供应综合配套作业能力以及进出宽敞便利的仓储运输能力。公司总部位于解放路南端，占地面积 40514 平方米，工业厂房面积 13672 平方米。截止到 2019 年末，总资产 11282 万元，总负债 9591 万元，净资产 1691 万元，产值收入 15114 万元，创历史最高水平，成本 14958 万元，实现利润 156 万元。更新设备约 1120 万元 43 台。在籍职工 496 人，在岗职工 466 人，其中生产操作岗 395 人、管理岗 71 人。公司下设 5 个机关科室、5 个基层单位，基层单位分别是客运队、货运队、机械化队、土石方队、检修车间。客运队拥有大客、中客、危货及 5 吨以下小型车，主要负责本钢职工的通勤、日常工作联系及主体厂矿的油料、危险货物运输和散货运输；货运队主要是 10 吨以上货车，专门负责本钢三冷轧各类生产用车；机械化队主要是挂车、吊车，负责本钢卷板等大型物件的运输；土石方队主要是铲车、自卸车，负责本钢主体厂矿球团、碎石、渣粉等货物的运输；检修车间负责本钢各主体厂矿的车辆维保及各种工程机械的大修及联轴器制造加工等。全公司各类机动车辆 284 台；现年生产能力货运量 1072 万吨，周转量 3502 万吨公里。

【运输服务管理】 运输主业仍以本钢市场为主，稳固已在“两钢”占有的活源，协调运力，提高运效。针对运输市场的不断变化，班子成员积极研究对策，主动出击，走访用户，最大限度减少运费降低额，千方百计增加收入。如客运队发挥新能源大客车作用，替代燃油车辆运行，以此来实现降本增效；土石方队继续采取外委方式，利用社会车辆资源，同时有效利用自有车辆，积极参与组织混合矿粉、石灰粉、石灰石的运输，发挥出以大宗货源的亮点实现增产增收的目的，全年共突击抢运北营石灰粉 79 万吨、石灰石 65 万吨，混合矿粉 47 万吨，实现产值 1386 万元；机械化队积极占领北营市场，在厂内生产链条上倒卷、倒坯，克服任务重、设备老旧、人员少等问题，改造现有车辆，增加单车运卷量，提高了运效，降低了成本，全年实现产值 4216 余万元，对公司整体完成利润指标起到关键性的作用。

【设备成本管理】 公司设备分为机械设备和动力设备。如下表所示。

| 序号 | 类别 | 种类 | 小　类 |
|---|---|---|---|
| Ⅰ | 机械设备 | 金属切削设备 | 车床、铝床、刨床、磨床、铣床、镗床、插床、滚齿床、锯床、数控车床、数控铣床 |
| | | 锻压设备 | 液压机、锻锤、剪板机、滚筒机等 |
| | | 起重运输设备 | 各类汽车、吊车、铲车、挖掘机、桥式吊车、电动客车等 |
| | | 木工铸造设备 | 木工刨床、锯床 |
| | | 其他机械 | 光鼓机、骑马螺栓拆装机、电动轮胎搬子 |
| Ⅱ | 动力设备 | 动能发生设备 | 锅炉、空压机、水泵 |
| | | 电器设备 | 地沟举升机、充电机、变压器、电焊机、发电机、清洗机、启动器等 |
| | | 其他动力设备 | 潜水泵、高压泵试验台、发动机磨合机等 |

设备管理坚持门检、日检、月检、季检等制度，并对一些问题车辆进行有针对性的专项检查，发现隐患及时整改；加强车辆二级维护保养，以保代修，提高管理人员和司修人员的责任心，坚持修车记录谁签字谁负责，以减少设备事故的发生。各队在维保方面都有不同亮点，如：机械化队全年二级维护车辆135台，发动机等总成维修20台次；土石方队修理采取外包的方式从根本上解决车辆老旧维修能力弱的问题，二级维护车辆达到100%，提高了车辆出车率。在设备更新方面，投入资金1120万元，更新车辆43台。其中，购进了10台挂车、10台纯电动大客车，满足了本钢生产及职工通勤的需求，同时也向大型化、特种化、节能环保化迈进了一步。油耗管理继续加大力度，近几年节油工作取得了一定的成效，但仍有压缩空间。进一步严细长途车及非生产用车的油耗管理，减少了偷油、卖油、跑“黑公里”现象。百元产值油耗比为2.8，比上年下降了1.5，全公司的油耗整体水平有所下降。备品备件管理通过严把采购关、扩大零库存、严格备件领用、严格交旧领新、加大修旧利废、上报备件计划等措施，在产值大幅提高的同时，较好地控制了备品备件的增长水平。

**【安全管理】** 突出重点、强化教育，降低企业经营风险。公司及各基层单位开展多样化的安全教育活动，着重提高全员的安全意识和事故防范能力。开展“大排查大教育大整治”活动，全年开展路检路查共60余次，加强“三违”“三超”教育，对客车及危货油罐车突发交通事故应急预案进行演练，提高了安全意识，安全工作取得较好的效果。安全生产达标复核工作全面通过，安全管理工作迈上一个新台阶。全年无重特大事故，事故率比上年下降了50%。

**【财务管理】** 进一步规范会计基础工作，完善财务制度。一是优化资金请款办法，保证了公司资金的良性运转。二是实行资金平衡制度，做到一保生产运行，二保职工开资。三是定期审核各车队核算台账，对资产存货进行盘点清查，掌握公司资产状况。四是定期分析企业的资产及经营状况，为下一步经营决策提供依据。五是测算各车型单车成本，为决策层确定市场导向提供数据。六是加强财务指导和监审，发现问题及时进行查处和纠正。财务管理工作本着开源节流、紧缩支出的原则，为公司正常的生产经营提供保障。

**【人力资源管理】** 2019年在人力资源管理方面完善业务流程、规范基础工作、强化日常考核，规避各类劳动用工风险。建立劳务驾驶员聘用档案，完善招、用、退等各环节的法律手续，制定实施了《汽运公司用工管理办法》及《汽运公司劳务派遣管理办法》。实行科学用工，根据岗位需要调剂人员、劳动重组，合理调配改制职工，减少外雇及返聘人员，以此来提高劳动效率，降低人工成本。2019年全年共招录劳务人员78人，有效缓解了用人紧张的状况；根据劳动法和劳动合同法的有关规定，解除了3名员工的劳动合同，对广大职工起到了警示作用。对全体副科级以上人员通过个人述职、民主测评、组织谈话、班子成员打分方式进行了干部考核，并对考核结果进行了公示，提高了干部队伍的紧迫感，有利于调动工作积极性，为企业创造更大的效益。

**【职工福利待遇】** 2019年共投资20余万元用于维修职工浴池、粉刷机关办公楼、屋面防水、车库大门等。改造了供暖管网，改善了作业现场脏、乱、差的环境。两节期间，为全体工会会员发放粮油7万余元。全年加奖及发放福利52万元。职工为企业创造价值，企业为职工提高待遇，实现了双赢。

**【动迁还建工作】** 自2011年7月拆迁至今，院内承建的工程施工项目业已结束，部分建筑物已经投入使用。公司多次协调市交通局、征迁办及有关部门，沟通还建工程消防设施和主体建筑物进行竣工验收的相关收尾工作及新建加油站的选址、建设工作，此项工作由于改制单位与本钢没有土地证使用协议，土地不属我公司，还建手续办理无法进行。

**【党群工作】** 公司党委深入开展“不忘初心、牢记使命”主题教育活动，带领全体职工坚持以习近平新时代中国特色社会主义思想为指导，深入学习贯彻落实党的十九大精神，以围绕生产抓党建、抓好党建促生产为目标，将思想政治工作贯穿于生产经营活动中，围绕经营管理、技术攻关、降本增效、优质服务、安全生产等工作，激发党员、干部队伍大胆参与和开拓创新。利用学习强国平台，广大党员广泛参与网上学习，党组织开展了主题党日、过政治生日、参观华晨宝马、观看电影《黄玫瑰》《我和我的祖国》及乒乓球比赛等活动。两节送温暖二十余人，夏季送清凉，全年慰问困难、住院职工46人次，金额1.46万元。同时加强党的组织建设，注重发挥群团组织作用和党支部的战斗堡垒作用，班子成员经常深入生产一线，听取职工的意见，开展谈心活动，了解和解决职工存在的困难，职工队伍稳定，企业和谐发展，爱岗敬业精神得到进一步体现。党建、经济建设两不误、两促进，为完成全年经营目标提供了坚实的政治保证。

（李玉萍）

## 本钢电气有限责任公司

**【概况】** 2019年末，本钢电气有限责任公司（简称电气公司）在籍职工379人，其中管理人员71人（具有高级职称工程师2人、中级职称24人、工人技师19人）。公司下设7个部室、4个分厂、2个分公司。资产总额 9815.83 万元，固定资产原值 5066.24 万元，净值 1603.31 万元，净资产 3098.2 万元。2019 年，电气公司全年厂内共检修电机 5805 台，比 2018 年增加 324 台，检修容量 720056kW，比 2018 年减少 49085kW；全年检修变压器 56 台，比 2018 年减少 54 台，检修容量 243141kV · A，比 2018 年减少 118081kV · A；全年检修电焊机 108 台，比 2018 年减少 31 台，检修容量 2400kV · A，比 2018 年减少 2391kV · A。炉料分公司完成主要产品产量 12108.68 吨，比 2018 年增加 496.41 吨。电气公司全年主营业务收入实现 2.17 亿元，比上年同期增加 37.9 万元，其中炉料分公司实现销售收入 16461.5 万元，比 2018 年增加约 404.1 万元。

**【生产管理】** 2019 年初，集团公司一冷轧、二冷轧 75 千瓦以上电机，能源总厂 500 千瓦以下电机，以及歪头山铁矿的全部电机都不再由电气公司承修，与此同时，北台电修解体后大量积压活件经过两年多精心组织得以缓解，致使北营厂区入厂的活件同比减少。此外，2019 年采购中心对所有备件修复项目采取通过招标平台进行采购，低价中标。自动化公司全年共中标 56 项，比去年减少了 58 项，中标价格同比降了 50%以上。面对市场的锐减，生产部门努力协调各工序；各分厂积极组织在手工程的施工，尽最大能力提高劳动效率，努力满足本钢和北营厂区的生产需要，完成了本钢发电厂 25000kW 发电机转子滑环车削、处理接地，北营发电厂 15000kW 发电机转子大修、5000kW 发电机转子中修等工程。在施工北营轧钢厂 F3 9000kW 换转子导条过程中，对导条、端环的采购，现场吊装方案、转子运输、更换转子导条办法等进行论证与确认，电机分厂利用技术改造后的电锤替代大锤，采用下凹式安装方式完成了 140 多吨电机的吊装，转子的抽芯、穿芯；通过建立交接班日志，对施工过程、进展、遇到的问题、解决的方法，进行记录梳理建档，为今后承修类似工程留下宝贵的经验。外部市场上，克服了施工空间狭小、环境油污大、高空安装压力控制器等种种困难，圆满完成了迁安轧一的二次年修及 1250 轧机检修。

**【企业管理】** 一是成本管理。加强能源管控，对现场的卫生间老式冲水箱拆除改造安装新式节能水箱，2019 年水、电的费用合计为 87.88 万元，比 2018 年同期减少 12.75 万元。机动物资部充分利用现有人员自购材料完成了变压器分厂小型试验站的自主研发及安装、调试，极大降低和缩短了变压器分厂 75 千瓦以下电机的操作烦琐程度和运输时间，为公司节约了投资成本和生产成本；办公用品、印刷品按年定计划，按实际需求审批领用，全年印刷费 2.25 万元，比上年减少了 0.53 万元。二是质量管理。全年下达了《高压整浸电机绝缘规范（中胶）》《高压电机线圈浸漆处理方案》《交流电机耐压标准 2019》有关技术标准 3 份；下达和发出有关施工方案和故障分析报告 17 份。三是设备管理。顺利完成了 18t、3t 动平衡机改造，提高了动平衡精度；完成 3 号干燥炉加热线路重新铺设，全年处理干燥炉故障 32 项；对公司部分陈旧设备的淘汰部件进行了升级改造，重新设计改造了北营分厂和电机分厂的绕线机 3 台，为车床和绕线机更换了智能电源；浴池热风幕安装了智能定时控制；真空浸漆欧姆龙程控器线路改造。四是安全、消防管理。结合电气公司安全 1 号文件，安全月活动做到有主题、有组织机构、有内容，紧紧围绕“防风险、除隐患、遏事故”的安全月主题开展安全工作。机加分厂采用专用吊具吊运铁板，改变了“勒死狗”的吊运方式；排查天车的插排，拆除乱接线，固定好插排。五是人员管理。对2018年新招聘的员工进行打分考核，完成2017年和2018年招聘人员登记建档工作。全年人员变动29人次，解除劳动合同9人，退休4人。全年对34人次的违纪行为进行了处罚。

**【厂房搬迁】** 根据集团公司CCPP发电工程需求，2019年，坐落在本钢主厂区内的电气公司所属炉料分公司，完成了整体搬迁。在搬迁工程中炉料分公司优化拆装程序，每个独立设备单元即拆、即运、即安装、即时形成生产能力，实现了搬迁与生产两不误。厂房搬迁后，借助场地优势，新增打粒机一台，提高了产能。面对持续加剧的市场竞争及加工费的一降再降，炉料分公司采用“薄利多销”的策略维持了供需平衡，确保炼钢生产急需。

**【党群工作】** 一是扎实开展“不忘初心、牢记使命”主题教育。根据集团公司党委《本钢集团“不忘初心、牢记使命”主题教育实施方案》文件精神，成立了主题教育领导小组，制定了本钢电气公司开展“不忘初心、牢记使命”主题教育任务分解和责任确认意见。党委委员针对9个专题进行认真研讨，起草了发言提纲，根据党委分工，为所在支部联系点党员上党课，确保主题教育工作取得实效。根据集团公司党委整体部署，组织党员观看了电影《雷锋在1959》《黄玫瑰》；开展以重温一次入党誓词、开展一次公开承诺、进行一次谈心谈话为主要内容的党员“政治生日”纪念活动，有效激发了基层党组织和广大党员创先争优活力。公司党委还以建国70周年为契机，组织职工开展集体升国旗、“同唱一首歌”等庆祝活动。跟拍宣传电气公司重点工程，宣传报道一线职工在重点工程上的亮点。打印宣传海报60张，制作宣传板1块，完成了上级党委的各项工作部署。二是民生工程持续推进。为职工防暑降温，共发放汽水100余箱及冰棒50箱。工会全年慰问一线员工3次，为工会会员352人购买生日大礼包。看望慰问职工生病住院、直系亲属去世共计9人次。全年救济职工12人，慰问救济金额共计6600元。职工互助医疗参保人数349人，金额45370元，二次报销受益14人，报销金额7273元。为北营分厂休息区更换直径50mm暖气回水管道、保温40余米，并对暖气全面疏通维修等；三是完成了公司工会换届改选工作。

（王　茹）

## 本钢设计研究院有限责任公司

**【概况】** 本钢设计研究院有限责任公司（简称设计院）注册资本金1960.63万元，拥有冶金行业甲级、建筑行业建筑工程甲级、市政行业（给水工程、排水工程、城镇燃气工程、城镇热力工程）专业乙级、勘察行业岩土工程专业乙级、压力管道、工程总承包、工程咨询、对外承包、土地复垦等多项资质，是本溪市资质最全、规模最大、综合实力最强的勘察设计单位。设计院下设综合办公室、人力资源部、财务部、经营部、工程部（工程总承包管理部）等5个管理部门；矿山、钢铁、总图规划、环保动力、自动化、工民建、技术经济等7个专业设计室；民用建筑分公司、监理公司、测绘公司、岩土公司、检测公司、图文印务公司等6个子（分）公司。2019年末，在籍员工177人，其中高级职称54人、中级职称82人、初级职称15人。

【经营管理】 设计院始终坚持立足本钢、走向市场的战略定位。以本钢和北营技改、矿产资源、节能减排及海外项目为市场方向，2019 年产值收入 2645 万元，其中实现设计收入 1520 万元，工程总承包及其他收入 1125 万元。实现人身、火灾、重大质量事故、网络事故“四为零”的目标。各子（分）公司全年完成产值近 400 万元。

【工程管理】 2019 年，设计院持续以提高设计产品质量和员工技术素养、职业道德提升为工作重点，精心组织设计生产，努力强化执行力和提高工作效率，全年共发出施工图 779 份，计 7095 张，折合 3706.5A1。全年共承接恒达物流园、北营 35000 立方米制氧、北营炼钢产能置换、4 号门停车场、钢渣处理、印度 Rasimi 球团、广西柳钢中金镍铁原料场、珠海粤裕丰电鼓等设计任务 160 项，其中可研 2 项、初设（含专篇）7 项、方案（含投资估算）58 项、施工图 93 项。

【企业管理】 奉行“学习、诚信、责任、创新”的企业文化，坚持以人为本原则，以公司法为准绳，全心全意依靠员工办企业。坚持以制度管人、按制度做事，规范化运作公司制企业，做到重大事项集体讨论、民主决策，坚持厂务公开。绩效考核覆盖全部门、全体员工，涉及 12 个项目、18 个部门。全年累计投入 25 万元，用于更新设备、软件，改善办公环境，发放职工福利。

【质量管理】 严格执行 ISO9001 质量管理体系要求，通过 OA 办公系统规范设计生产流程，增加内部审核工作的频次和深度，坚持设计成品质量抽查，持续关注技术能力提升和人才培养，充分发挥技术委员会的技术决策作用，有针对性地推行业务建设项目，保证设计产品质量稳步提高。

【党群工作】 2019 年，是全面贯彻落实党的十九大精神的重要一年，设计院党委认真贯彻落实习近平新时代中国特色社会主义思想，深入开展“不忘初心、牢记使命”主题教育活动，履行职能、夯实基础，党组织的政治核心作用得到进一步发挥。认真履行管党治党主体责任，设计院基层组织功能得到增强，队伍活力得以激发，为推进企业可持续发展提供了坚强的组织保证。全年，设计院党委中心组集中学习 24 次，并进行了 9 次专题学习研讨。用好“学悟讲用”基本方法，力促党员干部在思想上政治上与党中央保持高度一致，增强“四个意识”，坚定“四个自信”，做到“两个维护”。扎实做好学习宣贯党的十九大精神的各项工作，牢固树立“四个意识”，坚持“四个自信”，引导设计院广大党员干部把思想和行动统一到十九大精神上来，统一到企业改革发展的决策部署上来。设计院党委认真贯彻落实“两个责任”，明确班子成员责任，确立了落实主体责任的保障措施，切实把主体责任落到实处。理清党委主体责任，健全责任体系，结合实际情况加强党风廉政体系建设。健全机制、规范日常工作、实现党风廉政建设常态化。设计院工会以习近平新时代中国特色社会主义思想为指导，坚持以人为本的原则，以公司法为准绳，全心全意依靠职工办企业。关心职工群众生活，春节走访困难职工及外地单身大学生 13 人，送慰问金及慰问品 4800 元。春节发放职工福利费用 20520 元，端午节发放职工福利费用 9100 元，中秋“两节”期间发放职工福利 24840 元。工会会员生日慰问品 17100 元。2019 年走访慰问工会会员（直系亲属去世以及会员探病）

9人次，发放慰问金4100元。全年发放困难职工困难补助10人次8000元。按期缴纳市总工会职工医疗互助保险，2019年度参保人数165人，缴纳保费19800元。2019年理赔7人次，理赔金额近5000元。

（谢登强　陈　虹）

栏目编辑　金一嘉

# 本钢年鉴 *2020*



本钢集团

# 统计资料

# 工业总产值及主要产品产量完成情况

| 产品名称 | 计算单位 | 2019 年实际 | 2018 年实际 | 同比增减/% |
|---|---|---|---|---|
| 一、工业总产值 | 万元 | 5752194 | 6229110 | -7.66 |
| 本　钢 | 万元 | 4581771 | 4913104 | -6.74 |
| 北　营 | 万元 | 1170423 | 1316006 | -11.06 |
| 二、工业增加值 | 万元 | 1405311 | 1359159 | 3.40 |
| 本　钢 | 万元 | 999289 | 939079 | 6.41 |
| 北　营 | 万元 | 406022 | 420080 | -3.35 |
| 三、主要产品产量 | | | | |
| 1. 生 铁 | t | 15899865 | 15439636 | 2.98 |
| 本　钢 | t | 9727241 | 8487390 | 14.61 |
| 北　营 | t | 6172624 | 6952246 | -11.21 |
| 2. 钢 总 计 | t | 16174655 | 15896811 | 1.75 |
| 本　钢 | t | 9972712 | 8971226 | 11.16 |
| 北　营 | t | 6201943 | 6925585 | -10.45 |
| 电炉钢 | t | 184591 | 379171 | -51.32 |
| 特钢厂 | t | 175767 | 368211 | -52.26 |
| 机总公司 | t | 8824 | 10960 | -19.49 |
| 转炉钢 | t | 15990064 | 15517640 | 3.04 |
| 本　钢 | t | 9788121 | 8592055 | 13.92 |
| 北　营 | t | 6201943 | 6925585 | -10.45 |
| 3. 钢材商品量 | t | 15838654 | 15475805 | 2.34 |
| 本　钢 | t | 12520234 | 11960189 | 4.68 |
| 北　营 | t | 3318420 | 3515616 | -5.61 |
| 特 钢 材 | t | 486650 | 680080 | -28.44 |
| 热轧板生产量 | t | 12267411 | 11489400 | 6.77 |
| 连轧厂 | t | 9430796 | 8252309 | 14.28 |
| 其中：一热轧 | t | 3049846 | 2548189 | 19.69 |

# 工业总产值及主要产品产量完成情况

续表（一）

| 产品名称 | 计算单位 | 2019 年实际 | 2018 年实际 | 同比增减/% |
|---|---|---|---|---|
| 二热轧 | t | 1916957 | 1425801 | 34. 45 |
| 三热轧 | t | 4463993 | 4278319 | 4. 34 |
| 1780 热轧机组 | t | 2836615 | 3237091 | -12. 37 |
| 冷轧板生产量 | t | 5697634 | 5707640 | -0. 18 |
| 其中：一冷轧 | t | 1840606 | 1839108 | 0. 08 |
| 二冷轧 | t | 1818880 | 1849651 | -1. 66 |
| 三冷轧 | t | 1966781 | 1916564 | 2. 62 |
| 不锈钢 | t | 71367 | 102317 | -30. 25 |
| 北　营：钢　筋 | t | 828781 | 1173026 | -29. 35 |
| 线　材 | t | 2489639 | 2342590 | 6. 28 |
| 4. 铁矿采剥总量 | t | 137267109 | 120458117 | 13. 95 |
| 南　芬 | t | 95210279 | 86105418 | 10. 57 |
| 歪头山 | t | 32159534 | 23438568 | 37. 21 |
| 贾家堡 | t | 9897296 | 10340156 | -4. 28 |
| 北　营 | t | 0 | 573975 | -100. 00 |
| 5. 铁矿石 | t | 22273271 | 22376477 | -0. 46 |
| 南　芬 | t | 11687395 | 11607340 | 0. 69 |
| 歪头山 | t | 6380791 | 5627876 | 13. 38 |
| 贾家堡 | t | 4205085 | 4288128 | -1. 94 |
| 北　营 | t | 0 | 853133 | -100. 00 |
| 6. 铁精矿 | t | 7892271 | 7645017 | 3. 23 |
| 南 芬 | t | 4430977 | 4143724 | 6. 93 |
| 歪头山 | t | 2260616 | 2000005 | 13. 03 |
| 贾家堡 |  | 1200678 | 1215588 | -1. 23 |
| 北　营 | t | 0 | 285700 | -100. 00 |
| 7. 人造富矿 | t | 28232538 | 27346895 | 3. 24 |

# 工业总产值及主要产品产量完成情况

续表（二）

| 产品名称 | 计算单位 | 2019 年实际 | 2018 年实际 | 同比增减/% |
|---|---|---|---|---|
| 炼铁厂 | t | 13909287 | 12490908 | 11.36 |
| 球团厂 | t | 2012460 | 2062803 | -2.44 |
| 带料加工球团（耐火厂） | t | 583306 | 704554 | -17.21 |
| 北　营 | t | 11727485 | 12088630 | -2.99 |
| 8. 焦 炭 | t | 7787012 | 7517184 | 3.59 |
| 本　钢 | t | 4589444 | 4587727 | 0.04 |
| 北　营 | t | 3197568 | 2929457 | 9.15 |
| 9. 石灰石采剥总量 | t | 7099532 | 6997839 | 1.45 |
| 本　钢 | t | 5027054 | 4986555 | 0.81 |
| 北　营 | t | 2072478 | 2011284 | 3.04 |
| 10. 成品石灰石 | t | 4320875 | 4401294 | -1.83 |
| 本　钢 | t | 2898213 | 2822758 | 2.67 |
| 北　营 | t | 1422662 | 1578536 | -9.87 |
| 11. 发电量 | 万千瓦时 | 350222 | 345308 | 1.42 |
| 发电厂 | 万千瓦时 | 204984 | 193932 | 5.70 |
| 燃气厂 | 万千瓦时 | 34187 | 26385 | 29.57 |
| 北　营 | 万千瓦时 | 111051 | 124991 | -11.15 |
| 12. 水　渣 | t |  | 6330499 | -100.00 |
| 本　钢 | t | 3628138 | 3989375 | -9.05 |
| 北　营 | t | 2085013 | 2341124 | -10.94 |
| 13. 工业水 | 万吨 | 91036 | 85408 | 6.59 |
| 本　钢 | 万吨 | 85570 | 79397 | 7.77 |
| 北　营 | 万吨 | 5466 | 6011 | -9.06 |
| 14. 氧 气 | 万立方米 | 161586 | 160154 | 0.89 |
| 本　钢 | 万立方米 | 97165 | 83213 | 16.77 |
| 北　营 | 万立方米 | 64421 | 76941 | -16.27 |

# 主要技术经济指标完成情况

| 指标名称 | 单位 | 2019 年实际 | 2018 年实际 | 同比增减/% |
|---|---|---|---|---|
| 1. 剥采比 | t/t | 5.16 | 4.54 | 0.62 |
| 露天矿 | t/t | 7.15 | 6.42 | 0.73 |
| 歪头山 | t/t | 4.04 | 3.16 | 0.88 |
| 贾家堡 | t/t | 1.35 | 1.41 | -0.06 |
| 北　营 | t/t |  | 1.67 | -1.67 |
| 2. 选矿实际金属回收率 | % | 78.98 | 77.78 | 1.20 |
| 选矿厂 | % | 79.79 | 77.16 | 2.63 |
| 歪头山 | % | 80.70 | 80.04 | 0.67 |
| 贾家堡 | % | 72.95 | 75.50 | -2.55 |
| 北　营 | % |  | 80.98 | -80.98 |
| 3. 高炉利用系数 | t/(m³·d) | 2.3942 | 2.3659 | 0.03 |
| 本　钢 | t/(m³·d) | 2.2467 | 2.1879 | 0.06 |
| 北　营 | t/(m³·d) | 2.6705 | 2.6270 | 0.04 |
| 4. 转炉日历利用系数 | t/(t·d)（公称） | 24.07 | 25.92 | -1.85 |
| 本　钢 | t/(t·d)（公称） | 21.28 | 21.80 | -0.51 |
| 北　营 | t/(t·d)（公称） | 30.34 | 33.88 | -3.54 |
| 5. 转炉平均炉龄 | 炉/次 | 7701 | 9973 | -2272 |
| 本　钢 | 炉/次 | 6309 | 9905 | -3596 |
| 北　营 | 炉/次 | 9094 | 10011 | -918 |
| 6. 特钢成材率 | % | 93.69 | 93.90 | -0.21 |
| 7. 热轧板成材率 | % | 97.72 | 97.39 | 0.33 |
| 连轧厂 | % | 97.65 | 97.41 | 0.23 |
| 一热轧 | % | 97.61 | 96.99 | 0.62 |
| 二热轧 | % | 96.89 | 97.02 | -0.13 |
| 三热轧 | % | 98.00 | 97.80 | 0.20 |
| 1780 轧机 | % | 97.98 | 97.33 | 0.65 |

# 主要技术经济指标完成情况

续表（一）

| 指标名称 | 单位 | 2019 年实际 | 2018 年实际 | 同比增减/% |
|---|---|---|---|---|
| 8. 一冷轧成材率 | % | 93.79 | 93.80 | -0.01 |
| 9. 二冷轧成材率 | % | 95.15 | 94.78 | 0.37 |
| 10. 三冷轧成材率 | % | 94.09 | 93.81 | 0.28 |
| 11. 不锈钢成材率 | % | 95.29 | 97.17 | -1.88 |
| 12. 钢筋综合成材率 | % | 99.75 | 98.17 | 1.57 |
| 13. 线材综合成材率 | % | 97.92 | 97.73 | 0.19 |
| 14. 冶金焦率 | % | 85.82 | 85.45 | 0.37 |
| 本　钢 | % | 85.89 | 85.66 | 0.23 |
| 北　营 | % | 85.72 | 85.11 | 0.61 |

# 主要产品质量完成情况

| 指标名称 | 计算单位 | 2019 年实际 | 2018 年实际 | 同比增减/% |
|---|---|---|---|---|
| 1. 生铁合格率 | % | 100.00 | 100.00 | 0.00 |
| 本　钢 | % | 100.00 | 100.00 | 0.00 |
| 北　营 | % | 100.00 | 100.00 | 0.00 |
| 2. 生铁一级品率 | % | 83.79 | 78.88 | 4.91 |
| 本　钢 | % | 87.01 | 87.48 | -0.47 |
| 北　营 | % | 78.70 | 68.37 | 10.33 |
| 3. 烧结矿合格率 | % | 98.84 | 97.02 | 1.82 |
| 本　钢 | % | 98.17 | 94.96 | 3.21 |
| 北　营 | % | 99.83 | 99.63 | 0.21 |
| 4. 电炉钢合格率 | % | 99.93 | 99.88 | 0.05 |
| 5. 转炉连铸坯合格率 | % | 99.88 | 99.91 | -0.03 |
| 本　钢 | % | 99.82 | 99.89 | -0.07 |
| 北　营 | % | 99.96 | 99.87 | 0.09 |
| 6. 钢材合格率 | % | 99.71 | 99.65 | 0.06 |
| （1）特钢材合格率 | % | 99.55 | 99.77 | -0.22 |
| （2）热轧板合格率（连轧） | % | 99.58 | 99.43 | 0.15 |
| （3）热轧板合格率（1780） | % | 99.98 | 99.97 | 0.02 |
| （4）一冷轧合格率 | % | 99.70 | 99.81 | -0.12 |
| （5）二冷轧合格率 | % | 99.87 | 99.86 | 0.01 |
| （6）三冷轧合格率 | % | 99.45 | 99.20 | 0.26 |
| （7）不锈钢合格率 | % | 100.00 | 100.00 | 0.00 |
| （8）热轧钢筋合格率 | % | 99.98 | 99.92 | 0.05 |
| （9）热轧线材合格率 | % | 99.92 | 99.91 | 0.01 |
| 7. 冶金焦合格率 | % | 100.00 | 100.00 | 0.00 |
| 本　钢 | % | 100.00 | 100.00 | 0.00 |
| 北　营 | % | 100.00 | 100.00 | 0.00 |

# 主要产品质量完成情况

续表（一）

| 指标名称 | 计算单位 | 2019 年实际 | 2018 年实际 | 同比增减/% |
|---|---|---|---|---|
| 8. 冶金焦抗碎强度 M40 | % | 89.49 | 89.44 | 0.05 |
| 本　钢 | % | 89.23 | 89.27 | -0.04 |
| 北　营 | % | 89.88 | 89.72 | 0.16 |
| 9. 冶金焦耐磨强度 M10 | % | 5.69 | 5.71 | -0.02 |
| 本　钢 | % | 5.65 | 5.70 | -0.05 |
| 北　营 | % | 5.76 | 5.73 | 0.02 |
| 10. 冶金焦灰分 | % | 12.53 | 12.36 | 0.18 |
| 本　钢 | % | 12.51 | 12.35 | 0.16 |
| 北　营 | % | 12.57 | 12.37 | 0.21 |
| 11. 冶金焦硫分 | % | 0.89 | 0.88 | 0.01 |
| 本　钢 | % | 0.86 | 0.88 | -0.02 |
| 北　营 | % | 0.92 | 0.88 | 0.04 |
| 12. 铁精矿品位 | % | 67.33 | 66.96 | 0.37 |
| 南芬选矿厂 | % | 67.26 | 67.47 | -0.21 |
| 歪头山铁矿 | % | 68.22 | 68.16 | 0.07 |
| 贾家堡子铁矿 | % | 65.92 | 63.49 | 2.43 |
| 北　营 | % |  | 66.11 | -66.11 |

# 主要消耗指标完成情况

| 产品名称 | 计算单位 | 2019 年实际 | 2018 年实际 | 同比增减/% |
| --- | --- | --- | --- | --- |
| 一、铁矿采矿 | | | | |
| 1. 铁矿采总耗火药 | 千克/万吨 | 3179 | 3360 | -182 |
| 露天矿 | 千克/万吨 | 3323 | 3607 | -284 |
| 歪头山矿 | 千克/万吨 | 3022 | 2766 | 256 |
| 贾家堡子 | 千克/万吨 | 2299 | 2535 | -236 |
| 北　营 | 千克/万吨 | | 4627 | -4627 |
| 2. 采矿耗电 | kW·h/t | 0.87 | 1.04 | -0.17 |
| 露天矿 | kW·h/t | 0.68 | 0.77 | -0.09 |
| 歪头山矿 | kW·h/t | 1.59 | 2.26 | -0.67 |
| 贾家堡子 | kW·h/t | 0.32 | 0.31 | 0.02 |
| 北　营 | kW·h/t | | 4.57 | -4.57 |
| 二、铁矿选矿 | | | | |
| 1. 处理原矿耗电 | kW·h/t | 34.79 | 35.55 | -0.77 |
| 选矿厂 | kW·h/t | 36.32 | 36.23 | 0.09 |
| 歪头山矿 | kW·h/t | 29.99 | 31.56 | -1.58 |
| 贾家堡子 | kW·h/t | 39.21 | 38.01 | 1.20 |
| 北　营 | kW·h/t | | 46.62 | -46.62 |
| 2. 处理原矿耗水 | t/t | 11.12 | 11.37 | -0.25 |
| 选矿厂 | t/t | 9.40 | 10.27 | -0.87 |
| 歪头山矿 | t/t | 15.58 | 16.03 | -0.45 |
| 贾家堡子 | t/t | 7.93 | 7.98 | -0.05 |
| 北　营 | t/t | | 5.57 | -5.57 |
| 3. 处理原矿耗钢球 | kg/t | 0.67 | 0.81 | -0.14 |
| 选矿厂 | kg/t | 0.64 | 0.64 | 0.00 |
| 歪头山矿 | kg/t | 0.24 | 0.81 | -0.58 |
| 贾家堡子 | kg/t | 1.59 | 1.34 | 0.24 |

# 主要消耗指标完成情况

续表（一）

| 产品名称 | 计算单位 | 2019 年实际 | 2018 年实际 | 同比增减/% |
|---|---|---|---|---|
| 北　营 | kg/t |  | 0.58 | -0.58 |
| 4. 处理原矿耗铁球 | kg/t | 0.62 | 0.52 | 0.10 |
| 选矿厂 | kg/t | 0.87 | 0.88 | -0.01 |
| 歪头山矿 | kg/t | 0.55 | 0.00 | 0.55 |
| 贾家堡子 | kg/t | 0.00 | 0.00 | 0.00 |
| 北　营 | kg/t |  | 2.20 | -2.20 |
| 三、烧　结 |  |  |  |  |
| 1. 烧结耗固体燃料 | kg/t | 56.32 | 54.61 | 1.71 |
| 本　钢 | kg/t | 52.64 | 52.05 | 0.60 |
| 北　营 | kg/t | 61.80 | 57.85 | 3.96 |
| 2. 烧结耗电 | kW·h/t | 51.07 | 53.36 | -2.29 |
| 本　钢 | kW·h/t | 48.28 | 52.43 | -4.16 |
| 北　营 | kW·h/t | 55.23 | 54.53 | 0.70 |
| 四、炼　铁 |  |  |  |  |
| 1. 综合焦比 | kg/t | 509 | 526 | -16.71 |
| 本　钢 | kg/t | 501 | 514 | -13.07 |
| 北　营 | kg/t | 522 | 541 | -18.53 |
| 2. 入炉焦比 | kg/t | 365 | 391 | -26.07 |
| 本　钢 | kg/t | 347 | 365 | -18.43 |
| 北　营 | kg/t | 394 | 423 | -29.14 |
| 3. 煤　比 | kg/t | 139 | 132 | 6.66 |
| 本　钢 | kg/t | 135 | 125 | 9.84 |
| 北　营 | kg/t | 145 | 140 | 4.68 |
| 4. 电力消耗 | kW·h/t | 78.82 | 84.04 | -5.22 |
| 本　钢 | kW·h/t | 39.31 | 41.20 | -1.89 |
| 北　营 | kW·h/t | 141.07 | 136.33 | 4.74 |

# 主要消耗指标完成情况

续表（二）

| 产品名称 | 计算单位 | 2019 年实际 | 2018 年实际 | 同比增减/% |
|---|---|---|---|---|
| 五、炼　焦 | | | | |
| 吨焦耗湿煤 | kg/t | 1364.68 | 1399 | -34.72 |
| 本　钢 | kg/t | 1343.81 | 1400 | -56.21 |
| 北　营 | kg/t | 1394.63 | 1398 | -3.80 |
| 六、电炉炼钢 | | | | |
| 1. 电炉钢耗钢铁料 | kg/t | 1111.51 | 1143.13 | -31.62 |
| 2. 电炉钢耗生铁 | kg/t | 743.95 | 360.17 | 383.78 |
| 3. 电炉钢耗废钢 | kg/t | 367.56 | 782.96 | -415.40 |
| 4. 电炉钢综合耗电 | kW·h/t | 204.09 | 584.28 | -380.19 |
| 七、转炉炼钢 | | | | |
| 1. 转炉钢耗钢铁料 | kg/t | 1055.87 | 1059 | -3.49 |
| 本　钢 | kg/t | 1061.92 | 1065 | -2.73 |
| 北　营 | kg/t | 1046.33 | 1053 | -6.48 |
| 2. 转炉钢耗废钢 | kg/t | 73.63 | 77 | -3.18 |
| 本　钢 | kg/t | 81.07 | 85 | -4.06 |
| 北　营 | kg/t | 61.90 | 66 | -4.59 |
| 3. 转炉钢耗生铁 | kg/t | 982.24 | 983 | -0.31 |
| 本　钢 | kg/t | 980.85 | 980 | 1.33 |
| 北　营 | kg/t | 984.43 | 986 | -1.89 |
| 4. 转炉钢耗氧气 | $m^3/t$ | 54.83 | 55.74 | -0.91 |
| 本　钢 | $m^3/t$ | 53.54 | 54.28 | -0.74 |
| 北　营 | $m^3/t$ | 56.87 | 57.55 | -0.68 |
| 八、转炉钢连铸 | | | | |
| 1. 连铸比 | % | 100.00 | 100.00 | 0.00 |
| 本　钢 | % | 100.00 | 100.00 | 0.00 |
| 北　营 | % | 100.00 | 100.00 | 0.00 |

# 主要消耗指标完成情况

续表（三）

| 产品名称 | 计算单位 | 2019 年实际 | 2018 年实际 | 同比增减/% |
|---|---|---|---|---|
| 2. 合格连铸坯收得率 | % | 98.42 | 98.67 | -0.26 |
| 本　钢 | % | 98.31 | 98.38 | -0.07 |
| 北　营 | % | 98.77 | 99.04 | -0.27 |
| 3. 连铸机台时产量 | t/h | 175.32 | 168.84 | 6.48 |
| 本　钢 | t/h | 204.57 | 199.14 | 5.43 |
| 北　营 | t/h | 143.05 | 142.03 | 1.02 |
| 九、热轧钢材 | | | | |
| 1. 钢材综合耗电 | kW·h/t | 85.71 | 89.20 | -3.49 |
| 本　钢 | kW·h/t | 77.14 | 82.14 | -5.01 |
| 北　营 | kW·h/t | 118.67 | 113.63 | 5.05 |
| 2. 钢材耗轧辊 | kg/t | 0.51 | 0.58 | -0.07 |
| 本　钢 | kg/t | 0.60 | 0.72 | -0.11 |
| 北　营 | kg/t | 0.17 | 0.13 | 0.04 |
| 十、冷轧钢材 | | | | |
| 1. 钢材综合耗电 | kW·h/t | 119.60 | 133.60 | -14.00 |
| 一冷轧 | kW·h/t | 98.60 | 125.19 | -26.59 |
| 二冷轧 | kW·h/t | 114.18 | 119.23 | -5.05 |
| 三冷轧 | kW·h/t | 124.19 | 129.65 | -5.46 |
| 不锈钢冷轧 | kW·h/t | 495.05 | 426.95 | 68.10 |
| 2. 钢材耗轧辊 | kg/t | 0.25 | 0.39 | -0.14 |
| 一冷轧 | kg/t | 0.16 | 0.27 | -0.11 |
| 二冷轧 | kg/t | 0.50 | 0.69 | -0.20 |
| 三冷轧 | kg/t | 0.17 | 0.33 | -0.17 |
| 不锈钢冷轧 | kg/t | 0.07 | 0.12 | -0.05 |

# 总能耗及工序能耗

| 指标名称 | 计算单位 | 2019 年实际 | 2018 年实际 | 同比增减/% |
|---|---|---|---|---|
| 一、总能耗 | 万吨 | | | |
| 本　钢 | 万吨 | 624. 33 | 564. 93 | 59. 40 |
| 北　营 | 万吨 | 408. 31 | 448. 23 | -39. 92 |
| 二、吨钢综合能耗 | kg/t | | | |
| 本　钢 | kg/t | 626. 03 | 629. 72 | -3. 69 |
| 北　营 | kg/t | 658. 36 | 647. 21 | 11. 15 |
| 三、吨钢可比能耗 | kg/t | | | |
| 本　钢 | kg/t | 552. 22 | 545. 87 | 6. 35 |
| 北　营 | kg/t | 555. 43 | 551. 01 | 4. 42 |
| 四、万元产值能耗 | t/万元 | | | |
| 本　钢 | t/万元 | 1. 36 | 1. 15 | 0. 21 |
| 北　营 | t/万元 | 3. 49 | 3. 41 | 0. 08 |
| 五、万元增加值能耗 | t/万元 | | | |
| 本　钢 | t/万元 | 6. 25 | 6. 02 | 0. 23 |
| 北　营 | t/万元 | 10. 06 | 10. 67 | -0. 61 |
| 六、工序能耗 | | | | |
| 1. 采矿工序 | kg/t | | | |
| 露天矿 | kg/t | 0. 91 | 0. 89 | 0. 02 |
| 歪头山 | kg/t | 0. 9 | 1. 08 | -0. 18 |
| 北　营 | kg/t | 停产 | 6. 93 | #VALUE! |
| 2. 选矿工序 | kg/t | | | 0. 00 |
| 选矿厂 | kg/t | 5. 62 | 5. 52 | 0. 10 |
| 歪头山 | kg/t | 3. 83 | 5. 45 | -1. 62 |
| 北　营 | kg/t | 停产 | 5. 81 | #VALUE! |
| 3. 石灰石工序 | kg/t | | | 0. 00 |

# 总能耗及工序能耗

续表（一）

| 指标名称 | 计算单位 | 2019 年实际 | 2018 年实际 | 同比增减/% |
|---|---|---|---|---|
| 本　钢 | kg/t | 0.92 | 0.95 | -0.03 |
| 北　营 | kg/t | 1.72 | 1.65 | 0.07 |
| 4. 焦化工序 | kg/t | | | 0.00 |
| 本　钢 | kg/t | 117.32 | 114.14 | 3.18 |
| 北　营 | kg/t | 95.44 | 99.25 | -3.81 |
| 5. 烧结工序 | kg/t | | | 0.00 |
| 本　钢 | kg/t | 48.44 | 49.21 | -0.77 |
| 北　营 | kg/t | 54.81 | 53.58 | 1.23 |
| 6. 炼铁工序 | kg/t | | | 0.00 |
| 本　钢 | kg/t | 370.61 | 379.92 | -9.31 |
| 北　营 | kg/t | 382.98 | 386.24 | -3.26 |
| 7. 电炉炼钢工序 | kg/t | 60.08 | 87.3 | -27.22 |
| 8. 转炉炼钢工序 | kg/t | | | 0.00 |
| 本　钢 | kg/t | -17.21 | -18.83 | 1.62 |
| 北　营 | kg/t | -11.2 | -12.7 | 1.50 |
| 9. 连铸工序 | | | | 0.00 |
| 本　钢 | kg/t | 5.4 | 5.84 | -0.44 |
| 北　营 | kg/t | 11.5 | 11.04 | 0.46 |
| 10. 轧钢工序 | | | | 0.00 |
| 特钢厂 | kg/t | 114.9 | 110.1 | 4.80 |
| 连轧厂 | kg/t | 53.5 | 57.89 | -4.39 |
| 一冷轧 | kg/t | 44.97 | 49 | -4.03 |
| 二冷轧 | kg/t | 90.41 | 86.46 | 3.95 |
| 北　营 | kg/t | 60.87 | 62.82 | -1.95 |
| 11. 废钢加工工序 | | | | 0.00 |
| 本　钢 | kg/t | 0.87 | 0.87 | 0.00 |

# 总能耗及工序能耗

续表（二）

| 指标名称 | 计算单位 | 2019 年实际 | 2018 年实际 | 同比增减/% |
|---|---|---|---|---|
| 北　营 | kg/t | 0. 14 | 0. 15 | −0. 01 |
| 12. 发电总汽煤耗 | | | | 0. 00 |
| 本　钢 | kg/GJ | 38. 01 | 40. 97 | −2. 96 |
| 北　营 | kg/GJ | 40. 09 | 40. 17 | −0. 08 |
| 13. 供水吨钢能耗 | | | | 0. 00 |
| 本　钢 | kg/t | 2. 67 | 3. 3 | −0. 63 |
| 北　营 | kg/t | 3. 25 | 3. 66 | −0. 41 |
| 14. 供电能耗 | | | | 0. 00 |
| 本　钢 | kg/万千瓦时 | 23. 2 | 23. 4 | −0. 20 |
| 北　营 | kg/万千瓦时 | 22. 98 | 23. 7 | −0. 72 |
| 15. 有效氧能耗 | | | | 0. 00 |
| 本　钢 | kg/m³ | 0. 1279 | 0. 14 | −0. 01 |
| 北　营 | kg/m³ | 0. 109 | 0. 11 | 0. 00 |

# 主要钢铁工业产品产、销、存实物量

| 指标名称 | 年初库存 | 本年调入 | 本年生产 | 本年自用 | 本年销售 | | 盘盈(+)/盘亏(-) | 年末库存 |
|---|---|---|---|---|---|---|---|---|
| | | | | | 本年销售小计 | 其中：本年出口 | | |
| 铁矿石原矿 | 34400 | 0 | 22273271 | 22267162 | 0 | 0 | 0 | 40509 |
| 本钢公司 | 34400 | | 22273271 | 22267162 | | | | 40509 |
| 北营公司 | 0 | | 0 | 0 | | | | 0 |
| 铁矿石成品矿 | 157204 | 0 | 7892271 | 7900100 | 0 | 0 | 0 | 149375 |
| 其中：铁精矿 | 157204 | 0 | 7892271 | 7900100 | 0 | 0 | 0 | 149375 |
| 本钢公司 | 157204 | | 7892271 | 7900100 | | | | 149375 |
| 北营公司 | 0 | | | | | | | 0 |
| 烧结铁矿 | 26000 | 0 | 23240480 | 23242980 | 0 | 0 | 0 | 23500 |
| 本钢公司 | 26000 | | 13909287 | 13911787 | | | | 23500 |
| 北营公司 | 0 | | 9331193 | 9331193 | | | | 0 |
| 球团铁矿 | 0 | 0 | 4992058 | 4992058 | 0 | 0 | 0 | 0 |
| 本钢公司 | 0 | 0 | 2595766 | 2595766 | 0 | 0 | 0 | 0 |
| 马耳岭球团厂 | 0 | | 2012460 | 2012460 | | | | 0 |
| 带料加工（耐火） | 0 | | 583306 | 583306 | | | | 0 |
| 北营公司 | 0 | | 2396292 | 2396292 | | | | 0 |
| 生铁 | 36511 | 0 | 15899865 | 15912094 | 0 | 0 | 0 | 24282 |
| 炼铁厂 | 5050 | | 9727241 | 9732291 | | | | 0 |
| 北营公司 | 31461 | | 6172624 | 6179803 | | | | 24282 |
| 粗钢产品 | 181859 | 0 | 16174655 | 16223164 | 0 | 0 | 0 | 133350 |
| 本钢公司 | 82251 | 0 | 9972712 | 10005453 | 0 | 0 | 0 | 49510 |
| 特钢厂 | 13096 | | 175767 | 180015 | | | | 8848 |
| 炼钢厂 | 69155 | | 9788121 | 9816614 | | | | 40662 |
| 机总 | 0 | | 8824 | 8824 | | | | 0 |
| 北营公司 | 99608 | | 6201943 | 6217711 | | | | 83840 |

# 主要钢铁工业产品产、销、存实物量

续表（一）

| 指标名称 | 年初库存 | 本年调入 | 本年生产 | 本年自用 | 本年销售 | | 盘盈(+)/盘亏(-) | 年末库存 |
|---|---|---|---|---|---|---|---|---|
| | | | | | 本年销售小计 | 其中：本年出口 | | |
| 其中：连铸坯 | 181733 | 0 | 16161136 | 16209843 | 0 | 0 | 0 | 133026 |
| 本钢公司 | 82125 | 0 | 9959193 | 9992132 | 0 | 0 | 0 | 49186 |
| 特钢厂 | 12970 | | 171072 | 175518 | | | | 8524 |
| 炼钢厂 | 69155 | | 9788121 | 9816614 | | | | 40662 |
| 北营公司 | 99608 | | 6201943 | 6217711 | | | | 83840 |
| 钢材 | 255892 | 0 | 15838654 | 0 | 15835945 | 2380179 | 0 | 258601 |
| 本钢公司 | 229543 | 0 | 12520234 | 0 | 12508330 | 1607254 | 0 | 241447 |
| 北营公司 | 26349 | 0 | 3318420 | 0 | 3327615 | 772925 | 0 | 17154 |
| 棒材 | 16298 | | 486650 | | 487890 | 10639 | | 15058 |
| 钢筋 | 9851 | | 828781 | | 833331 | 175826 | | 5301 |
| 线材 | 16043 | | 2489639 | | 2494284 | 597099 | | 11398 |
| 冷轧薄板 | 5085 | | 374981 | | 375683 | 33748 | | 4383 |
| 中厚宽钢带 | 94846 | 0 | 6602697 | 0 | 6573850 | 922931 | 0 | 123693 |
| 本钢公司 | 94391 | 0 | 6602697 | 0 | 6573850 | 922931 | 0 | 123238 |
| 热连轧厂 | 45404 | | 4433782 | | 4424119 | | | 55067 |
| 1780 热轧机组 | 48987 | | 2168915 | | 2149731 | | | 68171 |
| 北营公司 | 455 | | 0 | | | | | 455 |
| 冷轧薄宽钢带 | 77681 | 0 | 3309137 | 0 | 3316742 | 287064 | 0 | 70076 |
| 一冷轧 | 9330 | | 925257 | | 917450 | | | 17137 |
| 二冷轧 | 32888 | | 757079 | | 768809 | | | 21158 |
| 三冷轧 | 30119 | | 1555434 | | 1554498 | | | 31055 |
| 不锈钢 | 5344 | | 71367 | | 75985 | | | 726 |
| 镀层板（带） | 34291 | 0 | 1686485 | 0 | 1692232 | 352872 | 0 | 28544 |
| 其中：镀锌板（带） | 34291 | 0 | 1686485 | 0 | 1692232 | 352872 | 0 | 28544 |

# 主要钢铁工业产品产、销、存实物量

续表（二）

| 指标名称 | 年初库存 | 本年调入 | 本年生产 | 本年自用 | 本年销售 | | 盘盈(+)/盘亏(-) | 年末库存 |
|---|---|---|---|---|---|---|---|---|
| | | | | | 本年销售小计 | 其中：本年出口 | | |
| 一冷轧 | 5296 | | 480084 | | 481155 | | | 4225 |
| 二冷轧 | 21317 | | 818799 | | 824569 | | | 15547 |
| 三冷轧 | 7678 | | 387602 | | 386508 | | | 8772 |
| 涂层板（带） | 132 | | | | | | | 132 |
| 电工钢板（带） | 1665 | | 60284 | | 61933 | | | 16 |
| 焦炭 | 13484 | 0 | 7787012 | 7776184 | 22388 | 0 | 0 | 1924 |
| 焦化厂 | 13484 | | 4589444 | 4578616 | 22388 | | | 1924 |
| 北营公司 | 0 | | 3197568 | 3197568 | | | | 0 |

# 基层单位安全情况

| 序号 | 单位名称 | 千人负伤率/‰ | |
|---|---|---|---|
| | | 2019 年 | 2018 年 |
| 1 | 集团公司合计 | 0.93 | 1.19 |
| 2 | 北营公司 | 1.16 | 0.76 |
| 3 | 矿业公司 | 0.89 | 0.6 |
| 4 | 炼 铁 厂 | 1.95 | 3 |
| 5 | 炼 钢 厂 | 0.49 | 1.8 |
| 6 | 热连轧厂 | 0.87 | 2.4 |
| 7 | 一冷轧厂 | 0.5 | 0.91 |
| 8 | 二冷轧厂 | 0 | 3 |
| 9 | 三冷轧厂 | 0 | 0 |
| 10 | 丹东不锈钢厂 | 8.47 | 0 |
| 11 | 特 钢 厂 | 0.58 | 2.1 |
| 12 | 焦 化 厂 | 5.9 | 3 |
| 13 | 发 电 厂 | 0 | 1.6 |
| 14 | 能源总厂 | 0 | 0.5 |
| 15 | 运 输 部 | 0 | 0 |
| 16 | 废 钢 厂 | 0 | 0 |
| 17 | 计 控 厂 | 0 | 0 |
| 18 | 原 料 厂 | 2.51 | 0 |
| 19 | 维检中心 | 0.94 | 0 |
| 20 | 自动化公司 | 0 | 0 |
| 21 | 建设总公司 | 0.27 | 1.5 |
| 22 | 修建公司 | 0 | 1.4 |
| 23 | 机械制造总公司 | 1.08 | 1.1 |
| 24 | 实业发展公司 | 0 | 0 |
| 25 | 新事业公司 | 0 | 0 |
| 26 | 冶金渣公司 | 0 | 3 |

# 基层单位安全情况

续表（一）

| 序号 | 单位名称 | 千人负伤率/‰ | |
| --- | --- | --- | --- |
| | | 2019 年 | 2018 年 |
| 27 | 热力公司 | 0 | 0 |
| 28 | 房地产开发公司 | 0 | 0 |
| 29 | 技师学院 | 0 | 0 |
| 30 | 起重机厂 | 0 | 0 |
| 31 | 恒通公司 | 5. 31 | 3 |

# 环境保护主要指标完成情况

| 指标名称 | 计算单位 | 2019 年实际 |
|---|---|---|
| 污染物综合排放合格率 | % | 100.00 |
| 本　钢 | % | 100.00 |
| 北　营 | % | 100.00 |
| 厂区降尘量 | 吨/(平方公里·月) | |
| 本　钢 | 吨/(平方公里·月) | 28.78 |
| 北　营 | 吨/(平方公里·月) | 45.18 |
| 大气中可吸入颗粒物浓度 | $mg/Nm^3$ | |
| 本　钢 | $mg/Nm^3$ | 0.09 |
| 北　营 | $mg/Nm^3$ | 0.09 |
| 大气中一氧化碳浓度 | $mg/Nm^3$ | |
| 本　钢 | $mg/Nm^3$ | 1.63 |
| 北　营 | $mg/Nm^3$ | 2.14 |
| 大气中二氧化硫浓度 | $mg/Nm^3$ | |
| 本　钢 | $mg/Nm^3$ | 0.03 |
| 北　营 | $mg/Nm^3$ | 0.03 |
| 工业粉尘排放量 | 万吨 | 0.69 |
| 本　钢 | 万吨 | 0.45 |
| 北　营 | 万吨 | 0.25 |
| 工业粉尘回收量 | 万吨 | 71.75 |
| 本　钢 | 万吨 | 23.99 |
| 北　营 | 万吨 | 47.76 |
| 工业用水量 | 万吨 | 339726.43 |
| 集团厂区总计 | 万吨 | 311567.45 |
| 集团矿区总计 | 万吨 | 28158.98 |
| 本　钢 | 万吨 | 245745.66 |
| 厂区总计 | 万吨 | 217586.68 |
| 矿区总计 | 万吨 | 28158.98 |
| 北　营 | 万吨 | 93980.77 |
| 厂区总计 | 万吨 | 93980.77 |
| 矿区总计 | 万吨 | 0.00 |
| 新水量 | 万吨 | 9796.76 |
| 集团厂区总计 | 万吨 | 7390.24 |
| 集团矿区总计 | 万吨 | 2406.52 |
| 本　钢 | 万吨 | 8123.02 |
| 厂区总计 | 万吨 | 5716.50 |
| 矿区总计 | 万吨 | 2406.52 |
| 北　营 | 万吨 | 1673.74 |
| 厂区总计 | 万吨 | 1673.74 |

# 环境保护主要指标完成情况

续表（一）

| 指标名称 | 计算单位 | 2019 年实际 |
|---|---|---|
| 矿区总计 | 万吨 | 0. 00 |
| 环水量 | 万吨 | 329929. 67 |
| 集团厂区总计 | 万吨 | 304177. 21 |
| 集团矿区总计 | 万吨 | 25752. 47 |
| 本　钢 | 万吨 | 237622. 64 |
| 厂区总计 | 万吨 | 211870. 18 |
| 矿区总计 | 万吨 | 25752. 47 |
| 北　营 | 万吨 | 92307. 03 |
| 厂区总计 | 万吨 | 92307. 03 |
| 矿区总计 | 万吨 | 0. 00 |
| 厂区废水排放量 | 万吨 | 2140. 96 |
| 本　钢 | 万吨 | 1244. 49 |
| 北　营 | 万吨 | 896. 47 |
| 达标排放量 | 万吨 | 2140. 96 |
| 本　钢 | 万吨 | 1244. 49 |
| 北　营 | 万吨 | 896. 47 |
| 废气排放量 | 万立方米 | 49579713. 01 |
| 集团厂区总计 | 万立方米 | 35399182. 37 |
| 集团矿区总计 | 万立方米 | 14180530. 64 |
| 本　钢 | 万立方米 | 23178427. 01 |
| 厂区总计 | 万立方米 | 22198539. 37 |
| 矿区总计 | 万立方米 | 979887. 64 |
| 北　营 | 万立方米 | 13200643. 00 |
| 厂区总计 | 万立方米 | 13200643. 00 |
| 矿区总计 | 万立方米 | |
| 厂区噪声 | | |
| 昼间 | | |
| 本　钢 | 分贝 A | 56. 00 |
| 北　营 | 分贝 A | 64. 00 |
| 夜间 | | |
| 本　钢 | 分贝 A | 47. 00 |
| 北　营 | 分贝 A | 54. 80 |
| 厂区绿化覆盖率 | % | |
| 本　钢 | % | 0. 27 |
| 北　营 | % | 0. 33 |
| 全年完成环境保护投资 | 万元 | 149842. 80 |
| 本　钢 | 万元 | 122045. 10 |
| 北　营 | 万元 | 27797. 70 |

# 生产设备完好情况

| 设备名称 | 年底考核设备台数 | | | 在册完好设备台数 | | 不完好设备台数 | 完好率/% |
|---|---|---|---|---|---|---|---|
| | 合计 | 在用台数 | 封存台数 | 一级 | 二级 | | |
| 烧结机 | 9 | 9 | 0 | 9 | 0 | 0 | 100% |
| 板材公司 | 4 | 4 | 0 | 4 | 0 | 0 | 100% |
| 北营公司 | 5 | 5 | 0 | 5 | 0 | 0 | 100% |
| 高　炉 | 9 | 9 | 0 | 9 | 0 | 0 | 100% |
| 板材公司 | 4 | 4 | 0 | 4 | 0 | 0 | 100% |
| 北营公司 | 5 | 5 | 0 | 5 | 0 | 0 | 100% |
| 转　炉 | 14 | 14 | 0 | 14 | 0 | 0 | 100% |
| 板材公司 | 7 | 7 | 0 | 7 | 0 | 0 | 100% |
| 北营公司 | 7 | 7 | 0 | 7 | 0 | 0 | 100% |
| 电　炉 | 2 | 2 | 0 | 2 | 0 | 0 | 100% |
| 连铸机 | 17 | 16 | 1 | 17 | 0 | 0 | 100% |
| 板材公司 | 7 | 7 | 0 | 7 | 0 | 0 | 100% |
| 北营公司 | 10 | 9 | 1 | 10 | 0 | 0 | 100% |
| 棒材轧机（特钢） | 1 | 1 | 0 | 1 | 0 | 0 | 100% |
| 钢筋轧机（北营） | 2 | 2 | 0 | 2 | 0 | 0 | 100% |
| 线材轧机（北营） | 2 | 2 | 0 | 2 | 0 | 0 | 100% |
| 热连轧机 | 4 | 4 | 0 | 4 | 0 | 0 | 100% |
| 板材公司 | 3 | 3 | 0 | 3 | 0 | 0 | 100% |
| 北营公司 | 1 | 1 | 0 | 1 | 0 | 0 | 100% |
| 冷轧薄板轧机 | 7 | 7 | 0 | 7 | 0 | 0 | 100% |
| 一冷轧厂 | 2 | 2 | 0 | 2 | 0 | 0 | 100% |
| 二冷轧厂 | 2 | 2 | 0 | 2 | 0 | 0 | 100% |
| 三冷轧厂 | 1 | 1 | 0 | 1 | 0 | 0 | 100% |
| 不锈钢厂 | 2 | 2 | 0 | 2 | 0 | 0 | 100% |
| 焦　炉 | 15 | 15 | 0 | 15 | 0 | 0 | 100% |
| 板材公司 | 7 | 7 | 0 | 7 | 0 | 0 | 100% |
| 北营公司 | 8 | 8 | 0 | 8 | 0 | 0 | 100% |

# 固定资产投资完成情况一览表

| 项目名称 | 开工年月 | 建成投产年月 | 计划总投资 | 自开始建设累计 |  | 本年完成投资合计 |  |  |  |  |  |  |  |  |  |  |  |  |  |  |  |
|---|---|---|---|---|---|---|---|---|---|---|---|---|---|---|---|---|---|---|---|---|---|
|  |  |  |  | 完成投资 | 新增固定资产 |  | 按构成分 |  |  |  | 基本建设投资 | 按投资方向分 |  |  |  |  |  |  |  |  |  |
|  |  |  |  |  |  |  | 建筑工程 | 安装工程 | 设备购置 | 其他费用 |  | 铁矿采选 | 烧结 | 球团 | 炼铁 | 炼钢合计 |  |  | 连铸 | 轧材 | 铁合金 |
|  |  |  |  |  |  |  |  |  |  |  |  |  |  |  |  |  | 电炉 | 转炉 |  |  |  |
| 甲 | 1 | 2 | 3 | 4 | 5 | 6 | 7 | 8 | 9 | 10 | 11 | 12 | 13 | 14 | 15 | 16 | 17 | 18 | 19 | 20 | 21 |
| 去年同期 |  |  | 1977778 | 1329413 | 367767 | 373871 | 38915 | 64090 | 179201 | 91665 | 0 | 56843 | 34299 | 1137 | 51366 | 43046 | 0 | 43046 | 0 | 84166 | 0 |
| 合　计 |  |  | 2680693 | 1424275 | 278831 | 532377 | 84128 | 54019 | 343300 | 50930 | 0 | 68591 | 6518 | 150 | 136140 | 89506 | 21965 | 67541 | 0 | 94508 | 0 |
| 冷轧高强钢工程 | 2013. 04 |  | 610000 | 587189 |  | 28439 | 4000 | 4398 | 16862 | 3179 |  |  |  |  |  |  |  |  |  | 28439 |  |
| 南芬矿扩帮延深 |  |  | 322851 | 171749 |  | 15174 | 3182 | 316 | 10448 | 1228 |  | 15174 |  |  |  |  |  |  |  |  |  |
| 北营炼钢一区产能置换工程 | 2019. 09 |  | 170000 | 7515 |  | 7515 | 176 | 16 | 4900 | 2423 |  |  |  |  |  | 7515 |  | 7515 |  |  |  |
| 特钢电炉升级改造工程 | 2019. 09 |  | 160000 | 18544 |  | 18544 | 1553 | 42 | 15750 | 1199 |  |  |  |  |  | 18544 | 18544 |  |  |  |  |
| 炼铁厂 5 号高炉产能置换工程 | 2017. 12 |  | 150000 | 81000 |  | 74041 | 30119 | 1466 | 39564 | 2892 |  |  |  |  | 74041 |  |  |  |  |  |  |
| 本钢工业余热暖民工程一期（替代城市燃煤锅炉） | 2016. 05 |  | 101100 | 6864 |  | 2464 | 94 | 670 | 1365 | 335 |  |  |  |  |  |  |  |  |  |  |  |
| CCPP 发电工程项目 | 2019. 03 |  | 98827 | 30800 |  | 30800 | 160 | 1107 | 28356 | 1177 |  |  |  |  |  |  |  |  |  |  |  |
| 歪头山主采场扩帮延伸 | 2019. 10 |  | 85313 | 12577 |  | 12577 | 2856 | 2245 | 7470 | 6 |  | 12577 |  |  |  |  |  |  |  |  |  |
| 一冷轧改造工程 | 2019. 09 |  | 84000 | 1566 |  | 1566 |  |  | 1480 | 86 |  |  |  |  |  |  |  |  |  | 1566 |  |
| 发电厂三电车间热电联产改造项目 | 2014. 07 |  | 71134 | 56721 |  | 5494 | 50 | 1644 | 2600 | 1200 |  |  |  |  |  |  |  |  |  |  |  |
| 北营建设年产 60 万吨优质线材生产线 | 2019. 09 |  | 55900 | 515 |  | 515 | 306 | 71 | 89 | 49 |  |  |  |  |  |  |  |  |  | 515 |  |
| 1700 热轧完善改造 | 2018. 07 |  | 54000 | 12966 |  | 10188 | 70 | 86 | 9957 | 75 |  |  |  |  |  |  |  |  |  | 10188 |  |
| 特钢轧机改造 |  |  | 50000 | 28105 |  | 22417 | 2083 | 2890 | 17109 | 335 |  |  |  |  |  |  |  |  |  | 22417 |  |
| 炼钢厂 8 号铸机工程 | 2019. 03 |  | 39500 | 18023 |  | 18023 | 2640 | 127 | 13548 | 1708 |  |  |  |  |  | 18023 |  | 18023 |  |  |  |
| 北营能源总厂新建 3. 5Nm$^3$/h 制氧机 | 2019. 09 |  | 38000 | 11591 | 11591 | 11591 | 895 | 160 | 10471 | 65 |  |  |  |  |  |  |  |  |  |  |  |
| 能源管控中心 | 2011. 08 |  | 28410 | 27971 | 27971 | 2630 | 700 | 900 | 250 | 780 |  |  |  |  |  |  |  |  |  |  |  |
| 4 号~6 号转炉环保改造 | 2018. 04 |  | 27000 | 13910 |  | 12770 | 1204 | 1595 | 9816 | 155 |  |  |  |  |  | 12770 |  | 12770 |  |  |  |
| 6 号高炉环保改造 | 2018. 03 |  | 25225 | 25202 | 25202 | 3403 | 420 | 620 | 2360 | 3 |  |  |  |  | 3403 |  |  |  |  |  |  |

# 固定资产投资完成情况一览表

续表（一）

| 项目名称 | 开工年月 | 建成投产年月 | 计划总投资 | 自开始建设累计 | | 本年完成投资合计 | | | | | | | | | | | | | | | | |
|---|---|---|---|---|---|---|---|---|---|---|---|---|---|---|---|---|---|---|---|---|---|---|
| | | | | 完成投资 | 新增固定资产 | | 按构成分 | | | | 基本建设投资 | 按投资方向分 | | | | | | | | | | |
| | | | | | | | 建筑工程 | 安装工程 | 设备购置 | 其他费用 | | 铁矿采选 | 烧结 | 球团 | 炼铁 | 炼钢合计 | | | 连铸 | 轧材 | 铁合金 |
| | | | | | | | | | | | | | | | | | 电炉 | 转炉 | | | |
| 甲 | 1 | 2 | 3 | 4 | 5 | 6 | 7 | 8 | 9 | 10 | 11 | 12 | 13 | 14 | 15 | 16 | 17 | 18 | 19 | 20 | 21 |
| 北营钢渣处理环保改造及资源综合利用 | 2019.08 | | 25000 | 1462 | | 1462 | 312 | 225 | 605 | 320 | | | | | | 1462 | | 1462 | | | |
| 炼铁厂烧结环冷系统设备升级改造 | 2019.10 | | 19410 | 19410 | 19410 | 19410 | 784 | 5593 | 12366 | 667 | | | | | 19410 | | | | | | |
| 炼铁厂热风炉系统设备升级改造 | 2019.10 | | 18535 | 15578 | 15578 | 15578 | 391 | 2525 | 8602 | 4060 | | | | | 15578 | | | | | | |
| 能源总厂中水深度处理回用 | 2019.11 | | 17290 | 136 | | 136 | | | | 136 | | | | | | | | | | | |
| 北营新1号高炉及300平烧结机节能环保改造 | 2019.10 | | 14010 | 9432 | | 9432 | 3459 | 201 | 5732 | 40 | | | | | 9432 | | | | | | |
| 北营焦化厂一区、三区提效改造 | 2019.08 | | 11600 | 9742 | | 9742 | 3227 | 1050 | 4913 | 552 | | | | | | | | | | | |
| 北营炼钢二区生产提效改造 | 2019.03 | | 15750 | 13778 | | 13778 | 655 | 420 | 8041 | 4662 | | | | | | 13778 | | 13778 | | | |
| 歪矿排土场加高 | 2019.10 | | 11467 | 2162 | | 2162 | 1970 | | 192 | | | 2162 | | | | | | | | | |
| 焦化厂新增一塔式脱硫 改造 | 2019.11 | | 10986 | 878 | | 878 | 99 | 23 | 685 | 71 | | | | | | | | | | | |
| 钢渣处理环保改造及资源综合利用 | 2019.08 | | 10000 | 538 | | 538 | | | 538 | | | | | | | 538 | | 538 | | | |
| 北营1780热轧提质调结构改造工程 | 2019.08 | | 9900 | 3430 | | 3430 | | 34 | 3329 | 67 | | | | | | | | | | 3430 | |
| 北营焦化厂3号焦炉大修改造 | 2019.09 | | 8000 | 7157 | 7157 | 7157 | 2792 | 1684 | 2590 | 91 | | | | | | | | | | | |
| 炼铁厂高炉冶炼系统完善升级改造 | 2019.10 | | 8186 | 7822 | 7822 | 7822 | 53 | 1678 | 2105 | 3986 | | | | | 7822 | | | | | | |
| 热力公司歪头山地区供暖改造 | 2019.10 | | 7834 | 489 | | 489 | 159 | 125 | 187 | 18 | | | | | | | | | | | |
| 北营矿业公司回转窑改造 | 2017.09 | | 7662 | 7162 | 7162 | 1131 | | 4 | 942 | 185 | | 1131 | | | | | | | | | |
| 歪头山铁矿小西沟尾矿库二次加高增容 | 2013.04 | | 7357 | 7298 | 7298 | 4010 | 500 | | | 3510 | | 4010 | | | | | | | | | |
| 7号高炉干法除尘及TRT发电节能改造 | 2017.08 | | 6500 | 6500 | 6500 | 2749 | | 194 | 2542 | 13 | | | | | 2749 | | | | | | |
| 本钢南芬主城区燃煤锅炉环保改造工程 | | | 6500 | 5311 | 5311 | 3352 | 1039 | 485 | 1581 | 247 | | | | | | | | | | | |
| 炸药厂歪头山生产点乳化炸药生产线技术改造工程 | 2019.12 | | 6480 | 2866 | | 2866 | 1845 | 200 | 647 | 174 | | 2866 | | | | | | | | | |
| 物贸大楼消防安全改造工程 | 2018.06 | | 6000 | 5934 | 5934 | 2434 | 846 | 445 | 300 | 843 | | | | | | | | | | | |
| 本钢生产制造管理整体提升 | 2019.09 | | 5600 | 2394 | | 2394 | 2 | 5 | 716 | 1671 | | | | | | | | | | | |
| 焦化厂7号焦炉烟气脱硫脱硝工程 | 2019.11 | | 5600 | 4347 | | 4347 | 401 | 1206 | 2640 | 100 | | | | | | | | | | | |
| 工业大数据云平台 | 2018.03 | | 5500 | 3652 | 3652 | 2618 | 551 | 0 | 639 | 1428 | | | | | | | | | | | |
| 超薄酸洗线改造 | 2015.07 | | 5800 | 5800 | 5800 | 2115 | | | 1980 | 135 | | | | | | | | | | 2115 | |
| 矿业南芬露天矿2019—2020年矿山维简改造 | 2019.11 | | 5300 | 4860 | 4860 | 4860 | 88 | 33 | 4728 | 11 | | 4860 | | | | | | | | | |
| 矿业公司2018—2019年国外维简设备购置 | 2019.11 | | 5200 | 5136 | 5136 | 5136 | | | 5136 | | | 5136 | | | | | | | | | |
| 5000万元以下合计 | | | 247966 | 158193 | 112447 | 124200 | 14447 | 19536 | 79169 | 11048 | | 20675 | 6518 | 150 | 3705 | 16876 | 3421 | 13455 | | 25838 | |

# 固定资产投资完成情况一览表

续表（二）

| 项目名称 | 本年完成投资合计 | | | | | 其中: | | | | | | | 本年新增固定资产 | 本年固定资产投资实际到位资金 | | | | | | | 房屋面积/米$^2$ | |
|---|---|---|---|---|---|---|---|---|---|---|---|---|---|---|---|---|---|---|---|---|---|---|
| | 按投资方向分 | | | | | | | | | | | | | | | | | | | | | |
| | 焦化 | 耐火 | 炭素 | 金属制品 | 其他 | 增加产能 | 增加新产品 | 改进工艺 | 节约能源（材料） | 提高产品质量 | 保护环境 | 其他 | | 上年末结余资金 | 国家预算资金 | 国内贷款 | 债券 | 利用外资 | 自筹资金 | 其他资金来源 | 施工面积 | 竣工面积 |
| 甲 | 22 | 23 | 24 | 25 | 26 | 27 | 28 | 29 | 30 | 31 | 32 | 33 | 34 | 35 | 36 | 37 | 38 | 39 | 40 | 41 | 42 | 43 |
| 去年同期 | 40262 | 0 | 0 | 0 | 62752 | 20699 | 61175 | 114326 | 9773 | 9979 | 106420 | 51499 | 0 | 0 | 0 | 0 | 0 | 0 | 373871 | 0 | 9202 | 9202 |
| 合　计 | 38684 | 0 | 0 | 0 | 98280 | 0 | 75387 | 142105 | 23966 | 124679 | 70164 | 96076 | 0 | 0 | 0 | 0 | 0 | 0 | 532377 | 0 | 0 | 5316 |
| 冷轧高强钢工程 | | | | | | | 28439 | | | | | | | | | | | | 28439 | | | |
| 南芬矿扩帮延深 | | | | | | | | | | | | 15174 | | | | | | | 15174 | | | |
| 北营炼钢一区产能置换工程 | | | | | | | 7515 | | | | | | | | | | | | 7515 | | | |
| 特钢电炉升级改造工程 | | | | | | | 18544 | | | | | | | | | | | | 18544 | | | |
| 炼铁厂 5 号高炉产能置换工程 | | | | | | | | 74041 | | | | | | | | | | | 74041 | | | |
| 本钢工业余热暖民工程一期（替代城市燃煤锅炉） | | | | | 2464 | | | | | | | 2464 | | | | | | | 2464 | | | |
| CCPP 发电工程项目 | | | | | 30800 | | | | | | 30800 | | | | | | | | 30800 | | | |
| 歪头山主采场扩帮延伸 | | | | | | | | | | | | 12577 | | | | | | | 12577 | | | |
| 一冷轧改造工程 | | | | | | | | 1566 | | | | | | | | | | | 1566 | | | |
| 发电厂三电车间热电联产改造项目 | | | | | 5494 | | | 5494 | | | | | | | | | | | 5494 | | | |
| 北营建设年产 60 万吨优质线材生产线 | | | | | | | | 515 | | | | | | | | | | | 515 | | | |
| 1700 热轧完善改造 | | | | | | | | | | 10188 | | | | | | | | | 10188 | | | |
| 特钢轧机改造 | | | | | | | | | | 22417 | | | | | | | | | 22417 | | | |
| 炼钢厂 8 号铸机工程 | | | | | | | 18023 | | | | | | | | | | | | 18023 | | | |
| 北营能源总厂新建 3．5Nm$^3$/h 制氧机 | | | | | 11591 | | | | | | | 11591 | | | | | | | 11591 | | | |
| 能源管控中心 | | | | | 2630 | | | | 2630 | | | | | | | | | | 2630 | | | |
| 4 号~6 号转炉环保改造 | | | | | | | | | | | 12770 | | | | | | | | 12770 | | | |
| 6 号高炉环保改造 | | | | | | | | | | | 3403 | | | | | | | | 3403 | | | |

# 固定资产投资完成情况一览表

续表（三）

| 项目名称 | 本年完成投资合计 | | | | | 其中： | | | | | | | 本年新增固定资产 | 本年固定资产投资实际到位资金 | | | | | | | 房屋面积/米$^2$ | |
|---|---|---|---|---|---|---|---|---|---|---|---|---|---|---|---|---|---|---|---|---|---|---|
| | 按投资方向分 | | | | | | | | | | | | | | | | | | | | | |
| | 焦化 | 耐火 | 炭素 | 金属制品 | 其他 | 增加产能 | 增加新产品 | 改进工艺 | 节约能源（材料） | 提高产品质量 | 保护环境 | 其他 | | 上年末结余资金 | 国家预算资金 | 国内贷款 | 债券 | 利用外资 | 自筹资金 | 其他资金来源 | 施工面积 | 竣工面积 |
| 甲 | 22 | 23 | 24 | 25 | 26 | 27 | 28 | 29 | 30 | 31 | 32 | 33 | 34 | 35 | 36 | 37 | 38 | 39 | 40 | 41 | 42 | 43 |
| 北营钢渣处理环保改造及资源综合利用 | | | | | | | | | | | 1462 | | | | | | | | 1462 | | | |
| 炼铁厂烧结环冷系统设备升级改造 | | | | | | | | | | 19410 | | | | | | | | | 19410 | | | |
| 炼铁厂热风炉系统设备升级改造 | | | | | | | | | | 15578 | | | | | | | | | 15578 | | | |
| 能源总厂中水深度处理回用 | | | | | 136 | | | | | | 136 | | | | | | | | 136 | | | |
| 北营新 1 号高炉及 300 平烧结机节能环保改造 | | | | | | | | | 9432 | | | | | | | | | | 9432 | | | |
| 北营焦化厂一区、三区提效改造 | 9742 | | | | | | | 9742 | | | | | | | | | | | 9742 | | | |
| 北营炼钢二区生产提效改造 | | | | | | | | 13778 | | | | | | | | | | | 13778 | | | |
| 歪矿排土场加高 | | | | | | | | | | | | 2162 | | | | | | | 2162 | | | |
| 焦化厂新增一塔式脱硫 改造 | 878 | | | | | | | | | | 878 | | | | | | | | 878 | | | 5316 |
| 钢渣处理环保改造及资源综合利用 | | | | | | | | | | | 538 | | | | | | | | 538 | | | |
| 北营 1780 热轧提质调结构改造工程 | | | | | | | | | | 3430 | | | | | | | | | 3430 | | | |
| 北营焦化厂 3 号焦炉大修改造 | 7157 | | | | | | | 7157 | | | | | | | | | | | 7157 | | | |
| 炼铁厂高炉冶炼系统完善升级改造 | | | | | | | | | | 7822 | | | | | | | | | 7822 | | | |
| 热力公司歪头山地区供暖改造 | | | | | 489 | | | | | | | 489 | | | | | | | 489 | | | |
| 北营矿业公司回转窑改造 | | | | | | | | 1131 | | | | | | | | | | | 1131 | | | |
| 歪头山铁矿小西沟尾矿库二次加高增容 | | | | | | | | | | | | 4010 | | | | | | | 4010 | | | |
| 7 号高炉干法除尘及 TRT 发电节能改造 | | | | | | | | | 2749 | | | | | | | | | | 2749 | | | |
| 本钢南芬主城区燃煤锅炉环保改造工程 | | | | | 3352 | | | | | | 3352 | | | | | | | | 3352 | | | |
| 炸药厂歪头山生产点乳化炸药生产线技术改造工程 | | | | | | | 2866 | | | | | | | | | | | | 2866 | | | |
| 物贸大楼消防安全改造工程 | | | | | 2434 | | | | | | | 2434 | | | | | | | 2434 | | | |
| 本钢生产制造管理整体提升 | | | | | 2394 | | | | | | | 2394 | | | | | | | 2394 | | | |
| 焦化厂 7 号焦炉烟气脱硫脱硝工程 | 4347 | | | | | | | | | | 4347 | | | | | | | | 4347 | | | |
| 工业大数据云平台 | | | | | 2618 | | | | | | | 2618 | | | | | | | 2618 | | | |
| 超薄酸洗线改造 | | | | | | | | | | 2115 | | | | | | | | | 2115 | | | |
| 矿业南芬露天矿 2019—2020 年矿山维简改造 | | | | | | | | | | | | 4860 | | | | | | | 4860 | | | |
| 矿业公司 2018—2019 年国外维简设备购置 | | | | | | | | | | | | 5136 | | | | | | | 5136 | | | |
| 5000 万元以下合计 | 16560 | | | | 33878 | | | 28681 | 9155 | 43719 | 12478 | 30167 | | | | | | | 124200 | | | |

# 主要财务状况表

| 指标名称 | 单位 | 本年 | 2018 年同期 |
|---|---|---|---|
| 一、期末资产 | | | |
| 流动资产合计 | 万元 | 5298891 | 5423246 |
| 固定资产原价 | 万元 | 13303425 | 13546600 |
| 累计折旧 | 万元 | 5492936 | 5528904 |
| 其中：本年折旧 | 万元 | 481893 | 474527 |
| 固定资产净值 | 万元 | 7810490 | 8017697 |
| 资产总计 | 万元 | 15344452 | 15556760 |
| 二、期末负债 | | | |
| 流动负债合计 | 万元 | 10119784 | 10256546 |
| 非流动负债合计 | 万元 | 1033568 | 1079684 |
| 负债合计 | 万元 | 11153352 | 11336231 |
| 三、期末所有者权益 | | | |
| 所有者权益合计 | 万元 | 4191100 | 4220529 |
| 其中：实收资本 | 万元 | 1800772 | 1800772 |
| 国家资本 | 万元 | | |
| 集体资本 | 万元 | | |
| 法人资本 | 万元 | | |
| 个人资本 | 万元 | | |
| 港澳台资本 | 万元 | | |
| 外商资本 | 万元 | | |
| 四、损益及分配 | | | |
| 营业收入 | 万元 | 6128638 | 6336604 |
| 其中：主营业务收入 | 万元 | 6043470 | 6025422 |
| 营业成本 | 万元 | 5204973 | 5373316 |
| 其中：主营业务成本 | 万元 | 5137644 | 5106865 |

# 主要财务状况表

续表（一）

| 指标名称 | 单位 | 本年 | 2018 年同期 |
|---|---|---|---|
| 税金及附加 | 万元 | 85689 | 93301 |
| 其中：主营业务税金及附加 | 万元 | 85689 | 93301 |
| 其他业务利润 | 万元 | 17836 | 44732 |
| 销售费用 | 万元 | 124706 | 136261 |
| 管理费用 | 万元 | 325215 | 327900 |
| 财务费用 | 万元 | 401876 | 520203 |
| 投资收益（损失记“-”） | 万元 | 2410 | 77652 |
| 营业利润 | 万元 | 24412 | 19969 |
| 营业外收入 | 万元 | 25728 | 41834 |
| 营业外支出 | 万元 | 19675 | 19135 |
| 利润总额 | 万元 | 30465 | 42669 |
| 所得税费用 | 万元 | 7315 | 5397 |
| 五、增值税 | | | |
| 应交增值税 | 万元 | 201149 | 192867 |
| 六、产值资料 | | | |
| 工业总产值（当年价格） | 万元 | 5752194 | 6229110 |
| 工业销售产值（当年价格） | 万元 | 5757032 | 6220395 |

# 产品销售利润构成

| 指标名称 | 销售量/吨 | 销售收入/万元 | 销售成本/万元 | 销售费用/万元 | 销售税金及附加/万元 | 销售利润/万元 |
|---|---|---|---|---|---|---|
| 铁矿石成品矿 | | | | | | |
| 其中：铁精矿 | | | | | | |
| 烧结铁矿 | | | | | | |
| 球团铁矿 | | | | | | |
| 生铁 | | | | | | |
| 直接还原铁 | | | | | | |
| 粗钢产品 | | | | | | |
| 其中：连铸坯 | | | | | | |
| 钢材 | 16006155 | 5511046 | 4621653 | 126542 | 45034 | 717817 |
| 铁道用钢材 | | | | | | |
| 大型型钢 | | | | | | |
| 中小型型钢 | | | | | | |
| 棒材 | 491572 | 172109 | 173489 | 4255 | 1050 | -6686 |
| 钢筋 | 838893 | 266662 | 238735 | 4243 | 4515 | 19169 |
| 线材（盘条） | 2498220 | 824933 | 700717 | 12636 | 13445 | 98135 |
| 特厚板 | | | | | | |
| 厚板 | | | | | | |
| 中板 | | | | | | |
| 热轧薄板 | | | | | | |
| 冷轧薄板 | 594763 | 210663 | 166321 | 5148 | 1271 | 37923 |
| 中厚宽钢带 | 6709710 | 2192050 | 1728784 | 58079 | 14339 | 390849 |
| 热轧薄宽钢带 | | | | | | |
| 冷轧薄宽钢带 | 3067785 | 1116106 | 980368 | 26555 | 6556 | 102627 |
| 热轧窄钢带 | | | | | | |
| 冷轧窄钢带 | | | | | | |

# 产品销售利润构成

续表（一）

| 指标名称 | 销售量/吨 | 销售收入/万元 | 销售成本/万元 | 销售费用/万元 | 销售税金及附加/万元 | 销售利润/万元 |
|---|---|---|---|---|---|---|
| 镀层板（带） | 1740396 | 702799 | 607229 | 15065 | 3719 | 76786 |
| 涂层板（带） | | | | | | |
| 电工钢板（带） | 64816 | 25723 | 26009 | 561 | 139 | -986 |
| 无缝钢管 | | | | | | |
| 焊接钢管 | | | | | | |
| 其他钢材 | | | | | | |
| 钢丝 | | | | | | |
| 钢丝绳 | | | | | | |
| 钢绞线 | | | | | | |
| 铁合金产品 | | | | | | |
| 焦炭 | 22388 | 996 | 937 | 21 | 5 | 33 |
| 炭素制品 | | | | | | |
| 耐火材料制品 | | | | | | |

# 劳动工资情况

| 指标名称 | 计量单位 | 代码 | 本年 | | 2018年同期 | |
|---|---|---|---|---|---|---|
| | | | 全部人员 | 主业人员 | 全部人员 | 主业人员 |
| 一、从业人员年末人数 | 人 | 1 | 62443 | 33114 | 66038 | 37620 |
| 其中：女性 | 人 | 2 | 7815 | 4125 | 10135 | 4944 |
| 其中：非全日制 | 人 | 3 | | | | 0 |
| （一）在岗职工 | 人 | 4 | 62443 | 33114 | 66038 | 37620 |
| （二）劳务派遣人员 | 人 | 5 | | | | 0 |
| （三）其他从业人员 | 人 | 6 | | | | 0 |
| 二、离开本单位仍保留劳动关系的职工年末人数 | 人 | 7 | 3417 | 438 | 4015 | 1175 |
| 三、单位从业人员年平均人数 | 人 | 8 | 62936 | 33714 | 66876 | 38650 |
| （一）在岗职工 | 人 | 9 | 62936 | 33714 | 66876 | 38650 |
| （二）劳务派遣人员 | | 10 | | | | 0 |
| （三）其他从业人员 | 人 | 11 | | | | 0 |
| 四、离开本单位仍保留劳动关系的职工年平均人数 | 人 | 12 | 3629 | 437 | 4237 | 1236 |
| 五、从业人员变动情况 | - | - | | | | 0 |
| （一）增加人数 | 人 | 13 | 4591 | 1358 | 5805 | 205 |
| 1. 从农村招收 | 人 | 14 | | | | 0 |
| 2. 从城镇招收 | 人 | 15 | 1566 | 149 | | 0 |
| 3. 录用的退伍军人 | 人 | 16 | 129 | 10 | | 0 |
| 4. 录用的大专、中专、技工学校毕业生 | 人 | 17 | 349 | 111 | 452 | 100 |
| 5. 调入 | 人 | 18 | | | 3 | 0 |
| 其中：由外省、自治区、直辖市调入 | 人 | 19 | | | | 0 |
| 6. 其他 | 人 | 20 | 2547 | 1088 | 5350 | 105 |
| （二）减少人数 | 人 | 21 | 5741 | 2652 | 8597 | 2600 |
| 1. 离休、退休、退职 | 人 | 22 | 2760 | 1296 | 3474 | 1802 |
| 2. 开除、除名、辞退 | 人 | 23 | 68 | 44 | | 0 |

# 劳动工资情况

续表（一）

| 指标名称 | 计量单位 | 代码 | 本年 | | 2018年同期 | |
|---|---|---|---|---|---|---|
| | | | 全部人员 | 主业人员 | 全部人员 | 主业人员 |
| 3. 终止、解除合同 | 人 | 24 | 134 | 70 | 218 | 128 |
| 4. 离开本单位仍保留劳动关系的职工 | 人 | 25 | | | | 0 |
| 5. 死亡 | 人 | 26 | 180 | 92 | 178 | 87 |
| 6. 调出 | 人 | 27 | 1 | 1 | | 0 |
| 其中：调到外省、自治区、直辖市 | 人 | 28 | | | | 0 |
| 7. 其他 | 人 | 29 | 2598 | 1149 | 4727 | 583 |
| 六、从业人员工资总额 | 万元 | 30 | 427844 | 235848 | 411196 | 242896 |
| （一）在岗职工 | 万元 | 31 | 427844 | 235848 | 411196 | 242896 |
| （二）劳务派遣人员 | 万元 | 32 | | | | 0 |
| （三）其他从业人员 | 万元 | 33 | | | | 0 |
| 七、离开本单位仍保留劳动关系的职工生活费 | 万元 | 34 | 7227 | 975 | 8807 | 2221 |

# 公有经济企业专业技术人才基本情况

| 项目 | | 序号 | 合计 | 女 | 少数民族 | 中共党员 | 博士 | 硕士 | 港澳台及外籍人士 | 学历：研究生 | 学历：大学本科 | 学历：大学专科 | 学历：中专 | 学历：高中及以下 | 年龄：35岁及以下 | 年龄：36岁至40岁 | 年龄：41岁至45岁 | 年龄：46岁至50岁 | 年龄：51岁至54岁 | 年龄：55岁及以上 | 专业技术职务：高级 | 专业技术职务：正高级 | 专业技术职务：中级 | 专业技术职务：初级 |
|---|---|---|---|---|---|---|---|---|---|---|---|---|---|---|---|---|---|---|---|---|---|---|---|---|
| 甲 | | 乙 | 1 | 2 | 3 | 4 | 5 | 6 | 7 | 8 | 9 | 10 | 11 | 12 | 13 | 14 | 15 | 16 | 17 | 18 | 19 | 20 | 21 | 22 |
| 总　计 | | 1 | 9128 | 2573 | 1439 | 6665 | 20 | 731 | | 751 | 5205 | 2867 | 239 | 66 | 1294 | 1484 | 1665 | 2107 | 1703 | 875 | 1552 | 52 | 4637 | 2939 |
| 其中：在管理岗位工作的 | | 2 | 5699 | 1745 | 894 | 4658 | 11 | 496 | | 507 | 3148 | 1871 | 145 | 28 | 461 | 823 | 1144 | 1463 | 1189 | 619 | 1034 | 39 | 2916 | 1749 |
| 专业技术职务 | 高级职务 | 3 | 1552 | 556 | 243 | 1283 | 14 | 368 | | 382 | 1052 | 114 | 1 | 3 | 35 | 111 | 266 | 492 | 448 | 200 | 1552 | 52 | | 0 |
| | 其中：正高级职务 | 4 | 52 | 8 | 4 | 46 | 10 | 23 | | 33 | 19 | | | 0 | | 1 | 6 | 13 | 17 | 15 | 52 | 52 | | 0 |
| | 中级职务 | 5 | 4637 | 1336 | 694 | 3528 | 1 | 290 | | 291 | 2765 | 1527 | 40 | 14 | 445 | 875 | 936 | 1097 | 890 | 394 | | | 4637 | 0 |
| | 初级职务 | 6 | 2939 | 681 | 502 | 1854 | 5 | 73 | 0 | 78 | 1388 | 1226 | 198 | 49 | 814 | 498 | 463 | 518 | 365 | 281 | 0 | 0 | 0 | 2939 |
| | 未聘任专业技术职务 | 7 | | | | | | | | 0 | | | | 0 | | | | | | 0 | | | | 0 |
| 专业类别 | 工程技术人员 | 8 | 6423 | 1167 | 1025 | 4571 | 20 | 540 | 0 | 560 | 3666 | 1971 | 180 | 46 | 1104 | 1152 | 1093 | 1407 | 1104 | 563 | 983 | 46 | 3242 | 2198 |
| | 农业技术人员 | 9 | | | | | | | | 0 | | | | 0 | | | | | | 0 | | | | 0 |
| | 科学研究人员 | 10 | | | | | | | | 0 | | | | 0 | | | | | | 0 | | | | 0 |
| | 卫生技术人员 | 11 | 47 | 33 | 19 | 13 | | 1 | | 1 | 5 | 21 | 20 | 0 | 2 | | 5 | 28 | 7 | 5 | 3 | | 29 | 15 |
| | 教学人员 | 12 | 345 | 231 | 61 | 225 | | 29 | | 29 | 206 | 93 | 13 | 4 | 14 | 57 | 62 | 72 | 114 | 26 | 116 | 1 | 173 | 56 |
| | 经济人员 | 13 | 736 | 331 | 99 | 607 | | 62 | | 62 | 404 | 260 | 7 | 3 | 55 | 77 | 170 | 189 | 146 | 99 | 105 | | 457 | 174 |
| | 会计人员 | 14 | 633 | 416 | 103 | 412 | | 25 | | 25 | 397 | 194 | 13 | 4 | 65 | 94 | 145 | 169 | 113 | 47 | 155 | | 231 | 247 |
| | 统计人员 | 15 | 65 | 49 | 8 | 43 | | 1 | | 1 | 26 | 35 | 3 | 0 | 1 | 4 | 8 | 14 | 27 | 11 | 6 | | 33 | 26 |
| | 翻译人员 | 16 | 26 | 21 | 5 | 12 | | 1 | | 1 | 24 | 1 | | 0 | 10 | 4 | 6 | 4 | 2 | 0 | 6 | 3 | 5 | 15 |
| | 图书档案、文博人员 | 17 | 59 | 53 | 7 | 37 | | 2 | | 2 | 28 | 28 | 1 | 0 | 1 | 4 | 15 | 21 | 16 | 2 | 7 | | 47 | 5 |
| | 新闻、出版人员 | 18 | 67 | 34 | 9 | 56 | | 1 | | 1 | 56 | 10 | | 0 | 16 | 11 | 11 | 12 | 12 | 5 | 7 | 2 | 41 | 19 |
| | 律师、公证人员 | 19 | 9 | 2 | 1 | 6 | | | | 0 | 8 | 1 | | 0 | | 3 | | 2 | 3 | 1 | | | 8 | 1 |
| | 播音人员 | 20 | | | | | | | | 0 | | | | 0 | | | | | | 0 | | | | 0 |
| | 工艺美术人员 | 21 | 5 | 3 | | | | | | 0 | 3 | 2 | | 0 | 3 | | | 1 | 1 | 0 | 1 | | 1 | 3 |
| | 体育人员 | 22 | | | | | | | | 0 | | | | 0 | | | | | | 0 | | | | 0 |
| | 艺术人员 | 23 | 6 | 2 | 1 | 1 | | | | 0 | 1 | | | 5 | | | 1 | | 2 | 3 | | | 6 | 0 |
| | 政工人员 | 24 | 707 | 231 | 101 | 682 | | 69 | | 69 | 381 | 251 | 2 | 4 | 23 | 78 | 149 | 188 | 156 | 113 | 163 | | 364 | 180 |

# 中国钢铁工业协会重点统计钢铁企业排名

（万吨）

| 粗钢 | | | 生铁 | | | 钢材 | | |
|---|---|---|---|---|---|---|---|---|
| 单位 | 产量 | 名次 | 单位 | 产量 | 名次 | 单位 | 产量 | 名次 |
| 宝武集团 | 9547.27 | 1 | 宝武集团 | 8761.80 | 1 | 宝武集团 | 9143.98 | 1 |
| 河北钢铁集团 | 4465.93 | 2 | 河北钢铁集团 | 4101.02 | 2 | 河北钢铁集团 | 4173.35 | 2 |
| 沙钢集团 | 4110.19 | 3 | 鞍钢集团 | 3676.31 | 3 | 沙钢集团 | 4052.21 | 3 |
| 鞍钢集团 | 3920.44 | 4 | 沙钢集团 | 3324.68 | 4 | 鞍钢集团 | 3657.30 | 4 |
| 北京建龙重工集团 | 3118.50 | 5 | 北京建龙重工集团 | 2842.34 | 5 | 首钢集团 | 2813.12 | 5 |
| 首钢集团 | 2934.32 | 6 | 首钢集团 | 2668.20 | 6 | 山东钢铁集团 | 2666.74 | 6 |
| 山东钢铁集团 | 2757.68 | 7 | 山东钢铁集团 | 2617.35 | 7 | 北京建龙重工集团 | 2604.92 | 7 |
| 华菱钢铁集团 | 2430.82 | 8 | 华菱钢铁集团 | 1989.72 | 8 | 华菱钢铁集团 | 2287.84 | 8 |
| 本钢集团 | 1617.47 | 9 | 本钢集团 | 1589.99 | 9 | 本钢集团 | 1583.87 | 9 |
| 方大钢铁集团 | 1565.91 | 10 | 包钢集团 | 1481.26 | 10 | 方大钢铁集团 | 1571.15 | 10 |
| 包钢集团 | 1546.37 | 11 | 日照钢铁集团 | 1329.02 | 11 | 包钢集团 | 1450.09 | 11 |
| 日照钢铁集团 | 1420.39 | 12 | 方大钢铁集团 | 1302.39 | 12 | 日照钢铁集团 | 1386.80 | 12 |

栏目编辑　　邹丽颖

本钢年鉴 2020



本钢集团

# 人事与机构

# 2019年本钢集团组织机构图

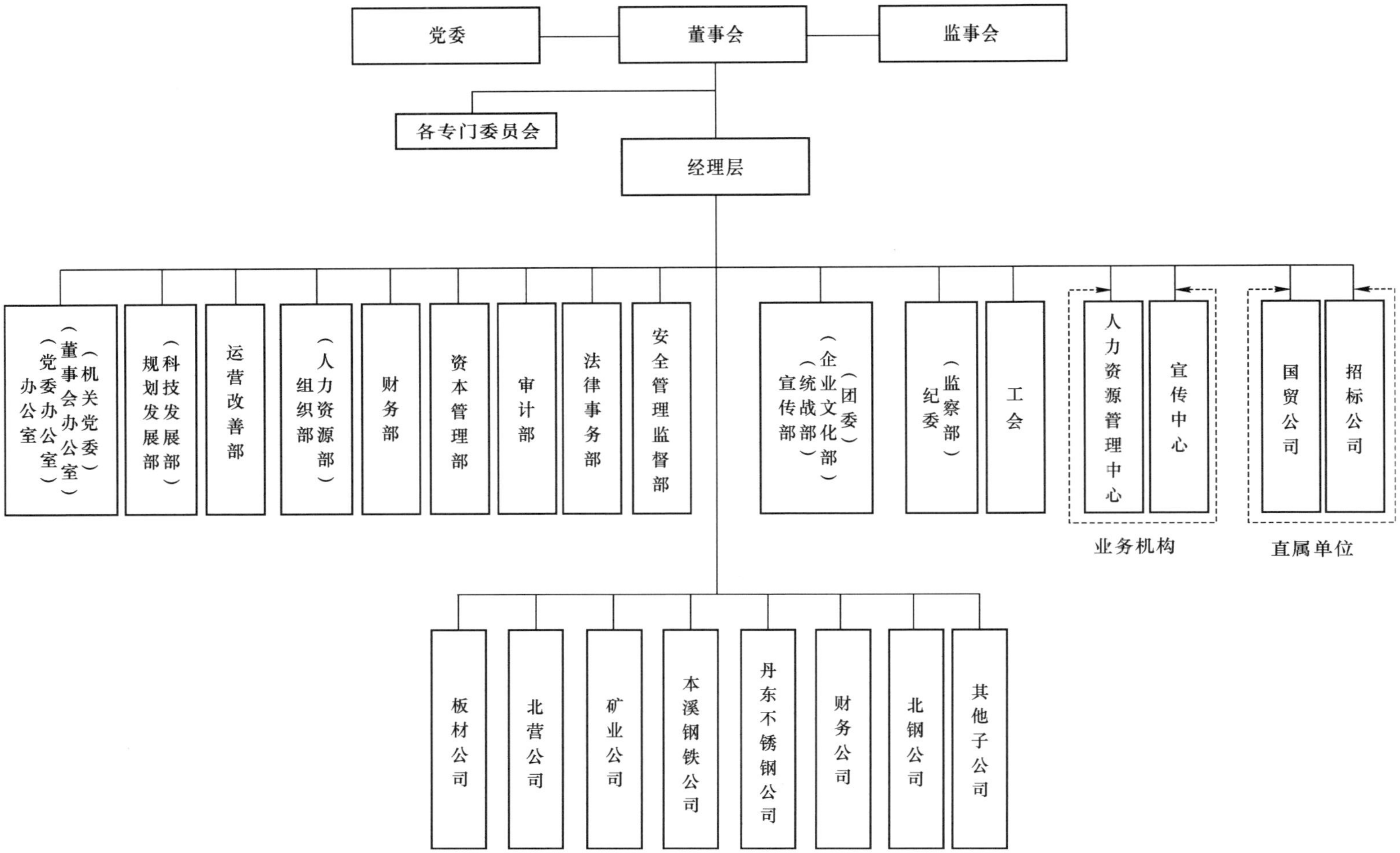

# 2019年本溪钢铁公司组织机构图

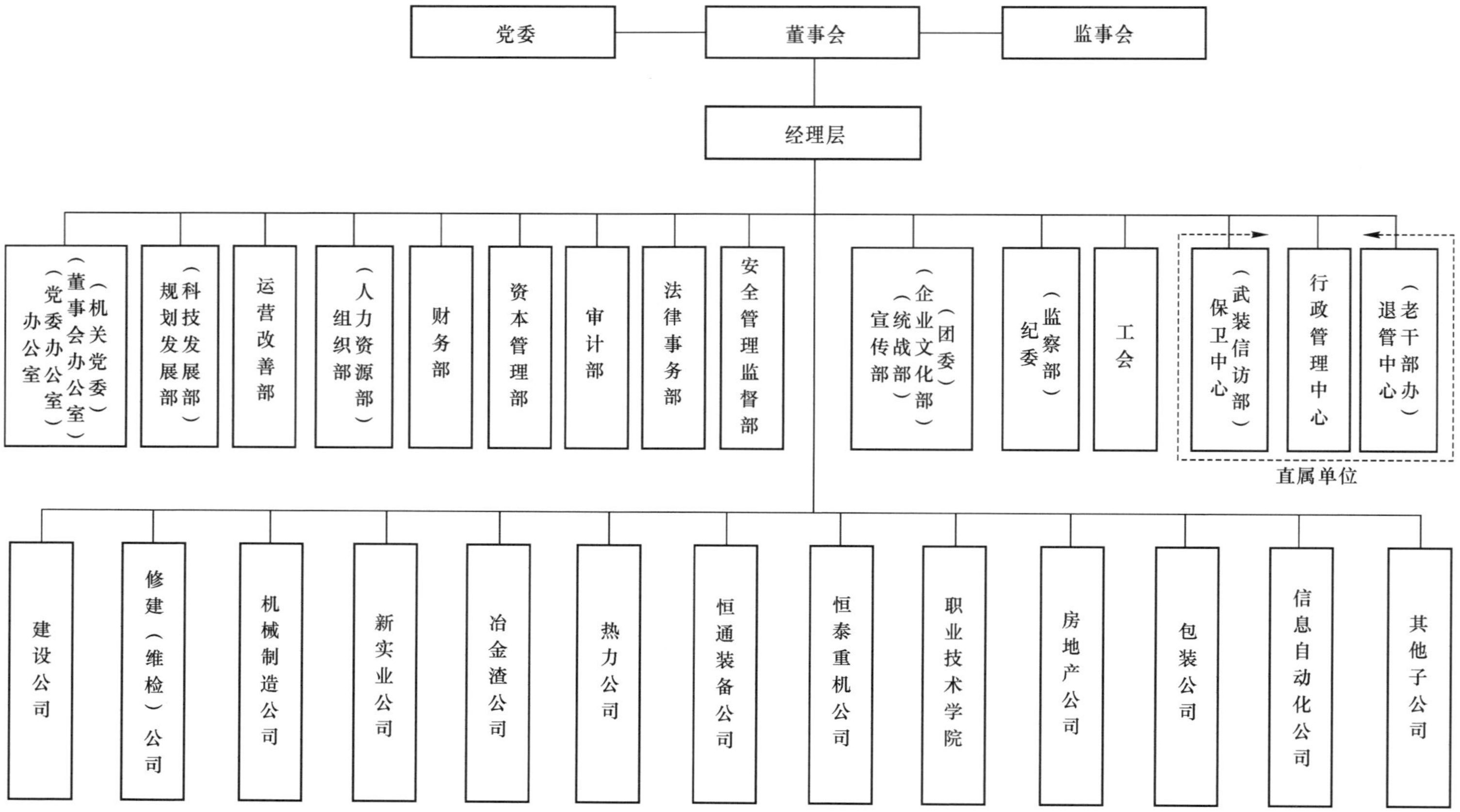


说明：本溪钢铁公司与集团公司一体化运作，职能部门实行“一套班子，两块牌子”。

# 2019年板材公司组织机构图

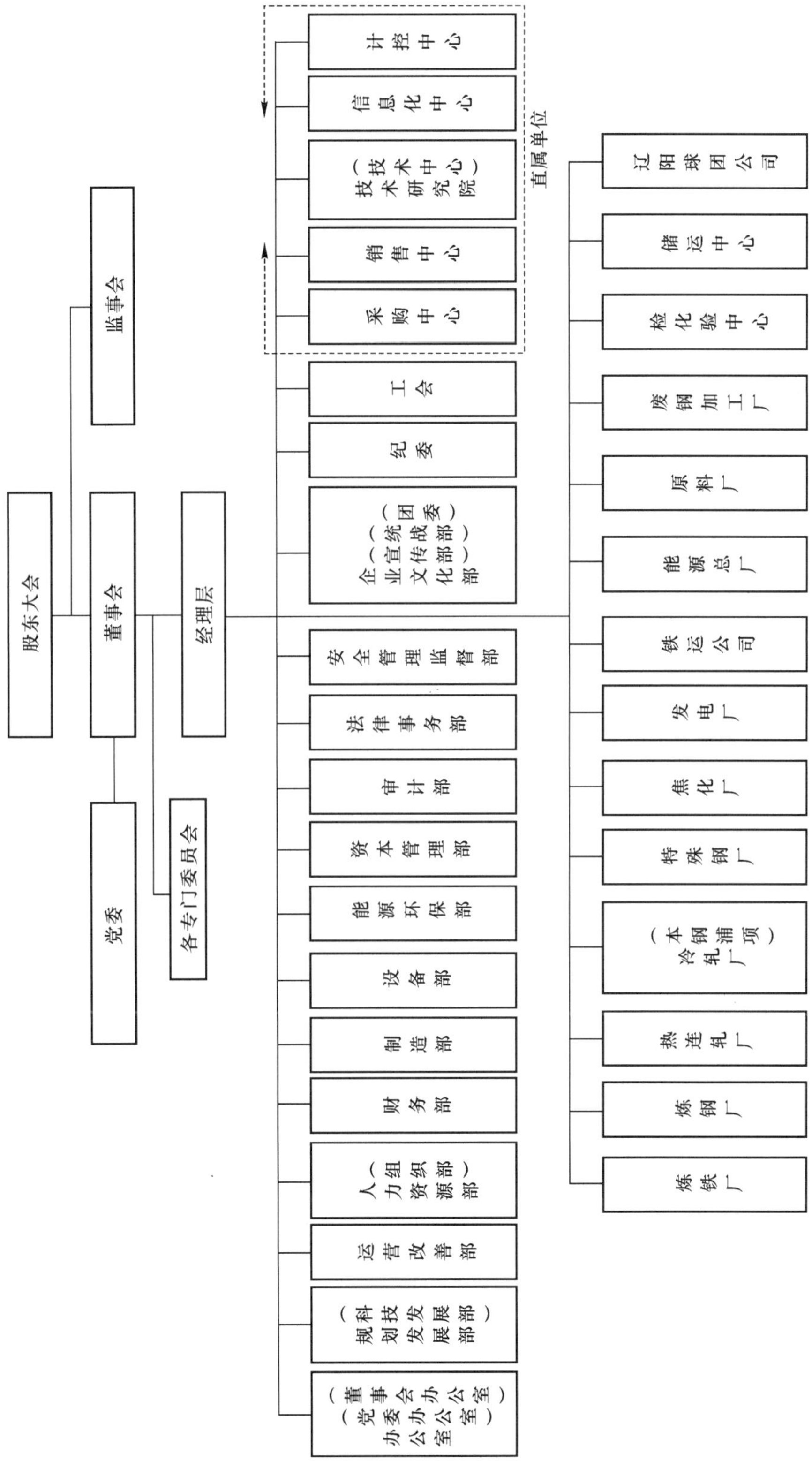


（运营改善部　供）

# 2019 年本钢集团有限公司机构变动情况

4 月 9 日，为了深入开展“瘦身健体”工作，集团公司研究决定：

（1）将办公室下设的调研室与机关党委工作处整合成立政策研究室（机关党委工作处）。

（2）撤销集团直属单位子公司监事会及其内设职能单元。

（3）将本钢板材计控厂更名为本钢板材计控中心，为本钢板材直属单位，授权行使公司计量管理职能，同时委托本钢板材计控中心对北营计控厂进行统一管理。

（4）技术研究院（技术中心）下设的汽车板研究所、工程结构用钢研究所、家电板研究所、钢轧工艺研究所、长材产品研究所、应用及检测技术研究所、铁焦工艺技术研究所、矿山及资源研究所不设定机构规格。

（5）批复同意北营公司将组织部与人力资源部整合成立组织部（人力资源部）；将设备部与规划工程部整合成立设备部；撤销北营棒线材研究所，将其新产品开发业务划归板材技术研究院，其他业务划归制造部。

（6）批复同意矿业公司将设备部与工程部整合成立设备部；撤销粘土矿，将其业务划归石灰石矿。

（7）将建设公司下设的综合办公室（退管室）、党群工作部、财务部、项目管理部、项目督察部、安全管理监督部 6 个部门由厂矿层级调整为按作业区层级管理。

（8）将修建（维检）公司下设的综合办公室、经营计划部、工程检修部、资材管理部、安全管理部、党群工作部、市场开发部 7 个职能部门由厂矿层级调整为按作业区级管理。

（9）将机械制造公司下设的综合办公室、经营技术部、销售部、采购部、党群工作（人力资源）部、财务部 6 个职能部门由厂矿层级调整为按作业区级管理。

（10）辽宁恒汇商业保理有限公司不设定机构规格。

4 月 19 日，经集团公司研究决定，撤销经济信息职能单元，业务划归本钢板材销售中心。

7 月 1 日，为本钢集团更好地开展对外交流与合作，经集团公司研究决定，组织部（人力资源部）下设外事管理办公室。

10 月 22 日，为完善创新管理手段和运行模式，经集团公司研究决定，财务部对标管理业务划归运营改善部，撤销财务部对标管理职能单元，运营改善部增设对标办公室。

（运营改善部　供）

# 领导干部一览表

## 本钢集团有限公司（董事会、党委会、监事会、经理层）

| | | |
|---|---|---|
| 1 | 董事会 | 董 事 长：陈继壮<br>副董事长：汪 澍<br>董 事：赵忠民 杨成广 曹爱民<br>董事会秘书：申 强 |
| 2 | 党委会 | 党委书记：陈继壮<br>党委副书记：汪 澍 赵忠民<br>工会主席：张彦宾<br>纪委书记：陈 铁<br>党委常委：杨成广 曹爱民 陈 铁 高 烈 张贵玉 张彦宾 唐朝盛 |
| 3 | 监事会 | 主 席：张连义<br>监 事：郑东林 崔 贺 王 勇 陶玉民 |
| 4 | 经理层 | 总 经 理：汪 澍<br>副总经理：杨成广 陈 铁 高 烈 张 鹏 张贵玉<br>总工程师：张贵玉<br>总会计师：曹爱民 |

# 本钢集团有限公司（部门）

| | | |
|---|---|---|
| 1 | 总经理助理 | 唐朝盛　奈作鑫　邵剑超　申　强　卫传文 |
| | 副总经济师 | 苑兴垚　周　辉 |
| | 副总工程师 | 戴法贞　孙东升　王凤民　包明伟　韩永德　谭洪柱　蒋光炜 |
| | 首席信息官 | 邵剑超 |
| 2 | 办公室 | 主　　任：孙　震<br>副 主 任：陈　军　那　丽 |
| 3 | 规划发展部<br>（科技发展部） | 部　　长：包明伟<br>副 部 长：栾吉德　王忠东　刘宇方　朱洪波　宋　舒 |
| 4 | 运营改善部 | 部　　长：苑兴垚<br>副 部 长：郭永权　范洪彬　刘慧玉 |
| 5 | 组织部<br>（人力资源部） | 部　　长：申　强<br>副 部 长：张凤臣　何　瑛 |
| 6 | 财务部 | 部　　长：黄兴华<br>副 部 长：左占国　瞿宏伟 |
| 7 | 资本管理部 | 部　　长：马海滨<br>副 部 长：冯艳玲　闻　伟 |
| 8 | 审计部 | 部　　长：韩　梅<br>副 部 长：李晓炜 |
| 9 | 法律事务部 | 部　　长：康　杰<br>副 部 长：侯学亮　闫洪彬 |
| 10 | 安全管理监督部 | 部　　长：吴忠刚<br>副 部 长：刘　锐　冯朝晖　张国强 |
| 11 | 宣传部（企业文化部、统战部、团委） | 部　　长：钱振德<br>副 部 长：石晓姝 |
| 12 | 工　会 | 主　　席：张彦宾<br>副 主 席：陶玉民　王晓明 |
| 13 | 纪委（监察部） | 纪 委 书 记：陈　铁<br>纪委副书记：<br>监察部部长：牛　力 |
| 14 | 党委巡察工作领导小组办公室 | 主　　任：牛　力<br>副 主 任：王　丹 |

## 本钢集团有限公司（业务机构）

| | | |
|---|---|---|
| 1 | 人力资源管理中心 | 主　任：　郭银辉<br>副主任：　程　刚 |
| 2 | 宣传中心 | 主　任：　李洪武<br>副主任：　王魁璞　孙亚男 |

## 本钢集团有限公司（直属单位）

| | | |
|---|---|---|
| 1 | 国贸公司 | 党委书记、董事长兼工会主席：　李明伟<br>经　　理：　张永帅<br>副 经 理：　谭　宏　李忠诚　费济溪　石玉海　赵文军 |
| 2 | 招标公司 | 经　　理：　白宇飞<br>副 经 理：　刘宏宇　李云峰 |

## 板材公司（董事会、党委会、监事会、经理层）

| | | |
|---|---|---|
| 1 | 董事会 | 董 事 长：　高　烈<br>副董事长：　曹爱民<br>董　　事：　申　强　黄兴华<br>董事会秘书：　高德胜 |
| 2 | 党委会 | 党委书记：　高　烈<br>党委委员：　曹爱民 |
| 3 | 监事会 | 主　　席：　韩　梅<br>监　　事：　李晓炜 |
| 4 | 经理层 | 总 经 理：　申　强<br>副总经理：　王凤民　包明伟　霍　刚 |

## 北营公司（董事会、党委会、经理层）

| | | |
|---|---|---|
| 1 | 董事会 | 董 事 长：陈　新<br>副董事长：王长波<br>董　　事：刘章满 |
| 2 | 党委会 | 党委书记：陈　新<br>工会主席：张建军 |
| 3 | 经理层 | 总 经 理：王长波<br>副总经理：唐耀武　刘章满　王加雁<br>总工程师：唐耀武<br>总会计师：王东晖 |

## 矿业公司（董事会、党委会、经理层）

| | | |
|---|---|---|
| 1 | 董事会 | 董 事 长：赵铁林<br>董　　事：王少宇　李　彬 |
| 2 | 党委会 | 党委书记：赵铁林<br>工会主席：丁桂森 |
| 3 | 经理层 | 总 经 理：李　彬<br>副总经理：许志中　毛卫东<br>总会计师：王少宇 |

## 本溪钢铁公司（董事会、党委会、监事会、经理层）

| | | |
|---|---|---|
| 1 | 董事会 | 董 事 长：杨成广<br>董　　事：张　鹏　黄兴华　陶玉民<br>董事会秘书：秦大伟 |
| 2 | 党委会 | 党委书记：杨成广<br>工会主席：陶玉民<br>纪委书记：牛　力 |
| 3 | 监事会 | 主　　席：李乃明 |
| 4 | 经理层 | 总 经 理：张　鹏<br>副总经理：孙东升 |

## 北钢公司（董事会、党委会、经理层）

| | | |
|---|---|---|
| 1 | 董事会 | 董 事 长：奈作鑫<br>副董事长：马忠岩<br>董　　事：张世明　赵英军 |
| 2 | 党委会 | 党委书记：奈作鑫<br>工会主席：<br>纪委书记：赵英军 |
| 3 | 经理层 | 总 经 理：马忠岩<br>副总经理：张东为　张世明 |

## 财务公司（董事会、监事会、经理层）

| | | |
|---|---|---|
| 1 | 董事会 | 董 事 长：曹爱民<br>董　　事：李永全　韩　梅　季国峰　瞿宏伟 |
| 2 | 监事会 | 监　　事：李晓炜　王英婵　刘林峰 |
| 3 | 经理层 | 总 经 理：季国峰<br>副总经理：罗　震　王长伟 |

## 恒亿公司（董事会、经理层）

| | | |
|---|---|---|
| 1 | 董事会 | 董事长：李永全 |
| 2 | 经理层 | 经　理：季国峰<br>副经理：关文辉　徐　强 |

## 恒汇公司（董事会、监事会、经理层）

| | | |
|---|---|---|
| 1 | 董事会 | 执行董事：　王长伟 |
| 2 | 监事会 | 监　　事：　李晓炜 |
| 3 | 经理层 | 总 经 理：　王长伟 |

## 恒基公司（董事会、监事会、经理层）

| | | |
|---|---|---|
| 1 | 董事会 | 董 事 长：　闻　伟<br>董　　事：　郭晓刚　张其明<br>董事会秘书：　郭晓刚 |
| 2 | 监事会 | 副 主 席：　冯艳玲<br>兼职监事：　东　风 |
| 3 | 经理层 | 经　　理：　张其明<br>副 经 理：　郭晓刚 |

（组织部　供）

# 第十三届全国人民代表大会代表

陈继壮

# 辽宁省第十三届人民代表大会代表

汪　澍　罗佳全　赵　迪

# 本溪市第十六届人民代表大会代表

| | | | | | | |
|---|---|---|---|---|---|---|
| 陈继壮 | 曹爱民 | 杨成广 | 陈　新 | 赵铁林 | 程　斌 | 邓　锐 |
| 李鸿友 | 单　斌 | 王继伟 | 田　姝 | 蔡宏军 | 陈正林 | 王大为 |
| 万秀丽 | 宋万喜 | 侯　阳 | 胡文龙 | 焦秀华 | 刘天忠 | 张宇虹 |
| 何文元 | | | | | | |

（组织部　供）

# 中国人民政治协商会议<br>辽宁省第十二届委员会常委、委员

| | |
|---|---|
| 常务委员 | 陈继壮 |
| 委　　员 | 郭永全 |

# 中国人民政治协商会议<br>本溪市第十三届委员会常委、委员

| | | | | | | |
|---|---|---|---|---|---|---|
| 常务委员 | 钱振德 | 郭永全 | 张万志 | 赵兴涛 | 刘惠生 | |
| 委　　员 | 卫传文 | 张凤臣 | 李明伟 | 李　彬 | 王立仁 | 高延伟 |
| | 宋　涛 | 关永久 | 宁玉涛 | 王　克 | 唐　微 | 詹宏惟 |
| | 张惠杰 | 陈文奇 | 黄玉成 | 朱元芹 | 刘淑清 | 王大勇 |
| | 徐海涛 | 吕原鑫 | 刘宏亮 | 张维安 | 惠国东 | 奚艳丽 |
| | 于江洋 | 霍雪洁 | 郭　鹏 | 代　琳 | | |

（宣传部　供）

# 2019年晋升高级技术职称人员名单

## 一、正高级

### 工程系列

| | | | |
|---|---|---|---|
| 朱洪波 | 正高级工程师 | 王旭生 | 正高级工程师 |
| 王鲁宁 | 正高级工程师 | 刘　军 | 正高级工程师 |
| 王溪刚 | 正高级工程师 | 吴　刚 | 正高级工程师 |
| 刘志璞 | 正高级工程师 | 邓玉红 | 正高级工程师 |
| 付国龙 | 正高级工程师 | | |

### 高教系列

| | | | | | |
|---|---|---|---|---|---|
| 徐　铁 | 教授 | 付　强 | 教授 | 李淑青 | 教授 |

### 技校系列

| | | | |
|---|---|---|---|
| 曹洪利 | 正高级实习指导教师 | 姬振宇 | 正高级实习指导教师 |

## 二、副高级

### 工程系列

| | | | |
|---|---|---|---|
| 董安龙 | 高级工程师 | 郭万行 | 高级工程师 |
| 张　松 | 高级工程师 | 崔　岚 | 高级工程师 |
| 郭　晶 | 高级工程师 | 王亚东 | 高级工程师 |
| 王亚芬 | 高级工程师 | 王　飞 | 高级工程师 |
| 胡　洋 | 高级工程师 | 徐　勇 | 高级工程师 |
| 隋月斯 | 高级工程师 | 高　嵩 | 高级工程师 |
| 张　楠 | 高级工程师 | 赵　亮 | 高级工程师 |
| 董宝权 | 高级工程师 | 杜洪志 | 高级工程师 |
| 张胜发 | 高级工程师 | 齐　振 | 高级工程师 |
| 侯伟光 | 高级工程师 | 金丙库 | 高级工程师 |

| | | | |
|---|---|---|---|
| 王　刚 | 高级工程师 | 李纯吉 | 高级工程师 |
| 孔令雷 | 高级工程师 | 于海涛 | 高级工程师 |
| 姜艳菲 | 高级工程师 | 刘鸿智 | 高级工程师 |
| 程宏远 | 高级工程师 | 吕宝才 | 高级工程师 |
| 梁莲君 | 高级工程师 | 李国栋 | 高级工程师 |
| 刘晓峰 | 高级工程师 | 王　娜 | 高级工程师 |
| 彭　诚 | 高级工程师 | 李佳良 | 高级工程师 |
| 赵俊锋 | 高级工程师 | 杨瑞君 | 高级工程师 |
| 兰　玲 | 高级工程师 | 钟　英 | 高级工程师 |
| 王　强 | 高级工程师 | 尹成宇 | 高级工程师 |
| 王　辉 | 高级工程师 | 王浩博 | 高级工程师 |
| 姜　赫 | 高级工程师 | 付　华 | 高级工程师 |
| 李月华 | 高级工程师 | 徐金婷 | 高级工程师 |
| 于　丹 | 高级工程师 | 张　军 | 高级工程师 |
| 苑鹏飞 | 高级工程师 | 李振来 | 高级工程师 |
| 田　嘉 | 高级工程师 | 刘鹏原 | 高级工程师 |
| 王　嘉 | 高级工程师 | 孙继敏 | 高级工程师 |
| 姚　元 | 高级工程师 | 蒋守立 | 高级工程师 |
| 姜永丰 | 高级工程师 | 田　巍 | 高级工程师 |
| 郭立合 | 高级工程师 | 果　强 | 高级工程师 |
| 尹洪涛 | 高级工程师 | 皮守立 | 高级工程师 |

## 经济系列

| | | | |
|---|---|---|---|
| 肖　雪 | 高级经济师 | 肖　青 | 高级经济师 |

## 会计系列

| | | | |
|---|---|---|---|
| 贾　勇 | 高级会计师 | 齐　祯 | 高级会计师 |
| 杜　权 | 高级会计师 | 米星会 | 高级会计师 |
| 郑政利 | 高级会计师 | 李晓溪 | 高级会计师 |
| 陈　红 | 高级会计师 | 王　锐 | 高级会计师 |
| 周立国 | 高级会计师 | 王　硕 | 高级会计师 |
| 李玉竹 | 高级会计师 | 李艳菊 | 高级会计师 |
| 徐　东 | 高级会计师 | 李　黎 | 高级会计师 |
| 于　璐 | 高级会计师 | 吴　微 | 高级会计师 |

**高教系列**

| | | | |
|---|---|---|---|
| 高　峰 | 副教授 | 姜永奇 | 副教授 |
| 单秉文 | 副教授 | 袁家君 | 副教授 |
| 韩　辛 | 副教授 | 李雪莲 | 副教授 |
| 李　伟 | 副教授 | 李国彬 | 副教授 |
| 刘成海 | 副教授 | 张春红 | 副教授 |
| 徐　海 | 副教授 | 胡凤霞 | 副教授 |

# 2019 年本钢集团晋升高级技师人员名单

## 板材公司

| | | | | | |
|---|---|---|---|---|---|
| 李　伟 | 高炉运转工 | 于文洋 | 炼钢工 | 王　勇 | 炼钢工 |
| 邢　波 | 钳工 | 杨金华 | 电工 | 富君普 | 电工 |
| 徐殿巍 | 金属轧制工 | 孙　峰 | 金属轧制工 | 唐天博 | 磨工 |
| 叶方军 | 金属轧制工 | 张　永 | 金属轧制工 | 袁　伟 | 电工 |
| 景旺泉 | 电工 | 王　庆 | 炼钢工 | 李家林 | 炼钢工 |
| 刘兴东 | 炼钢工 | 张翔南 | 电工 | 王文良 | 电工 |
| 惠修龙 | 钳工 | 孟广永 | 电工 | 毕海军 | 电工 |
| 谭学彦 | 电工 | | | | |

## 北营公司

| | | | | | |
|---|---|---|---|---|---|
| 孙长久 | 焊工 | 白景刚 | 电工 | 黄长清 | 钳工 |
| 姜应安 | 车工 | 刘正勇 | 钳工 | 宋　平 | 电工 |
| 鹿秀山 | 电工 | 吴立红 | 焊工 | 王景辉 | 汽车维修工 |
| 姜　文 | 汽车维修工 | | | | |

## 矿业公司

| | | | | | |
|---|---|---|---|---|---|
| 夏建卫 | 钳工 | 丁志英 | 钳工 | 黄金龙 | 钳工 |
| 赵东升 | 钳工 | 赵文杰 | 汽车维修工 | 周玉龙 | 电工 |
| 谭乐战 | 电工 | 初玉宏 | 电工 | 吴建斌 | 钳工 |
| 孙　广 | 钳工 | 麻士富 | 钳工 | | |

## 本溪钢铁公司

| | | | | | |
|---|---|---|---|---|---|
| 崔　巍 | 车工 | 姬振宇 | 钳工 | 曹洪利 | 钳工 |
| 张朝贵 | 车工 | 韩庆波 | 车工 | 马　军 | 焊工 |
| 吴隆兴 | 焊工 | 陈向东 | 焊工 | 钱大勇 | 钳工 |
| 田　径 | 钳工 | 王　威 | 钳工 | 刘庆智 | 钳工 |
| 赵宝伟 | 钳工 | 孙　伍 | 钳工 | 张　春 | 钳工 |
| 张成林 | 电工 | 刘铁君 | 电工 | 高　强 | 电工 |
| 赵志刚 | 电工 | 何云龙 | 电工 | 杜　伟 | 电工 |
| 刘　庆 | 电工 | 牛晓明 | 钳工 | | |

（组织部　供）

栏目编辑　　邹丽颖

本钢集团

# 人物与表彰

# 先进人物

## 全国钢铁工业劳动模范

**刘宏亮** 男，1982 年 3 月出生，钢铁冶金专业博士，博士后，现任板材技术研究院汽车板研究所首席工程师，是本钢集团汽车板研发负责人、技术带头人，是中国稀土学会第六届稀土钢专业委员会委员、中国汽车工程学会青年委员会委员、本溪市第十三届政协委员、本溪市第十二届青年联合会副主席。先后完成了 DP780、DP980、热成形钢等 20 余个牌号新产品研发工作。

刘宏亮博士毕业进入本钢博士后工作站工作，独立承担企业项目和辽宁省博士后基金资助项目。完成了从金属材料设计、钢铁材料制备到钢铁材料生产的全链条学习和工作，掌握系统的基础知识，具备完整的科研经历。工作以来先后获得“辽宁省百千万人才工程千层次人才”“本溪市特等劳动模范”“本钢集团劳动模范”“本钢最美青工”“本钢集团优秀青年精英团队”等多项荣誉称号。获得“省部级科技进步二等奖”2 项、“本溪市科技进步一等奖”1 项。发表学术论文 30 余篇，其中 SCI/EI 收录 10 篇，申请专利 5 项。参与编写“十二五国家重点图书”《低成本生产洁净钢的实践》专著 1 部，参与制定国家标准《GB/T 34566—2017 汽车用热冲压钢板及钢带》1 项。编写和制定企业技术条件以及生产工艺要点若干。

刘宏亮主导开发了处于国际领先水平的热成形钢 PHS2000，首次在车身用钢强度领域突破 2000MPa，实现超高强热成形钢全球首发。开发的本钢超高强系列热成形钢产品经专家鉴定处于国际领先水平，为企业新增产值 1.26 亿元。他与高校共同开发设计，先后开展各种实验室试验，设计开发出不经热处理即可满足强度和延伸率目标的工业产品 PHS2000，美国通用、福特等企业正在开展相关认证和评估工作。北汽新能源汽车率先完成评估以及装车碰撞测试，取得优异成绩，该新车型已批量使用本钢 PHS2000 产品，真正意义实现 2000MPa 级热成形钢全球首发。长安汽车、华晨汽车、东风汽车等也均开展了产品评估测试，在新车型设计时将陆续开始使用该新产品，对节能减排具有重要意义，后续将为国家和企业节省大量资源和成本。开发的高品质宽幅厚规格管线钢技术经鉴定处于国际先进水平，已为企业新增产值 1.8 亿元。他带领团队先后利用优化的合金设计、全新的轧制模型以及独创的“相变控制间歇式冷却技术”在本钢实现稳定生产最宽 1750mm、最厚 22mm、X80 钢级管线钢生产技术，随着新管线工程的陆续投产，将为社会节约更多资源，创造出更大的经济利益和社会效益。随着 DP980 研发被列入 2016 年企业重点研发项目，刘宏亮带领团队经过周密的理论计算以及实验室分析与研究，仅用不到 5 个月时间就完成首次工业试制并获成功，产品性能已达到国内先进水平。这也是本钢依靠自己的科研团队开发的最高级先进高强钢产品。

刘宏亮积极参加国内外学术会议，进行学术报告和交流，推荐本钢产品，提升企业形象。2016 年在国际热成形钢会议中对本钢开发的“抗氧化铁皮脱落特征热成形钢”进行宣讲，引起广泛关注。该成果被评为 2016 年国内钢企创新技术之一。作为本钢研究院第一个博士，刘宏亮肩负着指导研究员和建立本钢自己的高强钢研发团队的任务，不遗余力地培养新人，教授团队成员各项科研技能，定期开展各种相关培训，使团队整体素质显著提升。他用自己实际行动诠释着工学博士在企业研发中的引领和带头作用，是践行科技兴国、人才强国的典范。

**张守喜**　男，1966 年 6 月出生，中共党员，机修钳工技师，板材炼铁厂新一号高炉作业区机械点检员。作为该厂新一号高炉作业区的点检员，张守喜常年扎根一线，将理论和实际紧密结合，迅速成长为一名机械工程技术专家，尤其是在高炉液压传动与控制领域有所专长。从来到新一号高炉作业区的那一天起，他就对这座东北地区容积最大的高炉产生了浓厚的兴趣。为了把问题弄懂、吃透，从新一号高炉安装调试到正式投产，几乎每一天他都跟在施工人员和技术专家身旁学习，各种液压设备参数、性能、故障判断、故障应急处理等记满了一本厚厚的笔记本，在很短的时间内，他就对新一号高炉所有液压系统了然于胸。

长期的一线工作，让张守喜养成了善观察、勤动脑、多动手的好习惯，这也为他进行新一号高炉 TMT 液压泥炮国产化改造打下了坚实的基础。该设备是由德国 TMT 公司成套进口，一旦发生故障，将给整个本钢集团生产链条带来严重影响。在厂里和新一号高炉作业区的大力支持下，他着手开始了液压泥炮的国产化改造工作。他从一个螺丝到整台设备，共测量 160 多个零部件，先绘制草图，再用 CAD 制图修改，最后用 3D 动画定稿，仅卡尺就用坏了两套，最终改造成功。

高炉液压设备工作环境恶劣，液压设备及元件劣化速度快，故障频繁。由于系统中各元件和工作液体都是在封闭油路内工作，给液压设备故障诊断维修带来一定困难，甚至导致液压设备较长时间的停机，严重制约着高炉正常生产。针对上述情况，张守喜把高炉液压设备维修作为研究项目，他通过与国外专家交流并查阅大量高炉液压设备工作原理、检修维护资料，在高炉液压设备维修中认真钻研，经过 3 年不断探索研究，发明出一套独特的、行之有效的“张守喜——高炉液压设备维修操作法”，使高炉维修人员能用最简便的技术手段，在最短的时间内准确地找出故障部位和发生故障的原因并加以修理，恢复正常运行，降低维修成本。

张守喜扎根一线 30 年，曾经连续三次夺得板材炼铁厂职工技能大赛机械点检工种比赛第一名；2016 年和 2017 年连续两年获得本钢集团公司“劳动模范”荣誉称号；2016 年获得辽宁省“十大创新能手”殊荣；2017 年由他主导的科技成果“本钢新一号 $4747m^3$ 高炉 TMT 液压泥炮国产化改造项目”荣获“冶金科学技术奖”三等奖，2018 年该项目在中华全国总工会、科学技术部、工业和信息化部、人力资源和社会保障部联合开展的第五届全国职工优秀技术创新成果交流活动中获得二等奖。张守喜在技术上刻苦钻研、精益求精，主动承担攻关课题，努力攻克高炉设备运行维护及检修中的重大科技难关，在技术方面取得了累累硕果。2012 年撰写了《本钢新一号高炉移盖机和开铁口机改造实践》，获辽宁省自然科学学术成果一等奖；2013 年撰写了《本钢 4747m$^3$ 高炉 TMT 液压泥炮国产化改造与应用》，获辽宁省自然科学学术成果二等奖；2014 年撰写了《电液比例技术在本钢 4747m$^3$ 高炉液压泥炮控制系统中的应用实践》，获辽宁省自然科学学术成果三等奖；2014 年撰写了《FED 型净油机在本钢 4747m$^3$ 高炉液压系统的应用》，获本溪市金属学会、本钢科学技术协会三等奖。

2017 年创立本钢集团公司“张守喜劳模创新工作室”，围绕本单位工作重点，以技术科研攻关为主项，解决炼铁厂问题 30 余项，其中有 10 项获得国家实用新型专利，8 项发明专利进入实审阶段。在科技成果引进、转化、消化吸收及再创新的工作中，取得了丰硕成果。其中，本钢 4747m$^3$ 高炉 TMT 液压泥炮国产化改造项目，为企业创造经济效益 5000 余万元，并通过制造商在全国钢铁行业推广应用。

# 辽宁省五一劳动奖章获得者

**庄和喜** 男，1973 年 6 月出生，汉族，中共党员，大专学历，现任北营公司炼铁厂高炉作业区作业长。2016 年度获本溪市“劳动模范”荣誉称号。

自 1990 年入厂以来，庄和喜在工作中严格要求自己，把自己看成是一个组织者，把员工当成真正的英雄。他总是说：自己是员工前进的镜子和影子，要他人做到，自己先做到。2016 年 1 月，北营公司炼铁厂 9 号、10 号、11 号高炉开始陆续复产。从扒料方案、开炉方案制订及实施、开炉时间节点安排到各类安全措施的落实，事无巨细，亲力亲为，甚至高炉扒料使用的吊盘、防护网的安全性他都要反复论证，确保高炉复产工作的绝对安全。开炉后，他精心组织、严格操作，每天都在现场掌握高炉顺行状况，及时调整，3 座高炉相继顺利投产并均在一周时间内实现日产 1800 吨的达产达效任务目标。

2018 年，高炉作业区的 3 座高炉在原燃料条件波动频繁的不利情况下，仍然实现稳产高产和长期稳定顺行，3 座高炉平均日产实现 1850 吨/日，燃料比 545kg/tfe 以下，各项主要经济技术指标进入国内先进行列，为企业创造了巨大的经济效益。

**黄金龙** 男，1973 年 3 月出生，汉族，中共党员，大专学历，机修钳工高级技师，现任矿业歪头山铁矿采矿作业区检修区域主管。2014 年以来多次被评为本钢集团有限公司优秀共产党员标兵、劳动模范，2018 年获本溪市五一劳动奖章。

黄金龙同志坚持以“安全高效、精检细修、质量第一、日事日毕”16 个字方针作为自己的工作准则。不忘初心、牢记使命、心系设备。检修工程施工时，亲自勘查现场、设计维修方案；设备定修、故障抢修中在确保安全的前提下，用最短的时间保质保量地完成各项检维修任务。在班组管理上，黄金龙同志做到“公开、公平、公正、透明”，职工考勤、奖金分配、工时考核等全部装订成册统一上墙，使之一目了然。通过他的积极工作与努力，全区域温馨和谐向上，同志们干劲足、精神爽、工作顺。

黄金龙同志以劳模创新工作室为依托，

弘扬“工匠”精神，利用工余时间带领技术骨干与青年职工，进行技术革新和修复创效等活动。2018 年在黄金龙同志的带领下自行设计制作排水大浮船 1 件，创效近 20 万元；为了降低成本费用支出，与创新工作室技术骨干定措施，想办法自行设计图纸，制造生产出低故障率的排水底阀、KY－250 钻机小车压轮、10$m^3$ 液压电铲上铲梯子油缸等零部件，使用以来效果良好。2018 年以来完成修旧利废价值 270 万元，直接创效近 98 万元。

**高延伟** 男，1976 年 10 月出生，汉族，中共党员，毕业于辽宁冶金技师学院。现任辽宁恒通冶金装备制造有限公司维检作业区电气班班长，2017 年荣获本溪市劳动模范称号。

高延伟同志工作勤奋努力，率先垂范，技术上精益求精。在设备抢修中，他严格执行“五分钟到现场”的服务承诺，杜绝拖沓，减少了设备停机时间。2018 年 9 月中旬，富士中频炉 20 吨发生铁水喷溅事故，需要马上修复，他放弃就餐立刻赶到现场进行抢修，确保了生产顺行。8t 中频炉感应线圈绝缘损坏，高延伟连续 7 天加班配合厂家修复线圈绝缘，并对线圈磁轭进行拆装处理，使设备迅速恢复使用。此外，在公司工会和作业区的大力支持下，以高延伟同志的名义创建了“高延伟劳模创新工作室”，以其自身党员的先进模范作用影响和带动电工班全体职工；大力开展修旧利废活动，全年累计修旧利废金额达 15 万元；深入做好“一帮一活动”，主动传授给班组成员工作经验，提高青年职工技术操作水平。2018 年以来，他带领全班同志完成设备计划检修任务 110 多项，临时检维修 1000 余项，为公司正常生产及设备稳定运行提供了有力保障。

**柯　屹** 男，1970 年 12 月出生，汉族，毕业于辽宁冶金技师学院，高级技师，现任板材冷轧厂普冷设备作业区点检员。2006 年、2009 年、2010 年、2018 年荣获本溪市“五一劳动奖章”；2018 年获首届“本溪工匠”称号。

该同志拥有精湛的技艺及专业的职业素养，先后完成了四十余项技改、攻关任务，创造了显著的经济效益。2009 年负责平整机卷取机技术改造，年创效益 560 万元；2010 年负责集团公司冷轧厂罩式炉四期改造工程；2010 年对平整机组法国 VAI 进口液压块制造缺陷进行技术修复，修复价值 215 万元；2011 年负责重卷机组卷取机卸卷抽芯问题技术攻关，年创造效益 364 万元；2012 年负责辽宁省碧水蓝天工程本钢板材冷轧厂酸再生机组项目，创造了良好的社会及生态效益；2012 年负责 R1、R2 横切机组包装辊道质量技改工程，年创效益 300 万元；2015 年解决了 CDCM 机组闪光焊机抽头变压器进口转换开关装置机械传动空程超差造成变压转换定位漂移不定的技术难题。2016 年 3 月“柯屹创新工作室”正式挂牌。在成立的 3 年里，柯屹积极投入到名师带高徒活动中，利用自身技术特长组织实施多项技术创新、降本增效、修旧利废及现场疑难问题攻关等。3 年累计修旧利废 125 万元。2017 年负责 R2 横切机组日本进口 17 辊矫直机自主修复技术攻关，创造了显著的经济效益。

**景　学** 男，汉族，中共党员，1972 年 12 月出生。板材特钢厂设备管理室主任。2007 年荣获本溪市劳动模范称号。

他以“如何保证设备长周期安全稳定高

效运行”为中心，在落实设备管理责任制基础上，积极探索设备零影响运行的管理模式，将特钢厂关键设备包机到人，委派厂专业技术人员与作业区点检员共同负责，将热停攻关指标分解到人，制定详细可行的奖惩方案，调动全厂专业技术人员辅助专业点检员发现解决设备隐患的积极性。他充分发挥技术上的专长及党员的模范带头作用，带领特钢厂设备管理步入公司先进行列，连续多年在集团公司设备定级管理中被评为优秀单位。2016 年特钢厂被评选为全国优秀设备管理单位。

他组织特钢厂设备管理室相继开展了烘烤器包盖修复、结晶器修复、导卫框架修复、轴承返洗、矫直辊修复等项目。2018 年，仅备件采购就节约成本 600 余万元；通过细化节能降耗措施，克服铁水比大幅下降等不利因素，同年能源降成本 1300 万元。

设备稳定运行是生产顺行的前提和保障，在特钢厂炼钢和轧钢产线改造过程中，设备系统前瞻性介入，为推进产能释放做好积极准备。

**程　斌**　男，1963 年 8 月出生，满族，中共党员，大学学历，高级工程师，现任板材采购中心经理。2018 年获本溪市五一劳动奖章，多次获本钢集团劳动模范称号。

程斌同志勤政务实，真抓实干，勇于担当，始终对自己高标准、严要求，把党的事业和企业发展作为自己最大的责任和最高的使命。在本钢销售和采购战线上工作多年，始终坚持以市场为导向，敢于管理创新，积极谋划企业经营发展，认真履行工作职责，为本钢改革发展做出了应有的贡献。他主持的《采购价格管理体系的建立与实施》，获得 2017 年度辽宁省企业管理创新成果二等奖。

2018 年，程斌同志与采购中心班子成员一起带领全体干部职工，紧跟本钢集团改革发展步伐，积极适应市场形势变化，以“保供”为天职，以“降本”为核心，不断优化采购经营模式，全力推进公开招标采购，进一步加强供应商开发，全面完成了各项采购经营任务，为本钢生产稳定顺行提供了坚实的物资保障。全年采购总值 442 亿元；完成了焦煤、无烟煤、地方矿粉、废钢以及热镀锌等五大品种经济运行降本目标，实现经济运行降本 5 亿元。

**丛铁地**　男，1972 年 8 月出生，汉族，中共党员，硕士学历，高级工程师，现任板材炼钢厂厂长，曾获 2016 年度本钢集团公司劳动模范荣誉称号。

丛铁地同志自担任板材炼钢厂厂长以来，勇于创新。一是提出了“强化基础管理、倡导全员创新、推进信息自动化”三大管理理念，制定了企业未来发展蓝图，实施了转炉滑板挡渣、顶底复吹、脱氧工艺革新、精炼底吹氩、连铸提高浇钢炉数等多项技术创新项目，有效降低了生产成本，提升了产品质量，取得了可观的经济效益。特别是自主研发的转炉吹炼智能控制系统实现了自动化炼钢，在全行业处于领先地位；复吹转炉的碳氧积控制已达到行业先进水平。二是创新安全管理模式，推行安全网格化管理，全面实施安全管理三项承包，独创性地设置了煤气、电气、压力容器等 8 个安全专业领导小组，提升了安全专业化水平，实现了安全生产长周期稳定运行。三是汽车板用钢、管线钢等高端品种的开发生产能力达到了国内先进水平。目前，板材炼钢厂已具备了汽车板用钢、石油管线钢、电工硅钢、集装箱用钢、冷轧深冲钢等十余个系列、600多个钢种的生产能力。四是推进优质高产，实施了转炉废钢一炉一斗、大流量供氧、炉机匹配、铸机提拉速等攻关项目，具备了日产2.95万吨的生产能力。五是强化技术改造，完成了1号转炉、2号铸机改造。在建的8号铸机工程、4~6号转炉节能环保工程等改造项目，大大提升了技术装备水平。六是大力开展管理创新，转变管理思维，实施了转炉炉龄承包、连铸不漏钢承包等管理新举措，充分调动一线职工的积极性，真正做到了企业的降本增效和职工利益融为一体。七是注意关心职工生活，对食堂、浴池进行了翻新改造，改善了职工就餐、洗浴条件。八是充分发挥班子核心作用，兢兢业业，恪尽职守，周末、假日加班工作，自觉做到廉洁自律、克己奉公。 （工会　供）

# 荣誉表彰

## 获省以上荣誉称号先进集体名单

<table>
<tr><th>奖项名称</th><th>获奖单位</th><th>授奖部门</th><th>授奖时间</th></tr>
<tr><td>全国工人先锋号</td><td>矿业南芬露天铁矿<br>爆破作业区爆破班</td><td>中华全国总工会</td><td>2019.4</td></tr>
<tr><td>全国钢铁工业先进集体</td><td>北营炼铁厂烧结二作业区</td><td>人社部<br>中国钢铁工业协会</td><td>2019.7</td></tr>
<tr><td>辽宁五一奖状</td><td>北营公司</td><td>省总工会</td><td>2019.4</td></tr>
<tr><td>辽宁工人先锋号</td><td>板材铁运公司机务段<br>1203号内燃机车组</td><td>省总工会</td><td>2019.4</td></tr>
<tr><td>辽宁省劳模创新工作室</td><td>张守喜劳模创新工作室</td><td>省总工会</td><td>2019.8</td></tr>
<tr><td rowspan="3">辽宁省职工创新工作室</td><td>柯屹劳模创新工作室</td><td rowspan="3">省总工会</td><td rowspan="3">2019.8</td></tr>
<tr><td>赵抒阳劳模创新工作室</td></tr>
<tr><td>杨宇石劳模创新工作室</td></tr>
<tr><td>2019年省级技能大师工作站</td><td>郭建军技能大师工作站</td><td>省人社部办公厅<br>省财政厅</td><td>2019.9</td></tr>
<tr><td>辽宁省职工职业技能培训基地</td><td>建设机电安装工程有限公司</td><td>省总工会</td><td>2019.6</td></tr>
<tr><td>辽宁省模范职工之家</td><td>本钢集团工会</td><td>省总工会</td><td>2019.8</td></tr>
</table>

# 获省以上荣誉称号先进集体名单

续表（一）

| 奖项名称 | 获奖单位 | 授奖部门 | 授奖时间 |
| --- | --- | --- | --- |
| 辽宁省模范职工小家 | 北营焦化厂一炼焦作业区分会 | 省总工会 | 2019. 8 |
| | 板材冷轧厂三冷工序酸轧作业区分会 | | |
| 2018 年度辽宁省依法治企示范单位 | 本钢集团有限公司 | 省企业法律顾问协会 | 2019. 4 |
| 辽宁省推进全面质量管理40 周年优秀企业 | 本钢集团有限公司 | 省质量协会 | 2019. 12 |
| 省长质量奖金奖 | 板材股份有限公司 | 省市场监管局 | 2019. 12 |
| 全省纪检监察系统党的十九大以来创新工作 | 本钢集团纪委 | 省纪委监委 | 2020. 1 |
| 2018—2019 年度先进基层组织称号 | 民进本钢总支 | 民进辽宁省委 | 2019. 12 |
| 2017—2018 年度辽宁省青年志愿者优秀组织奖 | 板材发电厂团委 | 团省委　省青年志愿者协会 | 2019. 7 |
| 2018 年度全国五四红旗团委 | 本钢集团团委 | 团中央 | 2019. 5 |
| 2018 年度辽宁青年五四奖章 | 板材技术研究院汽车板研究所 | 团省委 | 2019. 5 |
| 2018 年度辽宁省先进团委 | 板材冷轧厂团委 | 团省委 | 2019. 5 |
| 2018 年度全国钢铁行业“五四红旗团委” | 板材能源总厂团委 | 全钢团指委 | 2019. 5 |
| | 矿业选矿厂团委 | | |

# 获省以上荣誉称号先进集体名单

续表（二）

| 奖项名称 | 获奖单位 | 授奖部门 | 授奖时间 |
| --- | --- | --- | --- |
| 2018 年度全国钢铁行业“五四红旗团支部” | 北营炼钢厂吊车作业区团支部 | 全钢团指委 | 2019.5 |
| | 建设路桥公司综合团支部 | | |
| 2018 年度全国钢铁行业“青安杯”竞赛优胜单位 | 本钢集团团委 | 全钢团指委 | 2019.11 |
| 2018 年度全国钢铁行业青年安全生产示范岗 | 板材炼铁厂一烧结作业区中控室青安岗 | 全钢团指委 | 2019.11 |
| 2018 年度全国钢铁行业“青安杯”竞赛最佳青年安全监督岗 | 板材焦化厂焦三作业区干熄焦工段青安岗 | 全钢团指委 | 2019.11 |
| | 北营发电厂青安岗 | | |
| | 北营焦化厂干熄焦作业区中控室青安岗 | | |
| | 矿业石灰石矿汽车作业区青安岗 | | |
| | 矿业贾家堡铁矿选矿作业区电工班青安岗 | | |
| | 一机修厂二加作业区青安岗 | | |
| | 修建维检公司桥北作业区三冷轧公辅综合班青安岗 | | |
| 2018 年度全国钢铁行业“青安杯”竞赛先进集体 | 板材冷轧厂 | 全钢团指委 | 2019.11 |
| | 北营公司机关 | | |
| | 矿业南芬露天铁矿 | | |

# 获省以上荣誉称号先进集体名单

续表（三）

| 奖项名称 | 获奖单位 | 授奖部门 | 授奖时间 |
|---|---|---|---|
| 2019年辽宁省“保平安、迎大庆”维稳安保工作重要贡献集体 | 本钢保卫中心 | 省委　省政府 | 2019.12 |
| 2019年度全省企业事业单位安全保卫工作暨建国70周年大庆安保工作集体二等功 | 矿业公司 | 省公安厅 | 2019.12 |
| 2018年度财务指标快报工作先进单位 | 本钢集团有限公司 | 中国钢铁工业协会 | 2019.3 |
| 2019年度中国钢铁工业环境保护统计工作先进集体 | 本钢集团能源环保部 | 中国钢铁工业协会信息统计部 | 2020.4 |
| 网络正能量活动二等优秀活动奖 | 本钢集团工会 | 全国总工会<br>中央网信办 | 2019.11 |
| 网络正能量微课作品征集活动优秀参与作品奖 | 本钢集团工会 | 全国总工会<br>中央网信办 | 2019.11 |
| 网络正能量微课作品征集活动优秀歌曲奖 | 本钢集团工会 | 全国总工会<br>中央网信办 | 2019.11 |
| 网络正能量微视频作品征集活动优秀作品奖 | 本钢集团工会 | 全国总工会<br>中央网信办 | 2019.11 |
| 首届“最班组”全国短视频大赛一等奖 | 本钢集团工会 | 工人日报社 | 2019.12 |
| 全省职工全健排舞大赛金奖 | 本钢集团工会 | 省总工会 | 2019.8 |
| 2019（首届）中国职工沙滩运动会沙滩足球比赛冠军 | 本钢集团代表队 | 中国职工体育协会 | 2019.12 |
| 2019（首届）中国职工沙滩运动会沙滩足球比赛优秀赛区奖 | 本钢集团代表队 | 中国职工体育协会 | 2019.12 |
| 第六届全国冶金职工运动会“鞍钢杯”气排球比赛混合团体第三名 | 本钢集团代表队 | 中国机冶建材工会<br>中国冶金体育协会 | 2019.10 |

# 获省以上荣誉称号先进集体名单

续表（四）

| 奖项名称 | 获奖单位 | 授奖部门 | 授奖时间 |
|---|---|---|---|
| 辽宁省首届职工拔河比赛男子 600kg、680kg 级冠军 | 本钢集团代表队 | 省总工会 | 2019. 11 |
| 辽宁省首届职工拔河比赛男子 640kg 级亚军 | 本钢集团代表队 | 省总工会 | 2019. 11 |
| 2019 年辽宁省拔河锦标赛男子 560kg、600kg、640kg、680kg 亚军 | 本钢集团代表队 | 省体育总会 | 2019. 6 |
| 辽宁省第一届智力运动会围棋比赛冠军 | 本钢集团代表队 | 省体育总会 | 2019. 10 |
| 辽宁省“辽河油田杯”网球团体赛三等奖 | 本钢集团代表队 | 省体育局网球管理中心 | 2019. 11 |
| 全国质量“信得过”班组 | 板材发电厂热化作业区试验班 | 中国质量协会 | 2019. 12 |
| 辽宁省质量管理优秀企业 | 本钢集团有限公司 | 辽宁省质量协会 | 2019. 7 |
| | 板材股份有限公司 | | |
| | 矿业有限责任公司 | | |
| | 北营股份有限公司 | | |
| 辽宁省优秀质量“信得过”班组 | 矿业南芬选矿厂四选生产二班 | 辽宁省质量协会 | 2019. 9 |
| | 板材铁运公司机车检修段柴油机班 | | |
| | 板材冷轧厂（三冷轧）1630 连退作业区甲班 | | |

# 获省以上荣誉称号先进集体名单

续表（五）

| 奖项名称 | 获奖单位 | 授奖部门 | 授奖时间 |
|---|---|---|---|
| 辽宁省质量“信得过”班组 | 板材冷轧厂（一冷区域）普冷生产作业区精整甲班 | 辽宁省质量协会 | 2019.9 |
| | 板材冷轧厂（二冷区域）磨辊作业区乙班 | | |
| | 板材冷轧厂（二冷区域）酸轧作业区乙班 | | |
| | 板材焦化厂净化二作业区丁班 | | |
| | 板材计控厂流体作业区氧气班组 | | |
| | 板材特钢厂炼钢作业区 CLF 炉乙班 | | |
| | 板材能源总厂冶炼二车间新一炉循环水泵站 | | |
| | 板材能源总厂电讯车间传输班组 | | |
| | 板材炼钢厂连三作业区铸机丙班 | | |
| | 本钢维检中心桥北作业区公辅综合班 | | |
| | 本钢维检中心热轧作业区技术组 | | |
| | 本钢集团不锈钢厂生产技术室质检甲班 | | |
| | 本钢集团不锈钢厂精整作业区丁班 | | |
| | 本钢集团不锈钢厂轧钢作业区丙班 | | |
| | 矿业歪头山铁矿选矿作业区生产二班 | | |
| | 矿业南芬露天铁矿地质测量队地质组 | | |

# 获省以上荣誉称号先进个人名单

| 奖项名称 | 获奖人姓名 | 授奖部门 | 授奖时间 |
|---|---|---|---|
| 全国钢铁工业劳动模范 | 刘宏亮　张守喜 | 人社部<br>中国钢铁工业协会 | 2019.7 |
| 辽宁五一劳动奖章 | 庄和喜　黄金龙　高延伟<br>柯　屹　景　学　程　斌　丛铁地 | 省总工会 | 2019.4 |
| 辽宁工匠 | 冯琳琳　郭　鹏　柯　屹　张　勇 | 省人民政府 | 2020.1 |
| 全国工会优秀工作者 | 杨成广 | 中华全国总工会 | 2019.9 |
| 辽宁省优秀工会工作者 | 王晓明　朱　丹 | 省总工会 | 2019.8 |
| 辽宁省优秀工会积极分子 | 张　艳　赵清华　孙建益　王　宇 | 省总工会 | 2019.8 |
| 第十二届辽宁青年科技奖 | 高洪刚 | 省委组织部<br>省人社厅<br>省科技厅 | 2019.7 |
| 2018年度优秀企业法律顾问 | 康　杰 | 省企业法律顾问协会 | 2019.4 |
| 辽宁省质量管理卓越领导者 | 高　烈 | 省质量协会 | 2019.7 |
| 2018年度全国钢铁行业“优秀团干部” | 张薇薇　富　裕 | 全钢团指委 | 2019.5 |
| 2018年度全国钢铁行业“优秀团员” | 刘　博　高学敏　周子林 | 全钢团指委 | 2019.5 |
| 2018年度全国钢铁行业“青安杯”竞赛最佳组织者 | 黄文博 | 全钢团指委 | 2019.11 |
| 2018年度全国钢铁行业“青安杯”竞赛先进个人 | 董吉立　张宝璟　侯　平 | 全钢团指委 | 2019.11 |

# 获省以上荣誉称号先进个人名单

续表（一）

| 奖项名称 | 获奖人姓名 | 授奖部门 | 授奖时间 |
|---|---|---|---|
| 2018年度全国钢铁行业“青安杯”竞赛最佳青年安全监督岗岗长 | 秦昌威　丁　鹏　万　轩<br>崔煜东　张禄涛　秦金博<br>金树明　盖　瑞 | 全钢团指委 | 2019.11 |
| 2018年度“辽宁好人·身边好人” | 高立波　任宝纯 | 省委宣传部<br>省精神文明建设指导委员会办公室 | 2019.4 |
| 2019年度“辽宁好人·身边好人” | 任枭雄　任枭一 | 省委宣传部<br>省精神文明建设指导委员会办公室 | 2020.1 |
| 辽宁省2019年度岗位学雷锋学郭明义标兵 | 崔　振 | 省委宣传部 | 2019.10 |
| 2019年度辽宁省“最美志愿者” | 崔　振 | 省委宣传部 | 2019.12 |
| 辽宁省“慈母贤妻孝女” | 顾　琳 | 省妇女联合会 | 2019.5 |
| 2019年度辽宁省企业事业单位安全保卫工作暨建国70周年大庆安保工作先进个人 | 张　伟　杨　军 | 省公安厅 | 2019.12 |
| 辽宁省公安厅单位内保工作个人二等功 | 常纪成 | 省公安厅 | 2019.11 |
| 2019年度中国钢铁工业环境保护统计工作先进个人 | 孙香梅 | 中国钢铁工业协会信息统计部 | 2020.4 |
| 辽宁省大学生自强之星 | 魏利杰 | 团省委 | 2019.1 |
| 辽宁省大中专学生志愿者暑期文化科技卫生“三下乡”社会实践活动先进个人 | 王　静　李慧春 | 团省委 | 2019.11 |

# 获省以上荣誉称号先进个人名单

续表（二）

| 奖项名称 | 获奖人姓名 | 授奖部门 | 授奖时间 |
|---|---|---|---|
| 辽宁省“青年观察家”专项行动先进个人 | 冯　哲 | 团省委 | 2019. 11 |
| 辽宁省青春助力扶贫“点亮行动”专项活动先进个人 | 孙丽丽 | 团省委 | 2019. 11 |
| 国家奖学金 | 彭丹丹　黄耀嵩 | 教育部 | 2019. 10 |
| 省政府奖学金 | 李洪臻　刘渤良 | 省教育厅 | 2019. 10 |
| 辽宁省职业院校技能大赛三等奖 | 石雨生　刘　林 | 省教育厅 | 2019. 5 |
| 辽宁省高职院校教师技能竞赛钳工组二等奖 | 姬振宇 | 省教育厅 | 2019. 8 |
| 辽宁省高职院校教师技能竞赛钳工组三等奖 | 韩　瞧 | 省教育厅 | 2019. 8 |
| 辽宁省高职院校教师技能竞赛加工中心组二等奖 | 付　强 | 省教育厅 | 2019. 8 |
| 辽宁省职业院校学生技能大赛中职机电一体化设备组装与调试三等奖 | 高　峰　郑勇志 | 省教育厅 | 2019. 5 |
| 辽宁省职业院校学生技能大赛高职现代电气控制系统安装与调试三等奖 | 郑勇志　洪宗海 | 省教育厅 | 2019. 5 |
| 辽宁省第二十三届教师教学信息化大赛课件类二等奖 | 梁雪峰　郑勇志 | 省教育厅 | 2019. 11 |
| 辽宁省第二十三届教师教学信息化大赛课件类三等奖 | 洪宗海　张春红　赵艳英　王冠华　王　颖 | 省教育厅 | 2019. 11 |

# 获省以上荣誉称号先进个人名单

续表（三）

| 奖项名称 | 获奖人姓名 | 授奖部门 | 授奖时间 |
|---|---|---|---|
| 辽宁省第二十三届教师教学信息化大赛微课类二等奖 | 李文轩　吴　洋 | 省教育厅 | 2019. 11 |
| 辽宁省第二十三届教师教学信息化大赛微课类三等奖 | 孟照君 | 省教育厅 | 2019. 11 |
| 辽宁省职业院校教师教学能力大赛（高职组）专业课程三等奖 | 洪宗海　郑勇志　吴　洋　时永贵 | 省教育厅 | 2019. 11 |
| 辽宁省职工技能大赛暨全省电工技能大赛运行电工第五名 | 郑勇志 | 省人社厅 | 2019. 11 |
| 全国中等职业学校电类专业课程教师信息化教学设计和说课交流活动一等奖 | 吴　洋 | 中国职业技术教育学会教学工作委员会 | 2019. 12 |
| 第八届钢铁行业课件评选一等奖 | 赵艳英 | 中国钢协职业培训中心 | 2019. 11 |
| 第八届钢铁行业课件评选二等奖 | 白　玉 | 中国钢协职业培训中心 | 2019. 11 |
| 第八届钢铁行业课件评选三等奖 | 洪宗海 | 中国钢协职业培训中心 | 2019. 11 |
| 2019 年度优秀钢铁信息员 | 李　学 | 中国钢铁工业协会 | 2019. 8 |
| 2018 年度财务指标快报工作先进个人 | 杨婷婷 | 中国钢铁工业协会 | 2019. 3 |
| 辽宁省职工技能大赛高炉炼铁工第一名 | 高立波 | 省总工会<br>省人社厅 | 2019. 12 |
| 辽宁省职工技能大赛烧结工第一名 | 陈长虹 | 省总工会<br>省人社厅 | 2019. 12 |
| 辽宁省职工技能大赛暨全省炼铁技能大赛内燃机车司机赛项第一名 | 马广东 | 省总工会<br>省人社厅 | 2019. 12 |

# 获省以上荣誉称号先进个人名单

续表（四）

| 奖项名称 | 获奖人姓名 | 授奖部门 | 授奖时间 |
|---|---|---|---|
| 辽宁省职工技能大赛暨全省炼铁技能大赛内燃机车司机赛项第二名 | 龙震海 | 省总工会<br>省人社厅 | 2019. 12 |
| 辽宁省职工技能大赛暨全省炼铁技能大赛内燃机车司机赛项第四名 | 孙建柱 | 省总工会<br>省人社厅 | 2019. 12 |
| 辽宁省职工技能大赛暨全省炼钢技能大赛铁水预处理第四名 | 冯大维 | 省总工会<br>省人社厅 | 2019. 8 |
| 辽宁省职工技能大赛暨全省电工技能大赛维修电工第五名 | 韩　飞 | 省总工会<br>省人社厅 | 2019. 10 |
| 2019 年辽宁省职工技能大赛炼钢组第五名 | 苗　强 | 省总工会 | 2019. 9 |
| 第三届辽宁省工业机器人技术应用技能大赛暨全国工业机器人技术应用技能大赛辽宁省选拔赛职工组一等奖 | 尹成宇 | 省工信厅<br>省人社厅<br>省教育厅 | 2019. 8 |
| 第三届辽宁省工业机器人技术应用技能大赛暨全国工业机器人技术应用技能大赛辽宁省选拔赛职工组二等奖 | 康立军　孙海平 | 省工信厅<br>省人社厅<br>省教育厅 | 2019. 8 |
| 第三届辽宁省工业机器人技术应用技能大赛暨全国工业机器人技术应用技能大赛辽宁省选拔赛职工组三等奖 | 吴建儒 | 省工信厅<br>省人社厅<br>省教育厅 | 2019. 8 |

# 获省以上荣誉称号先进个人名单

续表（五）

| 奖项名称 | 获奖人姓名 | 授奖部门 | 授奖时间 |
|---|---|---|---|
| 辽宁职工文化之星 | 朱　丹 | 省总工会 | 2019. 11 |
| 辽宁省职工演讲比赛优秀奖 | 何　彬 | 省总工会 | 2019. 5 |
| 辽宁省职工朗诵比赛金奖 | 王首鹏 | 省总工会 | 2019. 11 |
| 辽宁省职工朗诵比赛银奖 | 胡　欣 | 省总工会 | 2019. 11 |
| 网络正能量诵读作品征集活动最佳人气作品奖 | 王首鹏 | 全国总工会<br>中央网信办 | 2019. 11 |
| 网络正能量诵读作品征集活动最佳原创作品奖 | 董立红 | 全国总工会<br>中央网信办 | 2019. 11 |
| 全省职工书法、美术、摄影展摄影类一等奖 | 张德辉 | 省总工会 | 2019. 5 |
| 全省职工书法、美术、摄影展摄影类二等奖 | 吴继岩　杨万林 | 省总工会 | 2019. 5 |
| 全省职工书法、美术、摄影展摄影类三等奖 | 温长发　宫永军　朱　磊 | 省总工会 | 2019. 5 |
| 本钢集团第三届职工运动会铁饼纪录创造者 | 杨　红 | 本钢集团 | 2019. 9 |
| 本钢集团第三届职工运动会标枪纪录创造者 | 何　波 | 本钢集团 | 2019. 8 |

## 本溪市劳模创新工作室

| | |
|---|---|
| 郭鹏劳模创新工作室 | 板材热连轧厂 |

## 本溪市职工创新工作室

| | |
|---|---|
| 卢锐劳模创新工作室 | 板材铁运公司 |
| 于浩劳模创新工作室 | 板材热连轧厂 |
| 郭忠文劳模创新工作室 | 板材特殊钢厂 |

## 2019 年度本钢集团先进党委

| | | |
|---|---|---|
| 板材炼钢厂党委 | 板材热连轧厂党委 | 板材冷轧厂党委 |
| 板材发电厂党委 | 板材铁运公司党委 | 板材能源总厂党委 |
| 板材检化验中心党委 | 板材采购中心党委 | 北营炼钢厂党委 |
| 北营焦化厂党委 | 北营能源总厂党委 | 北营公运公司党委 |
| 北营原料厂党委 | 北营冶金渣公司党委 | 矿业南芬露天铁矿党委 |
| 矿业歪头山铁矿党委 | 矿业南芬选矿厂党委 | 矿业贾家堡铁矿党委 |
| 保卫中心（武装信访部）党委 | 行政管理中心党委 | 建设机电安装公司党委 |
| 恒通公司党委 | 冶金渣公司党委 | 新实业公司党委 |
| 北钢辽煤化公司党委 | 国贸公司党委 | |

## 2019 年度本钢集团先进单位

| | | |
|---|---|---|
| 板材炼钢厂 | 板材热连轧厂 | 板材冷轧厂 |
| 板材发电厂 | 板材铁运公司 | 板材能源总厂 |
| 板材检化验中心 | 板材采购中心 | 北营炼钢厂 |
| 北营焦化厂 | 北营能源总厂 | 北营公运公司 |
| 北营原料厂 | 北营冶金渣公司 | 矿业南芬露天铁矿 |
| 矿业歪头山铁矿 | 矿业南芬选矿厂 | 矿业贾家堡铁矿 |
| 保卫中心（武装信访部） | 行政管理中心 | 建设机电安装公司 |
| 恒通公司 | 冶金渣公司 | 新实业公司 |
| 北钢北重公司 | 国贸公司 | 招标公司 |

# 2019 年度本钢集团先进党支部

## 板材公司

板材炼铁厂二烧结作业区党支部
板材炼钢厂连一作业区党总支
板材热连轧厂轧辊作业区党支部
板材冷轧厂 CDCM 作业区党支部
板材冷轧厂罩式炉作业区党支部
板材特殊钢厂吊车作业区党总支
板材焦化厂焦三作业区党支部
板材焦化厂项目部党支部
板材发电厂鼓风作业区党支部
板材铁运公司机务段党总支
板材铁运公司列检段党支部
板材原料厂原料二作业区党支部
板材废钢加工厂设备管理室党支部
板材能源总厂制氧一作业区党支部
板材计控中心维检作业区党支部
板材计控中心物资计量作业区党支部
板材储运中心露天作业区党支部
板材检化验中心炼钢检验作业区党支部
板材采购中心燃煤采购部党支部
板材技术研究院第五党支部
板材信息化中心信息化管理部党支部
丹东不锈钢公司生产党支部

## 北营公司

北营炼铁厂烧结二作业区党支部
北营炼钢厂原料二作业区党支部
北营轧钢厂生产准备作业区党支部
北营焦化厂一炼焦作业区党支部
北营矿业公司石矿维检作业区党支部
北营铸管公司整理作业区党支部
北营能源总厂动力维修作业区党支部
北营铁运公司车辆作业区党支部
北营公运公司维检作业区党支部
北营发电厂维检作业区党支部
北营原料厂转料作业区党支部
北营冶金渣公司回收作业区党支部
北营生活服务中心综合作业区党支部
北营退管中心培训管理室党支部
北营财务部党支部

## 矿业公司

矿业南芬露天铁矿爆破作业区党支部
矿业南芬露天铁矿动力作业区党支部
矿业歪头山铁矿选矿作业区党总支
矿业歪头山铁矿运输作业区党总支部
矿业南芬选矿厂细碎作业区党支部
矿业石灰石矿汽车作业区党支部
矿业贾家堡铁矿设备管理党支部
矿业辽阳球团厂焙烧作业区党支部
矿业设备修造厂机修作业区党支部
矿业汽运分公司石灰石车队党支部
矿业炸药厂南芬作业区党支部

## 本溪钢铁公司

保卫中心（武装信访部）板材警卫大队党总支
行政管理中心恒宇物业管理所党支部
退管中心直管党支部
机械制造公司第一机修厂锻热作业区党支部

机械制造公司矿山机修厂铸造作业区党支部
机械制造公司第三机修厂三加作业区党支部
修建（维检）公司机械检修二队党总支
修建(维检)公司炼钢作业区党总支
建设机电安装公司机械安装四队党支部
建设机电安装公司液压检测中心党支部
建设矿建公司第二党支部
建设路桥公司道桥施工队党支部
建设高级装修公司机关党支部
建设矿山实业分公司歪头山作业区党支部
建设矿山实业分公司爆破作业区党支部
建设设备供销分公司机关党支部
恒通公司加工作业区党支部
恒泰公司机电作业区党支部
冶金渣公司运输作业区党支部
新实业公司物业分公司党支部
房地产公司好佳物业公司党支部
热力开发公司调峰分公司党支部
冶金职业技术学院自动化控制系党支部
包装公司作业区党支部
综合工业公司福康熔炼铸造厂党支部
综合工业公司给排水实业开发公司党支部
综合工业公司矿渣厂党支部
综合工业公司振兴加工厂党支部
综合工业公司钢材轧制厂党支部
综合工业公司劳服第二炼钢厂党支部
汽运公司机械化队党支部
耐火公司球团厂党支部
电气公司机关党支部
设计院专业党支部

**北钢公司**

辽煤化公司合成作业区党支部
北重公司研究所党支部
北钢公司办公室党支部

**国贸公司**

国贸公司上海分公司党支部

**机关党委**

财务部党总支部
审计部党支部

## 2019 年度本钢集团部门工作作风测评优胜单位

集团办公室
板材制造部
集团组织部（人力资源部）
板材设备部
集团审计部

## 2019 年度本钢集团先进作业区

**板材公司**

板材炼铁厂五号高炉作业区
板材炼钢厂吊车作业区

板材热连轧厂二热轧作业区
板材冷轧厂本浦酸轧作业区
板材冷轧厂桥北酸轧作业区
板材特殊钢厂精整作业区
板材焦化厂配煤作业区
板材发电厂热电作业区
板材铁运公司焦化站
板材原料厂储煤二作业区
板材废钢加工厂配料作业区
板材能源总厂净化作业区
板材计控中心电力试验作业区
板材储运中心合金耐材作业区
板材检化验中心原料检查作业区
板材技术研究院应用及检测技术研究所应用技术室
板材信息化中心自动化事业部
丹东不锈钢公司轧钢作业区

**北营公司**

北营炼铁厂高炉作业区
北营炼钢厂吊车一作业区
北营轧钢厂 1780 生产作业区
北营焦化厂二炼焦作业区
北营矿业公司过滤作业区
北营铸管公司浇铸作业区
北营能源总厂变电二作业区
北营铁运公司工务作业区
北营公运公司四作业区
北营发电厂生产三作业区
北营原料厂维检作业区
北营冶金渣公司焖渣作业区
北营生活服务中心土建作业区

**矿业公司**

矿业南芬露天铁矿穿凿作业区
矿业南芬露天铁矿爆破作业区
矿业歪头山铁矿选矿作业区
矿业歪头山铁矿运输作业区
矿业南芬选矿厂细碎作业区
矿业南芬选矿厂运输作业区
矿业石灰石矿白灰作业区
矿业贾家堡铁矿选矿作业区
矿业辽阳球团厂原料作业区
矿业设备修造厂电修作业区

**本溪钢铁公司**

保卫中心（武装信访部）板材巡逻防范大队
行政管理中心检修车间
机械制造公司第一机修厂二加作业区
机械制造公司矿山机修厂维检作业区
机械制造公司第三机修厂一加作业区
修建（维检）公司机械检修二队
修建（维检）公司烧结作业区
建设机电安装公司机械安装二队
建设矿建公司北营脱硫作业区
建设路桥公司设备租赁站
建设高级装修公司包装作业区
建设矿山实业分公司贾家堡作业区
建设建筑工程分公司第九项目部
建设金属结构分公司安装作业区
建设混凝土分公司板材项目部
恒通公司维检作业区
恒泰公司机电作业区
冶金渣公司钢渣作业区
新实业公司东风湖钢铁资源利用公司
房地产公司经营分公司
热力开发公司中心供热分公司

**北钢公司**

辽煤化公司尿素作业区
北重公司加工作业区

## 2019 年度本钢集团优秀共产党员标兵

**板材公司**

| | | | | | | | |
|---|---|---|---|---|---|---|---|
| 周　江 | 关在华 | 魏运波 | 陈文国 | 王　悦 | 孟　钢 | 左　明 | 张松岩 |
| 虎雨涝 | 马明刚 | 孔德久 | 孟祥辉 | 杨　利 | 邱明铭 | 王希红 | 康　勇 |
| 冯东为 | 张士金 | 孟　巍 | 王　玮 | 吕学明 | 郭　晶 | 周宏伟 | 高　洋 |
| 曹　放 | | | | | | | |

**北营公司**

| | | | | | | | |
|---|---|---|---|---|---|---|---|
| 庄和喜 | 鹿　林 | 胡建军 | 初桂祥 | 刘连军 | 孙　旭 | 王战国 | 钟振华 |
| 韩　闯 | 于泉会 | 万生军 | 付小峰 | 王　东 | 高　丰 | | |

**矿业公司**

| | | | | | | | |
|---|---|---|---|---|---|---|---|
| 吴凤海 | 赵　辉 | 沙学忠 | 戴联和 | 刘春政 | 蒋守立 | 孟庆江 | 郑晓东 |
| 马明刚 | 董　野 | 孙　国 | 赵铁林 | | | | |

**本溪钢铁公司**

| | | | | | | | |
|---|---|---|---|---|---|---|---|
| 孙志远 | 孟伟君 | 杨海俊 | 白鹏俊 | 李范跃 | 邓振波 | 陈　涛 | 张佳林 |
| 陈　芬 | 冯玉全 | 敬国振 | 罗　勇 | 贾　涛 | 常　烨 | 隋永刚 | 刘书哲 |

**北钢公司**

郗晓威　郝建勇　张东为

**国贸公司**

刘德明　张永帅

**机关职能部门**

张海宾　孙德佳　牛　力　陶玉民　钱振德　陈　军　何　瑛　胡　薇

**支持脱贫攻坚**

耿进芳

**集体企业改革**

王　鸿

## 2019 年度本钢集团劳动模范

**板材公司**

| | | | | | | | |
|---|---|---|---|---|---|---|---|
| 张启涛 | 张　福 | 史雪飞 | 李　鑫 | 郭宗昶 | 毕恩君 | 丛铁地 | 刘鸿智 |
| 杨柳青 | 史志勇 | 刘东野 | 杨　斌 | 李聚涛 | 吴长发 | 丁天员 | 霍　刚 |
| 赵暎镐 | 郭建军 | 赵抒阳 | 六十一 | 王　勇 | 刘文治 | 孙亚君 | 马广东 |
| 刘玉峰 | 王　刚 | 闫吉船 | 崔兴旺 | 朱广军 | 王晓丹 | 李　凡 | 张承武 |

李有新　教　滨　高　飞　李　岩　杨　莉　敖庆国　程　斌　陈　宇
赵广东　刘宏亮　徐海涛　高秀敏　郭红生

**北营公司**

朱宏亮　董贵山　陈长虹　吴太胜　佟明海　王世友　刘全生　高振崇
胡英伟　李　强　郭晓春　张国海　徐　岩　许国柱　张剑新　宋建成
李振来　孟　钢　孙吉太　曲克义　李春海　富国武　赵　刚　姜延奇
赵庆成　范成利　邢学宾　刘志伟　鞠海龙　王　平　李　军　南映斗

**矿业公司**

戈会臣　赵雅新　付国龙　姜永刚　王胜刚　刘恒权　刘喜宏　丁　波
范龙江　马廷斌　单成利　高　群　刘　铁　侯　宁　吕志玉

**本溪钢铁公司**

李裕伟　张举东　李　星　庞宗华　高凤武　郑泽俊　张大鲁　赵海鹏
宗海玲　张春雷　于诗圣　高　杰　孙志洋　马飞宇　张恒臣　邱立勇
王敬峰　刘子辉　周　伟　王　宇　曹丽娜　张　鹏　孙　涛　常纪成

**北钢公司**

郑泽军　赵振文　汤宝彦　张　艳

**国贸公司**

姚云焕　张　宏　高海峰　李明伟

**机关职能部门**

刘廷友　张世灿　齐　振　林　东　韩　梅　苑兴垚　黄兴华　黄作为
马海滨　白宇飞　胡国立　张　军　关文辉　董家胜

## 2019 年度本钢集团优秀共产党员

**板材公司**

江　辉　孟照伟　刘　军　乔宏伟　张守喜　张　斌　李海钢　曾范华
吴振江　程力征　杨金朋　唐　亮　陈天辉　刘　彬　隋治明　张　雷
朱国栋　李鸿友　任延庆　王　硕　王　庆　张彦东　柴　野　赵贵胜
刘　军　刘琳玮　孙宝纯　刘永胜　徐　刚　王大伟　刘　强　张丽英
苗　凯　沈广明　刘清恒　刘旭东　于连红　邹建波　柳炳强　朱广俊
孙发明　章　伟　樊宏波　施大海　杜　军　徐福鑫　屈文霞　张　佳
姜　海　王　钢　王德勇　付亚君　付东贺　史晓奇　程懿麒

**北营公司**

陈长余　康东姝　陈　凯　王　军　赵　博　徐金成　刘艳庆　张　柱
王晓迎　关　欣　王希昆　贾林普　金玉辉　苑朋良　曲绍平　杜宝东
赵守财　陈福勇　崔士文　邵晨东　刘子俊　陈佐忠　金　立　张　利

张海波　谢大丰　潘　松　张　明　栗　冰　张学政　王笃坤　陈金源

**矿业公司**

康　宁　张鹤鹏　高松权　辛明颖　朱　丹　王　铜　贾忠明　王洪顺
陈多民　吴宝军　于学军　杨伟梁　白尚钢　吴　杨　王大刚　李光沛
刘小城　向子良　王忠贵　赵鲁东　鲁鑫宇　郝昌杰　王　浩　陈彦宏
刘俊杰　刘兴隆　张利明　冯吉峰　赵桂红　赵　莉

**本溪钢铁公司**

赵永智　刘广军　张晓峰　刘　岩　姚子健　孟　泉　杨　军　杜永新
闫凤弟　王立彬　史家琪　杜　柏　刘　颖　张　莉　肖　发　于志涛
崔德龙　王明航　王建平　任庆君　张忠志　张　涛　刘　波　魏晓勇
李绍志　毛仲良　康　军　韦绍林　高延伟　孙业波　冯卫华　王志波
董　晶　苗雨新　孙　涛　蒋晓东　张　刚　赵　岳　徐　铁　朱　平
孙科峰　刘　敏　宁忠平　魏晓川　张春雨　路瑞喜　庞　杰　王开明
宋全玉　王宪波　王军民　林洪坤　孙革武　刘国武　范吉辉　王继斌
陈　虹

**北钢公司**

杜　杰　李　勇　王　雨　王志丹　陈利军

**国贸公司**

康建军　杜　宁

**机关职能部门**

邹成星　刘淑玲　朱　丹　房立岩　蒋贤豫　于海洋　齐　祯　史占春
常　鑫　于宗丽　郑晓明　赵　亮　冯红玉　关绍贺　朱广楠　王宏阳
吴晓丹

## 2019 年度本钢集团先进生产（工作）者

**板材公司**

王景涛　栗田科　谢正刚　许乡民　支兴春　高福生　符振华　徐　强
范茂刚　王家富　王宏伟　王孝辉　孙正利　廖代君　王　鑫　温　伟
高　峰　王　群　何彦涛　陈柏杉　杜连友　李志强　杨　义　张　鹏
张国辉　郭　鹏　叶武山　程宏远　杨义超　孙国志　姜希财　丁士军
刘　东　袁振楠　辛文瑶　张连鹏　杨忠平　郭　昆　李　哲　朱　赤
乔福祥　黄　涛　翟　勇　陈忠羲　王　平　王海峰　杨　江　郭忠文
张东海　郑　凯　穆嘉强　许金夫　李秀娟　郭　壮　王红艳　秦秀娟
匡　庐　史　锐　魏　辉　曹　威　陈永川　张建威　杨　韬　沈维锋
刘志良　董玉仿　肖荣和　张玉臣　房启民　高清远　马志强　周德宏

马继增　李森海　杨卫东　王宗明　李　舰　刘莉娜　王殿元　华正彬
李　凤　于福秋　苏再游　陈　凯　李　振　孙兆福　赵　卫　吴贵保
肖文光　刘　明　苏国明　张国玉　刘云峰　李　岚　赵名波　赵忠刚
宫学典　宋太波　李　光　李雪明　马　松　邵　军　高云福　郭　雷
闫　凌　吴旭普　李春雨　高恩永　金　耕　刘兆成　王喜文　周　兵
康冬梅　杨茂煜　吴　冬　吴国林　宋　威　张　霞　刘志璞　苏崇涛
尚　伟　张　铭　高维才

**北营公司**

郑　文　李振有　宁长龙　孟照利　解　钢　荚万明　张风奎　苏红权
刘宏权　谢国军　孟令箭　韩　峰　孟大江　王志庆　赵国福　朱宏刚
金　强　孙其斌　荣　钢　沈吟歌　周洪岩　孙福浩　赵金利　刘宏飞
姜　军　付明伟　丁　锐　杨东红　陈春光　张　伟　毛　勇　魏　滨
孙　浩　滕照鑫　高　鑫　于金平　赵兰勇　陈庆华　陈　洋　李永刚
王彦明　王铁军　曲玉双　孙景涛　宋富波　董桂清　贾纯瑞　邹宏彪
姚恩勇　李　帮　富东北　兰　竹　闫　思　王　健　高维铁　童明哲
李智增　王世保　王洪剑　秦显柱　张兴胜　宫景文　吴成君　郭　岩
初祥禄　孙宪国　张士忠　牟怀杰　陈立军　刘旺臣　王　涛　唐忠臣
马维信　王庆国　史存阁　闫振和　徐庆秋　马　军　李国强　沙国有
徐　刚　王　成　宋　贺　毛　军　富　余　王在群　葛兴岩　刘宝利
魏　兵　金艳丽　张　辉　王奇峰　张秀林

**矿业公司**

王兴章　孟令财　陈宏亮　马永威　陈志军　张安春　赵玉强　高云虎
孙大伟　姜　洪　柳忠明　黄金龙　王　洋　刘　辉　闫业伟　邓　勇
许建新　梁振峰　陈　诺　姜永丰　张敬明　王　伟　杨志杰　刘　冬
关云龙　刘正楠　许庆贺　宋占利　任亚伦　周茂强　张宏明　柳金发
吴亚军　李　溪　谷德胜　吴建斌　马跃宇　王振家　田文海　李学波
张荣富　王乃洪　关红军　黄　刚　林德山　陈玉文　刘　波　李明旭
张风勋　高庆华　王　洋　孙飞驰　肖荣昌　史国旗　刘会东

**本溪钢铁公司**

何晓峰　王守宁　林　宇　李家锐　刘明文　田雨生　赵维刚　刘　懿
李　春　崔作营　孙配伟　刘春学　李本儒　回晓泽　年智华　王　冬
张丽明　树建鹏　吴　涛　孙　军　奈　野　刘振刚　徐春雷　张矫椰
谭福明　刘庆智　马贺亮　曹忠义　邓玉新　李锁韧　邹　伟　杨小春
苗建军　李孝刚　李长军　梁井强　鲁　军　高　军　关　磊　富　强
张景峰　吴宝义　吴振华　付　伟　张战军　于良庆　马　超　张　全
吴　越　卜海增　姚立新　曹庆光　于　派　袁　刚　张　全　潘军昌
孙贵财　金志强　李冬雁　苏海涛　洪　霞　吴庆伟　陈志胜　郭建锋

| | | | | | | | |
|---|---|---|---|---|---|---|---|
| 迟远航 | 顾福东 | 刘加彬 | 潘宇舟 | 李雁生 | 王春雷 | 李　冉 | 毕海涛 |
| 孟祥林 | 张春红 | 郭景生 | 纪丰田 | 刘灿江 | | | |

**北钢公司**

| | | | | | | | |
|---|---|---|---|---|---|---|---|
| 孙慈凯 | 孟　军 | 张道伦 | 马平元 | 刘世龙 | 张春玲 | 王文艳 | 张晓兰 |
| 穆大亮 | 王　洋 | 于跃丰 | | | | | |

**国贸公司**

| | | |
|---|---|---|
| 孙福程 | 刘小冬 | 邵俊荣 |

**机关职能部门**

| | | | | | | | |
|---|---|---|---|---|---|---|---|
| 丛　鹏 | 沈显龙 | 万　丽 | 郭海滨 | 佟丽平 | 庄国栋 | 李　铁 | 陈　涛 |
| 陈　彤 | 戴　兵 | 闫培哲 | 刘元庆 | 陈丽晶 | 李　克 | 刘　健 | 邓立岩 |

## 2019年度本钢集团“三八”红旗集体

板材炼铁厂工会女职工委员会
板材炼钢厂运行作业区水处理一工段精炼LF炉女工小组
板材冷轧厂物流作业区综合业务组女工小组
板材焦化厂检验作业区工会女职工委员会
板材铁运公司工会女职工委员会
板材计控中心外发作业区三四线班组女工小组
板材能源总厂制氧二作业区四、五号制氧机变电所女工小组
板材检化验中心生产技术室女工小组
国贸公司出口市场销售部冷轧出口合同室女工小组
北钢辽煤化公司水汽作业区供水四组女工小组
本钢集团财务部工会女职工委员会
建设市场经营分公司预算编制中心女工小组
机械制造公司女职工委员会
新实业公司鹏程分公司化验班女工小组
热力公司客服中心女工小组
退管中心职能管理室女工小组
板材炼钢厂吊车作业区磁盘吊女工小组
板材热连轧厂三热轧精整作业区缴库验收班女工小组
板材特钢厂机关综合办公室女工小组
板材发电厂输煤作业区女工小组
板材储运中心露天作业区女工小组
板材能源总厂能源稽查室水质分析班女工小组
板材检化验中心原燃料化验作业区化学一班女工小组
板材采购中心原燃料辅料备件采购女工小组
北钢北重公司后桥作业区女工综合班女工小组
综合工业公司钢联振兴环保科技有限公司女职工委员会
建设矿山实业分公司机关女职工委员会
机械制造公司矿机修机关女工小组
修建维检公司热轧作业区女职工委员会
新实业板材机关服务区主食班女工小组
辽宁冶金职业技术学院管理工程系女工小组
矿业歪头山铁矿设备管理室女工小组

矿业南芬露天铁矿后勤作业区中心食堂女工小组
矿业南芬选矿厂工会女职工委员会
北营发电厂生产四区水处理女工小组
北营炼钢厂自动化一作业区动力变电所女工小组
北营炼铁厂烧结一作业区 300 烧结除尘一班女工小组
北营能源总厂变电一区 1#变电所女工小组
北营生活服务中心食堂作业区三食堂女工小组
北营轧钢厂吊车作业区三四线天车操作甲班女工小组
矿业歪头山铁矿运输作业区一工段运转女工小组
矿业石灰石矿机电作业区变电班女工小组
北营办公室办证中心女工小组
北营炼钢厂吊车二作业区成品天车丁班女工小组
北营能源总厂空压作业区新钢空压站女工小组
北营焦化厂二备煤作业区天车班女工小组
北营轧钢厂 1780 生产作业区直属数据班女工小组

## 2019 年度本钢集团“三八”红旗标兵

何昌新　陈　萍　陈　莉　赵鸿雁　刘春华　张丽英　杨　莉　高　嫄
王　萍　陈丽君

## 2019 年度本钢集团“三八”红旗手

赵艳君　田　丹　张　昕　包红艳　齐春娟　张　倩　王红艳　姜玉娥
时胜英　刘旭红　赵　红　赵春璐　林　琳　惠　娟　刘　娜　林　丽
池学平　呼　丹　武默涵　石　英　潘玉红　王　华　王秀莉　张　艳
张　瑜　王艳红　焉　巍　耿杨洋　李艳霞　梁永杰　任永娇　董　艳
朱秋荣　马　理　宫　农　马　琳　许　阳　孙　睿　关　锋　张　秀
丁　岩　任　鸿　张艳冰　孙晓莉　姚莉莉　赵　伟　谭迎迎　张　毅
王　莲　石盛楠　冯　军　鄂丽坤　徐立新　金秋红　赵秀杰　郑　滢
张　红　冯岩石　邹　萍　黄进文　蒋艳菊　白　雪　刘巧玲　张博欣
冯福娟　刘素菊　李桂玲　张淑敏　钟　玉　康东妹　肖　东　董　震
郭　晖　马芝华　丁丽荣　张东艳　刘丽文　姜爱欣　徐宏艳　任冬梅
幕　艳　史丽华　徐　红　李　菲

## 2019 年度本钢集团“五四”红旗团委标兵

板材热连轧厂团委
板材冷轧厂团委
板材能源总厂团委
北营公司团委
矿业南芬露天铁矿团委
建设公司团委
辽宁冶金职业技术学院团委

## 2019 年度本钢集团“五四”红旗团委

板材炼铁厂团委
板材炼钢厂团委
板材特钢厂团委
板材焦化厂团委
板材发电厂团委
板材铁运公司团委
板材原料厂团委
板材储运中心团委
板材计控中心团委
板材检化验中心团委
板材信息化中心团委
北营炼铁厂团委
北营轧钢厂团委
北营焦化厂团委
北营发电厂团委
北营能源总厂团委
北营铁运公司团委
矿业公司团委
矿业歪头山铁矿团委
矿业选矿厂团委
矿业石灰石矿团委
矿业辽阳球团厂团委
矿业贾家堡铁矿团委
辽宁恒通公司团委
修建维检公司团委
冶金渣公司团委
国贸公司团委
集团机关团委

## 2019 年度本钢集团“五四”红旗团支部

板材炼钢厂连铸二三作业区团支部
板材冷轧厂桥北精整作业区团支部
板材焦化厂干熄焦作业区团支部
板材储运中心矿业团支部
板材铁运公司车辆段团支部
北营炼钢厂吊车二作业区团支部
北营原料厂团总支部
北营公运公司团总支部
矿业南芬露天铁矿电铲作业区团支部
矿业歪头山铁矿运输作业区团支部
矿业石灰石矿白灰作业区团支部
辽宁恒通公司热轧辊作业区团支部

## 2019 年度本钢精英团队

**生产创效类**

板材炼钢厂转炉工艺生产创效攻关团队
板材热连轧厂轧辊作业区于浩创新工作室

**技术创新类**

板材信息化中心系统管理组

板材技术研究院应用及检测技术研究所应用技术室

**降本增效类**

招标公司设备备件招标部

板材冷轧厂桥北热镀锌降低锌耗技术攻关团队

**敬业奉献类**

北营能源总厂燃气维修作业区煤气防护站

矿业南芬露天铁矿爆破作业区爆破技术组

## 2019 年度本钢集团青年“五四”奖章

方　超　杜晓雷　于大彭　杨　旭　王亚芬　张　健　陈　诺　洪宗海
李洪增　赵继光

## 2019 年度本钢集团青年标兵

刘　哲　于晓航　林一楠　任枭雄　崔明权　韩　宇　孟照崇　陈　庚
张　城　田伟阳　李大海　张喜超　王立鹏　刘红祎　吕君超　李子岩

## 2019 年度本钢集团大学毕业生创业成才标兵

孙开宇　李　哲　杨　舒　时　珍　曹东鹤　赵树春　张颖鹏　丛佩印
石盛楠　赵　磊　陈凤鹏　于海涛　张　亮　包　伟　吴　岩　曹　璨

## 2019 年度本钢集团十大杰出青年工人

石　军　李毛宇　雷明童　李　野　郑德明　胡振明　任延东　裴海涛
孙海峰　白冰冰

## 2019 年度本钢集团优秀团委书记

董吉立　马秀玲　褚子涵　于晓东　张　磊　富　裕　朱　丹　崔煜东
单　达　张　瑜　张薇薇　王　麟　董　茹　陈利军　王　莉

## 2019 年度本钢集团优秀团干部

朱亚东　刘　洋　刘元博　贾　智　丁　鹏　陈　峣　王　意　田福宇
丛占柱　佟子辰　代　锦　栗　野　张　闯　刘　欢　高　丹　秦金博
万　轩　张印帅　刘国秋　辛　亮　李　欣　周芯羽　韩　蕊　盖　锐
范丽娜　周海洋

## 2019 年度本钢集团优秀共青团员

钟　宁　胡　明　袁　鑫　牟信博　崔兴隆　魏明铎　马克成　刘　博
李奇峰　王慧吉　杨天宇　孙　琦　王　铎　赵　航　王梦桃　宋晓伟
孙　伟　王祉淇　高学敏　张世佳　王宏英　孟元龙　肖承志　刘　博
姜春秀　王　宇　李珏莹　李　搏　金佳晴

## 2019 年度本钢集团“三好”学生

王春鸿　李奇润　王　磊　张彤彤　张　帅　范钰奇　苗志伟　李　妍
贾宝峥　张　博

# 2018 届优秀高校毕业生

**学习专研之星**

| | | | | | | | |
|---|---|---|---|---|---|---|---|
| 孟庆刚 | 王　峥 | 韩佳东 | 何长纯 | 孙开宇 | 贺科龙 | 于　铎 | 牛喜宝 |
| 韩　爽 | 张文龙 | 潘英帅 | 徐碧聪 | | | | |

**岗位实干之星**

| | | | | | | | |
|---|---|---|---|---|---|---|---|
| 隋文泽 | 郑玉龙 | 常占龙 | 张天宇 | 姜艳泽 | 杨梦迪 | 吕晓峰 | 孙　崇 |
| 宋希亮 | 韩福春 | 李长隆 | 魏忠原 | | | | |

**成长进步之星**

| | | | | | | | |
|---|---|---|---|---|---|---|---|
| 富聿晶 | 唐頔飞 | 秦希黎 | 马诗曾 | 王　晨 | 李雪涛 | 赵志强 | 陆立峰 |
| 王　帅 | 于海涛 | 吕彧鹏 | 于　派 | | | | |

**潜力希望之星**

| | | | | | | | |
|---|---|---|---|---|---|---|---|
| 陈虹宇 | 马克成 | 都松松 | 韩　陆 | 王慧吉 | 王廷皓 | 张清华 | 李志鹏 |
| 吕明一 | 方　鸣 | 金佳晴 | 郭小萌 | | | | |

**栏目编辑　邹丽颖**

# 科技奖项

## 2019年度科技进步奖名单

| 奖项名称及等级 | 成果名称 | 完成单位 | 授奖部门 | 授奖时间 |
| --- | --- | --- | --- | --- |
| 辽宁省科技进步奖二等奖 | 基于整车轻量化应用的1500MPa热成形钢系列化开发 | 板材技术研究院 | 辽宁省人民政府 | 2019.12 |
| | 汽车用高扩孔热轧酸洗板系列产品研制开发 | | | |
| 辽宁省科技进步奖三等奖 | 高级别抗酸腐蚀管线钢热轧卷板研发 | 板材技术研究院 | 辽宁省人民政府 | 2019.12 |
| | 先进高强钢-冷成形用热轧延伸凸缘钢的研制与应用技术研究 | | | |
| | 高品质低成本钛合金化高强钢研制开发与应用 | | | |
| | 本钢罩式退火炉介质用量优化 | 板材冷轧厂 | | |

（规划发展部　供）

# 2018年度企业管理创新成果名单

| 成果名称 | 完成单位 | 奖项名称及等级 | 授奖部门 | 授奖时间 |
|---|---|---|---|---|
| 以派驻监督全覆盖推进全面从严治党向纵深发展 | 本钢集团纪委 | 本钢集团管理创新成果特等奖 | 本钢集团有限公司 | 2019.7 |
| | | 辽宁省企业管理创新成果一等奖 | 辽宁省企业管理创新成果评审委员会 | 2019.9 |
| 构建财务公司参与海关事务担保产融结合新模式 | 国贸公司财务公司 | 本钢集团管理创新成果一等奖 | 本钢集团有限公司 | 2019.7 |
| | | 冶金企业管理现代化创新成果一等奖 | 中国钢铁工业协会 | 2019.9 |
| | | 辽宁省企业管理创新成果二等奖 | 辽宁省企业管理创新成果评审委员会 | 2019.9 |
| 本钢钢铁产品成本管理信息化模式的创新 | 本钢集团财务部板材制造部 | 本钢集团管理创新成果一等奖 | 本钢集团有限公司 | 2019.7 |
| | | 冶金企业管理现代化创新成果二等奖 | 中国钢铁工业协会 | 2019.9 |
| 坚持目标管理和问题导向多措并举　实现增发电创效 | 板材能源环保部 | 本钢集团管理创新成果一等奖 | 本钢集团有限公司 | 2019.7 |
| | | 辽宁省企业管理创新成果二等奖 | 辽宁省企业管理创新成果评审委员会 | 2019.9 |

# 2018 年度企业管理创新成果名单

续表（一）

| 成果名称 | 完成单位 | 奖项名称及等级 | 授奖部门 | 授奖时间 |
|---|---|---|---|---|
| 班组先进管理体系的建立与实践 | 北营炼铁厂 | 本钢集团管理创新成果二等奖 | 本钢集团有限公司 | 2019.7 |
| 以信息沟通为核心的投资者关系管理的建立与实施 | 板材董事会办公室 | | | |
| 以融资租赁进行设备投资采购的流程创新管理 | 本钢集团财务部 | | | |
| 基于协同办公系统升级，提升集团公司现代化管理水平 | 板材信息化中心 | | | |
| 安全创新举措的实施促进企业安全发展 | 板材热连轧厂 | | | |
| 以鱼雷罐加废钢为核心降低炼钢铁水消耗体系的建立与实施 | 北营制造部 | | | |
| 热轧产品质量缺陷图谱的建立与利用 | 板材热连轧厂 | | | |
| 提高单炉废钢比攻关 | 板材炼钢厂 | | | |
| 创新非钢产品营销模式，打造新的效益增长点 | 国贸公司 | | | |
| 以八项措施为核心的“标准化作业”实现管理增效 | 矿业南芬选矿厂 | | | |

# 2018 年度企业管理创新成果名单

续表（二）

| 成果名称 | 完成单位 | 奖项名称及等级 | 授奖部门 | 授奖时间 |
|---|---|---|---|---|
| 流程化、模块化管理在本钢产品认证中的应用 | 本钢集团规划发展部 | 本钢集团管理创新成果三等奖 | 本钢集团有限公司 | 2019. 7 |
| 提升专利管理水平　推进本钢知识产权战略 | 本钢集团规划发展部 | | | |
| 企业信息化改造项目的进度管理体系建立与实施 | 板材信息化中心 | | | |
| 以信息化专业整合为契机，加速本钢信息化中心快速发展 | 板材信息化中心 | | | |
| 以数据为核心的生产流程管理 | 板材热连轧厂 | | | |
| 提高在线成材率的切损精细管理的实施 | 板材热连轧厂 | | | |
| 推行热轧轧辊改制技术管理创新 | 板材热连轧厂 | | | |
| 运用科学管理系统精细指导生产　满足客户特殊需求 | 板材热连轧厂 | | | |
| 以市场价格为导向　提高钢铁料综合利用的实践应用 | 板材特钢厂 | | | |
| 夯实体系建设　提升管理水平 | 板材特钢厂 | | | |
| 打造 5000 吨精品特钢材 | 板材特钢厂 | | | |
| 以提高粗苯收率为核心的日常生产管理优化 | 板材焦化厂 | | | |
| 创新管理在高炉大修工程中的应用 | 板材炼铁厂 | | | |
| 细化生产工艺管理，降低生产辅料成本 | 板材冷轧厂 | | | |

# 2018 年度企业管理创新成果名单

续表（三）

| 成果名称 | 完成单位 | 奖项名称及等级 | 授奖部门 | 授奖时间 |
|---|---|---|---|---|
| 创新协作新模式　提升轧辊管理水平 | 板材冷轧厂 | 本钢集团管理创新成果三等奖 | 本钢集团有限公司 | 2019. 7 |
| 推行选矿厂“三品二率”联动式管理 | 矿业南芬选矿厂 | | | |
| 降低精矿电耗　实现管理降本 | 矿业贾家堡铁矿 | | | |
| “销、研、产”联动，构建满足低碳线材产品市场差异化需求思维模式 | 北营棒线材研究所 | | | |
| 创新运用质量管理方法提高一区处理后废水合格率 | 北营焦化厂 | | | |
| 新媒体在国企宣传思想工作中的应用与推广 | 北营组织部 | | | |
| “全面从严抓安全管理”在大型钢铁企业的综合应用和实施 | 北营炼钢厂 | | | |
| 以岗位定员测评为基础的人力资源优化管理 | 北营人力资源部 | | | |
| 实施全过程经济运行管理创效益 | 北营铸管公司 | | | |
| 基于“管理型，专业化”战略，实现高质量发展 | 建设公司 | | | |
| 优化激励机制解决钢坨加工难题 | 冶金渣公司 | | | |
| 全工序质量管控　下工序服从上工序的创新管理 | 不锈钢冷轧丹东公司 | | | |

（运营改善部　供）

# 2019 年度名优产品名单

| 奖项名称及等级 | 成果名称 | 完成单位 | 授奖部门 | 授奖时间 |
| --- | --- | --- | --- | --- |
| 金杯优质产品（行业） | 冲压用冷轧薄钢板和钢带 DC04、DC05 | 板材冷轧厂 | 中国钢铁工业协会 | 2019. 12 |
| | 冲压用冷轧薄钢板和钢带 DC06 | | | |
| | 连续热镀锌钢板和钢带 DC51D+Z | | | |
| | 高碳铬轴承钢 GCr15 | 板材特钢厂 | | |

（板材制造部　供）

# 2019年度优秀六西格玛项目、QC成果名单

| 奖项名称及等级 | 成果名称 | 完成单位 | 授奖部门 | 授奖时间 |
|---|---|---|---|---|
| 六西格玛优秀项目(国家级) | 提高超低磷钢炼成率 | 板材炼钢厂 | 中国质量协会 | 2019.8 |
| | 提高三选流程高频振动筛筛分效率 | 南芬选矿厂 | | |
| | 提高6号制氧机气体产量 | 北营能源总厂 | | |
| | 降低平整机组硌印缺陷率 | 板材冷轧厂 | | |
| 辽宁省一等优秀QC项目 | 降低1700线轧辊设备故障停机时间 | 板材热连轧厂 | 辽宁省质量协会 | 2019.7 |
| 辽宁省二等优秀QC项目 | 罩式退火炉新型对流盘的研制 | 板材冷轧厂 | 辽宁省质量协会 | 2019.7 |
| | 提高中碎车间碎矿机运转率 | 矿业<br>南芬选矿厂 | | |
| | 降低主厂房选别段尾矿金属流失量 | 矿业<br>南芬选矿厂 | | |
| | 降低4号焦炉出炉时间 | 北营焦化厂 | | |
| 辽宁省三等优秀QC项目 | 降低热轧1700线支撑辊辊耗 | 板材热连轧厂 | 辽宁省质量协会 | 2019.7 |
| | 减少1号镀锌机组焊接无电流故障次数 | 板材冷轧厂 | | |
| | 降低小棒锯爆裂锯片数量 | 板材特钢厂 | | |
| | 降低内燃机车风源系统干燥器故障台次 | 板材铁运公司 | | |
| | 降低内燃机车电取暖系统故障台次 | 板材铁运公司 | | |

## 2019 年度优秀六西格玛项目、QC 成果名单

续表（一）

| 奖项名称及等级 | 成果名称 | 完成单位 | 授奖部门 | 授奖时间 |
|---|---|---|---|---|
| 辽宁省三等优秀QC 项目 | 降低平板车月回库维修台次 | 板材铁运公司 | 辽宁省质量协会 | 2019. 7 |
| | 降低烧固体燃耗 | 板材炼铁厂 | | |
| | 降低分级溢流+120 目含量 | 矿业<br>歪头山铁矿 | | |
| | 提高三磨二系列精矿-200 目含量 | 矿业<br>南芬选矿厂 | | |
| | 降低电力机车故障率 | 矿业<br>南芬选矿厂 | | |
| | 提高外购矿石下矿量 | 矿业<br>南芬露天铁矿 | | |
| | 降低 6 号制氧机循环冷却水进回水温差 | 北营能源总厂 | | |
| | 提高 2 号方坯铸机帘线钢合格率 | 北营炼钢厂 | | |

（板材制造部　供）

**栏目编辑　　邹丽颖**

# 本钢年鉴 2020



本钢集团

# 附　录

# 上级文件目录

| 发文单位 | 文件编号 | 文件标题 |
|---|---|---|
| 省委办公厅 | 辽委办发〔2019〕11 号 | 中共辽宁省委办公厅关于省管领导班子和领导干部 2018 年年度考核评优结果的通报 |
| 省委办公厅 | 辽委办发〔2019〕23 号 | 中共辽宁省委办公厅印发《关于学习宣传和贯彻执行〈党政领导干部选拔任用工作条例〉的意见》的通知 |
| 省委办公厅 | 辽委办发〔2019〕34 号 | 中共辽宁省委办公厅关于认真学习贯彻《中国共产党重大事项请示报告条例》的通知 |
| 省委办公厅 | 辽委办发〔2019〕44 号 | 中共辽宁省委办公厅印发《关于充实省委贯彻落实习近平总书记在辽宁考察时和在深入推进东北振兴座谈会上重要讲话精神“1+8”系列文件的意见》的通知 |
| 省委办公厅 | 辽委办发〔2019〕54 号 | 中共辽宁省委办公厅关于印发《省委管理领导班子和领导干部年度考核实施办法》的通知 |
| 省委办公厅 | 厅秘发〔2019〕63 号 | 中共辽宁省委办公厅关于印发《〈党组讨论和决定党员处分事项工作程序规定（试行）〉实施细则》的通知 |
| 省委办公厅 | 厅秘发〔2019〕108 号 | 中共辽宁省委办公厅　辽宁省人民政府办公厅关于印发《辽宁省国有企业退休人员社会化管理工作方案》的通知 |
| 省委组织部 | 辽组通字〔2019〕36 号 | 中共辽宁省委组织部关于印发《中共辽宁省委管理干部人事档案接收及转递管理暂行办法》和《中共辽宁省委管理干部人事档案查（借）阅管理暂行办法》的通知 |
| 省委组织部 | 辽组通字〔2019〕39 号 | 关于转发《中共中央纪委办公厅中共中央组织部办公厅关于规范组织人事部门协助纪检监察机关（机构）查阅、调取领导干部个人有关事项报告等材料工作的通知》的通知 |
| 省委组织部 | 辽组通字〔2019〕45 号 | 中共辽宁省委组织部转发《中共中央组织部关于规范干部挂职工作有关问题的通知》的通知 |
| 省委组织部 | 辽组通字〔2019〕55 号 | 中共辽宁省委组织部关于印发《辽宁省年轻干部工作考核办法（试行）》的通知 |
| 省委巡视工作领导小组 | 辽巡发〔2019〕11 号 | 关于印发《关于建立巡视巡察上下联动监督网的实施意见》的通知 |

# 上级文件目录

续表（一）

| 发文单位 | 文件编号 | 文件标题 |
|---|---|---|
| 省纪委 | 辽纪干〔2019〕147 号 | 关于陈铁同志任职的通知 |
| 省政府 | 辽政发〔2019〕2 号 | 辽宁省人民政府关于印发辽宁省推进国有资本投资、运营公司改革试点实施方案的通知 |
| 省政府 | 辽政发〔2019〕4 号 | 辽宁省人民政府关于 2018 年度辽宁省科学技术奖励的决定 |
| 省政府 | 辽政发〔2019〕25 号 | 辽宁省人民政府关于授予省长质量奖的决定 |
| 省政府 | 辽政发〔2019〕30 号 | 辽宁省人民政府关于 2019 年度辽宁省科学技术奖励的决定 |
| 省政府办公厅 | | 省政府办公厅转批件《本钢集团关于协调解决港口铁路问题的报告》 |
| 省政府办公厅 | 辽政办发〔2019〕36 号 | 辽宁省人民政府办公厅关于印发辽宁省工业互联网创新发展三年行动计划（2020—2022 年）的通知 |
| 省政府办公厅 | | 省领导对《本钢集团有限公司关于恳请批复贾家堡子铁矿 400 万吨采矿证的请示》的批示 |
| 省政府外事办公室 | 辽外办函〔2019〕131 号 | 关于落实本钢集团、华晨集团一定出访来访外事审批权相关工作的函 |
| 省国资委党委 | | 转发《中共辽宁省委宣传部关于命名 2018 年辽宁省学雷锋学郭明义活动示范点和岗位学雷锋学郭明义标兵的决定》 |
| 省国资委党委 | 辽国资党委〔2019〕124 号 | 关于印发《辽宁省省属企业人才工作考核评价办法》的通知 |
| 省国资委党委 | 辽国资党委〔2019〕125 号 | 印发《省国资委党委履行全面从严治党主体责任实施办法（试行）》的通知 |
| 省国资委 | 辽国资〔2019〕19 号 | 印发《关于省属企业分类监管的实施意见》的通知 |

# 上级文件目录

续表（二）

| 发文单位 | 文件编号 | 文件标题 |
|---|---|---|
| 省国资委 | 辽国资产权〔2019〕21号 | 关于本钢集团有限公司国有划拨土地使用权处置有关问题的批复 |
| 省国资委 | | 关于同意健康集团委托本钢集团负责本钢总医院及所属分院集体企业参与辽宁省厂办大集体改革的批复 |
| 省国资委 | | 关于进一步完善三项制度改革实施方案有关事项的通知 |
| 省国资委 | 辽国资规划〔2019〕107号 | 关于《本钢集团关于参与欧冶云商第二轮增资扩股的请示》的批复 |
| 省国资委 | 辽国资董审〔2019〕1号 | 关于对本钢集团有限公司董事会2018年度工作的意见 |
| 省国资委 | 辽国资〔2019〕56号 | 省国资委关于印发《关于推进辽宁省省属企业高质量发展的指导意见》的通知 |
| 省国资委 | 辽国资分配〔2019〕136号 | 关于省属企业规范实施企业年金的意见 |
| 省国资委 | 辽国资〔2019〕68号 | 关于印发《辽宁省省属企业工资总额管理办法》的通知 |
| 省国资委 | 辽国资考核〔2019〕150号 | 关于2018年度省属企业负责人经营业绩考核结果的通报 |
| 省国资委 | 辽国资〔2019〕84号 | 关于印发《辽宁省省属企业违规经营投资责任追究实施办法》的通知 |
| 省国资委 | 辽国资〔2019〕85号 | 省国资委关于印发《辽宁省省属企业投资监督管理办法》的通知 |
| 省国资委 | 辽国资财审〔2019〕294号 | 关于本钢集团有限公司2019年度财务预算的批复 |
| 省国资委 | 辽国资〔2019〕107号 | 关于印发《省属企业负责人年度经营业绩考核实施方案（试行）》等5个实施方案的通知 |

# 上级文件目录

续表（三）

| 发文单位 | 文件编号 | 文件标题 |
| --- | --- | --- |
| 省国资委 | 辽国资〔2019〕45 号 | 关于印发《辽宁省省属企业外部董事履职行为规范》的通知 |
| 省自然资源厅 | 辽自然资函〔2019〕28 号 | 关于本钢集团北营公司铁矿和石灰石矿办理采矿权变更延续等有关问题的复函 |
| 省档案局 | 辽档发〔2019〕6 号 | 辽宁省档案局转发国家档案局《关于在深化国有企业改革中加强档案工作的意见》的通知 |
| 省档案局 | 辽档发〔2019〕10 号 | 转发《国家档案局关于印发〈企业境外档案管理办法〉的通知》的通知 |
| 省国有企业退休人员社会化管理工作领导小组办公室 | 辽退管办〔2019〕1 号 | 辽宁省国有企业退休人员社会化管理工作领导小组办公室 辽宁省档案局关于印发《辽宁省国有企业退休人员人事档案规范化整理和数字化工作实施细则》的通知 |
| 中国银行保险监督管理委员会辽宁监管局 | 辽银保监函〔2019〕41 号 | 辽宁银保监局关于通报本钢集团财务有限公司 2018 年监管情况的函 |
| 市委 | 本委〔2019〕13 号 | 中共本溪市委　本溪市人民政府关于表彰本溪市第三批优秀专家的决定 |
| 市委办公室 | 本委〔2019〕6 号 | 中共本溪市委　本溪市人民政府关于表彰 2018 年度工业纳税突出贡献企业的决定 |
| 市委办公室 | 室秘发〔2019〕65 号 | 中共本溪市委办公室　本溪市人民政府办公室关于印发《本溪市国有企业退休人员社会化管理工作方案》的通知 |
| 市政府 | 本政〔2019〕163 号 | 本溪市人民政府关于商请转让辽宁恒基资产管理有限公司持有本溪大河实业有限公司股权的函 |
| 市政府办公室 | 本政办请〔2019〕41 号 | 关于再次召开协调会推进解决本钢基建大院诉讼案件的请示 |
| 市政府办公室 | 本政办请〔2019〕62 号 | 本钢集团关于协调解决本钢歪头山矿区新建花岭沟铁矿相关事宜的请示的意见 |
| 市政府办公室 | 本政办请〔2019〕193 号 | 本钢集团关于上调北营公司供衡泽热力发展有限公司余热水价格的函的意见 |

# 上级文件目录

续表（四）

| 发文单位 | 文件编号 | 文件标题 |
| --- | --- | --- |
| 市政府办公室 | 本政办请〔2019〕229 号 | 关于本溪北营钢铁（集团）股份有限公司发电厂电站锅炉范围内管道存在重大隐患的报告的意见 |
| 市政府办公室 | 本政办请〔2019〕293 号 | 本钢集团关于急需解决超高树木影响北营公司高压输电线路运行安全问题的请示的意见 |
| 市政府办公室 | 办公会议纪要第 25 期 | 关于推进解决平山甲楼地块项目开发有关问题办公会议的纪要 |
| 市政府办公室 | 本政办请〔2019〕319 号 | 本钢集团关于申请 2019 年环保奖励资金的请示的意见 |
| 市政府办公室 | | 关于我省厂办大集体改革工作进展情况的通报的市长、秘书长批件 |
| 市政府办公室 | 本政办请〔2019〕384 号 | 本钢集团关于支持本钢板材炼铁厂 5 号高炉产能置换工程特钢电炉升级改造工程有关问题的报告的意见 |
| 市政府办公室 | 本政办请〔2019〕391 号 | 本溪市水务局 本溪市国有资产监督管理委员会关于本溪泓源供水有限责任公司与本钢集团签订供用水协议的请示的意见 |
| 市政府办公室 | 办公会议纪要第 32 期 | 关于推进解决本钢基建大院长期未回迁信访问题办公会议的纪要 |
| 市政府办公室 | 本政办请〔2019〕530 号 | 本溪市住房和城乡建设局关于对《本钢集团亟需市政府帮助解决“本钢工业余热暖民工程一期外网改造项目”相关事宜的请示》的工作意见的意见 |
| 市政府办公室 | 本政办请〔2019〕577 号 | 关于对《本钢集团关于支持本钢国贸大楼改造工程的请示》的意见 |
| 市政府办公室 | 本政〔2019〕117 号 | 本溪市人民政府关于对本钢一铁厂旧址 1 号高炉等区域文物及保护范围土地产权实施移交的函 |
| 市政府办公室 | 本政〔2019〕116 号 | 本溪市人民政府关于同意市文化旅游和广电局无偿接收本钢一铁厂旧址 1 号高炉等文物产权的批复 |

# 上级文件目录

续表（五）

| 发文单位 | 文件编号 | 文件标题 |
|---|---|---|
| 市政府办公室 | 本政办请〔2019〕598 号 | 关于对《本钢集团关于商请调整本钢重点项目涉及的生态保护红线划定范围的请示》的意见 |
| 市政府办公室 | 本政办请〔2019〕633 号 | 关于对《本钢集团关于恳请本溪市人民政府帮助协调解决矿权办理有关问题的函》的意见 |
| 市政府办公室 | 办公会议纪要第 62 期 | 关于研究推进厂办大集体改革等有关问题办公会议的纪要 |
| 市政府办公室 | 本政办请〔2019〕769 号 | 关于对《关于本钢基建大院项目起诉事宜的函》的意见 |
| 市政府办公室 | 办公会议纪要第 63 期 | 关于解决桥北经济开发区北方恒达物流园所需资金相关事宜的办公会议纪要 |
| 市政府办公室 |  | 对本钢集团有限公司关于《本溪市人民政府关于商请转让辽宁恒基资产管理有限公司持有本溪大河实业有限责任公司股权的函》的回函的批示意见 |
| 市发展和改革委员会 | 本发改发〔2019〕245 号 | 关于转发省发展改革委等五部门《关于加强铁矿开发项目核准的若干意见》的通知 |
| 市发展和改革委员会 | 本发改发〔2019〕255 号 | 关于本钢集团有限公司北营公司供本溪衡泽热力发展有限公司余热水价格的批复 |
| 市厂办大集体改革工作领导小组办公室 | 本集改办发〔2019〕1 号 | 关于印发《本溪市厂办大集体改革职工身份认定办法》的通知 |
| 市厂办大集体改革工作领导小组办公室 | 本集改办发〔2019〕2 号 | 关于印发《本溪市厂办大集体改革职工安置实施办法》的通知 |
| 市厂办大集体改革工作领导小组办公室 | 本集改办发〔2019〕3 号 | 关于印发《本溪市厂办大集体基本养老保险欠费核销办法》的通知 |
| 市厂办大集体改革工作领导小组办公室 | 本集改办发〔2019〕4 号 | 关于印发《本溪市厂办大集体改革财政补助资金管理暂行办法》的通知 |
| 市厂办大集体改革工作领导小组办公室 | 本集改办发〔2019〕10 号 | 关于转发省厂改办《关于印发〈辽宁省厂办大集体改革基本养老保险欠费核销经办规程〉的通知》的通知 |

# 上级文件目录

续表（六）

| 发文单位 | 文件编号 | 文件标题 |
| --- | --- | --- |
| 市厂办大集体改革工作领导小组办公室 | | 关于本钢厂办大集体企业性质界定有关问题的复函 |
| 市厂办大集体改革工作领导小组办公室 | 本集改办发〔2019〕13 号 | 关于印发《本溪市厂办大集体改革企业关闭标准及审批办法》的通知 |
| 市厂办大集体改革工作领导小组办公室 | 本集改办发〔2019〕14 号 | 关于转发市医疗保障局《关于厂办大集体改革企业职工参加基本医疗保险有关政策的意见》的通知 |
| 市厂办大集体改革工作领导小组办公室 | 会议纪要第 2 期 | 关于研究全市厂办大集体改革有关问题办公会议的纪要 |
| 市厂办大集体改革工作领导小组办公室 | 本集改办发〔2019〕20 号 | 关于转发市人社局《关于本溪市厂办大集体企业失业保险工作实施意见》的通知 |
| 市厂办大集体改革工作领导小组 | 本集改发〔2019〕4 号 | 关于印发《本溪市厂办大集体改革工作指导意见》的通知 |
| 市应急管理局 | 本应急发〔2019〕90 号 | 市应急管理局转发关于印发《辽宁省露天矿山综合整治实施方案》的通知 |

（办公室　供）

# 董事会文件目录

| 文件编号 | 文件标题 |
| --- | --- |
| 本钢董发〔2019〕1 号 | 本钢集团有限公司关于聘任杨成广为总法律顾问的决定 |

（办公室　供）

# 党委文件目录

| 文件编号 | 文件标题 |
|---|---|
| 钢委发〔2019〕1号 | 关于认真开好2018年度副处级以上单位党员领导干部民主生活会的通知 |
| 钢委发〔2019〕2号 | 关于印发《本钢集团党员领导干部民主生活会工作程序》的通知 |
| 钢委发〔2019〕3号 | 关于给予奈作鑫党内严重警告处分的决定 |
| 钢委发〔2019〕4号 | 关于给予卢振林党内警告处分的决定 |
| 钢委发〔2019〕5号 | 关于给予马忠岩党内警告处分的决定 |
| 钢委发〔2019〕6号 | 本钢集团有限公司党委关于省委第三巡视组反馈意见整改情况的报告 |
| 钢委发〔2019〕7号 | 关于印发《中共本钢集团党委关于省委第三巡视组巡视反馈意见整改落实情况的通报》的通知 |
| 钢委发〔2019〕8号 | 关于印发《本钢集团党委关于全面贯彻新时代党的组织路线任务分工方案》的通知 |
| 钢委发〔2019〕9号 | 关于印发《本钢集团有限公司党建工作经费管理办法（暂行）》的通知 |
| 钢委发〔2019〕10号 | 关于印发《本钢集团有限公司党员领导干部双重组织生活制度实施办法》的通知 |
| 钢委发〔2019〕11号 | 关于印发《本钢集团有限公司党支部工作细则》的通知 |
| 钢委发〔2019〕12号 | 关于印发《本钢集团有限公司党员管理工作细则》的通知 |
| 钢委发〔2019〕13号 | 关于印发《本钢集团有限公司基层党组织选举工作实施细则》的通知 |

# 党委文件目录

续表（一）

| 文件编号 | 文件标题 |
|---|---|
| 钢委发〔2019〕14号 | 本钢集团党委　本钢集团关于表彰2018年度先进集体和先进个人的决定 |
| 钢委发〔2019〕15号 | 关于本钢集团所属改制企业党组织实行属地化管理的沟通意见 |
| 钢委发〔2019〕16号 | 关于对闫洪斌等部分干部职务调整的通知 |
| 钢委发〔2019〕17号 | 关于开展第二轮巡察工作的通知 |
| 钢委发〔2019〕18号 | 关于给予张国明党内警告处分的决定 |
| 钢委发〔2019〕19号 | 关于给予刘岩松党内警告处分的决定 |
| 钢委发〔2019〕20号 | 关于给予何延刚党内警告处分的决定 |
| 钢委发〔2019〕21号 | 关于给予张斌党内警告处分的决定 |
| 钢委发〔2019〕22号 | 关于给予张波党内警告处分的决定 |
| 钢委发〔2019〕23号 | 关于给予杨继成党内严重警告处分的决定 |
| 钢委发〔2019〕24号 | 关于给予王连学党内严重警告处分的决定 |
| 钢委发〔2019〕25号 | 关于给予刘文杰党内警告处分的决定 |
| 钢委发〔2019〕26号 | 关于给予刘开祥党内警告处分的决定 |

# 党委文件目录

续表（二）

| 文件编号 | 文件标题 |
|---|---|
| 钢委发〔2019〕27 号 | 关于给予朱新宇党内严重警告处分的决定 |
| 钢委发〔2019〕28 号 | 关于给予吴绍刚党内警告处分的决定。 |
| 钢委发〔2019〕29 号 | 关于给予李承新党内警告处分的决定 |
| 钢委发〔2019〕30 号 | 关于给予刘克铜党内警告处分的决定 |
| 钢委发〔2019〕31 号 | 关于给予薛剑锋党内警告处分的决定 |
| 钢委发〔2019〕32 号 | 关于给予郎晓峰党内警告处分的决定 |
| 钢委发〔2019〕33 号 | 关于钱之荣同志因私赴香港政审的请示 |
| 钢委发〔2019〕34 号 | 关于马东清同志因私赴日本政审的请示 |
| 钢委发〔2019〕35 号 | 关于对汪澍等部分干部职务调整的通知 |
| 钢委发〔2019〕36 号 | 关于对汪澍等部分干部职务调整的通知 |
| 钢委发〔2019〕37 号 | 关于印发《本钢集团有限公司党委 2019 年工作要点》的通知 |
| 钢委发〔2019〕38 号 | 本钢集团党委关于调整板材公司计控厂等基层党组织设置的通知 |
| 钢委发〔2019〕39 号 | 关于审核批准《本钢集团有限公司“三重一大”决策制度实施办法》的请示 |

# 党委文件目录

续表（三）

| 文件编号 | 文件标题 |
| --- | --- |
| 钢委发〔2019〕40号 | 关于对吴绍刚等部分干部职务调整的通知 |
| 钢委发〔2019〕41号 | 关于印发《本钢集团有限公司党建工作经费管理办法（暂行）补充规定》的通知 |
| 钢委发〔2019〕42号 | 关于印发《本钢集团党委关于省委第三巡视组巡视反馈意见整改落实情况的通报》的通知 |
| 钢委发〔2019〕43号 | 本钢集团党委关于转发省国资委党委《党风廉政建设倡议书》的通知 |
| 钢委发〔2019〕44号 | 关于申请授予本钢集团有限公司一定的出访来访外事审批权的请示 |
| 钢委发〔2019〕45号 | 本钢集团党委上半年意识形态责任制落实情况报告 |
| 钢委发〔2019〕46号 | 关于吕树之同志因私赴俄罗斯旅游的请示 |
| 钢委发〔2019〕47号 | 本钢集团党委上半年意识形态工作情况报告 |
| 钢委发〔2019〕48号 | 本钢集团“不忘初心、牢记使命”主题教育实施方案 |
| 钢委发〔2019〕49号 | 关于印发《本钢集团“不忘初心、牢记使命”主题教育实施方案》的通知 |
| 钢委发〔2019〕50号 | 本钢集团党委关于开展庆祝新中国成立70周年系列活动的通知 |
| 钢委发〔2019〕51号 | 关于印发《本钢集团有限公司“三重一大”决策制度实施办法》的通知 |
| 钢委发〔2019〕52号 | 关于对吴英明申诉案的复核决定 |

# 党委文件目录

续表（四）

| 文件编号 | 文件标题 |
| --- | --- |
| 钢委发〔2019〕53 号 | 关于签订 2019 年度党风廉政建设目标责任书的通知 |
| 钢委发〔2019〕54 号 | 关于成立本钢集团外事工作领导小组的通知 |
| 钢委发〔2019〕55 号 | 关于印发《2019 年本钢集团有限公司普法工作要点》的通知 |
| 钢委发〔2019〕56 号 | 关于开展第三轮巡察工作的通知 |
| 钢委发〔2019〕57 号 | 关于转发《关于深入开展向马忠生同志学习活动的决定的通知》的通知 |
| 钢委发〔2019〕58 号 | 关于开展首轮巡察整改情况专项检查的通知 |
| 钢委发〔2019〕59 号 | 关于转发《关于在全省开展向张富清同志学习的通知》的通知 |
| 钢委发〔2019〕60 号 | 关于转发省国资委党委统战部转发“不忘合作初心、继续携手前进”主题教育活动的通知 |
| 钢委发〔2019〕61 号 | 本钢集团“不忘初心、牢记使命”主题教育专项整治工作总结 |
| 钢委发〔2019〕62 号 | 本钢集团“不忘初心、牢记使命”主题教育工作总结 |
| 钢委发〔2019〕63 号 | 关于对何瑛等部分干部试用、挂职锻炼期满正式任职的通知 |
| 钢委发〔2019〕64 号 | 关于对孙震等部分干部职务调整的通知 |
| 钢委发〔2019〕65 号 | 关于印发《本钢集团有限公司 2019 年保密工作要点》的通知 |

# 党委文件目录

续表（五）

| 文件编号 | 文件标题 |
| --- | --- |
| 钢委发〔2019〕66号 | 本钢集团有限公司关于调整保密委员会成员的通知 |
| 钢委发〔2019〕67号 | 关于转发《关于在全省开展向黄文秀同志学习的通知》的通知 |
| 钢委发〔2019〕68号 | 本钢集团党委关于认真学习宣传贯彻党的十九届四中全会精神实施方案 |
| 钢委发〔2019〕69号 | 关于开展“以案释纪明纪、不忘初心使命”赵明远案件警示教育活动的方案 |
| 钢委发〔2019〕70号 | 关于落实一定出访来访外事审批权筹备工作报告 |
| 钢委发〔2019〕71号 | 本钢集团党委　本钢集团关于评选2019年度先进集体和先进个人的通知 |
| 钢委发〔2019〕72号 | 本钢集团党委2019年下半年意识形态工作报告 |
| 钢委发〔2019〕73号 | 关于印发《2019年度本钢集团党组织书记抓基层党建述职评议考核工作实施方案》的通知 |

（办公室　供）

# 行政文件目录

| 文件编号 | 文件标题 |
| --- | --- |
| 本钢发安字〔2019〕1号 | 本钢集团有限公司关于做好2019年安全生产工作任务的通知 |
| 本钢发制字〔2019〕2号 | 关于印发《2019年1月份生产经营计划》的通知 |
| 本钢发人字〔2019〕3号 | 本钢集团转发关于提高企业退休军转干部等方面人员生活补助金的通知 |
| 本钢发制字〔2019〕4号 | 关于印发《2019年本钢集团有限公司产品标准目录》的通知 |
| 本钢发办字〔2019〕5号 | 关于印发《本钢集团有限公司企业秘密保护管理规定》的通知 |
| 本钢发财字〔2019〕6号 | 关于印发《本钢集团有限公司销售结算实施办法》的通知 |
| 本钢发制字〔2019〕7号 | 关于印发《本钢集团有限公司外购生产用物料试验管理规定》的通知 |
| 本钢发财字〔2019〕8号 | 关于印发《本钢集团有限公司派驻财务总监管理制度》的通知 |
| 本钢发资字〔2019〕9号 | 关于印发《本钢集团有限公司国有资产交易监督管理办法》的通知 |
| 本钢发保字〔2019〕10号 | 关于印发《本钢集团有限公司治安防范管理考核细则》的通知 |
| 本钢发办字〔2019〕11号 | 关于印发《本钢集团有限公司节假日值班管理规定》的通知 |
| 本钢发制字〔2019〕12号 | 关于印发《2019年2月份生产经营计划》的通知 |
| 本钢发制字〔2019〕13号 | 关于印发《冷轧原料质量管理考核细则》的通知 |

# 行政文件目录

续表（一）

| 文件编号 | 文件标题 |
|---|---|
| 本钢发办字〔2019〕14号 | 本钢集团转发《关于进一步加强2019年春节期间值班值守工作的通知》的通知 |
| 本钢发人字〔2019〕15号 | 关于印发《本钢集团有限公司因公出国（境）管理办法》的通知 |
| 本钢发人字〔2019〕16号 | 转发关于本钢1-4级工伤人员非工伤部位医疗待遇问题会议纪要和调整新发生工伤医疗待遇的通知 |
| 本钢发制字〔2019〕17号 | 关于印发《本钢集团有限公司运营承包费、防寒防汛费、非定额非修理辅料费管理规定》的通知 |
| 本钢发财字〔2019〕18号 | 关于印发《本钢集团有限公司存货管理办法》的通知 |
| 本钢发运营字〔2019〕19号 | 关于印发《本钢集团瘦身健体总体工作方案》的通知 |
| 本钢发人字〔2019〕20号 | 关于对《本钢集团有限公司领导干部问责追责管理办法（暂行）》进行补充修订的通知 |
| 本钢发制字〔2019〕21号 | 关于印发《本钢集团有限公司外购原燃料途耗管理规定》的通知 |
| 本钢发制字〔2019〕22号 | 关于印发《本钢集团有限公司技术标准管理办法》的通知 |
| 本钢发规字〔2019〕23号 | 关于下达《本溪钢铁（集团）有限责任公司2019年第一批固定资产投资计划》的通知 |
| 本钢发字〔2019〕24号 | 关于下达《本溪钢铁（集团）矿业有限责任公司2019年第一批固定资产投资计划》的通知 |
| 本钢发字〔2019〕25号 | 关于下达《本溪北营钢铁（集团）股份有限公司2019年第一批固定资产投资计划》的通知 |
| 本钢发制字〔2019〕26号 | 关于印发《本钢集团有限公司产线认证管理办法》的通知 |

# 行政文件目录

续表（二）

| 文件编号 | 文件标题 |
| --- | --- |
| 本钢发制字〔2019〕27号 | 关于印发《2019年3月份生产经营计划》的通知 |
| 本钢发运营字〔2019〕28号 | 本钢集团有限公司关于纪委（监察部）内设机构更名的通知 |
| 本钢发能字〔2019〕29号 | 关于印发《本钢集团有限公司环境保护工作责任规定》的通知 |
| 本钢发制字〔2019〕30号 | 关于印发《本钢集团有限公司IATF16949质量管理体系内部审核管理办法》的通知 |
| 本钢发规字〔2019〕31号 | 关于下达《本钢板材股份有限公司炼铁厂5号高炉产能置换（板材炼铁厂5号高炉节能环保改造）工程》初步设计批复的通知 |
| 本钢发规字〔2019〕32号 | 关于印发《本钢集团有限公司落实本溪市2019年“重实干、强执行、抓落实”专项行动工作方案》的通知 |
| 本钢发运营字〔2019〕33号 | 关于发布2019年度本钢集团有效规章制度清单的通知 |
| 本钢发国贸字〔2019〕34号 | 关于印发《本钢集团有限公司期货管理办法》的通知 |
| 本钢发国贸字〔2019〕35号 | 关于印发《本钢集团有限公司期货业务实施细则》的通知 |
| 本钢发办字〔2019〕36号 | 关于印发《本钢集团有限公司职工职业技能竞赛实施办法》的通知 |
| 本钢发规字〔2019〕37号 | 关于印发《2019年本钢集团有限公司科技项目计划》的通知 |
| 本钢发资字〔2019〕38号 | 关于印发《本钢集团有限公司股权管理办法（暂行）》的通知 |
| 本钢发运营字〔2019〕39号 | 关于印发《本钢集团有限公司领导干部问责追责管理办法实施细则》的通知 |

# 行政文件目录

续表（三）

| 文件编号 | 文件标题 |
|---|---|
| 本钢发制字〔2019〕40 号 | 关于印发《2019 年 4 月份生产经营计划》的通知 |
| 本钢发运营字〔2019〕41 号 | 本钢集团有限公司关于计控厂更名为计控中心的通知 |
| 本钢发运营字〔2019〕42 号 | 本钢集团有限公司关于调整组织机构设置的通知 |
| 本钢发运营字〔2019〕43 号 | 关于本钢集团办公室（董事会办公室、党委办公室、机关党委）内设机构调整的通知 |
| 本钢发运营字〔2019〕44 号 | 关于矿业公司组织机构调整的通知 |
| 本钢发运营字〔2019〕45 号 | 关于建设公司组织机构调整的通知 |
| 本钢发运营字〔2019〕46 号 | 关于修建（维检）公司组织机构调整的通知 |
| 本钢发运营字〔2019〕47 号 | 关于北营公司组织机构及人员编制调整的通知 |
| 本钢发运营字〔2019〕48 号 | 关于机械制造公司组织机构调整的通知 |
| 本钢发运营字〔2019〕49 号 | 关于印发《本钢集团质量/环境/职业健康安全/能源/两化融合管理体系管理评审报告》的通知 |
| 本钢发办字〔2019〕50 号 | 关于举办本钢集团有限公司第三届职工运动会的通知 |
| 本钢发运营字〔2019〕51 号 | 关于本钢集团规划发展部（科技发展部）主要职责内设机构调整的通知 |
| 本钢发财字〔2019〕52 号 | 关于印发《本钢集团有限公司资金风险管理规定》的通知 |

# 行政文件目录

续表（四）

| 文件编号 | 文件标题 |
|---|---|
| 本钢发制字〔2019〕53 号 | 关于印发《本钢集团有限公司逾期合同管理细则》的通知 |
| 本钢发制字〔2019〕54 号 | 关于印发《本钢集团有限公司半成品、成品库存管理实施细则》的通知 |
| 本钢发规字〔2019〕55 号 | 关于印发《本钢集团有限公司产品认证管理办法》的通知 |
| 本钢发规字〔2019〕56 号 | 关于印发《本钢集团有限公司研发费用管理规定》的通知 |
| 本钢发办字〔2019〕57 号 | 关于印发《本钢集团有限公司公文处理办法》的通知 |
| 本钢发办字〔2019〕58 号 | 关于印发《本钢集团有限公司印信管理办法》的通知 |
| 本钢发规字〔2019〕59 号 | 关于印发《本钢集团有限公司新产品开发管理办法》的通知 |
| 本钢发规字〔2019〕60 号 | 关于印发《本钢集团有限公司新产品转产管理办法》的通知 |
| 本钢发制字〔2019〕61 号 | 关于印发《本钢集团有限公司非计划产品生产管理实施细则》的通知 |
| 本钢发制字〔2019〕62 号 | 关于印发《2019 年 5 月份生产经营计划》的通知 |
| 本钢发运营字〔2019〕63 号 | 关于初步设计业务由集团公司规划发展部划归板材公司设备部的通知 |
| 本钢发制字〔2019〕64 号 | 本钢集团有限公司钢后工序质量责任归户管理规定 |
| 本钢发审字〔2019〕65 号 | 关于印发《本钢集团内部审计整改管理办法》的通知 |

# 行政文件目录

续表（五）

| 文件编号 | 文件标题 |
|---|---|
| 本钢发审字〔2019〕66号 | 关于印发《本钢集团有限公司单位负责人任前经济责任告知办法》的通知 |
| 本钢发制字〔2019〕67号 | 关于印发Q/BB 300—2019《冷轧钢板及钢带的包装、标志和质量证明书》的通知 |
| 本钢发制字〔2019〕68号 | 关于印发Q/BB 001—2019《钢渣尾渣》企业标准的通知 |
| 本钢发制字〔2019〕69号 | 关于印发《本钢集团有限公司铁前工序生产用物料质量管理实施办法》的通知 |
| 本钢发国贸字〔2019〕70号 | 关于印发《本钢集团矿业公司歪头山铁矿岩石销售管理细则》的通知 |
| 本钢发财字〔2019〕71号 | 关于印发《省国资委考核本钢集团2019年度经营业绩目标任务分解落实工作方案》的通知 |
| 本钢发审字〔2019〕72号 | 关于印发《本钢集团单位负责人离任经济事项交接办法》的通知 |
| 本钢发制字〔2019〕73号 | 本钢集团有限公司铁前物料质量预警实施细则 |
| 本钢发制字〔2019〕74号 | 关于印发Q/BB 304—2019《碳素结构钢冷轧钢板和钢带》等7项企业标准的通知 |
| 本钢发行字〔2019〕75号 | 关于印发《本钢集团有限公司公务交通出行保障制度实施细则（试行）》的通知 |
| 本钢发资字〔2019〕76号 | 关于本钢板材股份有限公司公开发行A股可转换公司债券相关事宜的批复 |
| 本钢发制字〔2019〕77号 | 关于印发《2019年6月份生产经营计划》的通知 |
| 本钢发制字〔2019〕78号 | 关于印发《本钢集团有限公司大宗原燃料消耗管理考核实施细则》的通知 |

# 行政文件目录

续表（六）

| 文件编号 | 文件标题 |
|---|---|
| 本钢发规字〔2019〕79 号 | 关于印发《本钢集团有限公司科技论文管理办法》的通知 |
| 本钢发制字〔2019〕80 号 | 关于印发《2019 年 7 月份生产经营计划》的通知 |
| 本钢发安字〔2019〕81 号 | 关于印发《本钢集团有限公司生产安全事故管理办法》的通知 |
| 本钢发安字〔2019〕82 号 | 关于印发《本钢集团有限公司铁路运输安全管理规定》的通知 |
| 本钢发运营字〔2019〕83 号 | 本钢集团有限公司关于成立外事管理办公室的通知 |
| 本钢发安字〔2019〕84 号 | 关于印发《本钢集团有限公司火灾事故管理办法》的通知 |
| 本钢发制字〔2019〕85 号 | 关于印发《本钢集团有限公司 2019 年防汛工作安排》的通知 |
| 本钢发制字〔2019〕86 号 | 关于印发 QBB 311—2019《冷成形用低碳钢、无间隙原子钢、结构钢连续热镀锌锌铁合金钢板和钢带》等 4 项企业标准的通知 |
| 本钢发安字〔2019〕87 号 | 关于印发《本钢集团有限公司安全生产责任制实施细则》的通知 |
| 本钢发安字〔2019〕88 号 | 关于印发《本钢集团有限公司职工档案管理办法》的通知 |
| 本钢发监字〔2019〕89 号 | 关于给予袁振行政记过处分的决定 |
| 本钢发监字〔2019〕90 号 | 关于给予朱新宇行政警告处分的决定 |
| 本钢发监字〔2019〕91 号 | 关于给予张利行政记过处分的决定 |

# 行政文件目录

续表（七）

| 文件编号 | 文件标题 |
| --- | --- |
| 本钢发监字〔2019〕92号 | 关于给予成耀武行政记过处分的决定 |
| 本钢发监字〔2019〕93号 | 关于给予袁业旭行政记过处分的决定 |
| 本钢发监字〔2019〕94号 | 关于给予刘书杰行政警告处分的决定 |
| 本钢发制字〔2019〕95号 | 关于印发 QBB 502—2019《冷轧不锈钢钢带》等4项企业标准的通知 |
| 本钢发制字〔2019〕96号 | 关于印发《2019年8月份生产经营计划的通知》 |
| 本钢发规字〔2019〕97号 | 关于《本溪钢铁（集团）矿业有限责任公司花岭沟铁矿地下开采工程初步设计》的批复 |
| 本钢发规字〔2019〕98号 | 关于本钢板材能源总厂中水深度处理回用工程可行性研究的批复 |
| 本钢发资字〔2019〕99号 | 关于本溪钢铁（集团）有限责任公司转让2300mm热轧生产线相关资产的批复 |
| 本钢发资字〔2019〕100号 | 关于本溪北营钢铁（集团）股份有限公司转让1780mm热轧生产线相关机器设备资产的批复 |
| 本钢发资字〔2019〕101号 | 关于核准本溪钢铁（集团）有限责任公司2300mm热轧生产线资产评估报告结果的批复 |
| 本钢发资字〔2019〕102号 | 关于核准本溪北营钢铁（集团）股份有限公司1780mm热轧生产线资产评估报告结果的批复 |
| 本钢发规字〔2019〕103号 | 关于本钢工业余热暖民工程（替代城市燃煤锅炉）一期热力公司外网部分初步设计的批复 |
| 本钢发规字〔2019〕104号 | 关于热力公司歪头山地区供暖改造工程可行性研究的批复 |

# 行政文件目录

续表（八）

| 文件编号 | 文件标题 |
|---|---|
| 本钢发制字〔2019〕105 号 | 关于印发《本钢集团有限公司铁前原燃料开发新资源的管理办法》的通知 |
| 本钢发运营字〔2019〕106 号 | 关于本钢党校内设机构调整的通知 |
| 本钢发制字〔2019〕107 号 | 关于印发《本钢集团有限公司 2019 年“质量月”活动安排》的通知 |
| 本钢发规字〔2019〕108 号 | 关于印发《本钢集团有限公司重点技术改造项目前期工作管理办法》的通知 |
| 本钢发规字〔2019〕109 号 | 关于在《本钢技术》发表论文有关规定的通知 |
| 本钢发规字〔2019〕110 号 | 关于印发《本钢集团有限公司建设项目后评价管理办法》的通知 |
| 本钢发保字〔2019〕111 号 | 本钢集团关于做好农民工工资支付保障工作的通知 |
| 本钢发制字〔2019〕112 号 | 关于印发《2019 年 9 月份生产经营计划》的通知 |
| 本钢发制字〔2019〕113 号 | 关于印发 QBB 100—2019《热轧钢板及钢带的包装、标志和质量证明书》企业标准的通知 |
| 本钢发制字〔2019〕114 号 | 关于印发《本钢集团有限公司调料管理规定》的通知 |
| 本钢发运营字〔2019〕115 号 | 本钢集团关于加快推进“僵尸企业”处置工作的通知 |
| 本钢发制字〔2019〕116 号 | 关于印发《本钢集团有限公司废钢铁回收管理办法》的通知 |
| 本钢发办字〔2019〕117 号 | 关于停止与本钢设计研究院有限责任公司新发生经济业务往来的通知 |

# 行政文件目录

续表（九）

| 文件编号 | 文件标题 |
|---|---|
| 本钢发保字〔2019〕118号 | 本钢集团有限公司关于印发《新中国成立70周年大庆期间信访维稳工作方案》的通知 |
| 本钢发规字〔2019〕119号 | 本钢集团有限公司关于调整“结对帮扶”责任人的通知 |
| 本钢发运营字〔2019〕120号 | 关于印发《关于安全设备生产质量环保责任事故单位相关领导问责追责办法的调整意见》的通知 |
| 本钢发规字〔2019〕121号 | 关于本溪北营钢铁（集团）股份有限公司炼钢一区产能置换项目可行性研究的批复 |
| 本钢发安字〔2019〕122号 | 关于印发《本钢集团有限公司生产安全事故（综合）应急预案》的通知 |
| 本钢发能字〔2019〕123号 | 关于印发《本钢集团贯彻落实“中央生态环境保护督察‘回头看’及第一轮督察反馈意见整改方案”的工作方案》的通知 |
| 本钢发能字〔2019〕124号 | 关于印发《本钢集团有限公司环保责任事故问责追责管理办法（试行）》的通知 |
| 本钢发规字〔2019〕125号 | 关于北营焦化废水处理改造工程可行性研究的批复 |
| 本钢发能字〔2019〕126号 | 关于印发《本钢集团有限公司污染源自动监控设施管理办法》的通知 |
| 本钢发安字〔2019〕127号 | 关于印发《本钢集团有限公司生产安全事故管理办法》的通知 |
| 本钢发安字〔2019〕128号 | 关于印发《本钢集团有限公司火灾事故管理办法》的通知 |
| 本钢发制字〔2019〕129号 | 关于印发《2019年10月份生产经营计划》的通知 |
| 本钢发规字〔2019〕130号 | 关于本溪北营钢铁（集团）股份有限公司发电厂高温超高压机组工程可行性研究的批复 |

# 行政文件目录

续表（十）

| 文件编号 | 文件标题 |
|---|---|
| 本钢发规字〔2019〕131号 | 关于北营能源总厂中水深度处理回用工程可行性研究的批复 |
| 本钢发规字〔2019〕132号 | 关于南芬选矿厂取缔10吨以下燃煤锅炉工程初步设计的批复 |
| 本钢发制字〔2019〕133号 | 关于印发《本钢集团有限公司文明生产巡视管理办法》的通知 |
| 本钢发规字〔2019〕134号 | 关于本钢板材发电厂热电作业区超低排放改造项目可行性研究的批复 |
| 本钢发制字〔2019〕135号 | 关于印发《本钢集团有限公司质量事故管理规定》的通知 |
| 本钢发人字〔2019〕136号 | 关于对李明乡同志职务聘任的通知 |
| 本钢发制字〔2019〕137号 | 关于印发《2019年11月份生产经营计划》的通知 |
| 本钢发制字〔2019〕138号 | 本钢集团有限公司关于2019年防寒防冻工作安排的通知 |
| 本钢发制字〔2019〕139号 | 关于印发《本钢集团有限公司生产责任事故问责追责管理规定》的通知 |
| 本钢发财字〔2019〕140号 | 关于印发《本钢集团有限公司清产核资审计、资产评估工作实施方案》的通知 |
| 本钢发技字〔2019〕141号 | 本钢集团关于成立高炉专家工作组的通知 |
| 本钢发运营字〔2019〕142号 | 关于本溪钢联发展有限公司及其所属子公司承接本钢厂办大集体关闭企业存续业务的通知 |
| 本钢发运营字〔2019〕143号 | 关于成立本钢集团退休人员社会化（集中）管理领导小组的通知 |

# 行政文件目录

续表（十一）

| 文件编号 | 文件标题 |
| --- | --- |
| 本钢发运营字〔2019〕144号 | 关于印发《本钢集团子公司离退休人员、退养职工集中管理工作指导意见》的通知 |
| 本钢发制字〔2019〕145号 | 关于印发《2019年12月份生产经营计划》的通知 |
| 本钢发资字〔2019〕146号 | 关于同意转让房地产公司等两家单位股权的批复 |
| 本钢发资字〔2019〕147号 | 关于核准本溪钢铁（集团）第二建筑工程有限公司资产评估报告结果的批复 |
| 本钢发资字〔2019〕148号 | 关于核准本溪钢铁（集团）房地产开发有限责任公司资产评估报告结果的批复 |
| 本钢发监字〔2019〕149号 | 关于给予包海军同志警告处分的决定 |
| 本钢发监字〔2019〕150号 | 关于给予钟印科同志降级处分的决定 |
| 本钢发监字〔2019〕151号 | 关于给予郭晓强同志警告处分的决定 |
| 本钢发监字〔2019〕152号 | 关于给予王长华同志记大过处分的决定 |
| 本钢发监字〔2019〕153号 | 关于给予张弛同志记大过处分的决定 |
| 本钢发监字〔2019〕154号 | 关于给予赵东同志降级处分的决定 |
| 本钢发监字〔2019〕155号 | 关于给予张艳龙同志警告处分的决定 |
| 本钢发规字〔2019〕156号 | 关于印发《本钢集团有限公司建设项目工程其他费管理实施细则》的通知 |

# 行政文件目录

续表（十二）

| 文件编号 | 文件标题 |
|---|---|
| 本钢发安字〔2019〕157号 | 关于印发《本钢集团有限公司危险化学品安全管理制度》的通知 |
| 本钢发安字〔2019〕158号 | 关于印发《本钢集团有限公司森林防火管理制度》的通知 |
| 本钢发安字〔2019〕159号 | 关于印发《本钢集团有限公司仓储物资场所消防安全管理制度》的通知 |
| 本钢发监字〔2019〕160号 | 关于给予欧继胜同志降级处分的决定 |
| 本钢发监字〔2019〕161号 | 关于给予刘锦程同志降级处分的决定 |
| 本钢发监字〔2019〕162号 | 关于给予杜广强同志记过处分的决定 |
| 本钢发监字〔2019〕163号 | 关于给予邱丰同志记过处分的决定 |
| 本钢发监字〔2019〕164号 | 关于给予李东旭同志记大过处分的决定 |
| 本钢发监字〔2019〕165号 | 关于给予刘彤同志记过处分的决定 |
| 本钢发监字〔2019〕166号 | 关于给予李秀峰同志降级处分的决定 |
| 本钢发监字〔2019〕167号 | 关于给予唐耀武同志记过处分的决定 |
| 本钢发监字〔2019〕168号 | 关于给予王长波同志警告处分的决定 |
| 本钢发监字〔2019〕169号 | 关于给予陈新同志警告处分的决定 |

# 行政文件目录

续表（十三）

| 文件编号 | 文件标题 |
| --- | --- |
| 本钢发监字〔2019〕170 号 | 关于给予刘章满同志记过处分的决定 |
| 本钢发监字〔2019〕171 号 | 关于给予任瑞忠同志记过处分的决定 |
| 本钢发监字〔2019〕172 号 | 关于给予秦士宽同志记大过处分的决定 |
| 本钢发规字〔2019〕173 号 | 关于本钢板材发电饱和蒸汽发电工程可行性研究的批复 |
| 本钢发制字〔2019〕174 号 | 关于印发《本钢集团有限公司回收含铁料管理规定》的通知 |
| 本钢发制字〔2019〕175 号 | 关于印发《本钢集团有限公司大宗原燃料计划管理考核实施细则》的通知 |
| 本钢发安字〔2019〕176 号 | 关于印发《本钢集团有限公司安全风险分级管控及隐患排查治理双重预防机制实施细则》的通知 |

（办公室　供）

# 行政文件目录（上行）

| 文件编号 | 文件标题 |
|---|---|
| 本钢发财字〔2019〕1 号 | 关于本溪钢铁公司补充股权质押的请示 |
| 本钢发财字〔2019〕2 号 | 关于本溪钢铁公司补充股权质押的请示 |
| 本钢发财字〔2019〕3 号 | 关于对本钢集团有限公司清产核资损失结果予以核销处理的请示 |
| 本钢发办字〔2019〕4 号 | 关于修订本钢集团有限公司章程的请示 |
| 本钢发办字〔2019〕5 号 | 本钢集团传达贯彻和落实省委经济工作会议精神情况的报告 |
| 本钢发资字〔2019〕6 号 | 本钢集团关于“三供一业”分离移交资产划转备案的报告 |
| 本钢发运营字〔2019〕7 号 | 本钢集团关于“僵尸企业”处置工作情况的报告 |
| 本钢发财字〔2019〕8 号 | 本钢集团关于划转国有土地使用权及转增国家股本金、资本公积的请示 |
| 本钢发规字〔2019〕9 号 | 本钢集团关于协调解决本钢歪头山矿区新建花岭沟铁矿相关事宜的请示 |
| 本钢发规字〔2019〕10 号 | 本钢集团关于 2018 年度投资工作总结及 2019 年度投资计划的报告 |
| 本钢发资字〔2019〕11 号 | 本钢集团有限公司关于推进资本运作暨市场化债转股的请示 |
| 本钢发财字〔2019〕12 号 | 关于本溪钢铁公司补充股权质押的请示 |
| 本钢发行字〔2019〕13 号 | 本钢集团关于办理本钢大连耐火材料有限公司土地证的请示 |

# 行政文件目录（上行）

续表（一）

| 文件编号 | 文件标题 |
| --- | --- |
| 本钢发规字〔2019〕14 号 | 本钢集团关于北营公司铁矿和石灰石矿等两座矿山办理延续及扩界采矿证有关问题的请示 |
| 本钢发资字〔2019〕15 号 | 本钢集团关于参与欧冶云商第二轮增资扩股的请示 |
| 本钢发办字〔2019〕16 号 | 关于本钢集团矿业公司南芬露天铁矿和歪头山铁矿恢复使用民爆物品的紧急请示 |
| 本钢发资字〔2019〕17 号 | 关于《本钢集团有限公司国有资产交易监督管理办法》核准备案的报告 |
| 本钢发规字〔2019〕18 号 | 本钢集团关于 4 号门立体停车场占用部分城市绿地的请示 |
| 本钢发运营字〔2019〕19 号 | 本钢集团关于原本钢医疗系统所属厂办大集体企业推进改革工作主体的请示 |
| 本钢发能字〔2019〕20 号 | 关于报批特钢轧机改造项目节能评估报告的函 |
| 本钢发财字〔2019〕21 号 | 本钢集团关于申请处理历史遗留问题政策资金支持的请示 |
| 本钢发能字〔2019〕22 号 | 关于上调北营公司供衡泽热力发展有限公司余热水价格的函 |
| 本钢发规字〔2019〕23 号 | 关于申请变更本钢板材股份有限公司 CCPP 发电项目燃机及汽机发电机组装机容量的函 |
| 本钢发财字〔2019〕24 号 | 关于呈报本钢集团有限公司 2019 年财务预算的报告 |
| 本钢发运营字〔2019〕25 号 | 关于原本钢医疗系统所属厂办大集体改革工作责任主体的请示 |
| 本钢发财字〔2019〕26 号 | 本钢集团有限公司关于申请发行短期融资券的请示 |

# 行政文件目录（上行）

续表（二）

| 文件编号 | 文件标题 |
|---|---|
| 本钢发财字〔2019〕27号 | 本钢集团有限公司关于申请非公开发行公司债券的请示 |
| 本钢发能字〔2019〕28号 | 本钢集团有限公司关于紧急解决贾家堡铁矿400万吨采矿权审批问题的请示 |
| 本钢发能字〔2019〕29号 | 关于解决本钢板材炼铁厂5号高炉产能置换工程环评涉及大气防护距离问题的请示 |
| 本钢发资字〔2019〕30号 | 本钢集团关于质押本钢板材部分股票的请示 |
| 本钢发能字〔2019〕31号 | 本钢集团关于申请2019年环保奖励资金的报告 |
| 本钢发规字〔2019〕32号 | 本钢集团关于急需解决超高树木影响北营公司高压输电线路运行安全问题的请示 |
| 本钢发规字〔2019〕33号 | 本钢集团关于急需解决超高树木影响北营公司高压输电线路运行安全问题的函 |
| 本钢发能字〔2019〕34号 | 本钢集团关于《辽宁省贯彻落实中央生态环境保护督察“回头看”及渤海生态保护修复专项督察反馈意见整改方案》的反馈意见 |
| 本钢发能字〔2019〕35号 | 本钢集团关于申请2019年环保奖励资金的请示 |
| 本钢发能字〔2019〕36号 | 本钢集团关于申请拨付2017年环保奖励资金的请示 |
| 本钢发资字〔2019〕37号 | 本钢集团关于本溪钢铁公司持有本钢板材合理持股比例的备案报告 |
| 本钢发行字〔2019〕38号 | 本溪钢铁（集团）有限责任公司关于［本南政函〔2019〕21号］的回复函 |
| 本钢发运营字〔2019〕39号 | 关于本钢集团厂办大集体改革第一批拟关闭注销257家企业的报告 |

# 行政文件目录（上行）

续表（三）

| 文件编号 | 文件标题 |
|---|---|
| 本钢发财字〔2019〕40号 | 关于对本钢集团有限公司清产核资损失结果予以核销处理的请示 |
| 本钢发财字〔2019〕41号 | 本钢集团有限公司清产核资工作报告 |
| 本钢发行字〔2019〕42号 | 本钢集团关于协调解决本钢房地产公司平山甲楼地区动迁费及土地出让金问题的请示 |
| 本钢发能字〔2019〕43号 | 本钢集团有限公司关于紧急解决贾家堡铁矿400万吨采矿权审批问题的请示 |
| 本钢发能字〔2019〕44号 | 关于解决本钢板材炼铁厂5号高炉产能置换工程环评涉及大气防护距离问题的请示 |
| 本钢发运营字〔2019〕45号 | 本钢集团关于厂办大集体企业性质界定工作相关意见的函 |
| 本钢发规字〔2019〕46号 | 关于为本钢集团大连耐火材料有限公司出具14.6万平土地作价出资初审意见的请示 |
| 本钢发资字〔2019〕47号 | 关于本钢板材股份有限公司拟公开发行A股可转换公司债券的请示 |
| 本钢发规字〔2019〕48号 | 本钢集团办理探矿证需省国资委帮助协调解决的问题 |
| 本钢发规字〔2019〕49号 | 本钢集团关于办理探矿证需省国资委帮助协调解决问题的请示 |
| 本钢发规字〔2019〕50号 | 本钢集团关于花红沟及永安铁矿需省国资委帮助协调解决问题的请示 |
| 本钢发规字〔2019〕51号 | 本钢集团关于北营公司土地权属范围内林地变更调整的请示 |
| 本钢发能字〔2019〕52号 | 关于《本溪市水务局关于商请本钢集团有限公司签订观音阁输水工程供用水框架协议的函》的复函 |

# 行政文件目录（上行）

续表（四）

| 文件编号 | 文件标题 |
|---|---|
| 本钢发能字〔2019〕53号 | 本钢集团关于支持本钢板材炼铁厂5号高炉产能置换工程、特钢电炉升级改造工程有关问题的报告 |
| 本钢发规字〔2019〕54号 | 本钢集团关于急需办理探矿证的请示 |
| 本钢发规字〔2019〕55号 | 本钢集团关于急需办理探矿权转让的请示 |
| 本钢发财字〔2019〕56号 | 关于本钢集团有限公司清产核资资产损失情况的报告 |
| 本钢发规字〔2019〕57号 | 本钢集团关于贾家堡铁矿申请探矿权新立的函 |
| 本钢发能字〔2019〕58号 | 本钢集团有限公司关于延期缴纳2017年水土保持补偿费的函 |
| 本钢发规字〔2019〕59号 | 本钢集团关于北营石灰石矿申请探矿权新立的请示 |
| 本钢发规字〔2019〕60号 | 本钢集团关于北营石灰石矿申请探矿权新立的函 |
| 本钢发规字〔2019〕61号 | 本钢集团关于北营铁矿申请探矿权新立的函 |
| 本钢发规字〔2019〕62号 | 本钢集团关于北营铁矿申请探矿权新立的函 |
| 本钢发规字〔2019〕63号 | 本钢集团关于南芬露天铁矿申请探矿权新立的函 |
| 本钢发规字〔2019〕64号 | 本钢集团关于申请歪头山铁矿马耳岭采区新立探矿权的函 |
| 本钢发规字〔2019〕65号 | 本钢集团关于申请歪头山铁矿探矿权新立的函 |

# 行政文件目录（上行）

续表（五）

| 文件编号 | 文件标题 |
|---|---|
| 本钢发规字〔2019〕66号 | 本钢集团关于贾家堡铁矿申请探矿权新立的函 |
| 本钢发规字〔2019〕67号 | 本钢集团关于南芬露天铁矿申请探矿权新立的函 |
| 本钢发规字〔2019〕68号 | 本钢集团关于申请歪头山铁矿马耳岭采区新立探矿权的函 |
| 本钢发规字〔2019〕69号 | 本钢集团关于申请歪头山铁矿探矿权新立的函 |
| 本钢发规字〔2019〕70号 | 本钢集团有限公司关于炼钢产能置换项目淘汰旧产能的承诺 |
| 本钢发规字〔2019〕71号 | 本钢集团关于办理探矿权急需市政府帮助协调出具核查意见的请示 |
| 本钢发规字〔2019〕72号 | 本钢集团有限公司关于矿权办理请求协调解决问题的请示 |
| 本钢发能字〔2019〕73号 | 关于报批炼钢8号铸机工程节能评估报告的请示 |
| 本钢发能字〔2019〕74号 | 关于报批冷轧高牌号高磁感无取向硅钢项目节能评估报告的请示 |
| 本钢发规字〔2019〕75号 | 本钢集团关于北营石灰石矿申请探矿权新立的函 |
| 本钢发审字〔2019〕76号 | 本钢集团关于省国资委对审计调查发现问题进行整改的情况报告 |
| 本钢发规字〔2019〕77号 | 本钢集团关于混改矿权评估结果需省自然资源厅确认的请示 |
| 本钢发办字〔2019〕78号 | 本钢集团关于亟需市政府帮助解决“本钢工业余热暖民工程一期外网改造项目”相关事宜的请示 |

# 行政文件目录（上行）

续表（六）

| 文件编号 | 文件标题 |
|---|---|
| 本钢发规字〔2019〕79号 | 本钢集团关于北营公司铁矿、石灰石矿国土监察执法权限划归本溪市统一管理的请示 |
| 本钢发规字〔2019〕80号 | 本钢集团关于棉花堡子铁矿详查探矿权新立急需解决价款处置问题的请示 |
| 本钢发规字〔2019〕81号 | 本钢集团关于矿权办理需省国资委帮助协调解决问题的请示 |
| 本钢发运营字〔2019〕82号 | 本钢集团关于瘦身健体工作进展情况的报告 |
| 本钢发规字〔2019〕83号 | 本钢集团关于恳请省国资委帮助协调解决矿权办理涉及青山保护规划等问题的请示 |
| 本钢发规字〔2019〕84号 | 本钢集团关于恳请省国资委帮助协调解决矿权平面扩界问题的请示 |
| 本钢发规字〔2019〕85号 | 本钢集团关于恳请省国资委协调解决北营铁矿、石灰石矿涉及与葠窝水库、辽阳双河自然保护区重叠问题的请示 |
| 本钢发人字〔2019〕86号 | 本钢集团有限公司2019年度辽宁省“百千万人才工程”人选推荐选拔报告 |
| 本钢发国贸字〔2019〕87号 | 本钢集团关于协调解决港口、铁路问题的请示 |
| 本钢发规字〔2019〕88号 | 本钢集团关于北营公司发电厂高温超高压机组等三个项目申报生态文明建设专项2020年中央预算内投资备选项目的函 |
| 本钢发规字〔2019〕89号 | 关于本溪北营钢铁（集团）股份有限公司发电厂高温超高压机组工程项目核准的函 |
| 本钢发行字〔2019〕90号 | 本钢集团关于支持本钢国贸大楼改造工程的请示 |
| 本钢发办字〔2019〕91号 | 关于拟对本钢集团丹东不锈钢公司实施关停处理的报告 |

# 行政文件目录（上行）

续表（七）

| 文件编号 | 文件标题 |
|---|---|
| 本钢发办字〔2019〕92 号 | 关于拟对本钢集团丹东不锈钢公司实施关停处理的报告 |
| 本钢发人字〔2019〕93 号 | 本钢集团有限公司 2019 年度“青年拔尖人才支持计划”人选推荐函 |
| 本钢发人字〔2019〕94 号 | 本钢集团有限公司 2019 年度“青年拔尖人才支持计划”人选推荐函 |
| 本钢发规字〔2019〕95 号 | 本钢集团关于商请调整本钢重点项目涉及的生态保护红线划定范围的请示 |
| 本钢发财字〔2019〕96 号 | 本钢集团关于请贵委对进出口银行出函的请示 |
| 本钢发规字〔2019〕97 号 | 本钢集团关于申请石灰石矿明山矿区深部探矿权的函 |
| 本钢发规字〔2019〕98 号 | 本钢集团关于恳请本溪市人民政府帮助协调解决矿权办理有关问题的函 |
| 本钢发规字〔2019〕99 号 | 本钢集团关于恳请辽阳市人民政府协调解决矿权平面扩界有关问题的函 |
| 本钢发规字〔2019〕100 号 | 本钢集团关于“制约省属企业高质量发展问题专项整治工作”实施方案 |
| 本钢发规字〔2019〕101 号 | 本钢集团关于“制约省属企业高质量发展问题专项整治工作”总结 |
| 本钢发财字〔2019〕102 号 | 关于本钢集团有限公司申请发行超短期融资券和中期票据的请示 |
| 本钢发国贸字〔2019〕103 号 | 本钢集团有限公司关于协调丹东港港杂费问题的报告 |
| 本钢发资字〔2019〕104 号 | 关于本钢集团控股上市公司合理持股比例的备案报告 |

# 行政文件目录（上行）

续表（八）

| 文件编号 | 文件标题 |
|---|---|
| 本钢发资字〔2019〕105 号 | 本钢集团关于为本钢板材发行可转债提供担保的请示 |
| 本钢发资字〔2019〕106 号 | 关于本钢板材发行可转债反馈意见需省国资委出具所属企业情况的请示 |
| 本钢发财字〔2019〕107 号 | 关于在中天证券叙做不超过 20 亿元股票质押式回购融资业务的请示 |
| 本钢发国贸字〔2019〕108 号 | 本钢集团有限公司关于再次协调丹东港港杂费问题的请示 |
| 本钢发财字〔2019〕109 号 | 本钢集团关于帮助解决持有省内城商行银承变现困难的请示 |
| 本钢发资字〔2019〕110 号 | 关于通过申万宏源证券开展股票质押式回购融资业务的请示 |
| 本钢发设字〔2019〕111 号 | 本钢集团关于对冶金工业工程质量监督总站本钢监督站进行复核验收的请示 |
| 本钢发办字〔2019〕112 号 | 本钢集团关于在沈丹铁路南芬至金坑区间涵洞内检修尾矿管路的商洽函 |
| 本钢发规字〔2019〕113 号 | 本钢集团关于退回本钢南芬生态休闲园区项目中央预算内补助资金的函 |
| 本钢发规字〔2019〕114 号 | 本钢集团关于 2019 年度固定资产投资计划调整并备案的请示 |
| 本钢发规字〔2019〕115 号 | 本钢集团关于混改涉及花岭沟铁矿采矿权办理需省自然资源厅协调解决有关问题的请示 |
| 本钢发资字〔2019〕116 号 | 本钢集团关于“三供一业”分离移交歪矿地区供水资产涉及土地划转备案的报告 |
| 本钢发规字〔2019〕117 号 | 关于提请市工信局报省工信厅为本钢板材股份有限公司炼铁厂 5 号高炉产能置换工程出具审批情况说明的函 |

# 行政文件目录（上行）

续表（九）

| 文件编号 | 文件标题 |
| --- | --- |
| 本钢发财字〔2019〕118 号 | 关于请贵委对浙商银行沈阳分行出函的请示 |
| 本钢发规字〔2019〕119 号 | 关于本溪北营钢铁（集团）股份有限公司发电厂高温超高压机组工程项目核准的函 |
| 本钢发规字〔2019〕120 号 | 关于本溪北营钢铁（集团）股份有限公司发电厂高温超高压机组工程项目核准的请示 |
| 本钢发法字〔2019〕121 号 | 关于本钢基建大院项目起诉事宜的函 |
| 本钢发财字〔2019〕122 号 | 本钢集团关于在北京金融交易所注册不超过 20 亿元债权融资计划的请示 |
| 本钢发人字〔2019〕123 号 | 本钢集团 2018 年度工资总额清算和 2019 年度工资总额预算报告 |
| 本钢发资字〔2019〕124 号 | 本钢集团关于质押本钢板材部分股票开展融资业务的请示 |
| 本钢发办字〔2019〕125 号 | 本钢集团有限公司关于恳请批复贾家堡子铁矿 400 万吨采矿证的请示 |
| 本钢发财字〔2019〕126 号 | 关于请贵委对兴业银行沈阳分行出函的请示 |
| 本钢发规字〔2019〕127 号 | 关于协议转让恒基公司所持本溪大河实业有限公司股权的请示 |
| 本钢发运营字〔2019〕128 号 | 本钢集团关于基本完成厂办大集体改革工作情况的报告 |

（办公室　供）

# 本溪钢铁公司（上行、下行）文件目录

| 文件编号 | 文件标题 |
| --- | --- |
| 本钢公司发办字〔2019〕1号 | 关于启用本溪钢铁（集团）有限责任公司设备维护检修中心新印章的通知 |
| 本钢公司发资字〔2019〕2号 | 关于本钢板材股份有限公司拟公开发行A股可转换公司债券的请示 |
| 本钢公司发资字〔2019〕3号 | 关于本溪钢铁（集团）有限责任公司转让2300mm热轧生产线相关资产的请示 |
| 本钢公司发资字〔2019〕4号 | 关于本溪钢铁（集团）有限责任公司2300mm热轧生产线资产评估报告给予核准的请示 |
| 本钢公司发运营〔2019〕5号 | 本溪钢铁（集团）有限责任公司及下属主办国有企业授权本钢综合工业公司统一管理本钢厂办大集体企业的通知 |
| 本钢公司发运营〔2019〕6号 | 本溪钢铁（集团）有限责任公司关于综合工业公司40家厂办大集体企业实施改制的批复 |
| 本钢公司发运营〔2019〕7号 | 本溪钢铁（集团）有限责任公司关于北钢公司二家厂办大集体企业实施改制的批复 |
| 本钢公司发资字〔2019〕8号 | 关于印发《本钢集团厂办大集体关闭企业实物资产管理规定》的通知 |
| 本钢公司发资字〔2019〕9号 | 关于转让房地产公司等两家单位股权的请示 |
| 本钢公司发资字〔2019〕10号 | 关于本溪钢铁（集团）第二建筑工程有限公司资产评估报告给予核准的请示 |
| 本钢公司发资字〔2019〕11号 | 关于本溪钢铁（集团）房地产开发有限责任公司资产评估报告给予核准的请示 |

（办公室　供）

# 本溪钢铁公司党委文件目录

| 文件编号 | 文件标题 |
| --- | --- |
| 本钢公司委发〔2019〕1号 | 关于启用中共本溪钢铁（集团）有限责任公司包装公司委员会印章的通知 |
| 本钢公司委发〔2019〕2号 | 关于启用中共本钢修建（维检）公司委员会印章和作废中共本钢集团修建有限责任公司委员会、中共本钢设备维护检修中心委员会印章的通知 |

（办公室　供）

# 2019 年部分社会媒体对本钢集团报道索引

| 媒体 | 标　题 | 日期 |
|---|---|---|
| 辽宁电视台<br>（辽宁新闻） | 习主席和我们心连心（采访文小明） | 2019. 1. 1 |
| 中国冶金报 | “本钢热轧”赢得印度厂商青睐 | 2019. 1. 9 |
| 中国冶金报 | 以钢铁之名　守护山水之城——本钢实施“青山、碧水、蓝天”三大生态环境工程纪实 | 2019. 1. 10 |
| 中国冶金报 | 本钢：高质量发展足音铿锵 | 2019. 1. 11 |
| 中国冶金报 | “立恒杯”2018 中国冶金报冶金新闻摄影赛获奖作品选登 | 2019. 1. 15 |
| 辽宁日报<br>东北新闻网 | 陈继壮：点燃“双引擎”激发强动力 | 2019. 1. 16 |
| 中国冶金报 | 我和我的祖国（主题征文） | 2019. 1. 18 |
| 中国冶金报 | “脱胎换骨”——本钢焦化工序坚持走绿色发展之路纪实 | 2019. 1. 23 |
| 辽宁职工报 | 本钢打响“百日攻坚战” | 2019. 1. 23 |
| 中国冶金报 | 本钢多元产业外拓市场创佳绩 | 2019. 1. 30 |
| 中国冶金报 | 味道钢铁（图片） | 2019. 2. 1 |
| 中国冶金报 | 咱家的“本钢亲戚”来啦 | 2019. 2. 12 |
| 新华网 | 滚石上山　攻坚克难——辽宁全面落实“三个推进”奋力开创振兴发展新局面（访谈董事长、刘宏亮） | 2019. 2. 12 |

# 2019年部分社会媒体对本钢集团报道索引

续表（一）

| 媒体 | 标　　题 | 日期 |
| --- | --- | --- |
| 新华每日电讯 | 辽宁：用好“金钥匙”开创振兴发展新局面（访谈董事长、刘宏亮） | 2019. 2. 13 |
| 辽宁职工报 | 辽宁工匠罗佳全 | 2019. 2. 13 |
| 经济参考报<br>经济参考网<br>中国钢铁新闻网 | 本钢“钢铁巨舰”闯出持续发展之路 | 2019. 2. 14 |
| 中国冶金报 | 本钢钢管2018年出口创汇3500万元 | 2019. 2. 15 |
| 中国冶金报 | 向高质量发展的目标加速“奔跑”——本钢矿业公司2018年生产经营工作纪实 | 2019. 2. 20 |
| 辽宁职工报 | “本钢制造”去年喜获“丰收” | 2019. 2. 20 |
| 辽宁职工报 | 钢厂里的中国年 | 2019. 2. 20 |
| 辽宁日报 | 本钢产品成为沃尔沃挖掘机指定用钢 | 2019. 2. 20 |
| 当代工人 | 创新驱动发展　技能改变人生 | 2019/1-2C |
| 当代工人 | 一个本钢博士的“强企”心愿 | 2019/1-2C |
| 辽宁日报 | 陈继壮：坚定不移把本钢做强做优做大 | 2019. 3. 1 |
| 中国冶金报 | 本钢全方位确保生产安全 | 2019. 3. 5 |

# 2019年部分社会媒体对本钢集团报道索引

续表（二）

| 媒体 | 标　　题 | 日期 |
|---|---|---|
| 辽宁日报 | 轧辊“医生”为企业创效2600多万元 | 2019.3.5 |
| 中国冶金报 | 去产能成果如何巩固？（采访嘉宾：陈继壮） | 2019.3.8 |
| 中国冶金报 | 陈继壮代表：培育新动能　打赢“升级战” | 2019.3.12 |
| 辽宁日报 | 本钢板材冷轧生产创历史新高 | 2019.3.12 |
| 中国产经新闻 | 中国经济的“春天”需要宏观政策和微观企业共同发力——访全国人大代表，本钢集团党委书记、董事长陈继壮 | 2019.3.14 |
| 辽宁职工报 | 本钢重奖56个创新项目 | 2019.3.15 |
| 辽宁日报 | 本钢春季生产全线飘红 | 2019.3.20 |
| 辽宁职工报 | 精雕细刻精品钢 | 2019.3.25 |
| 中国冶金报官微 | 中意两国领导人见证本钢集团签订重要采购协议 | 2019.3.25 |
| 辽宁职工报 | 省属国企利润抬头　改革激发职工活力 | 2019.3.25 |
| 中国冶金报 | 中意两国领导人见证本钢签订重要采购协议 | 2019.3.27 |
| 中国冶金报 | 本钢板材焦化厂保干熄焦率增发电量 | 2019.3.27 |
| 辽宁日报 | 80后宝石扎根基层　攻克多个技术难题——记本钢技术研究院汽车板研究所首席工程师刘宏亮 | 2019.3.27 |

# 2019年部分社会媒体对本钢集团报道索引

续表（三）

| 媒体 | 标　　题 | 日期 |
|---|---|---|
| 中国冶金报 | 本钢2018科技进步奖揭晓 | 2019.3.28 |
| 中国冶金报 | “用户满意，就是我们最大的追求”——本钢倾力打造综合性服务企业侧记 | 2019.4.3 |
| 央视新闻移动网、辽宁北斗新闻 | 你见过戴安全帽的辽宁男篮吗？ | 2019.4.4 |
| 辽宁新闻 | 本钢薄板“薄”出新高度 | 2019.4.10 |
| 中国冶金报 | “后进村”变成了“后劲村”——本钢以产业带动石虎子村脱贫摘帽纪略 | 2019.4.11 |
| 中国冶金报 | 本钢试轧成功0.1毫米极薄规格不锈钢 | 2019.4.12 |
| 中国冶金报 | 思想政治工作助本钢打赢“翻身仗” | 2019.4.16 |
| 中国冶金报 | 本钢矿业南芬露天矿全力以赴保供给（图片） | 2019.4.24 |
| 辽宁职工报 | 十载书香伴　芬芳满钢城 | 2019.4.24 |
| 辽宁职工报 | 辽宁工匠故事惊艳全国舞台 | 2019.4.29 |
| 当代工人 | 讴歌巾帼风采，弘扬先进力量 | 2019/3-4C |
| 当代工人 | 本钢集团2019年在岗职工全员健康疗养开始啦 | 2019/3-4C |
| 辽宁新闻 | 绽放青春光芒　谱写新时代篇章 | 2019.5.1 |

# 2019 年部分社会媒体对本钢集团报道索引

续表（四）

| 媒体 | 标　　题 | 日期 |
|---|---|---|
| 辽宁职工报 | 全总考察张守喜科技成果 | 2019. 5. 6 |
| 中国冶金报 | 本钢首季销售收入同比增 2. 3 亿元 | 2019. 5. 7 |
| 中国冶金报 | 从本钢产线升级看大变迁 | 2019. 5. 10 |
| 学习强国 | 依靠科技创新挺直国企腰杆 | 2019. 5. 14 |
| 辽宁职工报 | 十年竞技锻钢军 | 2019. 5. 17 |
| 中国冶金报 | 岁月不老　青春不朽　本钢团委凝聚青年力量谱写新时代篇章 | 2019. 5. 17 |
| 辽宁职工报 | “亮丑揭短”补短板 | 2019. 5. 27 |
| 中国冶金报 | 新中国首批 Cr13 型汽轮机叶片异性钢材 | 2019. 5. 31 |
| 辽宁日报 | 攻克“不可能”的 0. 1 毫米 | 2019. 6. 3 |
| 学习强国 | 攻克“不可能”的 0. 1 毫米 | 2019. 6. 3 |
| 中国冶金报 | 新中国第一代枪钢 | 2019. 6. 4 |
| 中国冶金报 | 本钢　绿色制造扮靓“山水之城” | 2019. 6. 5 |
| 中国冶金报 | 新闻图片 | 2019. 6. 12 |

# 2019年部分社会媒体对本钢集团报道索引

续表（五）

| 媒体 | 标　题 | 日期 |
|---|---|---|
| 学习强国 | 本钢：资本运营为企业发展装上“新引擎” | 2019. 6. 13 |
| 中国冶金报 | 中国冶金报社与本钢开展共建活动 | 2019. 6. 13 |
| 中国冶金报 | 新中国第一批炮钢 | 2019. 6. 14 |
| 辽宁职工报 | 提前谋划　精心部署　力保安全 | 2019. 6. 17 |
| 辽宁职工报 | 钢铁丛林里的绿卫士 | 2019. 6. 17 |
| 中国冶金报 | 陈继壮率队调研韩国重点用户 | 2019. 6. 19 |
| 中国冶金报 | “水墨画”变“彩色风景好” | 2019. 6. 19 |
| 中国冶金报 | 图片新闻 | 2019. 6. 19 |
| 中国冶金报 | 本钢承办2019中国（辽宁）国企合作与发展论坛 | 2019. 6. 20 |
| 中国冶金报 | 新中国第一批701犁铧钢 | 2019. 6. 21 |
| 中国冶金报 | 本钢集团制造装备部领导到方大碳素走访交流 | 2019. 6. 21 |
| 辽宁日报 | 本钢成功研发汽车用镀锌双相钢 | 2019. 6. 21 |
| 中国冶金报 | “不忘初心、牢记使命”——本钢启动主题教育集中学习研讨 | 2019. 6. 26 |

# 2019 年部分社会媒体对本钢集团报道索引

续表（六）

| 媒体 | 标　　题 | 日期 |
|---|---|---|
| 中国冶金报 | 新中国第一块花纹板 | 2019. 6. 27 |
| 中国冶金报 | 以赤诚之心做科研：高洪刚 | 2019. 6. 28 |
| 辽宁日报/学习强国 | 辽宁本钢：精打细算降本增效 | 2019. 6. 28 |
| 中国冶金报 | 新中国第一辆 CA10 解放牌汽车用弹簧扁钢“本钢造” | 2019. 7. 2 |
| 中国冶金报 | 将基层文明生产进行到底——本钢基层单位立足产线打造清洁高效工作环境纪实 | 2019. 7. 2 |
| 中国冶金报 | 本钢成功研发汽车用镀锌双相钢 DP980 | 2019. 7. 3 |
| 中国冶金报 | 本钢 DN1200TF 型双插口自锚管出口孟加拉国 | 2019. 7. 3 |
| 中国工业新闻网 | 经年砥砺铸就“钢铁巨舰” | 2019. 7. 3 |
| 中国工业新闻网 | 本钢集团高精尖产品“燃”亮你的眼 | 2019. 7. 3 |
| 辽宁职工报 | 内容更深　形式更新　范围更广——本钢集团承办本溪市“工匠杯”职工职业技能大赛部分工种侧记 | 2019. 7. 8 |
| 中国冶金报 | 这家钢企党建工作，不空、不偏、不虚 | 2019. 7. 9 |
| 辽宁新闻/学习强国 | 本钢：深化主题教育　引领企业改革发展 | 2019. 7. 12 |
| 辽宁新闻/学习强国 | 新时代　好工匠/罗佳全：“电”亮人生 | 2019. 7. 13 |

# 2019 年部分社会媒体对本钢集团报道索引

续表（七）

| 媒体 | 标　题 | 日期 |
|---|---|---|
| 学习强国/辽宁日报 | 本钢研发出“炉结炉清”在线监控系统 | 2019. 7. 15 |
| 辽宁职工报 | 昔日荒秃岭　今日林满山 | 2019. 7. 19 |
| 学习强国 | 本钢：高温“炙烤”下炉前工的别样风采 | 2019. 7. 24 |
| 中国冶金报 | 刘宏亮　实现 2000 兆帕级超强钢全球首发的本钢博士 | 2019. 7. 26 |
| 学习强国/辽宁日报 | 辽宁炼铁技能大赛在本钢集团开赛 | 2019. 7. 26 |
| 学习强国/辽宁新闻 | 电影《黄玫瑰》在本钢集团干部职工中引起强烈反响 | 2019. 7. 27 |
| 学习强国/辽宁日报 | 本钢首批 2 万名干部职工观看《黄玫瑰》 | 2019. 7. 27 |
| 辽宁职工报 | 建高技能人才队伍促辽宁振兴<br>2019 辽宁省职工技能大赛推进会在本钢集团有限公司召开 | 2019. 7. 29 |
| 辽宁日报 | 本钢集团聚焦中心工作　集中力量开展主题教育<br>党员干部提素质强士气　职工群众受教育得实惠 | 2019. 7. 31 |
| 辽宁职工报 | 竞技场上的“钢铁侠”——2019 辽宁省职工技能大赛暨全省炼铁技能大赛侧记 | 2019. 7. 31 |
| 中国冶金报 | 特色安全品牌文化，让安全入脑入心 | 2019. 8. 6 |
| 中国冶金报 | 用户说好，才是真的好——本钢一位技术工程师眼中的用户服务经 | 2019. 8. 7 |
| 中国冶金报 | 本钢矿业“三朵金花”齐放 | 2019. 8. 7 |

# 2019年部分社会媒体对本钢集团报道索引

续表（八）

| 媒体 | 标　　题 | 日期 |
|---|---|---|
| 中国冶金报 | 新中国第一代自行车链条钢 | 2019. 8. 8 |
| 中国冶金报 | 新中国第一台焦炉炉顶烟气净化车 | 2019. 8. 9 |
| 辽宁职工报 | 在烟与火中“脱胎换骨” | 2019. 8. 9 |
| 辽宁职工报 | 在花园式厂区里奋进 | 2019. 8. 9 |
| 中国冶金报 | 本钢上半年主要生产指标稳健增长 | 2019. 8. 13 |
| 中国冶金报 | 本钢集团科学部署节能降耗创效益 | 2019. 8. 15 |
| 中国冶金报 | 本钢集团举行新一届高校毕业生入职典礼 | 2019. 8. 16 |
| 中国冶金报 | 本钢生产消耗定额比预算降低6.68亿元 | 2019. 8. 20 |
| 中国冶金报 | 本钢科技研发迈上新台阶 | 2019. 8. 21 |
| 中国冶金报 | 本钢板材废钢厂上半年鱼雷罐加废钢创效687万元 | 2019. 8. 21 |
| 当代工人 | 肖光，一个技工的本钢式成长 | 2019/7-8C |
| 辽宁职工报 | 劳模宣讲进本钢 | 2019. 8. 21 |
| 中国冶金报 | 本钢多元产业实现由内生型向市场型转变 | 2019. 8. 28 |

# 2019年部分社会媒体对本钢集团报道索引

续表（九）

| 媒体 | 标　　题 | 日期 |
|---|---|---|
| 中国冶金报 | 新中国第一块汽车减重用热轧双相钢板 | 2019. 8. 29 |
| 中国冶金报 | 本钢研发成功高强度热镀锌双相钢 DP780 | 2019. 9. 3 |
| 学习强国 | 本钢集团青年职工放声高歌祝福祖国 | 2019. 9. 5 |
| 辽宁职工报 | “钢铁力量” 创造美好未来 | 2019. 9. 11 |
| 辽宁职工报 | 挥洒激情赛英姿　笃志逐梦展宏图 | 2019. 9. 11 |
| 辽宁职工报 | 跨栏高手的对决 | 2019. 9. 11 |
| 辽宁职工报 | 女职工力拔山兮战群英 | 2019. 9. 11 |
| 辽宁职工报 | 双胞胎默契合作拿冠军 | 2019. 9. 11 |
| 辽宁职工报 | 夫妻携手展本钢精神 | 2019. 9. 11 |
| 辽宁职工报 | “西瓜” 不是那么好捡的 | 2019. 9. 11 |
| 辽宁职工报 | 新入职大学生 “身兼数职” | 2019. 9. 11 |
| 辽宁职工报 | 精心筹备　为大会铸牢基础 | 2019. 9. 11 |
| 央视网/学习强国 | 人民记忆：70年70城　记住本溪（本钢篇） | 2019. 9. 23 |

# 2019 年部分社会媒体对本钢集团报道索引

续表（十）

| 媒体 | 标　　题 | 日期 |
| --- | --- | --- |
| 中国冶金报 | 困境之中寻机遇　逆水行舟正当时——本钢机械制造公司以“三要”扣响优化升级之门 | 2019. 9. 25 |
| 中国冶金报 | 从废墟上的“工业摇篮”到世界“钢铁巨舰”——本钢传承改革创新基因打造强企纪实 | 2019. 9. 26 |
| 中国冶金报 | 辉煌钢铁七十载　沧桑巨变铸春秋 | 2019. 10. 1 |
| 中国冶金报 | 向配煤要效益——本钢北营焦化厂精细管理纪实 | 2019. 10. 9 |
| 中国冶金报 | 亮眼的“成绩单”——本钢机械制造公司拓市增效纪实 | 2019. 10. 9 |
| 辽宁日报 | 本钢重点节能环保项目 CCPP 开工建设 | 2019. 10. 11 |
| 辽宁日报 | 在“一带一路”叫响本钢制造 | 2019. 10. 15 |
| 学习强国 | 我和我的祖国/本钢集团职工用歌声祝福祖国 | 2019. 10. 15 |
| 辽宁政协公众号 | 辽宁大地上产生的“新中国第一”/新中国第一代枪钢诞生在本钢 | 2019. 10. 16 |
| 辽宁政协公众号 | 辽宁大地上产生的“新中国第一”/本钢生产出新中国首批 Cr13 型汽轮机叶片异型钢材 | 2019. 10. 17 |
| 辽宁日报 | 1700 线年底前完成全面点检 | 2019. 10. 22 |
| 中国冶金报 | 本钢北营公司奋战“金九”硕果累累 | 2019. 10. 30 |
| 辽宁日报 | 本钢六号转炉升级为“绿色转炉” | 2019. 11. 5 |

# 2019年部分社会媒体对本钢集团报道索引

续表（十一）

| 媒体 | 标　题 | 日期 |
| --- | --- | --- |
| 辽宁日报 | 出口份额新突破，本钢铸管挺进“一带一路”市场 | 2019. 11. 5 |
| 中国冶金报 | 本钢北营炼铁厂9月份经济配矿创效900万元 | 2019. 11. 6 |
| 中国冶金报 | 从“包袱”变成“钱袋子”——本钢恒通公司闯市场的3次重要抉择 | 2019. 11. 6 |
| 辽宁新闻 | 辽宁国企　在改革与创新中实现高质量发展（采访技术研究院燕际军、板材冷轧厂三冷李鸿友） | 2019. 11. 11 |
| 学习强国 | 班长日记——矿业南芬露天矿爆破班（工人日报社首届“最班组”全国短视频大赛入围作品选登） | 2019. 11. 14 |
| 辽宁日报 | 本钢研发成功高强度冷成型汽车用钢 | 2019. 11. 15 |
| 中国冶金报 | 本钢成功研发1200兆帕级马氏体钢 | 2019. 11. 15 |
| 中国冶金报 | “人参铁”故乡凤凰涅槃 | 2019. 11. 20 |
| 中国冶金报 | 本钢三项制度改革向纵深推进 | 2019. 11. 21 |
| 中国冶金报 | 迎接智慧炼钢的春天——本钢板材炼钢厂科技创新工作纪实 | 2019. 11. 21 |
| 中国冶金报 | 本钢成功研发薄规格高牌号无取向硅钢 | 2019. 11. 21 |
| 学习强国 | 我爱我的祖国/本钢集团职工深情歌唱《国家》 | 2019. 11. 21 |
| 学习强国 | 百灵炫/早安本钢 | 2019. 11. 25 |

# 2019年部分社会媒体对本钢集团报道索引

续表（十二）

| 媒体 | 标　　题 | 日期 |
|---|---|---|
| 中国冶金报 | 全力以赴让用户放心满意 | 2019. 11. 27 |
| 中国冶金报 | 本钢矿业节能降耗工作结硕果 | 2019. 11. 27 |
| 中国冶金报 | 本钢恒通公司持续发力高端轧辊市场 | 2019. 11. 27 |
| 中国冶金报 | 本钢基层“金点子”效益滚滚来 | 2019. 11. 29 |
| 中国冶金报 | 多家钢企助力“气贯中俄” | 2019. 12. 5 |
| 中国冶金报 | 用户满意是我们的追求 | 2019. 12. 18 |
| 中国冶金报 | 本钢开拓地方铁精矿采购新路径 | 2019. 12. 18 |
| 辽宁新闻 | 本钢：百万吨高端产品抢占“一带一路”市场（采访技术研究院黄建院长、板材冷轧厂冯岗厂长、国贸公司刘刚） | 2019. 12. 22 |
| 辽宁日报 | 超400家地方企业吃“本钢饭”，本钢本地采购额超54亿元 | 2019. 12. 25 |
| 中国冶金报 | 本钢自主研发的铁路车号自动识别系统上线 | 2019. 12. 26 |
| 辽宁日报 | 沈阳大学冯玉萍艺术中心实践基地在本钢挂牌 | 2019. 12. 27 |
| 中国冶金报 | 攻关创新降成本 | 2019. 12. 31 |

（宣传中心　供）

**栏目编辑　　邹丽颖**

# 本钢年鉴 *2020*



本钢集团

# 索　引

# 说　明

»» 一、本索引采用分析索引方法，按索引款目第一个字的汉语拼音字母的顺序排列，音节相同时，按声调排列，声调相同时，按第二个字的汉语拼音字母顺序排列，以此类推。

»» 二、类目，分目均用黑体字标示，条目用宋体字标示。

»» 三、本索引编有“参见”系统，索引名称后面第二页码起为“参见”。

»» 四、内容有交叉的款目，在索引中重复出现，以便检索。

»» 五、索引标引词一般采用中心词或简称，请在检索时注意。

# 索 引

**栏目编辑　　邹丽颖**